Aufstiegschance d. Bürgertums in Be[...]

" " zum H[...]

Gleichheit der Stände v. d. Gesetz 3[...]

Religion als Aberglaube 334f / Soll 337 / Toleranz 338

Minderwert. des Dt. 341

Literatur entw. abgeschlossen 343 (Roman ∅ vorgesehen)

nationale Geschichts(fehl)deutung ⇒ ∅ Nat.-Bew. 361

Jean-Paul Bled
Friedrich der Große

Jean-Paul Bled

Friedrich der Große

Aus dem Französischen
von Wolfgang Hartung

Artemis & Winkler

Titel der französischen Originalausgabe:
Frédéric le Grand Fayard © 2004 Librairie Arthème Fayard

Bibliografische Information Der Deutschen Bibliothek
Die Deutsche Bibliothek verzeichnet diese Publikation in der
Deutschen Nationalbibliografie; detaillierte bibliografische Daten
sind im Internet unter http://dnb.ddb.de abrufbar.

© der deutschen Übersetzung 2006 Patmos Verlag GmbH & Co. KG
Artemis & Winkler Verlag, Düsseldorf
Alle Rechte vorbehalten.
Druck und Verarbeitung: Clausen & Bosse, Leck
ISBN 3-538-07218-3
www.patmos.de

Inhalt

Dritter Teil – Sanssouci

Vierter Teil – Der Siebenjährige Krieg

Fünfter Teil – Die späten Jahre

Erster Teil
Der Kronprinz

Erstes Kapitel
Jugendjahre

Der preußische Kronprinz Friedrich Wilhelm von Hohenzollern, der spätere »Soldatenkönig«, und seine Gattin Sophie Dorothea von Hannover hatten schon den Schmerz erfahren müssen, zwei Söhne zu verlieren, Friedrich Ludwig und Friedrich Wilhelm. Beide waren noch im Jahr ihrer Geburt verstorben. Gewiss, im Jahre 1709 wurde ihnen die kleine Wilhelmine geschenkt, aber im Wertesystem dieser Zeit kam einer Tochter keineswegs die gleiche Bedeutung wie einem Sohn zu. Die Freude des Prinzenpaares war daher immens, als Sophie Dorothea am 24. Januar 1712, kurz vor Mittag, erneut einen Jungen zur Welt brachte. Die Fortdauer der Dynastie konnte als gesichert gelten – zumindest dann, wenn Gott das Kind am Leben ließ! Um alles Glück der Dynastie auf dem Scheitel des Neugeborenen zu vereinen, hatte sich der Großvater, König Friedrich I., entschlossen, dass der künftige Thronfolger seinen Namen tragen und vor Ablauf des Monats getauft werden solle. Der Name ›Friedrich‹ war Programm, denn er war mit zwei grundlegenden Begebenheiten des erlauchten Hauses Hohenzollern verbunden: Zum einen hatte Friedrich I. von Brandenburg (1415–1425) vor fast dreihundert Jahren das Stammland Brandenburg und die Kurfürstenwürde gewonnen und damit die Dynastie auf eine neue Stufe gehoben, zum anderen hatte der Großvater im Jahre 1701 die Erhebung Preußens zum Königreich bewerkstelligt. Und was das Datum der Geburt betraf: so war es ein 18. Januar vor elf Jahren, als Friedrich I. in Königsberg zum »König in Preußen« gekrönt wurde.

Für den alten König war es eine große Freude und Erleichterung, den ersten Geburtstag seines Enkels feiern zu können. Die gefürchtete Hürde des ersten Zähnekriegens war überwunden, und Friedrichs Hoffnung wuchs, dass das Überleben des Thronerben gesichert sei. Und der König verlieh seiner Freude Ausdruck: »Man kann darin so etwas wie Vorhersehung erkennen. Möge Gott ihn uns lange erhalten!«[1] Mit seinem hübschen kleinen Gesicht und dem schwarzen Haarschopf war Friedrich die Bewunderung aller. Außerdem erwies er sich als guter Esser, was wiederum als Zeichen guter Gesundheit galt. Friedrich I. war es jedoch nicht vergönnt, das Aufwachsen seines Enkels längere Zeit mitzuerleben. Schon im Februar 1713 wurde er von einer Krankheit dahingerafft. Mit der Beisetzung des ersten »Königs in Preußen« entfaltete der Berliner Hof die ganze Pracht eines großen und feierlichen Leichenbegängnisses. Der neue König Friedrich Wilhelm hatte darauf bestanden, dass das Gedächtnis seines Vaters in Ehren gehalten werde, und zwar so, wie dieser es sich gewünscht hätte. Als er diesen Entschluss fasste, handelte er allerdings gegen seine eigenen Überzeugungen, die ihn zum Gegenteil, nämlich zu Einfachheit und Sparsamkeit, anhielten. Diese hatten sich schon seit seiner Kindheit in einem Maße offenbart, dass seine Mutter, Königin Sophie Charlotte, die auf diesem Gebiet keineswegs eine solche Zurückhaltung pflegte, sich darüber amüsierte. Friedrich Wilhelms Überzeugungen haben sich über die Jahre hinweg nicht geändert. Nun, da er als Autorität auftreten und entscheiden konnte, ließ er ihnen freie Bahn.

Die neuen Zeiten

Kaum waren die Begräbnisfeierlichkeiten vorüber, ergriff Friedrich Wilhelm drakonische Maßnahmen, die einen radikalen Bruch mit der jüngsten Vergangenheit bewirkten. Er beschnitt den Aufwand der Hofhaltung wie mit einer Sense. Danach war der Hof auf die passende Größe reduziert. Das Personal wurde von 141 auf 12 Personen zurückgeschraubt. Die Schweizergarde wurde aufgelöst und der königliche Marstall von 600 auf 120 Pferde verkleinert. Der neue König zeigte sich auch den Künsten gegenüber nicht gerade als freigebig. Der alte König, dessen Gattin Sophie Charlotte musik- und opernbegeistert war, hatte seinerzeit ein Orchester gegründet. Dieses wurde nun bis auf die Trompeter, die vor den Augen des neuen Herrn als einzige Gnade fanden, binnen Kurzem aufgelöst. Die Akademie der Wissenschaften wurde zwar nicht aufgehoben, aber sie verfiel in einen Dämmerzustand. Der Baumeister und Bildhauer Andreas Schlüter etwa, den König Friedrich I. mit der Erweiterung des königlichen Schlosses in Berlin und dem Denkmal für den Großen Kurfürsten beauftragt und, unter Anspielung auf den großen französischen Architekten, als »seinen Mansart« gefeiert hatte,[2] begriff sehr schnell, dass sich die Zeiten geändert hatten. Er zog es vor, freiwillig zu gehen und in den Dienst des Zaren Peter I. zu treten, anstatt davongejagt zu werden. Schließlich wurden selbst die Perlen, wertvollen Steine und Diamanten des verstorbenen Königs veräußert.

Mit diesen einschneidenden Maßnahmen verfolgte Friedrich Wilhelm nicht allein die Absicht, die von Friedrich I. aufgehäuften Schulden abzubauen. Seine Entscheidungen lassen sich auch damit erklären, dass er neue Prioritäten setzen wollte. Wilhelmine brachte diesen neuen Zeitgeist in ihren Memoiren auf den Punkt:»Alle diejenigen, die sich die Huld des neuen Königs erhalten wollten, zogen sich Helm und Harnisch über.«[3] Friedrich Wilhelm fasste in der Tat die Verstärkung der Armee, ein Erbe des Großen Kurfürsten, als oberstes Ziel ins Auge und vergrößerte sie auf 80 000 Mann. Dies wollte er zudem ohne den Rückgriff auf ausländische Subsidien erreichen. Sein Interesse für das Militär war keineswegs neu. Friedrich Wilhelm hatte am Spanischen Erfolgekrieg unter dem Oberbefehl der beiden großen Feldherren, des Herzogs von Marlborough und des Prinzen Eugen, teilgenommen. Er war in der Schlacht von Malplaquet dabei gewesen, die bei ihm einen verheerenden Eindruck hinterlassen hatte. Der Anblick dieses furchtbaren Schlachthauses mit über 30 000 Toten hatte ihn gelehrt, dem kriegerischen Enthusiasmus zu misstrauen, ohne jedoch etwas an seiner Überzeugung von der Notwendigkeit einer mächtigen Armee zu ändern. Er war der Meinung, dass es ohne dieses Instrument für einen Staat keine Handlungsfähigkeit gebe. Aus dieser Grundüberzeugung zog er die Konsequenzen, die er in politisches Handeln umsetzen sollte.

Als das Ziel einer Stärkung Preußens einmal festgelegt war, bedurfte es noch der Mittel hierfür. Daher war der König darauf bedacht, die Verwaltungsorganisation in Hinblick auf ihre Effizienz zu überprüfen. Das vom Großen Kurfürsten errichtete System wies Mängel auf. Das Generalkriegskommissariat und das Generalfinanzdirektorium waren in Rivalitäten verstrickt, was sich für die Interessen der Krone unheilvoll auswirkte. Die Unterbehörden in den Provinzen, die ihrer Autorität unterstanden, waren in gleicher Weise stets geneigt, gegeneinander zu arbeiten. Der einfache und praktische Geist Friedrich Wilhelms zielte auf das Wesentliche und fand die Formel, mit welcher er gegen diese Mängel antreten wollte. In seinem Erlass vom Dezember 1722 ordnete er die Vereinigung der beiden Spitzenbehörden an, die durch ein»General-ober-finanz-krieges-und-domänendirektorium«, kurz, das»Generaldirektorium«, abgelöst wurden. In sechs Départements unterteilt, hatte jeweils ein Minister die Leitung inne. Das Besondere daran war, dass ihnen kein spezifisches Ressort, sondern ein territorialer Rahmen zugeordnet war, sodass sich ihre Zuständigkeit innerhalb der ihnen zugeordneten Provinz auf alle Bereiche erstreckte. Dieses System bestand in jeder der neun Provinzen des Königreiches, wobei jede Provinzialbehörde einen Präsidenten an ihrer Spitze hatte, der wiederum von mehreren Direktoren unterstützt wurde.

Das Generaldirektorium wurde von Friedrich Wilhelm als *das* Instrument einer Macht verstanden, die er ungeteilt ausüben wollte. Daher hielt er es streng unter seiner Fuchtel. Seine Minister hatten ihn zu beraten, aber die Entscheidungen behielt er sich allein vor. Die Instruktionen des Königs ließen an Eindeutigkeit nichts zu wünschen übrig. In ihnen erklärte Friedrich Wilhelm etwa seinen Ministern:»Sie müssen jedes Mal und in jeder Angelegenheit Ihre Meinung mit den Gründen, auf welchen diese beruht, anfügen, aber Wir bleiben Herr und König und tun, was Wir wollen.«[4] Da er in Übereinstimmung mit seinen Erklärungen handelte, war er auch an allen Schauplätzen präsent. In unermüdlicher Aufmerksamkeit griff er überall ein. Es gab keine Angelegenheit, die seiner Wachsamkeit entgangen wäre. Friedrich Wilhelm war ein anspruchsvoller Chef, der nichts durchgehen ließ und Unfähigkeit abstrafte. Die Pflichten, die er seinen Untergebenen abverlangte, erlegte er auch sich selbst auf. Er sah sich im Dienste eines Prinzips und sagte gerne:»Ich bin oberster General und Finanzminister des Königs von Preußen.«[5] Hinter dieser Aussage stand bereits die Überzeugung, dass der König der erste Diener des Staates sei. Diese Formel sollte zwar erst von Friedrich II. geprägt werden, aber von dieser Vorstellung war schon das Handeln seines Vaters bestimmt.

Friedrich Wilhelms Politik trug zweifellos Früchte. Außerhalb Deutschlands erinnert man sich nur daran, dass Friedrich Wilhelm seine Soldaten aus groß gewachsenen Männern rekrutiert habe, und man hat sich weidlich darüber mokiert. Diese Eigentümlichkeit traf zwar zu, bezog sich jedoch ausschließlich auf das Erste Grenadierregiment, das als Wache des Königs diente. In diesem Regiment gab es nicht einen Rekruten, der nicht mindestens einen Meter achtzig maß. Friedrich Wilhelm schickte eine Armee von Werbern aus, die solche Riesen suchen sollte, und zwar zuerst in Preußen und dann auch im Ausland, denn das Angebot war knapp. Der Erfolgszwang ließ es seine Rekrutierungskommandos bei der Wahl ihrer Mittel nicht allzu genau nehmen, was gelegentlich diplomatische Verwicklungen mit den Staaten hervorrief, in denen diese Übergriffe vorgekommen waren.

Das Interesse des Königs, sich mit»Langen Kerls« zu umgeben, ist eher von nebensächlicher und anekdotischer Bedeutung und sollte nicht von der wichtigen Tatsache ablenken, dass es Friedrich Wilhelm im Lauf der Zeit gelang, eine Armee von etwa 80 000 Mann aufzustellen, von der die Hälfte außerhalb des Königreiches rekrutiert worden war. Mit diesem Ziel vor Augen hatte er 1733 Preußen in Wehrbezirke eingeteilt, in welchen jeweils ein Truppenkontingent ausgehoben werden musste. Das war streng genommen noch keine allgemeine Wehrpflicht, wie sie im 19. Jahrhundert eingeführt werden sollte. Eine ganze Reihe von Ausnahmeregelungen befreite eine große Zahl der Untertanen vom Militärdienst. Dennoch war das von

Friedrich Wilhelm eingerichtete Kantonssystem zukunftsweisend. Darüber hinaus trug es dazu bei, das Gefühl der Zugehörigkeit zu einem gemeinsamen Vaterland zu vertiefen, und das war keineswegs von geringerer Bedeutung.

Ein weiteres Charakteristikum dieser Armee war ihre Eigenart, dass sie die Struktur der Gesellschaft widerspiegelte. Ohne ganz auf Ausländer verzichten zu können, behielt Friedrich Wilhelm den Zugang zum Offizierskorps zunehmend dem preußischen Adel vor. Von gleichem Gewicht war der Wille des Königs, die Bürgerlichen davon auszuschließen. Für Friedrich Wilhelm besaß der Adel vornehmlich militärische Aufgaben. Als »Gegenleistung« wurden, entsprechend dem vom Großen Kurfürsten geschaffenen System des Ausgleiches, die Privilegien des Adels – die Gutsherrschaft und insbesondere die Erbuntertänigkeit der Bauern – vom Königtum anerkannt.

Der königliche Hof atmete bald militärischen Geist. Seine Organisation spiegelte die wachsende Bedeutung der neuen Werteordnung. Generäle folgten in der Hierarchie unmittelbar auf den Oberhofmeister. Das Militärische überlagerte alles. Friedrich Wilhelm machte 1725 das Tragen von Uniform zur Regel. Preußisch Blau wurde somit zur Farbe des Hofes. Eine weitere Neuerung, die über eine bloße Mode weit hinausging, lag darin, dass die langen Perücken, die während der vorhergehenden Regierungszeit üblich waren, zugunsten der nach Art eines »Pferdeschwanzes« im Nacken verknoteten Haartracht der Offiziere aufgegeben wurden.

Es waren keine leeren Reden, wenn Friedrich Wilhelm zu Beginn seiner Regierung den Ministern erklärte: »Mein Vater fand sein Glück in bedeutenden Bauwerken, in großen Mengen Juwelen, Silber, Gold und in großartigen Äußerlichkeiten. Sie werden mir gestatten, dass ich das Glück im Besitz von ausgezeichneten Truppen finde.«[6] Friedrich Wilhelm verwandte seine ganze Aufmerksamkeit auf die Armee, und zwar, seiner Gewohnheit entsprechend, bis ins kleinste Detail. Er achtete insbesondere auf eine gute Ausbildung seiner Truppen. Beim Exerzieren wurden Bewegungen und Handgriffe so lange eingeübt und wiederholt, bis die Soldaten diese wie Automaten auszuführen vermochten. Der König ließ es sich nicht nehmen, die Erfolge dieser militärischen Übungen auf seinen zahlreichen Inspektionsreisen aufs Genaueste zu überprüfen. Besonderen Gefallen fand er jedoch an glänzenden Paraden in Berlin und in Potsdam, wo er seine Residenz aufschlug. Im Mai bereitete ihm die Truppenrevue der Berliner Garnison, die mit sieben Regimentern vor ihm paradierte, ganz besondere Freude. Dieser glanzvolle Auftritt war vor allem auch deshalb Gegenstand seines Stolzes, weil die Vertreter fremder Staaten dieser Parade beiwohnten. Sie berichteten darüber zweifelsohne ihren Herren und rühmten die Leistungsfähigkeit der preußischen Armee.

Der Beiname »Soldatenkönig« war Friedrich Wilhelm nicht zu Unrecht verliehen worden, obgleich er sich selbst lieber als »Oberst seines Gardegrenadierregiments« bezeichnete.

Friedrich Wilhelm hat es dennoch tunlichst vermieden, diese Armee, um die er sich so fürsorglich kümmerte, der Bewährungsprobe eines Krieges auszusetzen. Gewiss hat er sie in zwei Konflikten zum Einsatz gebracht. Aber der erste, den er erneut mit Schweden ausgetragen hatte, lag zu Beginn seiner Regierungszeit. Am zweiten Krieg wiederum, dem Polnischen Erbfolgekrieg, hatte Preußen lediglich einen bescheidenen Anteil. Ein Widerspruch war unübersehbar. Friedrich Wilhelm wurde durch ihn zur Zielscheibe ironischer Bemerkungen. So hatte der englische Gesandte in Berlin festgestellt, dass »der König von Preußen ein Wolf ausschließlich unter einer Herde von Schafen sei.«[7] Aber dieser in seinem Herzen so militaristische Herrscher besaß nun einmal nicht den Charakter eines Spielers. Er scheute davor zurück, sein mit Geduld aufgebautes Werkzeug den Unwägbarkeiten eines riskanten militärischen Unternehmens auszusetzen. Gewiss wurde diese Armee immerfort perfektioniert, aber sie wurde zugleich aus Kriegen herausgehalten, in denen sie zum massiven Einsatz gekommen wäre. Diese Zurückhaltung brachte es mit sich, dass Friedrich Wilhelm keinen wirklichen politischen Nutzen aus seinen großen Rüstungsanstrengungen zu ziehen vermochte. Aber dafür sollte er seinem Nachfolger ein leistungsfähiges Instrument an die Hand geben, das dieser nach Wunsch für kühnere Pläne zum Einsatz bringen konnte.

So wie Friedrich Wilhelm über das Königreich und seine Untertanen regierte, so stand er auch seiner Familie als Oberhaupt vor. Die wichtigste Rolle spielte dabei Königin Sophie Dorothea. Das edle und majestätische Auftreten dieser hannoveranischen Prinzessin war beeindruckend, aber sie hatte im Lauf der Jahre und als Folge ihrer Schwangerschaften einen derart mächtigen Umfang angenommen, dass die Sessel, auf denen sie Platz nahm, verbreitert werden mussten. Man konnte sich nur schwer ein Paar vorstellen, das schlechter zusammengepasst hätte als Friedrich Wilhelm und Sophie Dorothea. Was der eine hasste, liebte die andere. Sophie Dorothea stand der Sinn nach Luxus und äußerem Glanz. Friedrich Wilhelm erlegte dem Hof oder dem, was davon noch übrig war, dagegen einen Lebensstil auf, der im Zeichen der Einfachheit und Genügsamkeit stand. Zu seiner Entspannung genoss er an Stelle der Kunst die männlichen Freuden der Jagd. Ebenso stand er dem Salon fern, den seine Gattin unterhielt. Die dort gepflegte Konversation bewertete er lediglich als leeres Geschwätz. Er hingegen zog des Abends sein Tabakskollegium vor, in dem er mit einigen Generälen und anderen engen Untergebenen reichlich Bier aus mächtigen

König Friedrich Wilhelm I. und seine Gemahlin Sophie Dorothea. Ölbilder von Georg Wenzeslaus von Knobelsdorff.

Humpen trank, zahlreiche Pfeifen schmauchte und manchmal, wie es die Deutschen zu tun pflegten, einige Tanzschritte mit seinen Tischgenossen ausführte. Friedrich Wilhelm war seiner Gattin gegenüber sehr anhänglich, aber er duldete nicht, dass sie sich ihm widersetzte. Und weil Sophie Dorothea lediglich aus taktischen Gründen Nachgiebigkeit zeigte, hielt diese auch nicht lange vor, und weil ihr Gatte ein Choleriker war, wurde das Zusammenleben des Königspaares immer wieder von stürmischen Phasen getrübt. Dies umso mehr, als Sophie Dorothea selbst einen autoritären Charakter besaß und eine angemessene Behandlung als Königin erwartete. Sie hätte sich eine Hofhaltung gewünscht, die ihrem Rang entsprach, und dazu einen Palast, der ihren ehrgeizigen Wünschen genügte. Stattdessen musste sie mit einer an der Spree gelegenen Residenz vorlieb nehmen, die zwar, wie ihr Name, »*Monbijou*«, zu verstehen gab, recht reizvoll war, aber dennoch viel zu kleine Dimensionen hatte, um darin das Leben zu führen, von dem sie geträumt hatte. Es gelang ihr immerhin, ihre zahlreichen Kinder bei sich zu behalten, ihre drei weiteren Söhne nach Friedrich, nämlich den 1722 geborenen August Wilhelm, Heinrich (1726) und Ferdinand (1730), und ihre sechs Töchter Friederike Luise (1714), Philippine Charlotte (1716),

Sophie (1719), Ulrike (1720) und Amalie (1723). Da sie sich in ihrem Ehrgeiz enttäuscht sah, legte sie um so größeren Wert darauf, dieses Faustpfand in der Hand zu behalten. Darin lag jedoch eine neue Quelle des Konfliktes mit ihrem Gatten, der nicht bereit war, seinen despotischen Willen an der Türe des eigenen Hauses enden zu lassen.

Die Erziehung Friedrichs

Dem Herkommen gemäß wurde Friedrichs Erziehung zunächst Frauen anvertraut. Der König stellte ihm eine Französin, Madame de Rocoules, als Gouvernante zur Seite. Er kannte sie schon seit der Zeit seiner frühesten Kindheit, denn sie hatte die gleiche Funktion auch bei ihm selbst ausgeübt. Wir dürfen annehmen, dass Friedrich Wilhelm sie in guter Erinnerung behalten hatte, wenn er ihr nun auftrug, die gleiche Aufgabe bei seinem ältesten Sohn zu übernehmen. Sie hatte als Hugenottin kurz nach der Aufhebung des Ediktes von Nantes im Jahre 1685, welches bis dahin die Hugenotten geschützt hatte, Frankreich verlassen und sich in Berlin angesiedelt. Auf diese Weise gelangte sie in den Umkreis von Friedrich Wilhelms Mutter, Königin Sophie Charlotte. Madame de Rocoules stellte daher, obgleich selbst im Exil, den ersten Kontakt des jungen Friedrich mit Frankreich dar, besonders auch, weil sie sich seit ihrer Ankunft in Berlin, etwa 25 Jahre zuvor, niemals die Mühe gemacht hatte, Deutsch zu lernen.

Ein weiterer Franzose trat Ende 1716 in den Umkreis des jungen Prinzen. Jacques Égide Duhan de Jandun war als sein erster Hauslehrer ausersehen worden. Auch er gehörte der hugenottischen Kolonie an. Sein Vater hatte, bevor er aus Frankreich geflohen war, die Stellung eines Sekretärs beim berühmten französischen Feldherrn Turenne.[8] Dennoch verdankte Duhan de Jandun seine Ernennung einem anderen Grund. Er war Friedrich Wilhelm während des Feldzuges gegen Schweden, bei der Belagerung von Stralsund, aufgefallen, und zwar in einer Situation, in welcher er seine Tapferkeit unter Beweis gestellt hatte. Danach wurde erst offenkundig, dass er zuvor beim Grafen von Dohna, dessen Name im preußischen Adel einiges Gewicht hatte, als Hauslehrer gewirkt hatte. Somit war es also weniger seine Herkunft als vielmehr seine Tapferkeit, die bei der Entscheidung des Königs maßgebend war. Tatsache ist, dass Friedrich wegen dieser Umstände seit seinen frühesten Jahren französische Luft atmete, obgleich das keineswegs die Absicht seines Vaters gewesen war.

Friedrich Wilhelm hatte die Pflichten von Duhan de Jandun höchstpersönlich festgelegt. Er musste demnach seinem Schüler die ersten Grundkenntnisse im Rechnen, in Geographie und Geschichte beibringen. Allerdings hatte Friedrich Wilhelm darauf bestanden, dass die Kenntnisse der Vergangenheit nicht weiter als ein Jahrhundert zurückzureichen brauchten. Duhan de Janduns Dienste fanden mit dem Eintritt des achtjährigen Friedrich in die Männerwelt keineswegs ihren Abschluss. Der Franzose übte weiterhin sein Amt unter der Aufsicht des vom König ausgewählten Prinzenerziehers aus. Die Verbindung zur französischen Kultur erlitt daher keine Unterbrechung.

Mit den Aufgaben des offiziellen Prinzenerziehers, *Gouverneurs,* betraute Friedrich Wilhelm einen höheren Offizier. Der sechzigjährige Albert Konrad Graf von Finckenstein war ein im Dienst ergrauter General. Wie im Ancien Régime üblich, hatte er mehreren Herren gedient, darunter auch dem König von Frankreich, bevor er in die Armee des Großen Kurfürsten eingetreten war. Nachdem er auf einer Vielzahl von Schlachtfeldern gekämpft hatte, zeichnete er sich in der Schlacht von Malplaquet aus, in der sein Eingreifen entscheidend zum Erfolg der Verbündeten beigetragen hatte. Von Friedrich Wilhelm hoch geschätzt, gehörte Graf von Finckenstein zum engeren Kreis der Männer, die sein Vertrauen genossen. Mit der Ernennung zum Prinzenerzieher bestätigte sich die königliche Gunst. Bei dieser Aufgabe sollte ihm ein weiterer höherer Offizier zu Seite stehen, nämlich Oberst von Kalckstein, der ebenfalls auf eine lange Dienstzeit zurückblickte. Nachdem dieser für Hessen-Kassel gekämpft hatte, trat er in preußische Dienste. Auch er hatte sich bei Malplaquet und dann in Pommern, gegen die Schweden, ausgezeichnet.

Wie jede andere Persönlichkeit war auch die Friedrichs gewiss nicht ein bloßes Produkt seiner Erziehung. Dennoch wurden in dieser Zeit die Fäden seines Schicksals gesponnen. Die Maßnahmen Friedrich Wilhelms geben deutlich seinen Willen zu erkennen, aus seinem Sohn ein zweites Ich zu machen. Das hatte er schon durch die Wiedereinsetzung seiner ehemaligen Erzieherin deutlich zu erkennen gegeben. Indem er die weitere Erziehung seines Erben Soldaten übertrug, bestätigte er seine Absicht, ihn nach seinem Bilde zu formen. Das gilt ebenso für seine Entscheidung, ihn im Alter von sechs Jahren an die Spitze einer Kompanie von einhundertdreißig Mann zu stellen, die er beim Exerzieren mit allem Ernst zu kommandieren hatte. Dieser Plan beruhte jedoch auf einer Illusion. Dem König kam es auch nicht einen Augenblick in den Sinn, dass sich sein Sohn anders verhalten könnte als die menschlichen Automaten, die seine Garde bildeten. Er war sich absolut sicher, dass sich Friedrich stets seinem Willen fügen würde. Doch schon durch die Tatsache, dass er als erste Erzieher des Prinzen zwei Hugenotten berufen hatte, säte er unwissentlich den Keim für eine Entwicklung, welche die Gefahr barg, sich seiner Kontrolle zu entziehen. Seine eigenen Jahre als

Kleinkind, die er unter der Aufsicht von Madame de Rocoules verbracht hatte, zogen keine Hinwendung zu Frankreich nach sich; er verspürte im Gegenteil sogar eine Abneigung gegen französische Einflüsse. Er konnte sich gar nicht vorstellen, dass sich Friedrich anders verhalten würde. Bei diesem jedoch trat zum Einfluss seiner Gouvernante der seines wichtigsten Hauslehrers hinzu, der eben nicht nur Soldat war. Denn in erster Linie war Duhan de Jandun ein feinsinniger, gebildeter Mann, der im Lauf der Jahre seinen Schüler für die französische Kultur gewann.

Die Absicht des Königs, aus seinem Sohn ein Abbild seiner selbst zu schaffen, geht aus der Instruktion hervor, die auf seine Anordnung im Jahre 1718 erteilt wurde und an die Erzieher des Prinzen gerichtet war. Sein Vater schon hatte sich 1695 in derselben Absicht des gleichen Mittels bedient. Dieses Dokument diente nun Friedrich Wilhelm als Vorlage, der daraus die wichtigsten Teile übernahm, aber nicht ohne sie gründlich zu überarbeiten. Diese Instruktion beruhte auf der Leitidee, dass die Erziehung Friedrichs darauf abzielen sollte, ihn zu einem »Soldatenkönig« zu machen. Dieses Erziehungsprogramm machte neue Richtlinien notwendig, und zugleich konnte alles, was sich nicht in diesen Plan fügte und als unnütz erachtet wurde, gestrichen werden.

Das begann damit, dass die vornehmliche Aufgabe der Prinzenerzieher darin bestand, den königlichen Prinzen in einem untadligen Protestantismus zu verankern. Aus diesem Grunde sollten sie ihn in der Ablehnung des Katholizismus als einer auf die Stufe einer Sekte herabgesunkenen Konfession bestärken. Wenngleich es nicht darum ging, gegen das lutherische Bekenntnis zu polemisieren, dem ja die meisten Untertanen des Hauses Brandenburg anhingen, sollte Friedrich ganz in der hundertjährigen Familientradition, den reformierten Grundsätzen getreu, erzogen werden. Es handelte sich dabei jedoch um eine Richtung, die Abstand nahm von der calvinistischen Prädestinationslehre, gegen die der König den Vorwurf erhob, das Verantwortungsbewusstsein herabzusetzen.

Unter den Schulfächern strich Friedrich Wilhelm die lateinische Sprache. Kurz und bündig und ohne jede weitere Erklärung legte er fest: »Was die lateinische Sprache betrifft, so wird mein Sohn diese nicht lernen.«[9] Dieses Verbot brachte den künftigen Preußenkönig nicht nur in Gegensatz zu seinem Vater, sondern auch zu anderen Herrschern seiner Zeit. Eine alte, vom Humanismus herrührende Tradition gewährte damals dem Lateinischen immer noch eine bevorzugte Stellung in der Prinzenerziehung. Friedrich Wilhelm wollte möglicherweise seinem Sohn die Qualen des Lateinlernens ersparen. Ihn trieb jedoch vor allem seine Besessenheit von einer Erziehung, die sich praktischen Zielsetzungen unterzog, »solide« war, wie er gerne sagte. Kenntnisse in einer toten Sprache musste er demnach für nutzlos halten.

Der von Friedrich I. einstmals aufgestellte Lehrplan räumte dem Fach Geschichte einen hohen Rang ein. Auch hiermit reihte er sich in eine alte Tradition ein, in welcher das Wissen von der Vergangenheit für die Ausbildung der Prinzen unabdingbar war. Auch Friedrich Wilhelm verkannte ihre Bedeutung nicht, aber er erachtete es als nutzlos, sie allzu weit zurückzuverfolgen. Warum sollte er das Gehirn eines Prinzen mit Ereignissen belasten, die in längst vergangenen Jahrhunderten und in fernen Ländern einstmals geschehen waren und mit denen ein König von Preußen nichts mehr zu schaffen hatte? Und deshalb bestand er auf der »Geschichte unserer Zeit«, das sollte heißen, auf den vorhergehenden einhundertfünfzig Jahren, und innerhalb dieser Zeitspanne sollte das Haus Brandenburg mit Vorrang behandelt werden.

Wie es sich für einen künftigen Soldaten geziemte, sollte Friedrich eine intensive Schulung in der Mathematik genießen. Die Absicht war klar. Es sollte darum gehen, ihn »das Befestigungswesen, die Anlage eines Lagers und weitere Kenntnisse des Kriegshandwerks« zu lehren. Was die Sprachen anbetraf, so sollten zwei ausreichen, das Französische und das Deutsche, worin man ihm beibringen sollte, sich in elegantem Stil auszudrücken. Die wegen des abgeschafften Lateins frei gewordene Zeit sollte von Recht und Wirtschaft eingenommen werden; auch darin lag der Gedanke klar zutage, diejenigen Fächer zu bevorzugen, welche praktischen Zielen dienten, um Friedrich auf sein Amt als König vorzubereiten.

Während Friedrich Wilhelm sehr schnell über die Aneignung guter Manieren hinwegging, die ihn ganz offensichtlich nicht interessierten, legte er besonderen Wert auf das Thema Moral. Seine Erzieher sollten Friedrich nicht aus den Augen lassen und seinen Umgang kontrollieren. Deshalb waren sie seine ständigen Begleiter. Das ging so weit, dass er ständig, tagsüber und selbst in der Nacht, einen der beiden an seiner Seite hatte. Ferner mussten sie darauf achten, ihn von weltlichen Vergnügungen fern zu halten. Vor allem auf jegliche Form der Extravaganz sollte geachtet und ihm »dégout«, Abneigung, eingeflößt werden. Kurzum, Friedrich Wilhelm nahm in allem die Gegenposition zu seinen Eltern ein. Mit seinen Instruktionen verwarf er die gesamte Barockkultur zugunsten eines Lebensstils der Einfachheit und der Härte.

Friedrich war einem vollen Tagesprogramm unterzogen, das oftmals bis auf die Minute geregelt war. Aufgestanden wurde um sechs Uhr. Der erste Gedanke des jungen Prinzen hatte Gott zu gelten. Sein Morgengebet musste er auf Knien verrichten. Die Benutzung von Seife war angesichts der hoch veranschlagten Sparsamkeit untersagt. Während Friedrich gekämmt wurde, trank er Kaffee oder Tee. Die Zeit des Prinzen war genau bemessen. Dieser erste Teil des Tages wurde im Sturmschritt genommen. Er dauerte genau eine halbe Stunde. Vor der Aufnahme des Unterrichts war noch ein Augenblick für Gebet und Bibellektüre vorgesehen. Der Unterricht begann um sieben Uhr und dauerte ununterbrochen bis ein Viertel vor elf. Dann bereitete sich Friedrich auf die Begegnung mit seinem Vater vor. Nach einer weiteren kurzen Toilette ließ Friedrich sein Haar pudern, zog den Überrock an und begab sich zum König, mit dem er gut drei Stunden zusammenblieb. Friedrich Wilhelm legte großen Wert auf die Zeit, die er mit dem liebevoll als »Fritz« bezeichneten Thronfolger verbrachte. Er erwartete übrigens, dass sich zwischen ihnen eine, wie er sagte, »brüderliche Zuneigung« entwickle. Friedrich sollte ihn nach dessen Wunsch nicht fürchten müssen. »Machen Sie ihm Angst vor seiner Mutter, aber niemals vor mir«[10], befahl Friedrich Wilhelm den Prinzenerziehern. Nach dieser langen Unterbrechung wurde die Arbeit mit den Erziehern am frühen Nachmittag fortgesetzt. Dieser Unterricht dauerte von zwei bis fünf Uhr. Nun konnte Friedrich seine wohlverdiente freie Zeit genießen, die er nach Belieben gestalten durfte, vorausgesetzt, »dass er nichts tue, was gegen Gottes Gebote ist«.[11] Dies wollte Friedrich Wilhelm in Erinnerung zu bringen, der sich mehr als je zuvor als stirnrunzelnder Moralwächter seines Sohnes verstand.

Erste Zeichen eines Konflikts

Friedrich scheute keine Mühe, um seinen Vater zufrieden zu stellen. Seine Kadettenkompanie befehligte er nach einer Anlaufzeit mit wahrer Perfektion. Er versäumte nicht, dies seinem Vater kundzutun und die Husarenstücke seiner künftigen Soldaten zu loben. Schon im Alter von acht Jahren schrieb er, auf Französisch, einen kurzen, sehr erbaulichen Text: »*Manière de vivre d'un prince de grande naissance*« – »Über die Lebensweise eines Prinzen von hoher Geburt«, dessen einleitende Worte schon tonangebend sind: »Man muss das Herz am rechten Fleck haben, von reformiertem Bekenntnis sein, Gott fürchten, aber nicht wie die Leute, die es wegen Geld tun oder wegen Grundbesitz. Man muss Vater und Mutter lieben. Man muss dankbar sein.«[12] Oberst von Kalckstein versicherte, dass Friedrich der Autor dieser Zeilen sei; der Prinz hatte in seinem Besinnungsaufsatz aber vor allem das im Unterricht Gehörte wiedergegeben. Das mindert indes seine Glaubwürdigkeit nicht; aber eigentlich ging es hier nicht um Glaubwürdigkeit. Vielmehr handelte es sich darum, dass Friedrich Wilhelm entzückt sein sollte, wenn ihm die guten Leistungen seines Sohnes aufgelistet wurden.

Die Frage ist, ob man aus derartigen Äußerungen ableiten kann, dass Friedrich das Ebenbild seines Vaters zu werden versprach. Offensichtlich nicht. Allein schon körperlich waren sie sich überhaupt nicht ähnlich. Während Friedrich Wilhelm sich im gleichen Alter als kräftiges Kind erwiesen hatte, waren Friedrichs Gestalt ebenso wie seine Gesichtszüge von ausgeprägter Feinheit gekennzeichnet. Ein Gemälde des Hofmalers Antoine Pesne zeigt ihn im Alter von fünf Jahren an der Seite seiner Schwester Wilhelmine. Er erscheint dort wie ein zartes Kind mit einem von Locken umsäumten Gesicht.

Die Saat seines Lehrers Duhan de Jandun begann, zunächst noch im Verborgenen, aufzugehen und konnte möglicherweise zu Ergebnissen führen, die den Wünschen des Königs zuwiderliefen. Duhan versuchte heimlich und ohne Wissen Friedrich Wilhelms, seinem Schüler zumindest eine Ahnung von Latein zu vermitteln. Dies blieb eine Weile unbemerkt. Als aber der Vorgang entdeckt wurde, ergoss sich Friedrich Wilhelms Zorn über den Erzieher, und dem blieb nichts anderes übrig, als sich zu fügen. Friedrich sollte später die bedeutenden Texte der lateinischen Literatur zwar in französischer Übersetzung lesen, aber das Verbot hinterließ bei ihm das Gefühl eines Mangels und des Bedauerns.

Im Geschichtsunterricht wollte Duhan de Jandun über das einfache Auswendiglernen von Fakten und Geschichtszahlen hinausgehen. Das hätte jedoch bedeutet, das Missfallen Friedrich Wilhelms hervorzurufen. Dieser hatte dem Hauslehrer nämlich vorgeschrieben, das *Theatrum Europaeum*, ein reichlich ödes mehrbändiges Werk, welches die Ereignisse in Europa seit den Anfängen des Dreißigjährigen Krieges förmlich herunterbetete, als Lehrbuch heranzuziehen.[13] Die genannte Geschichtsfibel schien dem König in zweifacher Hinsicht geeignet, weil sie es einerseits vermied, zeitlich weiter zurückzugehen, und weil sie andererseits erlaubte, das Gedächtnis zu üben. Duhan hätte es vorgezogen, aus dieser endlos langen Auflistung einige besondere Ereignisse auszuwählen, an welchen der Prinz sein Denkvermögen hätte üben können. Das war vergebliches Bemühen. Der König befahl in einer Randbemerkung: »Alle Ereignisse!« Doch Duhan hielt an seiner Meinung fest. Ein fähiger Kopf schien ihm wichtiger als ein voller Kopf. Davon war der König hingegen überhaupt nicht überzeugt. Seine Entscheidung war unwiderruflich: »Er muss auswendig lernen, das ist gut für das Gedächtnis.«[14]

Blieb noch das Problem der antiken Geschichte. Auch in dieser Hinsicht waren die Instruktionen Friedrich Wilhelms von unübertrefflicher Eindeutigkeit: »Die Geschichte der Griechen und Römer soll wegfallen. Das dient zu nichts.«[15] Duhan gelang es immerhin, dieses Verdikt zu umgehen. Eine seiner Strategien bestand darin, dass er seinem Schüler den *Télémaque* von François de Fénélon (1651–1715) zu lesen aufgab. Friedrich Wilhelm unterließ es, sein Veto gegen dieses Werk einzulegen, welches ja die Einfachheit der Sitten lobte und sich darüber hinaus mit der Erinnerung an seine Mutter verband. Er hatte diesen Erziehungsroman einst zusammen mit ihr gelesen, und es war daraus ein Frage-und-Antwort-Spiel entstanden, welches Sophie Charlotte aufschreiben ließ. Durch Fénélon eröffnete sich Friedrich die wunderbare Welt Homers und die griechische Mythologie. Bei der Lektüre könnte ihm in gewissem Umfang auch die verdeckte Kritik Fénélons am Absolutismus Ludwigs XIV. vermittelt worden sein. Obwohl Friedrich zweifelsohne noch zu jung war, um diese Inhalte wirklich zu verstehen, hatte ihn der *Télémaque* doch an die französische Literatur herangeführt. Auch unter diesem Gesichtspunkt bedeutete die Lektüre des Werks einen wichtigen Schritt in der Formung der Persönlichkeit des jungen Prinzen.

Wenn Friedrich außerhalb seiner Unterrichtszeit etwas lesen wollte, musste er eine List anwenden. Nachts, wenn sein Kammerherr und der Diener des jeweiligen Erziehers schliefen, schlich er sich in ein anliegendes Zimmer, um sich bei Kerzenlicht in einem Sessel niederzulassen. Er fand eine Komplizin in Wilhelmine, die zu den gleichen Vorlieben neigte. Bruder und Schwester liebten es, sich zum gemeinsamen Lesevergnügen zu treffen. Wilhelmine erinnerte sich in ihren Memoiren: »Wir lasen und schrieben gemeinsam und waren damit beschäftigt, unseren Geist zu schulen.«[16] Diese Vergnügungen waren ausdrücklich verboten – und daher umso reizvoller, da sie der Wachsamkeit des königlichen Vaters entgingen. Auf Grund dieser Lektüre und im Kontakt mit anderen Kulturen bildete sich eine Persönlichkeit aus, die bei weitem nicht so einfach strukturiert war, wie Friedrich Wilhelm es sich gewünscht hatte. Friedrich trug zwar völlige Gelehrigkeit gegenüber dem väterlichen Willen zur Schau. Nichts oder beinahe nichts ließ etwas von den Veränderungen durchdringen, die in seinem Kopf vor sich gingen. Friedrich Wilhelm jedoch begann Verdacht zu hegen, und zwar gerade deshalb, weil er seinem Sohn nichts Konkretes vorzuwerfen fand. Man stelle sich vor, dass sich hinter dieser makellosen Fassade ein junger Mann verbergen könnte, an dem alle seine Bemühungen, ihn zum Abbild seines Vaters zu machen, fehlgeschlagen wären…

Zweites Kapitel
Die Tragödie

Die zwischen Vater und Sohn angeschlagene Tonlage veränderte sich seit März 1724. Der Verdacht, den Friedrich Wilhelm längst hegte, wurde nun zur Gewissheit. Der Konflikt trat während eines Besuches bei Graf Grumbkow, einem engen Mitarbeiter des Königs, offen zutage. In Gegenwart seines Sohnes stieß er laut und für alle hörbar hervor: »Ich möchte gerne wissen, was in diesem kleinen Kopf vor sich geht. Ich weiß, dass er nicht denkt wie ich. Es gibt Leute, die ihm andere Gefühle einpflanzen als die meinen und ihn dazu aufstacheln, alles zu kritisieren.«[17] Das mag vorerst lediglich ein Ruf zur Ordnung gewesen sein. Friedrich Wilhelm setzte alle Hoffnung darauf, seinen Sohn auf den »rechten Weg« zurückzubringen. Mit beleidigenden Angriffen dieser Art betrat der König jedoch ein gefährliches Pflaster. Solche Auseinandersetzungen wurden über den Familienkreis hinaus getragen und entwickelten sich somit zu einer öffentlichen Angelegenheit, um nicht zu sagen, einer Staatsaffäre. Man hätte es bei den ersten Auftritten belassen können, aber von Vorfall zu Vorfall sollte sich die Krise zuspitzen, bis sie schließlich in ein Drama umschlug.

Die Anlässe

Zur Zeit dieser denkwürdigen Szene war Friedrich erst zwölf Jahre alt. Wenngleich sich seine Charakterzüge stärker abzuzeichnen begannen, war er doch noch zu jung, als dass seine Persönlichkeit schon ihre volle Ausprägung erfahren hätte. Der Ausbruch seines Vaters war eher auf Verdacht als auf Tatsachen begründet. Dieser war jedoch hinreichend dafür, dass Friedrich Wilhelm seinen Sohn wieder an die Hand nahm. Während eines Aufenthaltes in Wusterhausen, dem bevorzugten Jagdschloss des Königs, zwang er Friedrich, täglich drei bis fünf Stunden mit ihm zu verbringen. Darüber hinaus erlegte er ihm körperliche Übungen bis zur Erschöpfung auf. Die Ergebnisse einer solchen Behandlung waren alles andere als überzeugend.

Das Gesicht Friedrichs zeigte Spuren jener Überanstrengung, der er ausgesetzt war. 1725 beurteilte ihn ein in Preußen akkreditierter Diplomat als vorzeitig gealtert, »... als ob er schon viele Kampagnen getan hätte«.[18]

Diese Methoden brachten nichts ein. Die empörten Klagen des Königs verschärften und häuften sich. Im Lauf der Zeit wurde es für Friedrich Wilhelm klar erkennbar, dass der königliche Prinz sich der Form verweigerte, in welche er gepresst werden sollte. Vor allem was die Vorbereitung auf das Soldatenhandwerk betraf, musste Friedrich Wilhelm feststellen, dass sein Sohn den Zwängen der militärischen Disziplin nur ungenügend gewachsen war. Angesichts dieses Widerstrebens warf er ihm vor, Manieren wie ein kleiner Marquis zu haben, und zwar wie ein französischer, verdeutlichte er, was angesichts seiner Auffassung den Tadel erheblich verschärfte. Sein Missvergnügen brachte er auch dadurch zum Ausdruck, dass er den Kronprinz unablässig als »verweichlicht« rügte. Es kam zu unzähligen Vorfällen, bei denen er ihm unmännliches Verhalten vorwarf. Hatte er doch, ganz anders als die Pflicht eines Soldaten verlangte, die Kälte nicht klaglos ausgehalten, sondern Handschuhe bei der Jagd getragen, als es Stein und Bein gefroren hatte. Außerdem wollte er mit einer dreizinkigen Gabel essen, obwohl doch die deutsche Tradition derer lediglich zwei kannte!

Ohne die Lektüre seines Sohnes im Einzelnen zu kennen, wusste Friedrich Wilhelm über die literarischen Neigungen seines Sohnes doch recht gut Bescheid. Was aber hätte er wohl gesagt, wenn er gewusst hätte, dass Friedrich sich in einem Haus neben dem königlichen Schloss eine Bibliothek eingerichtet hatte? Dort waren etwa dreitausend Werke in seinem Besitz, welche ihm Duhan de Jandun geduldig besorgt hatte. In seinen seltenen Augenblicken der Freiheit bot sie ihm eine Zufluchtstätte, die ausschließlich von Schriftstellern bewohnt war. In diesem Versteck fand er über die Lektüre von Descartes, Bayle, Locke und Voltaire zur ersten Bekanntschaft mit der Philosophie.

Die religiösen Überzeugungen Friedrichs stellten für Friedrich Wilhelm eine weitere Ursache großen Schmerzes dar. Er selbst hatte während seiner Kindheit sehr unter der Ungewissheit gelitten, in welcher ihn die Prädestinationslehre hinsichtlich seines Seelenheiles schweben ließ. Die Furcht, nicht zu den Erwählten Gottes zu gehören, hatte ihn unaufhörlich verfolgt und gequält. Die Auffassung von Hermann August Francke (1663–1727), des bedeutendsten Sprechers des Pietismus, der eine weniger strenge Variante dieser Lehrmeinung vertrat, hatte ihn wieder aufgerichtet, aber die Qualen, die er durchgemacht hatte, blieben für ihn unvergessen. Seine Bemühungen, dies dem Sohn zu ersparen, hatten zur Folge, dass er dem Inhalt des Religionsunterrichtes die größte Strenge zuwandte. Die Prädestinationslehre sollte daraus verbannt werden. Friedrich Wilhelm war bei diesem Thema keineswegs zu Scherzen aufgelegt. Pfarrer Andreä, der Religionslehrer des königlichen Prinzen, musste das schmerzhaft erfahren. Weil er gegen die Befehle des Königs verstoßen hatte, wurde ihm ohne Umschweife der Laufpass gegeben. Aber Friedrich gab nicht nach. Er bekräftigte auch weiterhin lauthals seine enge Verbundenheit mit der Prädestinationslehre. Möglicherweise war es theologische Überzeugung, aber es ist auch denkbar, dass in dieser Hartnäckigkeit ein guter Teil Provokation und Protest steckte.

Man kann umso eher zu dieser Auffassung neigen, als Friedrich sich bald danach in religiösen Dingen gleichgültig zeigte. Die Zeit, in welcher er ganze Passagen aus der Bibel auswendig vortragen konnte, sodass August Hermann Francke von seiner guten Gesinnung begeistert war, sollte bald vorbei sein. Der einst verehrte Francke wurde nun zum roten Tuch für Friedrich und Wilhelmine. Sie wussten um das Ansehen, das der Hallenser Pietist beim König genoss, und sie machten Francke für die dem Hof auferlegte Sittenstrenge verantwortlich. »Dieser Hund von Francke«, schrieb Wilhelmine anklagend, »ließ uns wie Trappistenmönche leben.«[19] Bruder und Schwester machten auch die bei Friedrich Wilhelm gebräuchlichen Predigten zur Zielscheibe ihres Spottes: »Man musste dieser Predigt mit der gleichen Aufmerksamkeit lauschen, als wäre sie die eines Apostels. Meinen Bruder und mich überkam die Lust zu lachen, und oftmals sind wir herausgeplatzt.«[20] Man kann sich zwar schlecht vorstellen, dass Friedrich und Wilhelmine im Angesicht ihres Vaters vor Lachen herausgeplatzt sein sollen, dennoch drückt dieses Zeugnis die Gefühle aus, die Friedrich bewegten und an denen er scheiterte. Von dem ihm angelernten religiösen Wissen über Glaubensdinge hat er allem Anschein nach einen Großteil rasch vergessen. Wie groß die Lücken waren, trat kurz vor seiner Konfirmation im Mai 1727 zutage. Um ihn auf den Empfang des Abendmahls vorzubereiten, musste ein Pfarrer zwei Tage lang seine religiöse Erziehung nachholen.

Bei seiner ersten Moralpredigt hat Friedrich Wilhelm anfangs die Wangen seines Sohnes mit väterlicher Liebe getätschelt, aber als anschließend sein Zorn aufwallte, ging er so weit, ihm richtige Ohrfeigen zu versetzen. Für Friedrich begann damit ein Kreislauf von Gewalttätigkeit und Erniedrigung. Der stets zu Wutanfällen neigende Friedrich Wilhelm ließ seinem Temperament freien Lauf. Die Memoiren Wilhelmines enthalten reichlich Darstellungen von solchen Szenen. Wenn diese auch nicht immer zuverlässig sein mögen, so fanden sie doch oftmals ihre Bestätigung in den Berichten der Diplomaten, die Zeugen dieser Misshandlungen waren. Die schlechte Behandlung, die Friedrich erleiden musste, kannte verschiedene Varianten, darunter auch Demütigungen. So wurde er etwa bei einer gemeinsamen

Mahlzeit an das Ende der Tafel platziert und dafür gesorgt, dass die Schüsseln leer waren, wenn sie bei ihm anlangten. Wilhelmine überliefert die Anekdote von dem Teller, der Friedrich an den Kopf geworfen wurde. Man könnte sie als theatralische Übertreibung abtun, wenn sie sich nicht zu den Schlägen fügen würde, die Friedrich Wilhelm seinem Sohn regelmäßig verabreicht hat. Der Vater versuchte, ihn mit allen Mitteln zu demütigen und ging eines Tages so weit, ihn zu zwingen, in Gegenwart von Offizieren seine Stiefel zu küssen.

Am 10. September 1728 schickte Friedrich ihm einen Brief, in dem er, statt seinem Vater Trotz zu bieten, Folgendes schrieb: »Ich bitte also meinen lieben Papa, mir gnädig zu sein, und kann hierbei versichern, dass, nach langem Nachdenken, mein Gewissen mir nicht das mindeste gezeigt hat, worin ich mir etwas zu reprochieren haben sollte.« Nach dieser Einleitung, die möglicherweise nicht die glücklichste war, um den Zorn Friedrich Wilhelms zu besänftigen, fuhr er fort: »... hätte ich aber wider Wissen und Willen getan, das meinen lieben Papa verdrossen habe, so bitte ich hiermit untertänigst um Vergebung, und hoffe, dass mein lieber Papa den grausamen Hass, den ich aus allem seinem Tun genug habe wahrnehmen können, werde fahren lassen ...«[21] Die Antwort des Königs war alles andere als ermutigend. Sie umfasste alle im Lauf der Jahre von Friedrich Wilhelm gesammelten Beschwerden gegenüber seinem Sohn, den er hier in der dritten Person ansprach: »Sein eigensinniger Kopf, der nit seinen Vater liebet; denn wann man nun alles tut, absonderlich seinen Vater liebet, so tut man, was er haben will, nit wenn er dabei steht, sondern wenn er nit alles sieht. Zum andern weiß er wohl, dass ich keinen effeminirten Kerl leiden kann, der keine menschlichen Inclinationen hat, der sich schämt, nit reiten noch schießen kann, und dabei malpropre an seinem Leibe, seine Haare wie ein Narr sich frisiret und nit verschneidet, und ich alles dieses tausend Mal reprimandiret, aber alles umsonst und keine Besserung in nits ist. Zum andern hoffärtig, recht baurenstolz ist, mit keinem Menschen spricht, als mit welsche, und nit popular und affabel ist, und mit dem Gesichte Grimassen macht, als wenn er ein Narr wäre, und in nits meinen Willen tut, als mit der Force angehalten; nits aus Liebe, und er alles dazu nits Lust hat, als seinem eigenen Kopf folgen, ansonsten alles nits nütze ist ...«[22]

Friedrich unternahm anlässlich eines am Hubertustag veranstalteten Banketts einen erneuten Versuch, die Gunst des Vaters zurückzugewinnen. Möglicherweise war es der Wein, der ihn diesmal dazu brachte, sich seinem Vater zu Füßen zu werfen und ihn anzuflehen, ihm doch zu glauben, dass er sich nichts anderes wünsche, als ihn zu lieben und ihm zu gehorchen. Friedrich Wilhelm scheint von dieser unerwarteten Geste bewegt gewesen zu sein. Seine Antwort an Friedrich war in einem etwas anderen Ton gehalten als in jenem, den er beim Empfang des vorausgegangenen Briefes angeschlagen hatte:»Nun, das ist schon gut, werde du nur ein ehrlicher Kerl, sei du nur ehrlich!«[23] Diese Windstille war jedoch nur von kurzer Dauer. Die Vorwürfe und Angriffe erlangten schnell wieder die Oberhand.

Friedrich Wilhelm hoffte, seinen Sohn mit Schlägen gefügig zu machen. Vielleicht muss man das auch als Eingeständnis der Ohnmacht bewerten. Je länger, je mehr musste der König feststellen, dass Friedrich ihm entglitt. Es wäre jedoch ein Irrtum, diesen Konflikt allein auf seine psychologischen Wurzeln, also auf den Zusammenprall von zwei gegensätzlichen Charakteren und Persönlichkeiten, zurückführen zu wollen. Er beschränkte sich nicht auf den Zorn eines Königs, der darüber in Wut gerät, dass er seinen Sohn nicht hat dressieren können, um ihn nach seinem Bild zu formen. Er besaß vielmehr auch eine politische Dimension, ohne deren Vergegenwärtigung sich dieser Vater-Sohn-Konflikt nicht erhellen lässt. Hier ging es ganz offensichtlich um Politik, denn schließlich handelte es sich um die Erziehung des Kronprinzen. Friedrich Wilhelm mochte befürchten, dass sein Werk Schaden nehmen könnte, wenn sein Nachfolger nicht denselben Vorstellungen von Machtausübung anhinge wie er. Was würde geschehen, wenn dieser nicht die gleiche Energie und die gleiche Willenskraft bei der Behandlung von Staatsangelegenheiten aufbrächte? Im Hintergrund dieser Auseinandersetzung kristallisierte sich indes ein anderes Problem heraus, welches die Position Preußens auf der europäischen Bühne in Frage stellte.

Heiratsprojekte

Der erste Ausfall Friedrich Wilhelms im März 1724 war von Andeutungen belastet. Wenn er von Friedrich sprach, nahm er »Leute, die ihm andere Gefühle einpflanzten als die meinen und ihn dazu aufstachelten, alles zu kritisieren«, aufs Korn. Es bedurfte keiner Vertrautheit mit dem Privatleben der königlichen Familie, um zu erraten, dass er in erster Linie auf die Königin und in zweiter Linie auf Wilhelmine abzielte.

Dieser Verdacht war nun keineswegs aus den Vorstellungen eines unter Paranoia leidenden Gehirns entsprungen, sondern enthielt ein Körnchen Wahrheit. Sophie Dorothea fühlte sich nicht nur gekränkt, weil ihr Gatte auf ihre Ratschläge verzichtete, sondern vielmehr noch, weil er ihr die Beteiligung an den Staatsgeschäften verweigerte. Sie war eifrig bestrebt, sich einen Einfluss zu sichern, der ihren Machthunger befriedigte, war aber auch darauf aus, den Kurs der preußischen Politik zu ändern.

Sophie Dorothea, die Welfin, konnte aus ihrer Verbindung zum Haus

Hannover, das im Jahre 1714 mit Georg I. den englischen Thron erlangt hatte, Vorteile ziehen und Hochzeitspläne mit England ins Auge fassen. Sie dachte daran, Wilhelmine mit dem Herzog von Gloucester, dem Enkel Georgs I., und Friedrich mit dessen Schwester Amalie zu verheiraten. Als dieses Vorhaben ersonnen wurde, stand es mit der Politik Preußens durchaus im Einklang.

Der Augenblick schien daher gut gewählt für den Versuch, König Georg davon zu überzeugen, dass diese Heiraten die Verbindung zwischen den beiden Staaten stärken würden. Friedrich Wilhelm war von diesem Projekt angetan und erkannte die Bedeutung für seine diplomatischen Ziele. Die beiden Herrscher berieten 1725 im Schloss Herrenhausen darüber. Dennoch war die Heirat noch keineswegs beschlossene Sache. Von der englischen Seite war das Angebot höflich zur Kenntnis genommen worden; nicht mehr, denn Georg I. war daran gelegen, sich nicht fest zu binden, und er gab daher zu bedenken, dass das Parlament das letzte Wort zu sprechen habe.

Vielleicht hat diese Enttäuschung zur Kursänderung von Friedrich Wilhelms Außenpolitik geführt. Im darauf folgenden Jahr entschied er sich im Vertrag von Wusterhausen tatsächlich dazu, das Lager zu wechseln und wieder in die österreichische Allianz einzutreten. Diese Parteinahme entsprach zweifelsohne eher seiner inneren Einstellung, weil er gefühlsmäßig dazu neigte, sich als Lehensmann des Kaisers zu verstehen. Er wandte sich ganz spontan gegen jede ausländische Einmischung in deutsche Angelegenheiten. Er hatte ja auch mit Nachdruck geäußert: »…kein Engländer und Franzose soll über uns Deutsche gebieten und meinen Kindern will ich Pistolen und Degen in die Wiege geben, dass sie die fremden Nationen aus Deutschland helfen abhalten.«[24] Aber jenseits dieser prinzipiellen Haltung erhoffte er sich von einem Bündnis mit Karl VI. sehr konkrete Vorteile. Er hatte nämlich ein Auge auf die niederrheinischen Herzogtümer Jülich und Berg geworfen, nach denen es schon seine Vorgänger gelüstet hatte. Den Kaiser kostete es nichts, Territorien zu versprechen, die ihm ohnehin nicht gehörten. Als Gegenleistung für diese Zusicherung erlangte er die Anerkennung der Pragmatischen Sanktion durch Friedrich Wilhelm. Mit diesem Vertrag von größter Bedeutung hatte Karl VI. seit 1713 seine Nachfolge vorbereitet, indem er zu Ungunsten der Töchter seines älteren Bruders, des verstorbenen Kaisers Joseph I., die Bestimmung traf, dass das älteste seiner Kinder, sei es Sohn oder Tochter, die Nachfolge in den Erbländern des Hauses Habsburg antreten solle.

Es stellt sich die Frage, ob sich diese Wende mit den englischen Heiratsplänen vertrug. Diese Sache war gewiss noch nicht abgetan, denn die Beziehungen zwischen London und Wien traten in eine Phase der Entspannung. Der Wunsch Karls VI., die unter habsburgischer Herrschaft stehende Hafenstadt Ostende an der flämischen Küste mit der Absicht auszubauen, in Konkurrenz zum englischen Handel zu treten, hatte bisher einen gewichtigen Zankapfel zwischen die beiden Monarchien geworfen. Die Entscheidung des Kaisers, auf dieses Vorhaben zu verzichten, erfüllte das englische Kabinett mit Genugtuung. Andererseits erwies sich das Bündnis zwischen Österreich und Spanien lediglich als vorübergehend. Trotz einer gewissen Entspannung verschwand die Rivalität zwischen England und Österreich keineswegs völlig. Wien wollte auf keinen Fall zulassen, dass sich in Deutschland eine englische Partei bildete. Und genau das wäre der Fall gewesen, wenn es zu den von Friedrich Wilhelm und besonders von Sophie Dorothea gewünschten Heiraten gekommen wäre, die nun auch Preußen unter englischen Einfluss gebracht hätte. Es lag in der Natur der Sache, dass sich der Wiener Hof diesem Projekt gegenüber ablehnend zeigte und danach trachtete, es zu verhindern. Dies zu erreichen gab es gewiss kein besseres Mittel als die Einbindung Preußens in eine Allianz.

Der Wiener Hof knüpfte auf geschickte Weise Verbindungen bis in die engste Umgebung Friedrich Wilhelms hinein. Die habsburgische Politik konnte vor allem auf den Einfluss setzen, den sich Graf Friedrich Heinrich von Seckendorff beim preußischen König gesichert hatte. Ihre Beziehung war schon alt und ging auf den Spanischen Erbfolgekrieg zurück. Friedrich Wilhelm hatte damals Gelegenheit, die Tapferkeit dieses kaiserlichen Offiziers kennen zu lernen, der neben seinen militärischen Verdiensten auch noch den Vorzug aufwies, Protestant zu sein. Nach seiner Thronbesteigung blieb er mit ihm in Briefkontakt. Darüber hinaus reiste von Seckendorff eines Tages nach Berlin, um seinem königlichen Freund einen Besuch abzustatten. Wenn diese Reisen auch offiziell einen privaten Charakter hatten, so unternahm er sie doch nie, ohne zugleich eine geheime Mission im Auftrag Wiens zu erfüllen. 1726 nahmen die kurzzeitigen Besuche von Seckendorffs ein Ende und er ließ sich auf Dauer in Berlin nieder. Ohne jemals offiziell diesen Titel getragen zu haben, übte er doch die Funktion eines Gesandten Karls VI. bei Friedrich Wilhelm aus. Er arbeitete auf eine verstärkte Orientierung des preußischen Hofes nach Österreich und auf die Verhinderung der englischen Hochzeiten hin. Das war Grund genug für die Abneigung, die er bei Friedrich hervorrief. Das geht aus dem Porträt hervor, welches dieser sehr viel später in den *Mémoires pour servir à l'histoire de la maison de Brandenbourg* einschob: »Er hatte schäbige Absichten. Seine Manieren waren ungehobelt und grobschlächtig. Die Lüge war ihm so sehr zur Gewohnheit geworden, dass ihm dadurch der Gebrauch der Wahrheit verloren gegangen war. Er hatte die Seele eines Wucherers, die einmal in den Körper eines Militärs schlüpfte, ein anderes Mal in die eines Unterhändlers.«[25]

Seckendorffs Bemühungen fanden bei General Graf Grumbkow Unterstützung, der sich ebenfalls bei Malplaquet hervorgetan hatte. Mit seinen Waffentaten war es ihm gelungen, das Vertrauen Friedrich Wilhelms in einem Maße zu erlangen, dass er, obwohl Minister am Hofe Friedrichs I., auch unter dem neuen König seine Position behalten konnte. Graf Grumbkow hob sich von der engeren Umgebung des Königs dadurch ab, dass er Verbindungen nach Frankreich pflegte. Abgesehen davon, dass er dort aufgewachsen war, hatte er eine Demoiselle de La Chevalerie geehelicht. Aus dieser Zeit hatte er den Sinn für Kultiviertes und auch seine Kontakte bewahrt. Dieser enge Mitarbeiter Friedrich Wilhelms stellte jedoch seine Fähigkeiten – gegen erhebliches Entgelt – in den Dienst des Kaisers. Gemeinsam mit von Seckendorff war er die Seele der österreichischen Partei am Hofe.

Die beiden Komplizen verbanden sich in ihren Bemühungen, Friedrich Wilhelm von den englischen Heiratsprojekten abzubringen. Sie wussten genau, welche Taste anzuschlagen war, um ihn gegen die Familie seiner Frau aufzubringen. Das gelang ihnen umso leichter, als die Angelegenheit ein Szenario entwickelte, das sich zu ihren Gunsten auswirkte. Der König erlebte eine neue Enttäuschung, als sich Sophie Dorothea an Königin Caroline von England wandte, damit sie in dieser Angelegenheit vermitteln möge. Höflich zwar, aber in aller Deutlichkeit wurde ihr die Antwort zuteil: »Wir wollen den Roman nicht von hinten anfangen; bringt erst die Geschäfte in Ordnung und dann kann ich mit Erfolg an der Heirat arbeiten…«[26] Mit anderen Worten, bevor man daran denken konnte, weiteres zu unternehmen, mussten zunächst strittige Fragen zwischen den beiden Monarchien geregelt werden. Die englische Partei machte übrigens zur Bedingung, dass zwei Heiraten beschlossen werden müssten, um Preußen noch enger an ihre Interessen zu binden. Friedrich Wilhelm seinerseits hatte jedoch seine Haltung überdacht. Zu diesem Zeitpunkt fasste er lediglich eine Heirat Wilhelmines ins Auge. Was Friedrich anbetraf, den er noch einige Zeit unter seiner Aufsicht halten wollte, sollte die Entscheidung erst zu einem späteren Zeitpunkt getroffen werden.

Der Tod Georgs I. gestaltete die Sache noch schwieriger. Auf ihn folgte sein gleichnamiger Sohn, Georg II. Der Preußenkönig war leiblicher Vetter des neuen englischen Herrschers und kannte ihn seit Kindesbeinen. Er bewahrte insbesondere eine schreckliche Erinnerung an den Tag, als sie einmal ihre Kräfte miteinander gemessen hatten. Denn in diesem Kampf hatte der künftige König von England die Oberhand gewonnen! Seit dieser Zeit hegte Friedrich Wilhelm eine Animosität, die nicht dazu beitrug, sich ihm gegenüber als freundlich gesonnen zu erweisen.

Nach all dem brauchten von Seckendorff und Graf Grumbkow lediglich etwas Salz auf die Wunde zu streuen. Aus diesem Grund hatten sie Reichenbach, den Gesandten Preußens am englischen Hof, ins Spiel gebracht. Den Anweisungen seiner Mentoren entsprechend, schickte er alarmierende Depeschen nach Berlin. Er hob darin ausführlich das Missvergnügen hervor, welches die Engländer, und zwar vom Hof bis zum Kabinett, Preußen und seinem König entgegenbrächten. Solche Berichte verfehlten keineswegs ihre Wirkung bei einem Monarchen, der stets bereit war, Nachrichten dieser Art Glauben zu schenken.

Nachdem sich Friedrich Wilhelm und Sophie Dorothea zunächst hinsichtlich des Eheprojektes einig gewesen waren, sahen sie sich nun entzweit. Der König glaubte nicht mehr daran, dass es möglich sei, das Heiratsbündnis mit London zu einem guten Ende zu bringen, und zwar umso weniger, als die Wühlarbeit von Seckendorffs und Grumbkows Früchte trug. Der König machte sich fortan die Überzeugung zu eigen, dass der englische Hof gegen ihn arbeite. Sophie Dorothea wiederum hatte ihre Pläne keineswegs aufgegeben. Darüber hinaus verhielt sie sich auch nicht tatenlos. Sie versuchte insbesondere die Beziehungen zu ihrer Familie nach England zu nutzen und wandte sich brieflich an sie. Dabei hütete sie sich jedoch, Friedrich Wilhelm über ihre Schritte ins Bild zu setzen. Sie handelte also ohne Wissen ihres Gatten und ergriff in einer derart sensiblen Angelegenheit Partei gegen die Politik des Königs. Mit anderen Worten, sie intrigierte.

Nachdem man vorher schon von einer Partei der Königin hatte sprechen können, schrieb sich diese nun die Farben Englands aufs Panier. Friedrich Wilhelm kannte gewiss nicht alle Fäden, die in dieser Intrige gesponnen wurden, aber er wusste oder erriet genug, um eine Verschwörung zu riechen und daraus neue Vorwürfe gegen seinen Sohn zu schöpfen. Sophie Dorothea konnte in der Tat ihre beiden ältesten Kinder mühelos in dieses Spiel hineinziehen. Die Aussicht einer Heirat mit dem künftigen König von England war für Wilhelmine verführerisch. Im Gegensatz zu dieser ruhmvollen Zukunft überfiel sie ein Schauder bei dem Gedanken, sich an einem kleinen deutschen Fürstenhof lebendig begraben lassen zu müssen. Dieses Schicksal war ihr vom König zugedacht, wenn die englische Heirat platzte ... Was nun Friedrich anbetrifft, so war er ganz offensichtlich auf der Seite seiner Mutter und sei es nur deshalb, um sich seinem Vater zu widersetzen. »Der Prinz hasst den König, seinen Vater, auf souveräne Weise«, hatte schon 1726 Graf Rothenburg, der Gesandte Ludwigs XV. in Berlin, hervorgehoben.[27] Angesichts des Ausmaßes der Schmach, die ihm fast täglich angetan wurde, hatte sich dieses Gefühl nur noch verstärkt. So wusste er genau, dass, wenn er seine Uniform mit einem Totenhemd verglich, diese Bemerkung dem

König hinterbracht wurde und der Vater dadurch in seinem Innersten gekränkt wurde. Friedrich war sich aber auch hinsichtlich der politischen Auswirkungen, welche die Unterstützung für seine Mutter nach sich zog, völlig im Klaren. Er unterhielt einen Briefwechsel mit dem Prince of Wales und stand auf bestem Fuß mit dem Botschafter Frankreichs in Berlin, d. h., dem Vertreter derjenigen Großmacht, die damals mit England verbündet war. Friedrich Wilhelm hatte daher keinen Anlass, die Anschuldigungen, welche er gegen die »englische Partei« erhob, zurückzunehmen. Er hatte sogar gute Gründe, sie für die Partei des Prinzen zu halten. Das, was er von den Praktiken Friedrichs wusste oder auch nur erriet, konnte ihn lediglich in seiner Abneigung gegen diesen unwürdigen Sohn bestärken.

Eine englische Sondergesandtschaft

Schon seit 1728 hatte Friedrich, wie es scheint, sich mit dem Gedanken beschäftigt, aus Preußen zu entfliehen. War es denn nicht die beste Reaktion auf die Behandlung, die ihm der König zuteil werden ließ, einfach davonzugehen? Anfangs hatte er mit dieser Idee lediglich gespielt. Selbstverständlich bedurfte es einer langen Reifezeit, bis sich ein derart außergewöhnliches Projekt in ihm durchsetzte. Um es schließlich Realität werden zu lassen, musste der Kronprinz außerdem von dem Gefühl ergriffen werden, zu diesem letzten Schritt gezwungen zu sein. Obwohl sein Entschluss noch gar nicht feststand, war er so unvorsichtig, vertrauten Personen die Gefühle, die ihn hin und her rissen, zu offenbaren. So gestand er etwa seinem Jugendfreund Ulrich von Suhm, dem sächsischen Gesandten in Berlin, wie schwer die Gängelei des Vaters auf ihm laste und fügte hinzu, dass er mit Ungeduld darauf hinarbeite, sich davon zu befreien. Bei seinen Gesprächen mit dem Grafen Rothenburg muss er sogar sehr präzise Äußerungen von sich gegeben haben, denn dieser meinte im Juli 1728 dem Versailler Hof melden zu können: »Ich habe einigen Grund zu glauben, dass er darüber nachdenkt zu entfliehen. Ich habe ihn schon früher einmal bei der Planung dieses Vorhabens erlebt. Er war höchst unsicher, ob er in Frankreich oder in England Zuflucht suchen soll.«[28]

Zu Beginn des Jahres 1730 nahmen die Spannungen zwischen Vater und Sohn weiter zu. Im März 1729 hatte Friedrich Wilhelm die beiden Prinzenerzieher entlassen; beide waren es längst müde, ohnmächtige Zeugen dieses Konfliktes zu sein. Der König unterstellte Friedrich der Aufsicht von zwei anderen Offizieren, nämlich des Oberstleutnants Friedrich Wilhelm von Rochow und des Leutnants Dietrich von Keyserlingk. Der Vorteil der ihnen gegebenen Instruktionen lag in ihrer Klarheit. Die Erzieher mussten sich um die Hebung der moralischen Erziehung Friedrichs kümmern und insbesondere seine schlechten Neigungen bekämpfen. Um ihn von diesen abzubringen, erhielten sie den Auftrag, ihn Tag und Nacht zu überwachen. Es handelte sich dabei nicht um leere Worte, denn Keyserlingk war der Befehl erteilt worden, das Zimmer mit dem Kronprinzen zu teilen. Es tut hier nichts zur Sache, dass Friedrich sich mit seinem Wächter gut verstanden hat. Wie sollte er diesen Zwang nicht als unerträglichen Eingriff in seine Freiheit empfunden haben? Das hieß schon, ihn wie ein Kind zu behandeln. Hatte ihm Friedrich Wilhelm doch zur Rechtfertigung seiner unmenschlichen Maßnahmen erklärt: »Ich behandle Sie wie ein Kind, nicht wie einen Offizier.«[29] Das hieß auch, dass er wie ein Gefangener gehalten wurde, und genauso hat Friedrich auch den Zwang gesehen, dem er unterworfen war.

Somit schien es keine Möglichkeit mehr zu geben, das Unvermeidliche aufzuhalten. Dennoch nahmen die Ereignisse eine unerwartete Wendung, da bekannt wurde, dass Georg II. und das britische Kabinett dem Projekt einer Doppelhochzeit eine neue Chance geben wollten und beschlossen hatten, einen Sonderbotschafter nach Berlin zu schicken. Bei dieser Neuigkeit schöpften Sophie Dorothea und ihre beiden Ältesten wieder Hoffnung. Welchen anderen Sinn konnte man denn in diesem Vorhaben sehen, wenn nicht den Willen, die Bedingungen für eine beide Parteien zufrieden stellende Übereinkunft auszuhandeln? Zur Durchführung dieser Mission fiel die Wahl des englischen Kabinetts auf Sir Charles Hotham, eine Wahl, die durchaus geeignet war, Friedrich Wilhelm zu dessen Gunsten einzunehmen. Sir Charles entstammte altem Adel und war im Dienst ergraut. Aber dieser Oberst der königlichen Gardegrenadiere besaß noch weitere Eigenschaften, die dem König zusagen mussten. Er war nämlich auch als passionierter Jäger und trinkfester Zecher bekannt.

Sir Charles traf am 2. April 1730 in Berlin ein; die Verhandlungen mit ihm zogen sich zweieinhalb Monate hin. Die Dauer der Verhandlungen sagt einiges darüber aus, was auf dem Spiel stand. Alle Darsteller dieses Stückes waren um den Emissär gruppiert: auf der einen Seite der König und seine engen Mitarbeiter, auf der anderen Seite die Königin und ihre beiden Ältesten. Während all dieser Wochen wurden ständig Intrigen gesponnen, die einen, um die Verhandlungen zum Erfolg zu führen, die anderen, um die Mission des britischen Gesandten scheitern zu lassen.

In Wirklichkeit waren die Chancen für ein positives Ergebnis gering. Dazu waren die Ausgangspositionen der beiden Parteien zu weit voneinander entfernt. Das Verhandlungsziel des englischen Premierministers Sir Robert Walpole war unverändert geblieben. Er wollte erreichen, dass Friedrich Wilhelm endlich dem Projekt einer Doppelhochzeit seine Zustimmung erteilte.

Aber mehr noch als je zuvor verknüpfte England mit diesen Heiraten einen politischen Zweck: Es wollte Preußen aus der Allianz mit Österreich herauslösen. Der Augenblick für diesen Schritt schien günstig, denn Spanien hatte in Sevilla die Tripel-Allianz mit England, Frankreich und den Vereinigten Niederlanden wieder zusammengefügt. Friedrich Wilhelm seinerseits hatte sehr schnell die Absichten Englands durchschaut. Er war nicht bereit, den Spatz in der Hand für die Taube auf dem Dach aufzugeben. Wenn er mit dem Kaiser brechen sollte, musste die englische Diplomatie dafür etwas Greifbares bieten. Um es klar zu sagen, London sollte ihm dabei helfen, die Herzogtümer Jülich und Berg in seine Hand zu bringen. Diesen Preis zu zahlen, war das englische Kabinett jedoch nicht bereit, so gern es auch den König von Preußen in das englische Bündnissystem hineingezogen hätte.

Friedrich Wilhelm bestand jedenfalls darauf, dass nur Wilhelmine mit dem Prince of Wales verheiratet werden solle. Um ihn zu ködern, eröffnete ihm Sir Charles Hotham, dass Friedrich sofort nach seiner Hochzeit mit Prinzessin Amalie die Position des Gouverneurs zu Hannover bekleiden könne. Dieser an sich schmeichelhafte Vorschlag stieß jedoch auf Ablehnung bei Friedrich Wilhelm, musste das doch dazu führen, dass Friedrich seiner Aufsicht entzogen würde, aber in Abhängigkeit vom englischen Hof geriete. Man trat also auf der Stelle. Friedrich Wilhelm zeigte sich allenfalls bereit, einer Doppelhochzeit zuzustimmen, wenn unterschiedliche Hochzeitstermine festgelegt würden. Von der Frist sollte alles abhängen. Der Preußenkönig verlangte für die Vermählung Friedrichs und Amalies eine Frist von zehn Jahren! Nach diesem Vorschlag konnte niemand mehr über seine wahren Absichten im Unklaren sein. Auch wenn er das Kind nicht beim Namen nannte, es handelte sich schlicht und einfach um eine Absage.

Sir Charles spielte nun die letzte Karte, indem er das Doppelspiel des Grafen Grumbkow enthüllte. Die Engländer hatten nämlich einen Teil der Korrespondenz Grumbkows mit dem Repräsentanten Preußens in London abgefangen. Diese Briefe sollten Friedrich Wilhelm beweisen, dass sein wichtigster Mitarbeiter von Wien gekauft war und heimlich den Habsburgern in die Hände arbeitete. Wenn man den König von Grumbkows Verrat überzeuge, bliebe ihm nichts anderes übrig, als seinen Minister fortzujagen, was zum Zusammenbruch der österreichischen Partei führen werde, die erste Voraussetzung, um dem König die Sprache der Vernunft zu Ohren zu bringen. Diese Rechnung ging jedoch nicht auf. Friedrich Wilhelm reagierte völlig anders, als der englische Emissär erwartet hatte. Wenn Friedrich Wilhelm auch nicht alle Details kannte, so waren ihm die Verbindungen Grumbkows mit Wien keineswegs unbekannt. Bei alledem ließ er unter keinen Umständen zu, dass sich ein ausländischer Diplomat unterstand, ihm vorzuschreiben, was er gegenüber seinen eigenen Leuten zu tun und zu lassen habe.

Hat er damals wirklich in seinem Zorn die belastenden Dokumente, die ihm Sir Charles überreichen wollte, zu Boden geschleudert? Zumindest war dieses Gerücht in Umlauf. Es ist viel wahrscheinlicher, dass er sich damit zufrieden gab, auf dem Absatz kehrt zu machen und ohne weitere Formalitäten den Saal zu verlassen, in dem diese Audienz hätte stattfinden sollen. Aber der Vorfall war doch so schwerwiegend, dass sich der Botschafter als Opfer einer Beleidigung betrachtete und den Entschluss fasste, die Konsequenzen daraus zu ziehen. Friedrich Wilhelm wiederum brauchte nicht lange, bis ihm aufging, was für eine Dummheit er gerade begangen hatte. Er versuchte Sir Charles wieder zu besänftigen, indem er ihm seine Entschuldigung anbot. Das half nichts. Dieser sah in der zugefügten Beleidigung seinen König getroffen und weigerte sich, seinen Entschluss, Berlin zu verlassen, rückgängig zu machen.

Für Friedrich war dieser irreparable Bruch ein harter Schlag, denn er hatte so viel Hoffnung in diese Mission gesetzt. Er glaubte, seinen Interessen zu dienen, und ging im Mai sogar so weit, Georg II. zu schreiben, dass er niemals eine andere Frau heiraten werde als Prinzessin Amalie. Von seiner Seite war das offensichtlich ein ritterliches Unterfangen, zugleich jedoch auch ungeschickt und gefährlich, denn es geschah selbstverständlich ohne Wissen des Vaters. Weil sich Indiskretionen in London schnell verbreiteten, war es ebenso schnell dem Vater zur Kenntnis gelangt und hatte den unausweichlichen Zornesausbruch zur Folge. Diese Angelegenheit hatte ihn, wenn es überhaupt noch nötig war, in der Gewissheit bestärkt, dass sein Sohn Komplotte gegen ihn schmiedete. Letztlich hat dieser Brief seinem Verfasser geschadet. Wenn er auch keine entscheidende Rolle spielte, so hat er gewiss nicht dazu geführt, dass sich Friedrich Wilhelm bei künftigen Verhandlungen mit dem Gesandten seines Cousins Georg konzilianter erweisen würde.

Der Fluchtversuch

Die Hoffnung auf einen günstigen Ausgang der Heiratsverhandlungen hatte Friedrich bewogen, seinen Fluchtplan aufzuschieben. Die Klugheit gebot ihm, sich jeder unpassenden Handlung zu enthalten, solange die Mission von Sir Charles zu einer Verbesserung der Situation führen konnte. Es wäre jedoch alles in Frage gestellt, falls sie scheitern würde. Friedrich hatte allerdings schon vor dem letzten Zornesausbruch seines Vaters seine Illusionen verloren. Angesichts der veränderten Umstände kam er nun auf seinen früheren Plan zurück. Wenn man den Ausführungen Wilhelmines Glauben schenken darf, wollte er eine Reise des Hofes nach Mühlberg, zum Kurfürsten von Sachsen, dazu nutzen, das Vorhaben in die Tat umzusetzen. Wilhelmine war entsetzt und versuchte mit viel Bitten und unter Tränen, Friedrich das Versprechen abzuringen, von seinem Fluchtplan abzulassen. Er hat es ihr dann auch gegeben, aber es war nur ein Lippenbekenntnis, an das er sich letztlich nicht gebunden fühlte.

Abgesehen von seiner Dramatik enthüllt diese Geschichte das unvorsichtige Handeln Friedrichs. So etwa, wenn der Kronprinz in Kleidern nach neuester französischer Mode herumstolzierte. Es gab kein besseres Mittel, die Aufmerksamkeit des Königs zu erregen und seinen Argwohn zu nähren. Noch leichtsinniger war es, seinen Plan gegenüber allzu vielen Personen zu enthüllen oder doch anzudeuten. Wenn das Geheimnis auch nicht gelüftet wurde, so kamen dadurch doch gefährliche Gerüchte in Umlauf. Wie sonst wäre die verstärkte Wachsamkeit von Rochows gegenüber unüberlegten Handlungen des Kronprinzen zu erklären?

Zu den Eingeweihten gehörte die Gruppe junger Offiziere aus Friedrichs Umgebung. »Ich liebe meine Freunde mehr als mich selbst«,[31] hatte er einmal gestanden. Einer von ihnen war Peter Keith. Er war der Sohn einer schottischen Familie, die sich in Pommern niedergelassen hatte, und diente als Page am Hof. Wilhelmine hat ihn abfällig als »*ministre de la débauche*«, als »Diener der Ausschweifungen« ihres Bruders, beschrieben.[31] Dieser Vorwurf war hart. Vielleicht muss man ihn ihrer Neigung zu übertreiben anrechnen. Ohne Zweifel war Keith ebenfalls ein Opfer der Animosität, mit der Wilhelmine alle diejenigen verfolgte, die mit ihr um die Zuneigung Friedrichs konkurrierten und mit dem Fluchtplan vertraut waren. Diese Aussage hebt jedenfalls die Freundschaft hervor, welche sie mit Friedrich verband. Diese erklärt auch, warum die Entscheidung getroffen wurde, Keith als Leutnant in eine Garnison weitab von Berlin zu versetzen.

Leutnant Hans Hermann von Katte fand noch weniger Gnade vor den Augen Friedrich Wilhelms. Dieser Offizier der *Gens d'armes*, eines Kürassierregiments zur Sicherheit des Königs, besaß alle Eigenschaften, um die Aufmerksamkeit und die Zuneigung Friedrichs zu erlangen. Er war acht Jahre älter und weit gereist, bevor er sich für eine militärische Karriere entschieden hatte. Er war gebildet und teilte mit dem königlichen Prinzen die Neigung zu Literatur und Musik. In religiösen Dingen legte er einen Skeptizismus an den Tag, in dem Friedrich sich selbst wiedererkannte. Das Äußere Kattes schien Wilhelmine ebenfalls sehr missfallen zu haben. Sie erinnerte sich: »Sein Gesicht war eher unangenehm als einnehmend. Zwei schwarze Brauen bedeckten beinahe seine Augen. Sein Blick hatte etwas Unheilvolles

Das »Lerchennest« in Steinsfurt (bei Sinsheim im Kraichgau), Schauplatz der geschieterten Flucht des Kronprinzen.

an sich und sah sein Schicksal voraus. Seine gebräunte und von kleinen Pockennarben übersäte Haut machte ihn noch hässlicher.«[32]

Friedrich weihte auch Kapitän Guy Dickens, den Attaché der englischen Vertretung in Berlin, in sein Geheimnis ein. Er verriet ihm während des Aufenthaltes in Mühlberg Einzelheiten seines Planes und zwar nur wenige Tage nach dem Versprechen, das er seiner Schwester Wilhelmine gegeben hatte, was dessen Glaubhaftigkeit vollends in Frage stellt. Er hatte sich entschlossen, nach Frankreich zu fliehen, dabei über Straßburg einzureisen und anschließend, nach einem Aufenthalt von mehreren Wochen im Elsass, vielleicht auf den Gütern von Friedrich Rudolf Graf von Rothenburg (Rottenbourg), des ehemaligen französischen Botschafters in Berlin, nach England zu gelangen. Friedrich hoffte, die bevorstehende Hochzeit seiner Schwester Friederike Luise mit dem Markgrafen von Ansbach dafür ausnutzen zu können. Voraussetzung dafür war allerdings, dass der König einer daran anschließenden Reise nach Süddeutschland zustimmte und der Kronprinz dadurch der französischen Grenze näher käme.

Einige Tage später überbrachte ihm Dickens die Antwort der Engländer.

Sie war alles andere als ermutigend. Der Attaché sollte zwar, um Friedrich genehm zu sein, dessen angehäufte Schulden begleichen, ihn dafür aber auch überreden, seinen Plan aufzugeben. Seine Ankunft auf englischem Boden hätte eine europäische Krise heraufbeschwören können, die London vermeiden wollte. Im Grunde war diese Botschaft in keiner Weise überraschend. Welcher Art das Mitgefühl für die Leiden des königlichen Prinzen auch immer gewesen sein mochte, das britische Kabinett konnte seine Anfrage ausschließlich unter politischem Gesichtspunkt betrachten.

Diese Antwort erzielte beim Kronprinzen jedoch nicht die gewünschte Wirkung. Nachdem Friedrich von seinem Vater endgültig in dessen Gefolge für die Reise aufgenommen worden war, rechnete er damit, bei der Ausführung seines Fluchtplanes davon profitieren zu können. Am Abend vor der Abreise traf er Katte im Park des Potsdamer Schlosses, um ihm die letzten Anweisungen zu erteilen. Auch dieser versuchte, ihn davon abzubringen, sich auf dieses Unternehmen einzulassen. Er hatte nicht nur keinen Erfolg, sondern gab sogar den Ausschlag zur Tat, indem er sich in diesem entscheidenden Augenblick nicht von ihm abwandte. Unsicherheit, gemischt mit Unvorsichtigkeit lasteten schwer auf der Durchführung dieses Planes. Friedrichs Szenario sah vor, dass sich die beiden Männer in Cannstatt treffen sollten, von wo aus sie versuchen würden, sich ins Ausland durchzuschlagen. Katte hatte bei seinem Oberst um die entsprechende Erlaubnis nachgesucht, sich in die rheinischen Besitzungen Preußens zu begeben, vorgeblich um dort Rekruten auszuheben. Aber was, wenn ihm dieser Urlaub verweigert würde? Eine weitere Unvorsichtigkeit lag darin, dass er sich für die Korrespondenz mit dem königlichen Prinzen eines Cousins als Mittelsmann bediente, der damals als Offizier der Kavallerie im Süden Deutschlands als Rekrutenwerber unterwegs war.

Nachdem der König und sein Hofstaat am 15. Juli 1730 abgereist und in kurzen Etappen bis Ansbach gelangt waren, wurde Friedrich die von ihm erwartete Post übergeben. Er erfuhr, dass die Erlaubnis, um welche Katte gebeten hatte, verweigert worden war. Nach Eingang dieser schlechten Nachricht wäre es noch Zeit gewesen, alles abzublasen. Friedrich tat nichts dergleichen, im Gegenteil, er schrieb Katte und verlangte, dass sie sich in Den Haag träfen und sandte die gleiche Nachricht auch an Keith.

Nach dem Aufenthalt in Ansbach sah die Planung vor, bis Mannheim weiterzureisen, wo der pfälzische Kurfürst den König und sein Gefolge aufnehmen sollte. Als Vorbereitung für die Flucht hatte sich Friedrich den Verlauf der letzten Etappe vor der Ankunft in Mannheim in das Gedächtnis eingeprägt, ein Entschluss, den die Nähe des Rheins gefördert hatte. Eine unerwartete Abänderung des ursprünglich von Friedrich Wilhelm erstellten

Reiseplanes hätte in letzter Minute möglicherweise noch eine Wendung herbeiführen können. Anstatt in Steinsfurt eine Zwischenstation einzulegen, entschloss sich der König, die Nacht in einer Scheune zuzubringen, von wo er anderntags bei Sonnenaufgang weiterreisen wollte. Obwohl ihm diese Änderung die Aufgabe erschweren konnte, sah sich Friedrich seinem Ziel viel zu nahe, als dass er noch einen Rückzieher machen wollte.

Für seine Flucht versicherte er sich der Hilfe des jüngeren Bruders von Peter Keith, der in seiner Funktion als Page mit von der Partie war. Er musste die zwei Pferde auswählen, mit denen sie das Weite suchen wollten. Nachdem der allgemeine Aufbruch vom König auf fünf Uhr festgesetzt worden war, hatte sich Friedrich für die Zeit nach halb drei Uhr verabredet. Damit wollten sie einen genügend großen Vorsprung gewinnen, denn die Flucht des Kronprinzen konnte ja nicht lange unentdeckt bleiben. Indes, an diesem Morgen des 5. August verlief nichts wie geplant. Friedrich stand zwar zur vorgesehenen Zeit bereit. Als ginge es zu einem Fest, hatte er sich einen roten Mantel angezogen, den er erst einige Tage zuvor hatte anfertigen lassen. Keith hingegen hatte sich verspätet. Das reichte aus, dass der Diener Friedrichs das Hin und Her bemerkte und sofort von Rochow warnte. Dieser war ohnehin schon auf der Hut und hatte schnell begriffen, was hier gespielt wurde. Die auffällige Kleidung Friedrichs und dann die widersprüchlichen Äußerungen von Keith, der schließlich mit zwei Pferden eintraf, überzeugten ihn vollends davon, dass er soeben einen Fluchtversuch vereitelt hatte. Er entschloss sich dennoch, nichts durchsickern zu lassen. Nachdem er sicher sein konnte, Friedrich an der Flucht gehindert zu haben, konnte er, indem er für ihn Partei ergriff, hoffen, ihm den Zorn des Königs zu ersparen und im Übrigen die preußische Monarchie vor einer schweren Krise zu bewahren. Auch als von Seckendorff erschien, nahm von Rochow einen scherzhaften Ton an und machte sich über die vom Erbprinzen angelegte Kleidung lustig. Damit lenkte er von Seckendorffs Aufmerksamkeit von peinlichen Fragen ab.

Damit hätte es sein Bewenden haben können. Aber Friedrich gab noch immer nicht auf und versuchte sogar Keith erneut zu bedrängen. Das war der berühmte Tropfen, der das Fass zum Überlaufen brachte. Weniger aus Gewissensbissen als vielmehr aus Furcht entschied sich der junge Page, noch am Morgen, nach dem Gottesdienst, alles dem König zu entdecken. Dieses Geständnis veränderte schlagartig alles. Als Friedrich Wilhelm erfahren hatte, dass sein Sohn versucht hatte, zur Tat zu schreiten, fasste er umgehend die notwendigen Beschlüsse, obwohl diese erst nach der Rückkehr auf preußisches Territorium ausgeführt werden konnten. Oberst von Rochow wurde der Befehl erteilt, den königlichen Prinzen zum gegebenen Zeitpunkt festzunehmen und in die Festung Wesel zum Verhör zu schaffen. Am gleichen Tag noch ließ er Friedrich wissen, dass er nun die Wahrheit kenne. Bei der Ankunft in Darmstadt gab er sich erstaunt, ihn dort zu sehen, wo er ihn doch – so fügte er hinzu – schon in Paris wähnte. Die Verdachtsmomente verdichteten sich noch, bevor er in Wesel angekommen war. Er ist in der Tat unterwegs von der Desertion des älteren Keith informiert worden. Diese Nachricht und dazu der Brief des Leutnants von Katte festigten seine Überzeugung, dass die Affäre schwerwiegender war, als sie zunächst erscheinen mochte. Es handelte sich regelrecht um ein Komplott, das der missglückte Fluchtversuch Friedrichs aufgedeckt hatte. Als er einige Tage später erfahren sollte, dass Keith in Den Haag angelangt sei und nach England übersetzen wolle, war ein Zweifel in dieser Angelegenheit nicht mehr möglich.

Die Verhöre

Wie die Befehle Friedrich Wilhelms vorsahen, wurde Friedrich in die Festung Wesel überführt, wo er am 12. August in Gegenwart des Königs einem ersten Verhör unterzogen wurde. Die Überlieferung berichtet, dass der König in einem heftigen Wutanfall die Hand an den Degen gelegt habe, als wolle er seinen Sohn durchbohren. General von Mosel habe gerade noch durch sein Dazwischentreten einen nicht wieder gut zu machenden Schaden abwenden können. Wie dem auch sei, die Verteidigung Friedrichs war einfach ungeschickt. Er glaubte tatsächlich, klug zu handeln, wenn er versuchte, falsche Spuren zu legen. In Wirklichkeit machte er seinen Fall noch schwerwiegender, weil der König sehr schnell entdeckte, dass er ihn angelogen hatte. So etwa, als er erklärte, dass er seine beiden Komplizen in Straßburg treffen wollte. Friedrich Wilhelm hatte jedoch recht bald erfahren, dass Keith einen anderen Weg genommen hatte. Eine solche Verdrehung der Wahrheit konnte ihre Erklärung nur in einer Verschwörung finden. Wie sollte Friedrich Wilhelm denn von nun an etwa einem Brief Glauben schenken, den dieser ihm übermitteln ließ, in welchem er ihm versicherte: »Alles, was ich meinem lieben Vater sage oder gesagt habe, ist wahr.«[33] Anstatt ihm darauf zu antworten, befahl er General von Buddenbrock, den Kronprinzen ins pommersche Küstrin, einer Festung an der Oder, zu überführen. Um jedoch dorthin zu gelangen, mussten hessische und hannoversche Gebiete durchquert werden, wodurch unter Umständen eine Aktion zur Befreiung Friedrichs zu befürchten war. Friedrich Wilhelm zog diese Möglichkeit in Betracht und befahl General Buddenbrock, Friedrich keinesfalls in die Hände der Angreifer fallen zu lassen, und fügte hinzu: »dass die anderen ihn nicht anders als tot bekommen«.[34]

Von Wesel aus gab Friedrich Wilhelm den Befehl, Katte zu verhaften. Er vermutete jedenfalls zu diesem Zeitpunkt noch, dass der Hauptkomplize Friedrichs die preußische Hauptstadt mit dem Ziel Den Haag schon verlassen habe. In Wirklichkeit hatte Katte nichts dergleichen getan. Als er von Friedrich keine Nachricht erhalten hatte, glaubte er, der Kronprinz habe seine Pläne aufgegeben. Warum sollte er nun noch etwas unternehmen, was einer Desertion gleichkäme? Daher konnte Katte widerstandslos in seiner Wohnung zu Berlin festgenommen werden. Nachdem Keith hatte entkommen können, wurde der Leutnant nicht nur zum Hauptzeugen in dem bevorstehenden Prozess, sondern auch und vor allem zum vermeintlichen Hauptschuldigen. An ihm sollte sich Friedrich Wilhelm festbeißen. Zwischen dem 27. August und dem 20. September wurde Katte sechs Mal verhört. Das erste Verhör fand in Gegenwart des Königs statt, der denjenigen mit eigenen Augen sehen wollte, der, wie er glaubte, Friedrich in seinen Untergang hineingezogen hatte. Im Laufe dieser Verhöre verschwieg Katte die Vorbereitungen zur Flucht in keiner Weise. Im Übrigen hielt er ohne abzuweichen stets die gleiche Linie ein. Gewiss sei er mit dem Prinzen zusammengetroffen, wenn dieser sein Vorhaben durchgeführt hätte, aber er sei zu dieser Zeit überzeugt gewesen, dass Friedrich darauf verzichte habe. Diese Verteidigungslinie überzeugte weder seine Befrager noch den König, die in ihm weiterhin einen Deserteur sahen.

Bevor Friedrich in Küstrin angekommen war, wurde er erneut einem Verhör unterzogen, aus dem nichts Greifbares hervorging, außer dass der Kronprinz, wie es scheint, die Gefährlichkeit seiner Situation noch nicht begriffen hatte. Grumbkow beschrieb ihn in einem Brief an Seckendorff als spöttisch und fröhlich. Mit einem derartigen Verhalten hatte er keine Chance, seinen Vater zu besänftigen. Die Schärfe seiner Haft in Küstrin sollte ihn zu einer realistischeren Einschätzung seiner Lage bringen. Die Bedingungen waren vom König selbst festgelegt worden. Er hatte darauf bestanden, dass Friedrich völlig abgesondert wurde. Ihm war verboten, seine Zelle zu verlassen. Er durfte mit niemand anderem Kontakt haben als mit den Dienern, die ihm das Essen brachten. Friedrich Wilhelm wusste auch, wie er ihn am härtesten treffen konnte, und erteilte den Befehl, Friedrich weder Tinte noch Papier zur Verfügung zu stellen und seine Flöte wegzusperren. Mit der Zeit erschwerten sich die Bedingungen noch. Denjenigen, die seine Zelle betreten durften, wurde ein Schweigegebot auferlegt. Zum Essen durfte er weder Messer noch Gabel benutzen.

Friedrich begann nun allmählich, das Ausmaß der Bedrohung zu begreifen, in der er schwebte. Dies bezeugt sein verändertes Betragen. Spott und Fröhlichkeit waren verflogen. Eine andere Tonart war angesagt. Nachdem er

Hans Hermann von Katte.
Zeitgenössisches Gemälde.

seinen Vater zuvor noch herausgefordert hatte, gab er zunehmend Erklärungen ab, in denen er sich dem König unterwarf. In einem Anhang zum Verhörsprotokoll vom 16. September kann man lesen: »Er erkannte an, dass er in allem, für alles und in jedem Punkt im Unrecht war, dass das, was ihn am meisten schmerzte, der Kummer sei, den Seine Majestät erleide, dass er Seine Majestät bitte, ihm zu glauben, dass seine Absicht niemals eine verbrecherische gewesen sei, dass er niemals versucht habe, Seiner Königlichen Majestät Schmerz zu bereiten, dass er sich in allem der Gnade und dem Willen des Königs unterwerfe, dass Seine Majestät mit ihm machen könne, was Sie für gut befände, dass er Sie um Verzeihung bitte.«[35] Einmal glaubte er, den väterlichen Zorn dadurch mildern zu können, dass er ihn darum bat, ihm seine Uniform zurückzugeben, aber er beging die Ungeschicklichkeit, diesem Ersuchen die Bitte anzufügen, ihm die Lektüre von »guten und anständigen Büchern« zu erlauben. Die Antwort des Königs war unmissverständlich: »Einen derart schlechten Offizier will ich in meiner Armee nicht haben und erst recht nicht in meinem Regiment.«[36] Wenn er von Friedrich sprach, benutzte er die übelsten Schimpfwörter wie »Schurke«, »Kanaille«,

41

»Kerl«. Andererseits wütete er gegen jene, die in seinen Augen Unrecht getan hatten, indem sie Friedrich mit Ergebenheit gedient hatten. Eine Vernehmung Kattes brachte ihn auf die Spur der geheimen Bibliothek, in der Friedrich seine Bücher aufbewahrte. Er ließ sie konfiszieren und dann nach Hamburg bringen, wo sie auf seinen Befehl hin in alle Winde zerstreut wurden. Der Zornesblitz des Königs fuhr noch nachträglich auf Duhan de Jandun nieder. Weil der Erzieher die Schuld trug, seinen Herrn mit Büchern versorgt zu haben, wurde er nach Memel, an die äußerste östliche Grenze des Königreiches, verbannt.

Die Verurteilung

Nach diesen Verhören fiel es einem Kriegsgericht zu, zwischen dem 25. und dem 27. Oktober die Urteile gegen die Angeklagten zu fällen. Diese Entscheidung beruhte auf ihrem Stand als preußische Offiziere. Das Kriegsgericht setzte sich aus fünf Kollegien zusammen, wobei jedes einen mili-tärischen Rang repräsentierte, von den Hauptleuten über die Majore, Oberstleutnants, Obristen bis zu den Generalmajoren. Sie mussten auch jedes für sich ein Votum abgeben. Der daraus hervorgehende Urteilsvorschlag folgte der Mehrheit dieser Voten. Als Vorsitzender des Kriegsgerichtes verfügte der alte General Achaz von der Schulenburg über die sechste Stimme. Die letzte Entscheidung jedoch lag beim König.

Bei Keith, dem es gelungen war, nach England zu entkommen, stand das Urteil außer Zweifel. Er wurde in Abwesenheit zum Tode verurteilt. Weil jedoch das Urteil nicht vollstreckt werden konnte, beschränkte sich seine Bestrafung darauf, dass er nur sinnbildlich, *in effigie*, gehängt wurde. Der Fall Katte war offensichtlich viel schwieriger und zwar in einem Maße, dass das Kollegium nicht zu einem einstimmigen Urteilsspruch gelangte. Wenngleich sich auch alle darin einig waren, dass er schuldig sei, weil er seinen Eid als Offizier gebrochen hatte, machten einzelne jedoch mildernde Umstände geltend, indem sie einwandten, dass er nicht zur Tat geschritten sei. Hauptleute und Generäle sprachen sich daher für eine lebenslange Festungshaft aus, während die Oberstleutnants und Obristen für die Todesstrafe plädierten, nicht jedoch ohne an die königliche Milde zu appellieren. Somit sollte die Stimme des Vorsitzenden, des Grafen von der Schulenburg, die Entscheidung herbeiführen. Je nachdem, welche Partei er ergriff, schickte er Katte in den Tod oder stellte das Gleichgewicht im Rat wieder her und rettete ihm das Leben. Da er auf die Stimme seines Gewissens hörte, vermochte er es nicht, für die Todesstrafe zu votieren. Die Schuld Kattes war nach seiner Auffassung als gemindert anzusehen, weil seine Hilfe beim Vorhaben des Kronprinzen das Stadium der Vorbereitung nicht überschritten hatte. Aus diesem Grund gab der General einer Verurteilung zu lebenslanger Haft den Vorzug.

Nun ging es noch darum, das Urteil über den Kronprinzen zu fällen. Den Offizieren des Kriegsgerichtes gelang es, die vor ihnen aufragende Klippe zu umschiffen. Es war ihnen nicht entgangen, dass sie, je nachdem, welches Urteil sie fällten, viel zu verlieren hatten. Ihr einmütiger Beschluss lief deshalb darauf hinaus, dass sie sich nicht für kompetent erklärten, in eine Familienangelegenheit einzugreifen.

Nachdem diese Voten dem König übermittelt worden waren, zeigte Friedrich Wilhelm ganz gegensätzliche Reaktionen. An dem über Keith gesprochenen Urteil fand er nichts auszusetzen. Der Wunsch des Kriegsgerichtes, ihm die Entscheidung hinsichtlich des Schicksals von Friedrich zu überlassen, war durchaus geziemend. Dagegen versetzte ihn die Weigerung des Gerichts, Katte zum Tode zu verurteilen, in äußerste Wut. Von Anfang an hatte sich Friedrich Wilhelm für ihn kein anderes Urteil als die Todesstrafe vorstellen können. Dies schien ihm das einzig Angemessene für die in seinen Augen abscheuliche Tat zu sein. Daher rührte seine Entscheidung, dem Kriegsgericht den Befehl zu erteilen, sich erneut zu versammeln und sein Urteil zu revidieren: »Sie sollen ihr Urteil nach dem Recht sprechen und nicht Federbetten ausschütteln«, erklärte er in seiner bilderreichen Sprache und fuhr fort: »Das Kriegsgericht muss erneut zusammentreten und ... ein anderes Urteil fällen ...«[37] Man kann es kaum besser zum Ausdruck bringen, dass den Richtern keine andere Wahl bleiben sollte, als seinen Befehl auszuführen.

Wider alle Erwartung blieb das Kriegsgericht jedoch in seiner Haltung unbeirrt. Die Verantwortung dafür lastete zunächst auf dem Vorsitzenden, der sich im Widerstreit zwischen dem Gehorsam gegenüber dem König und gegenüber seinem Gewissen für Letzteres entschieden hatte, und sogar erreichte, dass ihm die anderen Offiziere darin folgten. Mit derart gestärktem Rücken konnte daher Graf von der Schulenburg dem König schreiben: »Nachdem wir erneut reiflich erwogen und gut überlegt haben, ob das gesprochene Urteil in vollem Umfang aufrechterhalten werden soll, bin ich in meinem Gewissen davon überzeugt, dass mein Spruch nach bestem Wissen und Gewissen und nach dem feierlichen richterlichen Urteil, das ich verkündet habe, aufrecht erhalten werden muss. Eine Abänderung wäre gegen meine Überzeugung und steht außerhalb meiner Macht.«[38] Darin wird der wahre Grund für seine Weigerung, die Todesstrafe über Katte zu verhängen, offenbar. Schulenburgs Gewissensentscheidung hatte ihre tiefen Wurzeln in der Kraft seines Glaubens. Dies belegen auch mehrere Bibelverse, die er auf der Rückseite der königlichen Weisung niederschrieb. Sie geben zu verstehen, dass er gegen seine Pflicht gegenüber Gott verstoßen würde, wenn er sich nun eines anderen besänne.

Die letzte Entscheidung sollte allerdings beim König liegen. Er hätte angesichts dieser Verweigerung seine Entscheidung überdenken können. Aber er tat es nicht. Aus der Tatsache, dass seine Machtstellung ihm gestattete, die Strafe abzumildern, folgerte er, dass er sie auch verschärfen durfte. Wegen der Schwere seiner Tat konnte Katte keinen Anspruch auf Milde erheben. Indem er versäumt hatte, Friedrich an der Durchführung seines Planes zu hindern, hatte Katte seinen Offizierseid gebrochen. Angesichts dieses Verrates kam nur die Todesstrafe in Frage. Dies stand übrigens ganz im Einklang mit den Prinzipien, die Friedrich Wilhelm sich setzte. Wenn er Katte verschonte, brächte er das Recht in Gefahr, das ja für die Ordnung der Welt unabdingbar war. Er kam zu dem Ergebnis: »Besser er stirbt, als dass das Recht aus der Welt verschwindet.«

Die Hinrichtung

Sogleich nachdem Katte das Urteil verlesen worden war, wurde er in die Festung Küstrin überführt. Obwohl sich auch andere Festungen zur Urteilsvollstreckung angeboten hätten, wollte Friedrich Wilhelm, dass sein Sohn bei der Enthauptung seines Komplizen zugegen sei. Der Scharfrichter sollte sein Werk vor den Fenstern Friedrichs verrichten. An die Adresse des Generals gewandt, der den Befehl über die Festung innehatte, fügte er hinzu »… oder woferne ja daselbst nicht Platz genug dazu wäre, müsset Ihr einen anderen Platz nehmen, sodass der Kronprinz aus dem Fenster solchen gut übersehen kann.«[39] Diese Anordnung war unzweifelhaft von Friedrich Wilhelms Wunsch nach Rache geleitet. Zugleich geschah das auch aus seinem Glauben heraus, dass dieses grausame Schauspiel bei Friedrich Reue erwecken und als auslösendes Moment für seine Umerziehung dienen könnte. Als Beweis dafür mag die Tatsache dienen, dass er nach dem 3. November, in den Tagen, die auf die Hinrichtung folgten, die Hoffnung äußerte, dass diese »ihn berührt und sein Herz erweicht haben wird«.[40]

Der Schock war umso furchtbarer, als Friedrich von dem geheim gehaltenen Vorhaben nicht die geringste Ahnung hatte. In Unkenntnis der Absichten seines Vaters konnte er sich das Schlimmste gar nicht vorstellen. Wie soll man sonst den überheblichen und gewollt ironischen Ton erklären, den er in einem am 1. November an Wilhelmine gerichteten Brief anschlug? Das erweist der folgende Auszug: »Man wird mich nach dem derzeit laufenden Verfahren vor dem Kriegsgericht zum Ketzer machen; denn um als

Hinrichtung mit dem Schwert. Stich »Mancherley Lebensstrafen« von Daniel Chodowiecki.

Häretiker zu gelten, braucht es nicht mehr, als in allen Dingen mit den Gefühlen des großen Herrn nicht im Einklang zu stehen.« Und darüber hinaus: »Ja, meine liebe Schwester, unter der Bedingung zu wissen, dass Sie glücklich sind, wird auch mir der Aufenthalt im Gefängnis Glück und Zufriedenheit bereiten.«[41] Wenn dieser Brief Friedrich Wilhelm in die Hände geraten wäre, hätte er zweifellos darin einen neuen Beweis der leichtfertigen Dreistigkeit seines Sohnes gesehen.

Friedrich sah sich, als er am Morgen des 6. November um fünf Uhr geweckt wurde, schlagartig mit der Realität in ihrer ganzen Furchtbarkeit konfrontiert. Der ungewöhnliche Zeitpunkt gab ihm unmissverständlich zu verstehen, dass ein außergewöhnliches Ereignis bevorstand. Als er sogleich über das Todesurteil für Katte und die ihm befohlene Anwesenheit bei der Hinrichtung unterrichtet wurde, bot er spontan sein eigenes Leben für die Rettung seines Freundes an, dann wollte er einen Eilkurier nach Wusterhausen schicken, um die königliche Gnade zu erflehen. Vergeblich. Die dem Prinzen zugeordneten Offiziere hatten keine Befugnis, die Ausführung der Befehle des Königs aufzuschieben.

Es war in jedem Fall zu spät. Seit seinem Abtransport aus Berlin hatte sich Katte auf seinen letzten Gang vorbereitet, und zwar mit Hilfe des Feldpredigers Müller, seines Regimentsseelsorgers, der ihn bis zu seiner letzten Stunde begleiten sollte. Wenngleich er sich darin gefiel, in demonstrativer Todesverachtung als starker Geist, *esprit fort*, aufzutreten, so tat er dies weniger aus seiner inneren Überzeugung heraus, als mit dem Wunsch, vor einer Gesellschaft zu glänzen, die sich den philosophischen Einflüssen aus Frankreich schon geöffnet hatte. Der nahe Tod vermittelte dem Leutnant fundamentale Wahrheiten. Auf der Fahrt nach Küstrin schrieb er seinem Vater folgende Zeilen: »Ich befinde mich an der Pforte des Todes. Ich muss darauf sehen, dass ich dort mit reiner und geheiligter Seele eintrete.«[42]

Um sieben Uhr morgens setzte sich der Zug in Marsch. Unter der Bewachung von dreißig *Gendarmes* und in Begleitung von zwei Geistlichen ging Katte mit dem Hut unter dem Arm seinen Weg. Den zum Dienst bei Friedrich eingeteilten Offizieren war befohlen worden, diesen am Fenster seiner Arreststube zu platzieren. Von dort aus konnte er keinesfalls die Ankunft seines so heiß geliebten Freundes verpassen, der nur deshalb sein Leben verlieren sollte, weil er von ihm in dieses verhängnisvolle Unternehmen hineingezogen worden war. Als Katte in Sichtweite war, warf er ihm eine Kusshand zu und rief: »Mein lieber Katte, ich bitte Sie tausend Mal um Verzeihung!« Dieser antwortete darauf mit einer Verbeugung und erwies ihm einen letzten Freundesdienst, indem er Friedrich versicherte, dass er ihm nichts zu verzeihen habe. Nach diesem kurzen Halt setzte sich der Zug wieder in Bewegung. Kattes Ende war erhebend. Nachdem er das Urteil angehört hatte und Offiziere und *Gendarmes* zurückgetreten waren, empfing er den Segen der beiden Pastoren. Nun bereitete er sich auf den Augenblick seines Todes vor. Nachdem er sich seinen Überrock hatte abnehmen lassen, zog er seine Perücke vom Kopf und öffnete weit den Kragen seines Hemdes. Dann setzte er sich eine weiße Mütze auf. Nach diesen Vorbereitungen kniete er nieder und legte den Kopf auf den Sandhaufen, der als Richtblock diente. Er begann, ein Gebet zu verrichten, aber der Henker gab ihm nicht Gelegenheit, mehr als die ersten Worte zu sprechen. Mit einem einzigen Schwerthieb tat er seine Arbeit.

Das war mehr, als Friedrich ertragen konnte. Auf der Stelle verlor er das Bewusstsein. Als er wieder zu sich gekommen war, konnte er den Blick nicht von der Richtstätte wenden, an der noch der mit einem schwarzen Tuch bedeckte Leichnam seines Freundes lag. Gemäß dem Befehl des Königs verblieb er dort bis zum frühen Nachmittag und wurden dann schließlich in einem Sarg fortgebracht und auf dem Friedhof bestattet.

Der Schwur

Unmittelbar nach Kattes Hinrichtung empfing Friedrich den Besuch des Feldpredigers Müller. Wenn es sein »alterierter« Zustand auch nicht erlaubte, sofort eine Unterredung mit ihm zu führen, kam dennoch ein Gesprächskontakt zwischen dem Kronprinzen und dem Mann der Kirche in Gang. Der Feldprediger handelte hier nicht aus eigenem Antrieb. In einem langen Schreiben hatte ihm Friedrich Wilhelm die Anweisung erteilt, herauszufinden, ob die Hinrichtung Kattes Friedrich erschüttert und zu aufrichtiger Reue geführt habe. Zu diesem Auftrag trat ein zweiter. Dabei ging es auch darum, Friedrich wieder in den Schoß des wahren Glaubens zurückzuholen. Pastor Müller sollte sich insbesondere darum kümmern, dass ihm die Prädestinationslehre ausgetrieben werde. Dieser doppelten Zielsetzung dienten regelmäßige Besuche bei Friedrich. Dennoch hatte Friedrich Wilhelm Zweifel an einem echten Sinneswandel des Sohnes, und er verbarg sie keineswegs. Immerhin traute er Friedrich zu, dass er eine Umkehr nur heuchelte, um vom Vater wieder in Gnaden aufgenommen zu werden. Friedrich Wilhelm mahnte den Pastor daher zur Wachsamkeit: »Sie müssen mit ihrem besten Können und mit aller Vorsicht handeln, denn er ist voller Hinterlist und Sie müssen sehr darauf achten, ob das alles aus echter Reue und mit gebrochenem Herzen geschieht.«[43]

Diese sich wiederholende Szene zeigt, dass Friedrich Wilhelm nicht beabsichtigte, Friedrich der gleichen Strafe zu unterziehen wie Katte, und es ist zu fragen, ob er jemals vorhatte, den Sohn töten zu lassen. Vielleicht ist ihm dieser Gedanke kurz nach dem verhinderten Fluchtversuch gekommen. In Momenten, in denen er vom Zorn übermannt war, vermochte er sich Rache in jeglicher und zwar sogar in extremster Form vorzustellen. Sobald er jedoch wieder die Kontrolle über sich selbst erlangt hatte, sah er, dass die Todesstrafe für Friedrich nicht in Frage kam. Doch scheint es unbestritten, dass er daran gedacht hat, ihn seines Ranges als Kronprinz zu entkleiden. Friedrich selbst hat das ganz offensichtlich gefürchtet. Er hat sogar zeitweise geglaubt, dass ihm der Vater ans Leben wolle. Nachdem er sich von dieser Furcht zunächst befreit hatte, kehrte sie nach der Hinrichtung Kattes wieder zurück.

In Wirklichkeit war die Entscheidung des Vaters schon gefallen. Sie stand zumindestens seit dem Urteil des Kriegsgerichtes fest. Von Seckendorff sollte später versuchen, das Verdienst einer Rettung Friedrichs seinem Herrn, Kaiser Karl VI., zuzuschreiben, der in seiner Eigenschaft als Pate zugunsten des Prinzen eingegriffen hätte. Andere Herrscher waren ihm bei diesem Schritt allerdings vorausgegangen, ohne jedoch bei Friedrich Wilhelm etwas anderes zu erreichen als die Weigerung, sich von äußerem Druck Entscheidungen aufdrängen zu lassen. Eine dringende Aufforderung durch den Kaiser hätte zwar auf Friedrich Wilhelm, der sich stets bereitwillig als sein Vasall erwies, einen gewissen Zwang ausüben können. Andererseits jedoch ging es nicht an, mit einem solchen Eingreifen eine Entscheidung beeinflussen zu wollen, die bei ihrem Bekanntwerden schon gefallen war.

Friedrich Wilhelm hatte für jegliche mögliche Strafe sein Einverständnis erteilt, außer derjenigen, die für Katte vorgesehen war. Friedrich sollte demnach sein Leben behalten und außerdem sollte ihm der Titel des Kronprinzen zurückgegeben werden. Daraus können wir schließen, dass es nicht in der Absicht seines Vaters lag, ihn zu enterben, obwohl er ihm weiterhin damit drohte. Das hatte jedoch vor allem taktische Gründe und sollte Friedrich dazu bringen, sich zu fügen. Die ersten Berichte des Pastors Müller waren denn auch ermutigend. Friedrich erwies sich als empfänglich für sein Zureden, wobei jedoch unklar ist, ob es sich um echte Überzeugung oder um Täuschung handelte. Darüber hinaus gab er sich die Schuld, Katte in den Tod gerissen zu haben, zeigte Reue und beteuerte, dass er dem König loyal dienen wolle.

Friedrich Wilhelm tat sich jedoch schwer damit, hinter diesen Erklärungen hinsichtlich seiner Fügsamkeit eine aufrichtige Haltung seines Sohnes zu erkennen. Daher verlangte er von ihm einen gültigen Beweis. Friedrich sollte einen Eid leisten und zwar laut und verständlich. Der König verlangte, dass er »in vollem Gehorsam und in Allem meinem Willen folgend handeln muss und in jeglicher Hinsicht tut, was sich für einen treuen Diener, Untertan und Sohn gehört.«[44] Friedrich wurde das Schlimmste angedroht, wenn er diesen Eid verweigern oder ihn später abschwören sollte. In diesem Fall würde er »das Anrecht auf die Krone und die Kurfürstenwürde verlieren und sogar, je nach den Umständen, das Leben.«[45] Diese Drohung wurde jedoch, zumindest hinsichtlich der letzteren Bestimmung, lediglich als Druckmittel eingesetzt.

Friedrich kam den väterlichen Forderungen in allem nach. Am 17. November leistete er den verlangten Eid unter den ihm gestellten Bedingungen. Es bleibt zunächst offen, ob Vater und Sohn diesen Schwur im gleichen Sinn wahrnahmen. Der Persönlichkeit Friedrich Wilhelms waren nur wenige Nuancierungen und zum allerwenigsten kasuistisches Denken zu eigen. Seine Sinnesart verbot ihm, überhaupt die Möglichkeit in Betracht zu ziehen, dass ein vor Gott abgegebenes Versprechen gebrochen werden könne, ohne die Verdammung im Himmel und auf Erden auf sich zu ziehen. »Es handelt sich hier um eine bedeutende und schwerwiegende Angelegenheit«, hatte er gemahnt. Für Friedrich war die Sache möglicherweise noch komplizierter. War denn seine innere Wandlung derart vollständig, wie Pastor Müller glaubte? Friedrich richtete sich zweifelsohne auch nach den Umständen, die ihn zu diesem Eid zwangen. Dazu war er umso mehr angehalten, als er nun das ihm von Friedrich Wilhelm zugedachte weitere Schicksal kannte. Ihm seine völlige Freiheit zurückzugeben, war darin gewiss nicht vorgesehen. Er sollte unter Hausarrest in Küstrin bleiben, wo er einem Programm der Umerziehung unterworfen sein sollte, welches sein Vater in Gestalt eines »Generalplans« für ihn entwickelt hatte. Friedrich Wilhelm hatte darin Folgendes beschlossen: »Ich werde ihn von morgens bis abends bei der Kriegs- und Domänenkammer sowie im *Gouvernement* beschäftigen. Er wird Wirtschaftsangelegenheiten bearbeiten, Rechnungen entgegennehmen, Akten lesen und davon Auszüge erstellen.«[46] Eine solche Aussicht hat Friedrich gewiss nicht entzückt. Nun jedoch, darüber belehrt, welchen Gefahren er entgangen war, wurde ihm klar, dass er sich nicht mehr in einer Position befand, in welcher er die Befehle des Königs missachten konnte. Er erriet fernerhin, dass sein Vater auf diesem Wege seinen guten Willen einer Prüfung unterziehen wollte. Wenn es ihm möglich war, ihm Gehorsam zu erweisen, konnte er darauf hoffen, am Ende dieser Probezeit seinen Platz und seinen Rang wieder einzunehmen.

Friedrich machte ganz offensichtlich schon Pläne für die Zukunft. Das bezeugt schon sein langes Zwiegespräch mit Grumbkow, der nach Küstrin gekommen war, um in Vertretung des Königs bei der Ablegung des Eides zugegen zu sein. Er hätte guten Grund gehabt, ihm die kalte Schulter zu zeigen. War es doch Grumbkow, den er zu seinen erbittertsten Feinden gezählt hatte. Dennoch entschied sich Friedrich dafür, seinen Frieden mit ihm zu machen. Angesichts der Vertrauensstellung, die dieser beim König inne hatte, war es sicher klug, ihn als Verbündeten zu gewinnen. Was nun Grumbkow anbetraf, so ist ihm gewiss nicht entgangen, dass Friedrich nach wie vor Thronerbe war. Es wäre einer Versündigung an der Zukunft gleichgekommen, wenn er sich dieser Aussöhnung verweigert hätte.

Friedrich sollte künftig hinsichtlich dieses schmerzhaften Lebensabschnittes lebenslang verschwiegen sein. Dieser hat ihn jedoch tief geprägt und er hat dabei einige Lektionen gelernt, so vor allem, dass Unbesonnenheit stets einen hohen Preis hat und dass ein von Grund auf schlecht angelegter Plan notwendigerweise zum Scheitern verurteilt ist. Friedrich sollte diese Lektion für den Rest seines Lebens nicht vergessen. Denn alles, was bei einem Fluchtplan zu bedenken ist, lässt sich auch, und zweifelsohne in noch viel höherem Maße, auf die Bereiche von Politik und Krieg übertragen.

Drittes Kapitel
Die Versöhnung

Es ist eine kaum verwunderliche Tatsache, dass sich die Beziehung zwischen Vater und Sohn keineswegs normalisiert hat. Friedrich Wilhelm blieb nach wie vor misstrauisch und wenn er auch hatte Gnade walten lassen, schenkte er Friedrich doch kein Vertrauen. Er betrachtete ihn nach wie vor als »niederträchtig« und ließ keine Gelegenheit aus, dies in Wort und Schrift zum Ausdruck zu bringen. Friedrich sah sich einer beinahe lückenlosen Überwachung ausgesetzt. Darüber hinaus verlief sein Leben, selbst nach der Entlassung aus der Gefangenschaft, weiterhin in den engen Bahnen, die der König in strikte Regeln gefasst hatte. Erleichterungen konnte er bei dieser strengen Lebensführung allein dadurch erlangen, dass er sie sich verdiente. Es darf auch nicht vergessen werden, dass sich Friedrich lediglich unter Zwang dem Willen des Vaters gebeugt hat. Seine Überzeugungen und Gefühle blieben dabei völlig aus dem Spiel.

Das Leben in Küstrin

Mit dem 19. November, also nur zwei Tage nach Ablegung des Eides, begann das neue Leben Friedrichs. Er richtete sich in einem Gebäude ein, welches er mit dem Freiherrn von Wolden, seinem Hofmarschall, sowie mit zwei jungen adligen Dienstkollegen aus der Kriegs- und Domänenkammer teilte. Dort sollte er, nach königlicher Anweisung, in der ihm zugewiesenen Position in die Lehre gehen. Friedrich Wilhelm hatte besonders darauf geachtet, dass Friedrich eine untergeordnete Stellung zugewiesen bekam und er als einfacher Auditor eingestuft wurde. Diese Funktion verlieh ihm zwar Zeichnungsrecht, aber seine Unterschrift durfte er erst »ganz unten« anfügen, also weit unterhalb der beiden Vorstände der Kammer – Graf von Münchow als Präsident und Christoph Werner Hille als Direktor.

Wenn Friedrich sein Büro verließ, wo er den größten Teil des Tages verbrachte, konnte er allein schon beim Gang durch die Stadt feststellen, dass er noch immer nicht in Gnaden aufgenommen war. So etwa, weil der König ihm das Recht aberkannt hatte, Uniform zu tragen. Darüber hinaus war es den Offizieren der Garnison verboten, ihn militärisch zu grüßen, und den Wachen, ihm zu salutieren. Tief gekränkt legte Friedrich bei seinem Vater Protest ein. Wie nicht anders zu erwarten, antwortete ihm Friedrich Wilhelm mit einem kategorischen Nein. Was es da zu klagen gäbe? Gerade ein Deserteur verdiene es nicht, die Uniform zu tragen. Im Übrigen seien nicht alle Menschen gleichermaßen berufen, Militärdienst zu leisten. »Der eine muss sich bemühen, Soldat zu werden, der andere wendet sich der Gelehrsamkeit und ähnlichen Dingen zu.« Hinter der scheinbaren Belanglosigkeit dieser Bemerkung tritt jedoch ganz offensichtlich der Wille zutage, Friedrich in seiner Eigenliebe zu treffen.

Weil ihm die äußeren Zeichen, die seinem Rang eigentlich zugestanden hätten, verweigert wurden, fand Friedrich Trost in den guten Beziehungen, die er in seiner neuen Umgebung knüpfte. Seine Vorgesetzten, Münchow ebenso wie Hille oder Wolden, sahen sich keineswegs in der Rolle von Gefängniswärtern. Dazu waren sie allein schon von ihrem Charakter her absolut ungeeignet. Und wie sollten sie vergessen können, dass eben diesem jungen Mann von achtzehn Jahren über kurz oder lang die Zukunft gehören würde, gleichgültig, in welcher misslichen Situation er sich heute auch befinden mochte? Friedrich erschien ihnen jetzt schon als »aufgehende Sonne«. So hatte ihn schon sein Vater in einer Mischung aus Enttäuschung und Eifersucht genannt. Weshalb also sollten sie über die Grenzen des Notwendigen hinaus Strenge walten lassen? Soweit es im Rahmen ihrer Möglichkeiten lag, bemühten sie sich um ein harmonisches Verhältnis zu Friedrich. Es kam sogar öfter vor, dass sie sich beim König für ihn einsetzten – allerdings ohne Erfolg. In dieser Umgebung dürfte Friedrich zweifelsohne für Hille am meisten Sympathie entwickelt haben. Das gemeinsame Interesse für französische Literatur brachte sie einander näher. Zum ersten Mal seit mehreren Monaten konnte sich Friedrich wieder über eines seiner Lieblingsthemen unterhalten. Vor allem aber eröffnete Hille dem königlichen Prinzen neue Horizonte. Unter seiner Leitung erhielt Friedrich Einblick in die praktische Ökonomie als Teil der Kameralistik (Staats- und Verwaltungswissenschaft). Obwohl der Unterricht lediglich von begrenztem Umfang war, lernte er dennoch das Räderwerk des Staates kennen, zu dessen Lenker er schon morgen werden konnte. Hille lenkte außerdem Friedrichs Augenmerk auf hemmende Momente der Entwicklung Preußens. Obwohl im Besitz der Odermündung, hatte Preußen keinen Zugriff auf die Gebiete flussaufwärts. Die standen nämlich unter österreichischer Hoheit. Dazu kam, dass Friedrich Wilhelm, der sich bemühte, dem Kaiser gefällig zu sein, die Einfuhrzölle für seine Territorien gesenkt hatte. Diese Nachgiebigkeit führte dazu, dass der österreichische Handel gefördert und die inländische Produktion benachteiligt wurde. Das Beispiel hinterließ bei Friedrich gewiss nachhaltigen Eindruck. Er hatte ohnehin schon persönliche Gründe, über Österreich verärgert zu sein. Der Vortrag Hilles konnte ihn in seiner Antipathie nur bestärken, denn er lieferte ihr politische Rechtfertigung. Hier wurden die Weichen für Überlegungen gestellt, die Friedrich dazu führen sollten, eine Überprüfung der Beziehungen zu Wien als unumgänglich anzusehen. Die von Hille vorgetragenen Auffassungen sollten zum gegebenen Zeitpunkt eines der entscheidenden Motive sein, das Schicksal herauszufordern und sich Schlesiens zu bemächtigen.

Die Arbeit in der Kriegs- und Domänenkammer bestimmte weitgehend den Tagesablauf Friedrichs. Er achtete darauf, die ihm anvertrauten Aufgaben zu erfüllen und zeigte sich dabei entspannt und sogar heiter. »Dero Königliche Hoheit ist quietschvergnügt«, sagte Hille eines Tages zu ihm. Diese Heiterkeit war gewiss nicht aufgesetzt, denn es gefiel ihm bei diesen Verwaltungsbeamten, die zwar ihre Arbeit ernst nahmen, aber zugleich auch Wert darauf legten, eine weltläufige Beziehung zu ihm zu pflegen, die er seit langem nicht mehr erlebt hatte. Es dauerte jedoch nicht lange, bis ihn die Langeweile quälte. Die Arbeitsabläufe wiederholten sich allzu sehr. Zudem erwiesen sich die Abende, die er mit von Wolden und den beiden jungen Bürokollegen verbrachte, bald als bedrückend und bleiern. Die vom König eingeschränkte Auswahl der Gesprächsthemen ließ keinen Spielraum für Spontaneität, geschweige denn für Fantasie. Daher waren sie auch schnell ausgeschöpft. Küstrin schließlich bot ebenfalls nur wenig Abwechslung. Hätte Friedrich die Festungsstadt wenigstens auf kurze Zeit verlassen können! Das hatte ihm der König jedoch verboten. Schon der Ausblick auf die Landschaft, den die Festung bot, wirkte nicht gerade verführerisch. Er enthüllte Friedrich lediglich die Monotonie der brandenburgischen Sandböden. Der Kronprinz sah nicht den geringsten Hinweis auf eine Verbesserung seiner Situation. Im Gegenteil; es drohte neues Unheil, als der König aus einem Bericht des Barons Wolden erfuhr, dass sein Sohn noch immer nicht der Prädestinationslehre abgeschworen hatte. Eine Auseinandersetzung darüber brach schon einen knappen Monat nach Friedrichs Haftentlassung auf und drohte, dadurch besondere Heftigkeit zu erlangen. Friedrich Wilhelm ließ seinem Zorn freien Lauf.

Der aufgebrachte Vater verlangte von seinem Sohn, die Namen derer zu nennen, die Friedrich diese Irrlehre beigebracht hatten. Dagegen leistete dieser Widerstand. Anstelle der geforderten Auskünfte nannte er Buchtitel und vermerkte lediglich den Namen des Buchhändlers, bei dem er sie bestellt hatte. Friedrich Wilhelm zeigte allerdings kein Verständnis für Friedrichs Scherz: »Die Bücher haben weder Beine noch Flügel. Irgend jemand muss sie jedoch gebracht haben. Fragt sich nur wer?« Diese Frage blieb jedoch unbeantwortet.

Friedrich Wilhelm selbst fand dagegen Anlass zu einem galligen Scherz, als er hörte, dass Friedrich erkrankt sei. Es beliebte dem König zu bemerken: »Wie er prädestinieret ist, wird alles gehen; wo was Gutes an ihm wäre, würde er sterben, aber davon bin ich gewiss, dass er davon nicht stirbet, denn Unkraut verdirbet nit.«[47] An diesem Punkte angelangt, standen die beiden vor einer neuen, schweren Krise. Dazu kam es jedoch nicht. Hilles mäßigender Einfluss gelangte im entscheidenden Augenblick zur Wirkung. Als Friedrich seinen Beschluss bekräftigte, nicht nachgeben zu wollen, machte er ihm Vorstellungen darüber, wie unvernünftig es wäre, seine Zukunft in einer Angelegenheit zu verspielen, in der seine Interessen im Grunde gar nicht berührt würden. Berlin und der Thron seien es doch wohl wert, einen Rückzieher in einer theologischen Streitfrage zu machen! Und so schrieb Friedrich mit der gleichen Gutgläubigkeit, mit der er die Prädestination verteidigt hatte, am 27. Dezember seinem Vater, dass er die fragliche Glaubenslehre aufgebe. Und er fügte, gewiss nicht ohne ein gewisses Lächeln, hinzu, dass er darüber umso befriedigter sei, weil sie dem König missfalle!

Nachdem diese Krise überwunden war, nahm Friedrichs Leben wieder seinen gewöhnlichen Verlauf – wohl allzu gewöhnlich, als dass es nicht in bedrückende Langeweile gemündet hätte. Die Strenge des Königs milderte sich jedoch nicht. Auf die Bitte von Woldens, Friedrich die Lektüre von leicht verständlichen Werken über Wirtschaft und Verwaltung zu gestatten, antwortete er mit einem kategorischen Nein, das von einer weiteren Tirade gegen die Gefahren des Lesens begleitet war: »Warum soll ich ihm dann nicht gleich seine Flöte und seine Geige zurückgeben? (…) Aus den Büchern lernt er nichts. Was er braucht, ist praktische Erfahrung. Gerade das Lesen eines Berges unnützer Bücher hat dem Prinzen geschadet.«[48] Der nahende Sommer gab Friedrich Wilhelm erneut Gelegenheit, seine Unnachgiebigkeit unter Beweis zu stellen. Der Wunsch Friedrichs nach leichterer Kleidung wurde kurz angebunden mit der Bemerkung zurückgewiesen: »Das ist weder in Preußen noch in Brandenburg üblich, sondern lediglich eine französische Mode«;[49] aus seiner Feder alles andere als schmeichelhaft. Nach wie vor wurde Friedrich einem anstrengenden Tagespensum unterworfen. Nachdem er selbst schon ökonomisches Denken und Handeln zum Prinzip seiner Regierung gemacht hatte, gedachte er mitnichten, seinen Sohn davon auszunehmen. Er war darauf bedacht, das dem königlichen Prinzen zugewiesene Budget selbst festzulegen. Sein Geiz erlaubte keinen Spielraum, zumal Friedrich gehalten war, dieses selbst zu verwalten und seinem Vater über alle Ausgaben Rechenschaft abzulegen.

Gelegentlich gelang es dem Prinzen jedoch, einzelne solcher Hindernisse zu umgehen. Anstelle zu lesen, schrieb Friedrich Gedichte und ging damit einer Beschäftigung nach, die, wäre sie dem König zu Ohren gekommen, in seinen Augen ebenfalls keine Gnade gefunden hätte. Grumbkow wiederum, von Hille gewarnt, war darauf bedacht, einen erneuten Wutausbruch zu vermeiden, und hütete sich, den König darüber zu informieren. An den Poetikregeln eines Aristoteles und eines Boileau orientiert, hatte Friedrich schon vor seiner Flucht begonnen, der Dichtermuse huldigen. Mit heimlicher Duldung Hilles, der selbst ein großer Verehrer des Horaz und französischer Dichter war, überwand er die Monotonie der endlosen Tage von Küstrin. Diese ersten Versuche waren keine Meisterstücke. Um seine Meinung gefragt, zog sich Hille sehr geistreich aus der Affäre: »Für einen Prinzen recht gut, für einen gewöhnlichen Menschen nichts Besonderes.«[50] Das knappe Budget zwang Friedrich zweifelsohne zu sehr einfach gehaltenen Mahlzeiten. Das Mitgefühl barmherziger Seelen sorgte jedoch in genügendem Umfang für Abwechslung und Reichhaltigkeit seiner Speisekarte. Auf Befehl des Königs war Wein auf dem Tisch des Prinzen selbstverständlich verboten. Hier sah sich Grumbow zum Eingreifen bemüßigt. Wohl darauf bedacht, die Huld der »künftigen Sonne« nicht zu verspielen, scheute er nicht davor zurück, ihn mit Champagner zu versorgen.

So willkommen diese Annehmlichkeiten auch waren, so konnten sie ihn doch nicht von der wesentlichen Frage ablenken, die bis dahin unbeantwortet geblieben war. Denn Monat um Monat verging, ohne dass sich seine Situation im Geringsten verändert hätte. Alle Fragen in dieser Richtung wurden, als wollten sie eine Mauer einreißen, konsequent zurückgewiesen. Warum etwa sollte Friedrich nicht zur Verlobungsfeier seiner Schwester Wilhelmine nach Berlin reisen? Der König ließ sich nicht umstimmen und quälte Friedrich: »Ein Gefangener muss in Haft bleiben.«[51] Ob er nicht bei der Frühjahrsparade erscheinen dürfe? Friedrich Wilhelm antwortete ihm darauf nicht einmal. Ob eine der nächsten Reisen des Königs nach Preußen nicht Gelegenheit zu einem Halt in Küstrin böte? Der König blieb auch gegenüber diesem Vorschlag ebenso taub wie gegenüber den vorhergehenden.

Friedrichs Eingaben wurden zwar in guter Absicht abgefasst, erwiesen sich im Grunde aber als ziemlich ungeschickt. Denn sie zogen eine der wichtigsten Triebfedern, die Friedrich Wilhelms Handeln grundsätzlich lenkten, nicht in Betracht. Dessen größte Abneigung nämlich galt allen Versuchen, ihm einen Handlungszwang aufzuerlegen. Gewiss sollte eine Veränderung eintreten, aber erst zu dem von ihm gewählten Zeitpunkt. Das hat er im Übrigen klar zum Ausdruck gebracht: »Ich werde den richtigen Augenblick genau erkennen«, – hatte er erklärt – »in dem dieser üble Charakter in seiner Schlechtigkeit wirklich zum Guten, ohne jeden Hochmut, gewendet sein wird.«[52] War dieser Augenblick nun tatsächlich gekommen? Denn nun beauftragte Friedrich Wilhelm, der gerne andere unvermutet überraschte, von Wolden, dass er Friedrich seinen baldigen Besuch ankündige. Dafür hatte er den 15. August ausgewählt, seinen Geburtstag. Er fügt hinzu: »Sobald ich ihm in die Augen sehe, kann ich beurteilen, ob er sich gebessert hat oder nicht.«[53]

Die »Pardonierung«

Eine Menge Leute hatte sich um das Haus des Festungskommandanten versammelt, in dem Friedrich Wilhelm während dieses kurzen Aufenthaltes abzusteigen geruhte. Das war der lange erwartete Augenblick. Nach mehr als einem Jahr der Trennung sollte Friedrich seinen Vater wiedersehen. Er nahm ohne zu zögern die Rolle des reuigen Sohnes an und warf sich dem König zu Füßen, um ihm die Stiefel zu küssen. Wenn er Friedrich Wilhelm von seiner Aufrichtigkeit überzeugen wollte, musste er mit deutlicher Geste seine Unterwerfung bekunden, und zwar ohne jeden Vorbehalt oder erkennbaren Hintergedanken.

Friedrich Wilhelm empfing seinen Sohn mit einer Breitseite von Vorwürfen. Hätte Friedrich lediglich Jugendsünden begangen, wären sie ihm vergeben worden. Aber er hatte die Schwelle des Hinnehmbaren überschritten, indem er die Autorität des Königs angetastet hatte. Mit zornigem Eifer fuhr Friedrich Wilhelm auf den Ungehorsamen los: »Ihr habt gemeint, mit Eurem Eigensinne durchzukommen; aber höre, mein Kerl, wenn du auch sechzig bis siebzig Jahre alt wärst, so sollst du mich nichts vorschreiben. Und da ich mich bis dato gegen jedermann soutenieret, wird es mir an Mitteln auch nicht fehlen, dich zur Raison zu bringen!«[54] Diese Strafrede im Vorhinein war allerdings eine im Grunde überflüssige Tirade, denn an diesem Tag war überhaupt niemand angetreten, der ihm seinen Willen hätte aufdrängen wollen, am allerwenigsten sein Sohn. Friedrich Wilhelms strenge »Begrüßungsworte« waren ganz offensichtlich nicht ermutigend, kamen aber auch nicht völlig unerwartet!

Nachdem Friedrich Wilhelm hiermit gemäß seinem Temperament auf das Thema zu sprechen gekommen war, steuerte er auf bestimmte kritische Punkte zu, an denen er die Aufrichtigkeit des Kronprinzen überprüfen wollte. Auge in Auge mit ihm stellte er die Frage, die ihm seit langer Zeit am Herzen lag: »Hast du Katten verführt, oder hat er dich verführt?« Er bekam die Antwort, die er hören wollte: »Ich habe ihn verdorben.« Dieses Geständnis hat das Eis gebrochen. Friedrich Wilhelms Reaktion drückte ein Nachlassen der Spannung aus, unter der er gestanden hatte. Das erste Mal seit langer Zeit stellte er seinem Sohn ein gutes Zeugnis aus: »Ich bin erfreut, dass du endlich einmal die Wahrheit sagst.«[55] Als Friedrich spürte, dass sich das Gesprächsklima veränderte, nutzte er den günstigen Augenblick und gestand seinem Vater darüber hinaus, dass England sehr wohl sein Ziel gewesen wäre, wenn er seinen Fluchtplan hätte durchführen können. Allem Anschein nach war Friedrich Wilhelm von der Aufrichtigkeit seines Sohnes überzeugt. Gegen Ende des Gespräches fielen schließlich die von allen erwarteten Worte. Friedrich Wilhelm erklärte, dass er seinem Sohn Verzeihung gewähre. Später zeigte er das öffentlich, denn bevor er bei der Abreise seine Kutsche wieder bestieg, umarmte er Friedrich vor der zum Abschied erneut versammelten Menge.

Der gewährte Pardon bedeutete keineswegs, dass das Misstrauen Friedrich Wilhelms völlig geschwunden wäre. Das wurde Friedrich in dem Augenblick klar, als sein Antrag, wieder Soldat werden zu dürfen, abgelehnt wurde. Der König ließ ihn Folgendes wissen: »Was gilt es, wenn ich Dir recht Dein Herz kitzelte, wenn ich aus Paris einen *maître de flûte* mit etlichen zwölf Pfeifen und *Musique*-Büchern, ingleichen eine ganze Bande Komödianten und ein großes Orchester kommen ließe, wenn ich Franzosen und Französinnen, auch ein paar Dutzend Tanzmeister nebst einem Dutzend *petits-maîtres* (Gecken) verschreibe, so würde dir dieses gewiss besser gefallen als eine Kompanie Grenadiers; denn die Grenadiers sind doch, Deiner Meinung nach, nur *Canailles*; aber ein *petit-maître*, ein Französechen, ein *bon mot*, ein Musiquechen und Komödiantechen, das scheint was Nobleres, das ist was Königliches, das ist *digne d'un Prince ...*«[56]

Friedrich erlangte keineswegs sofort die volle, uneingeschränkte Freiheit. Sein Aufenthalt in Küstrin zog sich noch eine Weile hin, aber seine Lebensumstände wurden entsprechend den neuen, von Friedrich Wilhelm festgelegten Instruktionen erleichtert. Bestimmte Einschränkungen blieben auch nach dem Versöhnungsakt erhalten. Dementsprechend hatte sich Friedrichs Lektüre auf religiöse und »nützliche« Bücher zu beschränken. Auch Musik, Tanz und Spiel blieben verboten. Zum Ausgleich jedoch durfte Friedrich zu den Mahlzeiten Besuch empfangen, jeweils zwei Personen pro Mahlzeit – doch durfte keine Frau darunter sein. Ferner sollte er seine Arbeit bei der Kriegs- und Domänenkammer fortsetzen, allerdings nicht mehr in dem ihm bisher zugewiesenen subalternen Rang, sondern auf dem Platz an der Seite des Präsidenten und seine Auffassung auf allen behandelten Aktendossiers vermerken dürfen.

Jedenfalls war Friedrich künftig nicht mehr an die Einhaltung des bisherigen drückenden Stundenplans gebunden. Seiner Tätigkeit ging er lediglich noch an drei Vormittagen in der Woche nach. Die verbleibende Zeit blieb jedoch keineswegs ungenutzt; sie sollte mit praktischen Tätigkeiten innerhalb und außerhalb von Küstrin ausgefüllt werden. Hierdurch trat tatsächlich eine bedeutende Neuerung ein: Friedrich durfte endlich die Mauern Küstrins verlassen. Zweifelsohne war er bei seinem Kommen und Gehen noch nicht völlig unabhängig. Denn er war gehalten, jedes Mal, wenn er die Stadt verließ, den Festungskommandanten zu informieren und vor Einbruch der Dunkelheit zurückzukehren. In Wirklichkeit übertrat er schon bald diese Regel. Manche Ausflüge in die Nähe der polnischen Grenze nahmen zwangsläufig mehrere Tage in Anspruch.

Nicht alle diese Reisen jedoch waren für Friedrich gleich interessant. Es stellte sich bald heraus, dass er besonderen Gefallen an Aufenthalten auf Schloss Tamsel fand, wo er die Gastfreundschaft des Obristen von Wreech genoss. Die angenehmen Gespräche, die er mit dem Hausherrn führte, waren jedoch nicht der wirkliche Grund für seine häufigen Besuche. Friedrich erlag vor allem den Reizen der Schlossherrin, die nur wenige Jahre älter war als er selbst. »Ein liebenswürdiges Wesen flößte mir in der Blüte meiner jungen Jahre zwei Leidenschaften auf einmal ein, die Liebe und die Poesie. Dieses kleine Wunder der Natur hatte, mit allen üblichen Reizen, Geschmack und Zartheit. Sie wollte beides mir beibringen. Es glückte mir gut in der Liebe, aber schlecht in der Poesie ...«[57] Dieses »kleine Naturwunder«, das er alsbald *Cousine* nannte, besaß einen »lilien- und rosenfarbenen Teint«, der sehr schön mit ihrem blonden Haar und vor allem mit ihrer Grazie, die sie auch noch mit Geist verband, harmonierte. Zwischen Friedrich und Frau von Wreech entwickelte sich eine zarte Beziehung, die jedoch niemals die Grenzen einer liebenswürdigen Marivaudage überschreiten sollte. Obwohl sie sich von der Aufmerksamkeit, die ihr der Thronfolger entgegenbrachte, geschmeichelt fühlte, war sie klug genug, sich zurückzunehmen. Friedrich verfasste für sie folgenden Vierzeiler:

»Madame, mit diesen schlichten Zeilen will
Die Wahrheit Ihnen offen ich gesteh'n:
Ich bin ganz aufgewühlt, seitdem ich Sie geseh'n
Und Sie sind meiner Neigung würd'ges Ziel!«

Die Antwort der schlauen Schönen war pfiffig:

»C'est toute ma Maison, qui y a concouru! – Mein ganzes Haus hat dazu beigetragen!«[58]

Sicher hat Friedrich diesen Flirt mit der schönen Schlossherrin ein Stück weit als galantes literarisches Spiel betrieben, aber die Verwirrung seiner Gefühle sind keine reine Pose. Während dieser wenigen Wochen hat Friedrich gewissermaßen das Wunder der Liebe entdeckt. Später, bei den Vorbereitungen zu seiner Abreise von Küstrin, sollte die von ihm Verehrte sein Porträt als Pfand der Zuneigung keineswegs zurückweisen. Friedrichs Abschiedsworte lassen hinter dem Glanz der geistreichen Formulierung einen Hauch von Melancholie ahnen. Vor diesem Porträt sollte seine »cousine de coeur« wohl immer daran denken, dass »er … im Grunde ein guter Junge (war), aber er wurde mir zum Überdruß, denn er liebte mich zu sehr und brachte mich mit seiner unbequemen Liebe oft in hellen Zorn.«[59] Friedrich gelang es bis zu seiner Abreise, dieser Beziehung die Tonart einer bezaubernden kleinen Verschwörung zu erhalten. Ob das nun eine Liebesbeziehung war oder nicht, er hatte in jedem Fall im Lauf seiner Besuche bei Frau von Wreech glückliche Augenblicke erlebt, wie nie mehr danach in seinem Leben.

In Gnaden aufgenommen

Das leichte Herzflimmern, das die Erinnerung an diese Glücksmomente noch verursachte, ließ bald nach. Das Ende seines Exils in Küstrin schloss ein schmerzhaftes Kapitel seines Lebens ab und eröffnete ihm recht aufregende Perspektiven, die ihn ablenkten.

Vor seinem Besuch in Küstrin hatte Friedrich Wilhelm es abgelehnt, den Kronprinzen zu Wilhelmines Verlobung nach Berlin reisen zu lassen. Nun, da er vom Sinneswandel seines Sohnes überzeugt war, stand er einer Teilnahme Friedrichs an der Hochzeitsfeier, die Ende November 1731 stattfinden sollte, nicht mehr im Wege.

Nachdem er zwischen mehreren Partien hin und her geschwankt hatte, traf der König schließlich eine Entscheidung zugunsten des jungen Erbprinzen Friedrich von Brandenburg-Bayreuth aus der fränkischen Linie der Hohenzollern. Diese Heirat kam gewiss nicht dem Glanz einer Verbindung mit dem Prince of Wales gleich. Im Zusammenhang mit der vorausgehenden Heirat von Friederike Louise hatte sie allerdings den Vorteil, dass in diesem Schachspiel der Macht der preußische Bauer über die bisherige Stellung Preußens hinaus vorrücken konnte. Die fränkische Heirat sollte dem Haus Hohenzollern dabei helfen, im Süden Deutschlands, dem alten Herkunftsgebiet der Dynastie, wieder Fuß zu fassen. Die künftigen Zeitläufte und Umstände würden entscheiden, welchen Vorteil Preußen daraus ziehen konnte.

Wilhelmine hatte sich den Wünschen ihres Vaters gebeugt. Nun, nachdem jede Aussicht auf eine englische Heirat entschwunden war, hatte sie nach ihrer Einschätzung keine andere Wahl mehr, wenn sie nicht das Risiko einer Haft eingehen wollte, womit Friedrich Wilhelm sie im Falle der Weigerung bedrohte. Ihr war wohl bewusst, dass sie diese Gefahr nicht auf die leichte Schulter nehmen durfte. War sie doch schon einmal, nach dem misslungenen Fluchtversuch ihres Bruders, in ihren Gemächern als Gefangene eingesperrt worden, da sie der König der Mitwisserschaft verdächtigte.

Obwohl die zweifache Sorge, nämlich um ihre Sicherheit und um ihre Zukunft, ihr diese Heirat angeraten sein ließen, blieb doch Bedauern über eine verpasste Gelegenheit zurück. Zum Ausgleich für ihre Einwilligung dürfte sie ihren Vater gebeten haben, Friedrich freizulassen. Aber trotz der Zuneigung, die sie für ihren Bruder weiterhin empfand, konnte sie sich eines gewissen Grolls, den sie ihm gegenüber hegte, nicht ganz erwehren. Sie war zweifellos der Überzeugung, dass der unsinnige Fluchtversuch Friedrichs auch ihr geschadet und sie um eine ruhmvolle Zukunft gebracht habe.

Das Wiedersehen Friedrichs mit seiner Mutter und mit seiner Schwester fand am Abend eines Festes statt, drei Tage nach der Hochzeitsfeier. Dieses Episode ist recht bekannt. Als Wilhelmine gerade ein Menuett tanzte, wurde sie von Grumbkow unterbrochen. »Madame, mir scheint, Sie sind von der Tarantel gestochen. Sehen Sie denn nicht die fremden Gäste, die soeben angekommen sind?«[60] Ihr Blick blieb an einem grau gekleideten jungen Mann hängen… Aber wie sollte sie in ihm den Bruder erkennen? Dieser Unbekannte war wohlbeleibt und hatte ein volles Gesicht. Als das Geheimnis gelüftet war, warf sie sich Friedrich an die Brust und machte anschließend einen Kniefall vor ihrem Vater, um ihre Dankbarkeit für das gehaltene Versprechen auszudrücken.

Trotzdem nahm Friedrich nicht an der frohen Stimmung seiner Schwester teil. Im Gegenteil; er gab sich kalt und distanziert. Und es kam noch schlimmer, legte er doch seinem Schwager gegenüber eine Gleichgültigkeit an den Tag, die an Beleidigung grenzte. War er lediglich durch die Gefühlsbewegung blockiert, sodass er seine Wiedersehensfreude nicht zu zeigen vermochte? Vermutlich nicht, denn er taute während des ganzen Berlinaufenthaltes nicht auf. Wilhelmine verbirgt in den »Memoiren« ihre Verletztheit über die brüderliche Kälte nicht: »Ich erkannte meinen geliebten Bruder nicht mehr, der mich so viele Tränen gekostet hat und für den ich mich geopfert hatte.«[61] Mit diesen wenigen Worten legte sie ihre Gedanken offen.

Wilhelmine, »l'adorable soeur«. Gemälde von Anna Dorothea Therbusch.

Wenn Friedrich ihr wenigstens beim Wiedersehen herzliche Gefühle bezeugt hätte! Stattdessen ließ er sich zu keinerlei Gefühlsregung erweichen und erwies sich ihr gegenüber in keiner Weise dankbar. Wilhelmine war darüber tief enttäuscht. Sie, die zunächst als Mitwisserin seines Fluchtversuches galt und dafür die Konsequenzen tragen musste, hatte ein freundlicheres Wiedersehen erwartet. Im Übrigen unterlag sie einem Irrtum, etwa, wenn sie ihrem Bruder vorwarf, er sei durch seinen Fluchtversuch für das Misslingen der Heiratspläne mit dem Prince of Wales verantwortlich. Der König hatte sein Angebot schon zurückgezogen, als Friedrich einige Tage später den Versuch unternahm, nach Frankreich zu entkommen. Damit ist der Vorwurf, er sei für das Scheitern der Verhandlungen verantwortlich, hinfällig. Sie waren bereits vorher gescheitert.

Muss man also von einem Bruch zwischen Bruder und Schwester sprechen? Das wäre sicher übertrieben. Friedrich hatte seine Gründe für dieses Verhalten. Er wusste genau, dass er während seines Aufenthaltes in Berlin einer unausgesprochenen Prüfung seines Wohlverhaltens unterzogen wurde. Vom König mit Argusaugen beobachtet, wollte er zweifellos vermeiden, durch eine zu enge Beziehung dem Verdacht einer Komplizenschaft mit

Wilhelmine neue Nahrung zu geben. Die beiden sollten seit dieser wenig glücklichen Wiederbegegnung getrennte Wege gehen. Friedrich bewahrte seiner Schwester eine ungebrochene Zuneigung bis zu ihrem Lebensende. Sie hingegen verhielt sich gegenüber Friedrich ambivalent; ihre Beziehung zu ihm sollte nie mehr die alte Vertraulichkeit erlangen. Wie der Anflug von Bitterkeit in ihren Memoiren verrät, konnte sie sich nie von der Vorstellung frei machen, dass Friedrich sie ihres Lebensglücks beraubt habe. Statt Königin von England zu werden, sah sie sich zum tristen und glanzlosen Leben in einer Kleinresidenz verdammt, und sie gab ihrem Bruder die Schuld daran.

Der Aufenthalt Friedrichs in Berlin sollte nur wenige Tage dauern. Das genügte aber, um eine grundlegende Entscheidung zu treffen, die das Ende von Friedrichs Exil in Küstrin ankündigte. Friedrich Wilhelm gab seinem Sohn zunächst die Erlaubnis, am 24. November an einer Militärparade teilzunehmen. Damit wurde ein weiterer Akt vollzogen, die zwischen dem König und dem Prinzen vollzogene Versöhnung kund zu tun. Dies war umso wirkungsvoller, als dem Ereignis eine beachtliche Menge von Menschen beiwohnte. Nur drei Tage später gab Friedrich Wilhelm auf das Bittgesuch seiner Generäle hin den Entschluss bekannt, seinem Sohn den militärischen Rang zurückzugeben. Er sollte in Kürze das Kommando eines in Ruppin stationierten Regimentes übernehmen. Um seine Rückkehr ins Militär zu bekunden, wurde ihm zudem die Erlaubnis erteilt, bis zu seiner Abreise aus Berlin den blauen Rock des preußischen Offiziers zu tragen.

Friedrich hat allerdings nach seiner Rückkehr in die Festungsstadt Küstrin noch einmal Zivil angelegt. Er nahm dort für kurze Zeit seine gewohnte Tätigkeit wieder auf, bereitete sich in der letzten Phase seiner Verbannung aber vor allem auf den Augenblick vor, der dieses Kapitel seines Lebens endgültig abschließen sollte. Er hatte allen Grund, sich über die Entscheidung seines Vaters, ihn nicht in eine Berliner oder Potsdamer Garnison, sondern in das entfernte Ruppin zu beordern, zu freuen. Dies verhinderte, dass sich Vater und Sohn tagtäglich begegneten, was leicht zu neuen Konflikten hätte führen können. Grumbkow und Seckendorff haben in diesem Sinne auf Friedrich Wilhelm eingewirkt und er gab von sich aus zu: »Es wird dann jedes Mal etwas Neues für uns sein, wenn wir uns sehen.«[62]

Der Abschlussbericht über das Exil des Prinzen, den seine Küstriner Aufsichtspersonen an Grumbkow übermittelten, war voll von Lobliedern auf ihren Schützling. Hille beschloss seine Ausführungen folgendermaßen: »Ich wünsche sehnlich, dass dieser Prinz alle übertreffen möge, zum Wohl des kommenden Geschlechtes, und dazu bedarf es nur noch eines geringen.«[63] Von Wolden fügt hinzu: »Mit seinem eindringenden Verstand ist er zu allem befähigt, und ich kann wohl sagen, dass sein Küstriner Aufenthalt ihm nicht ganz ohne Nutzen gewesen ist. Denn davon abgesehen, dass die Trübsal ihm Kopf und Herz gebildet hat, so beginnt er doch auch eine richtige Vorstellung von sehr vielen Dingen zu gewinnen, von denen er vorher keine Ahnung hatte. Der liebe Gott wolle nur Seine Majestät noch einige Jahre leben lassen, damit der Kronprinz ausreifen kann, dann wette ich, dass er einer der größten Fürsten sein wird, die das Haus Brandenburg hervorgebracht hat.«[63]

Der Sinneswandel Friedrichs war jedoch zweifelsohne nicht so tief greifend, wie die ihm Nahestehenden glauben machen wollten. Zweifellos haben ihn die schlimmen Erfahrungen, die er gemacht hatte, in einer Kunst unterrichtet, der Kunst des Sich-Verstellens, und dies war gewiss nicht die unwichtigste Lehre, die er aus diesen Jahren gezogen hatte. In seinen Briefen an Friedrich Wilhelm stellte er sich als ein Sohn dar, der vollständig dem Willen seines Vaters gehorchte. Die Wirklichkeit unterschied sich davon jedoch erheblich. Die kalte Missachtung, die der König dem französischen Denken entgegenbrachte, und dem er gerne den deutschen Ernst gegenüberstellte, hat Friedrich sich nie zu eigen gemacht. Auch wenn er es in den Briefen an den Vater tunlichst verheimlichte, betrachtete er Frankreich weiterhin als höchste Instanz des guten Geschmacks, der Eleganz und des Geistes. Diese Bewunderung ist Hille keineswegs verborgen geblieben. Nachdem er festgehalten hatte, wie sehr Friedrich fasziniert sei »vom Brillanten und dem, was die Franzosen als ›esprit‹ bezeichneten«, fuhr er fort: »…der Prinz bildet sich außergewöhnlich viel darauf ein, diesen Esprit zu besitzen. Das geeignetste Mittel, seine Freundschaft zu gewinnen, wird sein, ihn deshalb zu loben und nicht, ihm Rekruten zu besorgen…«[64] Damit machte er deutlich, dass möglicherweise noch ein weiter Weg zurückzulegen sei, bevor Friedrich die Werte und die Rangordnung seines Vaters verinnerlicht hätte.[65] Vor allem diese Denkungsart führe den königlichen Prinzen dazu, die Deutschen von oben herab zu betrachten. »Er kennt die Deutschen kaum«, fügt Hille hinzu. »Er findet, dass diejenigen, mit denen er in Potsdam zu tun hatte, nicht die Vorstellungen erfüllten, die er von einem geistig veranlagten und höflichen Menschen bei der Lektüre französischer Bücher erworben hatte.«[66]

Andererseits, wenn Friedrich einen Lebensstil führte, den er nach seiner Thronbesteigung pflegen wollte, dann musste jedermann sich darüber im Klaren sein, dass nun ein ganz anderer Wind ins Haus stand, als man ihn von der Hofhaltung des Vaters kannte. Ganz offensichtlich hatten sich die Vorlieben Friedrichs eben nicht verändert. »Lesen ist mein größtes Vergnügen«, hatte er Hille anvertraut. »Ich liebe die Musik, aber noch viel mehr den

Tanz. Ich hasse die Jagd, aber ich liebe sehr den schnellen Ritt. Wenn ich der Herr und Meister wäre, würde ich all dem nach Lust und Laune nachgehen (…). Und anschließend würde ich größte Mühe walten lassen, dass meine Tafel ordentlich und köstlich gestaltet wäre, jedoch ohne überladen zu sein. Ich hätte gute Musiker, aber nicht viele; allerdings nie während des Mahles, weil mich die Musik träumerisch macht und mich am Essen hindert. Ich würde allein oder mit anderen speisen. Beim Souper allerdings würde ich lediglich meine Freunde um mich haben und sie gut bewirten…«[67] Er fasste schließlich ins Auge, Uniform zu tragen, aber, wie er hinzufügte, »nur mit prächtigen Mänteln darüber.« Das alles hätte auch schon der Friedrich vor dem Fluchtversuch schreiben oder sagen können. Es dürfte kaum erforderlich sein, hinzuzufügen, dass angesichts einer derartigen Absichtserklärung der König vor Schreck erstarrt wäre, wenn er davon erfahren hätte. Friedrich hat gewiss Wert darauf gelegt, zu verdeutlichen, dass er einen großen Teil seiner Zeit den Staatsangelegenheiten widmete, woran auch überhaupt kein Zweifel bestehen kann. Aber alle seine schönen Gesten der Unterwerfung waren auf den königlichen Willen zurückzuführen und stutzten sie auf realistische Proportionen zurück. Dieses Programm darf jedoch nicht allein unter dem Aspekt der Vater–Sohn–Beziehung gesehen werden. Damit war auch eine ganz neue Orientierung vorgegeben, denn es kündigte den Lebensstil an, den Friedrich zunächst in Rheinsberg und später dann in Sanssouci pflegten sollte.

Auf einem anderen Gebiet etwa, das für einen Prinzen, der für die Königswürde ausersehen war, von grundlegender Bedeutung sein musste, äußerte Friedrich erschreckende Vorstellungen. Graf von der Schulenburg hörte ihn sagen: »Wenn der König absolut möchte, dass ich heirate, werde ich gehorchen. Danach werde ich sie stehen lassen und auf meine Weise leben.« Angesichts der schockierten Reaktion dieses altehrwürdigen Staatsdieners setzte Friedrich noch eins drauf: »Ich werde meiner Frau die gleichen Freiheiten einräumen.« Nach einem erneuten Protest des alten Schulenburg, dem als letzte Verteidigungslinie nur noch übrig blieb, den Prinzen vor den Gefahren ungezügelter Leidenschaften zu warnen, gab ihm Friedrich eine Antwort, die dem General die Sprache verschlug: »Ach was, wenn ich mir die … einfange. Das haben viele ehrbare Leute schon getan. Davon kann man ganz leicht geheilt werden.«[68] Gewiss sind diese Aussagen, auch die recht unverhüllte Anspielung auf die Syphilis, zu einem gehörigen Teil als Provokation zu bewerten, die sich Friedrich, der »junge Löwe«, gegenüber dem älteren gesetzten Herrn genussvoll genehmigte. Hier zeigt sich auch ein Charakterzug Friedrichs, der nur selten auf das Vergnügen von sprachlichen Spielereien verzichtete, vor allem dann nicht, wenn er damit seinen Gesprächspartner provozieren oder – sogar noch besser – schockieren konnte. Mit dem ehrenfesten Grafen von der Schulenburg hatte er damit offenbar leichtes Spiel. Selbst wenn wir diese Eröffnungen getrost als Lust an provokantem Gebaren verbuchen dürfen, bringen sie doch tiefsitzende Überzeugungen und zugleich sehr konkrete Absichten zum Ausdruck.

Es war für Friedrich wohl ein Glück, dass Grumbkow sich hütete, diesen Teil des Berichtes, der ihm aus Küstrin übermittelt worden war, Friedrich Wilhelm zur Kenntnis zu bringen. Diese Entscheidung ist nicht allein durch die Absicht zu erklären, die Wiederholung einer Krise wie die von 1730 zu verhindern. Sie findet auch eine Erklärung im wohlverstandenen Interesse Grumbkows, der versuchte, Friedrich zu lenken, so weit es ihm möglich war. Denn er rechnete damit, dass sich dieser erkenntlich zeigen werde, wenn das Schicksal Preußens einmal in seinen Händen liege. Das Balancieren zwischen den Pflichten gegenüber dem König einerseits und dem Unterpfand für die »aufgehende Sonne« andererseits wurde zu einer schwierigen Aufgabe, selbst für einen gewieften Höfling, wie Grumbkow einer war. Seine Laufbahn hätte ihr glanzloses Ende gefunden, wenn die vertraulichen Informationen wider Erwarten doch dem Souverän zu Ohren gekommen wären oder wenn Friedrich sich in seiner Unberechenbarkeit dazu hätte hinreißen lassen, in einer wichtigen Angelegenheit gegen den Willen des Königs zu verstoßen.

Die Heirat

Friedrich hatte monatelang auf den Tag gewartet, an dem er endlich Küstrin verlassen konnte. Seit der Reise nach Berlin schien der Augenblick der Entlassung zum Greifen nahe. Jetzt war es nur noch eine Frage von Tagen, schlimmstenfalls von Wochen. Und tatsächlich, die sehnlich erwartete Erlaubnis ging in den letzten Februartagen ein. Dennoch beschlichen ihn gemischte Gefühle, als er sich an diesem 26. Februar anschickte, sich auf den Weg nach Berlin zu machen. Wenn er daran dachte, was er seit Juli 1730 durchgemacht hatte, konnte er diese Abreise gar nicht anders als das Ende eines Alptraumes empfinden. Andererseits jedoch war es ihm auch nicht möglich, die Freude dieses Augenblickes ungetrübt zu genießen. War diese wiedererlangte Freiheit möglicherweise nur ein Köder? Es gab gute Gründe, dies zu fürchten. Denn seit Anfang des Monats war ihm die Absicht des Königs bekannt, ihn zu einer Heirat zu bewegen, wozu er überhaupt keine Neigung zeigte.

In der Tat hegte Friedrich Wilhelm längst den Gedanken, eine gute Partie für seinen Sohn ausfindig zu machen. Es lag in der Natur der Dinge, dass diese Heirat eine Staatsangelegenheit war, genauso wie die früher einmal geplante englische Eheverbindung. Österreich war es gelungen, dieses Projekt zum Platzen zu bringen. Diesmal nun zielte die österreichische Politik darauf ab, einen Weg einzuschlagen, der den künftigen König von Preußen an die habsburgischen Interessen binden sollte. In Wien hielt Prinz Eugen die Fäden der Intrige in Händen. Seit langem schon sah dieser hervorragende Diener der Habsburger im Aufstieg Preußens eine Gefahr für Österreich. Er hatte es als einen schweren Fehler erachtet, dass Kaiser Leopold I. der Erhebung Preußens zum Königreich seine Zustimmung erteilt hatte. Friedrich Wilhelm selbst erwies sich zumeist als loyaler Vasall des Kaisers. Es war jedoch fraglich, ob sein Sohn diese Politik fortführen würde. Daher musste ein Mittel gefunden werden, Friedrich an die österreichische Sache zu binden, und zwar schnell, denn dieses Problem konnte über kurz oder lang anstehen. Für Prinz Eugen lag die Antwort darauf in einer Heirat, die den österreichischen Einfluss in Berlin verstärken sollte. In Ermangelung einer geeigneten Erzherzogin – die man dem Hohenzollern auch gar nicht geben mochte – fiel seine Wahl auf eine Nichte der Kaiserin, die Prinzessin Elisabeth Christine von Braunschweig-Bevern.

Ein derartiges Heiratsprojekt stand ganz im Einklang mit den Denkmustern dieser Zeit. War es jedoch wirklich angemessen? Nun, vor langer Zeit schon hatte der Wiener Hof den Ruf erworben, die komplizierte Kunst der Heiratspolitik vollendet zu beherrschen. Dennoch zeigte er sich in seinem Angebot recht knauserig. Als künftige Königin »in« Preußen – erst 1772 »von« Preußen – brachte er eine deutsche Prinzessin in Anschlag, die zwar mit den Habsburgern verwandt, aber, dynastisch gesehen, nur von bescheidenem Rang war. Dies zeigt, dass die Verantwortlichen am Wiener Hof das Königreich Preußen nach wie vor nur als Vasallen betrachteten, ohne echtes Gespür für die kommende Situation. Man ging davon aus, dass sich Friedrich Wilhelm den Wünschen Wiens beugen würde. Man übersah dabei, dass die Fügsamkeit des gegenwärtigen preußischen Königs keinen Hinweis auf die Politik seines Nachfolgers gab. Vorausgesetzt dass sich Friedrich Wilhelm jemals entschließen würde, die Macht Österreichs herauszufordern, wäre diese Heiratsverbindung gewiss kein Hinderungsgrund gewesen.

Prinz Eugen konnte auf die Unterstützung der üblichen Hilfstruppen der österreichischen Diplomatie am preußischen Hof zählen. Seckendorff und Grumbkow verbanden ihr Talent in dem Ziel, Friedrich Wilhelm von dem Heiratsprojekt zu überzeugen und ihn für die Wahl von Elisabeth Christine von Braunschweig-Bevern zu gewinnen. Als der König schließlich seine Entscheidung getroffen hatte, musste er Friedrich davon unterrichten. Er tat dies in einem Brief vom 4. Februar, der in seiner Art ein kleines Meisterwerk darstellt. Friedrich Wilhelm besaß genügend Gespür, um zu begreifen, dass es hierbei nicht ausreichte, lediglich einen Befehl zu erteilen. Obwohl schon alles entschieden war, sah er sich gehalten, diese Entscheidung zu begründen, um die Zustimmung Friedrichs zu gewinnen.

Friedrich Wilhelm begann damit, dass er in diesem Brief das Heiratsprojekt und das Ende des Exils in Küstrin in einen Zusammenhang brachte. Dies schien ihm dafür geeignet zu sein, Friedrich verständlich zu machen, dass die Vereinbarungen in Frage gestellt wären, falls er sich – was Gott verhüten möge – einer Verbindung mit Elisabeth Christine widersetzen würde. »Sie wissen sehr wohl, mein geliebter Sohn«, beginnt Friedrich Wilhelm zuckersüß, »dass ich meine Kinder sehr liebe, wenn sie gehorsam sind. Als Sie nach Berlin gekommen sind, habe ich Ihnen aus ganzem Herzen verziehen und in der ganzen Zeit bisher, in welcher ich Sie nicht gesehen habe, dachte ich nur an Ihr Wohlergehen und daran, dass Sie sich entsprechend bewähren, und zwar sowohl in der Armee als auch mit einer Schwiegertochter.« Er fügte hinzu: »Im April werde ich Sie zur Armee berufen.« Damit wurde dem Betroffenen zu verstehen gegeben, dass sein Aufenthalt in Küstrin vor diesem Zeitpunkt beendet würde. Friedrich Wilhelm zählte lückenlos und detailliert alle Verfügungen auf, die er plante, um Friedrich das Leben in der Stadt, wo sein künftiges Regiment stationiert war, angenehm zu gestalten. Wie sollte der Kronprinz angesichts von so viel Güte die von einem liebenden Vater bestimmte Partie noch ausschlagen können? »Die Prinzessin ist nicht hässlich, aber sie ist auch nicht schön«, gab Friedrich Wilhelm zu. Dafür besaß sie Eigenschaften, die das Herz des Königs erfreuten: »Gut erzogen, bescheiden und gehorsam, wie es Frauen geziemt …«, und weiter: »Sie ist ein Geschöpf, welches Gott fürchtet, und das ist das Wichtigste.«[69]

Diese vom König hoch geschätzten Eigenschaften übten auf Friedrich nicht gerade verführerische Wirkung aus. Mit der Aussicht auf eine enttäuschende Ehe ließ er sich auf eine doppelzüngige, riskante Strategie ein. Seinem Vater gab er zur Antwort, dass er sich als gehorsamer Sohn dem Willen des Königs unterwerfe und wiederholte diesen Entschluss auch noch in weiteren Briefen. Das führte so weit, dass Friedrich-Wilhelm, als er einen dieser Briefe gelesen hatte, seinen Gefühlen nachgab und ausrief: »Das ist der schönste Tag meines Lebens!«[70] Bei Grumbkow führt er jedoch eine ganz andere Sprache. Zwar variiert die Tonlage seiner Briefe je nach Tagesstimmung, aber sie bringen allesamt die Verzweiflung zum Ausdruck, in welche ihn das Heiratsprojekt stürzte. Die Dummheit von Elisabeth Christine – litt sie denn nicht unter dem Makel, dass man sie als bigott abstempelte? – erschien ihm wie ein nahendes Martyrium. Und dann sollte sie auch noch

Elisabeth Christine von Preußen,
Gemahlin des Kronprinzen.
Gemälde von Antoine Pesne
(1735).

hässlich sein. Es sollte niemand von ihm erwarten, dass er den »amoroso« für sie abgebe! Er zöge die größte Hure von Berlin einer bigotten Ehefrau vor. Man solle zumindest ihre Erziehung in Angriff nehmen und ihr Molière statt schlechter Theologen zu lesen geben und ihr Musik beibringen! Dann vielleicht könnte er ihr schließlich eine gewisse Neigung entgegenbringen. »Aber«, warf er als Warnung ein, »wenn sie dumm ist, verzichte ich und schicke sie zum Teufel.«[71]

Schließlich, als letzten Trumpf, droht Friedrich Grumbkow damit, dass er willens sei, seinem Leben ein Ende zu setzen, wenn man ihm eine derart beschämende Ehe aufzwingen würde: »Ich war mein ganzes Leben lang unglücklich, und ich glaube, es ist mein Schicksal, es zu bleiben. Komme was da wolle. ich habe mir nichts vorzuwerfen; ich habe genug gelitten für ein aufgebauschtes Verbrechen, und ich möchte es nicht auf mich nehmen, mein Leid bis in alle Zukunft auszudehnen. Es bleiben mir auch noch andere Möglichkeiten und ein Pistolenschuss kann mich von meinem Kummer und zugleich auch von meinem Leben erlösen. Ich glaube nicht, dass mich der liebe Herrgott dafür verdammen, sondern dass er Mitleid mit mir haben und mir zum Ausgleich für ein elendes Leben die ewige Seligkeit gewähren wird.«[72] Die Ernsthaftigkeit dieser Selbstmorddrohung muss auf jeden Fall in

Zweifel gezogen werden. Es ging ihm lediglich darum, auf theatralische Weise Druck auf Grumbkow auszuüben, damit dieser beim König zu seinen Gunsten interveniere. Dennoch können Friedrichs Übertreibungen weder seine echte Verzweiflung noch sein Gefühl, in der Falle zu sitzen, verbergen.

Mit seiner Abwehrhaltung gegen die ihm verordnete Ehe scheiterte Friedrich. Auf diesem Gebiet konnte er auch auf die Hilfe Grumbkows nicht zählen. So sehr sich dieser auch sonst bemühte, im Interesse der »aufgehenden Sonne« zu handeln, so hatte er doch genügend Selbsterhaltungstrieb, um die Grenze zu kennen, die er nicht überschreiten durfte, wollte er nicht in ein gefährliches Fahrwasser geraten. Er verweigerte sich entschieden dem von ihm durchschauten Doppelspiel und erteilte dem Prinzen in einem Brief eine deutliche Abfuhr: »Wie soll das gehen: während Ihre Königliche Hoheit dem König in allen Dingen nachgibt, redet sie zugleich von Verzweiflung und wünscht, dass ich mich in Angelegenheiten, die mich den Kopf kosten können, im Kreise drehe? Nein, *Monseigneur*, das Hemd ist mir näher als der Rock (…). Ich bin nicht gehalten, mit meiner armen Familie zugrundezugehen für die Liebesangelegenheit Ihrer Königlichen Hoheit, die überdies nicht mein Dienstherr ist, und die ich in ihren Untergang laufen sehe. Ich stehe allzu sehr in der Furcht des Herrn, um mich an einen Prinzen zu binden, der sich ohne jeden Grund töten will (…). *Monseigneur*, es mag sein, dass Sie der geistvollste Mensch der Welt sind, aber Sie argumentieren nicht wie ein Ehrenmann und Christ. Darauf liegt kein Segen.«[73] Zum Schluss kündigte Grumbkow an, dass er sich »von den Angelegenheiten des Prinzen« zurückziehe. Als er seinen Entschluss von Wolden mitteilte, fügte er hinzu, »nicht genug Esprit zu haben, um sich bereitwillig den Kopf abhauen zu lassen«.

Das war der Stand der Dinge, als Friedrich Abschied von Küstrin nahm. Was zu einem Fest hätte werden können, wurde von der Aussicht auf eine Heirat getrübt, der er, wie er nun wusste, nicht mehr entkommen konnte. Die Angelegenheit wurde schnell über die Bühne gebracht. Die feierliche Verlobung fand am 10. März statt. Die Höflinge versicherten, sie hätten Tränen auf den Wangen Friedrichs gesehen – Freudentränen, wie sie behaupteten. In Wirklichkeit hatte sein erstes Treffen mit Elisabeth Christine zwei Tage davor seine Ängste bestätigt. »Diese Person ist weder schön noch hässlich«, hatte er kurz danach an Wilhelmine geschrieben, »überhaupt nicht gut erzogen, schüchtern, es fehlt ihr nicht an Esprit, aber sehr an Stil und Lebensart (…). Daran können Sie beurteilen, ob ich sie nach meinem Geschmack finde oder nicht.«[74] Grumbkow gegenüber äußert er sich noch freimütiger: »Ich habe keine Abneigung gegen die Prinzessin, sie ist ein gutes Herz, ich will ihr nichts Böses, aber ich werde sie nie lieben können.«[75]

Nun, eine Verlobung ist noch keine Hochzeit. Bis dahin sollten noch fünfzehn Monate verfließen. Diese Verzögerung öffnete Tür und Tor für Spekulationen. Was, wenn der König brutal aus dem Leben gerissen würde? Sein schlechter Gesundheitszustand erlaubte nicht, diese Frage völlig von der Hand zu weisen. Es besteht kein Zweifel, dass sich Friedrich in einem solchem Fall nicht an das Wort seines Vaters gebunden gefühlt hätte. Außerdem unterlag die Debatte um die Heirat Friedrichs von Anfang an den Bedingungen von Angebot und Nachfrage in Europa. Inzwischen hatte die Aussöhnung Österreichs und Englands, die 1731 im Frieden von Venedig abgesegnet worden war, eine neue Situation geschaffen. Wien konnte daher versucht sein, die guten Beziehungen zu London dadurch zu bekunden, dass es seinen Widerstand gegen die Heirat Friedrichs mit einer englischen Prinzessin aufgäbe.

Während alles darauf wartete, dass der Knoten durchtrennt wurde, blieb nichts unversucht, der Verlobten den gesellschaftlichen Glanz zu vermitteln, der ihr fehlte. Friedrich hatte sich beklagt, dass sie tanze »wie eine Gans«. Ein Tanzmeister aus Dresden lehrte sie, nach dem Geschmack ihres künftigen Ehemannes zu tanzen. Was ihre äußere Erscheinung anging, so setzte man auf die Wirkung der Zeit, die ihr mehr Attraktivität verleihen könne. Man hoffte, dass die roten Flecken, die als Überbleibsel der Blattern ihr Gesicht entstellten, verheilen würden, und außerdem, fügte Seckendorff hinzu, »wird sich ihr Busen mit den Jahren noch entwickeln«.[76] Es bedurfte für Friedrich jedoch mehr als einiger weiblicher Rundungen, um die Prinzessin mit anderen Augen zu sehen. Er erlegte sich den Zwang auf, ihr zu schreiben, versuchte aber auf keine Weise, in diesen Briefen seine Gleichgültigkeit zu verbergen. Auf der anderen Seite wiederholte er Grumbkow gegenüber seine Ansichten, die er von Anfang an vertreten hatte: »Ich werde mein Wort halten, ich werde heiraten, aber danach, wenn alles vorbei ist, dann guten Tag, Madame, und gute Reise!«

Jetzt hätten die englisch-österreichischen Umtriebe den Lauf der Ereignisse verändern können. Friedrich hatte davon sicher Wind bekommen, aber sich vor einer Einmischung wohl gehütet. Unter dem Druck der Spannungen, die sich um die Königswahl in Polen entfaltet hatten, blieb die Angelegenheit bis zum letzten Moment noch veränderbar. Obwohl das Hochzeitsdatum schon auf den 12. Juni festgesetzt war, erhielt Seckendorff noch am Vorabend der Zeremonie den Wink, Friedrich Wilhelm dazu zu bewegen, die Eheschließung abzusagen und stattdessen seine Einwilligung zu geben, Friedrich mit Amalie zu vermählen. Das ging dem König aber entschieden gegen den Strich. Unter den gegebenen Umständen betrachtete Friedrich Wilhelm die Heirat seines Sohnes mit der Braunschweigerin als eine Angelegenheit der Ehre. Da er dem Hause Braunschweig-Bevern sein Ehrenwort gegeben hatte, kam eine Absage für ihn nicht mehr in Frage. Dieses Komödienspiel offenbarte ihm allerdings auch die demütigende Rolle, in die ihn der Wiener Hof gedrängt hatte. Er weigerte sich, eine Wetterfahne abzugeben, die sich nach dem Wind drehte, je nachdem ob dieser aus Wien oder aus London wehte. Für ihn, der sich stets zum loyalen Diener des Kaisers erklärt hatte, war dies eine tiefe Verletzung seines Selbstgefühls. Er musste sich eingestehen, dass Österreich ihn lediglich als Spielball seiner Interessen behandelte. Dieses Manöver fünf vor Zwölf schlug fehl und die Hochzeit wurde wie geplant am 12. Juni gefeiert.

Mit dieser Heirat fand eine langes Kapitel, das mit dem Drama vom Juli 1730 aufgeschlagen worden war, seinen Abschluss. Im Verlauf dieser drei Jahre hat Friedrich seinen Rang und seinen Status als Kronprinz wiedererlangt. Wenn ihn keine Krankheit dahinraffte, konnte er von nun an sicher sein, im gegebenen Augenblick seinem Vater nachzufolgen. Im Grunde war dieser Ausgang vorhersehbar, seit Friedrich Wilhelm seine Gefangenschaft in Küstrin aufgehoben hatte. Für Friedrich war diese Wiedereinsetzung in seine Rechte gewiss das Wichtigste, selbst wenn er dafür teuer bezahlen und eine Prinzessin heiraten musste, für die er Gleichgültigkeit, ja Ablehnung empfand. Der Lebensabschnitt des Zerwürfnisses mit dem Vater sollte in Friedrichs Leben jedoch viel mehr als eine flüchtige Episode darstellen. Er hatte dabei eine Zerreißprobe überstanden, die nicht nur zu seiner Reife führte, sondern auch tiefe und dauerhafte Narben hinterließ. Trotz aller Leiden hat er diese bedrohliche Krise aber überlebt. Durch sie hat er die Kunst der Verstellung erlernt und diese Lektion später nie vergessen. Die schweren Leidensjahre bildeten in Friedrich einen Zug zur Härte aus. Er hat sich dessen ungeachtet Gefühlen niemals verschlossen und blieb offen für Freundschaften, wie die Zukunft zeigen sollte. Andererseits ist es ungewiss, ob noch Raum für die Liebe war, denn diese Neigung zur Härte konnte leicht Kälte nach sich ziehen. Friedrichs innere Verletzung verschwand nicht, sie hat sich mit den Jahren zunehmend vertieft. Duhan de Jandun, seinem ehemaligen Lehrer, sollte er eines Tages das schmerzliche Geständnis machen: »Sie wissen vielleicht nicht, wie tief man in den Marmor meißelt und dass dies für immer erhalten bleibt.«[77]

Viertes Kapitel
Rheinsberg – das Antlitz
des Glücks

Das neue Leben Friedrichs begann unmittelbar nach den Verlobungsfeiern. Wenige Tage danach übernahm er das Kommando über sein Regiment und richtete sich anschließend in Ruppin ein. Die Heirat hat keine Veränderung mit sich gebracht. Zur großen Erleichterung Friedrichs betrachtete der König die Wohnsituation in Ruppin für eine königliche Prinzessin als unpassend. Der Kronprinz beschloss zwar im März 1734, mit väterlicher Genehmigung das unweit von Ruppin gelegene Schloss Rheinsberg zu erwerben, wo das Paar künftig wohnen sollte. Aber die notwendigen Umbaumaßnahmen erforderten viel Zeit. Elisabeth Christine blieb derweil in Berlin. Viele Monate lang, wenn nicht gar auf Jahre, sah sich Friedrich daher vor den Zwängen eines gemeinsamen Lebens bewahrt. Damals begann für ihn eine Zeit des Lernens, in der er sich auf die Pflichten eines Königs und Soldaten vorbereitete. Eine schwerwiegende Verschlimmerung des Gesundheitszustandes von Friedrich Wilhelm, die den Herbst 1734 über andauerte, schien diese Lebensphase abzukürzen. Friedrich wurde nach Berlin gerufen, um seinen geschwächten Vater zu vertreten. Die Sorge war jedoch verfrüht. Nach seiner Gesundung fand Friedrich Wilhelm wieder die Kraft, die Macht auszuüben. Diese zu teilen oder gar auf sie zu verzichten, war er nicht bereit. Aber er hatte die Genugtuung festzustellen, dass Friedrich einige Wochen lang die höchste Verantwortung übernahm und auszuüben im Stande war. Als dieser daraufhin wieder sein Leben als Offizier aufnahm, sah der König seinen ältesten Sohn mit anderen Augen. Die soeben gemeisterte Situation vermittelte ihm endgültig die Überzeugung, dass Friedrich im entscheidenden Augenblick würdig sei, ihm nachzufolgen.

Der Offizier

An der Spitze seines Regimentes brannte Friedrich darauf, den Erwartungen seines Vaters gerecht zu werden. Er wusste nur zu gut, dass dieser seine

Fähigkeit zu einem echten Soldaten angezweifelt hatte. Friedrich war daher darauf aus, ihn gründlich eines Besseren zu belehren. Seine Briefe geben Zeugnis von der Zeit, die er dem Waffendienst widmete: »Ich komme vom Exerzieren, ich exerziere, ich werde exerzieren. Das sind alle Neuigkeiten, die es zu berichten gibt…«[78] Friedrich wusste ganz offensichtlich, dass solche Äußerungen bis an die höchste Spitze der Macht gelangten. Dabei brauchte er gar nicht zu übertreiben, denn in Ruppin entdeckte er eine neue Seite seiner eigenen Persönlichkeit: er gewann Geschmack am militärischen Leben, das er zuvor nicht kannte. Der kleine Marquis, wie er von Friedrich Wilhelm früher geneckt wurde, hatte in Wirklichkeit die Seele eines Soldaten.

Übungen und Manöver nahmen jedoch nicht die gesamte Zeit Friedrichs in Anspruch, wie er zu verstehen gab. Entsprechend den Instruktionen des Königs nutzte er den Aufenthalt in Ruppin dazu, seine Erfahrungen mit den preußischen Verhältnissen in Berührung mit der Landschaft und vor allem durch Besuche in den Dörfern der Umgebung zu erweitern. So sehr die Arbeit Friedrich auch vereinnahmte, ließ sie ihm dennoch auch Zeiten der Muße. Diese verbrachte er zum Teil mit den Offizieren seines Regiments. Oft sah man ihn vor dem Abendessen beim Kartenspiel. Er verschmähte es auch nicht, in ihrer Gesellschaft ausgedehnte Abende, an denen Bacchus geopfert wurde, zu verbringen. Gewissermaßen als Symbol der wiedergefundenen Freiheit widmete er sich auch den Freuden des Lesens und der Musik. In anderer Hinsicht verwies der Aufenthalt in Ruppin auf Zukünftiges. Er offenbarte insbesondere auch die Interessen Friedrichs für die Architektur. Dies illustriert der Eintritt von Georg Wenzeslaus von Knobelsdorff in den Freundeskreis des Prinzen. Dieser ehemalige Offizier der preußischen Armee, der sein Talent auch in der Malerei vervollkommnete, wurde zu Friedrichs Mansart. Er vertraute ihm zunächst die Aufgabe an, ein kleines Tempelchen zu bauen, welches den Park der Residenz, den heutigen Neuruppiner »Tempelgarten«, schmückte. Die erhaltene Rotunde dieses zauberhaften kleinen Gebäudes verrät den Einfluss von Palladio.

Friedrich träumte davon, sich nicht nur im Manöver auszuzeichnen. Die Gelegenheit dafür schien sich zu bieten, als im Herbst 1733 der polnische Erbfolgekrieg ausbrach. Diese Auseinandersetzung eröffnete eine neue Phase der zweihundert Jahre alten Rivalität zwischen Bourbonen und Habsburgern und führte zu einem unmittelbaren Konflikt zwischen Frankreich und Österreich, wobei jede Partei ihren Thronanwärter verteidigte. Während Ludwig XV. seinem Schwiegervater Stanislaus Leszczyński mit Rat und Tat zur Seite stand, wollte Karl VI. nicht zulassen, dass die Krone an einen Protégé Frankreichs fiel. Er unterstützte daher die Kandidatur des Kurfürsten von Sachsen, der aus dem gleichen Grund die Gunst Russlands genoss.

Damit tauchte ein neues Element in diesem Konflikt auf, der ansonsten klassischen Mustern folgte. Als Folge des Aufstiegs seit Peter dem Großen griff Russland nun zum ersten Mal ganz eigenständig in einen Krieg zwischen den beiden kontinentalen Großmächten ein. Der Einsatz blieb jedoch auf den Osten beschränkt und berührte nicht den deutschen Kriegsschauplatz.

Deshalb kämpften preußische und russische Soldaten nicht Seite an Seite. In Erfüllung seiner Bündnispflichten gegenüber Wien beschloss Friedrich Wilhelm, die in Deutschland aufgestellte österreichische Armee unter dem Kommando des Prinzen Eugen mit einem Kontingent von 10 000 Mann zu verstärken. Friedrich Wilhelm hatte selbst 1709 in der Schlacht von Malplaquet unter Eugens Oberbefehl im Feld gestanden, nun wollte er die Umstände nutzen, um auch seinen Sohn bei dem berühmtesten Feldherrn seiner Zeit in die Lehre zu schicken. Der Kronprinz wurde ins Hauptquartier der Rheinarmee abkommandiert, wo ihm vor allem zu hören und zu sehen aufgetragen war. Er empfing die Feuertaufe bei einem Erkundungsritt in der Nähe von Philippsburg. Unter französischem Feuer zeigte er sich äußerst kaltblütig und entkam zu seinem Glück. Wie üblich, hat sich diese Geschichte schnell herumgesprochen.

Die Gelegenheiten, sich hervorzutun, waren ansonsten dünn gesät. Wenn jemals ein Feldzug des 18. Jahrhunderts den Charakter eines »Krieges der Spitzenkrägen« angenommen hat, dann dieser, bei dem mit großer Könnerschaft die Strategie der Umgehung Anwendung fand, wodurch beide Seiten tunlichst darauf bedacht waren, nicht aufeinander zu treffen. Friedrich berichtete darüber seiner Schwester Wilhelmine: »Dieser Feldzug ist die friedlichste Sache von der Welt. Man hört keinen Schuss fallen. Die Franzosen hüten sich, uns anzugreifen, und die Unseren haben ebenso wenig Angriffslust. Man führt hier Krieg wie auf der Berliner Generalrevue.«[79] Diese Strategie war so erfolgreich, dass der Feldzug sein Ende nahm, ohne dass es zu einer Schlacht gekommen wäre. Wie war das zu erklären? Etwa mit der Angst, die der Ruhm des Prinzen Eugen, jener lebenden Legende, bei den Franzosen ausgelöst hatte? Friedrich neigte zu dieser Hypothese, aber er musste hinzufügen, dass der greise Stratege ein müder Held geworden war. Friedrich dachte des öfteren über die unübersehbaren Fehler Eugens von Savoyen nach, der nur noch ein Schatten seiner selbst war. Aus dem Meister des Angriffskrieges sei im Alter ein Verfechter der Untätigkeit geworden. »Der Held hatte sich selbst überlebt. Er scheute sich, seinen wohlbefestigten Ruf dem Zufall einer achtzehnten Schlacht auszuliefern«,[80] setzte Friedrich nicht ohne eine gewisse Grausamkeit hinzu. Bei diesem traurigen Schauspiel wurde ihm klar, dass fortgeschrittenes Alter einem Schiffbruch gleichkommen konnte.

Dieser Stillstand des Krieges eröffnete dem jungen Offizier gewiss die gute Möglichkeit, eine Gegend kennen zu lernen, die er schon vier Jahre zuvor durchquert hatte. Damals allerdings war er mit seinen Gedanken ausschließlich mit seinem Fluchtplan befasst gewesen und hatte für sie wohl kaum ein ernsthaftes Interesse gehabt. Diese Phase nun war für Friedrich vor allem sehr lehrreich. »Unser Feldzug ist eine Schule, in der man aus der Verwirrung und Unordnung, die in dieser Armee herrscht, eine Lehre ziehen kann.«[81] Damit bezog er sich nicht nur auf die Führungsqualität des Prinzen Eugen. Die anderen österreichischen Generäle machten in den Augen des Kronprinzen beileibe keine bessere Figur. Von der Organisation des Heeres war er in keiner Weise beeindruckt. Kurzum, in den Monaten, die Friedrich im Heerlager des Prinzen Eugen verbrachte, gewann er einen kläglichen Eindruck vom österreichischen Kriegswesen und seiner Führungsspitze. Diese Lektion sollte er nicht vergessen.

Trotz seines ausdrücklichen Wunsches versagte ihm der König die Erlaubnis, am Feldzug von 1735 teilzunehmen. Daher nahm er in Ruppin sein Garnisonsleben wieder auf. Man könnte versucht sein, diese Entscheidung mit der Sorge um Friedrichs Leben zu erklären. Aber dem war wohl nicht so. Vielmehr schien vorhersehbar, dass die von Prinz Eugen praktizierte Untätigkeit nicht zu einer größeren Schlacht führen würde. Möglicherweise fürchtete Friedrich Wilhelm, dass sein Sohn in dieser Umgebung den Sirenenklängen der österreichischen Partei hörig werden könnte. Sollte diese Überlegung das Motiv für seine Verweigerung gewesen sein, dann hatte er sich in Friedrich gründlich getäuscht. Dieser begegnete dem österreichischen Verbündeten zwar höflich und mit Respekt, beurteilte ihn jedoch keineswegs mit Wohlwollen.

Die Abweisung war für Friedrich eine große Enttäuschung. Als Trostpflaster bot ihm der König zum Ausgleich eine »voyage d'agrément« von mehreren Wochen durch Ostpreußen an. Friedrich reagierte wieder einmal mit Sarkasmus: »Das ist etwas ehrenvoller als Sibirien, aber nicht viel.«[82] Es handelte sich hier jedoch nicht um eine Routineangelegenheit. Diese Reise sollte einen doppelten Zweck erfüllen: zum einen als offizieller Besuch und zum andern als Inspektion. Friedrich ist in Ostpreußen denn auch mit allen Honneurs empfangen worden, die dem Kronprinzen zustanden. Darüber hinaus war er mit Vollmachten ausgestattet, die ihm jede als notwendig erachtete Maßnahme erlaubten, falls er Schlamperei, Versäumnisse oder Missbrauch in Verwaltung oder Armee vorfinden sollte. Von diesem Blickpunkt aus betrachtet, bedeutete diese Mission den Beginn eines neuen Abschnitts in Friedrichs Leben. Sie war vor allem ein deutlicher Beweis für das Vertrauen, das Friedrich Wilhelm in ihn setzte. Im Übrigen äußerte der

König sehr vernehmlich seine Zufriedenheit mit dem Bericht, den Friedrich nach der Reise vorgelegt hatte.

Rheinsberg

Friedrich zog am 6. August 1736 in Schloss Rheinsberg ein, das ihm für beinahe vier Jahre als Hauptresidenz dienen sollte. Allerdings erforderten die militärischen Verpflichtungen seine Abwesenheit von Ende März bis Juni. Seine Pflichten sahen auch kurze Besuche in Potsdam vor sowie im Dezember und im Januar längere Aufenthalte in Berlin. In jedem Fall bedeutete die Niederlassung in Rheinsberg einen wichtigen Einschnitt in seinem Leben. In weitem Vorausblick auf seinen Tod äußerte Friedrich ein Jahr später den Wunsch, man möge auf seinen Grabstein schreiben: »Hier ruht jemand, der ein Jahr gelebt hat.«[83] Bei anderer Gelegenheit vertraute er einem ihm Nahestehenden an, in Rheinsberg das »Antlitz des Glücks« gesehen zu haben.[84]

Schloss Rheinsberg liegt am Ufer des Grienericksees, nicht weit von der Stelle, wo das Flüsschen Rhin den See verlässt. Der im Wesentlichen aus dem 16. Jahrhundert stammende Bau war zum Zeitpunkt der Erwerbung in einem derart heruntergekommenen Zustand, dass er nicht bewohnbar war. Es mussten daher umfangreiche Maßnahmen getroffen werden, nicht nur für eine Restaurierung, sondern vor allem für einen Umbau. Der erste Vorschlag von Johann Gottfried Kemmeter gefiel Friedrich nicht so recht. Angesichts der Bescheidenheit der Mittel, die dem Architekten von Friedrich Wilhelm zur Verfügung gestellt worden waren, umfasste er lediglich einen kleinen Baukörper mit einem Turm an der Seite. Der angefangene Bau wurde schließlich von Knobelsdorff zu Ende geführt, der erst vor kurzem von einer Studienreise nach Italien zurückgekehrt war, wo er die bedeutendsten Stätten der antiken Architektur und der Renaissancebaukunst besucht hatte. Bei diesem Unternehmen beschränkte sich Friedrich beileibe nicht auf die Rolle eines untätigen Zuschauers. Er griff vielmehr unmittelbar in die Planung des Projektes ein und verfolgte anschließend die konkrete Umsetzung aus der Nähe. Aus der Zusammenarbeit zwischen dem Prinzen und dem Architekten entstand ein Schloss, das sich, ergänzt um einen zusätzlichen Flügel, in seinem fertigen Zustand deutlich vom ursprünglichen Entwurf unterschied. Der zusätzlich errichtete Turm sollte das Bedürfnis nach Symmetrie befriedigen. Die geniale Idee dabei war, die Türme durch einen Säulengang miteinander zu verbinden, um durch Gliederung dem Ganzen Leichtigkeit zu geben.

Friedrich drückte nicht nur der äußeren Fassade des Schlosses sein Siegel auf. Er verwendete auch auf die Innendekoration große Sorgfalt. Für diesen

Bereich wurden renommierte Künstler engagiert. Antoine Pesne malte die Decken und sein Schwager Augustin Debuisson die dort angebrachten Medaillons. Friedrich ließ darüber hinaus auch mehrere Räume des Schlosses mit Bildern zeitgenössischer Meister schmücken. Damit war ihm Gelegenheit geboten, seine Vorliebe für die französische Kunst zu betonen, denn seine Wahl fiel vor allem auf Werke von Watteau und Lancret. Darüber hinaus widmete er der Gestaltung der Gärten große Aufmerksamkeit, und zwar sowohl hinsichtlich der Gartenarchitektur als auch der Bepflanzung. Sein gesamtes Engagement ließ vor allem eines erkennen: Er hatte die Absicht, sich einen eleganten Lebensrahmen zu schaffen, worin er sich als Hausherr wohlfühlen und in aller Freiheit seine Neigungen kultivieren wollte. Aber das war noch nicht alles. Friedrich wartete noch auf seine Stunde. Nicht wenige der an den Decken und auf Medaillons in Szene gesetzten Allegorien – Aurora vertreibt die Wolken, Phoebus im Sonnenwagen, der Sonnengott verjagt die Nachtdämonen – weisen unmissverständlich auf das Selbstverständnis der »künftigen Sonne« hin.

Im Geiste des antiken *otium* nahm sich Friedrich vor, in Rheinsberg Ruhe, Freundschaft und Studien zu pflegen. Nach dem zu urteilen, wie er sich Wilhelmine mitteilte, sollte seine Residenz für ihn vor allem ein friedlicher Hafen sein: »Hier ist meine Erde«, schrieb er ihr zu dem Zeitpunkt, als er sich dort niederließ, »um die ländlichen Vergnügungen in vollen Zügen zu genießen und ein ebenso angenehmes aber beständigeres Leben zu führen als unsere Ahnen im Paradies.«[85]. Ein anderes Mal kündigte er ihr an: »Am kommenden Dienstag werde ich auf meine Erde entfliehen, um sie erst an Weihnachten wieder zu verlassen; ich hoffe dort, die Süße des Landlebens und die Ruhe zu genießen, nachdem ich so lange dem Sturm ausgesetzt war.«[86] Ferner ließ er zur Bekräftigung seiner Absicht, Rheinsberg unter das Zeichen des Friedens zu stellen, auf dem Giebel über dem Eingang eine Inschrift anbringen, die als Programm gewertet werden kann: »Friderico tranquillitatem colenti.«[87] Auch der Name Rheinsberg regte seine Vorstellungskraft an. Dieser Ortsname ist auch in der Schreibweise »Remsberg« überliefert – warum sollte man dann nicht daraus schließen, dass sich die Überlieferung irrte, die vom Mord des Romulus an seinem Bruder Remus berichtet? In Wahrheit sei dieser aus Rom entkommen und habe schließlich an den Gestaden des Grienericksees Zuflucht gefunden. Friedrich durfte sich daher den beziehungsreichen Spaß leisten, sich zum Hausherrn von Remusberg zu proklamieren.

Der Prinz umgab sich mit einem Kreis von Menschen, den er zum ersten Mal in aller Freiheit selbst auswählen durfte. Die Anwesenheit seiner Gattin konnte er allerdings nicht verhindern. Er gewöhnte sich jedoch zusehends an die Gegenwart Elisabeth Christines und begann nach und nach Eigenschaften an ihr zu entdecken, die er früher nicht bemerkt hatte. Hierbei stellte er fest, dass sie beileibe nicht das kleine Dummchen war, für das er sie gehalten hatte, und ihre Bemühungen, ihm zu gefallen, haben ihn schließlich angerührt. Dessen ungeachtet war auf Seiten Friedrichs von Liebe niemals die Rede. Aber zwischen den Eheleuten stellte sich ein friedliches und sogar herzliches Verhältnis ein. Friedrich schrieb seiner Ehefrau nun regelmäßig, wenn er fern von Rheinsberg weilte. In seinen Briefen ließ er sogar Entspannung und Herzlichkeit spüren. Elisabeth Christine hatte eine weitere gute Seite. Sie zeigte sich keineswegs darüber befremdet, dass ihr Bruder dem ständig in Geldnöten schwebenden Gatten aushalf. Diese Summen erreichten eine Höhe bis zu 19 000 Taler und ermöglichten Friedrich vor allem, die Vergrößerung des Schlosses zu finanzieren, wofür ihm sonst die Mittel gefehlt hätten.

Die Jahre in Rheinsberg waren gewiss die glücklichsten im Leben des Paares. Elisabeth Christine erinnerte sich später mit Wehmut dieser Epoche, »… da ich volle Befriedigung empfand, freundlich aufgenommen von einem Gebieter, den ich zärtlich liebe und für den ich mein Leben hingeben würde.«[88] Es erhebt sich die Frage, ob die Beziehung des Paares eigentlich über ein freundschaftliches Miteinander hinausging. Friedrich hatte ganz offensichtlich den Vorsatz, die geschlossene Ehe auch zu vollziehen. Christoph von Manteuffel vertraute er immerhin an: »Sie kann sich nicht beklagen, dass ich sie nicht ehrenvoll behandle. Ich kann mir wirklich nicht erklären, warum wir keine Kinder hatten.«[89] Aber welchen Wert haben schon solche Versicherungen? Möglicherweise kann eine andere Äußerung Friedrichs den Schleier ein wenig lüften, wenn es sich nicht um eine weitere der Capricen Friedrichs handeln sollte, die wir bei ihm gewohnt sind: »Ich habe das gleiche Schicksal wie die Hirsche, die sich gegenwärtig in der Brunft befinden. In neun Monaten könnte das eintreffen, was Sie mir wünschen.«[90]

Elisabeth Christine ist nicht allein in Rheinsberg eingezogen. Sie wurde von ihrem Hofstaat begleitet, insbesondere von mehreren Hofdamen. Dieses weibliche Element war nicht ganz unwichtig. Es trug nämlich zum Reiz der um den Kronprinzen versammelten Hofgesellschaft bei. In diesen Jahren verhielt er sich noch nicht so frauenfeindlich, wie man ihn später kennen lernen sollte, und entwickelte dafür sogar Gefühl: »Nun, wo das (weibliche) Geschlecht hier eingetroffen ist, scheint es, als bekäme dieser Ort neuen Glanz. Die Gespräche sind sogar lebhafter und das Vergnügen noch glänzender.«[91] Mit diesen Worten hat er auf den Einzug Christine Elisabeths und ihres Hofstaates in Rheinsberg reagiert. Die Frauen, die später in Sanssouci keinen Zutritt haben sollten, galten demnach für das Gesellschaftsleben als

»unverzichtbar«. Um jedoch Situationen zu vermeiden, welche die Harmonie dieses Kreises stören könnten, wurden Friedrichs Gästen strenge Regeln auferlegt. Der Geist von Rheinsberg hatte zwar keine Einwände gegen eine kultivierte »*marivaudage*«, also einen geistreichen Flirt, aber Liebesbeziehungen waren untersagt. Rheinsberg war nicht der Ort für Liebhaber und Mätressen.

Andererseits besaß Friedrich einen großen Handlungsspielraum in der Auswahl seiner Freunde, die er in seiner Entourage versammelte. Einige von ihnen zählten schon jahrelang zu seinen Vertrauten und teilten mit ihm die gleichen Interessen. Jeder von ihnen wurde von Friedrich mit einem oftmals aus der Antike herrührenden *nom de guerre* ausgestattet und dabei oft zum Opfer eines Wortspiels. So wurde aus Keyserlingk »Caesarion«, Knobelsdorff hieß nun »Apollodorus«, Jordan »Hephaistos«. Algarotti wurde unter dem Pseudonym »Cygne de Padoue – Schwan von Padua« geführt, La Motte Fouqué unter »Chasteté – Keuschheit« und Suhm unter »Diaphane – Durchsichtigkeit«. Bei Manteuffel machte sich Friedrich den Spaß, ihn unter Anspielung auf seinen Namen »Diable – Teufel« zu nennen.

In diesem engen Kreis überragten einige Gestalten die anderen. Der sechsunddreißigjährige Charles-Etienne Jordan nahm unter Friedrichs Vertrauten die Rolle des Gelehrten ein. Er stammte aus der hugenottischen Elite und war ursprünglich Pastor. Nach dem Tod seiner Frau jedoch reiste er quer durch Europa mit Etappen in Paris und London. Unterwegs hatte er mehrere berühmte Größen aus Literatur und Geistesleben aufgesucht, unter ihnen den prominenten Pariser Schriftsteller Fontenelle, einen Neffen Corneilles, den jungen Voltaire und den führenden englischen Dichter Pope. Jordans geradezu enzyklopädische Bildung, verbunden mit seinen Beziehungen, ließ Friedrich auf ihn aufmerksam werden, und er stellte ihn als Sekretär ein. Hinter diesem offiziellen Titel verbarg sich in Wirklichkeit die Tätigkeit eines literarischen Beraters. Friedrich vertraute ihm vor allem die Aufgabe an, seine französisch geschriebenen Texte zu redigieren, angefangen bei der Korrespondenz, und – genauso wichtig –, seine Gedichte zu verbessern, denn der Prinz lebte in ständiger Furcht, gegen das Versmaß zu verstoßen. Für diese in seinen Augen besonders wichtige Aufgabe musste er sich auf einen Mann seines Vertrauens stützen.

Die Beziehung zu Dieter von Keyserlingk war schon älter und ging noch auf die Zeit vor Friedrichs Fluchtversuch zurück. Unmittelbar nach seiner Entlassung aus Küstrin gelang es Friedrich nicht, ihn zu seinem Regiment versetzen zu lassen. Sobald ihm allerdings das Recht zugesprochen wurde, seinen Hofstaat nach Belieben zu gestalten, holte er ihn nach Rheinsberg. Die Freundschaft der beiden war sehr von Gefühlen bestimmt. Friedrich hegte eine tiefe Zuneigung, die Keyserlingk, obgleich vierzehn Jahre älter, mit völliger Ergebenheit für die Person des königlichen Prinzen beantwortete. Die körperliche Erscheinung von Keyserlingks sprach nicht gerade für ihn. Ein Mitglied dieses Kreises berichtete: »Er ist klein und korpulent, hat kleine Augen, eine große Nase, einen breiten Mund und einen wächsernen Teint.«[92] Diese äußeren Mängel glich er jedoch durch seine geistige Lebendigkeit und Beweglichkeit aus. Seine Empfehlung galt im Umkreis Friedrichs als besonders gewichtig. Er zeichnete sich besonders durch seine umfassende Bildung aus, die während eines zweijährigen Frankreichaufenthaltes ihre Abrundung erfahren hatte.

Wie Keyserlingk gehörte auch Heinrich August de la Motte Fouqué dem Militär an und war ebenso wie Jordan Hugenotte. In der Zeit, in der Friedrich seine Strafe in Küstrin verbüßte, hatte er die Genehmigung erlangt, ihm Besuche abzustatten, was seine Freundschaft aufs beste bescheinigte. Darüber hinaus teilte de la Motte Fouqué mit ihm die Leidenschaft für das Theater, die er in Rheinsberg befriedigen konnte. Der Name de la Motte Fouqué steht jedoch vor allem mit einem anderen Unternehmen in Verbindung, nämlich mit der Gründung des Bayard-Ordens. Friedrich machte ihn zum Großmeister dieser Gesellschaft, die sich gemäß ihrem Anspruch aus Rittern ohne Furcht und Tadel zusammensetzen sollte.

Diese Bruderschaft legt unweigerlich den Gedanken an eine Freimaurerloge nahe. Dieser Zusammenhang ist keineswegs zufällig, denn im August 1738 wurde Friedrich in eine Freimaurerloge aufgenommen, und in einem zweiten Schritt gründete er einige Monate später eine Loge in Rheinsberg. Diese Entscheidung fiel ihm umso leichter, weil einige Mitglieder seines Rheinsberger Kreises schon Freimaurer waren. Wir dürfen sicher sein, dass es Friedrich Wilhelms Zorn herausgefordert hätte, wäre ihm die Verbindung seines Sohnes mit der Freimaurerei zu Ohren gekommen. Daher stellt sich die Frage, ob diese eine Provokation darstellen sollte. Selbst wenn er diese Absicht verfolgt hätte, war diese nur eine Nebensache. Es gab ein viel wichtigeres Motiv. Die Freimaurerloge bot Friedrich das Modell eines Kreises gebildeter Männer, die durch das gemeinsame Ideal der Geselligkeit und Gedankenfreiheit verbunden waren. Kurzum, die Logenbruderschaft war die Art von Gesellschaft, die seinen Vorstellungen nahe kam und deren Ideale er mit allen Kräften in Rheinsberg verwirklichen wollte.

Abgesehen von diesem inneren Kreis empfing Friedrich auch durchreisende Gäste. Ihre Besuche waren zu kurz, als dass sich ihnen das Innere des Prinzen erschlossen hätte. Eine Ausnahme davon bildete Francesco Algarotti. Als dieser angesehene, aus einer vornehmen Kaufmannsfamilie stammende Venezianer in Rheinsberg eintraf, ging ihm ein Ruf voraus, der ihn der Aufmerksamkeit Friedrichs empfahl. Algarotti hatte zuvor schon in der Londoner Gesellschaft Aufsehen erregt, in die er durch ein Empfehlungsschreiben Voltaires aufs beste eingeführt worden war. Während seines Aufenthaltes in London erlangte er zwar wegen seines guten Aussehens sowohl die Gunst von Lord Henry als auch von Lady Montagu, aber dennoch war er nicht ausschließlich mit Amouren beschäftigt. Algarotti hatte sich in London in die Grundlagen der englischen Philosophie und vor allem in das Studium der bahnbrechenden Thesen von Isaac Newton vertieft. Dieser glänzende Erzähler besaß daher alle erforderlichen Eigenschaften, um Friedrich zu gefallen, und zwar umso mehr, als er mit Genuss die Religion zur Zielscheibe seines Spottes machte. »Ich werde niemals die acht Tage vergessen, die Sie bei mir verbracht haben«, schrieb ihm Friedrich kurz nach seiner Abreise.[93] Dieser Besuch in Rheinsberg war der Anfang einer langwährenden Freundschaft. Algarotti gehörte von nun an zu den engen Freunden des Prinzen, und zwar während der Zeit, in der er in Preußen lebte, und ebenso während seiner Abwesenheit, in der er mit Friedrich korrespondierte.

Friedrich verstand es auch, seine Freunde mit anderen Dingen als mit glänzender Konversation zu unterhalten. »Wir beschäftigen uns mit Nichtigkeiten und wir kümmern uns nicht um diejenigen Dinge des Lebens, die es unangenehm machen und einen Schatten auf unsere Vergnügungen werfen. Wir spielen Tragödien und Komödien, veranstalten Bälle, Maskenfeste und Musik jeder Art.«[94] Ein Teil des Abends, die Zeit zwischen sieben und neun Uhr, war nach dem Willen von Elisabeth Christine der Musik gewidmet. Bei solchen Gelegenheiten griff Friedrich zu seinem Lieblingsinstrument, der Querflöte. Es gelang ihm, die von ihm selbst komponierten Stücke eigenhändig zu spielen. Auch das Theater nahm einen bedeutenden Rang in der Liste dieser Unterhaltungen ein. Friedrich brachte die kleine Truppe seiner Gäste dazu, selbst Theater zu spielen und vor allem französische Stücke aufzuführen. Die großen Klassiker standen dabei neben zeitgenössischen Autoren, allen voran Voltaire, von dem mehrere Dramen aufgeführt wurden, vor allem *Oedipus, Merope* und *Julius Caesar.*

Friedrichs Tage waren jedoch nicht allein von Konversation und Zerstreuung ausgefüllt. In Wirklichkeit widmete er den größten Teil der Zeit seinen Studien. »Ich stecke den ganzen Tag meine Nase in die Bücher«, gestand er Wilhelmine.[95] Er war sich nur zu sehr bewusst, dass seine Bildung seit Juli 1730 zu kurz gekommen war. Mehrere Jahre lang war ihm das Lesen von Büchern verboten worden. Genauso schwer wog es, dass ihm auch Auslandsreisen verwehrt waren. Im Unterschied zu anderen Prinzen seiner Zeit konnte er keine *grand tour* absolvieren, die ihm erlaubt hätte, andere europäische Staaten kennen zu lernen und sich mit den Sitten anderer Gesellschaften auseinander zu setzen. Manche hätten sich mit dieser verkürzten Bildung abgefunden. Friedrich war jedoch aus anderem Holz geschnitzt. Er sah im Gegenteil die Notwendigkeit, die verlorene Zeit wieder einzuholen. Dieses gewaltige Vorhaben wurde von ihm methodisch angepackt. Friedrich stand regelmäßig um vier Uhr morgens auf und ging niemals vor Mitternacht zu Bett. Er machte sogar den Versuch, den Schlaf mit riesigen Mengen Kaffee zu bekämpfen, aber das hat er nur wenige Tage lang durchgehalten. Als Elisabeth Christine einmal den Stundenplan ihres Gatten auflistete, vertraute sie der Herzogin von Braunschweig an: »Seit sechs Uhr morgens bis ein Uhr beschäftigt er sich mit Lektüre, mit Philosophie und all diesen schönen Dingen.« Nach einer Pause bis um vier Uhr »nimmt er seine Beschäftigung bis sieben Uhr abends wieder auf.«[96] Friedrich betrieb dabei nicht lediglich eine passive Lektüre. Er nahm vielmehr die Gewohnheit an, die Seiten der von ihm gelesenen Bücher mit Kommentaren zu versehen. Auf seiner Bücherliste standen nur wenige deutsche Werke. Das Französische war zu seiner Umgangssprache geworden. Daher bat er einen seiner Freunde, den Freiherrn von Suhm, die Werke des Philosophen Christian Wolff zu übersetzen. Sie auf Deutsch zu lesen, wäre für ihn zu mühsam gewesen.

Die Interessen Friedrichs für die Philosophie wurden schon lange vor den Rheinsberger Jahren geweckt. Bereits 1728 hatte er einen Brief mit »*Frédéric le philosophe* – Friedrich, der Philosoph« unterzeichnet. Seine Glaubensfestigkeit ist denn auch regelmäßig in Zweifel gezogen worden. Friedrich Wilhelm war höchst beunruhigt bei dem Gedanken, dass sein Sohn nicht an Gott glauben könnte. Und wenn er tatsächlich den Glauben verloren hätte, musste dann nicht der Philosophie die Schuld daran gegeben werden? Da sich Friedrich zunehmend von den geltenden Dogmen entfernte, dürfte diese Befürchtung nicht ganz unbegründet gewesen sein. Wie er 1735 gegenüber Wilhelmine erklärte, sah er jedoch keine Rechtfertigung für den Atheismus und verglich ihn sogar mit einer Krankheit: »Der Atheismus ist ein Dogma, dem man nur anhängen kann, wenn das Gehirn in Verwirrung geraten ist.«[97] Diese Äußerung zeigt, dass er auf dem Wege war, die Existenz Gottes mit der Vernunft in Einklang zu bringen. Es kann daher keineswegs erstaunen, dass er sich von der rationalistischen Philosophie Wolffs angezogen fühlte. Da diese sich mit Fragen aus demselben Themenkreis befasste, half sie Friedrich, seine Gedanken zu ordnen. Die Spuren seines Einflusses kann man in dem folgenden Bekenntnis zum Glauben nachlesen: »Ich erkenne Gott durch das Licht der Vernunft; sein Gesetz ist in mein Herz geschrieben; das Gesetz der Natur, das alleinig wahre, das einzige, welches seine Reinheit bewahrt hat, und dies Gesetz ist es, das mich meine Pflichten lehrt.«[98] Es bleibt offen, ob diese vom Dogma der Offenbarung doch recht weit entfernte Erklärung nicht einen verkleideten Deismus beinhaltete, der lediglich nicht benannt wurde.

Zu den Tätigkeiten, denen Friedrich höchsten Rang einräumte, gehörte das Schreiben. Seine Gedichte im Geist der Zeit atmen die leichte Luft des »locus amoenus« Rheinsberg. Friedrich setzte in seinen Poemen gern die Freunde in Szene. Als Dichter bediente er sich, wie wir bereits wissen, ausschließlich des Französischen. Der manchmal ungeschliffene Stil seiner Gedichte offenbarte auch Schwächen und Ungeschicklichkeiten. Gewiss bemühte sich Jordan, die Fehler zu korrigieren. Aber es erhebt sich die Frage, ob seine gewiss löblichen Bemühungen der gestellten Aufgabe gerecht wurden. Um Friedrichs literarischen Geschmack zu verfeinern, bedurfte er eines Meisters der Sprache und der Dichtkunst. Bald glaubte er, diesen in der Person von Voltaire gefunden zu haben.

Voltaire betritt die Bühne

In Rheinsberg begann Friedrich ein europaweites Netz von Briefkontakten zu knüpfen. Algarotti gegenüber hatte er einmal erklärt: »Ich liebe es, mit den besten Geistern zu korrespondieren, mit Männern, die nur vom Kopf gesteuert sind, als hätten sie gar keine Körper mehr, kurz: mit der menschlichen Elite.«[99] Frankreich war natürlich das Land, dem er sich in erster Linie zuwandte. Dort suchte er den Umgang mit Schriftstellern, die mit ihm die gleichen Interessen teilten oder diese Übereinstimmung erwarten ließen. In dieser Art von Beziehung kamen alle auf ihre Rechnung. Sogar diejenigen, die sich über diese Art der Wertschätzung erhaben dünkten, fühlten sich letzten Endes dennoch geschmeichelt, auf diesem Wege vom künftigen König von Preußen in der Weise in Anspruch genommen zu werden. Friedrich selbst hatte gewiss nicht nur seine intellektuelle Befriedigung im Auge. Es wäre zweifelsohne übertrieben, bei ihm bereits von einem Schlachtplan zu sprechen, aber er war sich bewusst, dass seine Briefpartner ausnahmslos auch einflussreiche Positionen innehatten. Von dort aus sollten sie ein positives Bild von ihm verbreiten, das seinen Plänen nützlich sein konnte, wenn er einmal den Thron bestiegen hätte.

Friedrich bewies eine glückliche Hand in der Auswahl seiner Briefpartner. 1737 knüpfte er mit dem Neffen Pierre Corneilles, Bernard le Bovier de Fontenelle, dem bereits 80-jährigen Doyen der französischen Schriftstellergilde, eine briefliche Beziehung an. Dieser antwortete auf eine derart besondere Aufmerksamkeit mit einem Aperçu, womit er den künftigen König von Preußen für sich einnehmen konnte. Man habe den Eindruck, als gäben Könige eher bessere Philosophen ab als Philosophen bessere Könige. Friedrich korrespondierte auch mit Charles Rollin, dessen *Histoire ancienne* ihn fesselte. »Er ist mir der liebste Begleiter«, vertraute er Wilhelmine an…«[100] Für ihn war Rollin nicht nur ein großer Wissenschaftler. Er hatte auch eine Formel gefunden, für die Friedrich besonders empfänglich war. »Prinz wird man allein durch Geburt – aber große Prinzen schafft allein das Verdienst.«[101] Diese Briefwechsel waren jedoch lediglich gefällige hors d'oeuvres. Die Beziehung Friedrichs zu Voltaire besaß ganz anderes Format. Der Autor der *Lettres philosophiques* sonnte sich zu dieser Zeit schon in unvergleichlichem Ruhm, der längst die Grenzen des Königreiches Frankreich überschritten hatte, um europäische Bedeutung zu erlangen. Sowohl für seine Bewunderer als auch für seine Feinde verkörperte er den Typ des Philosophen. Dieser Qualität fügte er weitere hinzu, die sein Ansehen noch steigerten, so die des Dichters, des Tragödienschreibers und des Historikers. Es war natürlich an Friedrich, den ersten Schritt zu tun. Am 8. August 1736 schrieb er seinen ersten Brief an Voltaire. Damit wurde ein Briefwechsel in die Wege geleitet, der sich über 42 Jahre hinziehen und nicht weniger als 654 Briefe umfassen sollte. Mit diesem ersten Brief wurde eine ganz besondere Beziehung begründet, welche die gesamte Bandbreite der Gefühle umfasste und auf einer gegenseitigen Faszination beruhte, aber auch von heftigen Gewittern erschüttert wurde.

Um diese Korrespondenz in Gang zu bringen, benutzte Friedrich den Vorwand, Voltaire die Übersetzung eines Werkes von »Herrn Wolff, dem berühmtesten Philosophen der Gegenwart«[102] übersenden zu wollen. Dieser Annäherungsversuch war wohl nicht besonders glücklich. Wenn Voltaire überhaupt jemals von Wolff gehört hatte, so wäre es ihm doch niemals in den Sinn gekommen, diesen mit einem Titel zu rühmen, mit dem er sich selber zu schmücken gesonnen war. Aber im weiteren Verlauf des Briefes machte Friedrich seinen Fauxpas mehr als gut. Welcher Dichter der vorausgehenden Jahrhunderte, selbst der bedeutendste, könnte derart vermessen sein, mit den Tragödien Voltaires zu konkurrieren? »Corneille, der große Corneille, der die Bewunderung seines Jahrhunderts auf sich zog, würde, wenn er heute wieder auferstünde, mit Erstaunen und vielleicht auch mit Neid sehen, dass die tragische Muse Sie geradezu verschwenderisch mit ihrer Huld überschüttet, die sie selbst einem Corneille verweigert hatte.«[103] Am Ende seines Briefes hatte Friedrich die glückliche Idee, Voltaire um Zusendung derjenigen Werke zu bitten, die ihm noch fehlten. Er versicherte Voltaire: »Wenn ich Ihre Werke besäße, so sähe ich mich als reicher an, als wenn ich alle flüchtigen und verachtenswerten Güter hätte, die Fortuna in einem Augenblick des Zufalles verschenkt, aber auch wieder nimmt.«[104]

Voltaire stimmte sich unverzüglich auf Friedrich ein. Warum sollte er auch nicht die hohe Ehre schätzen, die ihm dieser hoffnungsvolle Prinz und Freund des Menschengeschlechtes entgegenbrachte? »Man müsste geradezu gefühllos sein«, gab Voltaire zur Antwort, »wenn man von dem Brief, den Seine Königliche Hoheit ihm zu schreiben beliebte, nicht unendlich berührt wäre. Meiner Eigenliebe ist damit sehr geschmeichelt worden; die Menschenliebe jedoch, die ich ständig im Herzen trage, und die, wenn ich das sagen darf, meinen Charakter ausmacht, hat mir ein um das Tausendfache reineres Vergnügen bereitet, als ich sah, dass es auf der Welt einen Fürsten gibt, der menschlich denkt, einen »*prince philosophe*«, der die Menschen glücklich machen wird.«[105]

Die Briefe, die zwischen Friedrich und Voltaire hin und her gingen, sind weihrauchgeschwängert. Überschwänglichkeit und Lobhudelei lösen einander ab. Wenn Friedrich den »*prince des lettres*« ansprach, spielte er die Partitur der Bescheidenheit: »Cirey«, schrieb er ihm unter Bezugnahme auf den von Voltaire und Émilie du Châtelet bewohnten Landsitz Cirey-sur-Blaise in der Champagne, »Cirey soll mein Delphi und Ihre Briefe sollen (…) mein Orakel sein.«[106] Bei anderer Gelegenheit äußerte er: »Es gehört viel Kühnheit dazu, dass ein Schüler, oder besser gesagt, ein Frosch aus dem heiligen Tal, in Gegenwart Apollons zu quaken wagt.«[107] Voltaire blieb Friedrich in dieser Hinsicht nichts schuldig. Die Antike bot ihm ein umfangreiches Repertoire von Epitheta, eines so schmeichlerisch wie das andere, aus dem er sich reichlich bediente. Er glorifizierte Friedrich als neuen Marc Aurel, Alkibiades der Moderne und Salomon des Nordens. In einem seiner ersten Briefe, in dem er Friedrich den größten Gestalten der Antike gleichstellte, ging er schließlich sogar so weit, Friedrich *über* Ludwig XIV. zu stellen, und er bedenkt den französischen Monarchen bei dieser Gelegenheit mit allerlei kritischen Seitenhieben: »Sie denken wie Trajan, Sie schreiben wie Plinius und Sie schreiben französisch wie unsere besten Schriftsteller. Was für ein Unterschied zu anderen Menschen! Ludwig XIV. war ein großer König und ich achte sein Gedenken, aber er dachte nicht derart human wie Sie, *Monseigneur*, und drückte sich auch nicht so gut aus. Ich habe Briefe von ihm gelesen. Er beherrschte nicht einmal die Rechtschreibung seiner eigenen Sprache. Unter Ihrem Patronat wird Berlin zum Athen Deutschlands werden, ja vielleicht Europas.«[108]

Die neuen Freunde beschränkten ihre Beziehung nicht auf diesen Briefwechsel, der in einem regelmäßigen Rhythmus fortgeführt wurde. Sie tauschten bald auch Geschenke aus. Nur drei Monate nach seinem ersten Brief bot Friedrich Voltaire eine Büste von Sokrates an; die damit ausgedrückte Botschaft ist offensichtlich: Sie verkündete das Lob der Philosophie, aber viel mehr war sie eine elegante Art, in Voltaire den Sokrates der Neuzeit zu begrüßen. 1737 wurde Voltaire mit einer noch weitaus größeren Ehre bedacht, als Friedrich ihm sein von Knobelsdorff in Öl gemaltes Porträt zum Geschenk machte. Das war eine in zweifacher Hinsicht seltene Aufmerksamkeit. Seit dieser Zeit nämlich hatte Friedrich keine Lust mehr darauf, für ein Porträt Modell zu stehen, und er machte daher kaum noch solche Geschenke. Ein weiterer Hinweis auf die Bedeutung, die er diesem Präsent unterlegte, ist der Umstand, dass er einen seiner Vertrauten, Apollodore-Keyserlingk, damit beauftragte, als Sonderbotschafter nach Cirey zu reisen, um dem glücklichen Empfänger das Porträt eigenhändig zu überbringen. Nun war es an Voltaire, es Friedrich gleichzutun. Friedrich ließ es sich daraufhin offenbar nicht nehmen, ihm mitzuteilen: »Ihr Porträt beherrscht meine Bibliothek; es hängt über dem Schrank, in welchem mein Goldenes Vlies (der habsburgische Hausorden, Anm. des Übers.) verwahrt ist und unmittelbar über Ihren Werken sowie gegenüber meinem Platz, sodass ich es stets vor Augen habe.«[109]

Auf diese Weise konnten sich die beiden Freunde zumindest sehen, wenn sie sich schon nicht trafen. Seit dem Beginn ihrer Korrespondenz versuchte Friedrich allerdings, Voltaire zu sich zu holen. Seine Gegenwart würde nicht nur zusätzlichen Glanz auf die Rheinsberger Idylle werfen, sondern wäre sogar ein Ereignis von europäischer Tragweite, dessen Glanz wiederum auf Friedrich zurückfiele. Voltaire vermochte darauf nur geschmeichelt zu sagen: »Ich sähe es als besonderes Glück an, Ihrer Königlichen Hoheit meine Aufwartung zu machen.«[110] Aber weil er den »Hafen« von Cirey und die göttliche Émilie nicht verlassen wollte, dachte er einstweilen nicht daran, Friedrich zu besuchen, sosehr ihn auch dessen Persönlichkeit faszinierte und obwohl ihm diese Freundschaft auch Perspektiven für die Zukunft bot. Die gleichen Gründe, die ihn heute davon abhielten, konnten vielleicht schon morgen zur Annahme einer Einladung führen.

Wir müssen wohl nicht betonen, dass diese Briefe selbstverständlich nicht wörtlich zu nehmen sind. Zwar hegte der Philosoph unter den Fürsten aufrichtige Bewunderung für den Fürsten der Philosophen, und das galt auch umgekehrt; dennoch waren die wechselseitigen Lobsprüche beider nicht frei von berechnenden Hintergedanken. Gab es denn etwas Besseres für das Ansehen eines aufgeklärten Prinzen, ein Image, auf das Friedrich schon seit einiger Zeit hinarbeitete, als ein Briefwechsel mit Voltaire? Voltaire seinerseits war durchaus empfänglich für die Hebung seines eigenen Renommees, den der briefliche Umgang mit einem künftigen König mit sich brachte. »Der größte Fürst auf der Welt ist mein Vertrauter geworden.«[111] Diese Bemerkung ist reine Lobhudelei. Voltaire begann sich überdies vorzustellen, dass sein Einfluss auf Friedrich ihm ermöglichen könnte, schon bald die politische Rolle zu spielen, von der er ständig träumte. Wenn er Ratgeber des Königs von Preußen würde – was für eine Genugtuung nach den in Versailles erlittenen Enttäuschungen!

Die philosophischen Themen nahmen in diesem Briefwechsel erwartungsgemäß einen bevorzugten Rang ein. Voltaire äußerte, wie vorherzusehen war, Vorbehalte hinsichtlich des Wolffschen Denkgebäudes. Er setzte sich, seiner Art gemäß, intensiv mit der Theorie des »Einfachen Wesens«, die Wolff zum Kernbegriff seines philosophischen Systems gemacht hatte, auseinander und behauptete voll Ironie, dass er keine Silbe davon kapiert habe. »Es bleibt offen, wie nach Monsieur Wolff die Materie aus einfachen Elementen ohne Ausdehnung zusammengesetzt sei; dem kann mein kleiner Verstand nicht folgen. Ich bin auf den zweiten Teil dieser Metaphysik gespannt, die Ihre Hoheit mir zu schenken geruhte. Ich hoffe, dass dieser zweite Teil mir Flügel verleihen wird, sodass ich mich zum ›Einfachen Wesen‹ emporschwingen kann; meine üble Schwerkraft zieht mich immer wieder herunter zum ›ausgedehnten Wesen‹.«[112]

Mehr noch als den Philosophen bewunderte Friedrich in Voltaire den Dichter. Diese Bevorzugung beruhte auf seiner ihm eigenen Rangfolge der Literatur. Friedrich stellte die Dichtung, insbesondere die epische, über alle anderen Disziplinen. Entsprechend dieser Einteilung fand das dichterische Werk Voltaires in ihm einen beflissenen Lobredner. Voltaires Versepos über den toleranten König Heinrich IV., *La Henriade*, versetzte Friedrich so sehr in Begeisterung, dass er es sich nicht nehmen ließ, das Vorwort zur Neuauflage zu verfassen. Schöpfungen dieser Art empfahlen Voltaire als höchst qualifizierte Autorität, um Friedrichs Gedichte zu beurteilen und zu verbessern. Friedrich zögerte daher auch nicht, mit seinem Wunsch an ihn heranzutreten: »Ich bitte Sie, Monsieur, mein Lehrer für Poesie zu werden, was Sie für mich ohnehin in Allem sein könnten. Sie werden niemals einen gelehrigeren und geschickteren Schüler finden als mich. Ich wäre alles andere als gekränkt, wenn Sie mich verbesserten; vielmehr würde ich dies als deutlichstes Zeichen der für mich gehegten Freundschaft betrachten.«[113]

Die Rolle des literarischen Mentors musste Voltaire besonders zusagen. So brachte er in dieses heikle Unternehmen sein ganzes Wissen ein und verwandte große Sorgfalt darauf, seine kritischen Anmerkungen sorgsam in Komplimente zu verpacken. Er übernahm demnach diese Aufgabe, weil »es immer mal ein kleines Komma oder einige i-Punkte zu setzen gibt; und mit derlei Kleinigkeiten werde ich mich, Ihnen zu Gefallen, befassen.«[114] Ein Beispiel mag genügen, um Voltaires Meisterschaft auf diesem Gebiet zu illustrieren. Als er einmal zu Gedichten Friedrichs Stellung bezog, begann er mit den gewandten Worten: »Ich bin mir einer Sache gewiss: sagen Sie mir bitte, wenn ich mich irren sollte. Dieses Werk ist Ihnen weniger schwer gefallen als die anderen; es atmet die Leichtfüßigkeit des Genies, besitzt Gewandtheit und Liebreiz. Ferner scheint mir, dass dies der Stil ist, der vielleicht am ehesten einem Prinzen Ihrer Art ansteht, denn er verkörpert diese Freiheit und dieses Vergnügen, die Sie in Ihrer Umgebung verbreiten.« Nach dieser liebenswürdigen Einleitung kann er schließlich die Missgriffe Friedrichs aufgreifen: »Es gibt nur sehr wenige Fehler, die der Aufmerksamkeit des königlichen Autors entgangen sind. Es handelt sich dabei lediglich um Fehler der Hand und nicht des Geistes. Ein Beispiel:

›J'ause profiter de la vie,
Sans craindre les très de l'envie.‹

Ihre schnelle Schreibhand setzte ›j'ause‹ anstelle von ›j'ose‹ und ›très‹ anstelle von ›traits‹, ›matein‹ anstelle von ›matin‹, etc. Sie verwenden ›amitié‹ als viersilbiges Wort; es besitzt jedoch nur drei; ›carrière‹ hingegen geben Sie drei Silben statt vier.« Schließlich sei noch gesagt, dass er auch hier nicht versäumte, den schmeichlerischen Ton anzuschlagen. »Das sind lediglich Beobachtungen, die auch der Portier der Académie Française machen würde; aber, *Monseigneur,* ich kann Ihnen keine weiteren mitteilen. Ich kann lediglich eine Schleife an Ihrem Schuh glatt streichen, wohingegen Ihre Begabung Ihnen das Hemd überstreift und Sie ankleidet.«[115]

Die Rheinsberger Jahre dürfen nicht als Intermezzo zwischen dem Exil in Küstrin und der Thronbesteigung bewertet werden. Friedrich schuf am Gestade des Rhin ein modernes Arkadien, das die leichte Luft des Rokoko atmete. Ein Gemälde von Knobelsdorff stellt die Rheinsberger Gesellschaft, Männer und Frauen, dar, wie sie liebenswürdig am Ufer miteinander plaudern. Die Szene ist dem Geist Watteaus, Friedrichs meistgeliebtem Maler, entlehnt. Im Mittelpunkt dieser Idylle genießt der junge Prinz den Reiz der Geselligkeit, bietet seinen Freunden das Vergnügen von Theater und Musik. Und er liebt es, Gedichte zu schreiben, wobei er vermeinte, in Voltaire den idealen Korrektor gefunden zu haben. In Rheinsberg, wo die Zeit in ihrem Fluge innezuhalten schien, glaubte Friedrich schließlich, das Bild vollendeten Glückes wahrzunehmen. Diese Jahre nutzte er dazu, sich Bildung und Wissen anzueignen. Er las philosophische Werke, machte sich mit der Geschichte vertraut und beobachtete die Akteure auf der europäischen Bühne. Kurzum, Friedrich beschränkte sich keineswegs auf hochgeistige Spielereien. In seiner Bibliothek bereitete er sich auch auf die großen Herausforderungen vor, die ihn erwarteten.

Fünftes Kapitel
Der Antimachiavell

In Rheinsberg genoss Friedrich das Glück, ein vom Trubel der Welt weit entferntes Refugium zu besitzen. Mit Staatsgeschäften war er nicht befasst. Dennoch verfolgte er aufmerksam den Gang der innen- und außenpolitischen Ereignisse. Keineswegs beschränkte er sich darauf, Verse zu schmieden oder über Metaphysik nachzudenken. Er bildete sich ein Urteil über die Art der Regierung Preußens, über seine Stellung in Deutschland und in Europa und arbeitete die großen Linien einer Politik heraus, die sowohl den Bedürfnissen als auch den Interessen des Landes entsprechen sollte.

Er legte seine durchaus eigenständigen Reflexionen in einem politischen Essay dar, den er sogar publizieren wollte. Diesem gab er den Titel: »*Considérations sur l'état présent du corps politique de l'Europe* – Betrachtungen über den gegenwärtigen Zustand der politischen Ordnung in Europa«.

In dieser Schrift, die auf weite Strecken Friedrichs Kritik am österreichischen Hegemonialanspruch artikuliert, entwirft Friedrich auch ein Porträt des idealen Herrschers. Es ist zugleich ein Plädoyer für den Absolutismus. Der Monarch im Dienste des öffentlichen Wohles durfte demnach keinesfalls anderen die Staatsgeschäfte überlassen und musste die Macht der Entscheidung sich allein vorbehalten. Er sollte sich hüten, seinen Ministern auch nur einen Teil seiner Autorität abzutreten und ganz im Gegenteil darauf bedacht sein, sie unter Kontrolle zu halten, damit sie Instrumente seines Willens blieben. Ein anderes Mal tadelte Friedrich die von Eroberungsgelüsten beseelten Fürsten mit scharfen Worten. So, wie er die Pflichten des Monarchen, seine Staaten vor äußerer Bedrohung zu schützen, betonte, so warnte er ihn auch vor dem Versuch, seine Nachbarn anzugreifen, um neue Territorien zu erobern. »Mit einem Wort«, schloss er, »es bedeutet Schimpf und Schande, seine Staaten zu verlieren; und es ist ungerecht und kriminelle Raffgier, andere Staaten zu erobern, auf die man kein legitimes Recht hat.«[116] Als Voltaire das las, war er begeistert: »Das sind die Worte eines großen Mannes und das Unterpfand für die Treue eines ganzen Volkes.«[117] Es

88

sei jedoch darauf hingewiesen, dass Friedrich stillschweigend die Grenze dieses edlen Prinzips benannte. Denn was sollte davon wohl übrig bleiben, war doch für einen Fürsten nichts leichter, als höchstselbst legitimes Recht zu schaffen. Ganz unbemerkt verschaffte sich Friedrich geschickt ein Hintertürchen, dessen er sich zum geeigneten Zeitpunkt bedienen sollte.

Wie schwerwiegend diese Einschränkungen auch sein mochten, Friedrich hatte Ideen entworfen, die er schon bald aufnehmen und weiterentwickeln sollte und zwar in einem Buch, das dieses Mal auch veröffentlicht wurde und nach dem ihn die Nachwelt beurteilen sollte: »*L'Antimachiavel ou Examen du ›Prince‹ de Machiavel* – Der Antimachiavell oder Kritischer Versuch über den ›Fürsten‹ des Machiavell.«[118]

»Der deutsche Marc Aurel«

Friedrich fasste in den ersten Monaten des Jahres 1739 den Plan, eine Widerlegung der von dem Renaissancedenker Machiavelli in seinem Werk »*Il Principe* – Der Fürst« (1513) aufgestellten Thesen zu verfassen. Er äußerte sich dazu erstmals in einem auf den 16. Mai datierten Brief an Voltaire: »Im Augenblick ist es Machiavelli, der mich beschäftigt. Ich mache mir Aufzeichnungen zu seinem ›Fürsten‹ und habe schon damit begonnen, ein Werk zu verfassen, das seine Maximen völlig widerlegen wird, und zwar wegen des Gegensatzes, der sich zwischen ihnen und der Tugend sowie den wirklichen Interessen der Fürsten auftut.«[119]

Das Manuskript war Anfang Februar des darauf folgenden Jahres fertig gestellt. Es sollte noch einige Zeit bis zum Erscheinen vergehen. So wie Friedrich einst Voltaire um Überprüfung seiner dichterischen Erzeugnisse gebeten hatte, ersuchte er ihn nun auch, diesen Text einer Überprüfung für die Veröffentlichung zu unterziehen. Diese ging jedoch über kleine Änderungen hinaus. Friedrich ließ ihn Retuschen vornehmen, die sich keineswegs nur auf orthographische oder stilistische Fehler beschränkten. Das lässt sich aus der Bewunderung erklären, die er für Voltaire hegte. In diesem besonderen Fall jedoch hatte Friedrich in dem von Voltaire in Szene gesetzten Heinrich IV. in *La Henriade* das Modell für den Helden schlechthin gefunden. Diesen wollte er demjenigen Fürsten gegenüberstellen, dessen Verhalten sich an den Grundsätzen Machiavellis orientierte. »Das Negative, das ich über den Machiavellismus denke«, schrieb er seinem Freund Voltaire, »geht unmittelbar aus *La Henriade* hervor. Aus den großen Gefühlen Heinrichs IV. schmiede ich den Blitzstrahl, der Cesare Borgia vernichten wird«, also denjenigen Fürsten, den Machiavelli als Schlüsselfigur propagierte.[120] Das Vorwort, das Friedrich für eine Neuauflage von Voltaires Epos verfasste, bot ihm Gelegenheit, die Figur Heinrichs IV. zu überhöhen. Somit wurde dieser zum leuchtenden Beispiel für die »Humanität, diese für Fürsten so notwendige, oder besser, ihre einzigartige Tugend.«[121]

Friedrich ging noch weiter. Seine Thronbesteigung ließ ihm bald keine Muße mehr, sich um sein Manuskript zu kümmern und ließ es zweifelsohne angeraten erscheinen, davon Abstand zu halten. Er vertraute daher Voltaire die Drucklegung an. Unter Vorbehalt der Wahrung seiner Anonymität erteilte er ihm Vollmacht für die Veröffentlichung des Werkes. Schließlich erschien *L'Antimachiavel* im Laufe des Sommers 1740 beim Buchdrucker Van Duren in Den Haag.

Der *Antimachiavell* verfolgte das Ziel, *Il Principe* systematisch anzuprangern. Friedrich griff die 25 Kapitel der Gliederung dieses Buches auf und nahm es Punkt für Punkt auseinander. Er schreckte nicht vor den übelsten Bezeichnungen zurück, um den Verfasser zu brandmarken und bezeichnete ihn unter anderem als »*monstre* – Ungeheuer« und als »*docteur de la scélératesse* – Doktor der Niedertracht«. Dieser Ton setzt schon im Vorwort ein. Friedrich kündigte darin an: »Ich wage es, die Verteidigung der Menschlichkeit gegen dieses Ungeheuer, das sie zerstören will, auf mich zu nehmen; ich wage es, Vernunft und Gerechtigkeit der Spiegelfechterei und dem Verbrechen entgegenzusetzen.«[122] Friedrich unternahm einen Frontalangriff auf die These Machiavellis, die nach seiner Auffassung den Mittelpunkt von dessen Denken bildete, nämlich die grundsätzliche Unverträglichkeit von Moral und Politik. Dem setzte er das Argument entgegen, dass es zu den Pflichten eines Fürsten gehöre, sich darum zu kümmern, dass sie zur Deckung gebracht werden, dass er den Einklang herstelle zwischen dem Respekt vor der Moral und der Verteidigung der legitimen Interessen des Staates und seiner Untertanen, für die er Verantwortung trägt. Ferner verdammte er gnadenlos die Methoden, die anzuwenden Machiavelli die Monarchen aufgefordert hatte, und die dazu dienen sollten, ihre Macht im Inneren zu stärken und nach außen zu erweitern. List, Verrat und Eidbruch fanden vor Friedrichs Augen ebenfalls keine Gnade.

Unter den im *Antimacchiavell* propagierten Ansichten haben einige besondere Aufmerksamkeit gefunden, weil Friedrich sich in dem Augenblick von ihnen abzuwenden schien, als er selbst die Macht in Händen hielt. Friedrich bekannte sich im *Antimachiavell* als ein unerbittlicher Gegner von Eroberungsgelüsten. Er hob hervor, dass es für sie überhaupt keine Rechtfertigung gäbe: »Ich frage mich, was einen Menschen dazu bringt, sich größer zu machen, und aus welchem Grund er den Plan fasst, seine Macht über dem Unglück und der Vernichtung anderer Menschen zu errichten, und wie er zu glauben vermag, Ruhm zu erlangen, wenn er doch nur Unglück hervorruft. Die neuen Eroberungen eines Herrschers bringen den Staaten, die er schon zuvor besaß, weder Wohlstand noch Reichtum, sein Volk hat davon überhaupt keinen Nutzen, und er befindet sich im Irrtum, wenn er glaubt, dass er davon glücklicher wird.«[123] Zum Abschluss stellt er noch den Zusammenhang zwischen Eroberern und Dieben her: »Der Unterschied zwischen ihnen besteht darin, dass der Eroberer ein hoch geehrter Dieb, der gewöhnliche Dieb hingegen ein hinterhältiger Schurke ist; dem einen winkt der Lorbeer für seine Verbrechen, dem anderen jedoch der Strick um den Hals.«[124]

Es gab noch eine andere grundlegende Idee des *Antimacchiavell*, die Friedrichs Feinde zu heftigen Reaktionen trieb. Im Gegensatz zur Auffassung des großen Florentiners unterstrich Friedrich, dass es für einen Fürsten Ehrensache sei, die von ihm getroffenen Abmachungen einzuhalten. Diese Regel solle in erster Linie für eingegangene Bündnisse und Verträge gelten. Es gehe dabei sowohl um die Interessen als auch um die Ehre, denn, »wenn Sie selbst gegen Treu und Glauben verstoßen und Schwüre brechen, wie könnten Sie da der Treue Ihrer Leute sicher sein?« Für den Autor des *Antimachiavell* bedurfte es einer Antwort auf diese Frage.

Friedrich trieb zwar die philosophische Einfalt nicht so weit, dass er jeden politischen Realismus verkannte. Er baute gewisse Nuancen in seine Ausführungen ein, die ihm eine Hintertür für eine recht freie Auslegung seiner kategorischen Grundsätze offen ließen. Eroberungskriege sind nicht zu rechtfertigen. Das klingt sehr schön! Aber Friedrich nahm klugerweise den Fall aus, in dem ein solcher auf eindeutig gültigem Recht beruhte. Ein Fürst sollte sich nicht der Verschlagenheit und Hinterlist als Waffen bedienen dürfen. Ausgezeichnet! Aber er sollte auch in der Lage sein, derartige Tricks zu durchschauen, um die Schachzüge seiner Gegner zu vereiteln.

Der *Antimachiavell* darf dennoch nicht als Friedhof der guten Absichten gelten. Es erscheint genauso bedeutsam, dass Friedrich hier Spielregeln festlegte, die seinen Regierungsstil ankündigten. Er verdeutlichte seine Vorstellung von einem Fürsten, der jegliche Entscheidungsbefugnis allein in seiner Hand behält. Für einen solchen Monarchen konnten die Minister selbstredend lediglich loyale Ausführungsorgane seines Herrscherwillens sein. Die Fürsten dieser Art seien, wie Friedrich erläutert, »wie die Seele ihrer Staaten: das Gewicht der Regierung ruht allein auf ihnen, gewissermaßen wie die Welt auf den Schultern des Atlas; sie regeln die inneren Angelegenheiten ebenso wie die äußeren; sie nehmen gleichzeitig die Stellung des höchsten Justizbeamten, des obersten Kriegsherrn sowie des Schatzmeisters ein. Sie besitzen durch Gottes Willen (...) durchdringenden Verstand und scheuen keine Mühe, um ihre Pläne auszuführen und um im Kleinen zu erfüllen, was sie im Großen entworfen haben; ihre Minister sind lediglich Instrumente in den Händen eines weisen und fähigen Meisters.«[125]

Mit einem Wort, in den Zügen dieses idealen Fürsten arbeitete Friedrich das Porträt des aufgeklärten Herrschers heraus, welcher der Versuchung widerstehen sollte, seine Allmacht in den Dienst seines Ehrgeizes oder seiner persönlichen Leidenschaften zu stellen. Schon hier entwickelte er das Thema vom Monarchen als erstem Diener des Staates und seiner Untertanen, das zu einem Leitmotiv seines Denkens werden sollte. Er stellte die These auf: »Le souverän, bien loin d'être le maître absolu des peuples qui sont sous domination, n'en est lui-même que le premier domestique. – Der Herrscher ist alles andere als der absolute Herr der Völker, die seiner Herrschaft unterworfen sind; er ist lediglich ihr erster Diener.«[126]

Da ja der ideale Fürst gehalten sei, auf allen Gebieten tätig zu werden, lag es in Friedrichs Logik, dass er vom Herrscher auch erwartete, seine Armee höchstpersönlich anzuführen.»Ein großer Fürst muss es sich angelegen sein lassen, die Führung seiner Truppen selbst zu übernehmen und in seiner Armee genauso zu Hause zu sein wie in seiner Residenz; sein Interesse, seine Pflicht, sein Ruhm, alles das zwingt ihn dazu. Als oberster Gerichtsherr ist er zugleich Beschützer und Verteidiger des Volkes; die Verteidigung seiner Untertanen muss er als eine der wichtigsten Aufgaben seines Amtes ansehen und darf sie daher niemand anderem übertragen.«[127] In diesem Zusammenhang fügte Friedrich hinzu, dass dieser Fürst darauf achten werde, seine Armee mehrheitlich aus Landeskindern zu rekrutieren, denn »die Erfahrung hat gezeigt, (...) dass die besten Truppen eines Staates die einheimischen sind.«[128]

Gerade weil Friedrichs Handeln nach seiner Thronbesteigung allzu häufig in krassem Widerspruch zu den edlen Grundsätzen seines politischen Credos stand, hat die Nachwelt dem *Antimachiavell* ein dauerhaftes Andenken gesichert. Trotzdem muss man sich fragen, ob in der Zeit der Abfassung des Werks schon Anzeichen für den Willen erkennbar sind, nach anderen, um nicht zu sagen, gegensätzlichen, Prinzipien zu handeln. Als Friedrich gegenüber Voltaire erklärte, dass sich der Wert einer Armee nach ihrer Tapferkeit bemesse, gab er zu verstehen, dass er seine eigene Streitmacht nicht Gewehr bei Fuß stehen lassen werde. Hinsichtlich der Einhaltung von Verträgen und Bündnissen drückte sich Friedrich genauso klar aus und vertraute Grumbkow an: »Seine Ehre bewahren und lediglich einmal im Leben betrügen, und zwar nur im äußersten Fall, das macht das Ziel und die große Kunst der Politik aus.«[129] Müssen wir also von Scheinheiligkeit sprechen? Sollte der *Antimachiavell* etwa lediglich als Staffage dienen, mit Hilfe derer die eigentlichen Pläne des Autors verschleiert werden sollten? Die Wirklich-

92

keit erwies sich nicht als ganz so zynisch. Solange sich Friedrich noch nicht selbst auf dem Prüfstand der Macht befand, wollte er an die Möglichkeit glauben, sowohl Cäsar und Marc Aurel verkörpern als zugleich auch die Tugenden des Fürsten und des Philosophen pflegen zu können.

Abgesehen von diesen Überlegungen jedoch ist der *Antimachiavell* als eine charmante Botschaft in Richtung des philosophischen Europas zu verstehen. Wenn das Friedrichs Absicht war, dann hat er sein Ziel erreicht. Er wurde von der Zunft der Philosophen, von Männern der Wissenschaft und des Geistes geadelt, deren Einfluss künftig bedeutend genug sein würde, um die öffentliche Meinung zu beeinflussen. Schon sein Briefwechsel mit Voltaire hatte ihm dazu verholfen, seinen Ruf als aufgeklärter Fürst zu festigen. Weil keiner der beiden Protagonisten diese Korrespondenz verheimlichte, verbreitete sich Friedrichs Bekanntheit überall in Europa. Der *Antimachiavell* hat es vollends ermöglicht, Friedrich im Licht eines »*prince philosophe*«, eines »Philosophenfürsten« erscheinen zu lassen. Voltaire feierte ihn als »Katechismus«, an Hand dessen die Könige zu einer neuen Art des Regierens finden würden, und zwar nach den Grundsätzen der Vernunft und der Gerechtigkeit.

In diesem Milieu bestand allgemein die Auffassung, dass die Thronbesteigung Friedrichs ein Goldenes Zeitalter für Preußen eröffnen würde. Denn der Königliche Prinz sei »*adorned with every virtue* – mit allen Tugenden geschmückt«, wie der Autor von *The Present State of Germany* erklärte. Zu seiner physischen Schönheit füge sich die »Schönheit des Geistes«.[130] Der Marquis d'Argenson legte noch etwas zu, als er ihn als »fort raisonnable«, als einen hochgradig von Vernunft geleiteten und mit sehr viel Esprit ausgestatteten Fürsten, beschrieb. Alle stimmten in ihrem Denken überein, dass er sich dem Werk des Friedens und dem Wohl seiner Untertanen widmen werde. Und genau so werde er, der Freund der Literatur, der Künste und der Wissenschaften, deren Schirmherr sein. Sollte das etwa bedeuten, dass er sich in Zukunft lediglich einem Pazifismus ohne jegliche Verantwortung hingeben und die Intrigen der europäischen Höfe nur von ferne beobachten werde? Der Marquis d'Argenson erriet, dass neben der Vernunft der »point d'honneur«, die »Frage der Ehre«, zu den Triebfedern seines Handelns gehören werde.[131] Wenn auch ausgeschlossen werden könne, dass Friedrich jemals einen Angriffskrieg führen werde, würde er dennoch nicht die Expansion ehrgeiziger Nachbarstaaten hinnehmen, sondern kraftvoll handeln.

Die Ausstrahlung seines Königtums werde nicht an Preußens Grenzen enden, denn mit Friedrich werde ein Philosoph den Thron besteigen. Kurzum, man erwartete von ihm nicht nur, dass er einen neuen Regierungsstil einführe, sondern dass er vor allem ein anderes Verständnis der Regierungskunst entwickeln werde, das auf Vernunft und Toleranz gegründet sein sollte. Das Preußen Friedrichs versprach eine Art von Laboratorium zu werden, in dem sich die Überlegenheit einer Politik erweisen sollte, die von den Prinzipien der Philosophie inspiriert war. Und sah das alles denn nicht nach einem Wunder aus, zumal Friedrich doch, wie Voltaire gerne herausstrich, der Sohn eines gekrönten Menschenfressers sei: »*le fils d'un ogre couronné.*«[132]

Das Sterben des Königs

Obgleich Voltaire diese gallige Sottise durch häufige Wiederholung überstrapazierte, brachte sie dennoch die allgemeine Meinung, die man von Friedrich Wilhelm hatte, treffend zum Ausdruck. Der König von Preußen genoss sowohl an den Höfen und in den Kabinetten als auch in der öffentlichen Meinung (bzw. dem, was dieser nahe kam) einen wahrhaft abscheulichen Ruf. Seine in ganz Europa bekannten Gewaltausbrüche haben die Vorstellung von einem brutalen und, wie manche hinzufügten, dem Wahnsinn verfallenen Herrscher hinterlassen. Die auf seinen Befehl dem Sohne Friedrich angetane Behandlung hat das ihre beigetragen, um diesen Eindruck zu verstärken. Seine Kritiker machten ihm darüber hinaus Wankelmütigkeit zum Vorwurf. Welche Glaubwürdigkeit konnte denn dieser Monarch, der ständig seine Bündnispartner gewechselt hatte, überhaupt noch beanspruchen? Für sein Schwanken hatte Friedrich Wilhelm gewiss gute Gründe. Jedoch von außen gesehen führte es zur Aushöhlung des internationalen Ansehens Preußens.

Zu Voltaires Missvergnügen verharrten die Beziehungen zwischen dem König und dem königlichen Prinzen bei alledem nicht in feindseliger Kälte. Im Lauf der Jahre näherten sich Vater und Sohn einander wieder an. Sein Misstrauen gegenüber dem ältesten Sohn jedoch gab Friedrich Wilhelm zeitlebens nie gänzlich auf. In der ersten Zeit war es noch deutlich spürbar und schwächte sich erst allmählich ab. Der Umzug Friedrichs nach Ruppin und später nach Rheinsberg kam dieser Klimaverbesserung entgegen. Fern von »*Jupiter Tonnant*«, dem »blitzeschleudernden Jupiter«, war er dort nicht den inquisitorischen Blicken des Vaters ausgesetzt, und die Gefahr von Zusammenstößen zwischen den beiden verringerte sich. Vor allem aber war Friedrich Wilhelm zunehmend davon überzeugt, dass sich sein Sohn verändert hatte – und zwar zum Guten. Von einigen seiner Einfälle wird er gewiss nicht begeistert gewesen sein, und ihm war bewusst, dass in der neuen Ära Theater und Oper wieder zu Ehren kommen würden. Aber das war nicht das

Entscheidende. Welches Gewicht kam denn schon diesem Allotria zu angesichts der Tatsache, dass Friedrich inzwischen echten soldatischen Geist in sich aufgenommen hatte! Friedrich Wilhelm freute sich über die Sorgfalt, die Friedrich auf das Exerzieren und auf die Ausbildung seines Regimentes verwandte, und stellte befriedigt fest, dass es unter seinem Kommando zu den besten der ganzen Armee zählte. Er war geradezu gerührt, als sich der Kronprinz um die Rekrutierung von Langen Kerls mit einer Größe von sechs Fuß und mehr bemühte. Aller Welt wurde sichtbar, dass sich die Zeiten geändert hatten, als der König am Ende einer Truppenparade öffentlich seine Zufriedenheit bekundete, indem er seinen Sohn vor versammelter Mannschaft umarmte.

Friedrich Wilhelm überzeugte sich nach und nach davon, dass er in Friedrich einen würdigen Nachfolger hatte. Trotzdem zeigte er ihm auch jetzt nicht immer ein freundliches Gesicht. Sein Verhalten war von extremen Gemütsschwankungen überschattet. Die Laune des Königs konnte ohne ersichtlichen Grund blitzschnell von herzhaftem Humor in einen barschen Ton umschlagen. Die Ursachen dieser plötzlichen Stimmungswechsel lagen weniger in wiedererwachendem Groll, sondern finden ihre Erklärung eher in den furchtbaren Schmerzattacken, die ihm seine Gichtanfälle bereiteten. Allerdings war ihm auch eine gewisse Form der Eifersucht zu eigen, die sich umso stärker bemerkbar machte, je weniger sie begründet war. Eine Szene, die sich zu Beginn des Jahres 1740 im Tabakskollegium abspielte, illustriert lebhaft dieses Wechselbad der Gefühle: Friedrich war entgegen seiner sonstigen Gewohnheit einmal in dieser väterlichen Runde erschienen, und als Friedrich Wilhelm nun sah, mit welcher Zuvorkommenheit ihn die anderen Teilnehmer behandelten, fiel ihm nichts Besseres ein, als den Abend in brüskem Ton und ohne jede Begründung für beendet zu erklären. Er konnte es nicht ertragen, dass seine Umgebung der »aufgehenden Sonne« in seiner Gegenwart derart den Hof machte. Das war, nach seiner Interpretation, eine Art, ihm, dem König, zu signalisieren, dass er eigentlich schon abgetreten sei. Bedenkt man außerdem, dass Friedrich Wilhelm eine quälende Todesfurcht in sich trug, wird sein Verhalten erklärbar.

Diese Höhen und Tiefen erhellen die Seelenlage, in der sich der König am Vorabend seiner so nahe bevorstehenden letzten Reise befand. Die gelegentlich ausbrechende Eifersucht auf den beliebten Sohn und Erben stellte das Urteil, das er sich von Friedrich gebildet hatte, jedoch nicht in Frage. Der Kronprinz würde sein Werk fortsetzen, dessen war er sich nun sicher. Und, besser noch, sein Sohn würde dereinst die Schmach, die Wien ihm angetan hatte, nicht auf sich beruhen lassen. Er selbst war zu sehr mit dem Kaiser verbunden, als dass er ihm den Fehdehandschuh hätte zuwerfen können.

Für Friedrich gab es keine Gründe, die ihn zur Zurückhaltung bewogen hätten. Indem er mit dem Finger auf Friedrich zeigte, bekannte er mit unverhohlener Genugtuung: »Einer steht da, der mich rächen wird.«[133]

Friedrich seinerseits machte seinen Frieden mit dem Vater erst am Ende eines langen Prozesses. Sein Schmerz saß so tief, dass er ständig sein Inneres verbergen musste. Im Briefwechsel mit seiner Schwester Wilhelmine hingegen erlegte er sich nicht den gleichen Zwang auf und ließ seine Maske fallen. Gelegentlich der gesundheitlichen Krise, in deren Verlauf der König 1734 beinahe gestorben wäre, zeigte Friedrich kaum Sohnesgefühle: »Die Neuigkeiten, die wir vom König haben, sind ausgesprochen schlecht«, berichtete er seiner Schwester. »Er ist in einer traurigen Lage, und ihm wird kein langes Leben mehr vorhergesagt. Ich habe mich endlich entschlossen, mich mit allem zufrieden zu geben, was auf mich zukommt; denn unter dem Strich bin ich davon überzeugt, dass ich, solange er lebt, kaum eine gute Zeit haben werde.«[134] Ganz offensichtlich überwog die Ungeduld gegenüber der Trauer. Er fuhr fort: »Das Leben des Königs geht dem Ende zu (…). Man muss darauf vorbereitet sein, liebe Schwester, und obwohl es mir in gewisser Weise zu Herzen geht, bin ich andererseits erleichtert, mich nun in einer Situation zu befinden, in der ich Ihnen dienlich sein kann.«[135] Die sich abzeichnende Genesung seines Vaters löste bei Friedrich dagegen Bitterkeit aus, die sich mit einer guten Portion Zynismus verband: »Die Krankheit des Königs«, vertraute er seiner Schwester an, »ist ausschließlich politisch bedingt. Es geht ihm gut, sobald er das will, und er wird krank, wenn ihm dies nützlich erscheint. Anfangs habe ich mich noch täuschen lassen, aber jetzt habe ich das Geheimnis gelüftet. Sie können mir glauben, allerliebste Schwester, er hat die Natur eines Türken und wird selbst noch die folgende Generation überleben, wenn er den Wunsch dazu hat, vorausgesetzt, er schont sich etwas.«[136]

Die Tonlage begann sich zu verändern, als Friedrich sich in der Idylle von Rheinsberg niederließ, das auch in dieser Hinsicht seinen beruhigenden Einfluss ausübte. Selbst wenn es vorkam, dass er noch immer Reaktionen auf die launischen Umschwünge des Königs zeigte, war er insgesamt doch entspannter. Es gelang ihm zusehends, seinen Vater gelassener zu betrachten, und er äußerte nun sogar lobende Worte über ihn, die nicht von den Erfordernissen seiner Position erzwungen waren und daher als Ausdruck ehrlicher Anerkennung gelten können. So rühmte er in einem Brief an Voltaire lang und breit die Verdienste der vom König im preußischen Teil Litauens betriebenen Politik. Friedrich Wilhelm hatte dort den demographischen und wirtschaftlichen Wiederaufbau gezielt in Angriff genommen, nachdem das Land am Anfang des Jahrhunderts von einer mörderischen Pestepidemie verheert worden war. Dieses aufrichtige Loblied reichte jedoch nicht aus, das Bild, das Voltaire von Friedrich Wilhelms Charakter hatte, zu revidieren. Dieser stellte sich für ihn weiterhin mit den Zügen eines »Menschenfressers« dar.

Die letzten Stunden des Königs bestätigen, um wie viel stärker die Bande zwischen Vater und Sohn geworden sind. Am 27. April 1740, als Friedrich Wilhelm fühlte, dass seine Kräfte abnahmen, hat er den Beschluss gefasst, Berlin zu verlassen. Er wollte im Schloss von Potsdam, an dessen Aufbau er so großen Anteil hatte, sterben. Einen Monat später, als das Ende nahe schien, wurde der Beschluss gefasst, Friedrich zu benachrichtigen. Der Kronprinz eilte sofort, nachdem er die Mitteilung erhalten hatte, an das Sterbebett des Königs. Dort spielte sich eine einfache Szene ab, in der die zwei Männer ganz nüchtern über ihre wahren Gefühle sprachen. Als Friedrich im Hof des Potsdamer Stadtschlosses ankam, fand er den König vor, der sich in seinem Rollstuhl dorthin hatte bringen lassen. Friedrich Wilhelm wollte ein letztes Mal das Bauwerk sehen und sich mit eigenen Augen vom Stand der Arbeiten zu seiner Erweiterung überzeugen. Als er von ferne die Gestalt des Kronprinzen sah, streckte er ihm die Hände entgegen. Friedrich warf sich ihm in die Arme, und beide konnten, von ihren Gefühlen überwältigt, ihr Schluchzen nicht zurückhalten. Dem einen wie dem andern war nicht danach zumute, sich gegenseitig etwas vorzuspielen. In den Tränen von Vater und Sohn lag auch das Bedauern über die versäumten Gelegenheiten.

Der König und Friedrich zogen sich anschließend für einige Stunden zurück. Friedrich Wilhelm belehrte seinen Erben unter vier Augen über den Stand der Angelegenheiten, mit denen er bald selbst befasst sein würde. Er weihte ihn in die geheimen diplomatischen Akten ein, brachte ihm seine politischen Entscheidungen nahe und unterrichtete ihn über das mit Frankreich getroffene Abkommen. Und welch ein Fortschritt! Friedrich Wilhelm ermahnte seinen Sohn noch einmal zur Vorsicht gegenüber Österreich, das ihn regelmäßig getäuscht hatte, und zwar aus dem einzigen Grund, Preußen in enger Abhängigkeit zu halten.

Am Ende dieses Gespräches wurden die hohen Würdenträger des Königreiches Preußen vorgelassen. Es ist zu vermuten, dass Friedrich verbindliche Zusagen hinsichtlich seines Willens abgab, den vom König vorgezeichneten Weg fortzusetzen. Friedrich Wilhelm wandte sich zu seinen Mitarbeitern um und sagte: »Aber tut mir Gott nicht viel Gnade, dass er mir einen so braven und würdigen Sohn gegeben hat?«[137] Diese Feststellung wischte alle Meinungsverschiedenheiten und Konflikte der Vergangenheit beiseite. Am Vorabend seines Abschiedes von dieser Welt hatte Friedrich Wilhelm die Gewissheit erlangt, dass ihn sein Lebenswerk überdauern werde. Einige

Minuten später wiederholte er diesen Satz noch einmal. Er legte Friedrich seine Arme um den Hals und schluchzte: »Mein Gott, ich sterbe glücklich, denn ich hinterlasse einen derart würdigen Sohn und Erben.«[138]

Am folgenden Tag ließ Friedrich Wilhelm in seinem Zimmer den Sarg aus Eichenholz aufstellen, in dem er ruhen wollte. Man brauchte nicht mehr lange zu warten. In der Nacht zum 31. Mai war das nahende Ende absehbar. Um fünf Uhr morgens ließ der König den Kronprinzen Friedrich und seinen jüngeren Bruder August Wilhelm sowie die höchsten zivilen und militärischen Würdenträger des Königreiches zu sich rufen. Er verkündete, dass er mit sofortiger Wirkung zugunsten des Kronprinzen zurücktrete. Ihm blieb jedoch nicht mehr die Zeit, die Abdankungsurkunde zu unterzeichnen. Er fiel unmittelbar danach in Agonie, bewahrte aber doch genug Kraft, nach einem Handspiegel zu verlangen, um den eintretenden Tod auf seinem Gesicht zu beobachten. Mit seinen letzten Worten forderte er diesen noch heraus: »Tod, wo ist dein Schrecken?« Beim Empfang des Abendmahls sprach er: »Herr Jesus, ich liebe Dich, ich sterbe in Dir, Du bist mein Lohn.« Nachmittags um drei Uhr fiel der Vorhang: der letzte Kampf Friedrich Wilhelms war zu Ende. Als Friedrich sich später einmal über den Tod seines Vaters äußerte, schrieb er, dass dieser ihm mit der Größe einer stoischen Seele gegenübergetreten sei: »Er starb (...) mit der Standfestigkeit eines Philosophen und der Gelassenheit eines Christen. Er bewahrte bis zum letzten Augenblick seines Lebens eine bewundernswerte geistige Klarheit, regelte seine politischen Angelegenheiten, verfolgte mit medizinischem Interesse den Verlauf seiner Krankheit und triumphierte als ein Held über den Tod.«[139]

Die letzten Dinge wurden entsprechend den Anordnungen geregelt, die der Verstorbene hinterlassen hatte; mit einer Ausnahme jedoch, denn Friedrich hatte entschieden, dass der Leichnam einbalsamiert werden solle. In die blaue Uniform des preußischen Heeres gekleidet, war Friedrich Wilhelm vier Tage lang im Potsdamer Schloss aufgebahrt. Nachdem er anschließend in den Sarg gelegt worden war, wurde dieser in der Garnisonkirche unter einen Katafalk gestellt, vor dem die Langen Kerls der königlichen Garde Wache hielten. Auch Friedrich beteiligte sich während der kirchlichen Zeremonie an der Totenwache. Der Hofkapellmeister spielte auf der Orgel eine Elegie, die für diese Gelegenheit von Carl Heinrich Graun, dem am höchsten geschätzten Musiker des neuen Königs, komponiert worden war. Zwei Ehrensalven kündigten das Ende der Trauerzeremonie an. Die sterblichen Überreste des Soldatenkönigs sollten für alle Ewigkeit im Gruftgewölbe der Garnisonkirche ruhen, befinden sich aber seit 1991 im Mausoleum neben der Potsdamer Friedenskirche.

Für Friedrich wendet sich nun das Blatt. Sein bisheriges Leben war von schwerem Leid gezeichnet. Über dieses Leid wird er künftig nie mehr sprechen, obwohl es dem Mann, der er inzwischen geworden ist, nicht ganz fremd ist. Auf die schweren Erschütterungen folgte die Idylle von Rheinsberg, wo er glaubte, das Angesicht des Glückes wahrzunehmen. Aber wie kann er verkennen, dass sie mit seiner Thronbesteigung ihr Ende finden wird? Ihn erwarten nun eine andere Wirklichkeit und neue Herausforderungen. Was er Voltaire darüber auch berichtet haben mag, Friedrich hat sich schon seit langem auf diesen Augenblick vorbereitet. Hier und da hat er Äußerungen getan, die einige seiner Entscheidungen bereits ankündigen. Seine Perspektiven jedenfalls haben sich gründlich gewandelt. Angesichts der Verantwortung, die nun auf Friedrich lastete, ging es nicht mehr allein um theoretische Probleme. Für den *Antimachiavell*, der bis zu diesem Zeitpunkt in einer überirdischen Geisteswelt schwebte, ist nun die Zeit des Handelns gekommen.

Zweiter Teil
Krieg um Schlesien

Sechstes Kapitel
Rendezvous mit dem Ruhm

Als Friedrich, der von nun an Friedrich II. genannt wurde, den Thron bestieg, war er im vollen Besitz seiner Jugendkraft. Trotz seiner geringen Größe, gerade einmal 1,58 m, verfügte er über ein einnehmendes Äußeres, das noch in keiner Weise dem Erscheinungsbild des ausgetrocknet wirkenden Alten Fritz glich. Sein Gesicht mit vollen Wangen faszinierte den Betrachter vor allem durch den strahlenden Blick. Ob gefühlvoll oder streng, Friedrich gab seinen großen blauen Augen, die seinen lebhaften Geist widerspiegelten, je nach den Umständen alle Nuancen seiner wechselnden Stimmungen. Die Porträts dieser Jahre zeigen einen feschen und eleganten Fürsten, der Geschmack an modischer Kleidung findet und mit Vorliebe Schmuck trägt.

Friedrich übernahm ein vielfältiges und in mancher Hinsicht widersprüchliches Erbe. Sein Königreich breitete sich auf einer Fläche von 12 000 Quadratkilometern zwischen Niederrhein und Weichsel aus, hatte 2,2 Millionen Einwohner und stellte alles andere als ein zusammenhängendes Territorium dar. Dem zentralen Kern, der Mark Brandenburg, waren seit dem 17. Jahrhundert das östlich davon gelegene Preußen und mehrere kleinere Gebiete im Westen hinzugefügt worden. Diese weiträumige und zersplitterte Herrschaft stellte ein offensichtliches Manko dar. Im Falle eines Krieges konnte sich herausstellen, dass einzelne dieser Territorien nur schwer zu verteidigen waren. Es braucht also nicht zu verwundern, dass Friedrich, schon bevor er seinem Vater nachfolgte, sich damit befasste, wie die Zersplitterung zu überwinden wäre.

Die auseinander gezogene Gestalt des Königreiches hatte auch zur Folge, dass die preußische Staatsmacht an vielen Grenzen präsent sein musste. Im baltischen Raum war Preußens Handlungsspielraum lange Zeit vonseiten Polens und Schwedens bedroht worden, doch waren diese beiden Nachbarmächte mittlerweile im Niedergang begriffen. Zweifelsohne kam jedoch mit Russland ein neuer politischer Akteur ins Spiel, mit dem man wohl bald rechnen musste. Friedrich hatte diesen Umstand in seine Berechnungen einzubeziehen. Doch selbst wenn man Russland als Faktor im Auge behalten musste, boten sich Möglichkeiten dafür an, dass Preußen seinen Einfluss in diesem Raum ausdehnen konnte.

Auf der europäischen Bühne, wo die Großmächte in Konkurrenz zueinander standen, zeichnet sich ein anderes Bild ab. Preußen nahm dort nicht den Rang ein, der ihm hätte zustehen können, wenn wir ihn an der Größe der vom Soldatenkönig aufgebauten Armee messen. Friedrich Wilhelm hatte seinem Nachfolger die Mittel hinterlassen, mit deren Hilfe dieser versuchen konnte, Preußen in den Rang einer deutschen und damit auch einer europäischen Macht zu heben. Friedrich erbte zwei mächtige Schalthebel. Im Laufe seiner siebenundzwanzigjährigen Regierungszeit hatte sein Vater eine effiziente Verwaltung aufgebaut, auf die er sich bei seinen Bemühungen um Vereinheitlichung des Königreiches gestützt hatte. Am Ende dieser mit Geduld betriebenen Politik stand die Errichtung des von einer ergebenen Beamtenschaft getragenen preußischen Staatskörpers. Der Armee hatte Friedrich Wilhelm seine besondere und kontinuierliche Aufmerksamkeit zugewandt. Diese war zwar während des Polnischen Thronfolgekrieges lediglich auf die Rolle einer Reservetruppe beschränkt und hatte somit keine echte Möglichkeit, ihren Wert unter Beweis zu stellen. Aber dennoch spricht alles dafür, dass sie sich angesichts ihrer Stärke von 80 000 Mann und ihrer Disziplin zu einem gefürchteten Instrument entwickeln könnte. Nun lag es an Friedrich, diese Trümpfe auszuspielen.

Die ersten Schritte

Es ist schwierig, auf diese Zeit den Begriff der »öffentlichen Meinung« nach unserem heutigen Verständnis anzuwenden, dennoch ist unübersehbar: Friedrich konnte sich beim Antritt seiner Regierung auf ein Kapital der Popularität stützen. Friedrich Wilhelm hatte sich zwar gewünscht, aber es nicht darauf angelegt, geliebt zu werden. Gewiss hatte er das Wohl seiner Untertanen im Sinn, aber wehe denen, die seine Anordnungen missachtet oder missverstanden haben. Ein jeder wusste, dass er sich unter solchen Umständen leicht zu Gewalttätigkeiten hinreißen lassen konnte. In dieser Beziehung war von Friedrich gewiss nichts zu fürchten. Im Gegenteil, sein Regierungsantritt wurde von den schönsten Hoffnungen begleitet. Die Leiden des jungen Friedrich hatten ihm spontan die Sympathie der Bevölkerung beschert. Nun, nach seiner Thronbesteigung schrieb man ihm, ganz anders als seinem Vater, ein mitfühlendes Herz zu, das für die Probleme seiner Untertanen empfänglich sei.

Von den ersten Tagen seiner Regierung an war Friedrich schon an allen Fronten präsent. An Voltaire schrieb er: »Ich bin zwischen zwanzig verschiedenen Aufgaben hin- und hergerissen und ich beklage einzig die Kürze der Tage; sie müssten vierundzwanzig Stunden länger sein.«[140] Mehrere seiner Entscheidungen schienen tatsächlich eine neue Ära anzukündigen. Am 3. Juni 1740 ordnete er die Abschaffung der Folter an. Obgleich Hochverrat davon ausgenommen blieb, festigte diese Maßnahme sein Ansehen als eines Fürsten, der gegenüber der Idee der Toleranz offen war. Ebenfalls zur Befriedigung seiner Philosophenfreunde lieferte er darüber hinaus den konkreten Nachweis für sein Interesse an den Künsten und Wissenschaften, die unter seinem Vorgänger arg vernachlässigt worden waren. Er legte den Grund für eine neue Akademie der Wissenschaften und knüpfte dabei an das Werk seiner Großmutter, der Königin Sophie Charlotte, an. Auf dem Sitz des Präsidenten hätte er gerne Voltaire gesehen. Dieser war jedoch wegen der Bande, die ihn mit der »göttlichen Émilie« verknüpften, nicht bereit, sich in Berlin niederzulassen. Aber er lenkte die Wahl des Königs auf Pierre Louis Moreau de Maupertuis, der die Einladung auch annahm. Auf einem ganz anderen Gebiet schuf Friedrich ein Département für Handel und Industrie, welches zu den vier anderen unter dem Dach des Generaldirektoriums trat. Auch diese Maßnahme entsprach den Wünschen der Philosophen. Es war insbesondere ein gedankliches Anliegen von Voltaire, dass die Pflege von Handel und Industrie zu den Aufgaben eines Fürsten gehöre, der auf die Sorge um das Staatswohl und das Glück seiner Untertanen bedacht war. Auch das, fügte er hinzu, fördere das Werk des Friedens. Es sollte sich zeigen, dass Friedrich der gleichen Auffassung war.

Der Bruch mit der unmittelbaren Vergangenheit war jedoch keineswegs vollkommen. Gleich zu Anfang entschied sich Friedrich dafür, die Mitarbeiter, mit denen sich sein Vater umgeben hatte, zu behalten.

Ihm lag nichts mehr daran, sich an denen zu rächen, über die er sich während der dunklen Jahre in Küstrin zu beklagen hatte. Er machte sich das Wort Ludwigs XII. zu eigen, der weise genug war, das Unrecht, das man ihm als Herzog von Orléans zugefügt hatte, als König zu vergessen. Und außerdem, nun, da seine Stellung eine andere war, wie sollte er diejenigen tadeln können, die dem verstorbenen König loyal gedient hatten?

Er machte allen deutlich, dass er klar zwischen den Staatsangelegenheiten und der privaten Sphäre unterschied, indem er es vermied, seine Rheinsberger Freunde auf gehobene Posten zu befördern. Manch einer hatte davon geträumt, auf Grund seiner Beziehung zum neuen König Einfluss zu erlangen. Insbesondere Keyserlingk sah sich in der Position des obersten Ratgebers. Doch gerade er, der sich schon über seine künftigen Würden ausgelassen hatte, war gezwungen, sehr schnell diese Illusionen fahren zu lassen. Er musste sich mit der folgenden Erklärung des neuen Königs abfinden, die an Deutlichkeit nichts zu wünschen übrig ließ:»Mein lieber Keyserlingk, du bist ein ausgesprochen charmanter Junge, du hast viel Esprit und bist sehr kultiviert; du singst schön und bist ziemlich amüsant, aber deine Ratschläge sind die eines Esels.«[141] Der in seinem Selbstwertgefühl gewiss nicht gestärkte Keyserling wurde von Friedrich zwar zum Adjutanten ernannt, aber das blieb eine rein repräsentative Funktion ganz ohne reale Verantwortlichkeiten. Jordan seinerseits wurde die Leitung der Waisenhäuser und der Hospitäler übertragen. Dafür war er seitens seiner eigentlichen Qualitäten gewiss nicht prädestiniert, aber er gewann dadurch die Muße zur Meditation. Einer der letzten aus diesem kleinen Kreis, der junge Bielfeld, wurde zum Legationssekretär ernannt und nahm damit eine Position ein, die ziemlich weit unterhalb seiner Erwartungen angesiedelt war. Bielfeld wurde zum Wortführer der Enttäuschten von Rheinsberg und sah in der Thronbesteigung Friedrichs einen neuen »Tag der Täuschungen«. Aus dieser Anhäufung von Enttäuschungen konnte schon eine erste Lehre gezogen werden: Friedrich duldete keine Günstlingswirtschaft. Er wollte sein eigener Herr sein und niemand sollte sich damit brüsten können, Einfluss auf ihn zu haben.

Als noch kennzeichnender erwies sich die Tatsache, dass Friedrich aus dem Stand eine Beziehung mit seiner Armee herstellte, die unmittelbar an die seines Vaters anknüpfte. Es lag durchaus eine Bedeutung darin, dass er von nun an nur noch in der Uniform seines Regimentes auftrat. Eine seiner ersten Maßnahmen war zwar die Auflösung des berühmten Regimentes der »Langen Kerls«, die Friedrich Wilhelm wie seine Augäpfel gehütet hatte. Aber was für eine Bedeutung besaß das schon im Vergleich mit der Entscheidung, die Armee um 10 000 Mann zu verstärken? Die Zahl der Infanteriebataillone wuchs dabei von 66 auf 83 und außerdem wurde auch ein neues Husarenregiment aufgestellt.

Friedrich zögerte denn auch nicht, seine Entschlossenheit zu zeigen, diese Truppen zum Einsatz zu bringen. Schon seit Anfang September 1740 fuhr er im Streit zwischen dem König von Preußen und dem Fürstbischof von Lüttich um die Herrschaft Herstal (heute Provinz Lüttich, Belgien), die 1732 unter die Souveränität Preußens gelangt war, einen härteren Kurs. Die preußische Souveränität wurde vom Bischof angefochten. Dieser hatte zudem die Bevölkerung auf seiner Seite, die sich weigerte, den neuen Herrn anzuerkennen. Friedrichs Minister versuchten zwar, ihn vor jeglicher übereilter Handlung zurückzuhalten. Als einzige Erwiderung vermerkte er in einer Randnotiz: »Wenn Minister über Verhandlungen nachdenken, sind sie durchaus fähige Leute; aber wenn sie vom Krieg sprechen, kommt es mir vor, als spräche ein Irokese von Astronomie.«[142] Die Angelegenheit wurde entschlossen und ohne viel Federlesens erledigt. Am 3. September stellte Friedrich dem Fürstbischof ein Ultimatum von zwei Tagen, binnen derer er die Rechte Seiner Preußischen Majestät auf die Herrschaft Herstal anerkennen sollte. Nachdem die Frist ohne Ergebnis abgelaufen war, erhielten drei Grenadierbataillone und eine Schwadron Dragoner den Befehl, die Herrschaft zu besetzen. Die Angelegenheit war wegen ihrer Belanglosigkeit nicht geeignet, die Kabinette in Aufregung zu versetzen, und zwar umso weniger, als sie zu diesem Zeitpunkt größere Sorgen hatten. Denn im November 1739 war ein Krieg zwischen Spanien und England ausgebrochen, der ganz Europa in Brand setzen konnte. Andererseits jedoch wirft dieser Vorfall Licht auf den Stil, in dem Friedrich seine Politik zu führen entschlossen war. Ob dieser mit den Thesen seines *Antimachiavell* in Einklang steht, erscheint ungewiss.

Die erste Begegnung mit Voltaire

Die Ironie des Schicksals wollte, dass die Lösung dieser Krise mit einem anderen, längst schon erwarteten Ereignis zeitlich zusammenfiel, nämlich mit dem Besuch des Philosophenfürsten beim »Salomon des Nordens« am 11. und 12. September 1740 in Schloss Moyland bei Kleve am Niederrhein.[143] Friedrich hatte sich zu Beginn des Monats dorthin begeben. Nachdem sich Voltaire ohnehin schon in Brüssel befunden hatte, stellte die Entfernung kein Hindernis mehr für eine Zusammenkunft dar.

Im Laufe der ersten Monate seiner Regierung war Friedrich häufig von Berlin abwesend. Bevor er jedoch die Provinzen bereiste, bezog er seine neue Residenz. Als er Rheinsberg verließ, hätte er wie sein Vater das alte Stadtschloss in Berlin oder das Potsdamer Stadtschloss als Hauptsitz wählen können. Obwohl dies nahe liegende Lösungen gewesen wären, entschied er sich dafür, im Schloss Charlottenburg Quartier zu beziehen. Möglicherweise wollte er Distanz von der Königin wahren, die er in Schönhausen, dem ehemaligen Sitz von Grumbkow – es hatte sich gefügt, dass dieser ein Jahr zuvor gestorben war –, untergebracht hatte. Für Friedrich bedeutete dieser Umzug auch eine willkommene Anknüpfung an die Tradition der kultivierten Geistigkeit unter seiner Großmutter Sophie Charlotte.

Friedrich unternahm im August 1740 seine ersten Reisen in seiner Eigenschaft als regierender König. Zunächst begab er sich nach Königsberg, wo er die Huldigung der Ostpreußischen Stände entgegenzunehmen hatte. Im Unterschied zu seinen Vorgängern verzichtete er jedoch darauf, sich dort krönen zu lassen. Indem er sich dessen enthielt, bewies er philosophischen Geist. Der eigentliche Grund dafür lag allerdings ganz woanders. Friedrich wollte mit dieser Entscheidung zeigen, dass sich die königliche Souveränität des Königs »in Preußen« auf die gesamte Monarchie erstrecke und nicht nur auf einen Teil des Staatsgebildes.

Seine nächste Reise führte Friedrich nach Bayreuth, wo er Wilhelmine wiedersah. Diese Begegnung habe bei ihr – will man der Markgräfin glauben – einen bitteren Nachgeschmack hinterlassen. Sie beschreibt Friedrichs Verhalten als kühl und distanziert, und Wilhelmine sparte ihm gegenüber nicht mit Vorwürfen. Wir müssen uns jedoch fragen, welcher Wert ihrer Aussage zukommt. Hatte Wilhelmine geglaubt, auf Grund ihrer Stellung in der preußischen Politik eine Rolle spielen zu können? Sollte sie das wirklich gehofft haben, konnte sie nur eine Abfuhr erleben. Friedrich erlaubte keinem einzigen Familienmitglied, auch nur den geringsten Einfluss auf ihn zu auszuüben. Das hatte er zuvor schon seiner Mutter klar und deutlich zu verstehen gegeben, die trotz ihres Alters auf die Nähe zur Macht nicht verzichten wollte. Welcher Art Wilhelmines Gefühle für Friedrich auch immer einmal gewesen sein mögen – sie sollte keine bevorzugte Behandlung erfahren.

Nach seinem kurzen Aufenthalt in Bayreuth leistete sich Friedrich eine Eskapade in Frankreich, welche die Züge einer Komödie annahm. Er hatte schon seit langem davon geträumt, Frankreich kennen zu lernen, das Land, dessen Sprache er sich angeeignet hatte und dessen Kultur er bewunderte. Außerdem blieb Frankreich in seinen Augen nach wie vor die größte Macht auf dem Kontinent und insofern ein Eckpfeiler des europäischen Gleichgewichtssystems. Lässt sich daraus etwa schließen, dass diese Reise auch einem geheimen politischen Zweck diente? Diese Überlegung kam sehr schnell auf und Friedrich selbst hatte sie schon gegenüber seinem Gesandten in Versailles, dem Oberst Gamas, geäußert. »Ich könnte eine kleine, zweiwöchige Reise durch Frankreich machen«, hatte er am 11. August angekündigt, »dann hätte ich die Befriedigung, den Kardinal persönlich zu kennen«, womit er Kardinal André Hercule de Fleury (1653–1743) meinte, den Minister Ludwigs XV.[144] Die Bedingungen, unter denen diese Eskapade organisiert wurde, erweisen diese Hypothese jedoch als wenig wahrscheinlich. Dass Friedrich einen anderen Namen angenommen hatte, um in Frankreich einzureisen, war völlig üblich. Wenn ein Fürst inkognito reisen wollte, legte er sich gewöhnlich eine neue Identität zu. Bei seinen Auslandsreisen gab sich z. B. Kaiser Joseph II., der Sohn Maria Theresias, als Graf Falkenstein aus. Was jedoch das Vorgehen Friedrichs unterschied, war der Umstand, dass er die französischen Behörden von seinen Absichten nicht informierte. Von daher kann man sich schlecht vorstellen, dass er unangemeldet in Versailles erscheinen wollte in der Erwartung, von Ludwig XV., oder auch nur von Kardinal Fleury empfangen zu werden.

Weil Friedrich nicht bis nach Paris reisen konnte, begab er sich nach Straßburg. In Begleitung seines jüngeren Bruders August Wilhelm und Algarottis, die beide mit falschen Pässen versehen waren, überschritt er die Grenze unter dem Namen »Graf Dufour«. In der Hauptstadt des Elsass nahm er im *Hôtel du Corbeau* Quartier, wo er bald danach Offiziere der Garnison zu sich an den Tisch lud. Später ging Friedrich den Gewohnheiten eines vornehmen Reisenden nach, indem er durch die Stadt spazierte, das Palais Rohan besuchte und, wie später auch Goethe, auf die Turmspitze des Straßburger Münsters stieg.

Die Ankunft dieser unbekannten, aber ganz offensichtlich hochrangigen Reisenden blieb nicht unbemerkt und weckte das Misstrauen des Festungskommandanten, des alten Marschalls de Broglie. Nachdem er die am Vorabend bei dem geheimnisvollen Unbekannten zu Tisch geladenen Offiziere befragt hatte, gelangte er zu dem Schluss, dass sie es wohl mit dem Prinzen August Wilhelm zu tun gehabt hatten. Er konnte sich gar nicht vorstellen, dass sich der König von Preußen auf ein derart unglaubliches Abenteuer einlassen würde. Dennoch musste er sich bald eingestehen, dass dieser verrückte Verdacht nicht unbegründet war. Denn mit Hilfe des Zufalles wurde die wirkliche Identität des Grafen Dufour schnell gelüftet. Friedrich wurde nämlich von einem ehemaligen preußischen Soldaten, der inzwischen in den Dienst des Königs von Frankreich getreten war, erkannt. Da konnte er sich noch so strikt dagegen verwahren, der Bursche ließ sich davon nicht beeindrucken und fand nichts Eiligeres zu tun, als den Kommandanten zu verständigen. Nun konnte der Besuch beim Marschall nicht mehr umgangen werden. Die Worte, mit denen Marschall de Broglie den angeblichen Grafen Dufour empfing, als dieser ihm seine Aufwartung machte, sind erhellend: »Wünschen Seine Majestät, dass ich Sie als König von Preußen oder als Grafen Dufour behandle?« Obwohl Friedrich erneut heftig alles abstritt, sagte er einen Theaterbesuch an der Seite Broglies zu. Hier überschüttete ihn die dicht gedrängte Menge mit Ovationen, so als sollten Voltaires Worte bestätigt werden, wonach alle Franzosen plötzlich Preußen geworden seien. Angesichts der Wendung, die die Ereignisse genommen hatten, wurde Friedrich unverzüglich klar, dass er seinen Ausflug nach Straßburg schleunigst beenden musste. Wie hätte er in dem Augenblick, als er den Rhein passierte, ahnen können, dass dies sein erster und letzter Frankreichaufenthalt gewesen war? Er sollte das Land zeit seines Lebens nie mehr wiedersehen.

Nachdem Friedrich Frankreich verlassen hatte, machte er sich auf den Weg nach Wesel. Obwohl ihn tausenderlei Dinge beschäftigten, bereitete er sich zugleich auch auf ein Ereignis vor, das versprach, aufregend zu werden: seine Begegnung mit Voltaire. Lediglich der Treffpunkt musste noch bestimmt werden. Voltaire befand sich zu diesem Zeitpunkt in Brüssel, sodass die Wahl auf diese Stadt oder, wenn dies nicht möglich sein sollte, auf Antwerpen fallen konnte. Ein Fieberanfall Friedrichs machte diese Frage jedoch bald hinfällig. Er sollte Voltaire am 11. September auf Schloss Moyland bei Kleve empfangen. Bei seiner Ankunft wurde Voltaire in ein kleines, schmuckloses Zimmer geführt, das von einer Kerze schwach beleuchtet war. Dort erwartete ihn »ein kleiner, mit einem Hausmantel aus grobem blauem Tuch ausstaffierter Mann«, der »auf einer einfachen Liege von zweieinhalb Fuß Breite« lag. »Das war der König«, berichtet er in seinen Memoiren, »der in einem heftigen Fieberanfall unter einer erbärmlichen Decke schwitzte und zitterte. Ich erwies ihm meine Referenz und begann unsere Bekanntschaft damit, dass ich ihm den Puls fühlte, als wäre ich sein Leibarzt.«[145] Nach diesen Präliminarien entwickelte sich die Unterhaltung bei einem guten Essen. Dabei wurden die verschiedensten Themen angesprochen, von der Unsterblichkeit der Seele bis zu den Zwittergeschöpfen Platons. Später dann las Voltaire aus *Mahomet*, seiner neuesten Tragödie.

Auf Moyland wurde zweifelsohne ein Feuerwerk des Geistes abgebrannt. Voltaire seinerseits kehrte begeistert von diesen bei Friedrich verbrachten Tagen zurück, während Friedrichs vertrauliche Aufzeichnungen ein erstes Infragestellen dieser faszinierenden, aber auch verunsichernden Persönlichkeit zu erkennen geben. Voltaire berichtete Pierre Robert de Cideville: »Dort habe ich einen Mann zu Gesicht bekommen, der jeder Gesellschaft besonderen Reiz verliehe, der überall begehrt wäre, wenn er nicht König wäre; einen Philosophen ohne jegliche Strenge, voller Sanftmut, Gefälligkeit, Charme, der unter Freunden vergisst, dass er König ist, und zwar derart vollständig, dass er es selbst mich beinahe vergessen lässt, und dass ich mein Gedächtnis bemühen musste, mich daran zu erinnern, dass ich am Fußende meines Bettes einen Souverän sitzen sah, der über eine Armee von hunderttausend Mann verfügte.«[146]

Gegen Ende dieser mit Voltaire verbrachten Tage war Friedrich dagegen von eher zwiespältigen Gefühlen befallen. Obgleich Voltaire ihn offensichtlich beeindruckt hatte, gelang es ihm nicht, ein unbefriedigtes Gefühl zu unterdrücken. Wie oft bei einem Ereignis, welches derart lange herbeigesehnt wird, hielt ihre Begegnung nicht in allem, was er sich davon versprochen hatte. Friedrich schalt sich selbst und auch sein Fieber, das ihn geschwächt hatte. Jordan berichtete er darüber: »Ich habe diesen Voltaire getroffen, aber ich hatte meine Fieberanfälle und ich war geistig so niedergeschlagen wie mein Körper ausgezehrt.«[147] Diese Schwäche hatte ihn daran gehindert, in Augenhöhe mit seinem Gesprächspartner zu parlieren, der seinen Geist förmlich sprühen ließ. Friedrich fuhr fort: »Er besitzt die Eloquenz eines Cicero, die Sanftmut eines Plinius und die Weisheit eines Agrippa; mit einem Wort, er vereint in sich alles, was man an Tugenden und Talenten der drei größten Männer der Antike aufzählen kann. Sein Geist arbeitet ununterbrochen, jeder Tropfen Tinte ist ein Beweis seines Geistes, der aus seiner Feder erwächst.«[148] »Kurzum, bei der Begegnung mit diesem Genie darf man nicht ausgerechnet krank sein; man muss sogar in sehr guter Verfassung sein und sich besser fühlen als gewöhnlich.«[149]

Verärgert darüber, dass er dem Bild, das er von sich selbst zeigen wollte, nicht gerecht geworden war, litt Friedrich darunter, dass er auf Voltaire nicht seine gewohnte Macht der Verführung hatte ausüben können. Diese Unzufriedenheit zeigte sich in der Schärfe, die er im gleichen Brief hinsichtlich Madame du Châtelets äußert. Schon lange nämlich verspürte er, verborgen hinter vordergründiger Ehrerbietigkeit, ein Gefühl der Eifersucht gegenüber Voltaires Freundin, der er in seinem tiefsten Inneren den Vorwurf machte, ihm seinen Helden vorzuenthalten. Diesmal jedoch schüttete er ohne jede Hemmung seine Galle aus. Eine physikalische Abhandlung der Marquise lieferte ihm dafür den Vorwand. Der weitere Inhalt des Briefes macht uns den Zusammenhang dieser zwei Dinge verständlich: »Die Châtelet kann sich glücklich schätzen, ihn zu haben. Minerva hat ihre »Physik«[150] geschrieben ... Das Kapitel über die Ausdehnung ist erbärmlich, der Aufbau des Werkes ist auch nicht besser; es befinden sich sogar schwere Fehler darin, denn an einer Stelle lässt sie die Gestirne des Westens im Osten kreisen. Schließlich ist es eine Frau, die hier schreibt und die damit zu einem Zeitpunkt beginnt, in dem sie mit ihren Studien gerade erst begonnen hat, denn vier oder fünf Jahre reichen für diese Themen nicht aus, und man sollte nicht zur Feder greifen, bevor man das, was man zu sagen hat, nicht gut verdaut hat und der Materie Herr geworden ist. Aber wenn man sich mit Erklärungen befasst, die man selbst nicht versteht, erscheint es einem, als würde ein Stotterer einem Stummen das Sprechen beibringen wollen.«[151]

Obwohl also diese erste Zusammenkunft bei Friedrich einen bitteren Nachgeschmack hinterlassen hatte, wollte er Voltaire so schnell wie möglich wiedersehen und sich baldmöglichst von seiner besten Seite zeigen. Diesmal musste er nicht so lange warten. Als jedoch die zwei Männer erneut zusammentrafen, hatte Friedrich schon seine Maske fallen lassen und war mit der ersten großen Krise seiner Regierungszeit befasst.

Das Ziel heißt Schlesien

»Der Kaiser ist tot«, verkündete Friedrich in einem vom 26. Oktober 1740 datierten Brief an Voltaire. Der sechs Tage zuvor eingetretene Tod Karls VI.

kam wie ein Blitz aus heiterem Himmel. Denn bis in die ersten Oktobertage hinein hatte der Gesundheitszustand des Kaisers keinen besonderen Grund zur Unruhe gegeben. Trotzdem war dies ein Ereignis der Art, auf welches sich – angesichts von Karls Alter, er zählte immerhin schon fünfundfünfzig Jahre – die europäischen Höfe vorzubereiten pflegten. Daher waren sich alle darin einig, dass sein Tod sehr leicht eine schwere Krise auslösen und möglicherweise eine Neuverteilung der Gewichte im europäischen Machtsystem nach sich ziehen könnte.

Karl VI. hatte zwar seine Nachfolge in der Pragmatischen Sanktion von 1713 geregelt. Da kein männlicher Erbe zur Verfügung stand, sollte seine älteste Tochter, die Erzherzogin Maria Theresia, den Thron besteigen. Trotzdem harrten noch einige Probleme der Lösung. Obwohl die meisten Mächte die Pragmatische Sanktion anerkannt hatten, verweigerten sich die Kurfürsten von Bayern und von Sachsen. Beide waren mit einer der Töchter Josephs I., des älteren Bruders Karls VI., verheiratet. Daher mochten sie versucht sein, für ihre Gattinnen das gesamte Erbe oder zumindest einen Teil davon einzufordern. Im Übrigen, wie wollte man sicher sein, dass die Mächte sich an ihre Unterschrift überhaupt gebunden fühlten? Mit einem Wort, der habsburgischen Monarchie schienen schwere Zeiten bevorzustehen. Dies umso mehr, weil die Konflikte der vergangenen zehn Jahre die Schwäche ihrer Militärmacht erwiesen hatten. Außerdem lief Österreich mit einer Frau an der Spitze, die noch jung und unerfahren war, Gefahr, von vielen für eine leichte Beute gehalten zu werden.

Friedrich kam in einem Brief an Voltaire offenbar zu eben diesem Ergebnis und erklärte: »Dieser Todesfall bringt alle meine friedlichen Vorstellungen ins Wanken und ich glaube, dass es im Monat Juni eher um Schießpulver, Soldaten und Laufgräben gehen wird als um Schauspielerinnen, Ballett und Theater. (…) Meine Lütticher Angelegenheit ist zur Gänze abgeschlossen, aber die gegenwärtigen werden für Europa viel größere Konsequenzen nach sich ziehen. Das ist der Moment des völligen Umbruchs des alten politischen Systems in Europa.«[152] Friedrichs Äußerungen beschränkten sich offensichtlich nicht allein auf einen bloßen Bericht. Er wollte keineswegs nur als passiver Zuschauer an der sich abzeichnenden Krise teilhaben – er war auch entschlossen, die Initiative zu ergreifen, um den Gang der Dinge in seinem Sinne zu beeinflussen.

Friedrich hatte die Entscheidung so rasch getroffen, dass der Gedanke nahe liegt, sie sei schon seit langem in ihm herangereift. Noch vor Ende des Monats unterrichtete er zwei seiner engsten Mitarbeiter, den Grafen Podewils, der für die Beziehungen zu Russland zuständig war, sowie den Marschall von Schwerin, über seine Absichten. Er wird im Folgenden die alten

Ansprüche der Hohenzollern hervorkramen und, auf diese gestützt, gegen das von Habsburg beherrschte Schlesien marschieren.

Diese Ansprüche waren so alt, dass sie seit langem im Dornröschenschlaf lagen und hinter der Erwerbung der Herzogtümer Jülich und Berg zurückstanden. Die Entscheidung Friedrichs bedeutete eine völlige Kehrtwendung der preußischen Politik. Sie verlagerte ihren Schwerpunkt vom Rheinland nach Mitteleuropa. Friedrich steckte sich dabei sehr hohe Ziele. Er hatte nichts weniger im Auge, als sich ein Gebiet anzueignen, das den Habsburgern gehörte. Das hieß, das Risiko einer unmittelbaren Konfrontation mit Wien zu wagen. So etwas hatte sich noch keiner seiner Vorgänger zugetraut. Aber der Wert Schlesiens schien ihm diesen kühnen Schritt zu rechtfertigen. Im Unterschied zu den Herzogtümern Jülich und Berg fügte sich Schlesien ausgezeichnet in die territoriale Verbindung mit dem Kern der preußischen Monarchie ein. Es zählte andererseits zu den bevölkerungsreichsten und wohlhabendsten Provinzen der österreichischen Monarchie und erbrachte bis zu zwanzig Prozent ihrer Einkünfte. Die Eroberung würde für Preußen unbestritten eine Bereicherung darstellen. Dem bis dahin als zweitrangiger Staat behandelten Preußen würde sie den Zugang zum eng geschlossenen Kreis der europäischen Mächte öffnen.

Nachdem das Ziel erst einmal festgelegt war, mussten die einzusetzenden Mittel bestimmt werden. Dabei spielte es kaum eine Rolle, dass die Rechtstitel, die das Haus Brandenburg für Schlesien vorweisen konnte, höchst unzureichend waren. Für Friedrich stellten sie ohnehin nur einen Vorwand dar. Darüber muss man sich völlig im Klaren sein. Am 6. November wandte er sich an Podewils und äußerte sich ganz offen.»Die Rechtsangelegenheiten sind Angelegenheiten der Minister, also die Ihren; es wird Zeit, heimlich daran zu arbeiten, denn die Befehle an die Truppen sind schon hinausgegangen.«[153]

Mit Unterstützung des Marschalls Graf von Schwerin hatte Podewils, ohne das anvisierte Ziel abzulehnen, Friedrich dennoch geraten, vorerst den Weg der Diplomatie zu beschreiten. Im Austausch für Schlesien hätte Preußen eine ganze Palette von Gegenleistungen anbieten können: ein Bündnis gegen jeglichen Angriff von außen, die Unterstützung Franz Stephans, des Gatten von Maria Theresia, bei der Erhebung zur kaiserlichen Würde, den Verzicht auf die Herzogtümer Jülich und Berg und schließlich eine finanzielle Entschädigung in Höhe von zwei Millionen Talern, die angesichts der miserablen österreichischen Finanzlage bestimmt willkommen gewesen wäre. Eine andere Variante dieses Planes sollte eine Allianz mit Bayern und Sachsen herstellen, um anschließend Wien aufzufordern, Schlesien an Preußen abzutreten.

Ganz offensichtlich hat sich Friedrich jedoch für einen dritten Weg entschieden. Obwohl dieser dem Anschein nach das geringste Risiko beinhaltete, schloss er eine dem Handeln vorausgehende diplomatische Lösung aus. Eine solche hätte nämlich die Besetzung Schlesiens hintangestellt und wäre in den Knäueln unendlicher Verhandlungen untergegangen. Der zeitliche Vorsprung versprach also in dieser Angelegenheit ein bestimmender Faktor zu werden. Bayern und Sachsen würden sonst nicht zögern, ihre Ansprüche aufs Tapet zu bringen: Frankreich könnte ebenfalls in diese Kerbe hauen, gefolgt darin von anderen Staaten wie Savoyen und Spanien, die sich die Umstände zunutze machen würden, um sich auf Kosten Österreichs in Italien auszubreiten. Eine Internationalisierung der Krise würde Preußen jedoch in seiner Manövrierfähigkeit einschränken. Kurz und gut: Preußen hatte längstens einen Zeitraum von einigen Monaten zur Verfügung, um an sein Ziel zu gelangen. Genauer gesagt, es müsste die Kontrolle über Schlesien noch vor dem Frühjahr gewonnen haben, bevor nämlich, nach den Gepflogenheiten dieser Zeit, Krieg führende Staaten im Konfliktfall die Feindseligkeiten eröffneten. Der Kalender erforderte, dass Friedrich den anderen zuvor kommen musste und zwang ihn dazu, Schlesien schon im Winter anzugreifen. Das war zwar eine schwierige und unübliche Operation, verlieh ihm aber den Vorteil der Überraschung. Erst wenn Wien und Europa vor einem *fait accompli* stünden, wäre die Zeit gekommen, aus der Position der Stärke heraus Verhandlungen aufzunehmen.

Friedrich rechnete damit, dass sich zu diesem Zeitpunkt die militärischen ebenso wie die diplomatischen Voraussetzungen zu seinem Vorteil auswirken würden. Wäre Schlesien erst einmal besetzt, dürfte es ziemlich schwierig sein, von ihm zu verlangen, die Koffer wieder zu packen. Aber andererseits war zu fragen, ob Maria Theresia möglicherweise einen Verbündeten fand. Gewiss, das Haus Österreich war 1726 mit Russland einen Bündnisvertrag eingegangen. Aber der Tod der Zarin Anna Iwanowna stürzte St. Petersburg in eine Periode der Unsicherheit, die für außenpolitischen Unternehmungen nicht förderlich war. Solange die Kämpfe und Intrigen um den Einfluss im Russischen Reich keinen neuen Machthaber hervorbrachten, schien ein Eingreifen Russlands höchst unwahrscheinlich zu sein.

Selbst wenn dem folgenden Faktor zu dieser Zeit in Europa noch keine entscheidende Bedeutung zukam, konnte Friedrich doch hoffen, in Schlesien Nutzen aus der Unterstützung einer wichtigen Bevölkerungsgruppe zu ziehen. Ihm war sehr wohl bekannt, dass sich in Schlesien trotz der Gegenreformation eine protestantische Minderheit erhalten hatte, die im Norden des Landes besonders zahlreich war, und er rechnete damit, dass diese gewillt wäre, die preußische Armee mit offenen Armen zu empfangen. Der

Anschluss Schlesiens konnte darüber hinaus dem Protestantismus weiteren Auftrieb geben. Denn in vielen Familien war der Übertritt zum Katholizismus zweifellos nur oberflächlich erfolgt; es gab etliche Kryptoprotestanten. Dieser Umstand musste die Aufgaben des neuen Landesherrn erleichtern und Friedrich darin unterstützen, seine Position zu festigen.

Sobald die Entscheidung getroffen war und als »das kühnste Unternehmen, das schnellste und das größte, womit jemals ein Fürst meines Hauses befasst war«, angekündigt wurde, nahm Friedrich alles in die eigene Hand, und zwar von der Planung bis zur Kontrolle selbst des kleinsten Details.[154] Zu diesem Zweck suchte er Abstand zu gewinnen und zog sich nach Rheinsberg zurück. In dieser Abgeschiedenheit konnte er sich sowohl der militärischen als auch der diplomatischen Vorbereitung des Einfalls in Schlesien widmen, ohne von Zwängen, denen er in Berlin unweigerlich ausgesetzt gewesen wäre, abgelenkt zu werden. Es ging ihm auch darum, Außenstehende in die Irre zu führen, denn es sah so aus, als hätte sich an seiner täglichen Zeiteinteilung nichts verändert. Nach vielen Stunden, in denen er sich zur Arbeit eingeschlossen hatte, hielt er sich die Abende für das mondäne Leben frei. Während dieser wenigen Wochen erstrahlte Rheinsberg ein letztes Mal in seinem alten Glanz.

Voltaire – ein Intermezzo

Abgesehen von der gewohnten Klage über die Kälte, mit der ihr der Bruder begegne, gab Wilhelmine, die zu dieser Zeit in Rheinsberg weilte, die Stimmung dieser Tage, wie es scheint, getreulich wieder. Es entging ihr keineswegs, dass Friedrich völlig in Arbeit aufging: »Er hütete das Zimmer und ging in der ganzen Zeit, die wir in Rheinsberg verbrachten, überhaupt nicht aus. (…) Alles musste durch seine Hände gehen.«[155] Am Abend schloss er sich seinen Gästen an und gönnte sich mehrere Stunden der Entspannung, in denen er erneut die Gewohnheiten früherer Jahre annahm. Er hatte sogar wieder zur Flöte gegriffen und darauf zu spielen begonnen. »Abends«, erinnerte sich Wilhelmine, »fanden Konzerte statt, wo (…) er zwei oder drei Stücke auf der Traversflöte zum Besten gab, und ohne ihm zu schmeicheln, kann man sagen, dass er die großen Meister auf diesem Instrument übertrifft.« Dann ging man zur Konversation über, die geistigen Dingen, insbesondere der Dichtung, gewidmet war: »Die Zeit nach dem Abendessen war der Poesie vorbehalten.« Wilhelmine fügte nicht ohne eine gewisse Übertreibung hinzu: »… eine Wissenschaft, für die er unendliches Talent und Begabung besitzt.«[156]

Unter allen Zerstreuungen ist eine hervorzuheben, die weit mehr als jede andere dazu beitragen konnte, den Aufenthalt in Rheinsberg angenehm zu gestalten: der Besuch Voltaires. Beim Abschied Friedrichs und Voltaires in Moyland hatten sie sich in Berlin verabredet, ohne jedoch einen Termin zu bestimmen. Der Wunsch allein, Friedrich wiederzusehen, kann kaum erklären, warum Voltaire dieser Einladung so schnell gefolgt ist. Der König der Philosophen hatte eine Berufung zur Diplomatie in sich entdeckt. Patriotismus vermengte sich mit Eitelkeit und drängte ihn in die Rolle des diplomatischen Akteurs und Hasardeurs. Warum sollte er eigentlich nicht Profit aus seiner Beziehung zum König von Preußen ziehen, um von diesem wertvolle Informationen zu erlangen oder ihn vielleicht sogar zu einer Annäherung an Frankreich zu bewegen? Voltaire sah sich schon als Schmied eines neuen Bündnisses zwischen den beiden Monarchien. Er war daher bestrebt, Kardinal Fleury dahin zu bringen, seine Hilfe in Anspruch zu nehmen. Damit setzte ein Briefwechsel ein, in dem alles gesagt, aber nichts ausgesprochen wurde. Unter Bezugnahme auf den *Antimachiavell*, dessen Autorschaft ohnehin überall bekannt war, versuchte Voltaire dem Kardinal Folgendes zu unterbreiten: »Wer auch immer der Autor dieses Werkes sein mag – wenn es Euer Eminenz beliebte, mir zu signalisieren, dass sie damit einverstanden wäre, bin ich mir sicher, dass der Autor, der bereits vollste Hochachtung für Ihre Person empfindet, diese darüber hinaus auch noch mit Freundschaft verbinden und die Nation, deren Glück Ihr verkörpert, noch mehr lieben würde.«[157] Die Antwort des Kardinals liest sich wie ein Augenzwinkern: Dieser Autor, »wer er auch immer sein mag (...), wenn er kein Fürst wäre, würde er verdienen, einer zu sein«. Der alte Kirchenfürst fügte charmant hinzu, dass er unendlich davon berührt sei, dass »Seine Preußische Majestät in meinem Verhalten mit seinen Prinzipien übereinstimmende Punkte feststellen konnte.«[158] Voltaire hat diese Botschaft sehr wohl verstanden. Er wolle diesen Befehlen gehorchen, die »Eure Eminenz mir niemals gegeben hat.«[159]

Diese informelle diplomatische Mission erbrachte jedoch nicht die erwarteten Ergebnisse. Voltaire bediente sich der Äußerung des Kardinals, als wäre sie eine wirkliche Akkreditierung. Somit war Friedrich im Bilde über den eigentlichen Grund von Voltaires Besuch und machte sich ein Vergnügen daraus, ihn im Dunkeln tappen zu lassen. Erst ganz zum Schluss, am Ende seines Aufenthaltes in Rheinsberg, wurde der Lehrling in Sachen Diplomatie angewiesen, zu verkünden, dass er hier eine große Sache vorbereite. Aber das war ein etwas kümmerliches Ergebnis.

An der Oberfläche verlief die Begegnung gewiss in augenfälliger Harmonie. Friedrich verwöhnte, diesmal bei bester Gesundheit, seinen hoch geschätzten Freund. Ganz reizend bereiteten die Prinzessinnen dem großen Mann den schönsten Empfang. Schloss Rheinsberg bot den Rahmen für hin-

reißende Abendgesellschaften, bei denen der Geist nur so sprühte. In Wirklichkeit entwickelten sich hinter den Schmeicheleien und den Bonmots subtile Spielchen. Die Beziehungen zwischen Friedrich und Voltaire hatten den Zauber, der nach Rilke allem Anfang innewohnt, bereits verloren. Wenn eine gewisse Faszination auch erhalten blieb, so belauerten sie sich doch gegenseitig, selbst wenn sie lächelten. Für Voltaire bedeutete dieser Besuch das Ende seiner Illusionen. Die Angelegenheit endete nicht nur mit dem Scheitern seiner diplomatischen Mission. Er musste auch entdecken, dass der Freundschaft mit Friedrich, dem Philosophen, durch Friedrich, den König von Preußen, Grenzen gesetzt waren.

Voltaire machte dabei eine bittere Erfahrung, als er von einem Brief Kenntnis erhielt, der ihn, nachdem er Anfang November nach Cirey abgesandt worden war, schließlich in Rheinsberg erreichte. Friedrich hatte darin unvermittelt seinen Entschluss angekündigt, die veröffentlichte Version von *L'Antimachiavel,* mit anderen Worten, den von Voltaire durchgesehenen und korrigierten Text, nicht als seinen eigenen anzuerkennen: »Ich habe den *Antimachiavell* von vorne bis hinten durchgelesen, aber, um ehrlich zu sein, ich bin damit ganz und gar nicht zufrieden und habe mich entschieden, das, was mir überhaupt nicht gefällt, abzuändern und eine neue Auflage herauszugeben, und zwar unter meinen eigenen Augen, in Berlin. Aus diesem Grund habe ich den Zeitungen einen Artikel zugesandt, in welchem der Autor des *Essai* (= *Antimachiavell;* d. Übers.) die beiden vorliegenden Ausgaben nicht anerkennt. Ich bitte Sie um Pardon, aber ich konnte nicht anders handeln, weil so viel Fremdes in Ihrer Edition steht, dass sie nicht mehr mein eigenes Werk darstellt.«[160] Das heißt, dass er vergessen hatte bzw. vorgab, vergessen zu haben, dass er Voltaire gegenüber erklärt hatte, sein Interesse an diesem Werk sei erloschen und er erteile ihm die Vollmacht, es nach seinem Gutdünken zu überarbeiten.

Für Voltaire war das ein harter Schlag. Er sah sich sowohl in seinem Selbstwertgefühl als auch durch das Benehmen des Königs verletzt. Obgleich er sich zutiefst gedemütigt fühlte, wusste er seinen Zorn zu verbergen und zog sich mit einer geistreichen Äußerung aus der Affäre, die den taktlosen Fürsten nachdrücklich an die Bedeutung seines Zutuns erinnern sollte: »Das Werk erfreut sich bereits so allgemeiner Wertschätzung, dass Seiner Majestät nur übrig bleibt, sich noch ernsthafter an die Korrektur zu machen und was ich verschlechtert habe, zu verbessern, und zu verstärken, was ich zu schwach dargestellt habe.«[161] Er fügte hinzu: »Aber, Sire, selbst wenn man ein großes Genie ist, kann man weder in Versen noch in Prosa schreiben, ohne sich von jemand beraten zu lassen, der einen liebt.«[162] Als Abschluss des Briefes teilte Voltaire mit, dass er nach Frankreich zurückkehre, wohin ihn seine Verbindung mit Madame de Châtelet rufe. Der Brief stellte keinen Zusammenhang zwischen der Angelegenheit des *Antimachiavell* und seiner überstürzten Abreise her. Aber Friedrich konnte ihn zwischen den Zeilen lesen.

Dem Anschein nach trennten sich hier die besten Freunde der Welt. Voltaire vervielfachte honigsüß die Freundschaftsbezeugungen und die Schmeicheleien gegenüber Friedrich. Das bezeugen seine im Übrigen etwas zweideutigen Verse:[163]

»Gewiss verlass ich Sie, doch mein zerriss'nes Herze
Nimmt unaufhörlich seinen Flug zurück zu Ihnen.
Vier Jahre durft' ich Ihnen, o Geliebte, dienen,
Doch muss ich folgen nun, und sei's zu meinem Schmerze,
Der Frau, zu der zehn Jahr' ich Lieb' gehegt,
Und heil'ge Pflicht ist's, die mir's auferlegt.

Als Held der Freundschaft haben Sie mich hoch geehrt,
Adieu, verzweiflungsvoll verlass ich trotzdem Sie!
Vor Ihnen, meiner Liebe, beuge ich die Knie,
Denn ach! ich muss verlassen, was mir lieb und wert.«

Er scheute sich nicht, in sein Gedicht einige dreiste Sottisen einfließen zu lassen, wie etwa: »Adieu grand homme, adieu coquette – Adieu großer Mann, adieu Flittchen«[164], was vor dieser Reise nach Preußen undenkbar gewesen wäre. Er ließ sich außerdem in Briefen an Dritte zu unvorsichtigen Äußerungen hinreißen. Maupertuis gegenüber gab er eine Beschreibung des Königs von Preußen ab und kennzeichnete ihn als »respektable, einzigartige und liebenswerte Hure«.[165] Was Friedrich betraf, so stand dieser ihm in nichts nach. Er beschuldigte Voltaire unersättlicher Gewinnsucht: »Dein Geizhals«, schrieb er Jordan, »würde in seiner maßlosen Habgier sogar die Hefe mittrinken. Er wird 3300 Écus bekommen. Sein sechstägiger Aufenthalt wird mich je fünfhundertfünfzig Écus kosten. Dafür kann man sich sogar einen Hofnarren halten. Noch nie hat der Spaßmacher eines hohen Herrn derartige Gagen eingestrichen.«[166] Als der französische Gesandte Marquis de Valory die Bilanz dieses Aufenthaltes aufstellte, schloss er mit dem Satz: »Sie sind kaum dafür geschaffen, miteinander zu leben.«[167] Angesichts der verbalen Sticheleien fällt es schwer, zu widersprechen.

Die Überschreitung des Rubikons

Diese Streitereien lenkten Friedrich nicht von den wichtigen Angelegenheiten ab. Er war nun genötigt, sein Spiel gegenüber der österreichischen Partei, die er bis dahin in die Irre geführt hatte, offen zu legen. In Wien waren die Verantwortlichen wegen kursierender Gerüchte über die preußischen Kriegsrüstungen nicht gänzlich uninformiert. Aber sie neigten zunächst zum Glauben, dass diese die Herzogtümer Jülich und Berg zum Ziel hätten. Maria Theresia hatte sich dafür entschieden, die engen Mitarbeiter ihres Vaters in ihrem Dienst zu behalten, und zwar sowohl aus sachlicher Erfordernis als auch aus Pietät, denn angesichts ihrer eigenen mangelnden politischen Erfahrung und Orientierung hätte sie noch gar nicht gewusst, durch wen sie diese hätte ersetzen können. Sie sah sich von einem Häufchen Greise umgeben, die seit langer Zeit schon Vertraute Karls VI. gewesen waren, und keinerlei Neigung zu energischem Handeln verspürten. Die einzige Ausnahme unter ihnen stellte der Sekretär des Geheimen Rates, Freiherr Johann Christoph von Bartenstein, dar. Er war erst einundfünfzig Jahre alt und vertrat in Krisensituationen stets eine Politik der Stärke.

Friedrich zählte mit Gewissheit darauf, mit Franz Stephan, dem Großherzog der Toskana und Gatten Maria Theresias, als dem Bevollmächtigten konfrontiert zu werden. Seine tiefsitzende Frauenfeindschaft verbot ihm allein schon den Gedanken, dass Maria Theresia die Zügel der Regierung in die eigene Hand nehmen könnte. Das allerdings war die gängige Auffassung in Europa. Für die Kabinette schien es eine ausgemachte Sache, dass die konkrete Macht von ihrem Gatten ausgeübt werde; war doch eine der ersten Regierungsmaßnahmen Maria Theresias dessen Ernennung zum Mitregenten gewesen. Friedrich rechnete damit, in Franz Stephan auf einen ungefährlichen Verhandlungspartner zu treffen. Er hatte schon einige Jahre früher Gelegenheit, ihn in Berlin zu treffen, und man kann zumindest sagen, dass er bei Friedrich keinen starken Eindruck hinterließ. In der Zeit danach hat Franz Stephan bei den verschiedensten Aufgaben, die ihm sein Schwiegervater zugewiesen hatte, eine nicht gerade brillante Rolle gespielt. Insbesondere 1738, als Oberbefehlshaber der österreichischen Armee im Krieg gegen das Osmanische Reich, sollte er als Generalissimus eine klägliche Figur abgeben. Im Übrigen war Friedrich der Auffassung, dass Franz Stephan zu einer Verständigung neigen werde. Er ging davon aus, dass er sich von seiner Erbitterung gegen den Versailler Hof leiten ließe, den er für den Verlust seines Herzogtums Lothringen verantwortlich machte. Die daraus erwachsene Feindschaft musste ihn von einem Konflikt abhalten, der Österreich von Frankreich, seinem bedeutendsten Gegner, ablenken könnte.

Friedrich wartete bis zum 6. Dezember, um Österreich seine Bedingungen zu präsentieren. Die Gelegenheit bot sich anlässlich der Audienz, die dem Gesandten Maria Theresias, dem Marchese Botta d'Adorno, gewährt wurde. Dieser war aus Wien angereist, um dem preußischen König offiziell den Regierungsantritt Maria Theresias zu verkünden. Diese eher protokollarische Visite nahm eine ungewöhnliche Wendung. Nach dem üblichen Austausch von Liebenswürdigkeiten wechselte Friedrich die Tonlage, um dem österreichischen Diplomaten die Bedingungen des Handels mitzuteilen, welche dieser Franz Stephan übermitteln sollte. Nachdem er ihm seine Absicht dargelegt hatte, Schlesien zu besetzen, erklärte er sich jedoch bereit, Österreich dafür gegen Angriffe seiner Feinde zu verteidigen und die Kandidatur Franz Stephans für die Kaiserkrone zu unterstützen.

Der nächste Akt spielte am 17. Dezember, als der Mitregent den preußischen Botschafter empfing. Der Bericht Botta d'Adornos war inzwischen nach Wien gelangt. Der somit über das Vorhaben Friedrichs unterrichtete Franz Stephan eröffnete das Gespräch. Als er die preußischen Vorschläge vernahm, erhob er Protest. Diese Reaktion, gleich, ob sie aus echter Entrüstung hervorging oder als prinzipientreue Haltung zu verstehen ist, lässt keinen Einblick in die Gedankengänge Franz Stephans zu. In ruhigerem Ton fuhr er fort: »Ich bin ratlos, ich durchschaue das nicht, aber wir sind bereit, in Verhandlungen einzutreten, vorausgesetzt, die preußischen Truppen eröffnen nicht die Feindseligkeiten.«[168] Die Unterredung wurde nicht weiter fortgesetzt. Maria Theresia unterbrach sie und rief ihren Gatten zu sich. Ganz offensichtlich hatte sie jedes Wort des Gespräches mit angehört und griff im passenden Augenblick ein, als es ihr schien, dass Franz Stephan auf abschüssigem Gelände ausgleiten könnte. Hinter dieser etwas theatralisch anmutenden Szene stand ein tieferer Sinn, der Friedrich bald aufgehen sollte: der eigentliche Machthaber in Wien war keineswegs Franz Stephan, wie er geglaubt hatte, sondern allein Maria Theresia. Auch wenn der Frauenhasser darunter litt, musste er doch zugeben, dass er einer ungewöhnlich zähen Verhandlungspartnerin gegenüberstand, die sich stets seinen Plänen in den Weg stellen, die er hassen, aber auch gegen seinen Willen bewundern sollte.

Wenn man so will, haftete dieser Unterredung ein surrealistischer Zug an. Es waren nun 24 Stunden her, seit Friedrich an der Spitze seiner Truppen in Schlesien eingefallen war. Vor seinem Abzug aus Berlin hatte er sorgfältig das diplomatische Terrain vorbereitet und in mehrere europäische Hauptstädte und an deutsche Höfe Boten gesandt, *missi dominici* gewissermaßen, die sein politisches Handeln erläutern sollten. Friedrich verwandte besondere Aufmerksamkeit auf den englischen König Georg II., dem er einen Kurier sandte. Er entdeckte ihm seinen Plan, Schlesien zu besetzen, hob jedoch gleichzeitig seine guten Absichten gegenüber Österreich hervor und machte sich für eine Fünferallianz (Preußen – Österreich – England – Vereinigte Niederlande – Russland) stark, die sich gegen Frankreich richten sollte. Aber dem sollte hinzugefügt werden, dass er im Falle einer Verweigerung nicht zögern würde, sich Frankreich zuzuwenden. Mit einem Wort, er versagte es sich nicht, zwei Eisen im Feuer zu haben und dies auch wissen zu lassen.

Am 13. Dezember schließlich verließ Friedrich Berlin, um sich denjenigen seiner Truppen anzuschließen, die nahe der österreichischen Grenze Position bezogen hatten. Mit 15 000 Infanteristen und 5000 Mann Kavallerie stellten sie ein Viertel der preußischen Truppen dar. Diese waren stark genug, falls die Österreicher lediglich formalen Widerstand leisten sollten, aber gewiss zu schwach, falls Maria Theresia ihre Streitkräfte mobilisieren sollte, um Schlesien ernsthaft zu verteidigen. Einige Tage vorher hatte er die Offiziere der sich kurz vor dem Abmarsch nach Süden befindlichen Regimenter um sich versammelt und ihnen eine Ansprache gehalten, um den Charakter des bevorstehenden Feldzugs zu erläutern. »Ich beginne einen Krieg, meine Herren, in dem ich keinen anderen Verbündeten haben werde als Ihren Mut und Ihre Bereitwilligkeit; meine Sache ist gerecht und meine Mittel sind ausreichend. Erinnern Sie sich unentwegt an den Ruhm, den Ihre Vorfahren auf den Schlachtfeldern von Warschau, Fehrbellin und beim Feldzug nach Preußen erworben haben (…). Ich brauche Sie nicht zum Ruhm anzufeuern; Sie haben ohnehin nichts anderes vor Augen, denn dieses Ziel allein ist Ihrer Mühe würdig (…). Adieu! Abmarsch! Ich werde Ihnen rastlos folgen auf dem Weg zum Rendezvous mit dem Ruhm, der Sie erwartet.«[169] Das war eine kluge Rede, die das besondere Gefühl des Königs für die wortmächtige Formulierung zu erkennen gibt… Hier wird verständlich, dass Friedrich, der einstige Schüler Cäsars, später zu einem Vorbild Napoleons geworden ist.

In Friedrichs Innerem liefen komplexere Gedankengänge ab, wie das folgende Geständnis an Jordan zeigt:»Mein Alter, das Feuer meiner Leidenschaften, der Wunsch nach Ruhm, ja sogar die Neugier, und, damit ich nichts vor Dir verberge, schließlich auch ein eigenartiger Instinkt, haben mich aus der sanften Ruhe gerissen, die ich vordem genoss, und die Genugtuung darüber, meinen Namen in den Gazetten zu lesen, haben mich dazu verführt – und schließlich auch die Geschichte selbst.«[170] Aber selbst wenn er noch von anderen Triebkräften beseelt war, so wirkte dennoch keiner so stark wie sein Hunger nach Ruhm. In ganz verschiedenen Varianten geisterte dieses Thema wie ein Leitmotiv durch seine Briefe. Außerdem versetzte ihn die Gewissheit, seine Ziele schnell erreichen zu können, in einen euphorischen Zustand des Jubels, der sich im Laufe der kommenden Wochen, insbesondere in der Korrespondenz mit den ihm Nahestehenden, niederschlug.

Friedrich machte sich also nun auf den Weg zu seinem »Rendezvous mit dem Ruhm«. Am 16. Dezember überschritt er die Grenze zu Österreich. Gleich darauf schrieb er an Podewils:»Mein lieber Podewils, ich habe den Rubikon mit fliegenden Fahnen und Trommelwirbel überschritten; meine Truppen sind ausgesprochen bereitwillig, meine Offiziere ehrgeizig und unsere Generäle hungrig nach Ruhm. Alles wird nach unseren Wünschen verlaufen, ich habe guten Grund, für dieses Unternehmen das Beste zu erhoffen.« Trotz dieses Vertrauens auf seinen Stern hatte sich Friedrich auf ein höchst riskantes Abenteuer eingelassen. Sollte sein Gesellenstück wirklich gleich zum Meisterwerk geraten?

Siebtes Kapitel
Die Eroberung Schlesiens

Als Friedrich in Schlesien einmarschierte, hoffte er, dass Maria Theresia bald gezwungen wäre, einzulenken. Nachdem er Europa vor das Fait accompli gestellt hatte, wollte er aus einer Position der Stärke heraus verhandeln, je nachdem, welche Richtung die Ereignisse nehmen sollten und vor allem auch, weil andere Staaten versuchen würden, Nutzen aus der Schwäche Österreichs zu ziehen, die Überreste aufzuteilen und damit die Risiken der Konfliktausweitung erhöhten. Wie so oft, verlief auch diese Geschichte ganz anders als geplant. Maria Theresia war nämlich in keiner Weise bereit, die Rolle eines duldenden Opfers anzunehmen, sondern entschied sich für den Widerstand und nahm die Herausforderung an. Tatsächlich führte eine Kettenreaktion zur Ausdehnung des Konfliktes, der schließlich zu einem Flächenbrand anwuchs. Obwohl Preußen nicht in seinem gesamten zeitlichen Verlauf daran teilhatte, so stand doch der von Friedrich geplante und durchgeführte Gewaltstreich am Beginn eines beinahe acht Jahre währenden Krieges. Daran nahmen schließlich nahezu alle Akteure der europäischen Bühne teil und angesichts der vielen errichteten Fronten erlangte er die Dimension eines Weltkrieges – wenngleich dieser Begriff noch nicht erfunden war.

Erste Erfolge

Der Verlauf des Feldzuges entsprach zunächst ganz den Erwartungen Friedrichs. Die auf weniger als 8000 Mann reduzierten österreichischen Truppen waren kaum in der Lage, ernsthaften Widerstand zu leisten. Zudem hielten die vernachlässigten Stadtbefestigungen einer längeren Verteidigung nicht stand. Die Stationierung einer österreichischen Garnison in Breslau war dagegen wegen Breslaus Eigenschaft als Freie Reichsstadt nicht zugelassen. Es wäre daher Sache ihrer Bürger gewesen, sich dem Eroberer entgegenzustellen. Tatsächlich ergab sich Breslau jedoch am 2. Januar 1741, sodass Friedrich einen triumphalen Einzug halten konnte.

Von dort zog Friedrich zur Eroberung der übrigen Provinz aus. »Ich reise am 7. Januar ab«, schrieb er an Podewils, »um die begonnene Angelegenheit zu Ende zu bringen, und um den anderen Fürstenhöfen zu zeigen, dass unsere Vorhaben, die alles andere sind als Hirngespinste, auf die ruhmreichste Art der Welt durchgeführt werden.«[171] Die in sechs Wochen in die Tat umgesetzte Eroberung Schlesiens fand vor Ende Januar ihren Abschluss und kostete die preußische Armee lediglich leichte Verluste – wie es heißt, nur zwanzig Mann und zwei Offiziere. Lediglich die Festungen Brieg, Glogau und Neiße leisteten noch Widerstand.

Friedrich hatte allen Grund zum Jubel. Dieser erste Teil des Feldzuges endete mit einem vollständigen Erfolg. Gewiss, der angetroffene Widerstand war nur gering. Trotzdem hatte es sich dabei keineswegs um ein leichtes Unterfangen gehandelt. Friedrich genoss die Genugtuung, dass die preußische Armee während dieser sechs Wochen ihre Kampfkraft und ihre gute Organisation bewies. Die erschwerten Bedingungen eines Winterkriegs und die Versorgung der Truppen hatten ihn vor zahlreiche Probleme gestellt, die er jedoch zu überwinden vermochte.

So brillant diese Erfolge auch waren, sie setzten dem Krieg keinesfalls ein Ende. Trotz des schnellen Vorstoßes der preußischen Truppen hatte Maria Theresia beschlossen, den Kampf fortzusetzen. Friedrich hat wohl versucht, sie zu erweichen, indem er seine Bedingungen zurückschraubte. Als Beweis für seinen guten Willen erklärte er sich bereit, Österreich einen kleinen Zipfel Schlesiens zurückzugeben: »Obgleich ich früher die Abtretung der ganzen Provinz gefordert habe«, schrieb er Maria Theresia, »wäre ich bereit, einer Reduzierung zuzustimmen und mich mit einem guten Teil dieses Landes zufrieden geben, unter der Voraussetzung, dass die Königin von Ungarn mit mir eine vernünftige und gesicherte Übereinkunft trifft und im gegenseitigen Interesse enge und vernünftige Beziehungen mit mir pflegt.«[172] Dieses Vorgehen brachte mehrere Minister Maria Theresias, bis hin zu Franz Stephan, ins Wanken. Sie wären zu einer Kompromisslösung bereit gewesen. Aber die Herrscherin blieb nach wie vor unbeugsam und reagierte mit einem Nein auf den preußischen Vorschlag.

Der Krieg ging daher weiter. Bevor es allerdings zu einer Entscheidung auf dem Schlachtfeld kam, entwickelten sich lebhafte Aktivitäten auf dem diplomatischen Parkett. In Deutschland versuchte Friedrich, im ehrgeizigen Kurfürsten Karl Albrecht von Bayern, der hoffte, die Kaiserkrone zu erlangen, einen Verbündeten zu finden. Die bayerische Armee bestand jedoch lediglich aus einigen Zehntausend Soldaten. Daher wollte sich Karl Albrecht dann doch nicht einmischen, es sei denn, ihm würde militärische Hilfe aus Frankreich zugesichert.

Die französische Diplomatie verfolgte den Gang der Ereignisse selbstverständlich mit wachem Blick. Ludwig XV. hatte sich zunächst für eine vorsichtige Haltung entschieden. »Unter den gegenwärtigen Umständen möchte ich mich in nichts einmischen«, ließ er wissen, »Ich werde meine Hände in die Taschen stecken, es sei denn, man wollte einen protestantischen Kaiser wählen.«[173] Der Wind sollte sich jedoch bald drehen. Angeführt vom Herzog von Belle-Isle gewann eine Partei, die ein militärisches Engagement Frankreichs befürwortete, rasch an Einfluss auf den König. Bot die mit dem Tod Karls VI. ausgelöste Krise denn nicht die Möglichkeit, die offene Rechnung Frankreichs mit dem Hause Habsburg ein für allemal zu begleichen?

Jegliches Eingreifen Frankreichs in Deutschland musste logischerweise zu einer Absprache mit Preußen führen. Zu diesem Zeitpunkt jedoch setzte Friedrich darauf, mehrere Optionen zu verfolgen. Das hinderte ihn freilich nicht, in der Folge Vorwürfe gegen den Versailler Hof zu erheben, dass dieser sich nicht schon früher entsprechend geäußert habe. Bevor er sich jedoch mit Frankreich verband, hatte er lange Zeit seine Hoffnungen in eine Vermittlung Englands gesetzt. Die Sorge, dass eine der Krieg führenden Parteien in die Arme Frankreichs getrieben werden könnte, sollte London veranlassen, Druck auf Maria Theresia auszuüben, damit sie das Angebot des Königs von Preußen annehme.

Dazu hätte England aber mit einer Stimme sprechen müssen. Doch seiner in verschiedene Richtungen orientierten Diplomatie gelang es zu diesem Zeitpunkt nicht, sich auf eine gemeinsame Linie festzulegen. Der englische Gesandte in Wien, Sir Thomas Robinson, war sehr um eine Übereinkunft zwischen Berlin und Wien bemüht. Diese sollte, um den Preis einer Überlassung Schlesiens an Preußen, das antifranzösische Lager wieder zusammenführen. Zugleich jedoch ließ König Georg einen Diskurs ganz anderen Inhalts verlauten. Der Eroberungshunger könnte den jungen König dazu führen, sich auch anderer Territorien zu bemächtigen. Wegen der Nähe zu Preußen lief das von Georg beherrschte Hannover Gefahr, das nächste Opfer von Friedrichs Expansionsdrang zu werden. Angesichts dieses Unruhestifters sei kein deutscher Fürst mehr sicher, erläuterte König Georg, und er wünschte deshalb, dass man Friedrich die Flügel stutze. Eine große, um England gruppierte Koalition, bestehend aus Österreich, den Niederlanden, Sachsen und Russland, sollte dieses Ziel in Angriff nehmen. War Preußen erst einmal in die Knie gezwungen, konnten sich Hannover und Sachsen auf dessen Kosten ausbreiten.

So verführerisch dieser Plan auf dem Papier auch wirken mochte, so gelang es doch nicht, ihm Gestalt zu geben. Mit Ausnahme Maria Theresias war den anderen Staaten, die sich einem solchen Bündnis hätten anschließen sollen, keineswegs nach einem Krieg mit Preußen zumute. Die Vereinigten Niederlande sahen dazu überhaupt keine Notwendigkeit; Sachsen zögerte noch, wessen Partei es ergreifen sollte: Russland seinerseits war weiterhin wegen interner Auseinandersetzungen gelähmt, und seine Haltung wechselte mit jeder Palastrevolution aufs Neue. Von noch größerer Bedeutung erwies sich der Umstand, dass es König Georg nicht einmal gelang, seine eigenen Minister von einer Politik zu überzeugen, die fast ausschließlich auf die Verteidigung seiner Hannoveraner Interessen ausgerichtet war…

Mit dem beginnenden Frühjahr waren die großen diplomatischen Manöver immer noch nicht zu einem klaren Ergebnis gelangt. Mehrere Optionen waren noch offen: Das Problem könnte mit der ersten großen Schlacht zwischen Preußen und Österreichern geklärt werden. Sollte die Armee Maria Theresias siegen, hätte sie die Möglichkeit, den Durchbruch rückgängig zu machen und die Situation eindeutig zu ihren Gunsten zu wenden. Im umgekehrten Fall würde sich mit aller Wahrscheinlichkeit die Meute auf das Opfer Österreich stürzen.

Die Schlacht von Mollwitz

Friedrich verließ am 19. Februar 1741 Berlin, um sich nach Schweidnitz, dem Hauptquartier seiner vor dem Frühjahrsfeldzug verstärkten Armee, zu begeben. Auf österreichischer Seite stand eine Armee von 15 000 Soldaten unter dem Kommando des Grafen Wilhelm Reinhard von Neipperg bereit. Es mag überraschen, dass man gerade Neipperg den Oberbefehl anvertraut hatte, denn dieser General hatte im letzten Türkenkrieg eine jämmerliche Figur abgegeben und war damals nur mit Mühe einer Gefangennahme entgangen. In Ermangelung jedoch von guten Truppenführern profitierte Neipperg von der Protektion Franz Stephans. Da Maria Theresia sich auf diesem Gebiet für inkompetent hielt, vertraute sie der Empfehlung ihres Gatten.

Wegen der Unvorsichtigkeit Friedrichs hätte der Feldzug beinahe sein Ende gefunden, bevor er wirklich begonnen hatte. Wenig fehlte, dass sich ein Trupp österreichischer Husaren des Königs bemächtigt hätte, als er zwei Vorposten seines Heeres inspizierte. In seinen Briefen spielte Friedrich diese Affäre zu einer Bagatelle herunter. Aber dennoch scheint bei ihm die Alarmglocke geläutet zu haben, denn bald darauf gab er Graf Podewils Instruktionen für den Fall, dass er in die Hände des Feindes fallen würde: »Falls mir das Unglück widerfahren sollte, lebend gefangen zu werden, befehle ich Ihnen strikt, und sie werden mit Ihrem Kopf dafür bürgen, dass Sie in meiner Abwesenheit keinen meiner Befehle ausführen werden, dass Sie meinem

Bruder als Ratgeber beistehen und dass der Staat auch nicht eine entwürdigende Maßnahme ergreift, um mich zu befreien. Im Gegenteil, in einem solchen Fall will und befehle ich, dass noch rigoroser gehandelt wird als jemals zuvor. Ich bin nur König, wenn ich frei bin.«[174] Zweifelsohne sind diese Äußerungen aus gegebenem Anlass geschrieben worden, aber sie enthüllen mit Sicherheit die Vorstellung Friedrichs von der Rolle des Königs. Ganz anders als in der traditionellen Vorstellung war der Staat bei Friedrich nicht mit der Person des Königs identisch. Wie er oft genug wiederholte, war Friedrich der Auffassung, dass der Monarch lediglich der erste Diener dieses übergeordneten Prinzipes sei. Daher müsse der König, im Falle, dass er verhindert wäre, dem Staat zu dienen, daraus die Konsequenzen ziehen.

In dieser Schlacht waren die Preußen zahlenmäßig im Vorteil. Ihren 20 000 Mann standen nur 15 000 Österreicher gegenüber. Dennoch machte man in Wien nicht viel Aufhebens wegen dieses Gegners, dessen Kriegserfahrung begrenzt war. Gewiss, die Preußen hatten Schlesien erobert, aber sie hatten dabei leichtes Spiel gehabt, weil es von Truppen entblößt war. Die Verantwortlichen in Österreich waren davon überzeugt, dass der Krieg eine Machtprobe sei, nach deren Ende die ursprünglichen Hierarchien wieder hergestellt sein würden, und Maria Theresia mochte an nichts anderes glauben.

Umso größer war die Enttäuschung. Friedrich verstand es, die Langsamkeit seines Gegners auszunutzen und zwang ihn bei Mollwitz, die Schlacht auf einem Gelände anzunehmen, das er ausgesucht hatte. Der Beginn der Schlacht am Morgen des 10. April nahm dennoch keinen guten Anfang für die Preußen. Eine feindliche Kavallerieattacke trug Verwirrung in ihre Reihen. Die Situation wurde derart brenzlig, dass Marschall Graf von Schwerin es sich angelegen sein ließ, den König zu bewegen, sich in Sicherheit zu bringen. Da alles verloren schien, entschloss sich Friedrich, sich vom Schlachtfeld zurückzuziehen und auf eigene Faust davonzureiten. Manche sollten ihn später beschuldigen, einem Gefühl der Panik nachgegeben zu haben. Gewiss, es handelte sich bei ihm um die erste wirkliche Feuerprobe. Aber dem Feind nicht in die Hände zu fallen, hatte ohne Zweifel Vorrang gegenüber allen anderen Belangen. Nachdem Friedrich das Kampfgeschehen verlassen hatte, irrte er den Rest des Tages umher. Er suchte Unterschlupf in einer Mühle, wo ihn anderntags ein Meldereiter fand, der zu seiner Suche ausgesandt worden war und ihm die schier unglaubliche Nachricht überbrachte, dass Preußen gesiegt hatte. Nachdem sich der König entfernt hatte, neigte sich das Waffenglück auf die Seite der Preußen. Schwerin war es gelungen, seine Truppen wieder zu ordnen; und ihr Mut und ihre Disziplin obsiegten über die Kampflust der Österreicher.

Für Friedrich hatte das Ergebnis zwei Seiten. Er war sich darüber im Klaren, dass er keine sonderliche Bravour gezeigt und vor wie während der Schlacht einige unglückliche Entscheidungen getroffen hatte. In seinen Memoiren sollte er sich mit dem Tadel an sich selbst nicht zurückhalten: »Mollwitz«, wird er schreiben, »war die Schule für den König und für seine Truppen. Dieser stellte tiefschürfende Überlegungen über alle Fehler an, die er begangen hatte, und er versuchte, sie in Zukunft zu vermeiden.«[175] Aber vor allem seine Flucht hat bei ihm einen bitteren Nachgeschmack hinterlassen. Es ist ganz bezeichnend für ihn, dass er darüber jedoch kein Sterbenswörtchen verlor. Er hat sich nicht einmal gescheut, sich bei von Schwerin zu beschweren, so, als hätte dieser sich seiner zu entledigen gewünscht, um sich das Verdienst des Sieges allein zuzuschreiben.

Das Echo auf diesen Erfolg war beachtlich. Ohne jeden Zweifel ist der Sieg, wenn wir strenge militärische Maßstäbe anlegen, dem Gegner nur knapp entrissen worden. Der Sieg fiel den Preußen lediglich deshalb zu, weil sich die Österreicher vom Schlachtfeld zurückzogen. Aber abgesehen davon hatte jede Seite mit ungefähr 4500 Toten gleich schwere Verluste. Zudem zeigte sich, dass die Preußen nicht in der Lage waren, dem Feind nachzusetzen und seine Niederlage in ein Debakel zu verwandeln. Auf diplomatischer Ebene hingegen konnte es überhaupt keinen Zweifel geben: Sieger waren die Preußen. Mollwitz zeitigte umgehend Auswirkungen. Wenn in Erwartung der Schlacht die Kabinette ihre Entscheidungen noch hinausgezögert hatten, überschlugen sich fortan die Ereignisse. Innerhalb weniger Wochen hatte sich eine antiösterreichische Koalition gebildet.

Deren wichtigstes Dokument war der in Breslau am 4. Juni zwischen Preußen und Frankreich unterzeichnete Bündnisvertrag. Schon vor Mollwitz hatte Friedrich der Aufnahme von Verhandlungen zugestimmt. Er hütete sich jedoch, feste Verpflichtungen einzugehen. Nach Mollwitz machte er noch keine sofortige Zusage. Ende April empfing er Marschall de Belle-Isle, der mehrere deutsche Fürstenhöfe in der Absicht besucht hatte, zugunsten von Karl Albrecht von Bayern eine Mehrheit bei der nächsten Kaiserwahl zusammenzubringen und ein antiösterreichisches Bündnis zu knüpfen. Aber noch hegte Friedrich die Hoffnung, dass sich Maria Theresia nun dem Unausweichlichen beugen werde. Sehr viel sollte von der englischen Haltung abhängen. Wollte England wirklich auf eine Lösung der schlesischen Frage auf der Grundlage einer Verständigung zwischen dem Berliner und dem Wiener Hof hinarbeiten oder versuchte es etwa, hinter der Fassade von Freundschaftsbekundungen eine antipreußische Koalition zusammen mit Österreich, den Vereinigten Provinzen, Sachsen und Russland zu schmieden? Friedrich führte gleichzeitig Verhandlungen mit London und Versailles.

Bis Mitte Mai hielt er zwischen beiden auf das sorgfältigste die Balance. Als er es jedoch satt hatte, nur gute Worte zu hören, war er schließlich überzeugt, dass König Georg und das britische Kabinett lediglich bestrebt waren, ihn abzulenken, damit er sich nicht mit Frankreich verbündete. Als Podewils versuchte, ihm den Bruch mit England auszureden, antwortete er rüde: »Sie wollen sich einreden, dass eine Hure treu sei; ich bin Zeuge ihrer Koketterie und sehe mit meinen eigenen Augen, wie sie den Männern Hörner aufsetzt.«[176]

Ein isoliertes Preußen hätte eine leichte Beute für eine unter Englands Führung stehende Koalition dargestellt. Angesichts dieser drohenden Gefahr blieb Friedrich keine andere Wahl, als sich mit Frankreich zu verständigen. Am 30. Mai kündigte er Kardinal Fleury seinen Entschluss in Form eines Scherzes an: »Ich möchte bestreiten, Herr Kardinal, dass Sie in diesem Augenblick ein besserer Franzose sind, als ich es bin.«[177] An Marschall de Belle-Isle schrieb er in einem Brief den Satz, der ihm in späteren Zeiten einen Prozess wegen Hochverrats beschert hätte: »Ich denke, dass ich, von heute an gerechnet, in zwei Monaten Ihre Fahnen auf dem diesseitigen Ufer des Rheins wehen sehe.«[178]

Der für eine Zeitdauer von fünfzehn Jahren geschlossene Vertrag von Breslau besiegelte ein Verteidigungsbündnis zwischen Preußen und Frankreich. Er enthielt darüber hinaus Geheimklauseln, die, wie immer, von größter Bedeutung waren. Der König von Frankreich garantierte darin Preußen den Besitz Niederschlesiens und der Stadt Breslau. Er verpflichtete sich ferner, innerhalb einer Frist von drei Monaten, zwei Armeen nach Deutschland zu entsenden, wobei die eine die Bestrebungen des Kurfürsten von Bayern unterstützen und die andere im Norden Deutschlands sich jeglichem Eingriff anderer Mächte widersetzen sollte. Frankreich sollte schließlich seinen Einfluss auf Schweden geltend machen, damit dieses einen Krieg gegen Russland führe und somit St. Petersburg von den deutschen Angelegenheiten ablenke. Als Gegenleistung verzichtete Preußen auf die Herzogtümer Jülich und Berg und versprach, bei der nächsten Kaiserwahl für den Kurfürsten von Bayern zu stimmen. Zu guter Letzt kamen beide Seiten darin überein, dass der Vertrag bis zum Aufmarsch der französischen Truppen geheim bleiben solle, um jegliche ungewollte Überraschungen zu vermeiden.

Die gegen Österreich gerichtete Front blieb nicht auf die drei Mächte Frankreich, Preußen und Bayern begrenzt. Schon vor der Unterzeichnung des Breslauer Vertrages wurde sie um Spanien unter Philipp V. erweitert. Dessen Gattin Elisabeth Farnese, die zuvor schon ihren älteren Sohn Don Carlos zum König von Neapel erheben ließ, wollte die Krise ausnutzen um ihren jüngsten Sohn Don Felipe (Philipp) mit dem Fürstentum Parma-Piacenza zu versorgen, das damals österreichisch war. Zu diesem Zweck verbündete sich Spanien am 28. Mai im Vertrag von Nymphenburg mit Bayern, dem eine finanzielle Unterstützung gewährt wurde, damit ein zusätzliches Truppenkontingent von 5000 Mann Infanterie und 1000 Reitern aufgestellt werden konnte. Spanien sollte mit dem Ziel, die Probleme Maria Theresias noch zu vergrößern, eine neue Front in Italien eröffnen.

Das war noch nicht alles. Im September erweiterte sich die Koalition um Sachsen. Nach langem Zögern hatte Kurfürst Friedrich August II. beschlossen, sein Mäntelchen nach dem Wind zu hängen. Er ging so weit, Anspruch auf Mähren und einen Teil Böhmens mit der Hauptstadt Prag zu erheben. Diese Forderungen überschritten bei Weitem, was Friedrich zu akzeptieren bereit war. Vor allem war er kaum daran interessiert, der Ausbildung einer neuen Macht an den Grenzen zu Preußen zuzusehen. Sachsens Ansprüche standen vor allem im Gegensatz zu Karl Albrechts Vorhaben, sich die böhmische Königskrone aufzusetzen. Die Vermittlung des Marschalls de Belle-Isle ermöglichte schließlich am 19. September eine Übereinkunft, die Sachsen als Belohnung für die Teilnahme am Krieg außer Mähren auch Oberschlesien und ein Stück von Niederösterreich versprach. Für Maria Theresia, die sich einer derart breiten Koalition gegenüber sah, schien die Situation hoffnungslos. Nachdem sich die Aussicht auf eine antipreußische Allianz verflüchtigt hatte, musste sie die zweite Phase des Krieges allein durchstehen. Die Versprechungen Georgs II., der dem Wiener Hof eine großzügige Entsendung eines Truppenkontingents angekündigt hatte, waren wie Schnee an der Sonne geschmolzen. Die schwierige Lage Hannovers, das von Preußen und einer in Westfalen stationierten französischen Armee umklammert war, zwang Georg dazu, am 13. September eine Verständigung mit Frankreich herbeizuführen. Dabei musste er sich zu strikter Einhaltung der Neutralität und, hinsichtlich der anstehenden Kaiserwahl, darüber hinaus verpflichten, seine Stimme als Kurfürst von Hannover dem bayerischen Anwärter Karl Albrecht zu geben. Nachdem ein Verbündeter nach dem anderen abgefallen war, stand Maria Theresia wenigstens die ungeteilte Subsidienleistung in Höhe von 300 000 Pfund, die vom Unterhaus bewilligt worden war, zur Verfügung. Das war aber nur ein schwacher Trost, denn in diesem Frühsommer 1741 konnte sie mit nichts anderem mehr rechnen als mit ihren eigenen Kräften – und mit dem Angriff ihrer Feinde.

Die Geheimkonvention von Klein-Schnellendorf

Friedrich konnte nicht oft genug wiederholen, dass der Krieg nur kurz sein dürfe. Auch gegenüber dem Marquis de Valory, den er am 24. Juni in seinem

Feldlager Strehlen empfing, äußerte er sich kurz und bündig: »Mir ist in keiner Weise an einem langen Krieg gelegen.«[179] Obwohl er nun über größere Mittel verfügte, würden sie ihm dennoch nicht gestatten, lange Zeit an verschiedenen Fronten Krieg zu führen. Denn abgesehen von den unabweisbaren Kostensteigerungen, wuchs mit der Dauer des Konflikts die Gefahr, dass neue Krieg führende Mächte an der Seite Österreichs in den Krieg eintreten könnten. Um das zu vermeiden, war es von vordringlicher Bedeutung, dass der nächste Feldzug glatt verlief und die Feindseligkeiten innerhalb von sechs Monaten beendet wurden.

Die Tinte auf dem Breslauer Vertrag war noch kaum getrocknet, als Friedrich auch schon begann, seinem französischen Verbündeten zuzusetzen, damit dieser unverzüglich seinen Verpflichtungen nachkomme. Um sein Vorhaben durchzusetzen, zeigte er sich in seiner Wortwahl nicht gerade zurückhaltend und ging unverzüglich von Klagen zu Drohungen über. Für den Fall, dass die zwischen Frankreich und Preußen vereinbarten Geheimklauseln nicht umgesetzt würden, »sollte man nicht mehr auf ihn zählen als auf Novemberblätter«,[180] erklärte er am 24. Juni Valory gegenüber. Am gleichen Tag bemühte er sich gar nicht erst um verbale Zurückhaltung, als er Kardinal Fleury seine Auffassung brieflich mitteilte: »Denken Sie nicht, dass nun die Zeit gekommen sei, die Verbündeten handeln zu lassen und ruhig die Ergebnisse abzuwarten (…). Verzögerung und Langsamkeit sind unter diesen Umständen überhaupt nicht angebracht (…). Ich werde in der Erfüllung meiner Vertragspflichten so lange untätig bleiben, bis Sie die Ihren erfüllen.« Einige Tage später steigerte er sich noch: »Bis zu diesem Augenblick haben Sie auch nicht einen Punkt unserer Abmachung erfüllt (…). Erwarten Sie von mir nichts, solange Sie selbst nicht aktiv geworden sind.«[181]

Zweifelsohne hat der an mehr Respekt und Zurückhaltung gewöhnte Kardinal den rüden Ton des Preußenkönigs nicht sonderlich geschätzt. Der von Friedrich ausgeübte Druck verunsicherte umso mehr, als es kaum begründet schien, derartige Vorwürfe zu erheben. Man kann man gewiss nicht behaupten, dass Friedrich aus seinem Bündnis mit Frankreich keinen Nutzen gezogen hätte. Vielleicht aber suchte er lediglich einen Vorwand, um sich, falls notwendig, aus einer Allianz zurückzuziehen, die je nach den Umständen seine Handlungsfreiheit einschränken könnte und bei der beide Partner unterschiedliche Ziele verfolgten.

Friedrich zielte auf nichts weniger ab als auf die Zerstückelung der Habsburger Monarchie, die er möglichst auf Ungarn reduziert sehen wollte. Frankreich seinerseits weigerte sich, so weit zu gehen, und wäre schon zufrieden gewesen, wenn den Habsburgern die Kaiserkrone entzogen worden wäre – ein altes Ziel seiner Politik gegenüber Deutschland. Neben diese

»*diminutio capitis*«, die schmerzhafte »Verkürzung an Haupt und Gliedern«, sollten territoriale Einbußen zugunsten der bayerischen, preußischen und sächsischen Verbündeten treten. Frankreich hatte auch nicht die Absicht, seine Angriffe bis ins Herz der Habsburger Monarchie voranzutreiben, d. h., bis nach Wien vorzustoßen, wozu Friedrich aufforderte und was Karl Albrecht wünschte. Der bayerische Kurfürst erstrebte einen durch die Kaiserwürde erhöhten, um Böhmen erweiterten mächtigen Staat, am besten mit Sitz in Wien, von wo aus er die anderen Reichsfürsten nach seiner Pfeife tanzen lassen konnte. Die französische Monarchie hatte natürlich nicht im Sinn, einer solchen Stärkung Bayerns Vorschub zu leisten. Frankreichs Wunschziel war vielmehr eine Wiederherstellung der alten Kräfteverhältnisse im Reich, das sich um eine Reihe von Mittelmächten, Österreich, Preußen, Bayern und Sachsen, gruppieren sollte. Damit wäre zweifellos ein politisches Gebilde zu Frankreichs Vorteil entstanden, denn damit wäre es in die Rolle eines Schiedsrichters der deutschen Angelegenheiten geschlüpft.

Man brauchte nicht lange zu warten, um festzustellen, dass Frankreich keineswegs die Absicht hatte, anderen die Entscheidungen seiner Politik zu überlassen. Als anschaulicher Ausdruck der diplomatischen Ziele erweisen sich die militärischen Entscheidungen an der Südfront. Als am 12. September 1741 eine französisch-bayerische Armee in Österreich einfiel, stieß sie auf keinerlei ernsthaften Widerstand. Drei Tage später bemächtigte sie sich, ohne einen einzigen Schuss abgegeben zu haben, der Stadt Linz, wo die oberösterreichischen Stände Karl Albrecht den Treueid schworen. Anschließend folgten die Alliierten dem Lauf der Donau und setzten ihren Vormarsch bis nach St. Pölten fort; damit waren sie nur noch zwei Tagesmärsche von Wien entfernt, das verloren schien. Just in diesem Augenblick, als die österreichische Monarchie schon ins Wanken geraten war, veränderte die Armee ihre Marschroute, anstatt Habsburg den Todesstoß zu versetzen. Nachdem sie in Linz eine Garnison eingerichtet hatte, nahm sie die Richtung nach Prag. Dort sollte sie sich mit einer zweiten französisch-bayerischen Armee verbinden, während im Norden die Sachsen ihrerseits in den Krieg eintreten und auf die Hauptstadt Böhmens marschieren sollten. Das bald darauf eingekreiste Prag mit seiner Garnison von 2500 Mann war lediglich zu einem formalen Widerstand in der Lage. In der Nacht zum 26. November gelang es den Franzosen unter Moritz von Sachsen und den sächsischen Truppen, in die Stadt einzudringen, die sich bald darauf ergab.

Diese Neuorientierung des Feldzugsplanes lag viel eher in politischen Erfordernissen als in militärischen Erwägungen begründet. Während es gute Gründe gab, Sachsen zu misstrauen, das zweifelsohne trotz des Übereinkommens vom 19. September sein Streben nach der Inbesitznahme Böhmens nicht aufgegeben hatte, war es andererseits Karl Albrechts Wunsch, bis nach Wien vorzustoßen. Die Entscheidung, nach Norden abzuschwenken, lag in der Befehlsgewalt der Franzosen, deren Wünsche nicht beiseite geschoben werden konnten. Sie fügte sich auch in die diplomatische Linie von Versailles, die nicht nur Karl Albrechts Machtgewinn begrenzt sehen wollte, sondern sich insbesondere auch weigerte, Österreich von der politischen Landkarte Europas zu streichen.

Die Mitte Oktober getroffene Entscheidung, kurz vor Wien nach Norden abzuschwenken, kann den Entschluss Friedrichs, der eine erneute Wendung herbeizuführen plante, nicht beeinflusst haben, als er am 9. Oktober zu Klein-Schnellendorf mit Maria Theresia eine Übereinkunft traf. Er hatte in der Tat trotz seines Bündnisses mit dem König von Frankreich niemals die Verhandlungen mit ihr völlig abgebrochen, sondern unter Vermittlung der englischen Botschafter in Wien und Berlin weitergeführt. Den Eröffnungszug machte Maria Theresia in den ersten Augusttagen. Obwohl sie noch nicht bereit war, auf Schlesien zu verzichten, stand ihr doch deutlich die Notwendigkeit vor Augen, den Schraubstock, der im Begriffe war, Österreich zu erdrücken, zu lösen. Zu diesem Zweck beauftragte sie Sir Thomas Robinson, dem Preußenkönig ein Angebot zu unterbreiten, in dem sie ihm für die Räumung Schlesiens Limburg und das Herzogtum Geldern, zwei Territorien, die zu den österreichischen Niederlanden gehörten, anbot. Darüber hinaus wollte sie ihm zwei Millionen Gulden bezahlen. Friedrich verwarf diesen Vorschlag, der in seinen Augen in keiner Relation zur derzeitigen militärischen wie politischen Kräfteverteilung stand. Er war außer sich und ließ seiner Wut über den englischen Gesandten freien Lauf, den er in einem Brief an Podewils als Schurken bezeichnete.

Zu gleicher Zeit war Maria Theresia mit Feuereifer an der diplomatischen Front tätig. Dem französischen König Ludwig XV. bot sie Luxemburg an, wenn er sich dafür zur Neutralität verpflichtete, dem bayerischen Kurfürsten Karl Albrecht eine Entschädigung in Italien sowie einen Teil des Mailänder Gebietes und sogar das Großherzogtum Toskana, obwohl dies im Besitz ihres Gatten war. Von beiden Seiten holte sie sich eine Abfuhr. Ende September hatte sich die Situation Maria Theresias zur Katastrophe ausgewachsen. Zwar hatte sie soeben vom ungarischen Landtag in Preßburg die Zustimmung zur Aushebung von ungarischen Regimentern im Umfang von 40 000 Mann erlangt, aber deren Rekrutierung erforderte zu viel Zeit, faktisch mehrere Monate, bis sie wirklich einsatzfähig gewesen wären. Maria Theresia musste bei ihrer Entscheidung daher von ihrer gegenwärtigen Situation ausgehen. Oberösterreich war ja nun in die Hände der Franzosen und Bayern gefallen, die jeden Tag ihren Marsch auf Wien fortsetzen konn-

Maria Theresia. Gemälde von Franz Meytens.

ten, während gleichzeitig im Norden Böhmen bedroht war. Diesmal ging es nicht nur um den Besitz einer Provinz, sondern um das Schicksal der Habsburgermonarchie. In dieser extremen Situation blieb Maria Theresia keine andere Wahl, als die preußische Forderung, die sie Anfang August noch abgelehnt hatte, schließlich anzunehmen. Um die Armee Graf Neippergs für den Einsatz an anderen Fronten freizusetzen, sah sie sich gezwungen, eine

Verständigung mit Preußen herbeizuführen, selbst um den Preis der Aufgabe Schlesiens.

Niemand wird sich darüber wundern, dass Maria Theresia sich in diesem Sinne entschied. Andererseits jedoch bereitet die Frage ein Problem, warum Friedrich sich entschloss, eine solche Wendung herbeizuführen. Er hatte den Krieg mit dem Ziel der Eroberung Schlesiens, oder zumindest eines Teils dieser Provinz, angefangen. Auch zehn Monate später war diese Annexion noch immer sein wichtigstes Kriegsziel. Unter diesem Gesichtspunkt brachte es ihn nicht in Widerspruch mit sich selbst, wenn er die ihm gebotene Gelegenheit, seinen Gewinn einzustreichen, beim Schopf packte. Er stand jedoch nicht allein. Selbst wenn man die Beziehungen zu Bayern außer Acht ließe, sein Bündnis mit Frankreich hätte ihm zumindest die Pflicht zu einer Absprache auferlegt. Dies hat er jedoch unterlassen. Und es war noch längst nicht damit getan, dass er den Österreichern auferlegte, die Übereinkunft bis zum Abschluss des Vertrages geheim zu halten, dessen Unterzeichnung für Dezember vereinbart wurde. Er ging in seiner Täuschungspolitik sogar noch weiter. Die Vorschläge des von Friedrich mit den Verhandlungen betrauten Oberst von Goltz waren eindeutig. Durch Vermittlung von Lord Hyndford hatte sich von Goltz an die Österreicher gewandt und ausgeführt: »Wir wären geneigt, den Krieg zu beenden, aber (…) aber wir wollen nicht, dass ersichtlich wird, dass wir ihn beendet haben (…). Wir werden einige militärische Bewegungen ausführen, aber das braucht den Herrn Marschall nicht zu beunruhigen. Er wird feststellen, dass dies ohne jede Bedeutung ist (…). Ihrerseits sollte dafür gesorgt werden, dass österreichische Husaren gelegentlich bei uns Unruhe verbreiten und dabei einige Wagen erbeuten und kleinere feindselige Aktionen durchführen.«[182]

Diese Inszenierung diente lediglich dem Zweck, den wichtigsten Inhalt der Geheimkonvention von Klein-Schnellendorf zu tarnen. Deren Artikel 5 legte nämlich fest, dass, im Gegenzug zur Räumung Schlesiens durch Österreich, bis zum allgemeinen Friedensschluss »Seine Majestät der König von Preußen nicht offensiv gegen Ihre Majestät, die Königin von Ungarn und von Böhmen, vorgehen wird«. Mit dieser Klausel zog sich Friedrich rundweg aus dem Konflikt heraus. Es bedarf wohl keines Hinweises darauf, dass diese Bestimmung einen völligen Bruch mit den Verpflichtungen darstellte, die Preußen im Vertrag von Breslau gegenüber Frankreich eingegangen war. Es lag in der Logik dieses Szenarios, dass Friedrich seine unverbrüchlichen Treuebezeugungen für den französischen Bündnispartner und ebenso die nicht weniger unverbrüchliche Zuneigung für den Kurfürsten von Bayern vervielfachte. Als schließlich Gerüchte über geheime Absprachen zwischen Wien und Berlin umgingen, schwor er hoch und heilig, dass er sich niemals

Intrigen hingeben würde, die sich gegen seine Bündnispartner richteten: »Ich habe mich stets standhaft geweigert, mich auf solche Dinge einzulassen und werde auch künftig so handeln«, versicherte er Kardinal Fleury noch am 2. Oktober.[183] Als schließlich neue Hinweise auf eine Einigung der beiden Parteien aufkamen, spielte er die Karte der verletzten Tugend aus und tat so, als würde er sich über skandalöse Intrigen seiner Feinde aufregen. Und weil Angriff schon immer die beste Verteidigung war, trieb er das böse Spiel so weit, dass er sogar seine Beunruhigung über Gespräche zwischen französischen und österreichischen Diplomaten ausdrückte.

Die Befriedigung über die Lösung des Schlesienproblems reicht jedoch nicht hin, die von Friedrich getroffene Entscheidung zu erklären. Diese ist vielmehr auf ein anderes Motiv zurückzuführen, nämlich auf die Furcht vor dem Aufstieg Sachsens. Als letzte Macht in den Krieg eingetreten, zog der sächsische Kurfürst dennoch Vorteile aus ihm, die über das für Preußen erträgliche Maß hinausgingen. Zweifelsohne hatte der Vertrag vom 19. September Friedrichs Anteil an der österreichischen Beute beschnitten. Aber wie die Sache nun stand, versprach er Sachsen territoriale Erweiterungen, die Friedrich Anlass zur Beunruhigung gaben. Wer konnte darüber hinaus auch sagen, ob Sachsen nicht versuchen würde, über die Zugeständnisse hinsichtlich seiner Expansionswünsche zu verhandeln, die es am Grünen Tisch hatte eingehen müssen? Auf jeden Fall würde sich die gemeinsame Grenze Preußens mit dem um Mähren erweiterten politischen Gebilde aus Sachsen und Polen erheblich verlängern, was Friedrich gewiss nicht auf die leichte Schulter nehmen konnte. Seine Korrespondenz quillt über von scharfen Kommentaren zu Sachsen, was die Bedeutung offenbart, die er diesem schwelenden Konflikt beimaß. In einem seiner Briefe schmähte er die Sachsen als »*méchants gens, méchants voisins et faux amis* – übles Volk, üble Nachbarn und falsche Freunde.«[184] Dem Grafen Podewils erteilte er die Weisung, darauf hinzuarbeiten, dass »der Anteil Sachsens klein gehalten wird.«[185] Da aber die ganze Angelegenheit maßgeblich von der Haltung seiner französischen Verbündeten abhing, warnte er diese vor der scheinbaren Bevorzugung der Sachsen und ebenso vor der Ungerechtigkeit, ihnen Vorteile zum Schaden Bayerns und Preußens zu gewähren: »Ich habe mich seit Anbeginn für den König von Frankreich erklärt«, erklärte er gegenüber Marschall de Belle-Isle und beschrieb wieder einmal die historischen Abläufe ganz aus seiner Sichtweise. »In allen Angelegenheiten handelte ich mit ganzer Kraft, um Ihre Pläne zu unterstützen und voranzutreiben, und Sie lassen dem König von Polen, der Sie in jeglicher Beziehung auf Distanz gehalten und jeglichen bösen Willen zeitigte, und der auch nicht eine seiner Forderungen Ihnen zuliebe zurückgestellt hat, einen beachtlicheren Anteil an den

Überresten des Hauses Österreich in den Schoß fallen als dem Kurfürsten von Bayern oder mir. Muss man denn ein Feind Frankreichs sein, damit man am meisten begünstigt wird? Muss man denn Ihr Gegner sein, um auf diese Weise ganze Provinzen zu erwerben, ohne das Schwert gezogen zu haben?«[186] Sein Entschluss, mit Maria Theresia in Verhandlungen einzutreten, wird daher auch unter dem Aspekt dieser Befürchtungen deutlich. Seiner Sorge um die schlesische Front enthoben, machte er wieder von seiner Freiheit Gebrauch. Er wollte die kommenden Ereignisse beobachten und, je nach den eintretenden Umständen, seine Entscheidungen ausschließlich unter Beachtung der preußischen Interessen treffen.

Chotusitz

Gewiss, die Übereinkunft von Klein-Schnellendorf hatte nicht lange Bestand. Die Gerüchte davon hatten sich schnell verbreitet und Friedrich war umgehend bereit, sie Wien in die Schuhe zu schieben, weil dort weniger Veranlassung zur Geheimhaltung vorlag. Die Österreicher haben ohne jeden Zweifel dem Vergnügen nicht widerstehen können, den Apfel der Zwietracht unter die Feinde zu werfen. Aber wer auch immer der Urheber dieser Indiskretionen gewesen war, Friedrich beschränkte sich nicht allein darauf, die Behauptungen zu dementieren, sondern nahm dies als Vorwand, um seine Handlungsfreiheit wiederzuerlangen. Nur einen Monat später verständigte sich Preußen mit Bayern und Sachsen über die Verteilung der Beute nach Beendigung des Krieges. Der Anteil eines jeden wurde festgelegt: für Preußen Niederschlesien und Breslau, für Bayern Böhmen, Ober- und Niederösterreich und für Sachsen schließlich Mähren. Auf der anderen Seite erklärte Friedrich seinem französischen Verbündeten in hohen Tönen, dass er den nächsten Frühjahrsfeldzug vorbereite und mit ihm eng zusammenarbeiten wolle.

Erneute Rückschläge Maria Theresias schienen die Entscheidung Friedrichs zu rechtfertigen. Einen Tag nach dem Fall Prags hatte Karl Albrecht nämlich die Huldigung der böhmischen Stände entgegengenommen. Das bedeutete, dass er mit seinem neuen Königreich neben seiner bayerischen zugleich auch über die böhmische Stimme bei der Kaiserwahl verfügen konnte. Nach mehreren Aufschüben wurde die Wahl am 24. Januar 1742 durchgeführt. Für Maria Theresia, die von Vertagung zu Vertagung die Unterstützung im Kurfürstenkollegium verloren hatte, wurde der Wahlakt zur Katastrophe. Karl Albrecht fehlte nicht eine einzige Stimme zur Erlangung der Kaiserwürde, die er unter dem Namen Karl VII. antrat.

Auf militärischem Gebiet herrschte weniger Klarheit. Nachdem Maria

Theresia lange Zeit mit dem Rücken zur Wand gestanden hatte, brachte sie nun einen Aufschwung zu Wege, der die Pläne Friedrichs durchkreuzte. Unter Ausnutzung der Verlagerung der französisch-bayerischen Truppenmacht nach Böhmen ergriff die österreichische Armee unter General Graf Khevenhüller die Initiative, befreite Linz und marschierte anschließend in Bayern ein. München fiel am 14. Februar. Die Ironie der Geschichte wollte es, dass Karl Albrecht an ein und demselben Tag seine Hauptstadt verlor und zum Kaiser gekrönt wurde.

Angesichts dieses *choc-en-retour* wünschte sich der Marschall de Broglie, der inzwischen den Marschall de Belle-Isle in der Führung der französischen Armee abgelöst hatte, dass die preußische Armee nach Böhmen marschiere. Ihr Einsatz an dieser Front hätte einen Teil des französisch-bayerischen Truppenkontingentes freisetzen können mit der Aussicht, in Bayern einzugreifen und die Herrschaft Karl Albrechts wieder herzustellen. Friedrich hütete sich jedoch, dem Wunsch des von ihm wenig geschätzten Marschalls nachzukommen. Er war in Sorge, den Sachsen in Mähren das Feld zu überlassen. Mehr als je zuvor war er bestrebt, ihren ehrgeizigen Absichten entgegenzutreten. Graf Podewils vertraute er an: »Mein Hauptziel ist es, die Sachsen in keiner Weise aus meinem Griff zu lassen.«[188] Er hatte sich demnach entschlossen, sein militärisches Schwergewicht auf Mähren zu konzentrieren, das den Sachsen als Beute versprochen war. Es schien daher nur logisch, dass der Angriff an dieser Front aus dem Zusammenspiel der beiden eigentlich als Reserve gedachten Verbündeten hervorgehen würde. Ein Treffen der beiden Monarchen Mitte Januar 1742 in Dresden, welches dafür die Voraussetzungen schaffen sollte, blieb dennoch von Misstrauen geprägt. Nichtsdestoweniger bahnten sich für Friedrich überwältigende Erfolge an. Nachdem er sich der Stadt Olmütz bemächtigt hatte, marschierte er nach Südmähren, wo er am 17. Februar Znaim am Nordufer der Thaya erreichte. Auf ihrem weiteren Vormarsch drangen die preußischen Truppen bald in Niederösterreich ein. Nur wenige Tage später gelangten ihre Vorausabteilungen bis auf einen Tagesmarsch an Wien heran. Dieser schnelle Vorstoß hatte jedoch seine Schwachstellen. Die weit auseinandergezogenen preußischen Kommunikationswege waren angesichts der Angriffe ungarischer Kavallerie verwundbar. Ferner fehlte Friedrich Belagerungsartillerie, die er zur Einnahme Wiens benötigt hätte. Die Sachsen hatten sie ihm versprochen, aber letzten Endes machten sie sich einen Spaß daraus, ihr Wort nicht zu halten. Angesichts dieser gefährlichen Situation zog Friedrich es vor, den Rückzug anzutreten und seine militärischen Aktivitäten auf Mähren zu konzentrieren.

Diese Wochen waren von schwer lastender Ungewissheit beherrscht. Friedrich überschüttete seine Verbündeten mit Gift und Galle. Den Franzosen warf er Untätigkeit vor und den Sachsen Intrigen. Durch ihre Fehler seien mehrere Gelegenheiten verpasst worden, den Feind außer Gefecht zu setzen. Diese Beschwerden waren keineswegs neu. Demgegenüber kündigten sich große Veränderungen am europäischen Horizont an. Im Dezember hatte eine Palastrevolution die Großfürstin Elisabeth auf den russischen Thron gebracht. In den Kabinetten wurde gemunkelt, dass der Staatsstreich mit Hilfe Frankreichs durchgeführt worden sei. Daher rührte die sichtliche Zufriedenheit Friedrichs, als er die Neuigkeit vernahm, und zugleich die Enttäuschung, mit welcher sie am Wiener Hof aufgenommen wurde. Jedenfalls war zu bezweifeln, dass Russland, das schon in Konflikt mit Schweden stand, in absehbarer Zeit in den deutschen Angelegenheiten eine Rolle spielen könnte. Die Ablehnung der Politik Walpoles, dem Tatenlosigkeit gegenüber Frankreich vorgeworfen wurde, nahm unaufhörlich zu. Die Übereinkunft von 1741, welche Hannover zur Neutralität verpflichtet hatte, verlieh ihren Kritikern erneut einen diesmal sich bis in die Ränge der Parlamentsmehrheit erstreckenden Auftrieb. Der auf diese Weise desavouierte Walpole reichte schließlich im Februar seinen Rücktritt ein und überließ das Amt Lord Carteret, der eine Politik der Härte verfolgte. Für den neuen starken Mann im Kabinett besaß der Kampf gegen Frankreich Priorität.

Angesichts dieser neuen Gegebenheiten boten sich Friedrich verschiedene Möglichkeiten an. Vorausgesetzt, es sollte zur Umsetzung dieser Politik durch London kommen, würde der Eintritt Englands in den Krieg jedoch erst nach mehreren Wochen, wenn nicht gar erst nach Monaten Wirkung zeigen. Friedrich könnte versucht sein, diese zeitliche Verzögerung zu einem entscheidenden Schlag gegen Österreich zu nutzen. Ein solcher Sieg würde ihm erlauben, seine Ansprüche hochzuschrauben. Er fasste nun ins Auge, in Böhmen Fuß zu fassen, indem er Königgrätz und die umliegenden Gebiete annektierte. Auf der anderen Seite befürchtete er bei einem völligen Zusammenbruch der österreichischen Monarchie die Störung des Gleichgewichtes im Zentrum des Reiches, welches die Unterwerfung unter eine französische Hegemonie zur Folge haben konnte. Seine Sorge um die »deutsche Libertät«, die auch die Souveränität Preußens garantierte, verbot es ihm zuzulassen, dass die habsburgische Herrschaft im Reich durch eine französische Vormacht abgelöst wurde. Schließlich aber, wenn Preußen sich zu spät aus dem Konflikt zurückzöge, würde das Risiko wachsen, auf diesem Kriegsschauplatz dem wiedererstarkten Österreich allein gegenüber zu stehen. Bei einem Eintritt Englands in den Krieg würden sich zweifellos auch die Niederlande anschließen, sodass sich Frankreich gezwungen sähe, seine Streitkräfte umzugruppieren, um einem Angriff auf seine Nordgrenze zu begegnen. Zweifel und Ungewissheit über die einzuschlagende Richtung versetzten Friedrich in einen Zustand innerer Unruhe, der seiner Umgebung nicht entging. Der Marquis de Valory wusste zu berichten: »Der Zustand des Königs von Preußen war furchtbar und hatte zur Folge, dass sein Aussehen verwilderte. Jede seiner Bemerkungen war hart, sein Lächeln gezwungen und bitter, seine Scherze waren ätzend. Alles störte ihn, alles weckte in seiner gequälten Seele Verdacht.«[189]

Um diesem Dilemma zu entkommen, hielt sich Friedrich zwei Wege offen. Während er sich intensiv auf eine Entscheidungsschlacht vorbereitete, erkundete er gleichzeitig die Möglichkeiten für einen Separatfrieden. Im Verlauf dieser Wochen, von Februar bis Anfang Mai, pflegte er direkten oder durch Graf Podewils vermittelten Kontakt mit mehreren Verhandlungspartnern: zunächst mit dem Freiherrn von Pfütschner, einem ehemaligen Hauslehrer Franz Stephans, dann mit Monsignore Giannini, dem Bischof von Olmütz, und schließlich erneut mit Lord Hyndford. Aber diese Verhandlungen scheiterten eine nach der anderen am gleichen Hindernis – an der Forderung Maria Theresias. Sie wäre zwar bereit gewesen, dem König von Preußen außer Niederschlesien auch noch die Grafschaft Glatz abzutreten, war jedoch zugleich entschlossen, zum Ausgleich von ihm zu verlangen, dass er ihr die anderen Besitzungen der österreichischen Monarchie, zumindest diejenigen, die Bestandteil des Heiligen Römischen Reiches waren, garantierte. Für Friedrich hätte das bedeutet, einer Umkehrung der Bündnisse zuzustimmen. Dies hat er jedoch zurückgewiesen. Wenn er auch bereit war, zur Wahrung seiner Interessen einen Separatfrieden zu schließen, so hatte er doch nicht die Absicht, die Waffen gegen seine bisherigen Verbündeten zu erheben. Der Preis dafür könnte zu hoch sein.

Die Angelegenheit zog sich in die Länge und Friedrich verlor schließlich die Geduld. So, wie die Sache stand, war die Gefahr, die aus einer Fortsetzung der Verhandlungen erwuchs, größer als ihr Nutzen. Um dieses Hindernis zu überwinden, gab es nun keinen anderen Ausweg mehr, als eine Schlacht auszutragen. Nur eine erneute Niederlage konnte Maria Theresia zwingen, ihre Position zu überdenken. Am 11. Mai hatte Friedrich seinen Entschluss gefasst und er teilte Podewils mit: »Mit einem Wort, ich habe mich entschlossen, die Kriegshandlungen mit aller Kraft voranzutreiben, um den Wiener Hof zur Mäßigung seiner Forderungen zu bewegen, die ihm ansteht. Adieu. Ich habe ziemlichen Ärger in dieser Angelegenheit, aber ich weiß keinerlei Mittel dagegen.«[190] Die Ereignisse sollten nun sehr schnell vonstatten gehen. Beide Armeen stießen am 17. Mai bei Chotusitz, im Süden Schlesiens, aufeinander. Friedrich hatte diesmal Karl von Lothringen zum Gegner. Dieser durchaus sympathische Fürst, ein Bonvivant, war zweifacher Schwager von Maria Theresia, als Bruder von Franz Stephan wie als Gemahl der Erzherzogin Maria Anna. Zu seinen nahen Vorfahren zählte auch jener Karl von Lothringen, der 1683 Wien von den Türken befreit und sich anschließend in Ungarn ausgezeichnet hatte. Der neue Generalissimus war zwar ein tüchtiger Soldat, aber ihm fehlte doch das strategische Geschick seines Ahnen. Er sollte in mehreren Schlachten Friedrich gegenüberstehen, ohne dass es ihm je gelungen wäre, ihn zu besiegen. In Chotusitz sollte er diese Erfahrung zum ersten Mal machen.

In den am Abend nach der Schlacht an seine Verbündeten gesandten Berichten brüstete sich Friedrich damit, einen »vollständigen Sieg« errungen zu haben. Ein Sieg war das gewiss, aber er stellte für die Österreicher gewiss keine Katastrophe dar. Das Kriegsglück hatte lange gezögert, bevor es sich auf seine Seite neigte. Mit mehreren 30 000 Mann gegen 24 000 Preußen war Karl von Lothringen zahlenmäßig zwar im Vorteil. Friedrich glich dies jedoch durch die Feuerkraft seiner Artillerie und die gründlichere Ausbildung seiner Kavallerie aus. Seit der Schlacht von Mollwitz, in der ihre Schwächen offenbar geworden waren, hatte er ihr seine ganze Aufmerksamkeit gewidmet. Der Kampfgeist seiner Regimenter trug diesmal in besonderem Maße zur österreichischen Niederlage bei. Beinahe die Hälfte der insgesamt 4000 gefallenen Preußen bestand übrigens aus Kavalleristen. Diese Verluste behinderten auch die Verfolgung des Feindes, der 3000 Tote und Verwundete sowie 3300 Vermisste auf dem Schlachtfeld zurücklassen musste.

Der König hatte bei Chotusitz gewiss noch nicht die Vollendung seines Feldherrngenies erreicht. Den Sieg verdankte er nicht unwesentlich seinen Generälen, allen voran Max Leopold von Dessau. Doch anders als Mollwitz war Chotusitz auch Friedrichs ganz persönlicher Erfolg. Voll Stolz und Freude schrieb er an Jordan: »Nun ist Dein Freund schon das zweite Mal binnen dreizehn Monaten Sieger. Wer hätte das vor einigen Jahren noch gedacht, dass Dein Schüler in Philosophie, der Schüler Ciceros in Rhetorik und der Schüler Bayles in der Naturerkenntnis eine militärische Rolle in der Welt spielen würde? Wer hätte gedacht, dass die Göttin der Vorsehung einen Dichter ausersehen hat, das politische System Europas umzustürzen und das dynastische Gefüge, welche es regiert, ganz und gar zu verändern.«[191]

Selbst auf dem Gipfelpunkt seiner Freude vergaß Friedrich keineswegs, dass das Ziel dieses Krieges die schnelle Rückkehr zum Frieden war. Zu den schon bekannten politischen Überlegungen, die ihn in diese Richtung lenkten, trat ein weiterer triftiger Grund: der Zustand der preußischen Finanzen. Friedrich Wilhelm hatte seinem Sohn einen außergewöhnlichen Finanzüberschuss von mehreren Millionen Talern hinterlassen, aber nach eineinhalb Jahren Krieg war dieser ererbte Schatz weidlich zusammengeschmolzen. Dies veranlasste Friedrich, so rasch wie möglich nach einer Übereinkunft mit Maria Theresia zu suchen. Nachdem ihm der Ausgang der Schlacht von Chotusitz eine starke Stellung beschert hatte, erhoffte er sich nun bessere Chancen, dieses Ziel zu erreichen.

Der Friede von Breslau

Man brauchte nicht lange auf die Wiederaufnahme der Verhandlungen zu warten. Graf Podewils hatte schon vor Monatsbeginn entsprechende Instruktionen erhalten. Auf der anderen Seite wirkte Lord Hyndford weiterhin als Vermittler. Erst in der letzten Verhandlungsphase trat ein österreichischer Bevollmächtigter in Erscheinung.

Anders als die vorausgehenden Versuche verliefen die Verhandlungen nunmehr zügig. Maria Theresia verzichtete diesmal auf die Klausel, die bisher einer Einigung im Wege gestanden hatte, und verlangte von Friedrich nicht mehr, dass er sich gegen Frankreich wende. Andererseits hielt sie ihre Weigerung aufrecht, auch nur einen Teil Böhmens, soll heißen Königgrätz, abzutreten. Nachdem Friedrich daraus zunächst eine *conditio sine qua non* gemacht hatte, musste er nun zu seinem größten Leidwesen erfahren, dass sie auf ihrer Weigerung beharrte. Als Realist, der er war, musste Friedrich dies zur Kenntnis nehmen. In Bezug auf Schlesien konnte Friedrich dagegen einen größeren Gewinn einstreichen als ursprünglich vorgesehen. Von Oberschlesien behielt Maria Theresia lediglich die Bezirke Teschen, Troppau und Jägerndorf. Darüber hinaus sah sie sich genötigt, die Grafschaft Glatz abzutreten. Auf dieser Basis wurde am 12. Juni zu Breslau ein Präliminarfrieden geschlossen. Damit lag zwar noch kein rechtsförmlicher Vertrag vor und mehrere Wochen lang hegten beide Parteien die Hoffnung, doch noch Vorteile zu erlangen, jedoch vergebens. Im Vertrag von Breslau am 27. Juli 1742 wurden alle Bestimmungen des Vorfriedens übernommen.

Friedrich wusste sehr gut, dass dieser Separatfrieden bei seinem französischen Verbündeten einen Proteststurm auslösen musste. Vorsorglich hatte er sich eine lange Reihe von Argumenten zurechtgelegt. Er machte vor allem die mangelhafte Kriegführung des Marschalls de Broglie zur Zielscheibe seiner Kritik und warf ihm vor, durch seine Untätigkeit den Erfolg der Koalition verhindert zu haben.

Friedrich fand in der Verschlechterung der militärischen Situation ein starkes Argument dafür, so schnell wie möglich aus dem Krieg auszuscheiden. Graf Podewils hatte er anvertraut: »Ich gestehe Ihnen, dass ich mir kurz vor dem Breslauer Präliminarfrieden sehr gewünscht habe, mich aus der Affäre zu ziehen, denn ich sah, dass nichts Gutes dabei herauskommen und die Sache am Ende schlecht ausgehen wird.«[192] Vor der Unterzeichnung dieser Übereinkunft hatte Friedrich seine Pläne verheimlicht und seine Verbündeten gänzlich im Dunkeln tappen lassen. Nun jedoch, nach Abschluss der Verhandlungen, war es nicht länger möglich, sie geheim zu halten. Zur Rechtfertigung seiner Verhandlungen mit Österreich bediente er sich der sattsam bekannten Argumente: Die unzureichenden militärischen Maßnahmen des Marschalls von Frankreich und die fehlende Kooperation der Sachsen hätten ihm keine andere Wahl gelassen. Er sei nämlich nicht länger bereit, die Bürde des Krieges allein zu tragen.»Ich betrachte diese Angelegenheit«, erklärte er Marschall de Belle-Isle,»wie eine Seefahrt, die von mehreren mit dem gleichen Ziel angetreten worden ist, aber, von einem Sturm zerstreut, jedem einzelnen Teilnehmer das Recht einräumt, sich zu seiner eigenen Sicherheit an den Strand zu retten und zu landen, wo er will.«[193] Fleury gegenüber brachte Friedrich die gleiche Seefahrtmetapher zur Geltung:»Ich sah mich, wenngleich mit Bitternis in meiner Seele, gezwungen, mich vor dem sonst unausweichlichen Schiffbruch zu bewahren, und den Hafen anzulaufen, den ich erreichen konnte.« Dieses Plädoyer überschritt die Grenzen zur Unverschämtheit, als er sich erdreistete, dem noch hinzuzufügen:»Der Verlauf dieses Krieges bildet (…) ein Gewebe aus gutem Willen, den ich meinem Verbündeten entgegengebracht habe.«[194]

Nun, weil Angriff immer noch als die beste Verteidigung gelten konnte, gab Friedrich vor, er seinerseits sei darüber ungehalten gewesen, dass Frankreich hinter seinem Rücken Verhandlungen über einen Separatfrieden mit Wien aufgenommen hätte. Wie könne man ihm denn Vorwürfe machen wollen, wo man doch mit ihm genauso ungeniert umgegangen sei? Dieses Argument wäre glaubwürdig gewesen, wenn Kardinal Fleury diese Verhandlungen nicht erst nach dem Breslauer Präliminarfrieden angebahnt hätte. Diese Affäre musste in jedem Falle mit einem demütigenden Fiasko für die französische Diplomatie enden. Der Kardinal hatte sich höchst unvorsichtig und in der Hoffnung, Maria Theresia zu schmeicheln, zu dem Geständnis hinreißen lassen, dass das Bündnis mit Preußen von Anfang an »gegen seine Neigung und gegen seine Prinzipien« gewesen sei. Obgleich gewiss nicht für die Ohren Friedrichs bestimmt, machte sich die Monarchin das böse Vergnügen, dieses Geständnis veröffentlichen zu lassen. Von diesem Augenblick an hatte Friedrich leichtes Spiel, die an ihn gerichteten Vorwürfe zurückzuweisen. Ein Brief an Fleury bot ihm dazu Gelegenheit. Nach seinen gewohnten Angriffen auf den Marschall de Broglie stellte er die hämische Frage: »Kann man mich denn dafür verantwortlich machen, dass Marschall de Broglie kein Turenne ist? Ich kann aus einer Nachteule keinen Adler machen.« Er fügte, nicht ohne diebisches Vergnügen, hinzu: »Kann man mich denn eines derart schweren Unrechtes bezichtigen, wenn ich mich aus einem Bündnis zurückziehe, von dem derjenige, der Frankreich regiert, selbst sagt, er sei dieses nur mit Bedauern eingegangen?«[195]

Wie von Friedrich nicht anders erwartet, hatte diese Kehrtwendung zur Folge, dass sein Ansehen Schaden litt. In Frankreich waren die Anfeindungen selbstverständlich am heftigsten. Die Popularität, die ihm sein Status als König und Philosoph verliehen hatte, wurde davon stark beeinträchtigt. Nach der Verkündigung des Friedens von Breslau wurde er des Verrats bezichtigt. Darauf bedacht, seinen »Helden« zu schonen, bemühte sich einzig Voltaire um eine maßvolle Sprache: »Sie sind also nicht mehr unser Verbündeter, Sire? Nun, dann sind Sie eben der Verbündete der Menschengeschlechtes«, schrieb er Friedrich. Aber im privaten Kreis äußerte er sich in weniger verständnisvollem Ton. Die allgemeine Enttäuschung der Franzosen über Friedrich entspricht dem Überschwang ihrer früheren Hoffnungen. Nachdem sie den Preußenkönig erst beweihräuchert hatten, konnten sie ihn nun nicht hart genug tadeln.

Obwohl ihm bis dahin sehr viel an der Pflege seines Ansehens gelegen hatte, schützte Friedrich nun Gleichgültigkeit vor: »Was eine sprunghafte, unwissende und schlecht unterrichtete Welt Schlimmes über mich sagen wird, macht mir keine Bange«, versicherte er Kardinal Fleury.[196] War es denn im Übrigen so, dass seine Handlungsweise sich so sehr vom Vorgehen anderer Fürsten abhob? Doch Friedrichs Handeln wurde nun einmal an seinem *Antimachiavell* gemessen, dem Plädoyer für eine Moralisierung der Politik. Hier lag der springende Punkt. Dass gewöhnliche Fürsten sich als skrupellose Schüler Machiavellis gerierten, wurde hingenommen, weil sie niemals von sich behauptet hatten, sie seien Engel! Aber dass Friedrich II. seinen eigenen Prinzipien Gewalt antat, bot den Kritikern und vor allem den Spöttern eine offene Flanke. In Wirklichkeit war er gegenüber diesen Angriffen gar nicht so gelassen, wie er vorgab. Er trat daher mit Nachdruck dem Vorwurf entgegen, er habe wiederholt seine Bündnisverpflichtungen gebrochen. Für seine Rechtfertigung nutzte er verschiedene Kanäle. In der jeweiligen Situation bemühte er sich, in seiner Korrespondenz gegen diese Angriffe vorzugehen und kam in seinen künftigen Werken mehrmals auf diese Frage zurück. Ein Brief an Jordan, den er mitten in diesem Geschehen geschrieben hatte, fasst seine Argumente zusammen: Allein die Interessen von Staat und Volk dürften dem Fürsten Entscheidungen aufzwingen. Demzufolge könnten höherrangige Belange von ihm erzwingen, dass er sich nicht an das gegebene Wort halte. Friedrich erklärte, dass »ein Privatmann ganz andere Voraussetzungen erfüllen muss, um als Ehrenmann zu gelten, als ein Souverän. Bei einem Privatmann geht es nur um sein persönliches

Wohl. Er muss es ständig dem Wohle der Gemeinschaft opfern. Aus diesem Grund wird ihm die strenge Beachtung der Moral zur Pflicht, deren Regel lautet: Es ist besser, ein Mensch leidet, als dass das ganze Volk untergeht. Das Trachten eines Souveräns hingegen gilt dem Wohl einer großen Nation und es ist seine Pflicht, ihr dazu zu verhelfen. Um das zu erreichen, muss er sich selbst und noch vielmehr sein Tun und Handeln opfern, wenn sie dem Wohlergehen des Volkes im Wege sind.«[197]

So viel Mühe Friedrich auf die Wahrung seines Ansehens auch legte, es ging doch nicht wenig beschädigt aus den beiden ersten Jahren seiner Regierungszeit hervor. Bei jeder seiner aufeinander folgenden Wendungen hatte sich der »Salomon des Nordens« an den europäischen Höfen, seien es Gegner oder Verbündete, das traurige Ansehen eines Fürsten erworben, auf dessen Wort sich zu verlassen töricht war. Die andere Seite der Bilanz war offensichtlich durchaus positiv. Friedrich hatte das Ziel erreicht, das er sich mit dem Entschluss, Schlesien zu erobern, gesetzt hatte. Als Herr des größten Teiles dieses Landes hatte er Preußen nun in die Hierarchie der Mächte eingegliedert und zu einem unverzichtbaren Partner in der politischen Landschaft Europas aufgewertet. Dieser Erfolg beruhte gewiss auf dem Erbe seines Vaters: einer disziplinierten Armee, einem wohlorganisierten Staat und geordneten Finanzen. Aber wer könnte in Zweifel ziehen, dass das Verdienst in erster Linie ihm zufällt? Die Eroberung Schlesiens war ein kühner Schachzug, zu dem sich Friedrich entgegen den Auffassungen seiner Umgebung entschlossen hatte. Anschließend hatte er das von seinem Vater bereitgestellte Instrumentarium in den Dienst einer von ihm entwickelten und von seiner Autorität geleiteten Politik gestellt. Sein Anteil an den beiden Siegen seiner Armee war gewiss nicht gleichmäßig verteilt. Mollwitz hat ihn nicht gerade auf der Höhe seines Könnens gezeigt, aber in der Schlacht von Chotusitz wurde ein Heerführer geboren, selbst wenn er dort noch nicht den Gipfel seines militärischen Genies erreicht hatte.

Friedrichs Erfolg war ein unbestreitbarer, aber auch ein zerbrechlicher. Noch hatte Maria Theresia ihre Trauerzeit wegen des Verlustes von Schlesien nicht hinter sich gebracht. Allein das auf ihr lastende Gewicht des Zwanges hatte sie zu diesem Eingeständnis ihrer Niederlage gezwungen. Es war voraussehbar, dass sie im Friedensvertrag von Breslau lediglich einen Waffenstillstand sah. Friedrich wusste, dass er wachsam und eines neuen Waffenganges gewärtig sein musste.

Achtes Kapitel
Fridericus Magnus

Selbst wenn Friedrichs früheres politisches Handeln den Verdacht nähren konnte, lag für ihn im Frieden von Breslau kein Täuschungsmanöver vor. Es waren gute Gründe, die ihn zu diesem Entschluss geführt hatten. Nun, da er das Ziel, um dessentwillen er in den Krieg gezogen war, erreicht hatte, lief er angesichts der neuen europäischen Machtkonstellation Gefahr, das Gewonnene aufs Spiel zu setzen, wenn er sich für eine Fortsetzung des Kampfes entschied. Im weiteren Verlauf des Konfliktes beschloss er, Neutralität zu wahren. Er ließ sich nicht auf einen Wechsel des Bündnisses ein, zu dem ihn England bewegen wollte. Als er sich am 26. November 1743 für ein Zusammengehen mit London entschloss, handelte es sich um ein Defensivbündnis, welches vor allem den Vorteil hatte, Preußen vor einem österreichischen Angriff Schutz zu bieten.

Wer mochte jedoch glauben, dass Friedrich je daran gedacht hätte, sich in eine »*splendid isolation*« zurückzuziehen? Sein neuer Status als Mittelmacht gestattete ihm nicht mehr, dem Gang der Ereignisse als bloßer Zuschauer ohne eigenes Interesse, zu folgen. Dies umso mehr, als der Krieg sich zum Teil weiterhin in Deutschland abspielte und neben anderem auch das Schicksal des Reiches auf dem Spiel stand. Es bedurfte gewiss schwerwiegender Gründe, wenn Friedrich sich entschließen sollte, das Kriegsbeil wieder auszugraben. Aber er hielt sich diese Option für den Fall offen, dass der Krieg eine gefährliche Wendung für die Interessen Preußens nehmen sollte.

Friedrich als Beobachter des Krieges

Friedrich konnte sich zu seinem Rückzug im passenden Moment beglückwünschen. Wenn er jemals an der Richtigkeit seiner Entscheidung gezweifelt haben sollte, dann hätten ihm die anschließenden Ereignisse Recht gegeben. Die folgenden Monate zeitigten das fortschreitende Wiedererstarken Österreichs und zugleich das Auflodern des Konfliktes.

Die Franzosen hielten nicht mit der Beschuldigung hinter dem Berge, dass Friedrich sie durch seinen Abfall in eine schlimme Lage gebracht habe. Darin folgten ihnen rasch die Sachsen. Aber Friedrich ließ sich davon nicht beirren. Der Verlust von Prag sollte seine richtige Einschätzung der Situation nur zu bald bestätigen. Marschall de Belle-Isle hatte es zwar Anfang Dezember geschafft, das Gros der Garnison zu retten, indem er die feindlichen Linien durchbrechen ließ und die Truppen anschließend, trotz aller Unbill des harten Winters, in einem neuntägigen Marsch quer durch Böhmen an einen sicheren Ort führte. Dieser Husarenstreich wurde von den Fachleuten als herausragendste Waffentat des Krieges bewertet. Aber diese moderne »Anabasis« konnte bei aller Bravour ein bedeutenderes Kriegsereignis nicht kaschieren: die Rückeroberung Böhmens durch Maria Theresia. Für Frankreich war die Bilanz betrüblich. Ohne dass eine wirkliche Schlacht geschlagen worden wäre, verloren die Franzosen im Laufe dieser ersten Feldzüge mindestens 60 000 Mann. Angesichts eines solchen Aderlasses war die Furcht vor der Eröffnung einer neuen Front nicht abwegig. Die bis dahin in Westfalen stationierte Armee des Marschalls Maillebois hatte sich zwar nach Süden in Marsch gesetzt, um den in Prag eingeschlossenen Franzosen zu Hilfe zu kommen. Aber eine gewisse Vorsicht, das heißt, die Angst, sich im Rücken der Front aller Truppen zu entblößen, hatte Maillebois davon abgehalten, sein Heer an einen so weit entfernten Kriegsschauplatz zu transferieren. Die Bedrohung nahm schließlich konkrete Formen an. Nachdem eine englische Armee in den österreichischen Niederlanden (dem heutigen Belgien) gelandet war, gewann sie die Vereinigten Niederlande für ein Bündnis mit der antifranzösischen Koalition. Zu diesen Streitkräften traten hessische Regimenter, die mittels englischer Subsidienzahlungen ausgehoben worden waren, sowie österreichische Kontingente. Vom Wunsch beseelt, sich wie sein Neffe Friedrich mit Ruhm zu bekränzen, übernahm König Georg II. das Kommando der so genannten Pragmatischen Armee, die am 27. Juni 1743 bei Dettingen am Main die Franzosen unter Marschall de Noailles schlug. Das von Georg Friedrich Händel für die Londoner Siegesfeier komponierte »Dettinger Tedeum« hat die Erinnerung an diesen Triumph der englischen Waffen über die Jahrhunderte lebendig gehalten.

In Italien schien sich das Kriegsglück ebenfalls auf der Kippe zu befinden. Dort hatte sich die Koalition im September 1743 um Savoyen erweitert. Unter der Federführung Englands unterzeichnete Österreich in Worms um den Preis territorialer Verluste einen Bündnisvertrag mit Karl Emanuel von Savoyen. Dieser führte der Allianz eine Armee von 45 000 Mann zu und sollte sich mit den 30 000 Österreichern zusammenschließen, die schon auf der Apenninenhalbinsel stationiert waren. Die Engländer ihrerseits wollten eine

Flotte ins Mittelmeer entsenden, um die Zufuhr spanischer Verstärkungen zu unterbinden.

Aber jetzt war es an Maria Theresia, mit den Zwängen, um nicht zu sagen Foltern, eines Koalitionskrieges Bekanntschaft zu machen. Endlich hatte sie eine lange Zeitspanne hinter sich gebracht, in welcher sie allein einem breiten Bündnis feindlicher Staaten gegenüberstand. Nun, da sich die Reihen ihrer Feinde gelichtet hatten, schlossen sich ihr mehrere Staaten an, mit denen sie von nun an eine mächtige Koalition bildete. Aber, obgleich die österreichische Monarchie nicht mehr von Zerstörung bedroht war, konnte sich Maria Theresia über diese neue Phase des Konfliktes dennoch nicht glücklich schätzen. Sie musste nämlich sehr schnell entdecken, dass sie nicht mehr die Führung der Koalition in Händen hatte. Deren Fäden befanden sich nämlich in den Händen Englands, das mit ganz anderen Prioritäten als sie in den Krieg eingetreten war. London suchte Österreich eine Nebenrolle zuzuweisen, in einem Kampf, bei dem es zwischen den beiden längst um die Vorherrschaft in Europa ging. Nun jedoch, da die englischen Subsidienzahlungen für Maria Theresia unverzichtbar geworden waren, sah sie keine Möglichkeit, die Abhängigkeit von den Briten zu überwinden und sich wenigstens mit Frankreich zu verständigen. Sie stand in Versuchung, aber ihre Annäherungsversuche fanden kein Echo in Versailles, wo nach dem Tod des alten Kardinals Fleury im Januar 1743 die Kriegspartei die Oberhand gewonnen hatte.

Maria Theresia hatte mehrmals Gelegenheit, die Grenzen ihrer Handlungsfreiheit festzustellen. Sie hatte nur widerwillig den Vertrag von Worms unterzeichnet, in welchem sie sich verpflichten musste, mehrere Territorien, darunter vor allem Piacenza, an Karl Emanuel von Savoyen abzutreten. Aber sie sah sich unter dem Druck der Engländer dazu gezwungen. Diese zeigten sich von ungenierter Großzügigkeit im Umgang mit den Gütern anderer und hätten nicht geduldet, dass sie sich einem Beitritt Savoyens zur antifranzösischen Koalition widersetzte. Wenn es dabei lediglich um ein paar Quadratfuß von Italien gegangen wäre. Aber diese Frage war von den deutschen Angelegenheiten nicht zu trennen, zumal das Schicksal Bayerns damit verbunden war.

Karl Albrecht glaubte, wieder Oberwasser zu haben, als es ihm im Kielwasser der Armee des Marschalls Maillebois gelungen war, die Hauptstadt und die Hauptmasse seiner Territorien wiederzugewinnen. Diese Wendung erwies sich jedoch nicht als von dauerhafter Wirkung. Nachdem er durch den Verlust von Prag vom Rückzug der Franzosen mitgerissen worden war, machte ihn das Schicksal zu einem vagabundierenden Kaiser, der in der Reichsstadt Augsburg Unterschlupf suchen musste. Maria Theresia hätte extreme Selbstverleugnung aufbieten müssen, wenn sie aus dem Unglück dessen, den sie für einen Usurpator hielt, nicht kräftigen Gewinn gezogen hätte. Sie hatte nicht nur vor, ihm die Kaiserkrone wieder abzunehmen, von der sie ohnehin mehr als je zuvor glaubte, dass sie von Rechts wegen allein ihrem Gatten zustünde. Darüber hinaus hoffte sie, im Besitz Bayerns eine Entschädigung für den Verlust Schlesiens zu finden. Auf eine solche Regelung arbeitete sie hin. Dabei wurden mehrere Lösungen ins Auge gefasst. Für den Verzicht auf Bayern sollte Karl Albrecht zunächst das Elsass erhalten, das Maria Theresia im Lauf des Jahres 1743, insbesondere seit der Schlacht bei Dettingen, zurückzuerobern hoffte. Uneinigkeit hinderte jedoch die Alliierten, den errungenen Vorteil auszunutzen. Als sich die Verhandlungen mit der Umstrukturierung der Besitzverhältnisse auf der Apenninenhalbinsel befassten, verfolgte Maria Theresia die Absicht, Karl Albrecht mit dem Großherzogtum Toskana abzufinden. Dieses Projekt hatte ebenfalls keine Chance auf Verwirklichung, und zwar diesmal wegen des Widerstandes aus London. Lord Carteret, künftig mit der englischen Diplomatie betraut, gestattete Maria Theresia nicht, Bayern in Besitz zu nehmen. Konfrontiert mit diesem Einspruch, versuchte sie sich zunächst darüber hinwegzusetzen, doch blieb ihr schließlich nichts anderes übrig, als sich zu beugen.

Der wichtigste Grund für diesen Widerstand lag darin, dass es Lord Carteret nicht entgangen war, wie stark der preußische König gegen die Annexion Bayerns durch die österreichische Monarchie eingestellt war. Ließ England diese Annexion zu, so war damit jede Hoffnung auf einen Anschluss Preußens an eine antifranzösische Koalition zunichte gemacht. Während die italienische Politik Friedrich nur wenig interessierte, konnte ihn das Schicksal Bayerns nicht unberührt lassen, denn damit war die Frage nach dem Kräfteverhältnis in Deutschland gestellt. Seine Korrespondenz bezeugt, dass er die Angelegenheit mit höchster Wachsamkeit verfolgte. War es möglich, dass er nach seinem Gefühl handelte? Es lässt sich nicht ausschließen, dass es dabei eine Rolle spielte. Aber darüber hinaus war sich Friedrich darüber im Klaren, dass seine Interessen mit denen von Karl Albrecht verbunden waren. Dieser verdankte ihm und ebenso der Unterstützung der Franzosen seine Wahl. Seine Ausschaltung hätte für Friedrich daher einen schweren Schlag bedeutet. »Wenn Preußen diese Abdankung zuließe«, hob er hervor »dann kann es sich gleich an Händen und Füßen gebunden in die Hände derer begeben, die seine unversöhnlichsten Feinde sind.«[198] Andererseits würde sein Beiseitestehen die Habsburger unfehlbar wieder auf die kaiserliche Bühne führen, was Friedrich zu akzeptieren nicht bereit war.

Um die Position Karl Albrechts zu stärken, dachte Friedrich daran, eine

Reichsarmee aufzustellen, die sich aus Kontingenten der Reichskreise zusammensetzen sollte. An ihrer Spitze sah er sich selbst in der Rolle eines Vermittlers zwischen den Krieg führenden Parteien und am Ende als Friedensstifter. Es bedarf wohl kaum der Erwähnung, dass Friedrich mit diesem Projekt nicht nur versuchte, die Interessen eines Verbündeten zu unterstützen, der in großen Schwierigkeiten steckte. Dieses Szenario würde Preußen darüber hinaus den zwar nicht offiziellen, aber dennoch reellen Rang eines Schiedsrichters für deutsche Angelegenheiten sichern. Im Grunde war das nur ein Traum. Die größeren Staaten wie Österreich, Hannover oder Sachsen wollten selbstredend nichts von diesem Plan wissen, der zu ihren Interessen im Widerspruch stand. Außerdem hatten sie genug Anhänger im Reich, die dafür sorgten, dass er nicht verwirklicht wurde.

Ein neues Bündnis mit Frankreich

Diese Niederlage sollte genügen, Friedrich davon zu überzeugen, dass eine andere Lösung gesucht werden musste. Zweifelsohne hatte sein Bündnis mit Frankreich ein bitteres Gefühl bei ihm hinterlassen, und er sträubte sich daher, das Experiment zu wiederholen. Dennoch sondierte er im Februar 1744 unvermittelt wegen einer Erneuerung dieser Allianz, nachdem er Kenntnis der Geheimklauseln im Wormser Vertrag erhalten hatte, die bei der Unterzeichnung im September des vorhergehenden Jahres aufgenommen worden waren.

In dem von holländischen Zeitungen veröffentlichten Text entdeckte Friedrich vor allem eine Klausel, die geeignet war, ihn in tiefe Unruhe zu stürzen. Es handelt sich um Artikel 13, der Savoyen verpflichtete, die Verteidigung des Herzogtums Mailand zu übernehmen, sobald das französisch-spanische Heer besiegt sei. Friedrichs Blut geriet in Wallung. Diese Verfügung verriet nach seiner Einschätzung die Absicht Maria Theresias, einen Angriffskrieg gegen Preußen vorzubereiten, der die Rückeroberung Schlesiens zum Ziel haben sollte. Die freigewordenen Truppen sollten an dieser neuen Front zum Einsatz gelangen. Abgesehen davon, dass diese Nachricht falsch war, hatte Maria Theresia größeres Interesse daran, Bayern zu erwerben, als Schlesien zurückzuerobern, jedenfalls unter der damaligen Konstellation. Die Konsequenzen, die Friedrich aus den ihm zugänglichen Informationen zog, waren allerdings außergewöhnlich, zumal seine Verdachtsmomente durch andere Nachrichten verdichtet zu werden schienen, und zwar diesmal aus Dresden. Im Dezember 1743 hatten Maria Theresia und Friedrich August II. von Sachsen einen Bündnisvertrag geschlossen, der lediglich defensiven Charakter besaß und zweifelsfrei nicht gegen Preußen gerichtet war. Friedrich hingegen, voll Misstrauen gegenüber Sachsen, schloss daraus sofort, dass er die Zielscheibe dieses Abkommens sei.

In Versailles hatte man die von Friedrichs Kehrtwendung verursachten Enttäuschungen keineswegs vergessen. Der Herzog von Luynes rief das in Erinnerung: »Die Erfahrung aus der Vergangenheit ließ uns mit gutem Grund zu dem Schluss kommen, dass man nicht auf das Wort, ja nicht einmal auf die Verträge des Königs von Preußen bauen dürfe.«[199] Dennoch verschloss sich die französische Diplomatie dem Werben Friedrichs nicht gänzlich, denn es konnte sich die Notwendigkeit zu einer erneuten Verständigung mit ihm ergeben. Die Franzosen hatten übrigens nie aufgehört, seine dabei gehegten Absichten und Hintergedanken ergründen zu wollen. Eine beinahe kommödienreife Episode soll dies veranschaulichen.

Voltaire betrat nämlich zwei Jahre nach seinem letzten Berlinbesuch tatsächlich wieder die Bühne. Die beiden Freunde hatten inzwischen Gewohnheiten entwickelt, die künftig ihr Zusammenleben regeln sollten. In ihrem »privaten« Umgang ließen sie gegenseitig keine Schonung walten; dafür zeigten sie sich honigsüß, wenn sie einander öffentlich begegneten. Friedrich war mehr noch als früher bemüht, Voltaire zu einer dauernden Übersiedlung nach Berlin zu bewegen. Dieser hatte zwar aus den gleichen Gründen seine Vorbehalte nicht aufgegeben, kehrte aber immer wieder zu kurzen Aufenthalten nach Preußen zurück. Nun allerdings zwangen ihn äußere Anlässe dazu, das Angebot anzunehmen. Seine Auseinandersetzungen mit Jean François Boyer, dem Erzbischof von Mirepoix, hatten ihm gerade den Zutritt zur *Académie Française* verbaut und nötigten ihn, zumindest für den Augenblick, Frankreich zu verlassen. Es handelte sich gewiss um eine ernst zu nehmende Angelegenheit; aber vielleicht bediente sich Voltaire ihrer lediglich, um den wahren Grund seiner Reise zu verbergen. Noch immer träumte er davon, in der Politik eine Rolle zu spielen und hatte daher Jean-Jacques Amelot de Chaillou, dem Staatssekretär für auswärtige Angelegenheiten, seine Dienste angeboten, und sie wurden angenommen. Er sollte nun seine Stellung dazu ausnutzen, die Absichten des Königs von Preußen auszukundschaften, und sich für eine Wiederannäherung der Höfe in Paris und Berlin einsetzen. In dieser Mission gehe es, wie er dem Grafen von Argenson vor seiner Abreise schrieb, um »*le secret du sanctuaire* – das Geheimnis des Allerheiligsten«.[200] Dieses Geheimnis wurde jedoch sehr schnell gelüftet. Voltaire, unbelehrbar wie er war, konnte sich nicht zurückhalten, diese Neuigkeit in seinem Umkreis zu erzählen, sodass Friedrich schon vor der Ankunft seines Gastes in Berlin davon informiert war.

Wie stets verlief nach außen alles zum Besten in der besten aller Welten. Hinter den Kulissen jedoch ging es anders zu. Friedrich wollte nicht auf das

Vergnügen verzichten, ein aus Rachsucht entstandenes Epigramm, in dem Voltaire den Bischof von Mirepoix verhöhnte und das er unter dem Siegel der Verschwiegenheit dem Preußenkönig zukommen ließ, zu veröffentlichen. Die Bitte um strikte Diskretion hatte einen guten Grund. Denn das Epigramm enthielt eine tödliche Spitze gegen Ludwig XV., die im Falle einer Veröffentlichung gefährlich werden konnte:

»Mirepoix, du Perle der Pedantenseelen,
Fanatischer, habgier'ger Pfaffe,
Willst mit Deinen Gesetzen uns quälen!
Mir hast Du nichts mehr zu befehlen,
Fern bin ich deiner Clique ignoranter Laffen.
Dem dümmsten aller Könige fern, das will ich nicht verhehlen.
Zwei Dinge werden mir gewiss nicht fehlen:
Mirepoix' Stumpfsinn und Infamie,
Und der Stumpfsinn der Akademie!«

Friedrich hatte Voltaire mit der Bekanntmachung dieses Schmähgedichts ein Bein gestellt und zwar keineswegs ohne Absicht. Denn er hegte insgeheim die Hoffnung, dass sich die Tore des Königreiches vor dem Urheber dieser Majestätsbeleidigung schließen würden. So würde er Voltaire an sich binden können.

Die Mission des Geheimagenten Voltaire machte als solche keinerlei Fortschritte. Es gelang ihm zwar, chiffrierte Post nach Versailles zu senden, aber seinen Informationen haftete meistens der Geruch des Aufgewärmten an. Friedrich ließ ihn wohl stundenlang einer Allianz der beiden Königreiche das Wort reden, in welcher Preußen die einstige Rolle Schwedens einnehmen sollte, und amüsierte sich darüber. »Er hatte nicht einmal ein Beglaubigungsschreiben«, erinnerte er sich in seinen Memoiren, »und seine Mission wurde zu einem Spiel, ja, zu einem Jux.«[201] Bei allzu drängenden Fragen machte er sich das Vergnügen, gewundene Antworten zu geben. Und als Voltaire einmal dick unterstrich, dass Maria Theresia einer französisch-preußischen Koalition nicht widerstehen könnte, kam die Antwort wie aus der Pistole geschossen:

»On les y recevra, biribi
À la façon de Barbari, mon ami.«
»Man wird sie empfangen, trallala
Nach Art der Barbaren, mein Freund, o ja.«[202]

Angesichts der so wenig erhellenden Antworten betrübt, blieb Voltaire am Ende der Unterhaltung lediglich ein einfacher Satz zu sagen übrig: »Tun Sie ganz, wie Ihnen beliebt. Ich jedenfalls werde Eure Majestät immer von ganzem Herzen lieben.«[203]

In Berlin beschäftigte sich Voltaire keineswegs nur mit Angelegenheiten Europas und der Welt. Der Fürst der Philosophen glaubte sich berechtigt, sein Augenmerk einer Schwester Friedrichs zuwenden zu dürfen, nämlich der Prinzessin Ulrike. Er trieb seine Fantasie so weit, dass er ihr sogar schrieb:

»Ein Stück Wahrheit findet im Leben
Unter plumpen Lügen noch Raum.
Letzte Nacht wollt' ein trugvoller Traum
Mich zum Rang eines Königs erheben;
Prinzessin, meine Liebe zu Ihnen, von der ich zu sprechen gewagt,
Von ihr haben die Götter, als ich erwacht', mir nicht alles gesagt.
Ich bin um mein Reich nun gebracht.«

Dieser harmlose Flirt, obwohl nur eine Bagatelle, entsprach gewiss nicht den Vorstellungen Friedrichs, der zwar Philosoph war, aber sich mitnichten zur sozialen Gleichheit bekannte. Mit wohlgezielten Verspfeilen verwies er den frech gewordenen Voltaire auf seinen Platz:

»Gewöhnlich entgeht es uns nicht,
Wenn ein Traum unserm Wesen entspricht:
Dass er anbellt den Mond, davon träumt wohl ein Köter,
Ein Kaufmann, dass sein Vermögen er mehrt,
Ein Held, dass er ruhmvoll den Rhein überquert.
Dass jedoch Voltaire sich aufschwingt durch Lügen
Zum König in Preußen, als Schwerenöter
Hier glänzt – heißt, mit Träumen betrügen.«

Die Angelegenheit hatte noch ein poetisches Nachspiel, als der nach Frankreich zurückgekehrte Voltaire ein gleichermaßen »galantes« Epigramm an Friedrich sandte:

»Es ist wohl unverschämt zu küssen skrupellos
Ihre Schwester, erhaben und arm an Reizen,
Doch diese Reize zu sehn, zu umarmen und dann mit Küssen zu geizen –
Das wäre lächerlich und wahrhaft kurios.«

Wenn dieses liebenswürdige *Pasticcio* auch keinen Einfluss auf den Gang der Verhandlungen mit Frankreich hatte, so entwickelten sich dafür die ernsthaften Überlegungen, wie jedes Mal, wenn es die Umstände erforderten. Zu Beginn des Frühjahrs 1744 war die französische Krone bereit, die Vorschläge, die Friedrichs Gesandter Rudolf Graf von Rothenburg ihr unterbreitete, einer wohlwollenden Prüfung zu unterziehen. Nach langem Zögern entschied sich Versailles, seine Kriegsanstrengungen zu verstärken. Der im Oktober 1743 in Fontainebleau besiegelte Familienvertrag hatte die Bande der französischen mit den spanischen Bourbonen wieder enger geknüpft. Andererseits wurde ein Invasionsplan für England mit dem Ziel ausgearbeitet, die gleichfalls verwandte Dynastie der Stuarts wieder auf den Thron zu bringen. Amelot de Chaillou blieb aber zurückhaltend hinsichtlich einer erneuten Bindung an Friedrich II. Seine Entlassung Ende April kann als ein weiteres deutliches Zeichen für den Sinneswandel gelten. In der Gunst Ludwigs XV. wurde er von zwei Befürwortern der Allianz mit Preußen abgelöst, nämlich durch den Kardinal Pierre Guérin de Tencin und den Marschall Adrien Maurice de Noailles.

Friedrich hatte guten Grund, mit den Ergebnissen der Mission des Grafen von Rothenburg zufrieden zu sein. Die Verhandlungen mit dem Hof von Versailles brachten einen vollen Erfolg, da Übereinstimmung in allen Punkten erzielt wurde. Der am 5. Juni unterzeichnete Bündnisvertrag bestimmte, dass Friedrich II. an der Spitze von 80 000 Mann in Böhmen einmarschieren solle. Ludwig XV. seinerseits verpflichtete sich, eine seiner Armeen auf die rechte Rheinseite zu entsenden, während ein gleichzeitiges Ablenkungsmanöver einen Teil der feindlichen Truppen in den österreichischen Niederlanden binden sollte. Das Abkommen legte auch die Kriegsziele fest, über die sich die beiden Parteien verständigt hatten. Franzosen und Preußen bestätigten Karl Albrecht im Besitz von Böhmen. Es war jedoch vorgesehen, dass Preußen als Entschädigung für die der gemeinsamen Sache dargebrachten Opfer einen Streifen des im Norden des Königreiches Böhmen gelegenen Gebiets erhalten sollte. Die Erwerbung des Bezirks von Königgrätz und von Teilen der Bezirke Bunzlau und Leitmeritz sollte der Sicherung Schlesiens dienen und zugleich das Verteidigungssystem gegen Sachsen verstärken und beweist ferner, dass Friedrich für Schlesien ganz besondere Sorge trug.

Einige Tage zuvor wurde in Frankfurt am Main zwischen dem König von Preußen, dem Kaiser, dem pfälzischen Kurfürsten und dem Landgrafen von Hessen-Kassel ebenfalls eine Union geschlossen. Man war zwar weit davon entfernt, das ehrgeizige Projekt einer Reichsarmee, das Friedrich im Jahr davor konzipiert hatte, zu verwirklichen. Aber das anvisierte Ziel war das gleiche: der Schutz des Kaisers und der »deutschen Libertät« angesichts der

Bedrohung des durch die letzten Siege wiedererstarkten Österreichs. Friedrich selbst war sich der Beweggründe für seinen Einsatz in vollem Umfang bewusst: »Das Ziel all dessen, was ich unternehme«, unterstrich er, »ist die Schwächung des Hauses Österreich sowie die Erhaltung und Stärkung des Kaisers.«[204] Obwohl Frankreich sich nicht offiziell der Frankfurter Union angeschlossen hatte, wäre diese ohne seine Garantie nicht zustande gekommen. Versailles konnte diese Unterstützung mit seiner Eigenschaft als Garantiemacht des Westfälischen Friedens rechtfertigen, weil die vier Fürsten ihre Union zur Bewahrung der »deutschen Libertät« gegründet hatten.

Die Franzosen zogen in den Krieg, schon bevor das Bündnis unterzeichnet war. Eine Armee unter Graf Moritz von Sachsen, dem Sohn Augusts des Starken und Marschall von Frankreich, marschierte in die Niederlande ein und begann dort systematisch, befestigte Plätze einzunehmen. Diese Erfolge konnten jedoch leicht in Frage gestellt werden, als in den letzten Junitagen Karl von Lothringen den Plan des Vorjahres wieder aufgriff, den Rhein überschritt und an der Spitze einer Armee von 70 000 Mann in das Elsass einfiel. Da den österreichischen Strategen die Vorkehrungen gegen die Gefahr einer ungewollten Überdehnung der französischen Verbindungslinien verborgen geblieben waren, glaubten sie dass der Augenblick gekommen sei, Frankreich einen tödlichen Schlag zu versetzen. Nach dem Elsass sollte Lothringen an die Reihe kommen, und man begann, von einem Triumphmarsch auf Paris zu träumen. Diese Bedrohung wurde von Frankreich als sehr ernst empfunden. Der polnische Exkönig Stanislaus verließ sein Refugium in Lunéville und Ludwig XV. beschloss, in das Elsass zu ziehen, um mit seiner Armee von 25 000 Soldaten die dort schon stationierten Truppen zu verstärken.

Dieser Vorstoß konnte jedoch nicht durchgeführt werden, weil Ludwig XV., der an einer schweren, sein Leben bedrohenden Fiebererkrankung litt, mehrere Wochen lang zur Tatenlosigkeit verurteilt in Metz verbleiben musste. Und genau dies war der von Friedrich gewählte Augenblick, sein Angebot vorzulegen. Oftmals hatte er schon unterstrichen, dass Schlesien und das Elsass wie zwei Schwestern mit einem gemeinsamen Schicksal seien. Jeder Affront gegen die eine wirke sich auf die andere aus. Mit anderen Worten, wenn Frankreich aus dem Krieg ausscheiden müsste, wäre Preußen unabdingbar das nächste Opfer. Diese Bedrohung führte seine Entscheidung herbei. Am 12. Juli schrieb er an den König von Frankreich: »Ich bin darüber unterrichtet, dass Fürst Karl in das Elsass vorgedrungen ist. Das ist für mich ein ausreichender Grund, meine militärischen Operationen anlaufen zu lassen. Ich werde mich am 13. Juli an der Spitze meiner Armee in Marsch setzen und werde zu Ende des Monats vor Prag stehen.«[205]

Vor Beginn des Feldzuges veröffentlichte Friedrich ein Manifest, das den Wiedereintritt in einen Krieg, aus dem er vor zwei Jahren ausgeschieden war, rechtfertigen sollte. Darin verkündete er mit Nachdruck seine Absicht, »dem Reich seine Freiheit, dem Kaiser seine Würde und Europa den Frieden zurückzugeben.«[206] Das war eine lapidare Formel, die sich aus Propaganda und Wahrheit zusammensetzte, wobei allerdings weder bestimmte Motive noch seine Sorge um die Sicherheit Schlesiens, noch sein Wunsch nach territorialer Abrundung Preußens Erwähnung fanden. Für diesen Feldzug verfügte Friedrich über ein militärisches Instrument, welches 140 000 Soldaten umfasste. Während 25 000 von ihnen den Schutz Schlesiens übernehmen sollten, wollte er mit 80 000 Mann in Böhmen einrücken. Diese Streitmacht wiederum sollte auf drei Armeekorps verteilt werden und auf getrennten Wegen nach Prag marschieren und sich vor den Mauern der Stadt vereinigen. Dabei war beabsichtigt, dass eine der Marschsäulen den Weg über Sachsen nehmen sollte. Dieser Entschluss sollte die ohnehin schon schwierigen Beziehungen zum König von Polen und Kurfürsten von Sachsen Friedrich August II. noch schwieriger gestalten.

Der Feldzug entwickelte sich zunächst so, wie in dem von Friedrich erdachten Plan vorgesehen. Nachdem sich seine Truppen in den ersten Septembertagen vereinigt hatten, begann er mit der Belagerung Prags, das sich nach einem lediglich formalen Widerstand bereits am 16. September ergab. Damit begann jedoch der Lauf der Ereignisse außer Kontrolle zu geraten. Friedrich war sich völlig im Klaren darüber, dass sofort nach Bekanntwerden der Invasion Böhmens Maria Theresia ihrem Schwager den Rückmarschbefehl geben werde. Er zählte daher darauf, dass die Franzosen Maria Theresia irritieren und sogar daran hindern würden, ihn weiterhin zu bedrohen. Von all dem traf nun nichts zu. Die Krankheit des Königs lähmte die Handlungsfähigkeit der französischen Generäle, die Karl von Lothringen ungehindert wieder auf die rechte Rheinseite übersetzen ließen. Anschließend rückten die Franzosen langsam nach Deutschland vor und beschränkten sich darauf, Bayern seinem legitimen Fürsten wieder zurückzugeben. Friedrich sah sich daher Ende September einer neuen, im Grunde völlig intakten österreichischen Armee gegenüber. Dieser sollten sich bald auch die Sachsen anschließen, die sich Anfang Oktober entschlossen hatten, in den Krieg einzutreten – dieses Mal jedoch als Verbündete Maria Theresias.

In verzweifelter Lage

Der Gang der Dinge nahm von nun an eine für Friedrich beunruhigende Wendung. Von zwei feindlichen Armeen in die Zange genommen, traf er die

Entscheidung, sich aus Prag zurückzuziehen und sich kämpfend auf den Rückzug zu begeben. Dieser führte ihn Anfang Dezember nach Schlesien. Die Bilanz dieses Feldzuges wog schwer und ließ den im August und September noch zur Schau getragenen unbekümmerten Optimismus weit hinter sich. Friedrich hatte zwar das Schlimmste verhüten können, indem er der Einkreisung durch den Feind entging. Aber in welchem Zustand befand sich nun seine Armee! Zusammengeschmolzen durch Fahnenflucht – tausende Soldaten, darunter vor allem ausländische, waren desertiert –, geschwächt von Dysenterie, war die preußische Armee noch mehr vom Virus der Demoralisierung zerfressen. Genauso belastend wirkte sich die beginnende Vertrauenskrise zwischen Friedrich und einzelnen seiner Generäle aus. Viele stellten seine strategischen Entscheidungen in Frage. Wenn er sich nun doch nicht als der große Feldherr erwies, den man nach der Schlacht von Chotusitz so freudig gefeiert hatte? Im Übrigen war Friedrich selbst davon überzeugt, Fehler begangen zu haben, ohne allerdings bereit zu sein, einen Akt der öffentlichen Selbstkritik zu vollziehen. Seine Memoiren können aber als Beweis dafür dienen, dass er Abbitte leistete. Dieser Rückschlag ist auch nicht ohne Konsequenzen für das Verhältnis zwischen Friedrich und Frankreich geblieben. Auch hier muss man von einer Vertrauenskrise sprechen. Gemäß seiner Gewohnheit warf Friedrich den Franzosen ihre Langsamkeit vor und beschuldigte sie, ihn in diese missliche Situation gebracht zu haben. Auf der anderen Seite herrschte in Versailles eine heimliche Genugtuung über diese Wendung, die jenen König, der so schnell mit seiner Kritik zur Hand war, nun selbst in die Falle seiner Selbstüberschätzung hatte tappen lassen. Was nun die Zukunft anbetraf, so dachte Ludwig XV. keineswegs daran, den Krieg zu beenden. Nach allem jedoch, was er aus diesem Feldzug gelernt hatte, betrachtete er Deutschland lediglich noch als einen zweitrangigen Kriegsschauplatz und begann von nun an, seine Kräfte auf Flandern zu konzentrieren.

Diese Entwicklung des Konflikts brachte eine weitere bedeutungsvolle Folge mit sich: Für Friedrich war Schlesien wieder zum Haupteinsatz dieses Krieges geworden. Hier war schnelles und durchgreifendes Handeln geboten. Der neue Frontverlauf stellte eine Gefahr für den Besitz Schlesiens dar. Angesichts des Rückzuges der preußischen Armee hatte Maria Theresia neue Hoffnung geschöpft, dieses »Juwel in ihrer Krone« zurückzubekommen. Ganz offensichtlich fasste sie dieses Ziel für den nächsten Feldzug ins Auge. Sie wollte sogar noch weiter gehen, denn es schien sich die Gelegenheit zu bieten, diesen Fürsten endlich zu zermalmen, dem sie ihren ungeteilten Hass entgegenbrachte, einen Hass, der so weit ging, dass sie Friedrich mit dem Teufel und Antichrist gleichsetzte. Zugleich begann man sowohl in

Wien als auch in Dresden Pläne zu schmieden, die Preußen jeder Möglichkeit berauben sollten, künftig anderen zu schaden. Während Maria Theresia wieder in den Besitz Schlesiens gelangen sollte, richtete Friedrich August in seiner Eigenschaft als sächsischer Kurfürst seinen Blick auf die Stadt Magdeburg und als König von Polen auf die Annexion von Ostpreußen als wichtigste Beuteanteile. Und damit Hannover nicht leer ausginge, sollte es sich ebenfalls auf Kosten Preußens vergrößern.

Für Friedrich hatte sich die Bedeutung des Krieges grundsätzlich verändert. Die Stunde der Eroberung war längst vorüber. Der Preußenkönig sah sich in die Defensive gedrängt: Mit dem Schicksal Schlesiens stand auch die Machtstellung, vielleicht sogar die Existenz Preußens auf dem Spiel. Angesichts des Zwanges der Ereignisse wurde auch die Verteidigung des Kaisers, die Friedrich zu einem seiner Ziele erklärt hatte, in den Hintergrund verwiesen. Mit dem unerwarteten Tod von Karl Albrecht im Januar 1745 ging ohnehin die Zeit über dieses ehrgeizige Projekt hinweg. Da der junge Nachfolger Maximilian III. Joseph auf die Kaiserwürde Verzicht zu leisten bereit war, stellte ihm Maria Theresia ihrerseits die Rückgabe der Souveränität über Bayern in Aussicht. Das war genau die Lösung, die der neue Kurfürst wünschte, und sie wurde Ende April 1745 zu Füssen im Allgäu durch einen Friedensvertrag mit Maria Theresia besiegelt. Damit stand fest, dass Maria Theresia den Rücken frei hatte, um ihre ganze Kraft auf die Rückgewinnung Schlesiens zu konzentrieren.

Friedrich musste also dem österreichischen Angriff allein standhalten. Angesichts der Ungleichheit der Kräfte erschien seine Lage verzweifelt. Daher wäre dieser Augenblick der richtige Zeitpunkt für einen Friedensschluss gewesen. Friedrich hing allerdings dem Glauben an, dass nach der Entlassung von Lord Carteret im November der Antritt einer neuen Londoner Regierungsmannschaft eine Umorientierung der englischen Politik nach sich ziehen würde. Aber diese Hoffnung wurde enttäuscht. Am 8. Januar schlossen sich England, Österreich, Sachsen und die Vereinigten Niederlande in Warschau zu einer Allianz zusammen, die das Preußen Friedrichs II. ins Visier nahm. Und am schlimmsten war, dass Maria Theresia nun, da sie sich in einer Position sah, in der sie ihrem Todfeind eine Niederlage bereiten konnte, von der er sich nicht mehr erholen würde, nicht einmal mehr bereit war, Verhandlungen aufzunehmen.

Friedrich bot dem Schicksal die Stirn, ohne ein Zeichen von Schwäche zu zeigen. Diese Ruhe war jedoch eine nur äußerliche. Sie verdeckte eine innere Unruhe, die seinen Vertrauten keineswegs entging. Sein Berater August Friedrich Eichel gab seiner Hoffnung Ausdruck:»Gott befreie Seine Königliche Majestät endlich einmal von so entsetzlichen Unruhen und Sorgen, welche, obschon Sie dieselben gegen das Publikum zu dissimulieren wissen, mir, dem sie bekannt sind, das Herz bluten machen.«[207] Friedrich vertraute Graf Podewils an, dass er die schwerste Krise seines Lebens durchmache.[208] Dieses Eingeständnis sagt sehr viel über sein Gefühlsleben aus. Nach seiner Flucht vor fünfzehn Jahren hatte er um sein Leben gefürchtet. Heute hingegen stand nicht mehr allein seine persönliche Zukunft auf dem Spiel, sondern auch das Wohl des Staates, für den er die Verantwortung trug. Nun, da der Feind sich jedem Kompromiss verschloss, setzte er eben alles auf eine Karte. Er stand vor einer einfachen Alternative: Entweder er siegte oder er ging unter und Preußen mit ihm. Im Laufe dieser Wochen, als alles noch unter höchster Spannung stand, kam er immer wieder auf diese Vorstellung zurück: »Seien Sie überzeugt, dass wir Schlesien entweder halten oder nur noch unsere Knochen übrig bleiben werden«, äußerte er gegenüber Podewils.[209] Ein anderes Mal erklärte er: »Für den Fall, dass alle meine Mittel erschöpft, all mein Handeln und, mit einem Wort, alle Umstände sich gegen mich wenden sollten, würde ich lieber mit Anstand untergehen, als für den Rest meines Lebens meines Ruhmes und meines Ansehens beraubt zu sein (…). Ich habe den Rubikon überschritten und ich will entweder meine Macht erhalten oder ich will, dass alles untergeht und selbst der Name Preußen mit mir zu Grabe getragen wird.«[210] Vor dem Auszug zum Entscheidungskampf hielt Friedrich es für notwendig, seiner Armee das Selbstvertrauen zurückzugeben, das sie infolge der Enttäuschungen des letzten Feldzuges verloren hatte. Daher brach er nach einem bedrückenden Weihnachtsfest, das er in Berlin verbracht hatte, eilig zur Armee auf, um die Moral der Offiziere und der Truppe zu heben. Er tat dies mit Erfolg, zumindest wenn wir ihm dieses Geständnis Graf Podewils gegenüber glauben wollen: »Meine Armee ist in einer guten Verfassung. Ich habe meinen Offizieren in einem Maße Mut gemacht, wie ich mir nur wünschen kann und ich habe ihnen Fröhlichkeit vermittelt und Vertrauen, und wir werden alle unsere Pflicht tun.«[211]

Damit Friedrich nicht der Übermacht seiner Feinde unterlag, musste er den Nachteil seiner zahlenmäßigen Unterlegenheit auszugleichen suchen. Seit den Anfängen seiner militärischen Laufbahn hatte er sich stets als Anhänger einer offensiven Strategie gezeigt. Die gefährliche Situation, in der er sich nun befand, ließ ihm im Übrigen gar keine andere Wahl als ein offensives Vorgehen. Seine Unterlegenheit zwang ihn geradezu, einen Überraschungseffekt anzuwenden, der den Durchbruch durch die Reihen des übermächtigen Feindes ermöglichte. Die Genialität Friedrichs bestand nicht zuletzt darin, sich mit geschickten Truppenbewegungen solche Vorteile zu verschaffen. Zu diesem Zweck verschmähte er es nicht, zur List zu greifen –

übrigens eine weitere, ihm sehr vertraute Waffe. Es gelang ihm, am Vorabend der Schlacht bei Hohenfriedberg, den Feind über seine wahren Absichten zu täuschen. Nachdem Österreicher und Sachsen im Laufe des 3. Juni die Ebene von Hohenfriedberg besetzt hatten, täuschte er vor, seine Armee würde einige Meilen davon entfernt lagern. Karl von Lothringen glaubte sich schon sicher, dass Friedrich ihm auf Gedeih und Verderb ausgeliefert sei. Stattdessen bewegten sich 50 000 Preußen in der Nacht lautlos auf das Lager zu und nahmen die Stellungen ein, von denen aus der Angriff im Morgengrauen erfolgen sollte. Dieses Manöver wurde von Meisterhand ausgeführt. Die Überraschung war perfekt und schon vor acht Uhr morgens war für die Österreicher alles vorbei.

Friedrich genoss diese Stunden, die für ihn so etwas wie einen Beigeschmack der Rache hatten. Entgegen allen Skeptikern hatte er einen glänzenden Sieg errungen, der den Feind zwar nicht vernichtete, ihm aber dennoch so schwere Verluste beibrachte, dass er aus Schlesien vertrieben werden konnte. Friedrich versäumte nicht, diesen großartigen Erfolg seiner Armee gebührend herauszustreichen. Stolz rief er aus:»Selbst die alten Römer haben niemals etwas Größeres geleistet«, und fügte hinzu, »Unsere besten Alliierten sind unsere eigenen Truppen«.[212] Nun, da man weiter denken musste, glaubte Friedrich, dass sein Ziel zum Greifen nahe war. Hatte Maria Theresia denn eine andere Wahl, als um Frieden zu bitten?

Der Friede von Dresden

Dafür war die Zeit allerdings noch nicht reif. Hohenfriedberg bescherte Friedrich nicht den Durchbruch, den er sich erhofft hatte. Trotz seiner Bemühungen blieb der Frieden immer noch aus. Er musste sich daher erneut auf die Schlagkraft seiner Waffen verlassen. Wohl am 26. August trafen Friedrich II. und Georg II. eine Übereinkunft, in der sie sich gegenseitig ihren Besitzstand garantierten. Für Friedrich war der Nutzen ganz offensichtlich, denn der Vertragstext erkannte ausdrücklich die preußische Souveränität über Schlesien an. Maria Theresia war hingegen immer noch nicht in Stimmung, sich mit ihrem Todfeind an den Verhandlungstisch zu setzen. »Und wenn ich morgen mit dem König Frieden machen müsste, so würde ich ihm noch heute Abend eine Schlacht liefern«, hatte sie Sir Thomas Robinson angeherrscht.[213] In der Tat sah sie in Hohenfriedberg lediglich einen vorübergehenden Rückschlag, dessen einzige Auswirkung darin bestünde, dass das Unausweichliche verschoben werde, nämlich die Rückeroberung Schlesiens. Sie war umso weniger kompromissbereit, als sich ihre politische Stellung verstärkte. Im Vertrag von Füssen hatte sie den jungen

Kurfürsten von Bayern dazu gebracht, seinen Ansprüchen auf die Kaiserkrone zu entsagen. Frankreich hatte allerdings den Versuch unternommen, die Kandidatur Friedrich Augusts II. von Sachsen ins Spiel zu bringen. Aber diese Karte, die gewiss nicht mit dem Einverständnis Friedrichs II. rechnen konnte, hatte keinen Stich gemacht. Günstige Umstände führten am 16. September zur Wahl von Franz Stephan unter dem Namen Franz I. und beendeten das wittelsbachische Intermezzo. Friedrich konnte seinen Protest lediglich dadurch bekunden, dass er seinen Repräsentanten in Frankfurt befahl, die Stadt vor der Wahl zu verlassen.

Hohenfriedberg hatte also nichts geregelt. Schlimmer noch, eine neue Bedrohung zeichnete sich am Horizont ab. Seit seiner Thronbesteigung hatte Friedrich die Entwicklung der Kräfteverhältnisse in St. Petersburg intensiv im Blick gehabt. Seinem Vertreter dort, Freiherr von Mardefeld, hatte er aufgetragen, ihn über alle Intrigen im engeren Umkreis des Throns minutiös auf dem Laufenden zu halten. Nun also neigte die bis dahin günstig gestimmte Zarin Elisabeth Petrowna, Tochter Peters des Großen, unter dem Einfluss des russischen Großkanzlers Graf Alexej Petrowitsch Bestuev dazu, sich der antipreußischen Koalition anzuschließen. Ende September ließ sie sogar wissen, sie sei entschlossen, in den Krieg einzutreten, falls Friedrich nach Sachsen einmarschieren sollte. Das Eingreifen Russlands hätte insbesondere wegen der Gefährdung Ostpreußens und des verstärkten Ungleichgewichtes der Kräfte verheerende Folgen gehabt. Für Friedrich ergab sich daraus die absolute Notwendigkeit eines Friedensschlusses, bevor diese Bedrohung Gestalt annahm.

Zu den Gründen, die Friedrich drängten, die Sache zu Ende zu bringen, trat außerdem noch der beunruhigende Zustand der preußischen Finanzen. Nur noch mit Hilfe von außen konnte er die steigenden Kosten des Krieges tragen. Mit diesem Gedanken wandte er sich an Ludwig XV., um dessen Hilfe zu erbitten. In Versailles war man nicht geneigt, die von diesem Verbündeten geltend gemachte Notlage für bare Münze zu nehmen. Um seiner Sache Nachdruck zu verleihen, scheute Friedrich sich nicht, die Anfrage mit den wiederholten Versäumnissen Frankreichs gegenüber ihrer Allianz zu rechtfertigen. Obwohl Ludwig XV. den vom preußischen König angeschlagenen Ton keineswegs schätzte, stimmte er der Auszahlung von Subsidien zu, gewährte allerdings nur die Hälfte des geforderten Betrags. Ferner sollte die Auszahlung in monatlichen Raten und nicht in zwei Schüben pro Jahr vorgenommen werden. Nun war es an Friedrich, daran Anstoß zu nehmen, dass er wie ein Souverän zweiter Klasse behandelt wurde. Er beklagte sich lauthals: »Diese Subsidien mögen eines Landgrafen von Darmstadt würdig sein.«[214] In seinem Stolz verletzt, entschloss er sich, diese Unterstützung auszuschlagen, weil sie »ohne Wohlwollen und in derart geringem Umfang« angeboten worden sei.[215]

Ein weiterer preußischer Sieg am 1. Oktober bei Soor änderte nichts an der Situation. In mancher Hinsicht wiederholte sich in dieser Schlacht, allerdings mit vertauschten Rollen, das Schlachtenszenario von Hohenfriedberg. Wie die Österreicher drei Monate zuvor, ließ sich nun Friedrich in eine Falle locken. Eine Bodensenke bot ihm eine ungünstige Stellung und außerdem war er auch noch ein weiteres Mal zahlenmäßig unterlegen. Um ein Haar hätte die Schlacht in einer Katastrophe für Preußen geendet. Friedrich wäre beinahe von einer Pandurenstreife gefangen genommen worden. Seine Papiere, seine Korrespondenz, seine Kleidung und seine Querflöte fielen immerhin in die Hände der Feinde. Trotz dieser Situation, in der die meisten wohl die Hoffnung aufgegeben hätten, zeigte Friedrich seine genialen Fähigkeiten und wendete das Kriegsglück zu seinen Gunsten.

Doch auch sein neuer Sieg bei Soor blieb ohne unmittelbare Auswirkungen. Maria Theresia dachte noch immer nicht daran, loszulassen. Immer noch hoffte sie, einen entscheidenden Schlag gegen den preußischen Widersacher führen zu können. Von Sachsen aus sollte der Angriff auf das Herz Preußens vorgetragen und damit die Kapitulation erzwungen werden. Friedrich musste seine Arbeit zu Ende führen.

Ausnahmsweise führte er diesmal die Armee nicht selbst in die Schlacht. Angesichts der gegnerischen Planung war es von entscheidender Bedeutung, es den Österreicher und Sachsen unmöglich zu machen, ihre Heere zu vereinigen. Im Zuge dieser Rollenverteilung hatte Friedrich den Aufmarsch der Österreicher zu verhindern, während der alte Feldmarschall Fürst Leopold von Anhalt-Dessau den Sachsen entgegentrat. Bei Kesselsdorf, unweit von Dresden, kam es am 15. Dezember zur Schlacht. Die sächsische Armee wurde vom »Alten Dessauer« überrannt. Friedrich gedachte keineswegs, seinem Feldmarschall den Lorbeer des Sieges streitig zu machen. Dennoch kam auch ihm selbst ein Teil des Verdienstes zu, weil er Druck auf den zaudernden »Alten Dessauer« ausgeübt hatte, damit dieser sich zum Angriff entschloss und endlich den Angriffsbefehl gab.

Dieses Mal war der Sieg vollständig. Zur Niederlage des Königs und Kurfürsten Friedrich II. August gesellte sich dessen demütigende Flucht aus Dresden. Als er von der Niederlage bei Kesselsdorf erfuhr, floh Friedrich August tatsächlich aus seiner Hauptstadt, in die Friedrich am 18. Dezember seinen Einzug hielt. Bald danach schlossen die völlig gebrochenen Sachsen Frieden mit Preußen. Friedrich betrieb die Unterzeichnung derart ungeduldig, dass er lediglich eine Kontribution in Höhe von einer Million Taler verlangte. Die Niederlage der Sachsen trug insbesondere zur Überzeugung

Maria Theresias bei, die Angelegenheit aufzugeben. Nach der Schlacht von Kesselsdorf war der großartige Plan, Friedrich im Zentrum seines Staates zu schlagen, nicht mehr aktuell. So viel Beharrlichkeit, wie Maria Theresia bis zu diesem Zeitpunkt auch gezeigt haben mochte, diesmal traf sie die Entscheidung, den Krieg zu beenden und erteilte ihrem Bevollmächtigten, dem Grafen Harrach, entsprechende Instruktionen. Am Weihnachtstag wurde der Friedensvertrag 1745 in Dresden unterzeichnet. Es handelte sich um einen Friedensschluss ohne Sieger und Besiegten, denn er übernahm die Bestimmungen des Breslauer Vertrages. Er bestätigte – und dies war für Friedrich ganz wesentlich – die Abtretung Schlesiens und der Grafschaft Glatz an Preußen. Anders als im Breslauer Vertrag fand jedoch eine neue Bestimmung Eingang, die den auf der deutschen Bühne inzwischen vollzogenen Wandel berücksichtigte: Friedrich erkannte die Wahl von Franz Stephan, nunmehr Franz I., zum Kaiser an.

Der Vertrag von Dresden setzte einem Krieg von fünfjähriger Dauer ein Ende, denn der Zeitraum zwischen dem Breslauer und dem Dresdener Vertrag, zwischen dem Ersten und dem Zweiten Schlesischen Krieg, war in Wirklichkeit lediglich ein Waffenstillstand gewesen. Friedrich hatte sein Ziel erreicht, für das er im Dezember 1740 zu den Waffen gegriffen hatte. Alle Versuche Maria Theresias, ihm Schlesien wieder abzunehmen, waren auf für sie schmerzliche Weise gescheitert. Nun konnte Friedrich mit Ruhm bedeckt im Triumph nach Berlin zurückkehren. Dieser unter so großen Mühen und Opfern errungene Sieg war der Grund dafür, dass man ihn fortan »Friedrich den Großen« nannte.

Das Ergebnis des Krieges beschränkte sich jedoch nicht allein auf diesen Erfolg. Man darf das Maß des Misstrauens, das sich gegen Friedrich an den europäischen Höfen angesammelt hatte, nicht zu gering veranschlagen. Das illustriert die Abkühlung der Beziehungen zu Frankreich. Friedrich nahm sein ewiges Klagelied über die Versäumnisse, deren Opfer er geworden war, wieder auf, als er nun zum dritten Mal den Pakt, der ihn an Versailles gebunden hatte, aufkündigte. »Falls diese Neuigkeit Ihrem Hof kein Vergnügen bereiten sollte«, hielt er dem Marquis de Valory am Tag der Unterschrift des Vertrages von Dresden vor, »dann kann die Schuld daran allein auf ihn zurückfallen, der mir doch niemals genügend Unterstützung gewähren wollte, und zwar weder mit Subsidien, noch mit Truppen noch durch andere Hilfe zu meinen Gunsten.«[216] Ludwig XV. war über die verbalen Spitzen an der Grenze zur Respektlosigkeit, deren Friedrich sich nicht enthalten wollte und die er in die Briefe hat einfließen lassen, gelinde gesagt, wenig erfreut. Damals allerdings zogen weder Friedrichs Handlungen noch seine Tiraden Folgen nach sich. Schon morgen konnte sich das ändern.

Diese Bilanz muss ferner die Ziele Friedrichs beim Kriegseintritt im Juli 1744 einbeziehen. Er hatte die Absicht, sich der Einverleibung Bayerns durch Österreich entgegenzustellen, durch die in Süddeutschland ein mächtiger katholischer Block entstanden und die Vormacht Habsburgs gefestigt worden wäre. Dieses Ziel hat er erreicht. Friedrich wollte jedoch auch im Namen der »deutschen Libertät« Kaiser Karl VII. den Thron erhalten und damit die Hegemonie Wiens in der Reichspolitik eindämmen. Nun, dieser Teil des Unternehmens war alles andere als von Erfolg gekrönt. Friedrich ist es nach dem Tod Karls VII. nicht gelungen, die Rückkehr der Kaiserkrone an das Haus Habsburg, auch wenn es nun Habsburg-Lothringen hieß, zu verhindern. Dieses Ergebnis bedeutete für ihn eine Niederlage und darüber war er sich völlig im Klaren.

Müssen wir deshalb von einer Rückkehr zum *status quo ante* sprechen? Wie immer in Situationen dieser Art ist das angesichts der Ereignisse, durch die Deutschland im Verlauf von nur fünf Jahren eine Umwälzung erfuhr, nur eine Illusion. Die von Friedrich erlittene Niederlage in der Auseinandersetzung um das Kaisertum kann das Wesentliche nicht verbergen. Der Kampf um die Kaiserwürde hat gewiss die verschiedenen Akteure des Krieges in Deutschland bewegt. Seit jedoch die Rolle des Kaisertums weitgehend seiner Substanz entleert war, nahm seine Bedeutung zunehmend symbolischen Charakter an. Abgesehen vom äußeren Schein lagen die Zentren der Macht woanders, nämlich bei der von den Fürsten in ihren Territorien ausgeübten Souveränität. Auf dieser Ebene allerdings hat Friedrich mit dem Gewinn Schlesiens das Gleichgewicht der Kräfte verändert. Das reichte jedoch noch keineswegs hin, Preußen künftig zu den Großmächten zu rechnen. Als solche erkannte Friedrich übrigens lediglich Frankreich und England an. Dem Einfluss Österreichs in Deutschland wurde zumindest ein Schlag versetzt, zumal es seinen Verlust nicht durch die Annexion Bayerns wettmachen konnte. Umgekehrt kennzeichnete die Erwerbung Schlesiens einen neuen Abschnitt des Aufstiegs Preußens. Besser noch, und darin liegt ihre tiefere Bedeutung, sie begründete den Dualismus, der für mehr als ein Jahrhundert die deutsche Geschichte beherrschen wird.

Neuntes Kapitel
Das Friedenswerk

Friedrich wartete nicht, bis er von der Last des Krieges befreit war, um sich mit den inneren Angelegenheiten Preußens zu befassen. Friedrich hatte beschlossen, sich fast durchgängig bei seiner Armee nahe dem Kriegsschauplatz aufzuhalten. Dennoch verlor er selbst dann nicht die inneren Angelegenheiten aus den Augen. Hieraus lassen sich wohl außergewöhnliche Fähigkeiten zur gleichzeitigen Beschäftigung mit verschiedenen, ja sogar weit auseinanderliegenden Vorgängen erkennen. Alle Angelegenheiten, die unverzüglich einer Entscheidung bedurften, genossen selbstverständlich Priorität. So musste Friedrich, nachdem Schlesien endlich erobert war, sogleich Entscheidungen hinsichtlich seiner Verwaltung treffen. Aber auch sonst war er ständig mit tausenderlei Problemen befasst. Vom Feldlager aus machte er Mitarbeitern und Freunden mit Anfragen und Anweisungen das Leben schwer. Gegenüber Algarotti brachte er schon nach dem Frieden von Breslau zum Ausdruck, dass die Rückkehr zum Frieden neue Perspektiven eröffne, wenn man die Prioritäten neu festlegte: »Meine Betätigung im Frieden soll für den Staat genauso nützlich sein, wie es meine Kriegsanstrengungen gewesen sind. Mit einem Wort, der Frieden ist gleichsam eine andere Jahreszeit des politischen Lebens. Er bringt alles hervor und ähnelt darin dem Frühling. Der Krieg hingegen, der zerstört, gleicht dem Herbst, in den Ernte und Weinlese fallen.«[217]

Der friderizianische Absolutismus

Friedrich setzte die Regierungsweise und den Regierungsstil seines Vaters fort. Wie dieser regierte er allein, d. h., er traf seine Entscheidungen allein. Wenn der Souverän der erste Diener des Staates war, wie er oft und gerne betonte, musste er auch die ungeteilte Macht ausüben. Friedrich ließ sich darüber ausführlich in seinem *Testament politique* von 1752 aus und versicherte: »In einem Staat wie diesem erfordert es die Notwendigkeit, dass der

Fürst seine Aufgaben persönlich wahrnimmt.«[218] Im Einklang mit dem Denken dieser Zeit, stützte er seine Argumentation auf einen Vergleich mit den Werken der Philosophen. So hätte nach seiner Auffassung Newton niemals sein System entwickeln können, wenn er es sich zur Regel gemacht hätte, vorher mit Leibniz und Descartes darüber zu diskutieren. Ähnlich sollte auch die Autorität des Fürsten ungeteilt sein: »Ein System kann nur aus einem einzigen Kopf entstehen; daher muss es aus dem des Souveräns hervorgehen.«[219]

Friedrich trieb die Anwendung dieses Prinzips bis an die Grenzen seiner Logik. Dies beginnt damit, dass er größte Sorge dafür trug, seine Mitarbeiter auf dem Niveau von Untergebenen zu halten. Ganz besonderen Wert legte er darauf, dass diese weder als Einzelne noch als Gremium außerhalb ihres Verantwortungsbereiches Einfluss ausübten. Daher nahm er auch nicht an den Versammlungen des Generaldirektoriums teil. Er empfing lediglich einmal jährlich die Verantwortlichen der Abteilungen. Ansonsten reichten diese ihre Berichte ein, die er mit seinen Randbemerkungen und Anweisungen an sie zurücksandte. Dieses Verfahren brachte den Vorteil schneller Entscheidungen. Es hatte auch zum Ziel, den königlichen Willen aus Machenschaften und Intrigen herauszuhalten. Bei der praktischen Durchführung entdeckte er allerdings, dass seine Abwesenheit internen Querelen förderlich war. Offensichtlich gebot er 1748 in einer Anweisung den Beteiligten, diesen »chicaneries«, wie er sie nannte, ein Ende zu setzen. Aber dieser Ruf zur Ordnung hatte nur geringe Wirkung. Friedrich seinerseits änderte seine Regierungspraxis keineswegs. Es kam sogar regelmäßig vor, dass er mit den Präsidenten der Provinzbüros direkte Kontakte unter Umgehung des Generaldirektors pflegte.

Auch die anderen Amtsträger, insbesondere der Minister für Äußere Angelegenheiten, unterlagen der gleichen Behandlung. Die zwingenden Erfordernisse des Krieges, welche die häufige Abwesenheit von der Hauptstadt nach sich zogen, zwangen ihn dazu, mit Podewils zu korrespondieren. Aber auch nach dem Friedensschluss veränderte er seine Gewohnheiten keineswegs. Mehr noch, er unterhielt, unabhängig von seinem Außenminister, direkte Kontakte zu den Repräsentanten an auswärtigen Höfen.

Der Wille, den Verwaltungsapparat im Griff zu halten, ging mit einer strikten Kontrolle der Finanzen einher. Wie schon sein Vater, sah sich Friedrich als sein eigener Finanzminister. Aber er sollte noch weiter gehen. Um seine Handlungsfreiheit zu vergrößern, sicherte er sich, unter Umgehung der Kontrolle des Generaldirektoriums, die Verfügungsgewalt über immer größere Summen. Zu diesem Zweck schuf er einen besonderen Titel, den »Königlichen Dispositionsfond«, über den er die alleinige Verfügungsgewalt besaß.

Selbst die »Oberrechnungskammer« besaß darauf keine Zugriffsrechte. In diesen Fonds flossen sehr verschiedene Einkünfte, etwa aus Post, Lotterie, Tabak- und Kaffeesteuer, ferner die Einnahmen aus Schlesien und später die indirekten Steuern. Er wurde für die Finanzierung der königlichen Bauprojekte genutzt, aber auch für eine ganze Reihe politischer Maßnahmen von allgemeiner Bedeutung.

Im Unterschied zu Maria Theresia unterhielt Friedrich nur sehr selten eine persönliche Beziehung zu seinen Untergebenen. Das hätte nicht seinem Naturell entsprochen. Es kam sogar vor, dass er ausgesprochen rüde reagierte, sobald er zu bemerken glaubte, dass seine Anweisungen nicht buchstabengetreu befolgt worden waren. Er war sehr schnell mit Drohungen bei der Hand und nahm dabei selbst enge Mitarbeiter nicht aus. Sogar Podewils zählte zu den Opfern seines herabsetzenden Umgangs mit Amtsinhabern. Friedrich schrieb ihm 1741: »Ich warne Sie, spielen Sie nicht mit mir und führen Sie auf der Stelle buchstabengenau aus, was ich Ihnen befehle, oder Ihr Kopf wird ohne viel Federlesens rollen (…). Ich habe Grund zu großer Unzufriedenheit mit Ihnen, und wenn Sie Ihre schweren Fehler nicht wieder gut machen, so sollen Sie wissen, dass es genügend Festungen in meinem Land gibt, um in ihnen solche Minister einzusperren, die gegen den Willen ihres Herrn handeln.«[220] Ein anderes Mal war Graf Dohna, der Vertreter Seiner Preußischen Majestät in Wien, als Zielscheibe einer strengen Rüge an der Reihe. »Es geht Ihnen an den Kragen, wenn Sie auch nur ein Wort mehr verlautbaren lassen, als ich Ihnen befehle. Sie lassen sich von dem schönen Gesang der Sirenen verzaubern und wenn Sie schon an nichts anderes denken, so denken Sie wenigstens an Ihren Kopf.«[221] Selbst wenn diese Drohungen nur ausnahmsweise Folgen zeitigten, dürften sie dennoch kaum ein entspanntes Verhältnis begünstigt haben.

Im Umkreis von Friedrich gab es überdies weder einen Favoriten noch eine Mätresse, die ihre Position dazu hätten ausnützen können, die Entscheidungen des Königs zu beeinflussen. Dieses Risiko bestand überhaupt nicht, denn Friedrich betrieb eine strikte Trennung von Politik und Privatsphäre. Die große Bedeutung, die Freundschaften für ihn hatten, war dessen ungeachtet ein prägender Charakterzug seiner Persönlichkeit. Friedrich sah sich gerne von seinen Freunden umgeben. Mit mehreren von ihnen unterhielt er über einen längeren Zeitraum hinweg Briefwechsel, wobei es gelegentlich vorkam, dass er sich vertraulich äußerte. Andererseits achtete er akribisch darauf, dass keinem von ihnen die Möglichkeit gegeben wurde, eine politische Rolle zu spielen. Die Rollen, die er den Mitgliedern des Rheinsberger Kreises nach seiner Thronbesteigung zuwies, sind bezeichnend. Falls sich einer von ihnen ruhmvolle Tage erträumt haben sollte, musste er von seinen Illusionen Abschied nehmen. Friedrich sorgte dafür, dass seine Freunde eine feste Stellung mit gesichertem Einkommen bekamen, aber keiner von ihnen wurde auf einen Posten berufen, von dem aus er auf die Entscheidungen des Königs hätte Einfluss nehmen können. Die geradezu karikaturistische Erklärung, die Friedrich seinem ehemaligen Lehrer Duhan de Jandun gab, nachdem er ihn zum Direktor der Akademie zu Liegnitz ernannt hatte, ist nicht weniger erhellend: »Sie fragen mich, was ihre Aufgabe als Direktor der Akademie von Liegnitz sei. Es geht darum, dass Sie in Ruhe Ihre Pension beziehen, mich lieben und sich freuen. Das sind die Pflichten, die Sie mir hoffentlich nicht verweigern, und die Sie um so weniger belasten sollen, als sie alles umfassen, was ich von Ihnen verlange.«[222]

Unter den Mitarbeitern Friedrichs gab es schließlich nur zwei, die täglich unmittelbar mit ihm zu tun hatten. August Friedrich Eichel nahm bei ihm die Aufgaben eines Kabinettssekretärs wahr, eine Stellung, die ihn mit den Geheimnissen des Königs vertraut machte. Er muss daher das volle Vertrauen seines Herrn genossen haben. Friedrich erklärte einmal: »Ich verschließe mein Geheimnis in mir selbst, ich habe nur einen Sekretär, von dessen Treue ich überzeugt bin, wofern man also nicht mich selbst besticht, ist es unmöglich, meine Absichten zu erraten.«[223] Eichel war ständig in Bereitschaft, arbeitete jeden Morgen mit Friedrich zusammen und begleitete ihn bei seinen Ortswechseln. Von seinem Schreibtisch gingen sämtliche Anweisungen aus, sei es an die Beauftragten des Königs innerhalb Preußens, sei es an seine Vertreter im Ausland. Ein Botschafter folgerte daraus, dass »er alles das weiß, was die Minister nicht wissen.«[224]

Ein anderer Vertrauter des Königs, Michael Gabriel Fredersdorf, trug den Titel eines »*chambellain privé* – Geheimen Kämmerers«. In Wirklichkeit waren seine Aufgaben sehr viel weiter gestreut. Er war ein »*grand factotum*« – ein »echtes Faktotum« Friedrichs, wenn wir Voltaire glauben wollen, und vereinigte in seiner Person alle anderen Hofämter. Zu diesen trat allerdings eine weit weniger offizielle, dafür aber genauso wichtige Mission hinzu, denn er leitete Friedrichs Geheimdienste, die im Laufe der Jahre ganz Europa mit einem Netz von Spionen überzogen. Fredersdorf genoss ebenfalls das Vertrauen seines Königs, der ihn durch konkrete Zuwendungen belohnte. Bevor er ihm einen Adelstitel verlieh, machte er ihm eine Domäne zum Geschenk. Neben seinen vielfältigen Aufgaben im Umfeld des Königs betrieb Fredersdorf die Verwaltung dieses Gutshofs und verwandelte ihn sogar in ein Mustergut. Abgesehen von der landwirtschaftlichen Produktion richtete er auch ein Brauhaus ein, dessen Bier in Berlin bald Berühmtheit erlangen sollte. Er sollte zu einem reichen Unternehmer werden, dessen Aktivitäten sich bis nach Indien erstreckten.

Entsprechend seiner Vorstellung von der Rolle des Königs kümmerte sich Friedrich um alle Staatsgeschäfte, oft bis ins letzte Detail. Selbst kleinste Angelegenheiten gelangten vor ihn und er widmete ihnen täglich mehrere Stunden Zeit. Er schloss sich jedoch nicht in den Arbeitszimmern seiner Residenzen oder im Zelt seines Feldlagers ein. Friedrich unternahm vielmehr regelmäßig Inspektionsreisen durch das Königreich. Auf diesem Wege wollte er umfassende Informationen sammeln, die es ihm ermöglichen sollten, die sozialen und wirtschaftlichen Verhältnisse, bis hin zu scheinbaren Kleinigkeiten, zu verbessern. Dies bot auch die Möglichkeit, vor Ort zu überprüfen, ob seinen Anweisungen in jeder Beziehung Folge geleistet wurde, sowie besondere Leistungen zu belohnen, Lauheit und Unvermögen zu bestrafen, kurzum, die Verwaltung an straffen Zügeln zu führen.

Die Verwaltung Preußens: Ausbau und Grenzen

Friedrich erwartete von der Verwaltung, dass sie sich bis in die kleinsten Dinge in den Dienst seiner Politik stellte und vor allem, dass sie für die notwendigen Einnahmen zu ihrer Finanzierung sorgte. Da er keineswegs reformwütig war, hat er sie nicht umgemodelt, soweit sie sich als effizient erwies. Wenn er Eingriffe in die Verwaltungsorganisation vornahm, dann ging es vorrangig darum, die Erträge zu steigern. Zur Sicherung der Kontrolle dieses wichtigsten Instrumentes seiner Macht nutzte er jedoch auch die jeweiligen Umstände.

Der Verwaltungsapparat blieb schlank. Im Jahre 1750 lag die Zahl der Beamten, bei einer Bevölkerung von vier Millionen Einwohnern, unter 3000. Diese Epoche war noch nicht beim neuzeitlichen Leviathan angelangt. Zu dieser Ausgangsbasis trat noch eine andere. De facto nämlich erstreckte sich die Zuständigkeit der königlichen Verwaltung nicht auf das gesamte Königreich. Sie machte mehr oder weniger an den Grenzen der adligen Domänen halt, wo im Wesentlichen noch immer adlige Gutsherrschaft ausgeübt wurde. Ferner unterließ es Friedrich, außer in besonders gelagerten Fällen, in die Verwaltung der Städte einzugreifen. Darüber hinaus war dem brandenburgischen Staat seit dem Großen Kurfürsten durch die Einverleibung neuer Provinzen eine Vielfalt von Rechtssystemen zugewachsen, die sich trotz aller Anstrengungen nicht vereinheitlichen ließen. Auch wenn die Macht der Stände erheblich gemindert worden war, so stellten doch die einzelnen Provinzialstände mit einer Unmenge von eigenen Gesetzen und Privilegien einen besonderen Fall dar und hoben damit ihre Eigenständigkeit hervor. Angesichts dieses Pluralismus' kam es Friedrich nicht in den Sinn, diese konstitutiven Elemente im Königreich zu nivellieren. Selbst wenn dies seine Absicht gewesen wäre, hätten ihm die Mittel dazu gefehlt. Es ging ihm jedoch im Gegenteil darum, sie so nahe wie möglich an sich zu ziehen, um sie dem Gemeinwohl zu verpflichten.

Ohne in das bestehende Räderwerk einzugreifen, setzte er eine Reihe von Initiativen in Gang, die das politische System veränderten und die Gewichte verlagerten. Seit seinem Herrschaftsantritt bemühte sich Friedrich, ein neues Departement für Handel und Industrie zu schaffen. 1746, noch ganz unter dem Eindruck der eben beendeten Kriege, erweiterte er die Organisationsstruktur der Regierung um ein sechstes Departement, welches mit der Verwaltung und Versorgung der Armee betraut wurde. Mit dem Eintritt Schlesiens in das Gefüge des preußischen Staates erhob sich die Frage nach den Möglichkeiten und Formen seiner Integration in die Verwaltung. Die Logik des Systems hätte die Eingliederung in den Kompetenzbereich des Generaldirektoriums gefordert. Friedrich brach jedoch mit dieser Regel. Die Verantwortung für Schlesien wurde einem Minister übertragen, der direkt dem König unterstand. Es wurden viele Entscheidungen getroffen, die den Willen des Königs zu erkennen gaben, das Generaldirektorium nach und nach aus seiner zentralen Stellung zu drängen.

Friedrich pflegte beinahe ausschließlich Adlige auf Posten der obersten Verwaltungsebene, wie etwa Minister oder Präsidenten der Provinzialdepartements, zu berufen. Darüber äußerte er sich in seinem Politischen Testament von 1752. Er versuchte sogar, höhere Offiziere bei solchen Ernennungen vorzuziehen, weil diese in seinen Augen den Vorzug hatten, Disziplin und Zugehörigkeit zum Adel miteinander zu verbinden. Bei der Auswahl der Landräte hielt sich Friedrich gewöhnlich an die gleiche Regel. Ihre Herkunft aus den gleichen Kreisen sollte die Beziehung zu den Gutsbesitzern erleichtern. Diese Verwaltungsebene war das Reservoir für die Rekrutierung künftiger Präsidenten der Provinzdepartements. Auf anderen Ebenen allerdings haben sich die Verhältnisse umgekehrt. Der Adel machte nur noch ein Viertel der engeren Mitarbeiter der Präsidenten der Provinzbüros aus. Das bedeutete jedoch für einen jungen Bürgerlichen, der in die königliche Verwaltung eintrat, dass seine Aufstiegsmöglichkeiten im Regelfall auf dieser Ebene beendet waren.

Vorrangige Aufgabe der Verwaltung war es, dem Staat die notwendigen Ressourcen für seinen Bedarf zu beschaffen. Hierbei hatten die im Laufe von Friedrichs Regierungszeit unaufhörlich wachsenden Kosten der Armee einen zentralen Stellenwert. Man muss die Bedeutung der königlichen Domänen in Rechnung stellen, die um 1740 ein Viertel der Fläche des Königreiches ausmachten. Friedrich Wilhelm I. hatte den Ankauf von adligen Gutsherrschaften vervielfacht, was von Provinz zu Provinz zu sehr unterschiedliche Ergebnissen führte. Das Verhältnis der königlichen Dörfer zu denen des Adels stand in Brandenburg 652 zu 1262, in Pommern 625 zu 1276, in Ostpreußen hingegen 3200 zu 900. Friedrich behielt im Großen und Ganzen das von seinem Vater übernommene Steuersystem bei, das einerseits auf den städtischen und andererseits auf den ländlichen Erträgen beruhte. Obwohl die Städte nicht einmal ein Fünftel der preußischen Gesamtbevölkerung stellten, erbrachten sie doch die Hälfte der Steuereinnahmen. Sie hatten eine indirekte Steuer zu entrichten, die so genannte Akzise. Da es sich hierbei um eine Verbrauchssteuer handelte, konnte sie als Barometer der wirtschaftlichen Gesundheit des Königreiches angesehen werden. Auch Friedrich hat das so gesehen. Abgesehen von konjunkturellen Schwankungen folgte diese Steuerleistung einer ansteigenden Kurve, während die Summe der Steuern auf Grund und Boden konstant blieb.

Die Verhältnisse auf dem Lande stellen sich in einer tiefverankerten steuerlichen Ungleichheit dar. Es kam Friedrich nicht in den Sinn, das gute Einvernehmen, das die preußische Monarchie mit dem Adel verband, in Frage zu stellen. Wie sein Vater schon, sah er in ihm die wichtigste Säule des Staates: »Ein Souverän«, erklärte er, »muss es als seine Pflicht ansehen, seinem Adel Schutz angedeihen zu lassen, denn er ist das schönste Kleinod der Krone und der Glanz seiner Armee.«[225] Dort, wo der Adel der Abgabenpflicht unterlag, war die Belastung daher sehr gering. Daher kann man geradezu sagen, dass die Last der Grundsteuer vollständig von den bäuerlichen Lehen aufgebracht wurde. Somit vermehrten sich die Lasten, unter denen die Bauern ohnehin schon litten. Auf der überwiegenden Mehrheit von ihnen lastete noch immer der Zwang der Leibeigenschaft. Deren Druck hatte sich lediglich in den westlichen Provinzen gemildert, während die Leibeigenschaft in den östlichen Teilen der Monarchie noch in vollem Umfang Anwendung fand. Dabei waren die Bauern insbesondere der Verpflichtung zum Frondienst ausgesetzt, der bis zu vier Tage pro Woche umfassen konnte.

Zwar beklagte Friedrich gelegentlich die Ungerechtigkeit der bäuerlichen Lebensbedingungen, doch blieben diese kühnen Einsichten folgenlos. Denn in Wirklichkeit enthielt er sich jeglicher Maßnahme, die einen Wandlungsprozess auslösen und zur Abschaffung der Leibeigenschaft hätte führen können. Dies gebot sein Bündnis mit dem Adel. Selbst wenn es seine Absicht gewesen wäre, hätte ihn die Beteiligung des Adels an den vorausgehenden Kriegen mit seinem hohen Blutzoll daran gehindert. Ebenso wie die Spitzenpositionen in der Verwaltung war dem Adel auch eine beherrschende Stellung im Offizierscorps vorbehalten. Nicht dass dieses den Bürgerlichen gänzlich verwehrt gewesen wäre, aber die Offiziere nichtadliger Herkunft wurden auf die Artillerie beschränkt, die als Waffengattung mit geringerem Prestige als Kavallerie und Infanterie galt und deren Stärke begrenzt blieb.

Friedrichs Justizreform war ein weit gespanntes Unternehmen, das sich über seine ganze Regierungszeit erstrecken sollte. Schon bei seiner Thronbesteigung hatte er sehr klare Vorstellungen davon. Unter dem Einfluss der Aufklärung beabsichtigte er, eine Reform durchzuführen, die auf eine Rationalisierung und Humanisierung der Justiz hinarbeiten sollte. In Ausübung seiner königlichen Macht besaß er die *summa potestas* und aus der Position des obersten Richters heraus hat er seine Reformen auch beschlossen und durchgeführt. Als solcher war ihm ferner die königliche Gewalt gegeben, das Strafmaß zu erhöhen oder abzumildern, und er war sehr darauf bedacht, dieses Vorrecht nicht aus der Hand zu geben.

Als wichtigsten Helfer bei dieser Aufgabe zog Friedrich den Juristen Samuel von Cocceji heran. Schon 1737 von Friedrich Wilhelm zum *Chef de justice* berufen, ernannte ihn Friedrich 1747 zum Großkanzler. Damit fiel seine Wahl auf einen Experten, der bereits seit langem Überlegungen darüber angestellt hatte, auf welchem Wege das Justizwesen verbessert werden könnte. Bevor Cocceji in seine staatliche Position eintrat, hatte er an der Universität Frankfurt an der Oder Naturrecht gelehrt und in der von ihm 1740 veröffentlichten Abhandlung »Novum systema jurisprudentiae naturalis et romanae – Neues System der Römischen und der Naturrechtslehre« die Grundlagen für eine Neuorganisation der Justiz entworfen. Friedrich übertrug ihm in seinen Instruktionen die Aufgabe, ein neues Gesetzbuch zu erarbeiten, und zwar auf der Grundlage der Vernunft und der Bedürfnisse des Landes. Dieses Unternehmen sollte eine doppelte Aufgabe erfüllen, nämlich Rationalisierung und Vereinheitlichung. Denn abgesehen von der Patrimonialgerichtsbarkeit des Adels und den städtischen Gerichten war das Rechtswesen sowohl durch eine Vielfalt von Verfahrensweisen als auch Strukturen gekennzeichnet, die sich aus der territorialen Vielfalt des Königreiches ergaben.

Bei der Übertragung der Theorie in die Praxis sollte Cocceji einen Justizapparat schaffen, der an diesen Prinzipien ausgerichtet war und daher erhöhte Wirksamkeit entfaltete. Der Unterstützung durch den König war er sich gewiss, insbesondere bei der Kraftprobe, die ihn mit seinem Kollegen, dem Grafen Arnim, einem Anhänger des status quo, in Konflikt brachte. Als der Zwist eine Stufe erreicht hatte, dass nur noch ein königliches Machtwort eine Entscheidung zwischen den beiden Gegnern bewirken konnte, griff Friedrich zugunsten von Cocceji ein und gab Arnim schließlich den Abschied.

Cocceji hatte ein schrittweises Vorgehen beschlossen. Pommern diente ihm dabei als »Versuchslabor«. 1747 wurde der *Codex fridericianus pomeranicus*, also das »Gesetzbuch Friedrichs für Pommern«, abgeschlossen. Nach und nach wurde das Reformwerk auch auf die anderen Provinzen ausgedehnt. Weil das Rechtswesen überaus schwerfällig und geradezu sprichwörtlich langsam war, bündelte Cocceji seine Anstrengungen in der Vereinfachung des Prozessrechtes. Der Erfolg der Reform ging mit einer Veränderung der Stellung der Richter sowie deren verbesserter Ausbildung einher, die vordem allzu oft zu wünschen übrig ließ. Anstelle der Ämterkäuflichkeit richtete Cocceji ein auf Sachverstand fußendes Auswahlverfahren ein. Vor dem Antritt einer Stelle sollten die künftigen Richter einer Prüfung unterzogen werden, die in den Händen des Justizdepartements lag. Diese 1755 beschlossene Reform musste mit einer Erhöhung der Richterbezüge einhergehen. Mit dieser Maßnahme sollte der Beruf zugleich attraktiver und weniger anfällig für Bestechlichkeit werden.

Waren die besser ausgebildeten und besoldeten Richter wirklich unabhängiger? Wie in anderen Dingen auch, hing alles vom König ab. Soweit er mit fähigen Richtern rechnen konnte, unterließ er es strikt, in ein Verfahren einzugreifen. In seinem ersten Testament von 1752 erklärte er dazu mit Entschiedenheit: »Ich habe mich entschlossen, mich niemals in einen Prozessverlauf einzumischen: Vor Gericht soll das Recht sprechen und der Souverän schweigen.«[226] Diese Unabhängigkeit hatte jedoch ihre Grenzen. Denn die Richter übten die Justiz im Namen des Staates aus, d. h., unter den Augen des Königs. Auch in dieser Beziehung ließ Friedrich keine Deutlichkeit vermissen und erläuterte dies: »Mein Stillhalten hat mich in keiner Weise daran gehindert, meine Augen offen zu halten, um das Verhalten der Richter zu überwachen.«[227] Er verlangte, dass ihm alle Strafrechtsfälle, die in seinem Königreich verhandelt wurden, zur Kenntnis gebracht wurden und entsprechend dem Vorrecht, das von seinen Vorgängern herrührte, behielt er sich das Appellationsrecht vor, welches ihm die Möglichkeit gab, Urteile abzuwandeln. Darüber hinaus hatte die Autorität des öffentlichen Richters in weiten Teilen des preußischen Territoriums keinen Einzug gehalten. Denn aus den schon genannten Gründen unterließ es die Reform, in die patrimoniale Gerichtsbarkeit einzubrechen, die auch künftighin auf den adligen Gütern in Anwendung kam.

Die meisten dieser Entscheidungen waren mit dem Willen des Königs verbunden, die preußische Monarchie zu zentralisieren. Was für einen Sinn hätte es sonst gemacht, zwei neue Departements im Rahmen des Generaldirektoriums einzurichten, deren Tätigkeitsfeld, anders als bisher, nicht mehr auf ein Territorium allein beschränkt war? Gewiss waren diese Reformen vom Gedanken der Rationalisierung durchdrungen, aber das war

Samuel Cocceji, Schöpfer der friderizianischen Rechtsreform. Kupferstich von G. F. Schmidt (1751) nach einem Gemälde von Antoine Pesne.

lediglich eine andere Bezeichnung für das gleiche Vorhaben. Obwohl dieses generelle Ziel offensichtlich war, zeigt das Beispiel Schlesien auch, dass Friedrich durchaus in der Lage war, sich nach den jeweiligen vorgefundenen Umständen zu richten und pragmatisch zu handeln.

Ohne erst den Friedensschluss abzuwarten, hatte Friedrich der Eingliederung Schlesiens in den preußischen Staat Priorität zugewiesen. Er ließ es sich nicht nehmen, bei häufigen Informationsreisen Maßnahmen zur Regelung der vorgefundenen Probleme zu treffen. Die entsprechenden Spuren finden wir in seinen Briefen. Am 1. Juli 1742 erklärte er Jordan: »Ich lenke von hier aus die Neuorganisation der Provinz. Ich regle Rechtsfragen und auch wirtschaftliche Belange, die vielleicht genauso ungeordnet sind wie die ersteren.[228] Dann, einige Tage später: »Ich habe in acht Tagen mehr erledigt als alle Kommissionen des Hauses Österreich in acht Jahren. Mein Kopf enthält nur noch Berechnungen und Zahlen.«[229]

Die Bedeutung, die Friedrich dieser Angelegenheit beimaß, wird daraus ersichtlich, dass er an der Spitze Schlesiens einen Gouverneur ernannte, der unter Umgehung des Generaldirektoriums ausschließlich ihm unterstehen sollte. Zur Erfüllung dieser Aufgabe fiel im März 1742 seine Wahl auf Graf Ludwig Wilhelm von Münchow. Dieser nahm sein Amt bis zu seinem Tod im

Jahre 1753 wahr – ein Zeichen des Vertrauens, das der König in ihn setzte. Die Verteilung der Rollen ließ keine Zweifel aufkommen. Nachdem die Richtlinien der künftigen Politik in der neuen Provinz von Friedrich festgelegt worden waren, sollten sie durch Münchow umgesetzt werden. Seine guten Kenntnisse der schlesischen Gesellschaft erlaubten ihm, dem König mit seinem Rat zur Seite zu stehen und schließlich sogar auf die königlichen Entscheidungen Einfluss zu nehmen.

Die Klugheit verlangte, bei der Eingliederung die schlesischen Besonderheiten in Rechnung zu stellen – es war nicht möglich, mit einem Federstrich die jahrhundertelange Zugehörigkeit zum Habsburgerreich zu tilgen. Macht und Einfluss des schlesischen Adels waren Faktoren, die nicht länger mehr unberücksichtigt bleiben durften. Eine Provinz mit katholischer Bevölkerungsmehrheit war etwas Neues für die preußische Monarchie, denn sie hatte bis dahin einen weitgehend geschlossenen protestantischen Block gebildet. Nach der preußischen Eroberung Schlesiens kehrten allerdings viele Schlesier, die nur infolge des gegenreformatorischen Drucks der Habsburger vom Protestantismus zur römischen Konfession übergetreten waren, zu ihrem evangelischen Glauben zurück.

Die neue Herrschaft brachte Stabilität und Aussöhnung. Die schlesischen Stände, die möglicherweise einen Herd des Widerstandes hätten bilden können, wurden schlicht und einfach aufgehoben. Auch wurde dem schlesischen Adel das Privileg der Steuerfreiheit verweigert, das ihre Standesgenossen in den übrigen Provinzen besaßen. Andererseits erfuhren sie unter dem Einfluss Münchows in mehreren wichtigen Belangen Genugtuung. Vor allem vermied Münchow den Fehler, die Verwaltungsbehörden Schlesiens mit Landfremden zu besetzen. Er achtete ganz im Gegenteil darauf, dass bestimmte Positionen dem landsässigen Adel vorbehalten blieben. Wie in den anderen Provinzen auch, wurden die Landräte aus seinen Reihen ernannt. Von derselben Absicht war auch die Zusammensetzung der Gerichtshöfe geleitet, wo sich der Adel eine beherrschende Stellung sichern konnte. Und schließlich wurde in Schlesien ebenso wenig wie im übrigen Preußen die Patrimonialgerichtsbarkeit angetastet. Sehr viele dieser weitgehend von Münchow angeregten Maßnahmen zielten auf eines ab, nämlich die schlesischen Eliten zunehmend an die preußischen Interessen zu binden. Bei der Durchsetzung dieser Aussöhnungspolitik hatte Münchow zahlreiche Widerstände in der höchsten Berliner Administration zu überwinden, und zwar insbesondere im Justizdepartement, wo Cocceji die Anwendung seiner Reform auf Schlesien auszudehnen gedachte. Aber nach Ausweis der einschlägigen Akten mangelte es niemals an Friedrichs Unterstützung, die für jede Entscheidung unabdingbar war.

Das Einverständnis zwischen dem König und seinem Repräsentanten in Breslau wird in der Behandlung konfessioneller Angelegenheiten, das heißt insbesondere in den Beziehungen zur katholischen Kirche, offenbar. In diesem Bereich brachte Friedrich seine Prinzipien mit seinen Interessen zur Übereinstimmung. Er war mit sich selbst im Einklang, als er hinsichtlich des Katholizismus das Toleranzprinzip, als dessen Vorkämpfer er sich sah, zur Anwendung brachte. Er erläuterte dies folgendermaßen:»Da ruhige Freiheit der Religionsausübung in der Vorstellung der Menschen einen Teil ihres Glücks ausmacht, so werde ich niemals von dem festen Vorsatz abgehen, jede Religion in ihren Rechten und Freiheiten zu schützen.«[230] Er verkündigte unverzüglich seinen Willen, den schlesischen Katholiken die freie Religionsausübung zu garantieren. Darüber hinaus wurde die katholische Kirche 1742 im Frieden von Breslau sogar in ihren Besitzrechten bestätigt. Es gab jedoch noch vieles zu regeln. Mit der neuen Situation stellte sich auch die Frage nach den Beziehungen zum Heiligen Stuhl. Aus der Sichtweise des Justizdepartements plädierte Cocceji für eine radikale Lösung. Dabei schwebte ihm nichts Geringeres vor, als die römische Kurie einfach zu ignorieren. Weil die schlesischen Katholiken bisher der Nuntiatur in Wien unterstanden hatten, sollte nunmehr ein Generalvikariat, das für alle preußischen Katholiken zuständig sein sollte, eingerichtet werden.

Auch hierin machte sich der Einfluss Münchows in mäßigender Weise geltend. Nicht anders als Cocceji wollte er dem König die Loyalität seiner katholischen Untertanen sichern. Er gab jedoch der Verständigung mit der katholischen Kirche den Vorzug gegenüber der Konfrontation. Der Schlüssel zum Erfolg lag nach seiner Einschätzung darin, an die Spitze des Erzbistums Breslau einen Kirchenfürsten zu stellen, der von der Notwendigkeit der Zusammenarbeit mit der neuen Autorität überzeugt war. Von der Wirksamkeit dieser Strategie überzeugt, ließ Friedrich den jungen Grafen Philipp Gotthard Schaffgotsch zum Koadjutor von Breslau wählen, der damit die Ausgangsposition als Nachfolger des Fürstbischofs gewann. Dieses Vorhaben ist in jeder Hinsicht gelungen. Darüber hinaus erlangte die Inthronisation des neuen Erzbischofes die Zustimmung von Papst Benedikt XIV. Im Gegenzug stimmte Friedrich zu, dass die katholischen Preußen künftighin der päpstlichen Nuntiatur in Warschau unterstehen sollten – eine Lösung, die beide Seiten zufrieden stellte.

Aus diesem Beispiel, welches die Regierungsmethoden Friedrichs offenbart, können wir noch weitere Schlüsse ziehen. Friedrich war in der Lage, seine innersten Überzeugungen und die Erfordernisse des Staates auf einer Ebene auseinander zu halten, auf der es nicht mehr um Sympathie oder Antipathie ging. Der Philosoph verwandelte seine Kritik nicht in einen

Ambulanter Händler in Berlin. Im Hintergrund die Oper und die katholische St.-Hedwigs-Kathedrale. Stich von J. W. Rosenberg.

Kampf gegen den Katholizismus. In seinen Briefen hingegen sah er in den klerikalen Mächten und vor allem den Klöstern ständig eine Zielscheibe, auf die er kampflustig seine Pfeile abschoss. Und vor allem, was der Sache besonderes Gewicht verlieh, er wies dem Katholizismus einen Ort abseits der Vernunft zu. Friedrichs Tonlage änderte sich allerdings in dem Augenblick, als er die Krone trug. Gleichgültig, was er in seinem Inneren über ihren Glauben dachte, hielt er es für seine Pflicht, seinen katholischen Untertanen die gleichen Rechte einzuräumen wie den protestantischen. Als Schirmherr der Katholiken entschloss er sich 1747 dazu, in Berlin die St.-Hedwigs-Kirche errichten zu lassen, geweiht der Landespatronin Schlesiens, der heiligen Hedwig von Andechs. Im Übrigen ging er so weit zu äußern, er würde, ohne zu zögern, den Bau einer Moschee veranlassen, wenn sich unter der Berliner Bevölkerung Muslime befänden. War das nun politisches Kalkül oder Einhaltung eines Prinzips? Sowohl das eine als auch das andere. Indem er sich mit der katholischen Kirche ins Einvernehmen setzte, gedachte er, zum Wohl des Staates zu handeln. Zugleich jedoch war Friedrich mit sich selbst im Einklang. Wie Voltaire wandte er das Toleranzprinzip zum Vorteil derjenigen an, deren Ideen und Glaubensinhalte er bekämpfte.

Förderer von Handel und Manufakturwesen

Die Einrichtung eines Departements für »Commerzien- und Manufakture-Sachen«, also für Handel und Industrie, im Juni 1740, unterstrich die Bedeutung, die Friedrich beiden Sektoren zumaß. Er war lange schon von ihrer überragenden Bedeutung überzeugt. Bereits in seiner Küstriner Zeit wurde unter dem Einfluss von Christoph Werner Hille sein Augenmerk auf Fragen der Wirtschaft gelenkt. Auch danach hat sein Interesse in keiner Weise nachgelassen. In seinem *Antimachiavell* bringt er mehrfach wirtschaftliche Themen zur Sprache. Wie sein Vater war er der Auffassung, dass Bevölkerungswachstum die Macht des Staates heben werde. Er verharrte jedoch nicht bei dieser Überlegung, sondern war sich darüber hinaus auch bewusst, dass auch wirtschaftlicher Wohlstand eine wesentliche Grundlage der Macht bildete. Wie wäre denn sonst etwa die Tatsache zu erklären, dass ein kleines Land wie die Vereinigten Niederlande zu den Hauptakteuren der europäischen Politik zählte? Als Friedrich den Thron bestieg, war er daher entschlossen, eine wirtschaftliche Entwicklungspolitik zugunsten der preußischen Macht ins Werk zu setzen.

Zweifellos stellte der Krieg zunächst andere Anforderungen an Friedrich. Wenn aber erst einmal Frieden eingekehrt war, konnte er sich mit dieser Aufgabe befassen, die von nun an zu seinen vorrangigen Zielen gehören sollten. Er beschränkte sich nicht darauf, dies allein dadurch kund zu tun, dass er ein eigenständiges Departement im Rahmen des Generaldirektoriums gründete. Vielmehr beließ er es dabei, nach dem Tod seines Leiters, des Geheimen Etatministers Samuel von Marschall im Jahre 1749, diesen Posten lediglich durch einen Mitarbeiter von geringerem Rang zu besetzen. So wie der Minister für schlesische Angelegenheiten, wurde auch dieser Amtsinhaber unmittelbar der persönlichen Autorität des Königs unterstellt. Damit wurde für jedermann sichtbar, dass Friedrich sich selbst als den eigentlichen Minister für Handel und Industrie ansah. Er investierte viel Zeit in das Studium der Akten und unterzog sie bis in die kleinsten Details seiner Prüfung. Zur ständigen Beobachtung der Ergebnisse seiner Politik ließ er sich regelmäßig die Handelsbilanzen sowohl des Königreiches als auch jeder einzelnen Provinz vorlegen.

Friedrich war sich darüber im Klaren, dass sich verschiedene Hemmnisse seinen Plänen in den Weg stellten. Nur allzu gut wusste er, dass hierbei die natürlichen Gegebenheiten das schwerste Hindernis darstellten. Die Armut seines Königreiches bedrückte ihn sein Leben lang. Preußen war im Wesentlichen ein Agrarland und erbrachte aufgrund seiner großenteils mageren und sandigen Böden nur geringe Erträge. Darüber hinaus besaß es nur wenige Rohstoffe, auf deren Verwertung eine wirtschaftliche Entwicklung hätte aufgebaut werden können. Die Eroberung Schlesiens hatte zweifelsohne ein bedeutendes Kohlerevier eingebracht, aber die Zeit war noch nicht reif für eine Ausbeutung dieses natürlichen Reichtums in großem Stil. Zu diesen natürlichen Nachteilen gesellte sich die Zerrissenheit der Territorien, aus denen das Königreich bestand. Gewiss hatte die Erwerbung Schlesiens die territoriale Mitte verstärkt, die von Brandenburg, Pommern, Magdeburg und Halberstadt gebildet wurde. Außerdem kontrollierte Friedrich nun als Folge dieser Annexion den Lauf der Oder bis zu ihrer Mündung in die Ostsee, was dazu beitragen konnte, einen Teil des Handelskreislaufes in diesem Raum nach Preußen umzulenken. Um die allmähliche Wirtschaftseinheit voranzutreiben, war es vor allem erforderlich, die Binnenzölle zumindest zu senken oder sogar abzuschaffen.

Angesichts des Umfanges der anstehenden Aufgaben mussten sie vom Staat übernommen werden, denn dieser allein verfügte über die dafür notwendigen Mittel. Das war zu dieser Zeit in Europa gängige Praxis. Hier, in Preußen, bot die dünne Kapitaldecke gar keine andere Wahl. Es war keineswegs so, dass Friedrich privaten Unternehmungen ablehnend gegenüber gestanden hätte, vielmehr sah er es als eine Aufgabe des Staates an, insbesondere ausländisches Kapital nach Preußen zu holen.

Das ökonomische Denken Friedrichs entfaltete sich im Rahmen des Merkantilismus, der schon das Handeln seines Vaters bestimmt hatte. Friedrich Wilhelm hatte die Richtlinien für eine Politik aufgestellt, die auf fast vollständige Unabhängigkeit Preußens vom Ausland abzielte. Die Grundregeln waren einfach: Erhöhung der einheimischen Produktion zur Befriedigung der Binnennachfrage und, wenn möglich, für den Export, damit umgekehrt die Importe verringert, wenn nicht gar eingestellt werden konnten. Friedrich Wilhelm hatte sich dieser Logik bis zum Extrem verschrieben und ging dabei so weit, dass er anordnete, keine Wolle mehr zu exportieren, und zwar mit dem Argument, sie könnte nach ihrer Verarbeitung im Ausland als Reimport wieder nach Preußen zurückgelangen. In Wirklichkeit zeigte es sich jedoch, dass die Ergebnisse keineswegs überzeugend waren und die Handelsbilanz trotz des beachtlichen Aufwandes regelmäßig ein Defizit aufwies.

Friedrich brach nicht mit dieser Politik, sondern baute sie in mehreren Punkten aus. Ohne sie zu verwerfen, wollte er ihr mehr Flexibilität verleihen, um bessere Ergebnisse zu erzielen. Er legte in mehreren Schriften seine eigene Marschroute fest, und zwar insbesondere in den Weisungen an Samuel von Marschall, nachdem dieser an die Spitze des Handels- und Industriedepartements berufen worden war. Ferner gab er 1749 eine Abhandlung heraus mit dem Titel »*Idee générale du commerce de ce pays-ci* – Allgemeine

Vorstellungen zum Handel dieses Landes«. Friedrich legte das Schwergewicht auf die Manufakturen, die er als das wichtigste Instrument der wirtschaftlichen Entwicklung ansah.

Dort, wo Manufakturen existierten, sollten sie verbessert, wo sie hingegen fehlten, sollten sie gegründet werden. Dies erläuterte er in einer Rede im Geiste des von seinem Vater geschaffenen Werkes. Seine Überlegungen eröffneten allerdings eine neue Dimension. Er unterschied nun zwischen zwei Arten von Manufakturen, nämlich solchen, die Rohstoffe aus Preußen verarbeiteten, und solchen, die sie aus dem Ausland einführten. Obwohl er intuitiv die ersteren bevorzugte, missbilligte er die anderen nicht. Er sah darin sogar Vorteile, weil die aus den Letzteren hergestellten Produkte anschließend exportiert werden konnten. In Betrachtung des Mehrwertes erwies sich dies als einträglicher Handel. Die Gründung von Manufakturen sollte Unternehmer und qualifizierte Arbeitskräfte nach Preußen ziehen und guten Gewinn bringen.

Unter den schon bestehenden Manufakturen überwog die Textilherstellung bei weitem. Bei Tuch und Wolle folgte Friedrich den Vorgaben seines Vaters. Friedrich Wilhelm hatte insbesondere in Berlin eine große königliche Manufaktur gegründet. Deren wichtigster Abnehmer war die Armee. Sie hatte aber gleichzeitig einen Markt in Russland gewonnen. Die Eingliederung Schlesiens sollte diesen Produktionssektor noch verstärken.

Die Maßnahmen, die in diesem Sektor der industriellen Produktion ergriffen wurden, trugen in besonderem Maße die persönliche Handschrift Friedrichs. Er regte die Verarbeitung von Baumwolle an, die bis dahin vernachlässigt worden war. Ein absolutes Novum stellte auch die Förderung der Seidenfabrikation dar, die bis dahin in Preußen, abgesehen von Krefeld, überhaupt nicht existiert hatte. Auf diesem Gebiet war das Königreich übrigens fast völlig von Einfuhren aus dem Ausland abhängig. Zweifelsohne stellte die hierfür ins Auge gefasste Kundschaft eine finanzkräftige, aber dünne gesellschaftliche Schicht dar. Die Seidenfabrikation trug zwar zur negativen Handelsbilanz bei, doch sollte sie als wichtige Branche der Luxusgüterindustrie das Ansehen Preußens in Europa heben. Dieser Aspekt lag der Entscheidung Friedrichs, der sich intensiv mit diesem Projekt auseinander setzte, keineswegs fern. Dies umso weniger, als er weit blickend die Eroberung von Märkten in den Nachbarstaaten, insbesondere in Schweden und Polen, für möglich hielt.

Alles, oder beinahe alles musste bis ins Detail erst einmal neu eingerichtet werden, und zwar von der Zucht der Seidenraupen bis zur Produktion der Seidenwaren. Somit wurde ein im Vergleich zum Ergebnis großer Aufwand betrieben. Zu diesem Zweck brachte Friedrich ein ganzes Bündel von

Maßnahmen, wie Subventionen, Steuervergünstigungen und Erhöhung der Zölle zum Einsatz. 1756 ging er sogar noch weiter, als er beschloss, jeglichen Seidenwarenimport in die preußischen Gebiete östlich der Elbe zu untersagen. Eine andere Neuerung, die diesem ehrgeizigen Programm zum Erfolg verhelfen sollte, war die, dass der Staat nicht selbst als Manufakturist handelte, sondern sich auf *Entrepreneurs*, also Unternehmer, stützte. Unter diesen ragt die Gestalt des Johann Ernst Gotzkowsky heraus. Gotzkowsky kannte Friedrich schon vor seiner Thronbesteigung und belieferte ihn bereits in dieser Zeit mit Luxuskleidung. Diese Beziehung fand nach 1740 ihre Fortsetzung. Gotzkowsky stieg rasch zum bedeutendsten Seidenfabrikanten von Berlin auf, wo er 1749 eine Manufaktur gründete. Für den Einstieg in diesem Sektor zog er Nutzen aus dem staatlichen Geldsegen, der jährlich 100 000 Taler für die Branche auswarf. David Splitgerber war ein weiterer derartiger Unternehmer und Nutznießer der königlichen Unterstützung. Er hatte schon beim Kronprinzen in der Rheinsberger Zeit die Rolle des Bankiers gespielt und ihm in dieser Stellung wertvolle Dienste geleistet. Auch noch als König wandte sich Friedrich an Splitgerber als Finanzberater.

Dieses Tableau zeigt allerdings eine große Lücke. Die Waffenproduktion nahm nämlich bloß eine zweitrangige Stellung ein. Dieser Umstand gibt gewiss Grund zum Erstaunen. Es hätte in der Natur der Sache gelegen, wenn Preußen als Prototyp eines Militärstaates versucht hätte, seine Autarkie auf diesem Gebiet zu sichern, selbst wenn zu seinem Nachteil bestimmte Rohstoffe, angefangen beim Eisen, im Land nicht vorhanden waren. Dennoch rückte Friedrich dieses Problem keineswegs in den Vordergrund. Weil die Waffenproduzenten in Potsdam und Spandau nur einen begrenzten Anteil der Nachfrage decken konnten, ließ Friedrich durch seine Kommissionäre, insbesondere den Manufakturisten Splitgerber, aus verschiedenen Staaten, vor allem Schweden und den Niederlanden, Waffen importieren. Bei der Ausstattung seiner Armee zögerte er auch nicht, auf weniger herkömmliche Methoden zurückzugreifen, insbesondere nämlich durch Weiternutzung von Waffen und Ausrüstungsgegenständen, die er beim Feind erbeutet hatte.

Friedrich scheute offensichtlich auch nicht davor zurück, Höchstpreise festzulegen. Dies war eines der Mittel aus seinem wirtschaftspolitischen Instrumentarium. Und er brachte es je nach den Umständen und seinen Zielen zum Einsatz. Mit der Absicht, Schlesien in das Kerngebiet der Monarchie einzugliedern, beschloss er, eine große Zahl von Zollbarrieren, die den Handel zwischen den Provinzen lähmten, zu beseitigen. Der Übergang Schlesiens an die preußische Herrschaft bewirkte aber auch einen starken Umbruch der bis dahin eingespielten Warenströme. Schlesien war nicht allein den habsburgischen Gebieten zugewandt, sondern diente auch als

Transitland zwischen Sachsen und Polen. Wegen der Behinderung des österreichischen Handels konnte sich der Wechsel des Landes in den preußischen Besitz für Sachsen schädigend auswirken. Der Gedanke an eine Liberalisierung des Warenverkehrs zwischen diesen Gebieten lag zu dieser Zeit noch nicht im Bereich des Denkbaren. Dazu trat auch noch die Verzahnung sächsischer und preußischer Gebiete, die neuen Streit zu verursachen drohte. Diese Probleme führten zu einem Wirtschaftskrieg, der in der Tat nur vor dem Hintergrund starker politischer Spannungen verständlich wird. Selbst nach Einkehr des Friedens lastete der Streit schwer zwischen Preußen und seinen Feinden von gestern, die jedoch nur allzu bereit waren, als Feinde von morgen aufzutreten. Im Westen provozierte Sachsen einen Konflikt, indem es in Leipzig diejenigen Waren mit einem Zoll belegte, die zwar durch sächsisches Gebiet, in Wirklichkeit jedoch nur von einer preußischen Provinz in die andere befördert wurden. Berlin reagierte darauf, indem es in Magdeburg einen Zoll auf alle Produkte erhob, die den Wasserweg auf der Elbe nahmen. Weiterhin wurden alle Waren auf dem Landweg durch die Provinzen Magdeburg und Halberstadt abgabepflichtig gemacht. Sachsen reagierte darauf, indem es noch einen Schritt weiterging. Am 13. Mai 1755 erließ es schlicht und einfach ein Einfuhrverbot für alle preußischen Erzeugnisse.

Friedrich hatte eigentlich nicht die Absicht, die Handelsbeziehungen zwischen Schlesien und Österreich zu unterbinden. Das hätte sich auch nicht in seinen Plan gefügt, die Oder zu einem der großen Handelswege Mitteleuropas und Stettin zu seinem naturgegebenen Umschlagplatz zu machen. Wien hatte damit jedoch nichts im Sinn. 1753 und 1754 ging die österreichische Regierung in die Offensive und erlegte Zölle bis zu einer Höhe von 130% auf Textilien, Kolonialwaren und Fisch. Friedrich blieb selbstverständlich nicht tatenlos. Er ergriff Gegenmaßnahmen, die den österreichischen und ungarischen Wein und schließlich alle aus den österreichischen Ländern importierten Waren verteuerten. Auf diese Weise standen die beiden Monarchien, schon bevor sie erneut zu den Waffen greifen sollten, in einem gnadenlosen Handelskrieg, der die künftige bewaffnete Auseinandersetzung ankündigte.

Die an verschiedenen Fronten betriebene Politik führte zu unterschiedlichen Ergebnissen. Friedrich konnte sich angesichts der nun wieder positiven Handelsbilanz durchaus beglückwünschen. 1752 erreichte der Export einen Wert von 22, 6 Millionen Taler, dem lediglich 16, 9 Millionen Taler für Importgüter gegenüberstanden. Andererseits ist es Friedrich nicht gelungen, Preußen zu einer Drehscheibe des Handels in diesem Raum zu machen. Zur Unterstützung dieses Vorhabens hatte er zwar ein Netz von Kanälen anlegen lassen, mittels derer die Flusssysteme von Elbe und Oder verbunden werden sollten. Zwischen Elbe und Havel wurde schon seit 1743 der Plauer Kanal ausgehoben und zwischen Havel und Oder der aus dem 17. Jahrhundert überkommene, aber verwachsene Finowkanal wieder in Stand gesetzt. Es ist Friedrich hingegen nicht gelungen, die polnische Weizenausfuhr von Danzig nach Stettin umzuleiten. Gewiss, diese Vorhaben erforderten viel Zeit, um Früchte zu tragen. Andererseits waren die Nachbarstaaten nicht unbedingt bereit, ihn dabei zu unterstützen.

Ein großes Kolonisationswerk

Gleichzeitig mit dieser Wirtschaftspolitik nahm Friedrich ein Kolonisations-programm in Angriff, das im Grunde nichts anderes war, als ihre Fortsetzung mit anderen Mitteln. Dessen ungeachtet verbanden sich damit nicht aus-schließlich ökonomische Zielsetzungen. Friedrichs Maßnahmen waren auf die damals herrschende Vorstellung zurückzuführen, dass die Macht eines Staates von seiner Bevölkerungszahl abhinge. Eine quantitative Zunahme seiner Einwohner sollte auch dem Anwachsen seiner militärischen Stärke dienen. Die wirtschaftlichen Motive waren nicht weniger nahe liegend, denn jeglicher Bevölkerungsanstieg zog auch die Vermehrung von Produzenten und Konsumenten nach sich. Von daher gesehen waren territoriale Erobe-rungen nicht das einzige Mittel für einen Staat, sich zu vergrößern; darüber hinaus gab es die Möglichkeit, eine Erhöhung der Bevölkerungszahl inner-halb der bestehenden Grenzen herbeizuführen. Mit der Kolonisationspolitik sollte genau dieses Ziel erreicht werden.

Friedrich führte keine Neuerungen gegenüber den Ansätzen seiner Vor-gänger ein. Schon der Große Kurfürst hatte 20 000 Hugenotten aufgenom-men; Friedrich Wilhelm hatte die Grenzen seines Staates für 15 000 Protes-tanten aus dem Fürsterzbistum Salzburg geöffnet und den größten Teil von ihnen in Ostpreußen angesiedelt. Auf diesem Wege brachten beide ihre Überzeugungen mit ihren Interessen zur Deckung. Nach dem Bevölke-rungsschwund des Dreißigjährigen Kriegs ging es vor allem um Maßnahmen zur Wiederbevölkerung. Bei Friedrichs Thronbesteigung gab es noch immer Landschaften, welche die Bevölkerungszahlen der Zeit vor dem großen Aderlass nicht wieder erreicht hatten.

Zu Beginn seiner Herrschaft galt es noch, Leerstellen zu füllen. Dieses Stadium ließ man nach einiger Zeit zumeist hinter sich, sodass die Koloni-sationspolitik ehrgeizigere Vorhaben ins Auge fassen konnte. Diese zielten auf die Bevölkerung in den Städten wie auf dem Land ab. Im einen wie im anderen Falle folgte sie darin der Lehre des Merkantilismus, wobei sie sich jedoch an verschiedene Bevölkerungsgruppen wandte.

In den Städten sah sie ihr Ziel darin, für die Manufakturen qualifizierte Arbeitskräfte bereitzustellen, an denen es in Preußen noch erheblich mangelte. Wie Friedrich schon in seinem *Politischen Testament* angesprochen hatte, kann der Fall der Leinenweberei als Beispiel gelten. In Ermangelung hinreichend ausgebildeter einheimischer Fachkräfte sahen sich die preußischen Tuchproduzenten gezwungen, bis zu 30 000 Arbeiter in Sachsen zu beschäftigen. Als Friedrich von diesem Missverhältnis erfuhr, glaubte er, dem entgegenwirken zu können, indem er eine entsprechend große Anzahl von Arbeitern nach Preußen holte. Zu diesem Zweck entwickelte er ein auf zwölf Jahre angelegtes Programm, in dessen Rahmen jährlich 5 000 Arbeiter aus Sachsen, Mecklenburg und Polen angeworben werden sollten. Dieses Projekt war umso problematischer, als es sich um ein Gewerbe handelte, das in Preußen so gut wie gar nicht verwurzelt war. Hinsichtlich der Arbeitskräfte für die Seidenindustrie fiel die Wahl Friedrichs auf Weber aus der »Seidenregion« um Genf und Lyon. Auch in Gewerbezweigen wie der Hutmacherei, Lederverarbeitung und Nagelproduktion waren Franzosen zahlreich vertreten. Um sie anzulocken, mussten ihnen günstige Bedingungen wie höhere Löhne und Steuererlass geboten werden. Viele jedoch sahen die geschlossenen Kontrakte trotzdem nicht als dauerhafte Verpflichtungen an, im Unterschied zu den Bauern, die sich auf dem Land ansiedelten.

Mit der gleichen Intensität stürzte sich Friedrich auf diesen zweiten Sektor der Kolonisationspolitik. Damit wurde das gleiche Ziel angestrebt, nämlich das Königreich von äußerer Abhängigkeit zu befreien. Auch hier ging es darum, die inländische Produktion zu steigern, indem die schon vorhandenen landwirtschaftlichen Flächen intensiver genutzt und dazu neue erschlossen wurden. Dieses Vorhaben erforderte die Ausweitung der landwirtschaftlichen Nutzflächen. Die Aufgabe, diese ertragsfähig zu machen, sollte großenteils den neuangesiedelten Kolonisten übertragen werden. Besondere Aufmerksamkeit richtete der König auf Pommern, das er als ein »zur Hälfte brachliegendes Land« bezeichnete.[231] Tatsächlich bestanden die Gebiete entlang der Oder bis zu ihrer Mündung in die Ostsee großenteils aus öden Sumpflandschaften, vor allem dem unwegsamen Oderbruch bei Lebus. Durch die planmäßige Aushebung von Gräben und Kanälen gelang es nach und nach, einen Teil dieser Fläche, die das Wasser dem Land streitig machte, durch Dränierung für die landwirtschaftliche Nutzung zu erschließen. An der Errichtung dieser riesigen Polderlandschaft waren selbstverständlich niederländische Fachleute wie Leonhard von Haerlem beteiligt. Als 1753 die Arbeiten ihrer Vollendung zugingen, konnte Friedrich, zufrieden mit dem Geschaffenen, ausrufen: »Ich habe eine neue Provinz erobert und das mitten im Frieden.«

Im Unterschied zu den in den Städten eingesetzten Arbeitskräften kamen die bäuerlichen Kolonisten überwiegend aus dem Reich, zunächst einmal aus den Nachbarländern wie Sachsen, Böhmen, Mecklenburg und, jenseits dieses nächstliegenden Einzugsgebietes, aus dem Westen, aus der Pfalz und aus Württemberg. Um sie anzulocken, wurden ihnen besonders attraktive Bedingungen angeboten. Zu den herkömmlichen Steuervergünstigungen trat die vorteilhafte Erbpacht und die Befreiung von der Fronarbeit, also Zusagen, ohne die eine solche Unternehmung keine Aussicht auf Erfolg gehabt hätte. Nun, diese Kolonisationspolitik war erfolgreich. Bis 1749 wurden in Pommern 90 und in den Sumpflandschaften der Mark 50 neue Dörfer gegründet. Diese Entwicklung setzte sich in den folgenden Jahren fort. Zwischen 1748 und 1754 nahm die Bevölkerung Pommerns um ein Siebtel und die der brandenburgischen Neumark (dem östlich der Oder gelegenen, heute polnischen Teil der Mark Brandenburg) um ein Viertel zu. Dieser Anstieg kam zwar nicht allein durch die Kolonisation zustande, aber sie hat zumindest erheblich dazu beigetragen.

Für diese Friedensarbeit sparte Friedrich weder Zeit noch Mühe und überließ darüber hinaus, ganz nach seiner Gewohnheit, niemandem die Möglichkeit, an seiner Stelle Entscheidungen zu treffen. Selbst wenn diese Vorhaben zu seinen Lebzeiten noch nicht bis zum Ende durchgeführt wurden, so waren die Ergebnisse doch beeindruckend. Diese Kolonisationsmaßnahmen nutzten die gut zehnjährige Friedenszeit; eine rasche Wiederaufnahme der Feindseligkeiten hätte sie allerdings wieder zunichte machen können. Andererseits verband sich mit diesen Anstrengungen primär die Absicht, die finanziellen Einnahmen des Staates zu erhöhen und dies mit dem Ziel, die preußische Militärmacht auszubauen. Mit diesem Friedenswerk sollte Preußen in den Stand gesetzt werden, sich einem künftigen Krieg zu stellen. Auch hierbei zögerte Friedrich getreu seiner Gewohnheit keineswegs, die Durchführung seiner Befehle persönlich und vor Ort zu überwachen. Seine zahlreichen Inspektionsreisen boten ihm hierfür die Möglichkeit. Wenn er nicht auf Reisen war, verfolgte er die Fortschritte dieser Unternehmungen von den Büros seiner Residenzen aus, also von den Schlössern in Charlottenburg und Potsdam, denen er 1747 mit Sanssouci das schönste Kleinod seines Friedenswerkes hinzufügte.

Dritter Teil

Sanssouci

Zehntes Kapitel
Die neue Residenz

Jede Behausung, sei sie feudal oder bescheiden, bringt stets die Persönlichkeit seines Bewohners zum Ausdruck. Diese Regel gilt selbstverständlich
auch für Friedrich. In Charlottenburg und in Potsdam hatte er Residenzen
geerbt, die weder von ihm noch für ihn gebaut worden waren und in denen
er außerdem noch den Zwängen der Hofgesellschaft ausgesetzt war. Dem
versuchte er in einem ersten Anlauf abzuhelfen, indem er die bestehenden
Schlösser ganz nach seinem Geschmack möblieren ließ. Darüber hinaus
jedoch entschloss er sich zum Bau einer neuen Residenz, die in jeder Beziehung seinen Vorstellungen entsprechen sollte. Wie in Rheinsberg wollte er
auch dort Arbeit, Wissenschaft und Kunst miteinander vereinen, sich den
Staatsangelegenheiten widmen und zugleich die Vergnügungen einer ausgewählten Gesellschaft genießen.

Charlottenburg

Friedrich kam bei seiner Thronbesteigung nicht umhin, sich für eine der
Berliner Residenzen zu entscheiden, in der er sich während seiner Aufenthalte in der Hauptstadt einzurichten hatte. Seine Wahl fiel auf Schloss Charlottenburg, das in seinen Augen zahlreiche Vorteile bot. Die Tatsache, dass er
sich damit von seinem Vater abgrenzte, war gewiss nicht der geringste unter
ihnen. Friedrich Wilhelm hatte Charlottenburg derart gering geschätzt, dass
er die Bauarbeiten nach dem Tod seines Vaters einzustellen befahl. Außerhalb der damaligen Stadt gelegen, war das Schloss dennoch leicht zugänglich. Überdies lag in seiner Achse ein riesiger Park, der zu Sanssoucis
Annehmlichkeiten beitrug. Schließlich hatte der Abbruch der Bauarbeiten
eine große Fläche freigelassen, die für die Errichtung eines neuen Baukör-
pers genutzt werden konnte.

Friedrich übertrug Knobelsdorff die Leitung des Baues dieses »Neuen
Flügels«, nachdem er ihn 1742 zum »Surintendanten aller königlichen

186

Schlösser, Häuser und Gärten und directeur en chef aller Bauten in den sämtlichen Königlichen Provinzen« ernannt hatte. Wenn er ihm auch die Leitung des Baues anvertraute, so verfolgte er dennoch dessen Fortgang in allen Details. Auch bei seinen Baumaßnahmen lebte er in der ständigen Furcht, nie genügend informiert zu werden. Selbst während seiner Feldzüge hörte er nicht auf, Druck auf seine Mitarbeiter auszuüben. Dies bezeugt ein Brief an Jordan, in dem er seiner Ungeduld Ausdruck gab: »Ich habe von Knobelsdorff einen Brief erhalten, der mich so einigermaßen befriedigt. Aber er ist in allem zu nichts sagend. Es gibt keinerlei Details zu sehen. Ich wünsche, dass die Beschreibung eines jeden Ornamentes der Säulenschäfte von Charlottenburg vier Seiten *in quarto* umfasst. Darüber würde ich mich wirklich sehr freuen.«[232] In einem anderen Brief fügte er ein aufschlussreiches Geständnis hinzu: »In dieser Angelegenheit bin ich wie ein Kind. Ich erfreue mich daran wie an Puppen.«[233]

Friedrich sah das Werk seines Architekten zum ersten Mal im Juli 1742, als er vom Ersten Schlesischen Krieg zurückgekehrt war. Die Fassade war auf zwei Etagen in ihrer ganzen Breite vom Palladianismus inspiriert und zeigte elegante Nüchternheit. Die nach vorne ausschwingende Wölbung im Zentrum trug zur Belebung der Fassade bei und war durch eine Säulenreihe im Erdgeschoss und durch Pilaster in der ersten Etage untergliedert. Letztere wurde von einer Reihe von Vasen gekrönt, mit der die Hervorhebung vertikaler Linien gelang. Als Friedrich jedoch den Neuen Flügel beziehen wollte, langte er auf einer Baustelle an. Es waren lediglich einige Säle fertig gestellt. Es sollten noch fünf Jahre vergehen, bis an das Bauwerk letzte Hand angelegt wurde.

Der Reichtum der Innenausstattung stand in Widerspruch zu der relativ einfachen Fassade. Saal um Saal enthüllte eine Synthese von Luxus und Grazie, die aus dem fiderizianischen Flügel des Charlottenburger Schlosses ein Glanzstück des europäischen Rokokos entstehen ließ. Für die Ausschmückung sicherte sich Friedrich die Hilfe von mehreren begabten Künstlern, wie z. B. der Maler Antoine Pesne, Auguste Dubuisson und Friedrich Wilhelm Höder, sowie der Bildhauer Johann August Nahl und Johann Michael Hoppenhaupt. Neben den Künstlern, die vor Ort arbeiteten, müssen diejenigen erwähnt werden, von denen Friedrich Werke ankaufte, um seine neue Residenz mit ihnen zu schmücken. Zu diesen zählte auch der Pariser Ebenist Jean-Pierre Latz, der eine monumentale, reich mit Intarsien verzierte Pendeluhr (Regulator) schuf. Die Erwerbung von Meisterwerken der zeitgenössischen französischen Malerei rückt seine damaligen Präferenzen noch mehr ins Licht: Er kaufte einige der brillantesten Gemälde seines Lieblingsmalers Antoine Watteau, ferner Werke von Nicolas Lancret, Jean-Baptiste

Pater und Jean-Baptiste Chardin. In einem Verzeichnis seiner Kunstsammlungen zeigte er sich stolz darüber, dass es ihm gelungen war, die Antikensammlung des französischen Kardinals Melchior de Polignac zu erwerben.

Die Zauberwelt des Rokoko erreicht ihren Höhepunkt in der Goldenen Galerie, die als Musik- und Tanzsaal diente. Es war die Idee Knobelsdorffs, sie als illusionistischen Garten zu gestalten, wobei grüngefärbter Stuck auf den Wänden diese Vorstellung hervorrufen sollte. Davon hebt sich ein feine und reiche Ornamentierung mit fantastischen Vergoldungen ab, die, von Watteau inspiriert, die Vier Elemente darstellen. Auf den Türen tragen Silhouetten auf vergoldetem Holz zu dieser Inszenierung bei. Diesen Figuren steht der ebenfalls vergoldete Skulpturenschmuck gegenüber, der die Spiegel und Fenster umrahmt. Diese ungezügelte Fantasie fügt sich zu einer symmetrischen Ordnung, die auf der zweifachen Abwechslung von Mauern und Fenstern beruht, durch welche großzügig Licht in die Galerie einfällt und die außerdem zum Eindruck der Leichtigkeit beiträgt. Auch wenn uns ihre Dimensionen sehr wohl vermitteln, dass sie eine repräsentative Funktion erfüllen soll, erscheint die Goldene Galerie in einem anderen, mindestens genauso bedeutsamen Sinn als reich. Sie ist dem Fest geweiht und lässt einen Atem spüren, der Charlottenburg zu einem Bindeglied zwischen Rheinsberg und Sanssouci macht.

Die Bedeutung, die Friedrich der Bibliothek einräumte, unterstreicht diese Verbindung gleichermaßen. Die Bibliothek ist ebenfalls in einem der Räume des Neuen Flügels untergebracht und beeindruckt durch ihre Größe. Durch die Form eines lang gezogenen Rechteckes erreicht sie die Ausmaße eines Saales. Mehrere Regale aus Zedernholz enthielten die Bücher, überwiegend französische und antike Autoren, darunter wiederum vor allem lateinische, den beiden wichtigsten Quellen, aus denen Friedrich seine Bildung bezog. Die Dekoration der Wände entspricht dem Geist des Ortes. Auf den Lampenkonsolen aus grünem Stuck ließ Friedrich die antiken Büsten aus der Sammlung des Kardinals Polignac aufstellen. Als Deckengemälde schuf Pesne von der Mythologie inspirierte Allegorien. Die von *putti* begleitete Minerva thront als Schirmherrin der Künste und Wissenschaften auf einer Wolke. Etwas entfernt davon stellt eine ebenfalls weibliche Figur Poesie und Musik dar. Damit wurde ein Motiv aufgenommen, das vom Maler schon an der Decke der Bibliothek von Rheinsberg dargestellt worden war.

In Charlottenburg lassen sich noch mehr Hinweise auf den Geschmack Friedrichs in der Malerei finden. Er hatte sich in der Tat dazu entschlossen, mehrere Säle mit Gemälden auszustatten, die er erworben hatte. So wie er der französischen Literatur den Vorzug gab, zeigte er nun auch eine Vorliebe für die französische Malerei. Den von allen Räumen am reichsten ausgeschmückten Konzertsaal zierten über zwanzig von französischen Meistern signierte Gemälde. Das Meisterwerk von Watteau, »*L'Enseigne de Gersaint* – Ladenschild des Kunsthändlers Gersaint«, nahm dabei eine zentrale Stellung ein. Es hing in unmittelbarer Nachbarschaft zu Chardins »*La Cuisinière* – Köchin beim Rübenputzen« und zwei Bildern von Lancret, »*La Danse dans le pavillon* – Tanz an der Fontaine« und »*Le Moulinet*«.

Das Potsdamer Stadtschloss

Friedrich richtete sich nicht für lange in Charlottenburg ein. Seit 1744 plante er die notwendigen Maßnahmen für einen Wechsel des Residenzortes.

Friedrich entschied sich für Potsdam. Damit entfernte er sich ein Stück von der Hauptstadt Berlin und blieb doch in ihrer Nähe. Zweifelsohne wollte er Abstand von den großen Staatsgeschäften und den ausländischen Gesandten gewinnen, von denen sich viele im Umkreis von Charlottenburg angesiedelt hatten, was ihn zu stören begann. Abgesehen davon gab es noch ein weiteres und starkes Motiv für seinen Residenzwechsel: Friedrich hatte Heimweh nach Rheinsberg und dem Leben, das er dort geführt hatte. Wegen der weiten Entfernung Rheinsbergs vom Zentrum der Macht lag natürlich der Gedanke fern, dorthin zurückzukehren. Zudem hatte er das dortige Schloss seinem Bruder Heinrich überlassen, und dabei sollte es auch bleiben. Stattdessen hoffte Friedrich, in Potsdam einen Ort zu finden, an dem er sich den Rahmen für einen Lebensstil nach Rheinsberger Modell schaffen konnte, ohne deswegen immer weite Reisen machen zu müssen. Dies hoffte er umso mehr, als die Schönheit der Landschaft um Potsdam in ihrer Verbindung von Wasser, Grün und sanft geschwungenen Hügeln ihn spontan an die anmutige Lage Rheinsbergs erinnerte.

Wie schon in Charlottenburg, richtete Friedrich seine Winterresidenz zu Potsdam in einem Schloss ein, dessen Bauherr er nicht war. Vom Großen Kurfürsten errichtet und vergrößert, war es unter seinem Nachfolger Friedrich I. ausgestattet worden. Friedrich Wilhelm hatte es anschließend bewohnt, ohne jedoch größere Veränderungen daran vorzunehmen. Wie in Charlottenburg nahm Friedrich einen Umbau vor, wobei jedoch das zwischen 1744 und 1752 schrittweise vorangetriebene Vorhaben diesmal zu sehr viel weiter reichenden Ergebnissen führte. In Charlottenburg hatte Friedrich den Fortgang der Arbeiten nur intensiv beobachtet. In Potsdam hingegen zeigte er sein Interesse auf viel tatkräftigere Weise, indem er sich in den Entwurf des Architekturprojektes einmischte und Knobelsdorff, dem er erneut die Leitung des Bauvorhabens übertragen hatte, an sehr straffem

Zügel führte. Von Friedrich stammte auch die Idee der Gliederung der Fassade auf der Rückseite des Schlosses, die sich um einen mit korinthischen Pilastern geschmückten Vorbau gruppierte. Er gab auch die Zweckbestimmung und die Anordnung der Säle vor, und Knobelsdorff musste sich seinen Anordnungen fügen.

Als die Arbeiten zu Ende geführt waren, hatte die Zusammenarbeit von König und Architekt ein neues Schloss entstehen lassen. Von der ursprünglichen Substanz blieb lediglich noch das Portal der Fortuna, der von Friedrich I. im Gründungsjahr des Königreiches errichtete, halbkreisförmige Eingang zum Innenhof, erhalten. Dieses hatte Friedrich wegen seiner symbolischen Bedeutung erhalten wollen. Das Schloss wurde zu einem beeindruckenden Ensemble mit bemerkenswert einheitlichem Baustil. Dem majestätischen Äußeren des Bauwerkes entsprach das Innere. Insbesondere der Mittelteil mit seiner Prunktreppe, der Marmorgalerie und dem Marmorsaal, der eine Hymne auf den Ruhm des Großen Kurfürsten sein sollte, hatten dafür die Maßstäbe gesetzt. Diese Neugestaltung brachte den Willen Friedrichs zum Ausdruck, aus Potsdam die Hauptstadt seines Königreiches zu machen. Obgleich Berlin sich weiterhin als größte und bedeutendste Stadt des Königreiches entwickelte, sollte es nach dem Willen des Königs doch seine politische Zentralfunktion an Potsdam verlieren. Diese Absicht wurde durch ein weiteres Vorhaben seines Bauprogrammes unterstrichen: den Bau von Schloss Sanssouci.

Das neue Arkadien

Wenn es eines weiteren Beweises für diesen ausdrücklichen königlichen Willen bedürfte, läge er in der Gleichzeitigkeit der beiden Baumaßnahmen. Friedrich erteilte seine Anweisungen für den Bau von Sanssouci, noch während sich das Potsdamer Stadtschloss im Umbau befand. Bei Sanssouci allerdings handelte es sich um eine vollständige Neuschöpfung. Von jeglichem Zwang befreit, konnte Friedrich dort zum ersten Male seine eigenen Vorstellungen von einer Residenz unabhängig von vorhandenen Baulichkeiten entwickeln und völlig nach seinem Geschmack umsetzen. Zwar war Knobelsdorff mit der Leitung des Vorhabens beauftragt, aber in Wirklichkeit hatte er in erster Linie die Wünsche seines Meisters auszuführen.

Friedrich stand zunächst vor allem vor der Wahl des Ortes. Schon als Kind hatte er in Begleitung seines Vaters jenen Hügel entdeckt, auf dem er nun beabsichtigte, seine Sommerresidenz zu errichten. In sanftem Abfall zur Stadt hin bot diese Anhöhe einen idealen Rahmen, um die Schönheiten der Architektur mit den Reizen der Natur zu verbinden. Die Arbeiten begannen mit der Umgestaltung dieser Fläche, die in sechs Terrassen unterteilt wurde. Friedrich ordnete die Anlage eines Weinberges an; auf den Terrassen sollten Kirsch-, Aprikosen-, Pflaumen- und Feigenbäume die Ausgestaltung vervollständigen. Diese Entscheidung hatte an sich nichts Außergewöhnliches, doch nirgendwo sonst stand ein Weinberg derart im Mittelpunkt eines Schlossgartens. Die Entscheidung Friedrichs beinhaltet eine deutliche allegorische Botschaft. Gleichsam als Vorspiel zu dem Palast, der bald die Spitze des Hügels zieren sollte, verlieh der Weinberg der gesamten Anlage einen höheren Sinn. Der Bezug zu Bacchus, dem Gott des Weines und des Vergnügens, sollte mittels der Karyatiden und der Weintrauben, welche die Fassade auf der Parkseite zieren sollten, hergestellt werden. Man kann durchaus sagen, dass Friedrich Sanssouci als neues Arkadien verstand, d. h., als eine wegen ihrer Anmut sprichwörtliche Landschaft. Auch im Konzertsaal sollte er eine Inschrift anbringen lassen, deren Formel als seine Devise gelten könnte: »*Et in Arcadia ego* – Auch ich war in Arkadien geboren«.

Das Schloss von Sanssouci gibt die aktive Mitwirkung Friedrichs nicht nur in der Gestaltung der Fassaden, sondern auch des Interieurs zu erkennen. Es stellt sich als eines der im 18. Jahrhundert so beliebten»Lustschlösser« dar. Von der Mittelachse des ebenerdigen Gebäudes gehen zwei symmetrisch angeordnete Flügel aus. Allein darin offenbart sich schon das Bedachtsein auf Wohlbefinden und Bewegungsfreiheit sowohl des Hausherrn als auch seiner Gäste. Es ist in der Tat von jedem Zimmer aus möglich, unmittelbar die Terrasse und daran anschließend den Garten zu betreten. Die Fassade der Vorderseite weist einen anderen Charakter auf und diente der Repräsentation. Mit einem Ehrenhof davor und von einem halbkreisförmigen Säulengang umgeben, ruft sie den Besuchern von Sanssouci ins Gedächtnis, dass es sich um den Palast eines Königs handelt. Als sich Friedrich 1747, zwei Jahre nach Baubeginn, in seiner neuen Residenz niederließ, war erst der Rohbau fertig gestellt. Das gehörte im Grunde schon zu seiner Gewohnheit. Auch in Rheinsberg und Charlottenburg hatte er die gleiche Ungeduld gezeigt. Da die Innenausstattung nicht sogleich ihre endgültige Ausgestaltung erhielt, musste er noch einige Zeit in diesem Zustand des Provisoriums leben.

Obwohl jeder Saal einen bestimmten Zweck erfüllen sollte, trägt ein jeder durch seine unterschiedliche stilistische Ausgestaltung zum Zauber des Ganzen bei. Der Marmorsaal im Mittelpunkt besitzt alle Merkmale eines Prunkraumes: Größe, Erhabenheit und Feierlichkeit. Auf korinthischen Säulen ruht eine ovale Kuppel, die sich nach dem Vorbild des Pantheons in Rom nach oben öffnet. Es wurde alles vermieden, was einen Eindruck schwer lastender Kälte, dem solche Räume nur selten entgehen, hätte vermitteln können. Besondere Aufmerksamkeit galt dem harmonischen Zusammenspiel der Farben zwischen den Tönungen des Marmors, dem Weiß der Säulen und der Vergoldung der Türen, den Säulenkapitellen und den reichen Motiven, welche die Kuppel zierten. Das durch die französischen Fenster einfallende Licht steigert darüber hinaus den Eindruck von strahlender Helligkeit. Im Sinne der höfischen Lebensformen sollte dieser Saal für Empfänge und Feste bestimmt sein. Solche Feste dort zu feiern, hatte Friedrich gewiss ins Auge gefasst; es war jedoch an Feste des Geistes gedacht. Und daher sollte es künftig auch zu seiner Gewohnheit werden, in diesem Saal einen Kreis von Freunden beim philosophischen Souper um sich zu versammeln.

Vom Marmorsaal aus führt eine Tür zu den Gemächern des Königs, die den gesamten Ostflügel des Schlosses einnehmen. Im Anschluss an einen Empfangsraum gelangt man in das Musikzimmer. Dieses wunderbare Werk friderizianischen Rokokos ist wegen der Konzerte berühmt geworden, die der König dort gab. Wie der Marmorsaal wirkt er durch das Zusammenspiel der Farbe Weiß und der Vergoldungen. An den Wänden wechseln bemalte Paneelen mit Spiegeln ab, und beide sind von eleganten geschnitzten und vergoldeten Rahmen, die Pflanzen- und Blütenmuster miteinander verweben, gefasst. Auf den erwähnten Tafeln hat Pesne Szenen aus den »Metamorphosen« des Ovid, der einer der lateinischen Lieblingsdichter Friedrichs war, dargestellt. An der Decke finden reizende *putti* ihre Freude beim Versuch, Tiere in ihren Netzen zu fangen. Hierbei entwickelt sich ein verspielter Zug, der mit der Atmosphäre dieses Raumes, in welchem der Eindruck luftiger Leichtigkeit herrscht, in Einklang steht.

Das daran anschließende Zimmer erfüllte als Arbeits- und Wohnraum eine zweifache Funktion. Abgesehen von den Schlafenszeiten verbrachte Friedrich hier viele Stunden des Tages, die er den Staatsgeschäften und seiner Lektüre widmete. Mit den später von Friedrich Wilhelm II. im klassizistischen Stil vorgenommenen Veränderungen hat der Raum sein ursprüngliches Aussehen verloren. Die von Zeitgenossen überlieferten Beschreibungen sind jedoch hilfreich, diesen Lebensraum des Königs vor dem geistigen Auge wieder erstehen zu lassen.

Die Gemächer des Königs finden ihren Abschluss mit der Bibliothek. Dort stellt sich der Vergleich mit Rheinsberg ein. Wie im ersten Domizil Friedrichs handelt es sich auch hier wieder um ein Eckzimmer mit kreisförmigem Grundriss, das zum Park blickte und überdies an der intimsten Stelle des Schlosses lag. Ein enger Flur vom Arbeitszimmer des Königs führte dorthin und außer diesem hatte niemand Zutritt. Die mit Zedernholz getäfelten Wände schufen im Einklang mit dem Geist des Ortes eine private Atmosphäre. Die aus dem gleichen Holz gefertigten Regale waren hinsichtlich ihrer Höhe an die Körpergröße des Königs angepasst und umfassten über 2200 Bände, alle übrigens auf Französisch. Um sie zu kennzeichnen, war der Buchschnitt mit dem Buchstaben »V« wie »*Vigne* – Weinrebe« versehen, was ebenfalls als Verbeugung vor dem im Mittelpunkt stehenden Thema Wein gelten kann. Die Ausstattung der Bibliothek unterstrich ihre Bestimmung gleichermaßen. Konsolen an den Wänden trugen Büsten von Gestalten der antiken Mythologie und Kultur, wie des Gottes Apollo, des Dichters Homer, des Philosophen Sokrates und des Philosophenkaisers Marc Aurel. Wie die anderen Räume war auch die Bibliothek überreich mit Vergoldungen ausgeziert. Sie mündeten an der Decke in die Lachende Sonne, das Symbol der Philosophie, deren Strahlen die Welt mit ihrer wohltuenden Wärme überfluteten.

Außer der Bibliothek führten alle Räume des Königs zu einer ebenfalls den Künsten gewidmeten Galerie. Nach Musik und Literatur verlieh sie der Leidenschaft Friedrichs für die Malerei Ausdruck. Wie in Potsdam stand Watteau auch hier in hohen Ehren. Auf zwei großen Gemälden feiert das Genie des Rokoko seine galanten Feste: »*Les Comédiens sur le champ de foire* – Die Komödianten auf der Kirmes« und »*Joyeuse compagnie en plein air* – Gesellige Unterhaltung im Freien«. Beide Watteaus stellen eine Verbindung zu Rheinsberg her. Aber vielleicht muss man aus Friedrichs Warte darin auch einen melancholischen Abschied von seinen Jugendjahren sehen. Damals hatte er Rheinsberg zum Mittelpunkt eines ewigen Rokokofestes gestalten wollen. Nun, im Strudel der Staatsgeschäfte und nach den beiden Schlesischen Kriegen, in denen er dem Tod ins Angesicht geblickt hatte, wusste er nur allzu gut, dass diese Zeit unwiederbringlich dahin war. Und Friedrich sollte sich im Übrigen bald von Watteau und seinen Epigonen abwenden und die italienischen und flämischen Meister anbeten.

Dennoch hatte er in seinem Innersten diesen unerfüllbaren Traum nicht völlig aufgegeben. Seine unauffällige, hinter den gauklerischen Lustbarkeiten galanter Feste verborgene Melancholie stand sowohl mit seiner geistigen Tätigkeit wie mit seiner inneren Haltung im Einklang. Nach dem Vorbild von Rheinsberg empfing Friedrich auch in Sanssouci eine ausgesuchte Gesellschaft. Der andere Flügel des Schlosses umfasste daher eine Reihe von Zimmern, die für die Gäste des Königs bestimmt waren. Ihre nüchterne Eleganz gab zu verstehen, dass sie wohl gelitten, aber doch nicht Angehörige der königlichen Familie oder Fürstlichkeiten waren. Friedrich hatte diese Appartements für Freunde vorgesehen, die er zu sich rief. Darin lag ein weiteres Unterscheidungsmerkmal der neuen Residenz. Sanssouci war den freundschaftlichen Beziehungen ebenso gewidmet wie den Künsten, und zwar außerhalb der höfischen Prachtentfaltung.

Der Hof

Mit Ausnahme von Sanssouci war das System des königlichen Hofes keineswegs aus der preußischen Monarchie verbannt. Friedrich hatte es sogar wieder eingerichtet und neu belebt, nachdem es sein Vater, der höfischen Glanz für unnütz und sogar verderblich hielt, auf ein striktes Minimum reduziert hatte. Dies ging aber nicht so weit, dass der preußische Hof im Vergleich zu den großen europäischen Monarchien hätte mithalten können. Darauf bedacht, seinen Hof nicht zu einem das Königtum schädigenden Brutherd für Intrigen werden zu lassen, setzte Friedrich ihm enge Schranken und hielt ihn in einer untergeordneten Stellung.

Wenn zwar die auf Schloss Rheinsberg um Friedrich versammelte Gesellschaft schon Züge einer Hofhaltung hatte erkennen lassen, so war deren Organisation im Verhältnis zu den europäischen Vorbildern völlig atypisch und unterschied sich in jeglicher Beziehung. Ihre Abläufe waren nicht von Etikette und Zeremoniell geregelt. Vor allem jedoch hatte Friedrich die Entscheidung getroffen, nicht nur Aristokraten, sondern auch Bürgerliche an seinem Hof zu empfangen. Der Geburtsstand war nicht mehr das zwingende Kriterium für die Auslese. Unter diesen beiden Aspekten stellte Rheinsberg die Vorwegnahme von Sanssouci dar.

Mit seiner Thronbesteigung hatte Friedrich einen Hof eingerichtet, der nach herkömmlichen Grundsätzen organisiert wurde. Für dessen äußeren Rahmen schuf er neun Ränge von Großoffizieren. Aber als Zeichen der begrenzten Bedeutung, die er dem Hof im Rahmen des monarchischen Systems zugestand, ernannte er überwiegend Aristokraten aus anderen deutschen Staaten. Seinem eigenen Adel teilte er wichtigere Aufgaben in Armee und Verwaltung zu.

Die lapidare Feststellung Voltaires, »*Fréderic vivait sans cour* – Friedrich unterhielt keinen Hof«[234], kann zwar in vollem Umfang für Sanssouci, nicht jedoch für die anderen Residenzen gelten. Sie wird aber besser verständlich, wenn wir einen Auszug aus dem ersten *Testament politique* Friedrichs von 1752 heranziehen:»Hier spielen Rang, Etikette, Botschafter überhaupt keine Rolle. Eben dadurch sind wir abgeschirmt vom Streit um Vorrang und von all diesen Schikanen hochmütiger Könige, die an anderen Höfen ganz besondere, ungeteilte Aufmerksamkeit beanspruchen und viel Zeit stehlen, die man in nützlicherer Weise dem öffentlichen Wohl widmen kann.«[235]

Warum aber einen Hofstaat einrichten, wenn diesem lediglich eine repräsentative Rolle zugedacht war? In dieser Frage ist zweifelsohne schon ein Teil der Antwort enthalten. Friedrich wusste eben sehr gut, dass Höfe für das System der Monarchie von substanzieller Bedeutung waren. Unabhängig von seiner persönlichen Einstellung nahm er das zur Kenntnis und handelte danach. Repräsentationspflichten waren ein Teil der Aufgaben des Königs. Friedrich unterwarf sich ihnen ohne Sträuben, seit er dafür Sorge getragen hatte, sie zeitlich zu begrenzen. In der Zeit des Karneval organisierte er im Berliner Schloss großartige Feste und lud seinen Adel dazu ein. Er spielte seine Rolle perfekt und erschien dort im vollen Glanze seiner Majestät, und er wahrte dabei zwischen sich und seinen Gästen den Abstand, der sich für einen König geziemte. Graf Ernst Ahasverus Heinrich von Lehndorff, ein Zeuge dieser abendlichen Feste, notierte in seinem Tagebuch: »Die vierzig Personen, die sich bei bester Laune im Vorzimmer aufhielten, erstarrten zu Statuen, als der König den Raum betrat.«[236]

Die königliche Familie

Der königlichen Familie stand Sanssouci ebenfalls weitgehend fremd gegenüber. Wenn auch gelegentlich einige Mitglieder dort erschienen, so gehörte doch keiner von ihnen jemals zu den Vertrauten des Hauses. In seiner Unnachgiebigkeit duldete Friedrich auch hinsichtlich der Königin keine Ausnahme.

In Rheinsberg hatte Elisabeth Christine noch die Hoffnung gehegt, dass sich die Beziehungen zu ihrem Gemahl nach und nach normalisieren könnten. Nachdem er ihr gegenüber mehr Zuvorkommenheit gezeigt hatte, glaubte sie, dass er anfinge, sich an sie zu binden. Der Sturz war umso heftiger. Kurze Zeit nachdem er den Thron bestiegen hatte, machte Friedrich das Schloss von Schönhausen im Osten Berlins (Niederschönhausen) seiner Gattin zum Geschenk. Das war jedoch keineswegs eine besondere Aufmerksamkeit, sondern kündigte ganz im Gegenteil den Bruch zwischen den beiden an. Indem er Elisabeth Christine Schönhausen als Residenz anwies, entfernte er sie aus seiner Nähe, ja er verbannte sie geradezu vom Hof und der übrigen Familie. Wenn es überhaupt noch eine Chance dafür gegeben hatte, dass die Dinge eine bessere Wendung nähmen, so war diese nach der langen Trennung in der Zeit der Schlesischen Kriege völlig vertan. Friedrich wollte nicht mehr länger mit einer Gattin belastet sein, für die er keinerlei Gefühle entwickeln konnte und der er nichts zu sagen hatte. Aus diesem Grunde lebten sie getrennt und begrenzten ihre Beziehungen auf ein Minimum. Eine solche Situation fand in den Monarchien Europas nicht ihresgleichen. Im Grunde brachte Friedrich lediglich sein Handeln mit seinen Vorstellungen in Einklang, wie er schon vor seiner Heirat angekündigt hatte. Keiner von jenen, denen er einst seine Absichten anvertraut hatte, hatte diese jedoch ernst genommen.

Nichtsdestoweniger bestand Friedrich darauf, dass der Königin die ihrem Rang angemessene Ehre erwiesen wurde. Die in Berlin akkreditierten Gesandten waren gehalten, ihr Huldigung zu leisten. Jeweils am 8. November wurde ihr Geburtstag mit einer großen Festlichkeit gefeiert, der Friedrich allerdings meistens fern blieb. Gelegentlich trieb er die Gleichgültigkeit bis zur Grobheit. Als sich Elisabeth Christine erkühnte, ihren Wunsch zum Ausdruck zu bringen, an einem Fest zu Ehren der Königinmutter zu Rheinsberg teilzunehmen, wies er sie ab. Seinem Bruder August Wilhelm vertraute er an, nicht mehr die Gesellschaft dieser »grognarde pimbêche«, vornehm übersetzt: »nörgelndes Weibsstück«, genießen zu wollen. Er übertraf sich selbst in der Kunst der Galanterie und fügte dem hinzu, dass er nicht die Absicht habe, Brennnesseln und anderes Unkraut mit Jasmin und Rosen vermengen zu wollen. Somit sahen sich Friedrich und Elisabeth Christine zwar bei offiziellen Anlässen, aber selbst in deren Rahmen blieb sie vor seinen Grobheiten nicht verschont. So fand er auch am Ende des Siebenjährigen Krieges und nach ebenso langer Trennung für seine Gattin keine anderen Worte als: »Madame sind korpulenter geworden.« Als er sie einige Jahre später seiner Schwester Ulrike, die zu Besuch in Berlin weilte, präsentierte, fiel ihm kein besserer Kommentar ein als: »Meine alte Kuh kennen Sie ja schon.«[237]

Friedrichs Beziehungen zu seiner Schwester Wilhelmine waren während des Zweiten Schlesischen Krieges eine Zeitlang sehr abgekühlt, da es so schien, als ergriffe sie für Österreich Partei. War die Markgräfin von Bayreuth nicht sogar so weit gegangen, Maria Theresia auf ihrem Weg nach Frankfurt, am Vorabend der Kaiserkrönung Franz Stephans, zu begrüßen? Während dieser Jahre schickte er ihr nur noch selten Briefe, und diese waren zudem formell gehalten. Als er sie über den Breslauer Frieden unterrichtete, tat er dies in beißendem Ton, der sehr viel über seine nachtragende Haltung aussagte: »Der Anteil, den Sie an allem nehmen, was die Königin von Ungarn betrifft, bietet mir die Gelegenheit, Sie wissen zu lassen, dass wir soeben miteinander Frieden geschlossen haben. Ich schmeichle mir, meine geliebte Schwester, dass dies Ihnen umso angenehmer erscheinen muss, als Ihre Vorliebe für diese Fürstin künftig nicht mehr durch die Reste der alten Freundschaft, die Sie mir gegenüber möglicherweise bewahrt haben, eingeschränkt sein wird.«[238] Die Rückkehr zum Frieden beendete jedoch das Zerwürfnis. Bruder und Schwester nahmen ihren Briefwechsel wieder auf, und mit dem Aufenthalt Wilhelmines in Sanssouci im August 1747 wurde die Versöhnung besiegelt. Wilhelmine sollte Friedrich noch öfter besuchen. Das berühmte »Flötenkonzert« von Adolph von Menzel, in dem der Maler die gespannte Aufmerksamkeit zeigt, mit der sie dem Flötenspiel ihres Bruders lauschte, war keineswegs gestellt. Mit Ausnahme von Amalie teilten alle Schwestern das Los von Wilhelmine. Mit ihren Heiraten traten sie in neue Familien ein: Friederike Luise heiratete Karl von Brandenburg-Ansbach, Philippine Charlotte Herzog Karl von Braunschweig-Wolfenbüttel, Ulrike den schwedischen König Adolf Friedrich und Sophie den Markgrafen Friedrich Wilhelm von Brandenburg-Schwedt. In ihrer neuen Heimat lösten sie sich zwar nicht von ihrer ursprünglichen Familie ab, waren jedoch der Macht des Königs von Preußen entzogen. Nur Amalie, die jüngste Schwester, der die Aufgabe zugewiesen wurde, die Königinmutter nach dem Tod Friedrich Wilhelms zu umsorgen, wurde zu keinem Verlöbnis genötigt.

Ganz anders lagen jedoch die Verhältnisse bei den jüngeren Brüdern Friedrichs. Wie dessen *Testament politique* von 1752 zeigt, hat er über den Status dieser Prinzen von Geblüt, die weder als Herrscher noch als Privatpersonen, sondern als eine Art »Amphibien« einzuordnen waren, Überlegungen angestellt.[239] Im Bewusstsein ihres Ranges sei es ganz natürlich, dass sie sich gegen die Autorität des Monarchen auflehnten. Schon bevor Konflikte ausbrachen, war sich Friedrich darüber im Klaren, dass schwierige Beziehungen mit seinen Brüdern bevorstanden. Um sie unter Kontrolle zu halten, entwickelte er Verhaltensmaximen: Sie sollten mit Ehrungen überhäuft und mit militärischen Führungspositionen ausgestattet, auf keinen Fall aber mit Staatsangelegenheiten befasst werden.

Friedrich machte 1744 seinen Bruder August Wilhelm zum Erben und übertrug ihm mit Schloss Oranienburg eine der königlichen Residenzen. In Stockholm herrschte bei Ulrike große Freude über die Einmütigkeit zwischen ihrem älteren und ihrem jüngeren Bruder. Aber diese hielt nicht lange an. August Wilhelm verliebte sich, obwohl verheiratet, in ein junges Fräulein Pannewitz. Und als wäre das noch nicht genug, hatte er keine Hemmungen, seine Leidenschaft herumzuposaunen und die Absicht zu äußern, sich scheiden zu lassen. In seiner Rolle als Familienoberhaupt war Friedrich keineswegs bereit, ein derartiges Fehlverhalten seines Bruders zu dulden und setzte dem »Spuk« schnell ein Ende. Da August Wilhelm sich nicht gutwillig fügen wollte, verheiratete Friedrich das Mädchen kurzerhand mit einem ihrer Vettern und entfernte das junge Paar vom Hof. Wenngleich hiermit alles geregelt schien, so ging diese Affäre dennoch nicht spurlos vorüber.

Friedrich nahm die Erziehung seiner beiden jüngeren Brüder, Heinrich und Ferdinand, selbst in die Hand. Er verfolgte ihre Entwicklung genau und entwickelte ihnen gegenüber eine Strenge, die an die Härte denken lässt, mit der er selbst von seinem Vater behandelt worden war. Obwohl er selbst in jungen Jahren unter dem Verbot des Musizierens gelitten hatte, schränkte er die musikalische Betätigung seiner jüngeren Brüder ein und achtete strikt darauf, dass ihre Studien nicht darunter litten. Außerdem war er über den von Heinrich zur Schau getragenen Leichtsinn beunruhigt. Dieser machte zwar eine gute Figur, als ihn der Bruder und König mit in den Krieg nahm. Nach der Rückkehr ins Zivilleben nahm er jedoch seine alten Gewohnheiten wieder auf. Der junge Herr ertrug es nur unwillig, an der kurzen Leine geführt zu werden, und begann, seinem älteren Bruder die kalte Schulter zu zeigen. Obgleich Friedrich deswegen betrübt war, fand er sich damit ab: »Wenn Sie es so wollen, bin ich es zufrieden«, schrieb er ihm.[240] Er hegte zumindest die Hoffnung, dass die Heirat mit Wilhelmine von Hessen-Kassel dazu beitragen könnte, Heinrichs Persönlichkeit zu festigen.

Die philosophischen Soupers

Wie schon in Rheinsberg wählte Friedrich den kleinen Kreis seiner Vertrauten in Sanssouci sorgfältig aus. Genauso wie früher gab er auch jetzt dem Geburtsstand keineswegs den Vorzug. Wenn Adlige in seinem persönlichen Umfeld leben durften, dann verdankten sie das ihren Qualitäten und nicht ihrer Herkunft. Gegenüber Rheinsberg ist jedoch ein deutliches Unterscheidungsmerkmal zu verzeichnen. Abgesehen von den seltenen Besuchen der Schwestern Friedrichs bestand die Gesellschaft in Sanssouci nur noch aus Männern. Das Fehlen des weiblichen Elementes schuf eine Distanz zur Rokokoidylle. Außer an den Wänden der Gemäldegalerie waren die Zeiten einer »Einschiffung nach Kythera« vorbei. Dieser Wandel wird an der Art der Vergnügungen deutlich sichtbar. Die Musik wird gepflegt, aber Tanz und Theater sind entschwunden. An ihre Stelle sind die *soupers philosophiques* getreten. Sanssouci ist ebenso sehr dem Geist gewidmet wie der Freundschaft.

Von den Vertrauten aus Rheinsberg fanden einige nicht nach Sanssouci oder tauchten nur sporadisch dort auf. Der Tod begann, Lücken in der Umgebung Friedrichs zu reißen. Keyserlingk und Jordan waren die ersten, die von der Bühne des Lebens abtraten. Beide starben 1745, mitten im Schlesischen Krieg, ohne dass es Friedrich möglich gewesen wäre, sie wiederzusehen. Tief berührt vom Verlust der beiden Freunde, die ihm sehr ans Herz gewachsen waren, ließ er seinem Schmerz freien Lauf. Er schrieb Madame de Camas, der Gattin seines Jugendfreundes: »Innerhalb von weniger als drei Monaten habe ich meine zwei treuesten Freunde verloren, Menschen, mit denen ich immer zusammengelebt habe und deren angenehme Gesellschaft, deren Eigenschaft als Ehrenmänner sowie die wahre Freundschaft, die ich ihnen gegenüber hegte, mir oftmals geholfen haben, meinen Kummer zu besiegen und mich bei Krankheit wieder aufzurichten.

Sie können gewiss ermessen, wie schwer es für ein mitfühlendes Herz wie das meine sein mag, den tiefen Schmerz, den dieser Verlust in mir auslöst, zu unterdrücken. Bei meiner Rückkehr nach Berlin werde ich mich in meiner eigenen Heimat beinahe wie ein Fremder und in meinem Heim einsam fühlen.«[241]

Friedrich nahm beim Tod des Grafen Rothenburg im Dezember 1751 diesen Tonfall wieder auf. Er hatte dem König nicht nur zuverlässige Dienste als Soldat und Diplomat geleistet, sondern sich ihm auch als Kenner der französischen Kultur empfohlen. In den Jahren nach dem Einzug in Sanssouci war der Graf dort mehrmals Friedrichs Gast gewesen und hatte regelmäßig an den *Soupers philosophiques* teilgenommen. Zwei Tage nach Graf Rothenburgs Tod schrieb Friedrich an Wilhelmine in tiefer Trauer. »Ich sehe nur meinen Schmerz. Alle meine Gedanken heften sich an den Verlust eines Freundes, mit dem ich zwölf Jahre in vollendeter Freundschaft verbracht habe.«[242] Mit Bitterkeit fährt er fort: »Was bedeutet schon das Leben, wenn man sich all der Personen beraubt sieht, mit denen man am engsten zusammengelebt hat, und wenn uns der Tod diejenigen entreißt, die wir lieben (…) Ich glaube, es gibt auf dieser Welt niemand, der glücklich ist, es sei denn, er liebt niemand.«[243]

Von den ehemaligen Rheinsbergern blieben schließlich nur noch La Motte Fouqué und Algarotti übrig. Ersterer war einer der wenigen Offiziere, die in Sanssouci verkehrten. Aber seine Stellung als Gouverneur der Grafschaft Glatz hinderte ihn daran, so häufig in Sanssouci zu erscheinen wie früher in Rheinsberg. Das Problem mit Algarotti war anderer Natur. Seine Verführungskraft hatte auf Friedrich vom ersten Augenblick ihres Zusammentreffens an größte Wirkung entfaltet. Seine breit gestreuten Interessen und sein brillanter Geist machten ihn zu einem Gast, der wie für Sanssouci geschaffen schien. Aber unruhig und immer in Bewegung, glich er einem flatterhaften Schmetterling. Obwohl Algarotti in den Rang eines Grafen erhoben worden war, schien er doch enttäuscht, nicht mit höheren Aufgaben bedacht worden zu sein, auf die er Anspruch zu haben glaubte. Seine diplomatische Laufbahn endete mit dem Posten des Botschafters in Turin, wo er nicht gerade glänzte. Vielleicht hatte ihn die Erfahrung auch gelehrt, dass es notwendig war, einen gewissen Abstand zu Friedrich zu wahren, dessen Gesellschaft andernfalls erstickend werden konnte. Daher zog der geborene Venezianer es vor, seine Aufenthalte in Berlin durch Reisen nach Italien zu unterbrechen.

Im engeren Umkreis des Königs tauchten indes nicht wenige neue Gesichter auf. Da waren zunächst die Brüder James und George Keith, zwei schottische Adlige, entschiedene Jakobiten, die ihre Treue zum Hause Stuart ins Exil getrieben hatte. Nachdem James anfangs seinen Degen in den Dienst Russlands gestellt hatte, war er dem Rufe Friedrichs gefolgt, der ihm zur Belohnung den Marschallstab verlieh. Als Angehöriger des Kreises von Sanssouci sparte er nicht mit Lobreden auf seinen neuen Herrn: »Mir wird die Ehre zuteil, beinahe täglich mit ihm zu soupieren«, schrieb er seinem Bruder. »Er hat mehr Esprit, als ich überhaupt sagen kann (...). Er legt gegenüber allen, die sich ihm nahen, eine natürliche Höflichkeit an den Tag.«[253] Jedenfalls muss er genügend überzeugende Worte gefunden haben, um seinen älteren Bruder dazu zu bewegen, sich ihm 1747, nach der endgültigen Niederlage der Jakobiten im Jahre 1746, anzuschließen. Mit dem Titel eines Lordmarschalls (*Mylord Maréchal*) geehrt, gewann George Keith umgehend das Vertrauen Friedrichs; dieser ernannte ihn 1751 zu seinem Repräsentanten in Versailles und nahm dabei sogar das Risiko einer diplomatischen Krise mit England in Kauf. Bis dahin war er wie James regelmäßig bei den *Soupers philosophiques* in Sanssouci eingeladen.

Dieser Kreis von Sanssouci hatte eine ausgesprochen internationale Zusammensetzung. Außer einem Italiener zählten zwei Schotten und mehrere Franzosen zu ihm. Der Marquis d'Argens war für sie der Prototyp. Bevor dieser provenzalische Edelmann 1740 in Berlin auftrat, hatte er schon ein ziemlich abenteuerliches Leben hinter sich, das sich in seinen Memoiren niederschlug. Er war nicht nur Soldat und Diplomat, sondern auch ein heller Kopf. Er hatte schon einige Werke veröffentlicht, unter anderem »*La philosophie du bon sens* – Die Philosophie des guten Geschmacks« oder »*Les lettres juives* – Die jüdischen Briefe«, in denen er vehement gegen die Religion Stellung bezog. Zwar klatschte ihm die philosophische Welt Beifall, dafür zog er die Verfolgung durch die Obrigkeit seines Landes auf sich. Daher hatte d'Argens klugerweise den Entschluss gefasst, sich vor ihren Nachstellungen in Sicherheit zu bringen. Nach Aufenthalten in den Niederlanden und in Württemberg fand er schließlich in Preußen die erwünschte Zuflucht. Sowohl der von ihm angeschlagene freie Ton als auch sein heiteres Temperament gewannen ihm die Sympathie des Königs, der ihn zum Direktor der neu gegründeten Philosophischen Klasse der Akademie machte. Der Marquis hatte gewisse Eigenheiten, deretwegen Friedrich ihn neckte. Da sich d'Argens gerne in den Armen Morpheus' wiegte, nahm er es mit der Pünktlichkeit oftmals nicht so genau. Auch fand seine Heiterkeit dort ihre Grenzen, wo die Sorge um seine Gesundheit anfing. Friedrich, der sich über die Neigung seines Freundes zur Hypochondrie amüsierte, konnte sich das Vergnügen nicht versagen, ihm von Zeit zu Zeit einen Streich zu spielen. Als er einmal erfuhr, dass der Marquis wegen einer angeblichen Unpässlichkeit verhindert war, am Abendessen teilzunehmen, entschloss er sich, ihn vermummt zu besuchen. In schwarzer Kleidung erschien er bei dem eingebildeten Kranken und tat so, als wolle er dem in seine Decken gehüllten Todkranken die Sterbesakramente erteilen, wodurch er den Marquis in beinahe tödliche Panik versetzte.

Julien Offray de La Mettrie, ein Landsmann von d'Argens, genoss den Schutz des Königs von Preußen aus den gleichen Gründen wie jener. Nach jahrelanger Beschäftigung mit Medizin hatte sich La Mettrie zum eifrigen Verfechter eines aggressiven Materialismus gesteigert und seine Thesen in einer Brandschrift mit dem Titel »*L'Homme machine* – Die Maschine Mensch« dargelegt, die für sich allein schon ein Programm darstellte. Vom Bannstrahl der Justiz verfolgt, hatte er den gleichen Weg wie der Marquis d'Argens genommen; er war zunächst in die Niederlande geflohen und hatte sich dann nach Preußen begeben. So negativ Friedrich dem Materialismus auch gegenüberstand, sah er in La Mettrie dennoch ein verfolgtes Opfer der geistigen Freiheit. Um jedoch Zutritt zur engeren Umgebung des Königs zu erlangen, waren darüber hinausreichende Qualitäten nötig.

Friedrich war keineswegs von den medizinischen Fähigkeiten La Mettries überzeugt. Wie Voltaire hätte auch der König schreiben können: »Gott bewahre mich davor, ihn als meinen Arzt bemühen zu müssen. Er gäbe mir in aller Unschuld ätzende Lösungsmittel anstatt unschädlichen Rhabarbers ein und würde sich auch noch darüber lustig machen.«[245] Es waren vielmehr La Mettries muntere Fröhlichkeit und sein funkelnder Geist, die ihn an der Tafel zu Sanssouci willkommen machten. »Seine Ideen sind ein Feuerwerk von aufsteigenden Raketen«, notierte Voltaire.[246] Auch wenn Friedrich den Ideen La Mettries nach wie vor fernstand, so fand er dennoch offensichtliches Vergnügen an seiner Gesellschaft, denn er ernannte ihn zumindest für einige Zeit zu seinem Vorleser.

Friedrich war seit langem schon auf den Mathematiker und Polyhistor Pierre Louis Moreau de Maupertuis aufmerksam geworden, der durch seine Reise nach Lappland Berühmtheit erlangt hatte. Seine dort vorgenommenen Messungen hatten die Theorie von den abgeplatteten Erdpolen bestätigt. Nachdem der König beschlossen hatte, die Akademie der Wissenschaften wiederzubegründen, wurde Maupertuis ausersehen, die Präsidentschaft zu übernehmen. Dieses Vorhaben war bereits sehr weit gediehen, als es Friedrich gelang, den Gelehrten dazu zu bewegen, ihn auf seinem Feldzug nach Schlesien zu begleiten. Neben seinen militärischen Aufgaben wollte er mit Maupertuis über die Organisation der Akademie sprechen. Die Reise fiel jedoch kurz aus. Bei einem Handstreich österreichischer Husaren fiel Maupertuis in Gefangenschaft. Nach seiner Befreiung wurde er nach Frankreich zurückgeschickt, und die Akademie nahm ihren Anfang ohne ihn.

Friedrich ließ jedoch nicht davon ab, um Maupertuis zu werben. Und es gelang ihm, Argumente vorzubringen, die den angesehenen Gelehrten schließlich zur Rückkehr nach Berlin bewogen, wo er das ihm angebotene Präsidentenamt übernahm. Der geschmeichelte Maupertuis ließ sich vom König jegliche Vollmacht und Entscheidungsfreiheit bei der Ernennung neuer Akademiemitglieder zusichern. In der praktischen Umsetzung freilich war er klug genug, diese Zusagen des Königs nicht allzu wörtlich zu nehmen. Und deshalb hütete er sich, Schritte zu unternehmen, ohne zuvor Friedrich zu Rate gezogen zu haben. Dieser vermochte ihn daher auf seine Weise zu lenken. Im Unterschied zu seinen vorübergehend ebenfalls in Berlin lebenden Landsleuten schlug Maupertuis in Preußen Wurzeln. Durch seine Heirat mit Eleonore von Borcke, einer Hofdame der Prinzessin Amalie, festigte er seine Stellung, indem er zur königlichen Unterstützung auch noch die des Adels gewann.

»Diese Soupers sind köstlich«, berichtete ein Tischgenosse. »Man spricht stets mit Vernunft, man äußert kühne Gedanken, man ist dort frei. Dort herrscht ein wunderbarer Geist, der sich einem vermittelt.«[247] Den Gesprächen an der Tafel von Sanssouci waren keine Grenzen gesetzt. Inmitten seiner Gäste gab sich Friedrich lediglich als *primus inter pares*. Hier konnten alle Themen, außer Politik, freimütig diskutiert werden. Sämtliche Gäste waren geistreiche Sprecher, und jegliche Gewagtheit war zugelassen, insbesondere dann, wenn sie sich gegen die Religion, die beliebteste Zielscheibe dieser Freidenker, richtete.

Jeder von ihnen kannte jedoch die Grenzen der genossenen Freiheiten oder sollte sie zumindest kennen. So besagte ein ungeschriebenes Gesetz, dass die Teilnahme an diesen Abendessen nicht das geringste Vorrecht einräumte. Das galt vor allem für staatliche Angelegenheiten oder solche des Königs, die er sich allein, Philosoph oder nicht, vorbehielt. Auch hier zog Friedrich eine klare Scheidelinie zwischen den beiden Lebensbereichen. Es lag in der Natur dieser kleinen Abendgesellschaften, die sich um den König wie um eine Sonne herumgruppierten, dass die Atmosphäre von Sanssouci von Spannungen nicht unberührt blieb. So erschien die nach außen demonstrierte Gleichheit mitunter gekünstelt. Ein jeder versuchte, vor den Augen des Hausherrn zu brillieren, wenn nötig, auf Kosten der anderen Gäste. Trotz seiner wiederholten Hymnen auf die Freundschaft ergötzte sich Friedrich an den Zänkereien seiner Gastfreunde und liebte es, sie anzustacheln. Es ist wohl unbestritten, dass es keine ätzendere Eifersucht gibt als diejenige, welche die Gelehrtenrepublik entzweit. Dank Voltaire jedoch nahm dieses Gezänk Dimensionen an, die durchaus seiner Persönlichkeit entsprachen.

»Ihre Unverschämtheit erstaunt mich!«

Voltaire kehrte erst 1743 nach Berlin zurück. Obgleich im Briefwechsel zwischen dem König und ihm wiederholt größere Pausen eintraten, hat Friedrich es nie aufgegeben, ihn für einen dauernden Aufenthalt in Berlin zu gewinnen. Voltaire setzte diesen Bemühungen seine Weigerung entgegen, sich für längere Zeit von seiner »divine Émilie«, der vergötterten Geliebten, zu trennen. Seit September 1749 jedoch konnte er diese Begründung nicht mehr vorschützen. Émilie du Châtelet war nämlich vom Chevalier de Saint-Lambert geschwängert worden und bei der Geburt gestorben. Friedrich hatte niemals Sympathie für die Verstorbene empfunden. Abgesehen von seiner Abneigung gegenüber gelehrten Frauen, sah er in der Marquise zunehmend das trennende Element zwischen Voltaire und sich. Lediglich der Form halber nahm er am Leid seines Freundes Anteil, der ihn hatte wissen lassen: »Ich habe jemand verloren, der seit fünfundzwanzig Jahren mein Freund war; einen großen Mann, der lediglich einen Nachteil hatte, nämlich den, eine Frau zu sein (…). Ich befinde mich seit einem Monat in einem Zustand, der mir wohl nicht gestattet, Sie jemals wiederzusehen.«[248] Dieser Gedanke hätte Friedrich eigentlich beunruhigen müssen. Algarotti vertraute er jedoch, scharf blickend und zynisch zugleich, ohne sich aufzuregen, an: »Voltaire streicht seine Trauer allzu sehr heraus, sodass ich denke, dass er sich schnell wieder trösten wird.«[249] Was Friedrich über Voltaires Lebensumstände in Frankreich wusste, bestärkte ihn in dem Gedanken, dass er seinem Ziel nahe sei.

Während sich der Ruf Voltaires in ganz Europa verbreitete, litt er darunter, dass ihm Frankreich die seinen Verdiensten zukommende Anerkennung verweigerte. Dennoch hatte er im Lauf der Jahre einiges erreicht. Die Académie française hatte ihm 1746 schließlich ihre Tore geöffnet, nachdem er im Jahr zuvor von König Ludwig XV. zum »historiographe du roi«, zum Hofhistoriografen, ernannt worden war. Dennoch spürte er, dass seine Position nach wie vor auf schwachen Beinen stand. Obwohl er seine Dienste anbot, schlug ihm Übelwollen entgegen. Ludwig XV. misstraute ihm nach wie vor. Er soll Voltaires Abreise mit der wenig schmeichelhaften Bemerkung kommentiert haben: »Ein Narr weniger an meinem Hof!« Voltaire war es nicht gelungen, einen gesicherten Platz in der Gunst von Madame Pompadour zu erlangen, die in Versailles ihr Wohlwollen nach Belieben gewährte oder versagte. Die Wankelmütigkeit des Pariser Publikums tat ihr übriges. Voltaire ertrug den Triumph, den sein Rivale Crébillon mit dem Drama »Catilina« erlangte, nur schlecht, zumal seine eigenen Tragödien *Oreste* und *Rome sauvée* sich als Misserfolge erwiesen. Enttäuscht und verbittert, wie er war, sah er keinen

Grund mehr, sich der erneuten Einladung Friedrichs zu entziehen, die im Dezember 1749 ausgesprochen wurde. Nachdem er sich lange verweigert hatte, folgte er schließlich dem Ruf des Königs von Preußen.

Vielleicht wäre Voltaire noch zögerlicher gewesen, hätte er gewusst, welche nachteilige Meinung Friedrich sich inzwischen von ihm gebildet hatte. Seit ihren letzten Begegnungen hatte sich ihre Beziehung weiterentwickelt. Friedrich verhielt sich nicht länger mehr wie ein ehrerbietiger Schüler. Es kam inzwischen sogar vor, dass er in seine Lobreden Urteile einfließen ließ, die keineswegs als Schmeichelei eingestuft werden können. Vor allem aber begegnete er der menschlichen Seite Voltaires mit viel mehr Vorbehalten, obwohl er den Schriftsteller nach wie vor bewunderte. Einige Dinge hatten ihm das andere Gesicht dieser Persönlichkeit gezeigt. Als Friedrich seine Einladung erneuerte, hatte er sich hierüber schon eine Meinung gebildet, wie aus einem Brief vom September 1749 an Algarotti hervorgeht, in welchem er ein unnachsichtiges Bild von Voltaire zeichnete: »Es ist recht schade, dass ein derart schwacher Charakter einem so großartigen Genie innewohnt. Er besitzt die Höflichkeit und die Bösartigkeit eines Affen (…). Ich werde mir jedoch nichts anmerken lassen, denn ich brauche ihn wegen seiner Sprachgewandtheit im Französischen. Auch von einem Schurken kann man Gutes lernen. Mir geht es um sein Französisch; was kümmert mich da seine Moral? In diesem Menschen ist die Vereinigung von Widersprüchen gelungen. Man bewundert seinen Verstand und verachtet im selben Augenblick seinen Charakter.«[250]

Dieser Brief erhellt sowohl die Gedanken als auch die Hintergedanken Friedrichs. Er hatte keineswegs aus den Augen verloren, dass ihm der Auftritt des berühmtesten europäischen Schriftstellers einen immensen Prestigezuwachs bringen würde. Er hatte den Vorsatz, sich Voltaires zur Erhöhung des eigenen Glanzes zu bedienen. Voltaire sollte sein Vergil sein, geruhte er zu schreiben. Damit gab er, von der Schmeichelei ganz abgesehen, auch zu verstehen, dass er selbst der Augustus der Neuzeit sei. Aber Friedrich nahm noch ein anderes, mehr von praktischen Erwägungen diktiertes Ziel ins Visier. Er erwartete von Voltaire, dass dieser sein Pygmalion werde, mit anderen Worten, dass er ihn in der Dichtkunst unterweise. Darin sollte in seinen Augen eine bedeutende Aufgabe für Voltaire liegen, denn er sah in der Dichtung viel mehr als lediglich einen Zeitvertreib oder eine Zerstreuung. Indem er ihn jedoch auf dieses Gebiet einengte, setzte er der Rolle und dem Einfluss Voltaires enge Grenzen.

Die zahlreichen von Voltaire in den ersten Wochen nach seiner Ankunft im Juli 1750 aus Berlin oder Potsdam verschickten Briefe verströmen eine euphorische Stimmung. Wenn man ihnen glauben kann, stand alles zum

Besten in der besten aller Welten. Er war so begeistert, dass er mit seinen Lobpreisungen für den »Salomon des Nordens« nicht geizte: »Nach dreißig stürmischen Jahren finde ich hier einen Hafen«, vertraute er seinem Freund, dem Comte d'Argental, an. »Ich finde die Protektion eines Königs, das Gespräch mit einem Philosophen und die Zuneigung eines liebenswürdigen Menschen, und das alles in einem Manne vereint, der mich seit sechzehn Jahren in meinem Unglück trösten und mich vor meinen Feinden in Schutz nehmen will.«[251] Dieser vollkommene Freund hatte nicht versäumt, die materielle Situation Voltaires sicher zu stellen, indem er ihn zum Kammerherrn ernannte. Dieser Posten hatte lediglich eine fiktive Bedeutung, war jedoch mit einem völlig realen Einkommen verbunden. Der neue Kammerherr des Königs von Preußen empfing für seine Dienste eine Vergütung in Höhe von 20 000 Franc, dazu noch 4000 Franc für Madame Denis, die Nichte Voltaires, die nebenbei auch seine Geliebte war, falls sie sich sich entschließen sollte, nach Berlin zu kommen und hier zu wohnen.

Es dauerte dennoch nicht lange, bis erste Wolken diesen makellosen Enthusiasmus verdunkelten. Der Boden des Berliner Garten Eden war nicht allein mit guten Absichten gepflastert. Friedrich machte sich ein Vergnügen daraus, einen Konkurrenten gegen Voltaire aufzustacheln. Dem glücklichen Auserwählten, dem kleinen Baculard d'Arnaud, hatte er versichert, dass der alte Schriftsteller »auf die Dekadenz zusteuere« und hinzugefügt:

»An Ihnen ist es nun, zu ernten Ruhm und Dank,
In kühnem Höhenflug, indes er niedersinkt.
Dem schönen Tage, dessen Sonne sank,
Eine noch schönere Morgenröte winkt.«

Die Hinterhältigkeit war umso krasser, als dieser Baculard d'Arnaud, den Friedrich vorgab, unter seine Fittiche nehmen zu wollen, in Voltaire zuvor einen Gönner gefunden hatte. »Le soleil couchant« wehrte sich, und nach heftigen Jeremiaden erreichte er, dass dem jungen Streber Urlaub gewährt wurde, das heißt, er wurde entlassen. Friedrich war jedoch alles andere als zum Lachen zumute, als sich Voltaire in seiner Habgier mit einem jüdischen Wucherer auf ein fragwürdiges Geschäft einließ und dabei nicht bedachte, dass er als königlicher Kammerherr nicht nach seinem Gutdünken handeln durfte. In dieser Position gingen solche Gaunereien nicht nur ihn allein etwas an. Sie konnten den König kompromittieren, zumal die Sache vor Gericht kam und bösartige Spottverse kursierten, unter denen Lessings süffisantes Pasquill »Auf…« dank seiner Schlusspointe »Herr V(oltaire) war ein größrer Schelm als er (d. h. als der jüdische Geschäftspartner)« bis heute bekannt geblieben ist. Gereizt fuhr Friedrich daher seine Krallen aus, und seine Rüge vom 24. Februar 1751 war überdeutlich: »Was mich betrifft, so habe ich den Frieden in meinem Hause bis zu Ihrer Ankunft bewahrt; und ich mache Sie darauf aufmerksam, dass, wenn sie unbedingt intrigieren und Verschwörungen anzetteln wollen, Sie hier an der falschen Adresse sind. Ich liebe sanfte und liebenswürdige Leute, in deren Leben ungezügelten thea-tralischen Leidenschaften kein Platz eingeräumt wird. Für den Fall, dass Sie sich entscheiden könnten, ein Leben als Philosoph zu führen, würde ich mich freuen, Sie zu sehen. Falls Sie sich allerdings jeglicher Unbesonnenheit Ihrer Leidenschaften hingeben und mit jedermann im Streit liegen wollen, dann ist Ihr hiesiger Aufenthalt (in Sanssouci, der Übersetzer) für mich kein Vergnügen; dann können Sie gleich in Berlin bleiben.«

Dieser Brief kennzeichnet eine Wende in der Beziehung zwischen Fried-rich und Voltaire. Sie hatten beide seit langem ihre Illusionen der ersten Jahre verloren. Friedrich vertraute seine innersten Gedanken anderen ihm nahestehenden Leuten aus seiner Umgebung an, so Jordan und später Alga-rotti. Voltaire seinerseits flocht in Briefen an Dritte hier und da Spitzen gegen den König ein. Es hatte nicht lange gebraucht, bis er nach seiner Ankunft in Berlin eine gewisse Enttäuschung durchblicken ließ. Das wird in dem berühmten Brief der »Aber« deutlich, den er am 6. November seiner Nichte geschrieben hatte, in welchem jedem Dithyrambus ein anspielungsreiches »Aber« folgte. Nun jedoch war es zum ersten Mal zu einem frontalen Zu-sammenstoß gekommen. Und zum ersten Mal auch gebrauchte Friedrich gegenüber Voltaire den Ton des Herrn, der keinen Widerspruch zuließ. Um jegliche Unklarheit auszuschließen, machte er sich nicht einmal die Mühe, den Brief mit einer Höflichkeitsfloskel zu beenden.

Für Voltaire war das ein harter Schlag, aber er gab sich Mühe, sich nichts anmerken zu lassen. Er musste um jeden Preis verhindern, dass die Affäre in Paris bekannt wurde. Hätte man dort nämlich erfahren, dass sein Ausflug nach Preußen eine böse Wendung nahm, wäre sein Ruf ruiniert gewesen. In seinen Briefen streute er Unwahrheiten aus. Der Marquise du Deffand sand-te er einen Bericht über seinen Aufenthalt beim größten aller Könige, als ob nichts vorgefallen wäre: »Das Leben ist sehr angenehm, sehr freizügig, und die Ausgeglichenheit trägt zur Gesundheit bei.[252] Stellen Sie sich einmal vor, was für ein Vergnügen es bedeutet, bei einem König frei zu sein, zu denken, zu schreiben und alles zu sagen, was man will. Innerer Zwang ist mir immer als eine Marter erschienen. Wissen Sie denn, dass Sie Sklaven an den Höfen von Sceaux und Anet waren,[253] ja Sklaven, im Vergleich zur wahren Freiheit, die man in Potsdam mit einem König genießt, der fünf Schlachten gewon-nen hat, und wo man überdies Erdbeeren, Pfirsiche, Trauben und Ananas selbst im Monat Januar speist.« Schließlich fügt er noch hinzu, damit es auch jeder erfahren sollte: »Übrigens, Madame, zeigen Sie meinen Brief bitte nicht herum.« Ganz offensichtlich war dies der einfachste Weg, den Brief in den Pariser Salons und Philosophenzirkeln in Umlauf zu bringen.

Voltaire sprach zumindest teilweise die Wahrheit. Er nutzte seinen Aufenthalt in Preußen zur Arbeit an einer Neuauflage seiner Werke. Vor allem jedoch veröffentlichte er in Berlin sein Buch »*Siècle de Louis XIV* – Das Jahrhundert Ludwigs XIV.«, das in Frankreich ein Opfer der Zensur werden sollte. Andererseits war ihm nur noch selten die Gelegenheit zum Genuss der genannten leckeren Früchte bei den Soupers zu Sanssouci gegeben. Friedrich war darauf bedacht, Voltaire auf Distanz zu halten. Nachdem er ihn zunächst nach Berlin ins Exil verwiesen hatte, gab er ihm seine Wohnung im Potsdamer Schloss zurück, ohne dass er aber weiterhin seine Gesellschaft suchte. Die Einladungen nach Sanssouci wurden seltener. Friedrichs Briefe spiegeln den Wandel wider, den er in seiner Beziehung zu Voltaire hatte einkehren lassen. Sie waren so selten wie kurz und entbehrten jeglicher Vertraulichkeit. Voltaire seinerseits litt umsomehr unter dieser Vereinsamung, an die er nicht gewöhnt war. Damit Friedrich dem ein Ende setze, benutzte er die ihm eigenen Mittel. Da ja alles vom Willen des Königs abhing, versuchte er dessen Mitleid für sein Los zu erwecken, aber mit einem Schuss Esprit, der, wie er hoffte, beim König einen Sinneswandel hervorrufen sollte. Er schrieb ihm daher im Hochsommer des Jahres 1751: »Sire, man wohnt nicht immer auf dem Parnass, denn man ist schließlich nur ein Mensch. Überall herrscht Krankheit. Ich bin keineswegs mit athletischer Gesundheit hier angekommen und mein skorbutartiger Zustand, der mich von innen her zerstört, macht mich kränker als alle anderen Kranken. Ich bin vom Morgen bis zum Abend völlig allein und finde meinen einzigen Trost in meinem einzigen Vergnügen, nämlich spazieren zu gehen. Ich würde gerne in Ihrem Garten zu Potsdam spazieren gehen und arbeiten. Ich glaube, das wäre mir erlaubt. Ich stelle mir im Traum vor, ich träfe dort auf die baumlangen Teufel von Grenadieren, die mir ihre Bajonette in den Leib rammen und mich anbrüllen: ›furth!‹« und ›Sakrament!‹ und ›Der König!‹ Dann fliehe ich, so wie die Österreicher und Sachsen vor ihnen fliehen würden. Haben Sie jemals gelesen, dass aus dem Garten eines Titus oder Marc Aurel ein armer Teufel von einem gallischen Poeten, nachdem er zuvor von Ihren Majestäten herbeigerufen worden war, mit Bajonettstößen vertrieben worden wäre?«[254]

Lachen besiegte tatsächlich die Härte des Königs, aber diese Versöhnung hielt nicht lange an. In die Beziehung zwischen den beiden Männern hatte sich Misstrauen eingeschlichen. Es wurde auch von dritter Seite Öl ins Feuer gegossen. La Mettrie versicherte Voltaire, der König habe von ihm gesagt: »Ich werde ihn höchstens noch ein Jahr benutzen. Man presst eine Orange aus und wirft dann die Schalen weg.«[255] Hatte Friedrich so über ihn gesprochen? Voltaire mochte es nicht glauben, doch nagte der Zweifel an ihm. Im Grunde seines Herzens war er überzeugt, dass Friedrich dies zumindest gedacht haben könnte. Ein anderes Mal traf es den König, als ihm zugetragen wurde, dass Voltaire seine ihm zur Korrektur übergebenen Schriften wie »schmutzige Wäsche« behandele.[256]

Als Voltaire es sich jedoch einfallen ließ, Maupertuis anzugreifen, war das Maß voll. Das autoritäre Auftreten des Präsidenten der Akademie, der sich anmaßte, das geistige Leben in Berlin beherrschen zu wollen, war ihm unerträglich. Außerdem hatte sich die Stellung Maupertuis' beim König in dem Maße gefestigt, wie seine eigene schwankte. Der berühmte Mathematiker war vielleicht nicht so geistreich wie sein genialer Konkurrent, dafür aber auch nicht so undurchsichtig. Das genügte Voltaire, zum Angriff überzugehen. Die Feindschaft brach in dem Augenblick offen aus, als er sich in den Streit einmischte, in dem Maupertuis mit Johann Samuel König, einem Mitglied der Akademie, lag. König beschuldigte ganz einfach seinen Präsidenten, sich auf unerlaubte Weise Thesen angeeignet zu haben, die das geistige Eigentum von Leibniz seien. Für Voltaire war dieser Plagiatsvorwurf eine nur allzu günstige Gelegenheit, das Feuer zu eröffnen. Ohne an die gewiss vorhersehbaren Konsequenzen einer solchen Aktion einen Gedanken zu verschwenden, stürzte er sich hitzig ins Kampfgetümmel und veröffentlichte unter einem Pseudonym, das jedoch niemanden täuschen konnte, eine Brandschrift gegen Maupertuis mit dem Titel »*Réponse d'un académicien à Berlin à un académicien à Paris* – Antwort eines Berliner Akademiemitgliedes an ein Pariser Akademiemitglied«. Nach seiner Meinung habe sich der Präsident der Akademie in schamloser Weise eines geistigen Diebstahls schuldig gemacht. In seiner Unbesonnenheit hob er sogar seinen Finger in Richtung Friedrich, indem er versicherte, dass mehrere Akademiemitglieder ihren Austritt erklären würden, wenn sie nicht den Zorn des Königs fürchteten. Angesichts dieses Ausfalls war Friedrich nicht zum Spaßen zumute. Gegen den Präsidenten seiner Akademie derartige Vorwürfe zu erheben, kam einem Angriff auf den Souverän gleich, der diesen ernannt hatte. Ohne Federlesen wurde Voltaire zur Unterzeichnung einer Erklärung gezwungen, in der er sich verpflichtete, jegliche erneute Handlung, die den Interessen des Königs und des Königreiches zuwiderliefe, zu unterlassen. »Ich verspreche hiermit Eurer Majestät, dass ich, solange Sie mir die Gnade erweisen, mich in Ihrem Schloss wohnen zu lassen, meine Feder gegen niemanden richten werde, weder gegen die Regierung Frankreichs oder gegen seine

Minister, noch gegen sonstige Herrscher oder gegen berühmte Wissenschaftler, denen ich künftig mit allem ihnen zustehenden Respekt begegnen werde. Die Briefe Seiner Majestät werde ich in keiner Weise missbrauchen und ich werde mich in einer Weise vernünftig verhalten, wie es einem Mann der Wissenschaften geziemt, der die Ehre hat, Kammerherr Seiner Majestät zu sein, und mit Ehrenmännern verkehrt.«[257]

Wäre Voltaire sich selbst treu geblieben, wenn er seiner erklärten Absicht gemäß Wort gehalten hätte? Schließlich war ihm dieses Versprechen ja unter Zwang abgepresst worden. Außerdem hatte Friedrich selbst nicht der Versuchung widerstanden, sich in die Schlacht zu werfen. Auch er verbarg seine Identität unter einem Decknamen und trat mit einem »*Lettre d'un académicien de Berlin à un académicien de Paris*« in die Fehde ein und ritt heftige Attacken gegen Voltaire. Dieser ließ das nicht auf sich sitzen, griff erneut zur Feder und verfasste ein Meisterwerk der Gehässigkeit, die »*Diatribe du docteur Akakia, médecin du pape* – Anprangerung des Doktor Akakia, päpstlichen Leibarztes«. Er ließ seinem satirischen Schwung freien Lauf und gab Maupertuis der Lächerlichkeit preis. Um den Präsidenten der Akademie von seiner »*ignorance*« zu heilen, verschreibt ihm Doktor Akakia Kurse an der Universität und pflanzliche Dekokte! Die Reaktion des Königs entsprach dem Grad an Unverschämtheit. Selbst wenn sich Friedrich über diese Clownerie amüsiert haben sollte – als König durfte er eine solche Herausforderung nicht dulden und schlug in einem Brief auf ihn ein: »Ihre Unverschämtheit erstaunt mich.« Diesmal jedoch beließ er es nicht beim verbalen Abkanzeln. Er ordnete für Voltaire eine entehrende Strafe an. Am 24. Dezember 1752 wurden unter Voltaires Fenster alle konfiszierten Exemplare der »*Diatribe du docteur Akakia*« öffentlich verbrannt.

Mit diesem letzten Eklat war der Bruch endgültig vollzogen. Von Krise zu Krise schien er immer unausweichlicher zu werden. Gewiss, Voltaire hatte seinem Temperament nachgegeben. Vielleicht hatte er auch, was damit überhaupt nicht in Widerspruch stehen muss, von sich aus diese Lösung gesucht und eine Reihe von Vorfällen provoziert, die darauf abzielten, von Friedrich die Freiheit zurückzuerlangen. In den ersten Septembertagen dieses Jahres, also noch bevor die Fehde mit Maupertuis in Gang gekommen war, hatte er seiner Nichte erklärt: »Langsam fühle ich, mein liebes Kind, dass ich schon mit einem Bein außerhalb des Schlosses des Alkinoos stehe.« Und weiter: »Sie können mit meiner Abreise rechnen. Ich werde von Kalypsos Insel fortsegeln, sobald meine Fracht bereit sein wird.«[258]

Es war bei alledem unumgänglich, die Scheidung wenigstens äußerlich im Guten zu vollziehen. Keiner der beiden Kontrahenten hatte ein Interesse daran, dass die Beziehung mit einem lautstarken Eklat endete. Der Ruf Voltaires hätte großen Schaden genommen, wenn an die Öffentlichkeit gedrungen wäre, dass seine Karriere in Preußen durch einen Hinauswurf gescheitert sei. Friedrich andererseits wusste sehr wohl, dass sein eigenes Prestige als Schirmherr der Philosophen gleichfalls empfindlich gelitten hätte. Als Grund für seine Abreise schob Voltaire daher am 26. März 1753 seinen Gesundheitszustand vor, der ihn zu einer Kur nötige. Zugleich kündigte er seine Rückkehr für den Herbst an und versprach, von nun an den armen Maupertuis in Frieden zu lassen. Vielleicht lag dem ein ausgehandelter Kompromiss zugrunde, denn er nahm seine Schlüssel als Kammerherr, das Ordenskreuz »Pour le Mérite« und – dies erscheint besonders bemerkenswert – einen noch unveröffentlichten Band von Friedrichs Werken mit.

Voltaire hatte jedoch auch jetzt keineswegs die Absicht, einen möglichen »Waffenstillstand« einzuhalten. Kaum war er in Leipzig auf sächsischem Territorium angelangt, hatte er nichts Eiligeres zu tun, als eine Neuauflage der *Histoire du docteur Akakia* drucken zu lassen. Für Friedrich war die Sache klar. Sein guter Glaube war missbraucht worden. Darüber hinaus gaben die neuen Ränke Voltaires zu erkennen, dass er gewiss nicht vorhatte, im Herbst zurückzukehren. Nun musste Friedrich unverzüglich handeln, wenn er der illegal aus Preußen ausgeführten Gegenstände wieder habhaft werden wollte. Der Kammerherrenschlüssel und der Orden »Pour le Mérite« mochten noch hingehen. Zwar hatte Voltaire nicht das Recht, sie zu behalten, konnte indes auch keinen für das Königreich Preußen schädlichen Gebrauch davon machen. Bei der Gedichtsammlung, der auch persönliche Briefe beilagen, verhielten sich die Dinge jedoch völlig anders. Immerhin lag die Befürchtung nahe, dass Voltaire mit solcher Munition in Händen ein böses Spiel treiben und den König von Preußen dem Gelächter ganz Europas aussetzen könnte. Trotz seiner exzellenten Französischkenntnisse kam es vor, dass Friedrich sprachliche Fehler, manchmal auch Germanismen, unterliefen. Noch ernster zu nehmen war die Tatsache, dass er in manchen seiner Gedichte alles andere als zart mit einigen der ihm gleichgestellten Souveräne Europas umging. Diese Scherze blieben nur so lange folgenlos, wie sie nicht in der Öffentlichkeit ausgebreitet wurden. Solange Voltaire diese Texte in Händen hielt, musste Friedrich stets befürchten, dass der Philosoph seine offene Rechnung mit dem König beglich, indem er durch Bekanntgabe dieser Texte die Beziehungen Friedrichs zu anderen Monarchen kompromittierte. Friedrich sah also kein anderes Mittel, als Maßnahmen zu ergreifen, um diese explosiven Dokumente wieder in seinen Besitz zu bringen.

Nach einem Aufenthalt bei der Herzogin von Sachsen-Gotha musste Voltaire über Frankfurt weiterreisen. Dort wollte ihn Friedrich abfangen. Er erteilte dem Grafen Freytag, seinem Geschäftsträger in dieser Stadt, die Weisung, sein Eigentum zurückzuholen und zu diesem Zweck, falls notwendig, mit harten Bandagen zu kämpfen. Das war im Übrigen illegal, denn Frankfurt war als Freie Reichsstadt ein unabhängiger Staat. Dennoch wagte der Frankfurter Magistrat nicht, den Willen des Preußenkönigs einfach zu übergehen, und ließ Freytag in dieser Angelegenheit daher völlig freie Hand. Er verfolgte sein Ziel derart verbissen, dass er sogar die ihm gegebenen Befehle überschritt. Voltaire wurde bei seiner Ankunft in Frankfurt bis zum Eintreffen seines Gepäcks, in dem sich die wertvollen Objekte befanden, arretiert. Nachdem die Sachen beschlagnahmt worden waren, hätten Voltaire sowie sein Sekretär und seine Nichte, die in Eile aus Straßburg angereist waren, eigentlich die Erlaubnis zur Fortsetzung der Reise erhalten müssen. Freytag jedoch tat nichts dergleichen und hielt seine Gefangenen weiterhin in Haft. Erst nach dem persönlichen, allerdings späten, Eingreifen Friedrichs erlangten sie schließlich ihre Freiheit wieder. Für Voltaire dauerte dieses missliche Abenteuer mehrere Wochen.

Beide Parteien berichteten auf sehr verschiedene Weise von diesen Ereignissen. Die Angelegenheit entwickelte sich zur Farce, zu einer Farce allerdings, die für Voltaire und die Seinen nicht zum Lachen war. Alle Elemente einer abenteuerlichen Affäre waren vorhanden: die Parodie eines Duells, der Angriff auf die Ehre einer jungen Frau, ein Fluchtversuch… Voltaire war außer sich und schrie lauthals, dass man ihm ans Leben wolle. Und er hatte nicht ohne Grund gegen diese schwerwiegende Verletzung des Völkerrechtes protestiert. Ganz klar, er fand in dieser Justizkomödie reichliche Munition, derer er sich so ausgiebig bediente, dass man lange Zeit hinter jeder Streitschrift, die sich gegen Friedrich II. richtete, seinen Schatten zu sehen glaubte. Seine Rachegelüste waren jedenfalls sehr konkreter Natur und inspirierten ihn zu der Schrift *Mémoires*, in der er über den Preußenkönig Gift und Galle ausschüttete.

Friedrich seinerseits war vom Ausgang der Affäre erleichtert und ertrug die neuen Attacken Voltaires mit großem Gleichmut. Die unmittelbar vorangegangenen Ereignisse hatten die Meinung, die er sich schon seit langem von Voltaires Wesen gebildet hatte, bestätigt. »Es ist erstaunlich«, bedauerte er in einem Brief Algarotti gegenüber, »dass das zunehmende Alter die Verrücktheiten in keiner Weise mindert, und dass dieser in seinem geistigen Vermögen so hoch zu schätzende Mann hinsichtlich seines Benehmens derart verachtenswert ist.«[259] Abgesehen davon konnte er es sich nicht verkneifen, sein Mütchen an Voltaire zu kühlen. Als das Gerücht umging, Voltaire sei gestorben, hielt er dies für eine neue Posse von ihm und sandte ihm ein galliges Pasquill nach:

»Seigneur Arouet liegt hier im Grabe,
Ein Schelm von ganz irrwitz'ger Art,
Ein Schöngeist, doch auf seiner Habe
Vermehrung gierig wie ein Rabe.
Denn als das Jenseits er betrat
Und vor sich sah den düstern Acheron,
Da wollte er sogleich das Fährgeld prellen,
Sodass ihn stieß der grimmige Charon
Mit einem Fußtritt in den Bauch davon,
Und ihn gejagt zurück in dieses Leben schnelle.«[260]

Mit dem Weggang Voltaires kündigte sich eine neue Phase in der Beziehung Friedrichs zu Sanssouci an. Die Reihen seiner Vertrauten bei den *soupers philosophiques* hatten sich empfindlich gelichtet. La Mettrie hatte diese Welt ganz unerwartet verlassen. Maupertuis war schwer erkrankt und sollte ihm bald ins Schattenreich folgen. Lord Keith hatte seinen Posten als Botschafter in Versailles angetreten. Algarotti war häufig auf Reisen in Italien. Der Marquis d'Argens war zwar ständig anwesend, aber er als einziger Freund konnte alle diese Ausfälle nicht ersetzen. Friedrich begann in diesen Jahren den Umgang mit der Einsamkeit zu lernen. Selbst wenn sie ihn belastet haben mag, so zeigte er es nicht. Allerdings hatte er, angesichts anderer Sorgen, keine Zeit, sich der Melancholie hinzugeben.

Elftes Kapitel
Tageslauf und Arbeitsweise

Niemand wird sich darüber wundern, dass die Tage Friedrichs ausgefüllt waren. Wie später bei Napoleon, war sein Verstand beinahe ruhelos im Einsatz. Er ging im Beruf des Königs völlig auf, angetrieben von seinem ausgeprägten Pflichtgefühl. Vielleicht haben ihn dazu auch andere, vielleicht noch tiefer liegende Gründe veranlasst, wie das folgende Bekenntnis an Jordan nahe legt: »Du hast Grund zur Annahme, ich arbeite zu viel. Ich tue das, um zu leben, denn nichts sonst ähnelt dem Tod so sehr wie Müßiggang.«[261] Sein Regierungsstil trug völlig seine Handschrift. Bedeutende und weniger bedeutende Angelegenheiten gelangten bis zu Friedrich, und er legte Wert darauf, sie selbst zu erledigen. Allein in den Kriegszeiten, in denen er lange Zeit fern von Berlin weilte, wich er von diesem eisernen Prinzip ab. Die Erfordernisse des Krieges setzten ihn gewiss unter zeitlichen Druck, ohne dass er sich jedoch veranlasst gesehen hätte, seine Arbeitsweise grundlegend zu ändern. Er empfing täglich Kuriere aus Berlin, dank derer er Akten einsehen und Entscheidungen treffen konnte. Sein ständig wacher Verstand erlaubte ihm, sich mit mehreren Angelegenheiten gleichzeitig zu befassen. Während er in Schlesien Krieg führte, bedrängte er unentwegt die Empfänger seiner Briefe mit Fragen nach dem Fortgang beim Bau seines Opernhauses, gab Anweisungen für die Rekrutierung der Truppen, für die Gestaltung seiner Gärten, für den Ankauf von Gemälden und für die Erwerbung einer Antikensammlung. Diese Beispiele zeigen die andere Seite seiner Persönlichkeit und den Rang, den Wissenschaften und Künste in seinem Leben einnahmen. Es verging kein Tag, an dem Friedrich sich nicht damit beschäftigt und ihnen nicht einige Stunden seiner Zeit widmet hätte.

Ein Tag im Leben Friedrichs

Seit langem schon hatte Friedrich die Gewohnheit angenommen, beim ersten Tagesanbruch aufzustehen. Bereits in Rheinsberg, wo ihn ein umfang-

213

reiches Lektüreprogramm erwartete, begann er seinen Tag um vier Uhr morgens. Mit seiner Thronbesteigung wandelten sich seine Pflichten, aber er blieb ein Frühaufsteher. Im Winter ließ er sich um sechs Uhr, im Sommer um fünf Uhr wecken. Dazu bediente sich ein Lakai eines feuchten Handtuches. Im Gegensatz zu anderen Höfen war sein *lever* mit keinerlei Pomp verbunden. Friedrich schlief übrigens auf einem Feldbett. Diese spartanisch anmutende Gewohnheit suchte unter den europäischen Monarchen dieser Zeit ihresgleichen.

Um elf Uhr nahm er, ganz im Zeichen eines Soldatenkönigs, der er eben auch war, vor dem Schloss die Parade der Potsdamer Garnison ab. Er hatte dabei den Dreispitz auf dem Kopf und trug die blaue, mit roten Aufschlägen versehene Uniform der Leibgarde, in der er zur Legende wurde. Völlig im Gegensatz zum stutzerhaften »kleinen Marquis«, als der er einst tituliert worden war, verwandte Friedrich keinerlei Sorgfalt mehr darauf, sie in tadellosem Zustand zu halten. Schon sein Vater hatte ihm mangelnde Sauberkeit zum Vorwurf gemacht. Mit dem Alter verstärkte sich dieser Zug. Seine Besucher waren sich darin einig, dass der alte Fritz kaum auf sich oder seine Kleidung achtete. Es machte ihm nichts aus, wenn seine Uniform abgenutzt war und speckig glänzte. Genauso wenig machte er sich die Mühe, die darauf verstreuten Tabakkrümel zu entfernen.

Nach dem Frühstück begab sich Friedrich an die Arbeit, die noch den größten Teil des Nachmittags einnahm. Dennoch ging er nicht völlig in seinen Pflichten als erster Diener des Staates auf. Trotz der erheblichen Zwänge, denen er unterlag, kümmerte er sich um einen kleinen, privaten Garten, dessen Schlüssel er eifersüchtig hütete. Inmitten des Getümmels, das ihn umgab und ihm zusetzte, gelang es ihm, sich die Kontrolle über diesen Hort des Friedens zu sichern. Seine Regierungsweise erleichterte ihm diese Aufgabe. Da er, außer in besonderen Fällen, keinerlei direkte Kontakte zu seinen Ministern unterhielt und auch keine Beratungen abhielt, konnte er sich Zeit für andere Dinge nehmen, selbst wenn er mit Audienzen befasst war. Und so schloss er sich für zwei Stunden in seiner Bibliothek im Eckzimmer zu Sanssouci von der Welt ab, um sich dem Vergnügen seiner Lektüre hinzugeben. Ein weiterer, ihm besonders lieber Moment eines jeden Tages war gekommen, wenn er auf der Querflöte, seinem Lieblingsinstrument, spielte. Schließlich achtete er auch darauf, es so einzurichten, dass ihm Zeit für schriftstellerische Tätigkeit, insbesondere für die Dichtung, blieb.

An den Abenden gehörte die Veranstaltung von Konzerten zu den Ritualen von Sanssouci. Von einem Orchester begleitet, spielte Friedrich dort selbst vor einem kleinen Freundeskreis und gelegentlich vor Verwandten auf der Durchreise. Dem Konzert folgte ein Abendessen, dessen Gespräche

Friedrich gerne im Zeichen der Philosophie sah. Um elf Uhr verabschiedete sich Friedrich von seinen Gästen und zog sich in sein Zimmer zurück. Dort warteten eine Flasche Champagner und eine Flasche Rotwein auf ihn, dazu Wasser für den Fall, dass er schlecht einschlafen konnte, was mit zunehmendem Alter immer häufiger vorkam.

Diese Gewohnheit beleuchtet einen weiteren Aspekt des Alltagslebens in Sanssouci. Friedrich war zwar alles andere als ein Genussmensch, schätzte aber dennoch die Tafelfreuden. Daher gehörte sein Koch zu den wichtigen Personen seiner Umgebung, wie sein Briefwechsel bezeugt. Dieser hatte jedoch keine leichte Aufgabe, denn Friedrich, der sehr festgefahrene Vorstellungen von der Kochkunst hatte, war nur schwer zufrieden zu stellen. Er mochte Früchte und Gemüse. Daher rührte sein Interesse für seinen Gemüsegarten, aus dem er auch Gäste und Verwandte versorgte. Seine Freunde ihrerseits waren sicher, das Richtige zu treffen, wenn sie ihm bestimmte Gemüse besorgten, die er schätzte. Algarotti, der wusste, dass Friedrich ganz verrückt danach war, schickte ihm Broccoli aus Italien. Abgesehen davon stand Friedrich auch der Appetit nach verfeinerten Gerichten. Seinem Koch blieb gar nichts anderes übrig, als sich nach seinen kulinarischen Vorlieben zu richten. Manche davon erweisen sich als recht sonderbar. So trank Friedrich nicht nur Kaffee in großen Mengen; er tat auch noch gerne Senf hinein. Wenn er auf ein Gericht besonders scharf war, aß er unmäßig davon, und sein Körper reagierte auf solche Ernährungsfehler umgehend mit Abwehr.

Friedrich litt schon sehr früh an Magenkrämpfen, denen sich erwartungsgemäß häufig Koliken zugesellten. Sein Gesundheitszustand findet in seinen Briefen immer wieder Erwähnung. Seit 1747 hatte er Herzbeschwerden, von denen er sich zwar erholte, die aber Herzrhythmusstörungen zurückließen. Er litt auch an chronisch auftretenden Anfällen seines Hämorridenleidens, worüber er viel sprach. Mit zunehmendem Alter wurde er, wie schon sein Vater, ebenfalls von der Gicht heimgesucht. Von den Ärzten hatte Friedrich selbstredend eine schlechte Meinung. Obgleich er ihnen gegenüber gewöhnlich die Form wahrte, blieb seinen Ärzten sein Misstrauen nicht verborgen. Es war schwierig für sie, einen Patienten zu behandeln, der vorgab, mehr als sie von Krankheiten und den dagegen anzuwendenden Therapien zu verstehen. Seine Wissenschaft behielt er nicht für sich, sondern erteilte seinen Briefpartnern Hinweise und Ratschläge zu den Heilmitteln, die sie zu sich nehmen sollten. Trotz dieser Leiden, die Friedrich nie ganz zur Ruhe kommen ließen, spielte er, anders als Voltaire, niemals den ewig Todkranken. Letzterer muss trotz seiner ständigen Klagen eine gesunde Konstitution gehabt haben, da er ja erst im Alter von sechsundachtzig Jahren gestorben ist.

Bis zur letzten Minute duldete Friedrich nicht, dass Krankheitsanfälle seine geistige Beweglichkeit lähmten. Ebenso wenig ließ er zu, dass sie ihn in der Ausübung seines königlichen Amtes beeinträchtigten oder ihn, und sei es in Kriegszeiten, von der Ausübung seiner vielfältigen Interessen abhielten.

Der Kunstfreund

Als Friedrich gerade erst den Thron bestiegen hatte, brachte er den Wunsch nach einem Opernhaus zum Ausdruck und knüpfte damit an die Kulturpolitik seines Großvaters Friedrich I. an. Er leitete dieses erste große Bauvorhaben, obwohl er zugleich in einem gnadenlosen Krieg um Schlesien stand. Während er den Fortgang der Arbeiten intensiv verfolgte, befasste er sich zugleich mit dem Aufbau des Ensembles. Dabei griff er auf die Dienste von Impresarios zurück, die ihm geeignete Sänger und Tänzer vermitteln sollten. Diese waren selbstverständlich Italiener, die einzigen, die nach seinem Geschmack in Frage kamen. Er behielt sich jedoch die endgültige Entscheidung über ihr Engagement vor, nachdem er sowohl die Empfehlungsschreiben als auch die finanziellen Forderungen der vorsprechenden Künstler geprüft hatte. In der Höhe der Gagen lag freilich die entscheidende Grenze seines Projekts. Seine Mittel erlaubten ihm nicht, die größten Berühmtheiten seiner Zeit für sein Opernhaus zu verpflichten. Entweder musste er seinen Ehrgeiz zurückschrauben oder auf junge Talente setzen, wie etwa auf einen gewissen Porporino, auf den er ganz erpicht war. Er spielte sich als Fachmann der Musik auf und wollte dabei auch der Herr und Meister sein. »Er hat eine Sopranstimme«, erklärte er seiner Schwester Wilhelmine. »Ich werde ihn noch *adagio* lehren. In den drei Monaten, seit er hier ist, wurde er jeden Tag besser und lernte ausgesprochen mühelos.«[262] Diese enge Anteilnahme verwundert nicht. Bei allen Dingen schaltete er sich ein; er hatte die Ohren überall und überwachte seine Musiker aufs genaueste, damit ihm auch nicht eine falsch gespielte Note entging.

Unter diesen Künstlern hob sich eine Frauenpersönlichkeit heraus, die venezianische Tänzerin *Barberina,* die Friedrichs höchste Aufmerksamkeit erregte. Obwohl er ansonsten bei den Honoraren eher knausrig war, erwies er sich dieser Primaballerina gegenüber als derart großzügig, dass ihre Gage die Einkünfte eines Ministers überstieg. Sie trafen erstmals im Dezember 1744 zusammen, als Barberina (die mit bürgerlichem Namen Barbara Campanini hieß) im Berliner Schloss vortanzte. Friedrich war von ihrem reizenden Wesen derart angetan, dass er alsbald von Antoine Pesne ein Porträt anfertigen ließ und dieses auch noch in seinem Zimmer platzierte. Ist

Die venezianische Tänzerin Barbara Campanini (Barberina), Favoritin Friedrichs des Großen. Gemälde von Antoine Pesne.

daraus etwa zu schließen, dass er sich Barberina zu seiner Mätresse erkor? Dieses Gerücht machte alsbald die Runde in Berlin. Möglicherweise kam Friedrich dieses Ondit gar nicht so ungelegen, weil damit andere Klatschgeschichten verdrängt wurden. Voltaire seinerseits behauptete hingegen, giftig wie immer, dass ihre Anziehungskraft auf Friedrich vor allem auf ihre Männerbeine zurückzuführen sei. Diese Behauptung findet sich sonst nirgends.

Wie in vielen anderen Bereichen seines Liebeslebens, oder was man dafür angesehen hat, blieb in der Beziehung zwischen Friedrich und der Barberina einiges im Dunkeln. Zweifelsohne gab er ihr gegenüber Zeichen der Eifersucht zu erkennen. So zum Beispiel, als er sie nach Berlin zurückeskortieren ließ, nachdem sie zuvor einem englischen Aristokraten ihre Hand versprochen hatte. Man sollte sich jedoch davor hüten, darin einen zwingenden Beweis für seine Eifersucht – und folglich seine Liebe – sehen zu wollen. Diese »Militärinvention« trägt nicht unbedingt die Handschrift eines enttäuschten Liebhabers. Barberina selbst hingegen erwies sich ohne jeden Zweifel als besitzergreifender Charakter. Es war für die Männer in Friedrichs Umfeld nicht mehr länger ratsam, zu heiraten, wenn sie nicht die königliche Gunst verlieren wollten. D'Argens wusste das sehr wohl und verbarg deshalb lange Zeit, dass er verheiratet war, damit er nicht in Ungnade falle. Die Affäre fand jedenfalls ihr Ende, als die Barberini mit dem Sohn des Kanzlers Cocceji eine legitime Ehe einging.

Friedrich betrieb neben seiner Passion für Oper und Ballett auch aktiv den Ankauf von Werken der Bildenden Kunst. Diese lässt sich weniger als aus dem Barock überkommene Sorge um Ruhm und Ehre denn als Befriedigung seiner persönlichen Vorlieben erklären. Auch hierin bediente sich Friedrich der Dienste von Agenten. Er beauftragte sie, Ausschau nach Gemälden oder Skulpturen zu halten, die der Aufnahme in seine Sammlungen würdig schienen. Manche waren ausschließlich, andere, darunter auch mehrere Gesandte, neben ihren herkömmlichen Aufgaben damit befasst. Friedrich ließ ihnen dabei keineswegs freie Hand. Für die Suche gab er ihnen genaue Instruktionen, und ohne seine Einwilligung durften sie keinen Kaufvertrag abschließen. Er wollte sich zuvor von der Qualität der vorgeschlagenen Erwerbungen überzeugt und die verlangten Preise überprüft haben.

Seine Aufträge zeigen, dass sich die Vorlieben Friedrichs mit der Zeit wandelten. Zunächst zeigte er eine deutliche Vorliebe für französische Maler wie *Antoine Watteau*, auf den er ganz versessen war, und dann auf dessen Epigonen *Nicolas Lancret* und *Jean-Baptiste Pater*. Seit den fünfziger Jahren jedoch wandelte sich sein Geschmack, während auf anderen Gebieten keine Veränderung zu verzeichnen war. Als ihm damals Darget, einer seiner Sekretäre, im November 1754 die Entdeckung von zehn Werken Lancrets mitteilte, ging er darauf nicht weiter ein und fügte hinzu, dass er am Erwerb der Werke von *Rubens* und *van Dyck* interessiert sei. Er hatte allen Grund, die Bemühungen seiner Agenten zu schätzen. Bis zur Mitte dieses Jahrzehntes hatte er seine Sammlung in Sanssouci auf mehrere hundert Werke ausgedehnt, darunter zwei *Veronese*, ein *Tintoretto*, zwölf *Rubens* und elf *van Dyck*. Wenn er damals auch den Vorsatz fasste, seine Käufe demnächst einzustellen, weil sich kein Platz mehr zum Aufhängen der Bilder fand, so hat er seiner Sammelleidenschaft doch weiter gefrönt. Noch bis 1770 setzte er seine Nachforschungen und Ankäufe fort. Schließlich umfasste seine Sammlung nicht weniger als drei *da Vinci*, einen *Michelangelo*, neun *Correggio* – darunter »Leda und der Schwan«, einstmals im Besitz des Herzogs Philipp von Orléans – dreißig *Rubens* und fünfzehn *van Dyck*.

Der Schriftsteller

Friedrich widmete jeden Tag einen Teil seiner Zeit der schriftstellerischen Arbeit. Dabei ging es nicht nur um die Vielzahl von Briefen, Akten und Dokumenten, die er in Ausübung seines königlichen Amtes zu verfassen hatte. Neben diesen Schriftstücken, die überwiegend offiziellen Charakter trugen, schuf er im Laufe der Zeit ein persönliches Werk, das literarisch und zugleich philosophisch geprägt war. Die wichtigsten dieser Arbeiten waren, zumindest in naher Zukunft, nicht für eine Veröffentlichung vorgesehen. Friedrich wandte sich dabei vielen Themen und Gattungen zu, so der poetischen Dichtung, dem Theater, der Memoirenliteratur und der gelehrten Abhandlung. Er wechselte dabei von einen Genre zum anderen ohne sich damit, soweit erkennbar, schwer zu tun. Unter den von ihm behandelten Themen finden sich in regelmäßiger Abfolge Schriften zu politischen und militärischen Fragen, die ihn tagtäglich beschäftigten. In späteren Jahren behandelte er sie jedoch unter einem anderen Blickwinkel als in seiner Jugend, mit mehr Zurückhaltung und von einer höheren Warte, was sich durch seine Neigung zu theoretisieren, noch verstärkte.

Kein Tag verging, ohne dass Friedrich nicht Gedichte verfasst hätte, und dies in einem Umfang, dass sein dichterisches Werk, im Vergleich zu den Theaterstücken Molières etwa, mehr als den doppelten Umfang erreichte. Es handelte sich hier also um einiges mehr als lediglich um einen hübschen Zeitvertreib. Die schöne Regelmäßigkeit, mit der er dieser Gewohnheit nachging, erweist nicht nur literarisches Verständnis, sondern verrät uns in gleichem Maße sein Bedürfnis, innere Spannungen abzubauen. Wie seine übrigen Werke auch, schrieb Friedrich die meisten seiner Gedichte auf Französisch, und zwar kurze und längere, leichtfüßige und schwergewichtige Poeme diverser Gattungen wie Oden, Episteln und Epigramme. Obwohl er das Französische für einen Nicht-Muttersprachler ausgezeichnet beherrschte, ging sein Verseschmieden nicht ohne Ungeschicklichkeiten ab, und zwar hinsichtlich des Stiles, der Rechtschreibung und der Verslehre. Er war sich dessen übrigens völlig bewusst, denn er erachtete es als notwendig, einen Korrektor heranzuziehen, dem die Aufgabe zufiel, solche Schwächen zu beseitigen.

Nach dem Tod Jordans im Jahre 1745 übernahm Voltaire diese Aufgabe. Seine Korrekturen waren ein ständiges Thema in seinen Briefen, in denen er einige Mängel aufgriff, die Friedrichs Gedichten noch anhafteten. Derartige Kritik wurde in überschwängliche Schmeicheleien verpackt und nur unter größter Zurückhaltung zur Sprache gebracht. Der königliche Poet hatte hier einen etwas unsauberen Reim gefunden, dort sich einmal im Versmaß verzählt … Dennoch kam bald der Augenblick, in dem Friedrich die Korrektur auf Distanz nicht mehr befriedigte. Der zu erwartende Genuss des Gesprächs mit dem brillantesten Geist seiner Zeit war nicht das einzige Motiv, das seinen Wunsch beseelte, Voltaire nach Berlin zu holen. Mit Hilfe dieses hochkarätigen Lehrers gedachte Friedrich, seine Fehler zu überwinden und seine Gedichte auf das von ihm angestrebte Niveau zu heben. Diese Vorstellung konnte sich als zweischneidig erweisen. Hieß das denn nicht auch, sich auf Gedeih und Verderb diesem Teufel in Menschengestalt auszuliefern? Hier liegt jedenfalls ein wichtiger Schlüssel zur Frankfurter Tragikomödie.

Eher im Vorübergehen befasste sich Friedrich mit der Abfassung von Theaterstücken, so etwa, als er die Komödien »*Le singe de la mode* – Der Modeaffe« und »*L'école du monde* – Die Schule der Welt« verfasste. Unübersehbar bleibt, dass Friedrich mit diesen Werken seinem sonstigen Niveau nicht gerecht wurde. Es handelt sich zwar um handwerklich saubere Kopien des Molièreschen Vorbildes, die aber allzu deutliche Züge des Epigonalen tragen. Dies verwundert nicht, fehlte dem König doch – außerhalb seiner Umgebung – jegliche Erfahrung sozialer Verhältnisse und jene Milieukenntnis, die den großen Dramatikern vertraut war.

Als sich Friedrich 1753 von der Komödie ab- und dem ernsten Drama zuwandte, hob er diese Einschränkung für sich auf. Es entstand »*une pièce en trois actes*« mit dem Titel »*Sylla*«, ein Schauspiel über den Feldherrn und Staatsmann Lucius Cornelius Sulla. Friedrich war offensichtlich in dem aus der römischen Antike entlehnten Stoff eher zu Hause und reihte sich sowohl in die Nachfolge Corneilles als auch Racines ein. Darüber hinaus setzte er sich in diesem Stück mit dem Thema der Macht auseinander, deren Geheimnisse er von nun an ergründete. Sein Sylla nahm die Züge eines aufgeklärten Despoten an, der das Staatswohl über seine Leidenschaften stellt. Damit aber noch nicht genug: Er lieh seine Feder auch der Oper und schrieb mehrere Libretti. Nach *Sylla* stellte er weitere Gestalten der Geschichte auf die Bühne: Coriolan, Mithridates und Montezuma. Friedrich lieferte die Vorlage für die Oper *Montezuma*, die 1755 von Carl Heinrich Graun komponiert wurde. Die Gestalt des Montezuma zog Friedrich mehr als andere historische Persönlichkeiten in seinen Bann. Gab es nicht einen Zusammenhang zwischen dem tragischen Schicksal des letzten Aztekenkaisers und seiner eigenen Situation? Trotz der weiten Entfernung von Zeit und Raum lag es für ihn nahe, sich mit Montezuma zu identifizieren und in ihm den Helden zu feiern, der im Kampf gegen die Intoleranz stand, welche von den Spaniern verkörpert wurde. Diese waren für ihn, was zu seiner Zeit die Österreicher waren, fanatische Vorkämpfer des katholischen Glaubens.

Der Musiker

Die Arbeit an diesen Libretti stellt die Verbindung zu Friedrichs Leidenschaft für die Musik her. Neben den Vorstellungen, die man sich vom Feldherrn und Philosophen gemacht hatte, ist auch das Bild vom König und Musiker zu einem Bestandteil seiner Legende geworden. Das durch Menzels berühmtes Gemälde populär gewordene Flötenkonzert in Sanssouci hat zur Verbreitung des Friedrich-Mythos sein Teil beigetragen. Im monarchischen Europa des 18. Jahrhunderts handelte es sich hier aber keineswegs um ein Einzelphänomen. Spätestens seit der Renaissance war das Leben bei Hofe ohne Musik und Tanz undenkbar geworden, und Fähigkeiten auf beiden Gebieten stellten ein unerlässliches Element des Adelsideals dar. Musik spielte eine wichtige Rolle in der Erziehung der Fürsten, die ihr künftig in einer herausgehobenen Beziehung verbunden waren. Schon vor Sanssouci wurde in Versailles und Wien der Musikpflege besondere Ehre zuteil. Ludwig XIV., als königlicher Mäzen allen voran, war der Gönner Lullys, während sein Zeitgenosse Kaiser Leopold I. selber als Komponist von Opern, geistlicher Vokalmusik und anderen Werken hervortrat … Nun, ein Jahrhundert später, gehörten musikalische Darbietungen immer noch zum Ritual des Hoflebens, zahlreiche Fürsten spielten ein Musikinstrument, und einige Fürstenhöfe – besonders der kurpfälzische Hof in Mannheim – leisteten Pionierarbeit als Träger musikalischer Innovationen.

Friedrich stand daher in einer schon alten Tradition. Aber wie immer ist auch hier nicht alles als Wirkung von Zeit und Gesellschaft zu erklären. Friedrich bringt in seine Beziehung zur Musik auch seine persönliche Eigenart mit ein: die Verknüpfung von Leidenschaft und Begabung. Diese Leidenschaft war mit Gewissheit von der Feindschaft, die sein Vater der Musik entgegengebracht hatte, genährt worden. Die Verachtung musikalischer Kunstfertigkeit entsprach ganz der Wesensart des Soldatenkönigs, der seinem Sohn eine Erziehung zukommen lassen wollte, die sich auf handfeste Inhalte bezog. Für Friedrich Wilhelm waren Musik und Bücher nur Zerstreuung für verweichlichte »kleine Marquis« und somit eines zur Regierung Preußens berufenen Prinzen unwürdig. Nach Friedrichs Fluchtversuch beraubte der Vater ihn seiner Flöte und ließ seine Wut auch an den Büchern des Kronprinzen aus – wie wir wissen, ohne Erfolg. Trotz der Verbote verzichtete Friedrich weder auf die Musik noch hörte er auf zu lesen.

Während seines Aufenthaltes in Ruppin knüpfte er auch musikalische Kontakte für die Zukunft. In jener Zeit hatte er Begegnungen mit mehreren hoch begabten Musikern, insbesondere mit Carl Philipp Emanuel Bach und Johann Joachim Quantz. Kaum hatte er den Thron bestiegen, engagierte er beide, damit sie im Orchester spielten und ihn begleiteten, Bach am Cembalo, Quantz auf der Flöte. Die Rolle von Quantz gewann besondere Bedeutung. Er diente auch als Lehrer Friedrichs, der die Traversflöte bis dahin nur als Liebhaber gespielt hatte, mit Quantz' Hilfe aber nun Meisterschaft erlangte. Zu diesen Aufgaben trat die des Komponisten. Quantz war der Schöpfer der meisten Stücke, die Friedrich im Konzert spielte. Er sollte davon insgesamt über einhundert schreiben. Der Rang, den Quantz bei Friedrich einnahm, lässt sich anhand der Besoldung ermessen, die ihm gewährt wurde. Mit 2000 Talern im Jahr hatte er, nächst der Barberina, von allen Künstlern die höchsten Einkünfte. Carl Philipp Emanuel Bach brachte es dagegen nur auf 350 Taler.

Carl Heinrich Graun stellte eine weitere zentrale Figur im musikalischen Milieu Berlins dar. Mit seinem Engagement versicherte sich Friedrich der Beteiligung einer schon bekannten Persönlichkeit. Als Schüler von Johann Adolf Hasse, des Dresdener Hofkapellmeisters, machte sich Graun als herausragender Vertreter der neapolitanischen Oper bekannt, die als Verbindung von Rokokoästhetik und Lyrik die Gunst des jungen Souveräns gefunden hatte. Die Ankunft dieses talentierten Tonkünstlers in Berlin konnte somit als ein weiteres Zeichen dafür gesehen werden, dass Friedrich seine Hauptstadt zu einem der kulturellen Zentren Deutschlands machen wollte. In enger Verbindung mit dem Aufbau der Berliner Hofoper kam Graun in mehrfacher Hinsicht zum Einsatz. Er sollte nicht nur das Orchester der Oper dirigieren, sondern im Auftrag Friedrichs auch in Italien ihr Ensemble zusammenstellen. Als Zeichen der königlichen Gunst ließ Friedrich das Haus 1742 mit einer von Graun für diesen Anlass komponierten Oper, »*Cesare e Cleopatra*«, eröffnen.

Flötenkonzert in Sanssouci. Gemälde von Adolph von Menzel.

Das Programm der abendlichen Konzerte in Sanssouci folgte einem genauen Reglement. Abgesehen von den Stücken Quantz' umfasste es in jedem Falle Werke von Friedrich. Neben einigen Militärmärschen komponierte Friedrich nicht weniger als 121 Sonaten und sechs Flötenkonzerte. Auch auf diesem Gebiet zeigte sich Friedrich in einem weiten Rahmen kreativ, selbst wenn er angesichts einiger Lücken in seiner theoretischen Ausbildung von Quantz und Franz Benda, seinem Konzertmeister, unterstützt wurde. Dank einiger – nur weniger – Zeugnisse von Zuhörern sind wir über bestimmte Eigenarten seines Musizierens unterrichtet. Unter ihnen verdient die Aussage des englischen Musikliebhabers, dem 1770 das Privileg gewährt wurde, an einem dieser Konzerte teilzunehmen, unsere besondere Aufmerksamkeit, stammt sie doch nicht aus der Feder eines Höflings, sondern gibt das Urteil eines Fachmanns wieder. Charles Burney äußerte sich über Friedrichs Spiel mit anerkennender Wertschätzung, ohne jedoch gewisse Schwächen zu übertünchen: »Die Musik«, erinnerte er sich, »begann mit einem Flötenkonzerte, in welchem der König die Solosätze mit großer Präzision vortrug. Seine *embouchure* war klar und eben, seine Finger brillant und sein Geschmack rein und ungekünstelt; ich war sehr erfreut, und sogar erstaunt, über die Nettigkeit seines Vortrags, in den Allegro's sowohl, als über seinen empfindungsvollen Ausdruck in den Adagio's. Kurz, sein Spielen übertraf in manchen Puncten alles, was ich bisher unter Liebhabern, oder selbst von Flötenisten von Profession gehört hatte. Se. Majestät spielten drey lange und schwere Concerte gleich hintereinander, und alle mit gleicher Vollkommenheit.«[263] Diesen Rosenkränzen des Lobes waren freilich einige Dornen der Kritik beigemengt: »In einigen Solos, die sehr lang und schwierig waren, und ebenso in bestimmten Kadenzen, musste Se. Majestät vor dem Ende der Passagen einhalten und neuen Atem schöpfen.«

Aus diesem Zeugnis geht hervor, dass das Konzert ganz auf die Person des Königs abgestimmt war. Quantz selbst hielt sich diskret im Hintergrund, um Friedrichs Auftritt als Hauptdarsteller nicht zu schmälern.[264] Es schien auch so zu sein, dass das Programm der Konzerte ständiger Wiederholung unterlag. Abgesehen von seinen eigenen Werken spielte Friedrich im Verlauf des Konzertes stets auch Werke von Quantz. Diese Auswahl dürfte ein Hinweis darauf sein, dass sich seine musikalischen Vorlieben genauso wenig weiterentwickelten wie sein literarischer Geschmack. Das hat auch Burney nicht übersehen. Mit spitzer Feder schloss er: »Man kann nicht leugnen, dass verschiedene Passagien in Herrn Quantzens Concerten nach gerade alt und gemein werden; allein das beweiset nicht, dass solche nicht neu gewesen wären, als diese Concerte komponirt wurden; denn einige sind schon vor vierzig Jahren gemacht…«[265] Wenn ihn sein Respekt auch davor zurückgehalten haben mag, Friedrich beim Namen zu nennen, so ist doch zu erwägen, ob er mit dieser Kritik an Quantz nicht auch dessen Auftraggeber treffen wollte. Alles in allem war es schon lange so, dass die Musik von Quantz kein anderes Ziel hatte, als dem Geschmack des Königs zu gefallen.

Friedrich brachte nicht allen Mitgliedern seiner Hofkapelle die gleiche Wertschätzung entgegen. Obwohl Carl Philipp Emanuel Bach ein Sohn des großen Johann Sebastian war und selbst zu den bedeutendsten Musikern des Jahrhunderts zählte, konnte er beim König nicht die gleiche Aufmerksamkeit wie Quantz und Graun finden. Philipp Emanuel selbst ließ darüber nichts verlauten.[266] Zweifellos aber litt Bach nicht nur unter dem schmalen Salär, sondern auch unter der geringen Wertschätzung seines Talents. Dabei hatte er 1753 seine große Klavierschule mit dem Titel »Versuch über die wahre Art, das Clavier zu spielen« veröffentlicht, ein Werk, das in der musikalischen Welt bald höchste Autorität erlangte.[267] Infolge seiner Enttäuschung verschlechterten sich Bachs Beziehungen nicht nur zu Quantz, sondern auch zu Friedrich, der ihn seinerseits »*ennuyeux* – langweilig« fand. Bachs Ernennung zum Kapellmeister der Prinzessin Amalie konnte bei alledem nur ein schwacher Trost sein. Unter diesen Umständen dürfte Philipp Emanuel den Ruf nach Hamburg als Befreiung empfunden haben. Hier trat er Ende 1767 die Nachfolge des verstorbenen Georg Philipp Telemann an, übte die musikalische Leitung der fünf Hauptkirchen aus und gab als Erster Cembalist öffentliche Konzerte. Das geistig regsame Milieu der weltoffenen Hansestadt vermittelte Philipp Emanuel einen neuen Anstoß für seine künstlerische Laufbahn.

Bachs Trennung von Friedrich II. war nicht allein Folge von persönlicher Unverträglichkeit, die sich im Lauf der Jahre verdichtet hatte. Sie verweist ebenso auf grundsätzlich verschiedene Auffassungen von Musik. In seiner Abhandlung von 1753 entwickelte Philipp Emanuel ein Musikideal, das von der Hofkultur, in der er selbst mitwirkte, bereits denkbar weit entfernt war. Der Musiker, so erklärte er darin, dürfe nicht perfekte Technik allein beherrschen, sondern müsse auch Gefühle ausdrücken können, und zwar vor allem mit einer Gestik, die dafür geeignet sei, die Rührungen der Seele auszudrücken. »Der Musiker«, unterstrich er, »kann nur anrühren, wenn er selbst gerührt ist.« Er hatte schon zuvor betont: »Man muss mit seiner Seele spielen und nicht wie ein mechanischer Vogel.«[268] Sollte dieser wenig schmeichelhafte Vergleich etwa auf Friedrich abzielen? Dies mag durchaus so sein, aber es ist noch wahrscheinlicher, dass Philipp Emanuel mit der am preußischen Hof praktizierten Musik in ihrer Gesamtheit abrechnete. In dieser unmittelbaren Auseinandersetzung kündigte Carl Philipp Emanuel zweifelsohne die Zukunft an, während andererseits Friedrich für eine Hofkultur stand, deren Tage gezählt waren. Seine Musik mochte liebreizend und gefällig wirken, doch musste sie, je länger je mehr, als veraltendes Relikt einer zu Ende gehenden Epoche langweilen. Dessen ungeachtet darf nicht übersehen werden, dass Friedrich eines der besten Orchester seiner Zeit um sich geschart hatte und dass er Berlin durch seinen persönlichen Einsatz zu einem Zentrum des deutschen Musiklebens gemacht hat.

Der Name Bach steht auch mit einem anderen Musikereignis am Hofe Friedrichs in Verbindung, nämlich mit dem Besuch des großen Johann Sebastian Bach 1747 in Potsdam. Bei diesem Empfang wollte Friedrich seinen Gast mit einer unmöglichen Herausforderung konfrontieren, aber er zog den Kürzeren. Die Gefühle des Königs für den Leipziger Thomaskantor waren zwiespältig… Einerseits war er von seinem Genie beeindruckt und bewunderte ihn wegen der ihm eigenen hohen Kunst der Improvisation. Andererseits fühlte er sich kaum von einer Musik angezogen, die der Leichtigkeit des Rokoko denkbar fern stand und für seinen Geschmack zu sehr vom religiösen Geist durchdrungen war. Der Zufall wollte es, dass Bach dem König vorgestellt wurde, als dieser sich mitten in einem Konzert befand. Friedrich bat ihn beim Empfang darum, über ein absichtlich herbeigeführtes Durcheinander von Noten, das lediglich eine Kakophonie erzeugte, und in welche er vorher eigenhändig noch zusätzliche Schwierigkeiten eingebaut hatte, zu improvisieren. Dies unmittelbar zu bewerkstelligen, war sogar für Bach zu schwierig, sodass er es vorzog, selbst ein Thema zu wählen. Somit hatte es den Anschein, als habe Friedrich die erste Runde für sich entschieden. Die Geschichte war jedoch noch nicht zu Ende. Nach Leipzig zurückgekehrt, komponierte Bach sein Werk »Ein musikalisches Opfer« (BWV 1079), dem er das königliche Thema zugrundelegte.[269] Als er dieses Meisterwerk zwei Monate später nach Potsdam schickte, war ihm eine Widmung beigefügt, die hinter der Ehrerbietung auch eine Spur Ironie zeigt: »Ich übereigne Seiner Majestät submissest dieses Musikalische Opfer, dessen edelster Teil von königlicher Hand geschaffen wurde.«[270] Die von Bach hinzugefügte Widmung ist in ihrer Formulierung nicht weniger ironiegetränkt: »*Quaerendo invenietis* – Wer suchet, der findet«. Mit anderen Worten, es sei Friedrichs Sache, seinen Anteil daran zu finden, wenn er das könne. Diese Geschichte berichtet nichts darüber, wie Friedrich auf dieses Geschenk reagiert hat, und wir wissen auch nicht, ob er es überhaupt jemals auf das Programm eines seiner Konzerte gesetzt hat.

Anlässlich seines Besuches am preußischen Hof zu Beginn des Jahres 1770 hatte der englische Musikhistoriker und Komponist Charles Burney angemerkt, dass Friedrichs Alter dem Flötenspiel abträglich sei. Angesichts seiner zunehmenden Atemnot gab der König schließlich ab 1778 keine Konzerte mehr. Friedrich zog sich überhaupt von der Musik zurück. Ebenso wie vom Flötenspiel verabschiedete er sich auch von der Oper, die doch über eine lange Zeit hinweg eine seiner Leidenschaften gewesen war. Als Vertreter der neuen Zeit sah sich der Kapellmeister Johann Friedrich Reichardt, der nach dem Tod von Graun 1775 engagiert worden war, bald ohne Arbeit. Er behielt lediglich den Titel und die Bezüge eines Hofkapellmeisters, ohne diese Funktion jedoch auszuüben.

Das Geheimnis des Königs

Das geheimnisvollste Kapitel dieser Geschichte bleibt noch zu ergründen, nämlich das Liebesleben Friedrichs. Auch darin unterschied er sich von den anderen Monarchen Europas. Mit Ausnahme von flüchtigen Liebesbegegnungen der Fürsten, die selbst den Argusaugen der Höflinge entgingen, war man über die Mätressen gemeinhin zumindest unter der Hand informiert, wenn diese nicht ohnehin eine offizielle oder quasi-offizielle Stellung bei Hofe einnahmen. In St. Petersburg wusste ein jeder Bescheid über die Liebhaber der Zarinnen, die gar nicht erst versuchten, ein Hehl daraus zu machen. Wenn sich jedoch ein Herrscher ausnahmsweise einmal keine Mätresse nahm, wurde seine Treue akzeptiert und hoch geschätzt. Die tugendhafte Lebensweise Maria Theresias fand einhelligen Respekt, während jedermann die Eskapaden ihres Gatten kannte. Kurzum, an den europäischen Höfen gab es keine wirklichen Geheimnisse. Lediglich für Berlin und Potsdam hatte die *chronique scandaleuse* nur leere Blätter zu bieten. Diese einzigartige Situation gab natürlich allen möglichen Gerüchten Nahrung, die der Historiker zwar zur Kenntnis nehmen, aber auch mit größter Vorsicht behandeln muss.

Was also wusste man und was glaubte man zu wissen? Zunächst einmal gab es die Tête-à-Têtes des Kronprinzen mit einer jungen Berlinerin, die Friedrich Wilhelms Fantasie derart aufstachelten, dass er sie als ehr- und schamlos beschimpfte. Der königliche Zorn auf diese ausgesprochen harmlosen Rendezvous ergoss sich über das arme Mädchen, und obwohl eine Untersuchung ihre Unschuld bestätigt hatte, wurde sie öffentlich mit Ruten gestrichen und anschließend ins Gefängnis geworfen. Die Neigung, die Friedrich während seines Küstriner Aufenthaltes für Frau von Wreech entwickelt hatte, war offenbar sehr keusch geblieben. Wilhelmine suggeriert in ihren Memoiren, ihr Bruder habe in der Zeit vor seiner Flucht ein ausschweifendes Leben geführt. Man muss sich jedoch vor jedem übereilten Schluss hüten. Abgesehen davon, dass die Angaben seiner Schwester manchmal zur Vorsicht mahnen, darf der Begriff »Ausschweifung« nicht buchstabengetreu verstanden werden. Es ist nicht auszuschließen, dass sich hinter diesem Zeugnis in Wirklichkeit eine weniger zügellose Lebensführung verbirgt, als es zunächst scheint.

Dafür muss man als gesichert in Rechnung stellen, dass Friedrich eine Liaison mit der Gräfin Orzelska, der betörenden Mätresse des Kurfürsten von Sachsen, eingegangen ist, die er in Dresden kennen gelernt und später in Berlin wieder getroffen hatte. Ferner dürfte er sich nach der Zeit in Küstrin gewiss einige flüchtige Beziehungen geleistet haben. In einem Geständnis gegenüber Grumbkow sind lediglich angeberische Äußerungen bezeugt: »Offen gesagt, der Mensch ist Fleisch und ich leugne in keiner Weise, dass es manchmal schwach ist (…). Ich glaube nicht, dass Cato in seiner Jugend Cato war.«[271] In einem vorhergehenden Brief hatte er sich noch deutlicher geäußert: »Ich liebe die Fleischeslust. Aber ich liebe sie nur ohne feste Bindung. Mir ist nur der Genuss wichtig und danach ist es vorbei. Nun, sagen Sie, ob ich aus dem Holz für gute Ehemänner geschnitzt bin.«[272] Sollte seine Gattin Elisabeth Christine tatsächlich in Rheinsberg gelegentlich das Bett mit ihm geteilt haben, dann ging sie dessen in der Folgezeit verlustig. Das Porträt der Barberina wiederum ist weder als Bestätigung noch als Verneinung der Frage zu bewerten, ob sie Mätresse des Königs war, gleichgültig, welche Gerüchte in Berlin zirkulierten. Wie dem auch sei, abgesehen von dieser geheimnisumwitterten Beziehung kann ihm keine Mätresse zugeordnet werden.

Die Welt Friedrichs war im Wesentlichen maskulin geprägt. Abgesehen von seinen Schwestern, die auf der Durchreise in Berlin oder Potsdam Station machten, finden wir im Unterschied zu Rheinsberg keine Frau mehr in seinem Potsdamer Freundeskreis. Manche Betrachter sind daher einem Modetrend gefolgt und haben felsenfest behauptet, Friedrich sei homosexuell gewesen. Das geht so weit, dass dies manchmal sogar als historisch gesicherte Tatsache ausgegeben wird. Und dennoch sei wiederholt, dass wir dabei große Vorsicht walten lassen müssen.

Ist etwa die von Friedrich gezeigte Vorliebe für die Behandlung der griechischen Liebe in einigen seiner Gedichte als Eingeständnis oder Bekenntnis seiner homosexuellen Orientierung zu bewerten? Hier sei ein Zeugnis als Beispiel unter anderen vorgelegt, in dem es ihm offensichtlich Vergnügen bereitete, die dem armen Claude Étienne Darget, seinem Sekretär, einstens zugestoßenen Missgeschicke zu erzählen:

»Sie sehen hier ruhmreiche Helden,
Die ihren anschmiegsamen und gefälligen Freunden gegenüber
Manchmal aktiv und manchmal passiv sind.
So einer war für Sokrates der Alkibiades,
Der gewiss kein übler Grieche war:
Und so verhielt es sich mit Euryalus und Nisus.
Ich kann davon – was weiß ich – noch mehr anführen:
Julius Caesar etwa, dem schmutzige Gerüchte
Nachsagten, er sei mit jeder Römerin verheiratet
Und zugleich die Frau von deren Gatten gewesen.
Oder durchblättern wir kurz Sueton,
Und Sie sehen, wie er sich über Cäsaren auslässt.
Auf diesem Gebiet waren sie alle aktiv.
Sie dienten alle dem Gott (Priapos) von Lampsakos.
Wenn Ihnen das Profane schließlich nicht genügt,
Lassen wir unsern Angriff vom Geheiligten lenken:
Dieser gute … Was denken sie, hat er gemacht,
Damit dieser… in sein Bett sich legte?
Spüren Sie? Er war sein Ganymed.
Alle Lehrer schrei'n: Ja, er hat recht!
In diesem Augenblicke weiß Luzifer,
Dass die Brandfackel von Sodom auf mich zurückgeht.
Damit im Hause Frieden herrscht,

Durfte nicht zu große Strenge walten.
Ich wurde daher ihr unglücklicher Harnisch
Und wenn irgendein Vater in Brunst verfiel,
War ich leider sein gewöhnliches Reittier.«[273]

Dieser Text ist kein schlüssiger Beweis. Weil Dargets »Angreifer« Jesuiten waren, handelt es sich vor allem um eine antiklerikale Spöttelei, die den Neigungen dieses Jahrhunderts für schlüpfrige und sogar anstößige Themen entgegenkam. Um es klar zu sagen, daraus geht gewiss nicht hervor, dass sich Friedrich zu einem Geständnis hätte hinreißen lassen, sondern viel eher, dass sich Friedrich ein literarisches Vergnügen geleistet hat.

Ebenso sollte man sich davor hüten, das Gemälde von Pesne, welches den Saal zierte, in dem die *soupers philosophiques* abgehalten wurden, überzuinterpretieren, auch wenn Voltaire über die dort gemalten Szenen klatschte: »Das war eine ausgesprochene Obszönität. Man sah junge Männer es mit Frauen treiben, Nymphen unter Satyrn, Amoretten, die sich dem Spiel von Enkolpen und Chitonen hingeben,[274] Menschen, die ganz hingerissen diesen (Liebes-)Kämpfen zuschauen, schnäbelnde Turteltauben, ferner Böcke, die Ziegen, und Widder, die Schafe bespringen. Die Mahlzeiten waren nicht weniger philosophisch. Wenn uns ein unerwarteter Besucher belauscht hätte, wäre er beim Anblick dieses Bildes im Glauben gewesen, den Sieben Weisen Griechenlands im Bordell zuzuhören.«[275] Es dürfte recht schwierig sein, in diesem wirren Reigen schlüpfriger, antikisierender Balzszenen einen Aufruf zur Homosexualität zu finden. Es ist ganz einfach so, dass diese Szenen das ausschweifende Leben feiern, welches in der kultivierten Gesellschaft dieser Zeit in Mode war.

Genauso wenig wie der Historiker eine Mätresse Friedrichs nachweisen kann, ist es ihm möglich, einen Liebhaber des Königs zu benennen. Bei seinem Bruder Heinrich, der keine Scheu davor hatte, seine Männerfreundschaften öffentlich zu pflegen, lagen die Dinge anders. Die Stellung der beiden Brüder war allerdings nicht dieselbe, vor allem nicht in einem Staat, in dem Homosexualität mit Verbot und Strafe belegt war. Diese Auffassung könnte von einigem Gewicht sein, selbst wenn das 18. Jahrhundert in dieser Angelegenheit recht liberal gewesen wäre. Daher muss man sich fragen, ob Friedrich dieses Hindernis umgangen hat, indem er lediglich flüchtige Beziehungen eingegangen ist, wie Voltaire uns glauben machen will. Er schrieb in seinen Memoiren über Friedrichs morgendliche Gewohnheiten: »Wenn Seine Majestät angekleidet war und auch seine Stiefel angezogen hatte, schenkte der Stoiker der Sekte der Epikuräer einige Augenblicke. Er ließ zwei Günstlinge antreten, Leutnants seines Regimentes, Pagen, Heiducken oder junge Kadetten. Sie nahmen gemeinsam den Kaffee. Derjenige, dem das Taschentuch zugeworfen wurde, blieb eine halbe Viertelstunde zu einem Tête-à-Tête. Die Sache wurde aber nicht bis zum Äußersten getrieben, in Anbetracht der Tatsache, dass er als Prinz zu Lebzeiten seines Vaters wegen seiner Liebeleien übel behandelt worden war und noch viel schlechter davon geheilt worden war. Er konnte nicht mehr anders und musste sich mit Sekunden zufrieden geben.«[276]

Es kann gar keinen Zweifel geben, dass man sich an den europäischen Höfen diese Klatschgeschichten genüsslich zu Gemüte führte. Muss man solchen Darstellungen nun eine gewisse Glaubhaftigkeit einräumen? Die über dieses Thema verbreiteten Schmähschriften besitzen keinen höheren Beweiswert als etwa diejenige, welche Étienne François, der Herzog von Choiseul, bei Charles Palissot de Montenoy mitten im Siebenjährigen Krieg in Auftrag gegeben hatte:

»Willst verdammen du die Zärtlichkeit,
Der erfahren Liebestrunkenheit
In den Armen deiner Knaben nur?«[277]

Nicht einer dieser schönen Jünglinge kann jedoch mit Namen genannt werden. Andererseits erscheint es sonderbar, dass keine einzige vertrauliche Mitteilung hierzu überliefert ist. Angesichts der Zahl derjeniger, die sich den Wünschen Friedrichs hätten beugen sollen, wäre es unvermeidlich gewesen, dass trotz der schlüpfrigen Situation einer der angeblichen Liebhaber früher oder später sein Schweigen gebrochen hätte. Nun, es hat keiner gesprochen.

Es scheint viel wahrscheinlicher, dass Voltaire auf diesem Wege seine Rechnung mit Friedrich beglich. Hätte es denn nach der demütigenden Behandlung, die dieser ihm in Frankfurt hatte angedeihen lassen, eine süßere Rache geben können, als die betreffenden Gerüchte auszustreuen und seinen Kerkermeister vor ganz Europa der Lächerlichkeit preiszugeben? Um dieses Ziel zu erreichen, mochte es nebensächlich sein, wenn die Wahrheit dabei unter die Räder kam. Voltaire war darin ohnehin geübt. Seine Memoiren sind durchsetzt mit leichten Verfälschungen und dick aufgetragenen Lügen. Die aus der Situation heraus entstandene Darstellung Voltaires eröffnet uns daher ebenfalls keinen neuen Aspekt. Sie scheint darauf hinweisen zu wollen, dass Friedrich in Folge eines unzulänglich behandelten »Missgeschicks« impotent geworden sei. Auch das ist allerdings nur eine Vermutung, aber dieses traurige Ereignis könnte der Schlüssel zum Geheimnis des Königs sein.

Vierter Teil
Der Siebenjährige Krieg

Zwölftes Kapitel
Wachsende Gefahren

Seit dem Ende des Zweiten Schlesischen Krieges hatte Friedrich die Innen-
politik in die Hand genommen und die Außenpolitik bestimmt. Nach dem
Vertrag von Dresden im Jahre 1745 dauerte der Österreichische Erbfolge-
streit noch weitere zwei Jahre an und fand erst mit dem Vertrag von Aachen
1748 seinen Abschluss. Friedrich hatte sich auf die Position eines aufmerk-
samen Beobachters zurückgezogen und dachte nicht daran, diese aufzugeben. Es war ihm auch gelungen, den Avancen Londons und Versailles' zu
widerstehen, die mit entgegengesetzten Zielen seinen Wiedereintritt in den
Krieg bewirken wollten. Doch warum sollte er nun, da er sich in den Besitz
Schlesiens gebracht hatte, die Waffen für die Verteidigung von Interessen
aufnehmen, die nicht die seinen waren? Kaum war der Friede von Aachen
geschlossen, entbrannte erneut der Streit zwischen Russland und Schweden, und für Preußen bestand die Gefahr, in einen neuen Konflikt hineingezogen zu werden. Auch hierbei hatte Friedrich keinerlei Kriegsgelüste,
sondern bemühte sich im Gegenteil, die Krise zu dämpfen und zwar insbesondere dadurch, dass er seiner Schwester Ulrike zur Besonnenheit riet.

Jede Krise hatte einen Aufstieg Preußens in der Hierarchie der Mächte
bewirkt. Der Hohenzollernstaat war nicht nur zu einem unübersehbaren
Faktor in jeder Krise geworden, die in der Mitte und im Norden Europas ausbrach, sondern die Großmächte konnten nicht mehr umhin, dem auch
Rechnung zu tragen. Dennoch blieb die Position Preußens ungesichert.
Friedrich hatte sich durch seine Erfolge den unstillbaren Hass und die ausgeprägte Eifersucht der übrigen Mächte zugezogen. Die Eroberungen des
einen Krieges konnte ihm ein anderer wieder rauben – und vielleicht noch
mehr als das. Die Vorsicht gebot ihm daher, in seiner Wachsamkeit nicht
nachzulassen. Sie machte es ihm auch zur Pflicht, alle diplomatischen Ent-
wicklungen mit höchster Aufmerksamkeit zu verfolgen.

Es gab keinen Tag, an dem sich Friedrich nicht mit Angelegenheiten der Außenpolitik beschäftigt hätte. Und es gab auch keinen Tag, an dem er nicht seinem Außenminister oder einem seiner Gesandten an den bedeutendsten Höfen Europas geschrieben hätte. Das Studium der darauf beruhenden Korrespondenz ist hilfreich, um die Umrisse seines diplomatischen Systems zu erkennen. Darüber hinaus hat Friedrich seine Leitgedanken auch in einer grundlegenden Schrift, seinem *Politischen Testament,* dargelegt und 1752, mit Beginn seines vierzigsten Lebensjahres, niedergeschrieben.

Wie vor ihm schon sein Vater, hatte sich auch Friedrich vorgenommen, auf diese Weise seinem Nachfolger eine Anleitung zu geben, in der er ihm die großen Linien seiner Politik darlegte. Nachdem er im ersten Teil des *Politischen Testaments* die Organisation und die Verwaltung des Königreiches gründlich untersucht hatte, ließ er einen langen, dem Studium der europäischen Staaten gewidmeten Abschnitt folgen und legte im Anschluss daran die verbindlichen Leitlinien der preußischen Außenpolitik fest.

Im Ganzen gesehen, erhob Friedrich den künftigen Antagonismus zwischen dem Haus Österreich und Preußen zum Postulat. Nach den beiden letzten Kriegen sei dieser zur Grundlage der künftigen Beziehungen der beiden Mächte geworden. Man müsse diesen Antagonismus vor allem auf den Ehrgeiz Wiens zurückführen, Deutschland »unterwerfen« zu wollen.[278] Sobald sich Preußen weigere, diese hegemonialen Bestrebungen zu akzeptieren, sei der Konflikt unausweichlich. Zu dieser grundsätzlichen Entwicklung traten die Revanchegelüste, die Maria Theresia beseelten, seit Friedrich ihr Schlesien geraubt und durch diese Eroberung die Machtverhältnisse im Heiligen Römischen Reich verändert hatte. Im Urteil Friedrichs war Österreich unter allen europäischen Staaten »derjenige, den wir am heftigsten getroffen haben und der weder den Verlust Schlesiens noch den Teil seiner Autorität, den wir in Deutschland nun mit ihm teilen, jemals vergessen wird.«[279] Es stand für ihn völlig außer Frage, dass Österreich zunächst seine Verluste ausgleichen und die notwendigen Reformen durchführen musste, um sich für einen neuen Konflikt zu rüsten. Dieser Krieg würde schrecklich werden, denn obgleich Friedrich die Ziele der österreichischen Politik verzerrt darstellte, machte er aus seiner Bewunderung für die Fähigkeiten Maria Theresias kein Hehl. Denn angesichts der fortgesetzten Niederlagen hatte sie Eigenschaften eines wahren Souveräns gezeigt. Es war deshalb vorhersehbar, dass das anstehende Duell in aller Härte ausgefochten würde.

Maria Theresia musste sich bei der Durchsetzung ihrer Ziele auf ein System sicherer Bündnisse stützen können. Noch völlig unter dem Eindruck des vorangegangenen Konfliktes, stellte sich Friedrich vor, dass die zu erwartende Konstellation wieder die gleiche sein werde. Daher ging er davon aus, dass Österreich sich um eine Wiederbelebung des Bündnisses mit England, Russland und Sachsen bemühen werde. In keinem Augenblick hatte er, nicht einmal in Gestalt einer einfachen Hypothese, das tatsächlich eintretende Szenario der folgenden Jahre in den Bereich des Möglichen gezogen. Er hatte in keiner Weise eine Bündnispolitik in Betracht gezogen, bei der Wien auf eine Umkehrung der Allianzen hinarbeitete, so sehr war er überzeugt, dass Frankreich nie zu einem Zusammengehen mit Österreich bereit wäre. Die wichtigste Triebfeder der französischen Politik blieb nach seiner Einschätzung die Feindschaft gegenüber dem Hause Österreich und die daraus hervorgehende Entschiedenheit, dieses zu bekämpfen.

Diese Analyse veranlasste Friedrich dazu, Frankreich weiterhin als natürlichen Verbündeten Preußens anzusehen. Es war jedoch keineswegs so, dass er Frankreich vorbehaltlos gegenüberstand. Seine früheren Erfahrungen hatten bittere Erinnerungen bei ihm hinterlassen. Daher zeichnet er im *Politischen Testament* ein wenig schmeichelhaftes Bild der französischen Monarchie. In seiner überaus kritischen Sicht lehnte er es ab, sein eigenes politisches System an einem Staatswesen zu orientieren, dessen König Opfer seiner Erziehung sei, der sich der Herrschaft von Mätressen und Klüngeln ausliefere und den Eifersüchteleien von Ministern breiten Raum gebe. Eine solche Monarchie, die zwischen verschiedenen Parteien hin und her schwanke, war nach seiner Meinung unfähig, eine kontinuierliche Politik zu verfolgen, die auf einer konsequent durchgehaltenen politischen Linie beruhte.

Und dennoch »ist Frankreich trotz dieser Missstände das mächtigste Königreich Europas.«[280] Er war der Auffassung, dass sich die französische Außenpolitik, dem unbeständigen Charakter dieser Nation entsprechend, zwar oftmals in Bocksprüngen erging, bei alledem aber auf ein festes Ziel hin orientiert war. Dieses bestand darin, das Haus Österreich zu schwächen, und hatte sich seit mehr als zwei Jahrhunderten von Regierung zu Regierung erhalten. Demnach hatten Preußen und Frankreich vitale gemeinsame Interessen, die eine gegenseitige Verständigung nahe legten und dies, obwohl für Friedrich feststand, dass man bei den Franzosen immer auf der Hut sein musste.

Aus der Tatsache, dass die Franzosen oftmals unbequeme Partner seien, solle jedoch eben nicht abgeleitet werden, dass sich ein Bündnis mit ihnen verbiete. In der Stunde der Entscheidung müssten die gemeinsamen Interessen Vorrang haben. Unter Bezug auf dieses Bündnis kam Friedrich auf ein Thema zu sprechen, das ihm besonders am Herzen lag: die Gemeinsamkeiten von Schlesien und Lothringen, die wie zwei Schwestern unauflöslich miteinander verbunden seien. Der Verlust der einen zöge unweigerlich den der anderen nach sich. Friedrich entwickelte folgenden Gedanken: »Schlesien und Lothringen sind zwei Schwestern, von denen Preußen die ältere und Frankreich die jüngere geheiratet hat. Diese Verbindung zwingt sie zur gleichen Politik. Preußen darf nicht unbewegt mit ansehen, wie Frankreich Elsass und Lothringen verliert, und die Ablenkungsmanöver, die Preußen zugunsten Frankreichs unternehmen kann, sind wirksam, denn sie tragen den Krieg unmittelbar ins Herz der österreichischen Erblande. Aus dem gleichen Grund kann Frankreich nicht dulden, dass Österreich Schlesien wiedererlangt, denn das würde einen Bundesgenossen Frankreichs zu sehr schwächen, der ihm in Angelegenheiten des Nordens und des Reiches nützlich ist, und dessen Ablenkungsmanöver, wie schon gesagt, Lothringen oder das Elsass im Fall einer großen und unerwarteten Gefahr sicher zu retten vermögen.«[281]

Im Übrigen brachte Friedrich, als er diese Zeilen schrieb, nicht nur fromme Wünsche zum Ausdruck. Die französisch-preußischen Beziehungen standen noch unter dem Eindruck des Breslauer Friedensvertrages, der die beiden Königreiche noch bis 1756 in einem Defensivbündnis vereinte.

Maria Theresia zählte bei der Rückeroberung Schlesiens auf die Hilfe Englands. Dieser Bündnisgedanke beruhte auf durchaus realen Grundlagen, bestimmte doch der Besitz Hannovers noch weitgehend die Festlandspolitik Englands, das durch Hannover sich als Nachbar Preußens verhielt. Friedrich konstatierte: »Der König von England nimmt Europa allein von seinem Kurfürstentum Hannover aus wahr.«[282] Abgesehen von seiner persönlichen Abneigung gegenüber Friedrich, war es für Georg II. schwer, die Erfolge Preußens zu ertragen, die sich seinen eigenen Träumen von einer Ausbreitung in Deutschland entgegenstellten. Diese Gegnerschaft sollte ihn erwartungsgemäß dazu bewegen, eine antipreußische Koalition einzugehen. Gewiss, mit der Zeit konnten sich die Dinge anders entwickeln. Friedrich sah voraus, dass der Nachfolger des englischen Königs dem Kurfürstentum Hannover nicht die gleiche Bedeutung einräumen würde. Dieser Faktor würde daher auf Dauer für die englische Politik an Gewicht verlieren. Es blieb allerdings ungewiss, wie lange es dauern konnte, bis diese Veränderungen Gestalt annahmen.

Der Fall Russland erforderte eine ähnliche Analyse. Es gab keinen grundsätzlichen Anlass für einen Streit mit Preußen. Friedrich versicherte: »Es gibt mit Russland nichts zu klären«.[283] Dessen gegenwärtige feindselige Haltung ging auch in diesem Fall großenteils auf persönliche Motive zurück. Friedrich beargwöhnte insbesondere den Einfluss des Kanzlers Graf Alexej

Petrowitsch Bestuev, der als wirklicher Inhaber der Macht in St. Petersburg einen proösterreichischen Kurs verfolgte. Im Übrigen hatten Preußen und Russland nach Friedrichs Meinung tatsächlich das gemeinsame Interesse, in Warschau nicht wieder Kräfte aufkommen zu lassen, die ein Wiedererstarken Polens anstrebten. Angesichts dieser grundsätzlichen Übereinstimmung stellte sich die Frage, warum Russland an einem möglichen Versuch Friedrichs, sich künftig in Polen auszudehnen, Anstoß nehmen sollte. Eine Erwerbung polnischer Gebiete konnte zur territorialen Geschlossenheit Preußens von Berlin bis Königsberg beitragen. Allerdings war das politische Geschehen in Russland von Palastrevolutionen überschattet und somit unberechenbar.

Blieb noch Sachsen, von dem Friedrich voraussah, dass es sich auf die Seite Österreichs schlagen werde. Die Enttäuschungen der Schlesischen Kriege und seine Verärgerung darüber, dass Sachsen sich in seinen Augen hinterlistig verhalten habe, trugen nicht gerade dazu bei, dass Friedrich dem Kurfürstentum Sachsen mit Sympathie begegnete. Seit sich Sachsen klar für eine Seite entschieden hatte, wäre für das »zwischen Hammer und Amboss« gelegene Kurfürstentum eine vorsichtige Strategie angebracht gewesen. [294] Sachsen hatte sich jedoch schon viel zu sehr gebunden, als dass es sich im Konfliktfall einer russisch-österreichischen Koalition hätte entziehen können.

Preußen musste daher Vorbereitungen für einen weiteren Krieg treffen, der ganz offensichtlich von der Logik der Interessen und von Gefühlen bestimmt sein würde. Friedrich glaubte jedoch, noch eine längere Frist bis zum Ausbruch dieses Krieges zu haben. Denn Maria Theresia brauchte Zeit für die Reform ihres Staates und den Wiederaufbau ihrer Armee. Friedrich seinerseits wollte nichts überstürzen. Er machte sich Folgendes zur Regel: »Was wir auch immer vom Krieg erwarten mögen, meine gegenwärtige Politik geht dahin, den Frieden so lange wie möglich zu erhalten, ohne die Würde des Staates zu verletzen.«[285] Die gegenwärtige »*léthargie*« Frankreichs lud zu dieser Haltung geradezu ein, und er beharrte daher umso mehr darauf, nicht offensiv vorzugehen: »Es kommt uns überhaupt nicht gelegen, wieder einen Krieg anzufangen. Ein Handstreich wie bei der Eroberung Schlesiens kommt mir wie ein Buch vor, dessen Original Erfolg, dessen Nachahmung jedoch Misserfolg hat.«[286] Kurz, »es gibt keinen sichereren Weg, als den Frieden aufrecht zu erhalten und aus sicherer Position neue Ereignisse abzuwarten.«[287] Friedrich ging sogar so weit, zu überlegen, zu Beginn des Krieges gar nicht in Kampfhandlungen einzutreten. Diese abwartende Haltung könne Preußen zu einer Position der Stärke führen und eine Situation schaffen, die größten Gewinn aus dem späteren Eintritt in den Krieg versprach. Das stimmte völlig mit der Maxime des verstorbenen Kardinals de Fleury überein, wonach »derjenige Herr der Lage ist, der als Letzter noch einen Taler in der Tasche hat.«[288]

Als sich Friedrich vier Jahre später in einen Präventivkrieg stürzte, schien das im Widerspruch mit seinen Entschlüssen zu stehen. Man sollte sich aber hüten, darin ein Zeichen von Hinterhältigkeit zu sehen. Die Umstände hatten sich ganz einfach verändert und erforderten daher nach Friedrichs Einschätzung eine andere Politik. Man muss sich aber fragen, welchen Wert seine Analyse der internationalen Situation denn hatte. Vier Jahre nach dem Frieden von Aachen im Jahre 1748 entstanden, folgte sie im Wesentlichen dem Schema, das dem des österreichischen Erbfolgekrieges entsprach. Insofern lag sie gewiss nicht falsch, weil die Scheidelinien zwischen den Staaten unverändert geblieben waren. Die im *Politischen Testament* beschriebene Konfiguration entsprach der europäischen Wirklichkeit von 1752 im Großen und Ganzen noch immer. Lediglich eines ist Friedrich entgangen, nämlich die Kräfte, die unter der Oberfläche schon am Werk waren, ein neues System der Diplomatie zu schaffen.

Kaunitz

Während Friedrich noch an seinem *Politischen Testament* schrieb, dachte Maria Theresia schon ernsthaft an eine Umgestaltung ihrer Bündnisse. Die Tinte des Vertrages von Aachen war kaum getrocknet, als sie die Entscheidung traf, die Karte einer Annäherung an Frankreich auszuspielen. Wie konnte sie Frankreich nach dem Verlust Schlesiens denn noch als ihren Hauptfeind ansehen? Das Preußen Friedrichs II. war in dieser Rolle an Frankreichs Stelle getreten.

Selbst nach diesem Entschluss könnte Maria Theresia ihrem englischen Verbündeten treu bleiben und auf ihn bauen, wenn der Augenblick gekommen wäre, Schlesien zurückzuerobern. Aber die kurz zuvor gemachte Erfahrung brachte sie davon ab. Sie hatte daraus gelernt, dass das britische Kabinett in Österreich lediglich eine Hilfstruppe im Kampf gegen Frankreich sah und daher dem Schicksal Schlesiens niemals politische Bedeutung beizumessen gedachte. Von da an blieb ihr keine andere Möglichkeit mehr, als Beziehungen zu Frankreich anzubahnen und seine Loslösung von Preußen zu erreichen. Am 18. März 1749 hatte sich die »Geheime Konferenz«, die höchste Institution der Habsburgermonarchie, für diese Umorientierung der österreichischen Diplomatie ausgesprochen. Zweifelsohne war vorauszusehen, dass sich zahlreiche Hindernisse dem Erfolg dieses neuen Kurses in den Weg stellen würden. Denn es gab keinen Hinweis darauf, dass Frankreich zu einem Kurswechsel bereit war. Immerhin kamen die Fronten in Bewegung, aber dies blieb Friedrich trotz seiner zahlreichen Informationsquellen verborgen.

Gewiss bedurfte dieses Unternehmen einiger Zeit, wenn es gelingen sollte. Am Hof von Versailles waren die Geister noch nicht bereit für etwas, das nach einer Umwälzung aussah. Es ging hierbei gar nicht darum, dass man dem König von Preußen vorbehaltlos vertraute. Sein Zickzackkurs während des letzten Krieges sprach nicht zu seinen Gunsten. Wie tief die Verstimmung auch gewesen sein mochte, die Last der Voreingenommenheit und der Gewohnheiten wog noch zu schwer, als dass die französische Diplomatie eine Annäherung an den Erbfeind hätte ins Auge fassen wollen. Im Übrigen schien das französisch-preußische Bündnis zu Beginn des Jahres 1750 von neuem zur größten Zufriedenheit der beiden Parteien zu funktionieren.

Beide Monarchien machten in zwei wichtigen Angelegenheiten, die beide das Haus Österreich betrafen, gemeinsame Sache. Sie taten sich zusammen, um den Plan Wiens, der vorsah, den jungen, noch nicht einmal elfjährigen Erzherzog Joseph zum König der Römer wählen zu lassen, zum Scheitern zu bringen. Diese Designation hätte ihm beim Tod seines Vaters die Kaiserkrone gesichert. Frankreichs und Preußens Widerstand galt auch einem weiteren Vorhaben, das in diesem Falle von Wien und St. Petersburg beschlossen worden war. Es ging darum, für Karl von Lothringen die polnische Krone zu erlangen, wenn ihr derzeitiger Träger sterben werde. Friedrich II. und Ludwig XV. hatten gute Gründe, sich dieser Übereinkunft entgegenzustellen. Ersterer war überhaupt nicht dafür, den Schwager Maria Theresias auf den polnischen Thron zu setzen, was auf eine Einkreisung Preußens hinausgelaufen wäre. Letzterer verfolgte mit Polen Pläne, die, ganz in der Tradition seiner Vorgänger, keinen Platz für einen Habsburg-Lothringer vorsahen. Kurzum, Friedrich hatte allen Grund, diesen Plänen einen Riegel vorzuschieben und sich deretwegen vor den Hintergedanken Maria Theresias in Acht zu nehmen.

Maria Theresia hatte des Glück, einen hoch begabten Helfer für ihr großes Vorhaben gefunden zu haben. Graf Wenzel Anton von Kaunitz-Rietberg entstammte einem alten mährischen Geschlecht und war der Enkel eines Reichsvizekanzlers von Kaiser Leopold I. Er sollte sich schnell zu einem der größten Diplomaten des Jahrhunderts entwickeln und für Friedrich ein ebenbürtiger Gegner werden. Vom Vertrauen seiner Herrscherin gestützt, hatte er schnell die Stufen der Macht erklommen. Als eifriger Verfechter der Annäherung an Frankreich, entschied Maria Theresia, sollte Kaunitz sie nun am Versailler Hof vertreten, um dort die Neuordnung der Beziehungen beider Monarchien geschickt voranzutreiben.

Wenn die Zeit auch noch nicht reif dafür war, steckte der Gesandte Maria Theresias doch schon sein Terrain ab. In dem Beziehungsgeflecht, das er sowohl am Hof als auch in der Hauptstadt knüpfte, war es besonders die Marquise de Pompadour, die Kaunitz häufig mit seinen Visiten beehrte. Abgesehen vom Vergnügen, das ihm die Gesellschaft dieser Frau voller Esprit verschaffte, war die Kontaktpflege auch von seiner Erkenntnis getragen, dass die »Denkungsart der königlichen Mätresse in diesem Land von Bedeutung war.«[289] Wenn es ihm gelänge, die Marquise für Österreich einzunehmen, könnte sie ihren königlichen Liebhaber in diesem Sinne beeinflussen. Warum auch sollte sie dem kultivierten Gesandten Österreichs nicht gewogen sein, da doch andererseits der König von Preußen wenig schmeichelhafte und manchmal richtig beleidigende Äußerungen über sie verlautbaren ließ?

Als zu Anfang des Jahres 1753 die Zeit des Grafen von Kaunitz als Gesandter sich ihrem Ende näherte, hätte man glauben können, dass die Positionen unverändert geblieben waren. Eine Revision war nicht in Sicht. Die Wirklichkeit war jedoch viel komplizierter. Graf Kaunitz hatte in der Marquise de Pompadour tatsächlich eine Verbündete gefunden. Das war möglicherweise das einzige Ergebnis seiner Mission, aber es war von unschätzbarem Wert. Denn wenn die französische Politik auch nicht ausschließlich im Boudoir der Favoritin entschieden wurde, so zählte ihre Meinung oftmals mehr als die eines Ministers. Daher bedeutete der Rückruf keineswegs, dass Maria Theresia ihren großen Plan zu Grabe getragen hätte. Ganz im Gegenteil. Sie beschloss, Kaunitz an die Spitze der Staatskanzlei zu stellen. In dieser Position, der höchsten in der Regierungshierarchie, sollte er unter Maria Theresia die österreichische Diplomatie leiten und in Fortsetzung seiner Versailler Mission an der Revision der Bündnisse arbeiten.

Die Westminsterkonvention

Die folgende Entwicklung sollte weitgehend von den Entschlüssen Friedrichs abhängen. Dessen Politik war von dieser Zeit an nicht vom Traum einer erneuten Expansion, sondern von Erfordernissen der Sicherheit bestimmt. Nun, da er sich Schlesiens einmal bemächtigt hatte, galt seine vornehmliche Sorge der Sicherung des eroberten Gebietes, indem er es vor den Unwägbarkeiten eines weiteren Krieges zu bewahren suchte. Daher war er bereit, alle Möglichkeiten auszuschöpfen, um diese Absicht zu verwirklichen. Erneut musste er darauf bedacht sein, keine falschen Entschlüsse auf Grund einer irrigen Analyse zu fassen. Seine sichere Überzeugung, dass der französisch-österreichische Gegensatz eine unveränderliche Größe in der europäischen Diplomatie darstelle, konnte ihn zu einem Handeln veranlassen, dessen Folgen er nicht bedacht hatte.

Im Jahre 1755 gewann ein Kriegsausbruch zwischen Frankreich und England plötzlich an Wahrscheinlichkeit. Am 8. Juni beschossen sich Schiffe der beiden Staaten an der amerikanischen Küste. Obgleich das noch keinen Krieg bedeutete, war man ihm doch gefährlich nahe gekommen. Als Verbündeter Frankreichs lief Friedrich Gefahr, in eine Auseinandersetzung hineingezogen zu werden, mit der er nichts zu tun hatte. Diese Gefahr war sehr ernst zu nehmen, weil das britische Kabinett gewiss versuchen würde, seine Verbündeten zum Angriff auf Frankreich zu bewegen, damit ein Teil der französischen Streitkräfte auf dem europäischen Kriegsschauplatz gebunden blieb.

Friedrich hätte von einer solchen Situation alles zu fürchten. Denn sie würde mit Sicherheit einen russischen Angriff nach sich ziehen. 1753 hatten London und St. Petersburg zu einer vertraglichen Einigung gefunden, wonach englische Hilfsgelder den Ausbau der russischen Armee fördern sollten. Die Verbindung der beiden Monarchien wurde im Vertrag von St. Petersburg noch intensiviert. England verpflichtete sich darin, eine russische Armee von 70 000 Mann auszurüsten, die dafür im Konfliktfall zu seiner Verfügung stehen sollte. Die Bedeutung dieses Vertrages war klar: Wenn Friedrich der Verbündete Frankreichs bliebe, würde er unweigerlich einen russischen Militärschlag gegen Preußen auslösen. Um sich gegen eine solche Bedrohung zu wappnen, gab es im Grunde kein anderes Mittel, als die Bedingungen für ein Arrangement mit England auszuloten. Sein Inhalt war nicht schwer zu erraten. Ein solches Abkommen sollte darauf hinauslaufen, dass sich Friedrich verpflichtete, Hannover nicht anzugreifen. Im Fall eines englisch-französischen Krieges kam das de facto einer Neutralitätserklärung Preußens gleich. Gewiss, Russland war zwar auch der Verbündete Österreichs, aber der drohende Entzug der englischen Subsidiengelder sollte nach Friedrichs Berechnung Argument genug sein, Russland ruhig zu stellen.

Der Augenblick für eine solche Eröffnung war im Übrigen gut gewählt. Die Beziehungen zwischen England und Österreich waren zu dieser Zeit ins Schlingern geraten, nachdem das britische Kabinett von Wien gefordert hatte, seine militärische Präsenz in den Niederlanden zu verstärken. Maria Theresia hatte sich anstelle der geforderten 30 000 Mann auf die Entsendung von 10 000 beschränkt. Friedrich hatte dies nicht als Zeichen für eine Umorientierung der österreichischen Politik erkannt. Er bewertete dies vielmehr als ein Zeichen dafür, dass Wien lediglich den Preis für seine Beteiligung an einem Krieg gegen Frankreich hochtreiben wolle.

Der Vertrag von St. Petersburg führte Friedrich zum Entschluss, den entscheidenden Schritt in Richtung London zu tun. Schon in den vorausgegangenen Monaten gab es eine erste Fühlungnahme, ohne dass die beiden Seiten zu einer förmlichen Übereinkunft gelangt wären. Noch zögerte Friedrich, einen Weg zu beschreiten, der ihn hinsichtlich seines Bündnisses mit Frankreich in eine Schieflage bringen könnte. Mit der Unterzeichnung des neuen englisch-russischen Abkommens wurde das Säbelrasseln jedoch lauter. Dazu kam, dass König Georg in seiner Thronrede bei der Parlamentseröffnung am 13. November einen entschieden kriegerischen Ton angeschlagen hatte. Für Friedrich wurde es dringlich, den drohenden Schlag abzuwenden. Mit diesem Ziel ergriff er am 7. Dezember die Initiative und schlug England die Inhalte eines Abkommens vor. Die beiden Parteien schlossen einen Neutralitätspakt, dessen Wirksamkeit sich auf ganz Deutschland erstreckte.

Von diesem Augenblick an überstürzten sich die Ereignisse. Am 16. Januar 1756 unterzeichneten England und Preußen in Westminster eine Konvention, welche mit gewissen Präzisierungen die Vorschläge Friedrichs enthielt. Beide sprachen sich gegenseitig die Garantie für ihre Besitzungen in Deutschland aus. Andererseits verpflichteten sie sich, ihre jeweiligen Verbündeten von einem Angriff auf diese Territorien abzuhalten. Sie sagten sich auch gegenseitig zu, mit Waffengewalt gegen jede Macht vorzugehen, die dagegen verstoße. Beide Parteien hatten guten Grund, damit zufrieden zu sein. Für England lag der Vorteil auf der Hand. Friedrich hatte darauf bestanden, dass Frankreich im Vertragstext keine Erwähnung findet. Aber konnte jemand daran zweifeln, wer gemeint war? Frankreich sollte hinsichtlich einer Eroberung Hannovers nicht mehr mit Friedrich rechnen können. Ja, wenn sich Frankreich dennoch für einen Angriff auf das Kurfürstentum entscheiden sollte, müsste es sich auf einen Zusammenstoß auch mit Preußen gefasst machen. Friedrich seinerseits hatte sich ausgerechnet, dass ihn die Westminsterkonvention vor einem russischen Angriff schützen würde. Er setzte dabei auf ihren Abschreckungscharakter. Russland war nun bekannt, dass es Preußen nicht angreifen konnte, ohne sich die Gegnerschaft Englands zuzuziehen. Dies würde als erste Konsequenz die sofortige Einstellung der Subsidienleistungen nach sich ziehen, die der Vertrag von St. Petersburg vorsah. Und für den Fall, dass alles gut verlief, sah Friedrich voraus, dass Österreich, der russischen Hilfe beraubt, Abstand davon nehmen würde, sich allein auf einen Krieg mit Preußen einzulassen.

Was aber, wenn dieses schöne Gedankengebäude auf falschen Voraussetzungen errichtet war? Schließlich war es möglich, dass die Feindschaft Russlands gegenüber Preußen größer war als die Angst vor England; dies war umso wahrscheinlicher, als die russischen Armeen im Konfliktfall wegen der weit auseinander liegenden Operationsgebiete wohl gar nicht auf Engländer stoßen würden. Was nun Österreich anbetrifft, so konnte man annehmen, dass sich bei einem möglichen Ausfall Russlands keine Alternative anbot.

Die Umkehr der Allianzen

Österreich war jedoch entschlossen, auf die Durchführung seiner Pläne keineswegs zu verzichten. Das Kriegsziel wurde im August 1755 von Kaunitz in einer Sitzung der Geheimen Konferenz in einer berühmt gewordenen Formel klar zum Ausdruck gebracht:»Preußen muss fallen, wenn das Erzhaus überleben will.«[300] Mit anderen Worten: Es ging in dieser Auseinandersetzung zwischen Österreich und Preußen um weit mehr als nur um Schlesien. Sie war so bedeutend, dass sie einen Gegensatz von viel größerer Tragweite enthüllt als den Besitz einer Provinz. Es ging darum, dass Preußen die Vorrangstellung Österreichs in Deutschland bedrohte. Der Streit musste daher eine grundsätzliche Entscheidung herbeiführen. Preußen sollte auf die Stellung einer zweitrangigen Macht zurückgeworfen werden, wenn möglich allein auf die Mark Brandenburg. Mehr als je zuvor wurde die Verständigung mit Frankreich zu einem festen Bestandteil in der Logik dieses Planes.

Als die Westminsterkonvention unterzeichnet wurde, waren mehr als vier Monate vergangen, seit die Gespräche zwischen den Höfen zu Versailles und Wien eingesetzt hatten. Sie wurden in aller Heimlichkeit geführt und entgingen der Wachsamkeit Friedrichs und seiner Spione völlig. Damit nichts nach außen dringen sollte, hatte man sich mit guten Gründen dazu entschlossen, sie außerhalb der klassischen diplomatischen Kanäle zu führen. Seit Ende August trafen sich Graf Starhemberg, der Gesandte Maria Theresias in Versailles, und Abbé de Bernis, ein Protégé der Marquise de Pompadour, heimlich und regelmäßig in dem kleinen Schlösschen Bellevue, das die Favoritin des Königs den Unterhändlern zur Verfügung gestellt hatte. Als jedoch die Westminsterkonvention wie ein Donnerschlag hereinbrach, hatten diese Gespräche noch immer kein greifbares Ergebnis gebracht.

Dass die Verhandlungen sich bis zu diesem Tage hingezogen hatten, lag an Frankreich, das immer noch keine Entscheidung getroffen hatte. Möglicherweise hätte es doch noch die Erneuerung des binnen weniger Wochen ablaufenden Bündnisses mit Preußen bevorzugt. Ein Sonderbeauftragter des Königs von Frankreich, der Duc de Nivernais, nahm am 13. Januar 1756 seine Mission in Berlin auf. Er sollte herausfinden, wie weit die Annäherung an England, worüber schon Gerüchte in Umlauf waren, gediehen sei und Friedrich Vorschläge für die Erneuerung des französisch-preußischen Bündnisses unterbreiten. Als sein Gastgeber ihm gegenüber jedoch die soeben unterzeichnete Westminsterkonvention offen legte, brauchte der Duc de Nivernais diese Vorschläge erst gar nicht mehr hervorzuholen. Friedrich bemühte sich mit honigsüßen Worten, ihn und damit Versailles zu überzeugen, dass dieses Abkommen in keiner Weise den französischen Interessen entgegen stünde. Ja, er war sogar ganz darauf aus, über die Fortsetzung der Allianz mit Frankreich Verhandlungen aufzunehmen. Es bedarf wohl keiner langen Erklärung dafür, dass er damit kein Echo hervorrief. Der Zorn Frankreichs richtete sich sowohl gegen die Art und Weise als auch gegen das Grundsätzliche des preußischen Vorgehens. Man erachtete es vor allem als untragbar, dass Preußen in einer derart wichtigen Angelegenheit ohne Abstimmung mit seinem Verbündeten gehandelt hatte. Im Übrigen erschwere Friedrich, indem er seine Neutralität auf deutschem Boden erklärte, dort die militärischen Ablenkungsmanöver Frankreichs, die den strategischen Plänen Englands entgegenwirken könnten.

Der heftigen Verärgerung des französischen Hofes setzte Friedrich die gekränkte Tugend des beleidigten Opfers entgegen: Die Franzosen schienen wohl vergessen zu haben, dass der König von Preußen seine Entscheidungen in erster Linie im Interesse seines Königreiches zu treffen habe. Im Grunde könnten sie es lediglich nicht ertragen, dass er gehandelt habe, ohne zuvor ihre Erlaubnis eingeholt zu haben. Friedrich ließ sich jedenfalls angesichts dieser übellaunigen Reaktion nicht aus der Ruhe bringen, weil er es noch immer für ausgemacht hielt, dass eine Verständigung zwischen Bourbonen und Habsburgern gegen deren Natur sei. Noch im Februar 1756 versicherte er seinem Gesandten am Hof zu Versailles, Freiherrn von Knyphausen: »Es wird für immer eine feststehende und unumstößliche Wahrheit sein, dass es niemals das Interesse Frankreichs sein wird, an der Vergrößerung des Hauses Österreich zu arbeiten und in irgendeiner Weise dazu beizutragen.«[291]

Genau darin hatte sich Friedrich jedoch getäuscht. Aus der mit der Westminsterkonvention geschaffenen Situation begann die französische Diplomatie den Schluss zu ziehen, dass eine Erneuerung des Bündnisses mit Friedrich II. unmöglich geworden war. Abbé de Bernis vermerkte: »Man konnte dem König von Preußen nicht gestatten, mit der linken Hand einen Vertrag mit den Engländern und mit der rechten Hand einen Vertrag mit uns zu unterzeichnen.«[292] Mit Friedrichs englischer Allianz waren die Gründe Frankreichs, sich den österreichischen Vorschlägen zu entziehen, hinfällig geworden. Nachdem das Hindernis des französisch-preußischen Bündnisses beseitigt war, konnten die beiden Parteien zu einer Übereinkunft gelangen. Am 1. Mai 1756 wurde mit der Unterschrift unter einen Vertrag, der ein Verteidigungsbündnis zwischen den beiden Monarchien errichtete, der

Schlusspunkt gesetzt. Darin war eine von der französischen Partei vorge-schlagene Formulierung aufgenommen worden, nach der sich die beiden Monarchen zunächst gegenseitig zu Neutralität verpflichteten. Maria There-sia versprach die Nichteinmischung in die »Konflikte, die zwischen Seiner Allerchristlichsten Majestät und Seiner Britischen Majestät ausgebrochen sind, insbesondere hinsichtlich ihrer beidseitigen Besitzungen in Amerika (…) Auseinandersetzungen also, deren Inhalte sie nicht berühren.« Ludwig XV. seinerseits sollte unter keinen Umständen »die Niederlande oder aber andere Königreiche, Länder und Provinzen unter der Herrschaft des Hauses Österreich angreifen oder erobern.« Beide Parteien einigten sich schließlich darauf, die in den Westfälischen Friedensverträgen festgelegten Freiheiten, die »deutsche Libertät«, zu beachten. Dies war traditionell ein Kernpunkt der französischen Diplomatie. Beide vereinbarten die gegenseitige Garantie und Verteidigung ihrer gegenwärtigen Besitzungen und Staaten in Europa und zwar »gegen die Angriffe jedweder Macht, wobei einzig der gegenwärti-ge Krieg zwischen Frankreich und England ausgenommen sein soll«. Die Reichweite dieses Vorbehaltes wurde jedoch in einem geheimen Abkommen eingegrenzt, in welchem Maria Theresia sich bereit erklärte, dem König von Frankreich zu Hilfe zu eilen, wenn eine andere Macht, und seien es Verbün-dete Englands, seine Staaten angreifen sollten. Umgekehrt übernahm Lud-wig XV. gegenüber Maria Theresia die Verpflichtung, Österreich militärisch zu unterstützen, wenn es Opfer eines Angriffes vonseiten Preußens würde.

Die Bedeutung dieser Abmachungen war klar. Darüber hinaus gaben sie auch zu verstehen, dass die beiden Partner je verschiedene Prioritäten gesetzt hatten. Die Aufmerksamkeit Frankreichs galt zunächst dem Krieg mit England, der im Juni 1756 offiziellen Charakter annahm und in dem es um koloniale Vorherrschaft ging. Auf Grund dieser Priorität galt das höchste Interesse des Versailler Vertrages der Herauslösung Österreichs aus dem Bündnis mit England. Auf diese Weise wollte Frankreich einen Zweifronten-krieg verhindern, denn der Vertrag sollte darüber hinaus Friedrich von einem Krieg abschrecken, der für ihn zumindest ein gewisses Risiko bergen würde. In dieser Hinsicht hatte sich Frankreich davor gehütet, Verpflichtun-gen einzugehen, die es für den Fall, dass Österreich Preußen angreifen würde, zur militärischen Unterstützung Wiens zwingen konnten. Ebenso behielt es sich die Ermessensfreiheit hinsichtlich des künftigen Schicksals seines ehemaligen Verbündeten vor. Sollte sich Friedrich jedoch für das Risi-ko eines Präventivkrieges entscheiden, würde sich die Sachlage natürlich ändern.

Österreich seinerseits sah sich für seine Geduld belohnt. Es war gelungen, Frankreich von Preußen loszulösen und zugleich Friedrich auf dem Kontinent zu isolieren. Denn Russland erledigte das Problem, vor dem es angesichts der neuen diplomatischen Entwicklung stand, umgehend. Als Verbündeter Englands wie auch Österreichs sah es sich nun, da die beiden Mächte entgegengesetzte Richtungen eingeschlagen hatten, vor die Entscheidung gestellt. Obgleich sich die verschiedenen Gruppierungen im Umkreis des Thrones noch darum stritten, zögerte Zarin Elisabeth nicht. Ihre Empörung über das englische Doppelspiel war groß; vor allem aber gewann ihr Hass auf Friedrich die Oberhand, sodass sie alle Bedenken zur Seite schob. Österreich und Russland erneuerten ihr Bündnis und einigten sich über die Teilung der Beute. Österreich war selbstverständlich Schlesien zugedacht. Ostpreußen sollte an Polen gehen, das langsam in die russische Einflusssphäre geriet. Russland schließlich wollte sich Kurland und verschiedene Gebiete im östlichen Polen einverleiben. Es war vorauszusehen, dass sich Sachsen und Schweden unverzüglich dem Bündnis anschließen würden. In diesem Fall sollten beide ebenfalls ihren Anteil an der Beute erhalten. Wenn die kommenden Ereignisse diesem Drehbuch folgen würden, dann wäre Preußen, dem Wunsche Kaunitz' entsprechend, auf die Bedeutung einer »kleinen, sehr zweitrangigen Macht« zurückgestutzt worden.[293]

Auf diese Weise nahm das von Friedrichs Feinden ausgeheckte Einkreisungsmanöver Gestalt an. Wäre dies zu verhindern gewesen, wenn der König die Westminsterkonvention nicht unterzeichnet hätte? Wenn es auch bedenklich ist, Mutmaßungen solcher Art anzustellen, so ist doch eines sicher: Friedrich hat auf eklatante Weise die Wirksamkeit der Kräfte unterschätzt, die im Begriff waren, einen Wandel des europäischen diplomatischen Systems herbeizuführen. Wie konnte er übersehen, dass sich die Politik Wiens von nun an gegen ihn wenden würde? Andererseits hat er das wahre Ausmaß des englisch-französischen Konfliktes falsch eingeschätzt. Es war ihm entgangen, dass dieser Kampf für Frankreich einen derartigen Vorrang erlangt hatte, dass er sogar zu einer Revision der Beziehungen zu Österreich führte. Von diesem Augenblick an gab es außer gefühlsmäßig bedingten Vorbehalten nichts mehr, was einer Annäherung der Höfe von Versailles und Wien entgegengestanden hätte. Eben diese Umstände hatte Friedrich nicht vorhergesehen, und genau das sollte den Kontinent in den Krieg stürzen.

Dreizehntes Kapitel
Der Überraschungscoup

Angesichts dieser Verkettung von Umständen, die zu einem derart spekta-
kulären Umbruch der Koalitionen führte, war der Krieg unvermeidlich
geworden. Die englische Führung hat noch lange Zeit glauben wollen, dass
St. Petersburg auf den von ihr ausgeübten Druck hin einen Rückzieher
machen würde. Friedrich wiederum überließ sich seit dem Vertrag von Versailles keinen Illusionen mehr. Seine Informanten überzeugten ihn von der
Bereitschaft der Zarin, loszuschlagen. Kaunitz musste alle seine Überre-
dungskünste aufbieten, um sie von einem unverzüglichen Angriff auf den
König von Preußen abzuhalten. Seit dem Monat Mai wurden jedenfalls
russische Truppenkonzentrationen in Livland gemeldet, und bald danach
auch österreichische Truppenbewegungen in Böhmen. Angesichts der sich
zuspitzenden Bedrohung sah sich Friedrich in einem Dilemma: Sollte er
Gewehr bei Fuß den feindlichen Angriff abwarten oder aber ihm zuvorkommen und damit die Initiative des Krieges ergreifen?

Der König als Feldherr

Die Vorsicht hätte Friedrich befohlen, sich mit Geduld zu wappnen. Griff er
als Erster an, fiel ihm die Rolle des Aggressors zu. Der Vertrag des Defensiv-
bündnisses von Versailles träte dann in Kraft und Frankreich wäre gehalten,
Österreich zu Hilfe zu eilen. In eben diese Rolle wollte Kaunitz übrigens
Friedrich drängen, daran besteht kein Zweifel. Die Brüder des Königs und
Graf Podewils beschworen Friedrich, nicht in diese Falle zu tappen. Prinz
Heinrich wollte es gar so einrichten, dass der Bruch mit Frankreich vermieden werden könne. Doch war es je Friedrichs Art gewesen, solche wohl-
meinenden Ratschläge anzunehmen? Gewiss, die Nachteile eines Präventivkrieges waren ihm nicht fremd, aber allein schon sein Temperament trieb
ihn zum Handeln, vor allem aber ging es ihm darum, sich die Trumpfkarte
der Überraschung zu sichern, die den Krieg entscheiden konnte. Andernfalls

gäbe er seinen Feinden genügend Zeit, ihre Kräfte zu sammeln und ihre Strategien zu seiner Vernichtung zu koordinieren. Überdies ließ das Missverhältnis der Kräfte, fünf Millionen Preußen gegen 90 Millionen auf der anderen Seite, die Waage zu seinen Ungunsten ausschlagen. Obgleich er noch immer mit diplomatischen Manövern versuchte, die Verantwortung für den Krieg Maria Theresia in die Schuhe zu schieben, war sein Entschluss schnell gefasst. So erklärte er gegenüber dem englischen Botschafter Sir Andrew Mitchel: »Mir bleibt gar nichts anderes übrig, als *praevenire quam praeveniri* (besser anderen zuvorzukommen als dass andere mir zuvorkommen).«

Im Augenblick des Kriegseintrittes ist Friedrich mit seinem Gewissen im Reinen. »Ich bin unschuldig an diesem Krieg«, schrieb er am 26. August 1756 an seinen Bruder August Wilhelm.[294] Nun aber, da er ihm aufgezwungen worden war, sah er sich nicht mehr durch die Zwänge des *status quo* eingeschränkt. Er ging von der Hypothese eines siegreichen Krieges aus und sah es als unumstößlich an, dass dieser eine territoriale Erweiterung Preußens zur Folge haben werde. Diese Haltung ging lediglich von der seit langem geübten Praxis aus, nach welcher sich die Beziehung zwischen dem Sieger und dem Besiegten regelten. Selbstverständlich gab Friedrich seine Kriegsziele nicht preis. Vor vier Jahren jedoch hatte er seine mittel- und langfristigen Absichten in den *Rêveries politiques*, die den Abschluss seines *Testament politique* bildeten, dargelegt. Diese »Träumereien« können die Zielsetzungen erhellen, mit denen er in den Krieg gezogen ist. So hatte er schon lange ein Auge auf bestimmte sächsische Gebiete geworfen. Dies entsprang nicht allein seiner Abneigung gegen den sächsischen Kurfürsten, dessen Politik er als hinterlistig brandmarkte. Dazu bewogen ihn vielmehr tiefer verwurzelte Gründe. Berlin lag nur etwa dreißig Kilometer von der sächsischen Grenze entfernt, daher erforderte es nach seiner Meinung die Sicherheit des Königreiches, die Grenze Preußens vorzuschieben. Friedrich zeigte lebhaftes Interesse auch an Westpreußen, das damals noch in polnischem Besitz war. Mit der Stadt Danzig könnte er die Kontrolle über die Weichsel ausüben und, was gewiss nicht von geringerer Bedeutung war, die Annexion Westpreußens würde die territoriale Verbindung zwischen Ostpreußen und den Kerngebieten der Hohenzollern herstellen. Es verstand sich von selbst, dass dies ein wesentliches Ziel Friedrichs war, der schon lange ein Gespür für die Gefahren entwickelt hatte, denen die preußische Monarchie angesichts ihres verstreuten Staatsgebietes ausgesetzt war.

Als der neue Konflikt ausbrach, beherrschte Friedrich die Kriegskunst in ihrem vollen Umfang. Die Lektionen der beiden Schlesischen Kriege hatten sein Urteilsvermögen geschärft und seine einschlägigen Studien hatten ebenfalls dazu beigetragen. Dieses Thema faszinierte Friedrich geradezu. Er widmete ihm unablässige Aufmerksamkeit, und er wusste nur allzu gut, dass jede militärische Fehlentscheidung verheerende Folgen haben konnte. Diese Überlegungen schlugen sich auch in mehreren Schriften nieder. Am Ende des Jahres 1740 hatte er sich in einer *Instruction* an seine Generäle gewandt, die unter seiner Hand den Charakter einer Abhandlung über den Krieg annahm. Der gleichen Gattung zuzurechnen waren die 1753 abgeschlossenen »*Principes généraux de la guerre appliqués à la tactique et à la discipline des troupes prussiennes* – Allgemeine Prinzipien des Krieges in Bezug auf preußische Truppendisziplin und -taktik«. In diesen beiden Texten entwarf Friedrich das Idealporträt eines Heerführers, das ihm selbst wiederum als Vorbild diente. Er vertrat darin die Auffassung, dass Tapferkeit wertlos sei, wenn sie nicht von Intelligenz und Kenntnissen getragen war. Ein General, so erklärte er, erdenke sich seine Siege in der Zurückgezogenheit seines Arbeitszimmers und bilde sich am Beispiel großer Strategen der Vergangenheit. Friedrich setzte dieses Postulat in die Praxis um. Er griff ständig auf das Studium der Feldherren zurück, die er als seine Lehrmeister ansah: Condé, Turenne, den Maréchal de Luxembourg, den Prinzen Eugen. Mit Aufmerksamkeit hatte er alles gelesen, was sich mit diesen Fragen befasste, so etwa Abhandlungen zur Kriegskunst und historische Werke, die er oftmals mit Randbemerkungen versah. Er war mit den Inhalten der Bücher von Charles Marie de Folard und des Marquis de Quincy vertraut. Ebenso kannte er *Le siècle de Louis XIV* von Voltaire, das zu seiner Lieblingslektüre zählte. Er hat sich außerdem mit dem Autor dieses Werks über die militärischen Aspekte der Regierungszeit des Sonnenkönigs auseinander gesetzt. Umgekehrt bot ihm die Geschichte Karls XII. ein nicht nachahmenswertes Gegenbeispiel. Die Persönlichkeit des schwedischen Erobererkönigs faszinierte Friedrich dermaßen, dass er ihm wie Voltaire, der seine Laufbahn als Geschichtsschreiber mit der *Histoire de Charles XII* begonnen hatte, eine Studie widmete. Karls glänzende Siege weckten Friedrichs Bewunderung. Weil sich der schwedische Herrscher jedoch nicht auf solides militärisches Wissen stützte, ließ er sich in seiner Unbesonnenheit auf Unternehmungen ein, die jegliches Maß überschritten. Seine Erfolge zogen Katastrophen nach sich, die alle Siege wieder zunichte machten. Der »Phönix des Nordens« hatte sich schließlich in einen Don Quijote verwandelt. Karl XII., so schloss Friedrich, »veranschaulicht das Schicksal eines Feldherrn ohne theoretische Ausbildung.«[295]

Friedrich hatte von seinem Vater eine Armee geerbt, deren Stärke auf Disziplin und Ausbildung beruhte. Obwohl seine ersten Feldzüge von Siegen gekrönt waren, hatten sie nichtsdestoweniger die Grenzen dieses Instrumentes aufgezeigt. Wenn man die vorhandenen Unzulänglichkeiten nicht korrigierte, könnten sie in einem neuen Krieg die Ursachen für schwere Niederlagen werden. So hatten sich Kavallerie und Artillerie als schwache Glieder der preußischen Armee erwiesen. Friedrich beschränkte sich nicht darauf, die Mannstärke insbesondere durch die Schaffung neuer Kavallerieregimenter zu erhöhen. Er überprüfte auch die Möglichkeiten ihres taktischen Einsatzes und wollte seine Kavallerie zum Angriffskeil gegen die feindlichen Stellungen machen. Zu diesem Zweck hatte sie ihre Angriffe nicht länger mehr im Trab, sondern im Galopp durchzuführen. Es war auch erforderlich, diese Truppen gründlicher auszubilden. Tägliches Exerzieren und Paraden reichten dazu nicht aus. Friedrich ließ zusätzliche Manöver abhalten, in denen der Schritt von der Theorie zur Praxis vollzogen wurde. Überdies befasste er sich auch mit der Anhebung des Niveaus seines Offizierscorps'. Dessen Mut stand überhaupt nicht in Frage; es besaß allerdings in vielen Fällen ein recht mittelmäßiges Bildungsniveau. Friedrich entwarf Instruktionen für seine Offiziere, hielt mit ihnen Zusammenkünfte ab, in denen er sie lehrte, ihren Blick zu schärfen. In Sichtweite irgendeines Hügels etwa sollten sie sich die Fragen stellen: »Auf welche Weise könnte ich dort einen Angriff durchführen?« oder »Wie wäre er zu verteidigen?« Die Manöver sollten den Zweck erfüllen, das Erlernte zu erproben.

Auf diese Armee gestützt, rechnete Friedrich damit, einen kurzen Krieg zu führen. Wenn es gelänge, den Österreichern schnell eine aufsehenerregende Niederlage beizubringen, könnten die Kriegsgelüste der Russen möglicherweise im Zaum gehalten werden. Ohne den russischen Beistand würde Österreich wahrscheinlich zögern, weiterzukämpfen. Das war ein einfacher Plan, vielleicht war er auch zu einfach, weil er von recht ungewissen Prämissen abhing. Das begann schon mit der Frage, was geschehen würde, wenn sich die Österreicher als zäher erweisen sollten, als Friedrich geglaubt hatte.

Der Eintritt in den Krieg

Am 28. August 1756 verließ Friedrich an der Spitze seiner Truppen Berlin. Er war, wie es schien, in guter Stimmung: »Ich werde meinem Großcousin einen kleinen Besuch abstatten«, erklärte er und deutete damit an, dass er die Absicht habe, in Sachsen einzufallen. Vorläufig sah er darin jedoch nicht sein wichtigstes Kriegsziel. Wenn man ihm glauben möchte, dann wollte er Sachsen lediglich durchqueren, denn das war der kürzeste Weg, um nach Böhmen zu gelangen, wo er damit rechnete, auf die österreichische Armee zu treffen und sie zu schlagen.

In der Realität erwies sich das jedoch nicht als einfach. Friedrich wollte mit einem Schlag zwei Treffer erzielen. Er konzentrierte anscheinend nicht sofort seine Kräfte auf das Feldlager von Pirna, wo die sächsische Armee Stellung bezogen hatte. Vielmehr hatte er es sich nicht verkneifen können, Dresden, die Hauptstadt des Kurfürstentums, zu besetzen. Und mehr noch: Er verhielt sich dort nicht einfach wie ein Gast auf der Durchreise. Denn während er weiterhin mit Friedrich August II., seinem »bon frère«, eine Korrespondenz unterhielt und darin seine friedlichen Absichten kundtat, ließ er auch die sächsischen Archive durchstöbern und seinem englischen Verbündeten Abschriften daraus zusenden. Er rechnete fest damit, dort Beweise für ränkevolle Verhandlungen Sachsens mit Wien und St. Petersburg zu finden, und wollte sie zur Rechtfertigung seines verwegenen Schlages vor dem europäischen Ausland verwenden.

Das waren jedoch erst die Anfänge. Er behielt sich vor, über das weitere Schicksal Sachsens zu entscheiden, sobald er die Österreicher außer Gefecht gesetzt hätte. Der Feldzug nahm jedoch eine nicht vorhergesehene Wendung. Nach dem Vordringen Friedrichs nach Böhmen traf er am 1. Oktober bei Lobositz auf eine von Marschall Browne kommandierte österreichische Armee. Browne war einer der vielen Iren, die ihren Degen in den Dienst des katholischen Österreich gestellt hatten. Er hatte den Auftrag, den preußischen Vormarsch aufzuhalten, bis die österreichische Hauptmacht angerückt war. Das ist ihm auch bestens gelungen. Als er nach sieben Stunden Kampf den Befehl zum Rückzug gab, gab es keinen eigentlichen Sieger. »Das sind nicht mehr die gleichen Österreicher!«[296] rief Friedrich aus. Die österreichische Armee hatte in der Tat von den intensiven Reformen profitiert, die Maria Theresia seit dem Ende des Österreichischen Erbfolgekrieges in Gang gesetzt hatte.

Wenn es Friedrich auch nicht gelungen war, seinen Hauptfeind zu vernichten, so hatte er doch einige Tage später die Genugtuung, die sächsische Armee zur Kapitulation zu zwingen. Das künftige Schicksal des Kurfürstentums blieb jedoch offen. Friedrich behielt sich eine Regelung für die Zeit nach dem Krieg vor. Zum gegenwärtigen Zeitpunkt wurde Sachsen als erobertes Land behandelt. Die preußischen Truppen besetzten es Zug um Zug, und Friedrich entschloss sich, seinen Sitz in Dresden zu nehmen. Seitdem er sein Quartier jeweils nahe bei den Kriegsschauplätzen bezogen hatte, übte er mehrere Aufgaben gleichzeitig aus; er regierte Preußen, lenkte die Diplomatie und führte Krieg. Einige seiner Entscheidungen waren offensichtlich aus der Not des Augenblickes geboren und konnten noch keineswegs Perspektiven für die Zukunft eröffnen. War es lediglich eine großzügige Geste, als er dem Kurfürsten – und zugleich König von Polen – gestattete, sich nach Polen zurückzuziehen? Und wie soll die Eingliederung der sächsischen Armee in die preußische bewertet werden? Der unmittelbare Vorteil dieser Maßnahme lag auf der Hand. Preußen gewann dadurch, gut gerechnet, einige 20 000 zusätzliche Soldaten. Aber verbarg sich dahinter nicht zugleich insgeheim die Absicht, Sachsen in Preußen einzuverleiben? Wenn Friedrich darauf gehofft haben sollte, die Herzen seiner neuen Untertanen zu gewinnen, musste er bald feststellen, dass die gegenteilige Wirkung eintrat. So desertierten etwa beim folgenden Feldzug die sächsischen Regimenter haufenweise. Und was soll man von dem Entschluss halten, Sachsen eine Kriegsentschädigung in Höhe von 5 Millionen Talern aufzuzwingen, wenn die sächsischen Staatseinkünfte nicht einmal 6 Millionen im Jahr überschritten?

Für Friedrich war die Bilanz dieser ersten Monate ausgeglichen. Er hatte Sachsen außer Gefecht gesetzt und sich mit seiner Besetzung ein wertvolles Pfand gesichert. Andererseits war es ihm nicht gelungen, das Überraschungsmoment in dem erhofften Maß auszunutzen. Er hatte über die Österreicher nicht den entscheidenden Sieg errungen, den seine Planung vorsah. Dieser Fehlschlag drohte ernste Konsequenzen nach sich zu ziehen. Das Missverhältnis der vorhandenen Kräfte entfaltete zunehmend seine Wirkung, und Friedrich lief Gefahr, die Initiative zu verlieren. Er blieb aber wohl noch zuversichtlich. Weil nach der Kapitulation der Sachsen die Kampfhandlungen nicht vor dem Frühjahr wieder aufgenommen werden sollten, nutzte er diese Zeitspanne zur Verstärkung seiner Armee und ließ sie auf mehr als 200 000 Mann aufstocken. Er zählte darauf, mit diesem beeindruckenden Instrument die Österreicher schlagen zu können. Dieser Sieg, so meinte er vorauszusehen, hätte für den weiteren Verlauf des Krieges viel entscheidendere Konsequenzen als der erste, der ihm entglitten war, denn diesmal wollte er es mit der österreichischen Hauptstreitmacht aufnehmen. Er redete sich ein, dass die antipreußische Koalition eine solche Schlappe nicht überleben werde. Da die Russen nicht vor Juni eingreifen konnten, sollte ein Sieg Friedrichs denjenigen ein handfestes Argument liefern, die in St. Petersburg gegen diesen Krieg Stimmung machten. Dieser Plan Friedrichs beruhte allerdings auf noch ungewisseren Spekulationen als der vorhergehende. In Wahrheit begann sich die Zange um Preußen zu schließen. Frankreich und Österreich hatten nach Friedrichs Angriff Verhandlungen geführt, durch die eine Anpassung des Versailler Vertrages, infolge des preußischen Angriffes, vorgenommen wurde. Die Franzosen hatten schon die Entsendung eines Expeditionsheeres nach Deutschland, dessen Ziel Hannover sein sollte, ins Auge gefasst. Auf dem Weg dorthin würden sie gewiss auf Friedrichs rheinische Territorien zugreifen. Maria Theresia ihrerseits erwartete von ihrem

Bundesgenossen, dass er ein Armeekorps im Umfang von 24 000 Mann entsandte, um ihr zu helfen, die Preußen aus Sachsen zu verjagen. Die winterliche Ruhepause brachte eine weitere schlechte Nachricht. Im Januar hatte der Reichstag zu Regensburg Preußen verurteilt. Dazu trat die Ermächtigung an die Einzelstaaten des Reiches, ein Reichsheer aufzustellen, das sich der Koalition anschließen sollte. Von ihm hatte Friedrich allerdings kaum etwas zu befürchten. Denn diese Truppen waren aus recht heterogenen Bestandteilen zusammengesetzt und bedeuteten keine allzugroße militärische Bedrohung. Andererseits konnte Preußen auf die Hilfe von deutschen Verbündeten zählen: auf das Kurfürstentum Hannover, auf die Herzöge von Braunschweig und Hessen-Kassel. Die aus Russland eintreffenden Nachrichten waren beunruhigender. Das mit Österreich getroffene Abkommen über die Entsendung von 80 000 Mann beinhaltete auch, dass diese erst nach einem vollständigen Sieg über die Preußen ihre Waffen ruhen lassen durften. Die Reihen von Friedrichs Feinden erweiterten sich noch um Schweden, das von Frankreich überzeugt worden war, sich der Koalition anzuschließen. Obgleich die schwedische Armee lediglich 20 000 Mann umfasste, sollte ihr Eingreifen preußische Truppen durch die Verteidigung Pommerns binden.

Friedrich rechnete fest damit, die Pläne seiner Gegner umzustürzen, indem er, sobald das Frühjahr gekommen war, den Österreichern eine unvergessliche Niederlage bereiten wollte. Darüber hinaus hatte er die Verbindung mit seinem englischen Bündnispartner intensiviert. Die Berufung William Pitts an die Spitze des *War Office* gab ihm die Gewissheit, dass er die Last des Krieges auf dem Kontinent nicht allein tragen müsse. Auf den Anstoß dieses energischen Mannes hin, der Frankreich mit unerschütterlicher Feindschaft gegenüberstand, verlegte England ein Truppenkontingent auf den kontinentalen Kriegsschauplatz. Pitt ließ auf Anregung seines Verbündeten darüber hinaus vom Parlament Subsidien in Höhe von 700 000 Pfund bewilligen, die angesichts der schweren Last des Krieges eine wertvolle Hilfe für Preußen darstellten.

Der neue Feldzug wurde also unter günstigen Vorzeichen eröffnet. Friedrich war entschlossen, die Initiative zu behalten, und entschied sich daher zum Angriff, bevor die Feinde Zeit gefunden hatten, ihr Vorgehen aufeinander abzustimmen. Für diese Offensive hatte er insgesamt 100 000 Mann mobilisiert und auf vier Armeen verteilt. Auf einer Breite von 100 Kilometern marschierten sie gleichzeitig auf Prag. Von der Schnelligkeit ihrer Bewegungen, mit denen die österreichischen Streitkräfte in die Zange genommen wurden, sollte letztlich der Erfolg abhängen. Der Feind stellte sich. Friedrich lieferte am 7. Mai vor den Toren von Prag eine Schlacht und besiegte die erneut von Karl von Lothringen befehligten Österreicher. Diese wurden zum Rückzug gezwungen, und es blieb ihnen keine andere Möglichkeit, als sich in der Stadt zu verschanzen. Dieser Sieg war in strategischer Hinsicht unbestritten Friedrichs Verdienst. Er hatte den Feldzugsplan entworfen, während des Vormarsches auf Prag die nötigen Anpassungen vorgenommen und schließlich die Früchte seines Erfolges geerntet. Auf dem Schlachtfeld selbst war der Sieg insbesondere auch den taktischen Maßnahmen mehrerer Generäle zu verdanken, darunter dem Herzog von Bevern, dem Grafen von Schwerin und Hans Joachim von Zieten; ihr aktives Vorgehen war auch deshalb notwendig, weil Friedrich während der Schlacht unaufhörlich unter Magenschmerzen litt, die ihn aufs schwerste behinderten.

Die Bilanz des Tages war dennoch traurig. Die Preußen verloren 14 000 Mann und hatten damit höhere Verluste als der Feind. Dieser Umstand war schon bei Lobositz beobachtet worden. Wenn sich die Verluste wiederholen sollten, zog das, vor allem in Hinblick auf die zahlenmäßige Unterlegenheit Preußens, schwere Folgen nach sich. Darüber hinaus hatte Friedrich auch einige seiner Generäle verloren. Sein Stabschef von Winterfeldt wurde schwer verwundet. Der alte Marschall Graf von Schwerin starb den Heldentod, als er in einem kritischen Augenblick eine Fahne ergriff, um seine Männer mit sich zu reißen, und sie mit dem Ruf »Vorwärts, Kinder!« anfeuerte. Wie elektrisiert vom Wunsch, ihren Feldmarschall zu rächen, gingen seine Soldaten zum Angriff über. Die Legende sah in dieser heroischen Waffentat schließlich die entscheidende Wendung zum Sieg, und die Szene ging als gefeiertes Beispiel für preußische militärische Werte in die Schulbücher ein … Die Österreicher schließlich sahen, obwohl sie geschlagen wurden, die von ihnen erzielten Fortschritte bestätigt. Nach dem Vorbild von Cannae oder Pharsalus hatten sie Friedrichs vollständigen Sieg und damit das eigentliche Ziel seines Feldzuges verhindert. Er musste sich daher auf neue Schlachten vorbereiten, und zwar unter immer schwierigeren Bedingungen. Dies umso mehr, als an der diplomatischen Front Wolken aufzogen. Am 1. Mai 1757 unterzeichneten Frankreich und Österreich einen zweiten Vertrag zu Versailles, der vorsah, dass Ludwig XV. sein Engagement in Deutschland über die ein Jahr zuvor eingegangenen Verpflichtungen hinaus verstärkte. Zusätzlich zur militärischen Intervention ließ er seiner Verbündeten Maria Theresia jährliche Subsidien in Höhe von 12 000 Florin anweisen. Vor allem jedoch sollte der Vertrag so lange in Kraft bleiben, bis Schlesien wieder an das Haus Österreich gelangt wäre.

Kolin

Als Friedrich die Belagerung von Prag betrieb, erfuhr er, dass sich eine von Westen vorrückende österreichische Armee unter dem Kommando des Generals Graf Daun auf ihn zubewegte. Dies stellte eine ernsthafte Bedrohung dar. Denn wenn Friedrich sich nicht vorsah, konnten nun die Preußen von den in Prag eingeschlossenen Kräften einerseits und dieser Entsatzarmee andererseits in die Zange genommen werden.

Angesichts dieser Umstände traf er eine Entscheidung, die sich im Grunde aufdrängte. Er befahl einen Schwenk auf die Armee des Grafen Daun, um ihn abzufangen, bevor er sich Prag nähern konnte. Mochte Friedrichs grundsätzliche Analyse auch Bestand haben, so führte ihn sein Draufgängertum jedoch zu unvorsichtigen Entschlüssen. Er ging über die von manchen Generälen geäußerten Befürchtungen hinweg und beschloss, dem übermächtigen Gegner eine Schlacht zu liefern. 35 000 Preußen standen mehr als 50 000 Österreichern und Sachsen gegenüber. Allerdings war eine solche Situation nicht ungewohnt; Friedrich hatte aus seiner zahlenmäßigen Unterlegenheit heraus schon mehrere Siege erfochten. Im vorliegenden Fall jedoch lag sein Fehler in seinem übertriebenen Selbstvertrauen, das ihn veranlasste, die Fähigkeiten Dauns, auf den er zuvor noch nie getroffen war, zu unterschätzen. Dieser Irrtum sollte sich rächen.

Die Schlacht begann am frühen Nachmittag des 18. Juni 1757 bei Kolin. Friedrich hatte den schweren Fehler begangen, dem Feind den Vorteil der Initiative zu überlassen. Daun hatte seine Truppen so geführt, dass sie die Kontrolle über die Höhen gewannen, welche die preußischen Stellungen beherrschten. Diesem Trumpf sollte entscheidende Bedeutung zukommen. Friedrich erkannte schnell das Ausmaß der Gefahr und erteilte Befehle, die den Verlauf der Schlacht hätten beeinflussen können. Indem er mit seinem persönlichen Beispiel voranging, kämpfte er vor allem dafür, dass sich die unter den Schlägen der Feinde schwindenden Kräfte wieder erholten. Einigen flüchtigen Soldaten rief er dabei zu: »Kerls, wollt ihr ewig leben?« und erhielt dafür die Antwort: »Fritz, für acht Groschen haben wir schon genug getan!« Dieser Dialog ist in die Sammlung der Anekdoten über Friedrich eingegangen. Später sollte er versichern, dass die Schlacht hätte gewonnen werden können. Dabei hat er zweifelsohne versucht, den von ihm gleich zu Beginn der Schlacht begangenen Fehler herunterzuspielen, denn was er auch immer hätte unternehmen wollen, um die verfahrene Situation zu retten, die Würfel waren schon am Anfang gefallen. Allein durch die Attacken ihrer Kavallerie sind die Preußen einer Katastrophe entgangen.

Als die Bilanz aufgestellt wurde, stellte sich das ganze Ausmaß der Niederlage heraus. Die schwerwiegendste Folge war nicht die Tatsache, dass die Preußen das Schlachtfeld den Siegern überlassen mussten, sondern dass sie wieder einmal die höheren Verluste hatten einstecken müssen: 14 000 Mann im Verhältnis zu 8000. Wenn man Friedrich Glauben schenken darf, war er von dieser Niederlage nicht besonders betroffen. Man dürfe ihr nicht mehr Bedeutung beimessen, als ihr zukäme, erläuterte er König Georg. Schließlich sei dies die erste Niederlage nach acht Siegen in Serie. Schlimmstenfalls könnte sie den Ablauf des Feldzuges verlangsamen, aber keinesfalls seinen Ausgang gefährden. »Unsere Sache ist nicht hoffnungslos, sondern lediglich etwas beeinträchtigt«, versicherte Friedrich seiner Schwester Wilhelmine.[297] Er wollte daher seine Truppen schnell wieder sammeln und so schnell wie möglich die Offensive gegen den Feind wieder aufnehmen.

Die Wirklichkeit sah indes ganz anders aus, und Maria Theresia hatte allen Grund, zu triumphieren. Kolin war der erste Sieg, den ihre Armeen jemals über Friedrich errungen hatten. Warum sollte sie daher diesen lange erwarteten Augenblick nicht genießen? Sie floss über vor Dank gegenüber Graf Daun, dessen Feldherrnkunst ihr diesen Sieg beschert hatte, und sie drückte ihm am 18. Juni eilends ihre Anerkennung aus: »Lieber Graf Daun! Unmöglich könnte ich den heutigen großen Tag vorbey gehen lassen, ohne ihme meinen gewiss herzlichsten und erkenntlichsten Glückwunsch zu machen. Die Monarchie ist ihm ihre Erhaltung schuldig, und ich meine Existance und meine schöne und liebe armée… Diess wird mir gewiss so lange ich lebe niemalen aus meinem Herzen und Gedächtnis kommen…«[298] Friedrich, obzwar er das Ausmaß der Niederlage nach außen hin herunterzuspielen versuchte, war sich ihrer doch bewusst, denn für den 20. Juni erteilte er Befehl, die Belagerung von Prag aufzuheben. Er sah sich gezwungen, die Frontlinien zu verkürzen und für den Schutz der Magazine zu sorgen, deren Verlust die ganze Armee in Gefahr bringen konnte. Diese Aufgabe vertraute er dem Thronerben an. Während er selbst sein Quartier im Palais des Fürstbischofs von Leitmeritz aufschlug, übersandte er seine Instruktionen an August Wilhelm, der die nach Norden zurückführenden Straßen halten und die in Sachsen angelegten Magazine decken sollte.

Obwohl Friedrich es sich nicht anmerken ließ, war er doch von der Enttäuschung, die er bei Kolin erlitten hatte, gezeichnet. Auch der Tod seiner Mutter, die nur zehn Tage danach gestorben war, trug zu seiner Niedergeschlagenheit bei. Es war ihm bewusst, dass er die Verantwortung für die Niederlage trug, und obwohl er sich weigerte, das zuzugeben, zeigte er in diesen Wochen eine starke Reizbarkeit, in der sich seine Anspannung ausdrückte. Er konnte sich nicht enthalten, seine Bitterkeit an seinen Untergebenen auszulassen.

August Wilhelm war das erste Opfer, das die äußerste Gereiztheit des Königs forderte. In Bezug auf die Befehle, die er von seinem Bruder erhalten hatte, erachtete es der Prinz als notwendig, zusätzliche Anweisungen einzuholen. Friedrichs Antwort beschränkte sich jedoch lediglich darauf, ihm in grimmigem Ton zu schreiben, dass es seine eigene Angelegenheit sei, seine Befehle auszuführen und zwar unter richtiger Einschätzung des Geländes, die er allein zu verantworten habe. Damit hätte es sein Bewenden gehabt, wäre das von August Wilhelm verteidigte Magazin von Zittau nicht Mitte August vom Feind erobert worden. Der Thronfolger musste den ganzen Zorn des Königs über sich ergehen lassen, der diesen Verlust geradezu als Geschenk an den Feind betrachtete. Als Friedrich seinen Bruder brieflich abstrafte, schrieb er rückhaltlos: »Sie werden stets nur ein erbärmlicher General sein. Kommandieren Sie einen Harem, wohlan«, warf er ihm an den Kopf, »aber solange ich lebe, werde ich Ihnen nicht das Kommando über zehn Mann anvertrauen.«[299] Er kündigte ihm an, dass er von nun an seines Kommandos enthoben sei. Da August Wilhelm das Vertrauen des Königs verloren sah, bat er um Entlassung aus der Armee. Friedrich antwortete ihm mit neuen Grobheiten: »Sie wollen also einfach davongehen und die Flucht ergreifen, während wir kämpfen, um Preußen für Sie und Ihre Familie zu erhalten.«[300]

Diese Krise fand ein tragisches Ende. Im darauf folgenden Jahr starb August Wilhelm an Herzschlag. Er hatte die scharfen Rügen des Bruders als ungerechte Demütigung empfunden und war in eine tiefe Depression verfallen, die seinen frühen Tod zweifelsohne beschleunigte. Selbst wenn Friedrich sich hütete, dies jemals einzugestehen, musste er sich dennoch nach seinem Teil der Verantwortung an diesem kläglichen Ende fragen. Es war ein deutliches Zeichen für seine Erschütterung, dass er auf die Nachricht vom Tode August Wilhelms hin sein Pferd bestieg und sich auf einen langen, einsamen Ritt begab.

Von Roßbach nach Leuthen

Friedrichs erbarmungsloses Verhalten lässt sich nicht allein mit seinem zu Jähzorn neigenden Temperament erklären, sondern auch als Ausdruck innerer Spannungen, zu denen im Verlauf dieser Wochen eine Reihe von beunruhigenden Nachrichten beitrug. In dieser äußerst desolaten Gesamtlage konnte er den Fehler von Zittau nur schwer verwinden.

Im Sommer des Jahres 1757 begann sich die Schlinge um Preußen enger zusammenzuziehen. Im Westen hatten die Franzosen zwei Armeen in Marsch gesetzt. Die eine stand unter dem Oberbefehl des Herzogs von

Prinz August Wilhelm. Gemälde von Antoine Pesne.

Richelieu und wandte sich nach Hannover, die andere, unter Marschall Charles de Soubise, hatte sich mit den Reichstruppen des Fürsten von Sachsen-Hildburghausen vereinigt. Im Süden zog Graf Daun einige 100 000 Österreicher in der Nähe von Zittau zusammen. Im Osten wurde die russische Bedrohung konkreter, als sich die Armee des Grafen Stephan Fedorowitsch Apraxin Ostpreußen näherte. Im Norden schließlich, in Pommern, waren die Schweden gelandet.

Um diesen Bedrohungen begegnen zu können, hätte Friedrich gerne auf wirksame Hilfe seines englischen Verbündeten gezählt. Nun, abgesehen von einem Eingreifen der britischen Flotte in der Ostsee, das aber auch über ein bloßes Versprechen kaum hinausging, blieb die Unterstützung fast völlig aus. Mitte September ergab sich der Herzog von Newcastle dem Herzog von Richelieu in Zeven, nachdem er zuvor am 26. Juli von den Franzosen geschlagen worden war. Nach den Bestimmungen dieser Übereinkunft sollten die englisch-hannoveranischen Streitkräfte aufgelöst und den Franzosen der freie Durchmarsch gewährt werden. Nun sollte auch Friedrich die Martern von Koalitionskriegen zu spüren bekommen. Aber worüber sollte er

257

sich denn beklagen, hatte er seine Verbündeten doch früher genauso behandelt. Alarmierend war der am 16. Oktober durchgeführte Plünderungszug der Österreicher gegen Berlin. Er blieb zwar Episode, weil sich die Angreifer anderntags wieder zurückzogen, aber schon die Tatsache einer solchen Razzia genügte, die große Verletzlichkeit Preußens zu verdeutlichen. Im Osten war es Generalleutnant Hans von Lehwaldt am 30. August gelungen, die Russen zurückzuschlagen, die bis an die Tore Königsbergs vorgedrungen waren. Er musste jedoch schwere Verluste hinnehmen. Trotz dieses Sieges blieb das weitere Schicksal Ostpreußens im Ungewissen.

Man kann aus der Not eine Tugend machen. Abgesehen von seinen persönlichen Eigenschaften bestimmte das gegenwärtige Missverhältnis der Kräfte die Politik Friedrichs. Wenn er nicht binnen kurzem das ihm von den Armeen der gegnerischen Koalition zugedachte Schicksal erleiden wollte, musste er unbedingt die Vereinigung der beiden feindlichen Heere verhindern. Seine einzige Chance für einen Sieg lag darin, die Gegner einzeln anzugreifen. Dabei war es notwendig, die zahlenmäßige Unterlegenheit durch Schnelligkeit und Kühnheit auszugleichen. Für den Anfang entschied er sich, gegen die mit dem Reichsheer verkoppelte französische Armee loszuschlagen, die er für das schwächste Glied des gegnerischen Aufgebots hielt. Nach der Niederlage von Kolin galt es, die Ehre wiederherzustellen. Dies gelang ihm unwiderruflich, als er am 7. November die feindliche Armee in der Schlacht von Roßbach in Stücke schlug. Obgleich ihm diese Tat durch die elegante Mittelmäßigkeit der gegnerischen Generäle erleichtert wurde, hatte er sich doch mit seinen 21 000 Preußen einer zahlenmäßig weit überlegenen Armee entgegengestellt – sie umfasste insgesamt 41 000 Soldaten. Die Entscheidung war in weniger als einer Stunde gefallen und führte zu einem beeindruckenden Ergebnis. Das Verhältnis der Verluste betrug eins zu zwanzig. Während die Feinde 10 000 Tote zu beklagen hatten, zählten die Preußen nur 500. Obwohl die besiegte Armee aus Truppen verschiedener Staaten bestand, lag es in Friedrichs Interesse, Roßbach als französische Niederlage hinzustellen. Ein Triumph über die Armee einer Großmacht hatte schließlich eine völlig andere Dimension als ein Sieg über kleinere Potentaten. Wenn es auch nicht in Friedrichs Absicht gelegen hatte, wurde diese Version später von der nationalistischen Geschichtsschreibung aufgenommen und nach Bedarf einer Neuinterpretation unterzogen. In den Zeiten einer angeblichen deutsch-französischen Erbfeindschaft wurde Roßbach als Sieg der deutschen Nation gegen den Erzfeind gefeiert.

Friedrich blieb nur wenig Zeit, die Früchte seines Sieges zu genießen. Er hatte eine neue, womöglich noch bedrohlichere Situation zu meistern. Während er gegen die Koalitionstruppen zu Felde zog, drang die österreichische

Armee in Schlesien ein. Schweidnitz und Breslau fielen nacheinander in die Hände des Feindes. Wenn Friedrich die Lage nicht unverzüglich rettete, konnte ganz Schlesien wieder unter die Herrschaft der Österreicher geraten. Mit einer Armee von ungefähr 30 000 Soldaten schickte er sich an, einen Gegner anzugreifen, der zahlenmäßig noch weit überlegener war als das Koalitionsheer. Am Vorabend der Schlacht von Leuthen hielt er seinen Offizieren eine Rede, die in die Legende einging:»Ich muss siegen oder sterben«, erklärte er.»Wir werden für unseren Ruhm kämpfen, für die Verteidigung unserer Häuser, unserer Frauen, unserer Kinder (...). Viel Glück, meine Herren! In wenigen Augenblicken werden wir den Feind entweder geschlagen haben oder wir werden uns nicht mehr wiedersehen.«[301] Gegenüber den einfachen Soldaten schlug er selbstverständlich einen anderen Ton an. Aber auch ihnen gegenüber zeigte er sich schlagfertig; seine Aussprüche machten in der ganzen Truppe die Runde und trugen zu seiner Popularität bei. Ein Wortwechsel bei eisiger Kälte vor Sonnenaufgang am Morgen der Schlacht mag das illustrieren. Als Friedrich auf die königliche Garde stieß, rief er den Soldaten zu:»Viel Glück, *gardes du corps*!« Diese antworteten im Chor:»Das wünschen wir auch Euch, Majestät!« und einer fügte hinzu:»Es ist verdammt kalt.« Friedrich machte auf dem Absatz kehrt und versicherte ihnen auf die ihm eigene Art:»Geduld, Jungs, bald wird's heiß!«[302]

Nach Roßbach zählt Leuthen zu den glänzendsten Siegen Friedrichs. Seine Manöver stifteten bei den Österreichern, die diesmal wieder von Karl von Lothringen kommandiert wurden, tiefste Verwirrung. Jeglicher Initiative beraubt und völlig überrumpelt, erlitten sie eine vernichtende Niederlage. Die Bilanz war auch diesmal spektakulär. Innerhalb weniger Stunden hatten die Österreicher ein Drittel ihrer Armee verloren. Zu den 12 000 Toten kamen noch 12 000 Gefangene, die den Preußen in die Hände gefallen waren. Diese erlitten lediglich Verluste in Höhe von 2000 Mann.

Der Siegespreis von Leuthen war die zurückgewonnene Kontrolle über Schlesien. Dank seines Erfolges konnte Friedrich schnell wieder Besitz von der gesamten Provinz ergreifen. Die von Österreich in den wichtigsten schlesischen Städten neuerlich eingerichteten Garnisonen fielen eine nach der anderen. Ein Markstein für den Wiedereinzug der preußischen Macht war die Übergabe Breslaus am 20. Dezember 1757. Die Bedeutung von Leuthen ging jedoch erheblich darüber hinaus. Friedrich hatte innerhalb eines Monats zwei Schlachten geschlagen, die seinen Ruhm endgültig begründeten. Damit war nicht nur der Fehltritt von Kolin getilgt. Mit diesen beiden glänzenden Siegen, die ihm später die ungeschmälerte Bewunderung Napoleons eintragen sollten, war Friedrich in den sehr kleinen Kreis der großen Feldherren der Geschichte eingetreten.

Friedrich wusste zu diesem Zeitpunkt genau, dass ihm Leuthen lediglich eine Atempause bescheren konnte. Er hatte zwar die Umklammerung gelöst, aber vom Frühjahr an musste er mit neuen Bedrohungen fertig werden. So war etwa nach der Schlacht von Roßbach eine französische Armee in Norddeutschland zurückgeblieben. Sie sah sich dort allerdings durch einen Schwager Friedrichs gebunden. Ferdinand von Braunschweig.

Die Österreicher hatten zwar eine aufsehenerregende Schlacht verloren, aber sie verfügten dennoch über genügend Mittel, den Kampf fortzusetzen. Sie nutzten die darauf folgenden Monate zur Neuformierung ihrer Streitkräfte. Abgesehen davon, dass die Schweden immer noch durch Pommern marschierten, war der Rückzug der Russen lediglich als taktisches Manöver zu bewerten. Man musste also damit rechnen, dass sie ihre Offensive bald wieder aufnahmen. Trotz der Schläge, die Friedrich den Gegnern versetzt hatte, verfügten sie immer noch über Machtmittel, die für Preußen furchterregend waren. Möglicherweise war die Niederlage nur hinausgeschoben worden.

Dies schien umso nahe liegender, als die finanzielle Situation Preußens besorgniserregend war. Friedrich hatte in Betracht gezogen, dass sich der Krieg bis zu vier Jahre hinziehen könnte und dass er daher Finanzreserven in Höhe von zwanzig Millionen Talern bereithalten müsse. Diese Voraussetzung war schon bei Kriegsbeginn nicht erfüllt gewesen, denn zu diesem Zeitpunkt hatte er nur dreizehneinhalb Millionen in der Kasse gehabt. Noch schwerer wog, dass er trotz der aus Sachsen herausgepressten Gelder und der den Preußen abverlangten Opfer beim Eintritt in das dritte Kriegsjahr sogar über weniger als zwei Millionen verfügte. Ein Silberstreif am Horizont zeichnete sich ab, als er ein Übereinkommen mit England traf, das sich verpflichtete, Preußen Subsidien in Höhe von 670 000 Pfund zu zahlen. Auch wenn vorhersehbar war, dass diese Unterstützung nicht alle Schwierigkeiten zu beseitigen vermochte, konnte Friedrich davon doch eine spürbare Erleichterung erwarten.

Obwohl Friedrich diese schweren Sorgen mit sich herumtrug, verstand er es jedoch auch, sich ihnen zu entziehen. Sowohl in der Zeit des Winterquartiers als auch während der Feldzüge beschäftigte er sich mehrere Stunden am Tag mit Dingen, die weder mit Diplomatie noch mit militärischen Angelegenheiten zu tun hatten. Dazu hatte er seine Tageseinteilung so geregelt, dass er auf bestimmte Gewohnheiten nicht zu verzichten brauchte. Nach drei Uhr stand er auf, um Flöte zu spielen. Seine Korrespondenz nahm einen Teil des Morgens ein. Friedrich schrieb in dieser Zeit mindestens vierzig

Briefe, darunter auch mehrere an Freunde. Nach seiner einzigen täglichen Mahlzeit nahm er seine Schreibtätigkeit wieder auf, sei es um eine Abhandlung oder seine Memoiren zu verfassen, oder aber, um zu dichten. Ferner ging kein Tag vorüber, ohne dass er, wie in Friedenszeiten auch, sich Zeit für Lektüre genommen hatte.

Sein Gepäck umfasste Werke, die ihn ständig begleiteten, solange er fern von Potsdam weilte. Des Weiteren hatte er die Gewohnheit angenommen, Bücher in mehreren Exemplaren anzuschaffen, sodass er eine Feldzugsbibliothek zusammenstellen konnte, ohne seine Residenzen plündern zu müssen. Er las vertraute Autoren und Texte, darunter vor allem stoische und epikuräische Philosophen, gerne mehrmals. Der Lektüre von *De rerum natura* seines »Freundes« Lukrez entnahm er eine wohltuende Lektion über Gleichmut. Er fand ebenfalls Vergnügen daran, sich die Werke von Bayle wieder vorzunehmen, den er als Anwalt der Toleranz und Meister der Skepsis verehrte. Wenn ihm nach Dichtung oder Tragödien zumute war, kam es vor, dass er Gedichte rezitierte oder ganze Passagen aus seinen Lieblingsdramen deklamierte, insbesondere aus Racines Trauerspielen »Phädra« und »Britannicus«.

Zu eben dieser Zeit war auch eine neue Persönlichkeit in den Kreis der Vertrauten um Friedrich getreten. Nach dem Tod La Mettries übernahm zunächst der Abbé de Prades dessen Aufgabe als Vorleser. Dieser atheistische Geistliche hatte Esprit und besaß alle Eigenschaften, die Friedrich gefielen, und er hätte sich gewiss lange Zeit der Gunst seines Dienstherrn erfreut, wenn sich nicht unglücklicherweise herausgestellt hätte, dass er sich nicht nur als Vorleser, sondern auch als französischer Spion betätigte. Nach seiner Enttarnung wurde der Abbé in das Magdeburger Gefängnis gesteckt. Nun musste ein Nachfolger gesucht werden. Die Wahl Friedrichs fiel auf Henri de Catt, einen jungen Schweizer, den er einstmals auf einem Schiff zwischen Utrecht und Amsterdam getroffen hatte, als er kurz vor dem Krieg inkognito eine Eskapade nach Holland unternahm. Er hatte mit dem jungen Studenten, der frisch von der Universität Utrecht kam, ein Gespräch begonnen. Während sie gemeinsam eine Pastete aßen, hatten sie, als wäre es das Selbstverständlichste auf der Welt, über die Philosophie von Wolff diskutiert. Diese Prüfung *en passant* war wohl erfolgreich, denn bevor sie sich trennten, ließ sich Friedrich die Adresse geben, ohne freilich sein Inkognito zu lüften. Und es kam noch besser, als er ihm, kurz nach der Schlacht bei Leuthen, infolge der Untreue des Abbé Prades einen Brief schrieb und ihm die offene Stellung anbot. Zwei Monate später kam de Catt nach Breslau, um seinen Dienst beim König aufzunehmen. In Wirklichkeit bestand seine Aufgabe mehr darin, Friedrich zuzuhören, als ihm aus seinen Lieblingsphilosophen vorzulesen. Wie oft fand Friedrich abends, nach einem aufreibenden Tag, in der Unterhaltung mit Catt Entspannung. Er vertraute ihm dabei sowohl Dinge aus der Vergangenheit als auch aus der Gegenwart an und lehrte ihn die Kriegskunst, wenn er ihm nicht gerade Tanzfiguren beibrachte. Jedenfalls entfalteten die Verführungskünste Friedrichs nach kurzer Zeit ihre Wirkung: »Je länger ich diesen Fürsten sehe«, sollte der junge Vorleser bald in sein Tagebuch schreiben, »desto mehr Gründe finde ich, ihn zu lieben und zu verehren.«[303]

Schon vor der Wiederaufnahme der Feindseligkeiten gingen während des Winters Gerüchte über Verhandlungen um. Nach den von ihm errungenen Siegen versetzte sich Friedrich in den Glauben, er könne die Front der Feinde aufbrechen. Kardinal de Bernis, nunmehr für die französische Diplomatie verantwortlich, war tatsächlich vom Zweifel über den Nutzen einer Fortsetzung des Krieges in Deutschland befallen. Er fragte sich, ob es nicht klüger wäre, alle Kräfte auf den Konflikt mit England zu konzentrieren. Weil Ludwig XV. aber im Festhalten an seinen österreichischen Verbündeten eine Ehrensache sah, verweigerte er sich den preußischen Annäherungsversuchen. Was nun Maria Theresia anbetraf, so weigerte sie sich selbst nach der Katastrophe von Leuthen, einen separaten Ausgleich mit Friedrich auch nur zu erwägen.

Um für den neuen Feldzug gerüstet zu sein, hatte Friedrich einen Plan entworfen, durch den er den Krieg zu beenden gedachte. Österreich blieb in seinen Augen der Hauptfeind. Diesen musste er vor allem besiegen. Wenn er ihm einen entscheidenden Schlag zufügte, musste die Koalition, deren Kern Österreich bildete, binnen kurzem zerfallen. Nach der Einnahme von Schweidnitz, dem letzten befestigten Platz der Österreicher in Schlesien, wollte Friedrich mit einer Armee nach Mähren marschieren und dort den Riegel von Olmütz sprengen. Eine zweite, von Prinz Heinrich geführte Armee sollte nach Böhmen eindringen. Auf diese Weise würde der Feind von zwei Armeen in die Zange genommen und könnte einer schweren Niederlage nicht mehr entrinnen. Graf Dohna sollte an der Spitze einer dritten Armee die schwedischen Stellungen in Pommern erobern, vor allem aber die Russen in den Griff nehmen und sie daran hindern, ihren österreichischen Verbündeten zu Hilfe zu eilen. Wenn er diesen Plan zur Durchführung brächte, rechnete Friedrich am Ende mit einem Friedensschluss. Besiegt und ohne Mittel, die eine Fortsetzung des Krieges erlaubten, wäre Maria Theresia zu Verhandlungen gezwungen.

Der erste Teil dieses Planes verlief in der Tat wie vorhergesehen. Schweidnitz fiel am 16. April. Danach wendeten sich die Dinge jedoch zum Schlechten. Friedrich traf Ende April vor Olmütz ein, doch zog sich die Belagerung hin. Ende Juni war noch immer nichts Entscheidendes passiert. Und noch schlimmer, eine für die preußische Armee bestimmte Proviantkolonne wurde von den Österreichern durch einen Handstreich der Kavallerie aufgebracht. Angesichts seiner bedrängten Lage beschloss Friedrich, die Belagerung aufzuheben und sich nach Königgrätz zurückzuziehen. Bei seiner Ankunft dort wurde er von zwei Neuigkeiten ganz verschiedener Art erwartet. In Deutschland hatte sein Bruder Ferdinand am 23. Juni die mittlerweile vom Grafen von Clermont befehligte französische Armee bei Krefeld besiegt. Dafür waren im Osten die Russen wieder auf dem Vormarsch und bedrohten die Oder. Wieder eine andere Armee marschierte auf Schlesien. Die Entscheidung für Königgrätz passte nicht mehr zu diesen neuen Gegebenheiten. Friedrich musste den Russen zuvorkommen und sie an der Vereinigung mit den Österreichern hindern. Ganz im Gegensatz zu seiner früheren Absicht war keine Rede mehr davon, dem Grafen Daun, der ihm auf den Fersen folgte, eine Schlacht zu liefern. Mit klugen Manövern gelang es Friedrich, vor dem Eintreffen Dauns nach Schlesien zu entwischen.

Bereits am 10. August begab sich Friedrich mit 10 000 Mann wieder auf den Marsch, um sich mit der Armee des Grafen Dohna zu vereinigen. Er hatte die Absicht, sich auf dem linken Ufer der Oder einer Schlacht zu stellen. Der Flussübergang wäre möglicherweise ein schwieriges Unterfangen geworden, wenn Friedrich es mit einem energischen Gegner zu tun gehabt hätte. Wilhelm Graf von Fermor jedoch, der neue russische General, glänzte nicht gerade durch Tatendrang. Auf seinem Weg kam Friedrich auch nach Küstrin, in jene Festungsstadt, in der er die trübsten Tage seines Lebens verbracht hatte. Küstrin hatte unter dem Bombardement der Russen schwer gelitten und lag großenteils in Schutt und Asche. Friedrich besaß allerdings nicht die Muße, sich der Melancholie hinzugeben. Er wollte nichts als »ran an den Feind«. Am 25. August bereits lieferte er den Russen in der Nähe von Zorndorf eine Schlacht.

In dem Moment, als Friedrich auf die russische Armee stieß, zeigte er sich zuversichtlich. Er meinte, die notwendigen Maßnahmen getroffen zu haben, damit sich die Verluste gering hielten und ein entscheidender Sieg errungen werde. Aber, fügte er hinzu, stets könne selbst der schönste Plan durch eine Kleinigkeit durchkreuzt werden, die der Heerführer nicht vorhergesehen habe und die ihm hinterher vorgeworfen werde. Damit hatte er den Ablauf der Schlacht schon teilweise vorweggenommen. Unbestreitbar hat Friedrich bei Zorndorf den Sieg errungen, aber es bedurfte vieler Stunden zäher und verlustreicher Kämpfe, bis es soweit war. Die Schlacht begann am Morgen und fand erst mit Einbruch der Dunkelheit ihr Ende. Nach mehreren panischen Reaktionen der Infanterie kam die Rettung von der Kavallerie, insbesondere durch die von Seydlitz ausgeteilten Schläge, die den Widerstand der Russen brachen.

Die langen und erbitterten Kämpfe auf beiden Seiten brachten es mit sich, dass der Preis für diesen Erfolg Friedrichs erschreckend hoch war. Während die Russen den Verlust von 18 000 Mann zu beklagen hatten, zu denen weitere 2500 Gefangene in den Händen der Feinde zu zählen waren, hatte die preußische Armee mit 13 000 Toten und Verwundeten mehr als ein Drittel ihrer Mannstärke verloren. Das war angesichts der noch zur Verfügung stehenden Reserven ein enormer Aderlass. Zorndorf war die erste Schlacht, die Friedrich den Russen geliefert hatte. Davor hatte er eine ziemlich geringschätzige Meinung von ihren militärischen Fähigkeiten gehabt. Zorndorf ließ ihn sein Urteil überdenken. Dieser Krieg war noch nicht zu Ende, und möglicherweise musste er den Russen noch öfter in der Schlacht begegnen. Dessen ungeachtet zog er aus dem verlustreichen Sieg die Lehre, sie in künftigen Konflikten nicht mehr als Feinde haben zu wollen. Er war auch von der Tollkühnheit, die der russische Soldat im Kampf bewiesen hatte, beeindruckt. Damit verbanden sich jedoch furchtbare Grausamkeiten, die an der Zivilbevölkerung verübt worden waren. Hiervon konnte sich Friedrich überzeugen, als er am Tag nach der Schlacht durch die von russischen Soldaten verwüsteten Dörfer zog. Auf diesem Erkundungsritt kam er auch an jenem Schloss vorbei, in dem er als junger Mann der reizenden Madame de Wreech den Hof gemacht hatte. Der Ort des einstigen Liebesidylls bot ein Bild des Grauens. Vor dem Gutstor lag die Leiche einer Frau, die vergewaltigt worden war, bevor sie mit einem Pikenstoß getötet wurde.

An der östlichen Front war eine Verschnaufpause gewonnen worden. Nach der Schlacht von Zorndorf hatten sich die Russen zurückgezogen. Bald danach sollten sie die Weichsel überqueren und Stellungen in Polen beziehen. Vielleicht hätten die Dinge allerdings eine andere Entwicklung genommen, wenn die Vereinigung der schwedischen mit den russischen Streitkräften zustande gekommen wäre. Die Schweden wurden jedoch Anfang Oktober von General von Wedell bei Fehrbellin geschlagen, an einem Ort mithin, der seit dem Sieg von 1675 mit Preußens *fortune* aufs engste verknüpft war. Nachdem diese Bedrohung abgewendet war, hielt es Friedrich nicht länger im Oderland. Er machte sich an der Spitze von 17 000 Mann in Gewaltmärschen auf den Weg nach Sachsen. Dort erwartete ihn eine weitere entscheidende Schlacht.

Nachdem Graf Daun 80 000 Mann im südlichen Sachsen konzentriert hatte, konnte ihm Friedrich gerade einmal 40 000 Soldaten entgegensetzen. Diese zahlenmäßige Unterlegenheit war ihm schon zur Gewohnheit geworden und hatte ihn keineswegs von aufsehenerregenden Erfolgen abhalten können. Friedrich beging jedoch den Fehler, seinen Gegner zu unterschätzen. Nachdem er die Bewegungen der Österreicher einer eingehenden Analyse unterzogen hatte, glaubte er, sie umzingelt zu haben. Daun seinerseits hielt wenig von kühnem Vorpreschen, sondern bereitete seine Siege lieber durch geduldige Planung vor. Friedrich war daher überzeugt, sich weiterhin den Vorteil der Initiative bewahren zu können. Er hatte dabei jedoch nicht mit Dauns nächsten Untergebenen gerechnet, dem Stabschef Franz Moritz von Lacy und dem Generalmajor Ernst Gideon von Laudon. Beide bedrängten ihren Chef, selbst die Initiative zu ergreifen, bevor Friedrich Lunte roch. Es waren nämlich Umstände eingetreten, von denen Friedrich noch gar nichts wusste. Er hatte sich eines Informanten aus der näheren Umgebung des österreichischen Generalissimus bedient. Doch dieser Spion war entdeckt worden und wurde von den Österreichern umgedreht. Im Tausch gegen sein Leben lieferte er dem preußischen König gezielte Fehlinformationen.

Die Folgen sollten nicht lange auf sich warten lassen. Daun hatte nicht nur die Initiative ergriffen, sondern sogar Truppen im Wald oberhalb von Hochkirch massiert und ging aus dieser beherrschenden Lage in den frühen Morgenstunden des 14. Oktober zum Angriff über. Der Überraschungseffekt war von derart durchschlagender Wirkung, dass der Ausgang der Schlacht schon in den ersten Minuten feststand. Keinen Augenblick lang gelang es den Preußen, trotz aller Anstrengungen Friedrichs und trotz der Kavallerieeinsätze, sich einen Vorteil zu verschaffen. Wenigstens gelang es Friedrich, seine Armee vor einer Katastrophe zu retten, und das war schon viel. Wie gewöhnlich hatte er sich selbst in keiner Weise geschont, sondern sich den feindlichen Kugeln ausgesetzt, wobei er alle Ermahnungen, in Deckung zu gehen, in den Wind schlug. Wie gefährlich die Situation tatsächlich war, zeigte sich darin, dass Friedrichs Pferd unter ihm weggeschossen wurde. Es gab auch Verluste unter seinen Generälen. James Keith, einer seiner Freunde von Sanssouci, wurde von einer Kugel mitten in den Kopf getroffen. Fürst Moritz von Anhalt-Dessau, der Sohn des alten Dessauers, wurde schwer verwundet. Insgesamt ergab sich eine traurige Bilanz. Die preußischen Verluste bezifferten sich auf 9000 Mann, das heißt, ein Viertel der Mannschaftsstärke. Auch wenn die Österreicher nicht besser abgeschnitten haben, so wogen doch die gleichen Verlustziffern der beiden Gegner, wie sich öfter schon gezeigt hatte, nicht unbedingt gleich schwer.

Auch wenn Friedrich bemüht war, gefasst und gleichmütig zu erscheinen, war er in Wirklichkeit von diesem Rückschlag, der für ihn unerwartet kam, schwer betroffen. Es war ein Zeichen seiner tiefen Verunsicherung, dass er am Abend der Schlacht Henri de Catt seine kleine Dose zeigte, in der er Gift aufbewahrte und die er immer bei sich trug. Noch aus einem anderen Grunde wurde der 14. Oktober für ihn zu einem schwarzen Tag. Seine Schwester Wilhelmine, die schon lange gegen ihre Krankheit angekämpft hatte, ist eben an diesem verhängnisvollen Tag gestorben. Dieser Schlag hat Friedrich in seinem tiefsten Inneren gewiss noch mehr berührt als die verlorene Schlacht. Denn mit Wilhelmine war der Mensch, der ihm am liebsten war, dahingegangen … Die Erinnerung an geteilte Freuden und gemeinsam durchlebte schwere Zeiten drang an die Oberfläche, als er seinem Bruder Heinrich schrieb, dass er mit der Verstorbenen eine einzige Seele gebildet habe. Er nahm sich jedoch nicht viel Zeit, um sich seinem Schmerz zu überlassen. Die Erfordernisse des Krieges gewannen rasch wieder die Oberhand. Mehr als auf alles andere musste Friedrich seine ungeteilte Aufmerksamkeit auf den Fortgang des Feldzugs richten.

In den Wochen nach Hochkirch liefen eher tröstliche Nachrichten ein. Daun hatte es nicht verstanden, seinen Vorteil auszunutzen. Nach seinem Sieg hegte er die Absicht, Dresden einzunehmen. Nachdem ihm jedoch die dortige Garnison Widerstand entgegensetzt hatte, hob er die Belagerung auf und zog sich nach Böhmen zurück, wo er sein Winterquartier bezog. Friedrich konnte sich zu diesem Gang der Dinge beglückwünschen. Die Niederlage von Hochkirch hatte nicht die Folgen gezeigt, die er befürchtet hatte. Friedrich griff ein – auf Horaz zurückgehendes – Zitat aus La Fontaine auf, mit dem er die Situation auf den Punkt brachte: »*La montagne en travaillant enfanta une souris* – Der Berg kreißte, aber er gebar nur ein Mäuschen.«

Aus dem Feldzug von 1758 ging weder einen Sieger noch ein Besiegter hervor. Bei vorsichtiger Bewertung der Dinge konnte der Eindruck entstehen, als hätte der Feind außer in Ostpreußen im Königreich nicht Fuß fassen können. Die Preußen hingegen hielten nach wie vor den größten Teil Sachsens besetzt. Beide Seiten waren von der Verwirklichung der ehrgeizigen Pläne, die sie noch zu Beginn des Jahres gehegt hatten, weit entfernt. Friedrich war es nicht gelungen, den Österreichern jenen entscheidenden Schlag zu versetzen, den er ihnen eigentlich hatte zufügen wollen. Da er dem beunruhigenden Druck eines »Schraubstockes« ausgesetzt war, hatte er unter dem Zwang gestanden, von einer Front zur anderen zu ziehen, um die feindlichen Offensiven aufzuhalten. Im Augenblick hatte er zwar das Schlimmste verhindert, aber es erhob sich doch die Frage, ob ihm der Kriegsgott auch künftig beistehen werde.

Vierzehntes Kapitel
Von Mirakel zu Mirakel

Zu Beginn des Jahres 1759 sah sich Friedrich gezwungen, seine ehrgeizigen Vorhaben zu drosseln. Er war mit seinen kühnen Plänen am Ende. Seine Mittel reichten schlicht nicht mehr aus. Für den neuen Feldzug konnte er lediglich 110 000 Mann und damit weniger als im vergangenen Jahr aufbieten. Es war zwar zu früh, von einer Erschöpfung der preußischen Reserven zu sprechen. Dennoch sah sich Friedrich gezwungen, eine Strategie zu entwickeln, mit welcher er diese Lage meistern konnte. Die prekäre Situation hatte sich in den letzten Monaten des Feldzuges abgezeichnet und stellte sich recht einfach dar. Die Frage ging nicht mehr darum, ob der Krieg über das um Sachsen erweiterte preußische Terrain hinaus ausgedehnt werden solle. Auf der anderen Seite sah sich Friedrich mehr denn je gezwungen, seine zahlenmäßige Unterlegenheit durch Beweglichkeit auszugleichen, mit der er von einer Front zur anderen jagte. Aber wenn er auch durch die Umstände gezwungen war, eine defensive Strategie zu befolgen, waren damit Angriffsoperationen innerhalb des bezeichneten Gebietes keineswegs ausgeschlossen.

Am Rand des Abgrunds

Friedrich hatte erneut sein Quartier in Breslau bezogen. Er war nicht allein mit den Problemen dieses nicht enden wollenden Krieges befasst. Der Tod Wilhelmines hatte ihn in einen Zustand der Trauer versetzt, aus dem er nicht mehr herausfand. Dieser Kummer ließ ihn die Einsamkeit wählen. Er hatte sich zwar, wie es seiner Gewohnheit entsprach, in Arbeit gestürzt, um sich so von seinem Schmerz abzulenken. Sobald er jedoch zu schreiben oder zu lesen aufhörte, wurde er von quälenden Gedanken befallen. Daher war es für ihn tröstlich, von Voltaire einen Beileidsbrief zu erhalten. Dieser hatte die demütigenden Umstände seiner Abreise sechs Jahre zuvor zwar gewiss nicht vergessen, aber die Zeit heilt Wunden, hier wie andernorts. Friedrich fand es sicher liebenswürdig, das Loblied zu lesen, das sein alter Freund auf seine »anbetungswürdige Schwester« anstimmte. Und zweifelsohne fand er auch einen gewissen Trost darin, Voltaire sein Innerstes zu offenbaren: »Es gibt Unglück, das sich durch Standhaftigkeit und etwas Mut überwinden lässt. Aber es gibt auch anderes Unglück, wogegen alle Standhaftigkeit, mit der man sich wappnen möchte, und jegliches Philosophieren sich lediglich als bedeutungslose und unnütze Mittel erweisen.«[304] Seiner Gewohnheit folgend, behielt Friedrich einen Teil seiner Zeit dem Schreiben vor. Er arbeitete an seiner Studie über Karl XII. und suchte Zerstreuung im Dichten von Satiren. Einer von ihnen gab er die Form eines Briefes der Marquise de Pompadour an Maria Theresia. Er nahm darin mit Genuss zwei der Frauen aus dem weiblichen Triumvirat, das ihm den Untergang geschworen hatte, aufs Korn.

Das Jahr begann im Zeichen eines dritten Versailler Vertrages. Kardinal de Bernis räumte den Platz an der Spitze der französischen Diplomatie für den Herzog von Choiseul, der bis dahin Ludwig XV. am Wiener Hof vertreten hatte. Eine erneute österreichische Niederlage hätte die Eintracht zwischen den beiden Monarchien in Schwierigkeiten bringen können. Nach der Schlacht von Hochkirch jedoch war ein solches Szenario nicht mehr zeitgemäß, auch wenn Graf Daun seinen Sieg nicht auszunutzen gewusst hatte. Dennoch wurden beim dritten Aufguss des Versailler Vertrages die gegenseitigen Verpflichtungen der beiden Partner reduziert. Für Frankreich stellte die Rückkehr Schlesiens an Österreich nicht mehr länger ein Kriegsziel dar. Dafür sollte Wien auch nicht mehr gehalten sein, die Niederlande seinem Verbündeten auszuliefern, auch nicht für den Fall, dass Schlesien zurückerobert werden sollte. Frankreich verpflichtete sich, erneut eine Armee von 100 000 Mann nach Deutschland zu entsenden und in den Dienst der Koalition zu stellen. Ferner sollte Frankreich die Subsidien für Schwedens Teilnahme am Krieg bezahlen und auch die Kosten für die Ausrüstung der sächsischen Armee übernehmen. Obgleich Maria Theresia mit diesem Vertrag zufrieden war, war sie weiterhin davon überzeugt, dass ihr die entscheidende Hilfe für ihren Krieg gegen den »Tamerlan des Nordens« nur aus Russland zuteil werden könne.

Nach dem Warnsignal von Zorndorf änderte sich Friedrichs Einschätzung der Lage keineswegs. Er hatte seine Truppen über die verschiedenen Fronten, an denen Preußen bedroht war, verteilt. Prinz Ferdinand etwa war mit der Aufgabe betraut, sich der französischen Armee in Mitteldeutschland in den Weg zu stellen und sie, wenn möglich, über den Rhein zurückzuwerfen. Mit seinen in Sachsen stationierten 30 000 Mann beschränkte sich Prinz Heinrich nicht allein darauf, die Österreicher zu überwachen, sondern unternahm auch Angriffe auf ihre Depots und Magazine und störte auf diese Weise die Planungen Graf Dauns. In Schlesien hielt La Motte Fouqué mit 13 000 Mann die Stellung. Friedrich seinerseits blieb mit dem Gros der Armee von 50 000 Mann in Wartestellung und hielt sich, je nach dem Ausgangspunkt der Bedrohung, einsatzbereit. Im Norden war Graf Dohna mit 20 000 Mann beauftragt, einige 70 000 Russen im Zaum zu halten. An deren Spitze stand mittlerweile Graf Saltykow, ein Protégé der Zarin, der Graf Fermor abgelöst hatte. Friedrich sah unter diesen Umständen seine wichtigste Aufgabe klar und deutlich vor sich. Sie erforderte vor allem, die Vereinigung der feindlichen Armeen zu verhindern, die eine für ihn unhaltbare Situation geschaffen hätte. Selbst die Aufbietung seiner gesamten Feldherrnkunst hätte dann nicht mehr hingereicht, die Ungleichheit der Kräfte wettzumachen.

Bis zum Ende des Frühjahrs blieb die Lage nahezu unverändert. Mitte Juni jedoch setzte sich Saltykow in Bewegung und begab sich auf den Vormarsch, ohne dass Graf Dohna, der auf Besonnenheit setzte, ihn daran gehindert hätte. Die Bestrafung ließ nicht lange auf sich warten. Graf Dohna wurde seines Kommandos enthoben und durch General Karl Heinrich von Wedell ersetzt. Diese Maßnahme erzielte allerdings nicht die gewünschte Wirkung. Er sollte den russischen Vormarsch verhindern und sich dennoch einer Schlacht entziehen, die angesichts der ungünstigen Zahlenverhältnisse außergewöhnlich riskant gewesen wäre. Genau das Gegenteil ist geschehen. Wedell wurde am 25. Juli von Saltykow gezwungen, sich bei Paltzig zur Schlacht zu stellen. Wedell verlor sie und mit ihr 8000 Mann. Für die Preußen wurde die Lage zunehmend kritisch. Nicht nur, dass die Russen die Oder überschritten hatten, sie konnten jetzt auch nach Schlesien marschieren. Die letzten unvorhergesehenen Ereignisse liefen auf einen Plan hinaus, der die Vereinigung der russischen mit der österreichischen Armee vorsah und darauf abzielte, Friedrich eine so schmerzliche Niederlage zu bereiten, dass er zur Kapitulation gezwungen wäre. Graf Daun hatte schon zwei österreichische Armeekorps an Saltykow überstellt. Unter dem Kommando von Laudon ließen sie das gegnerische Übergewicht noch fühlbarer werden.

Für Friedrich wurde es bitterernst. Offensichtlich war der Augenblick für eine entscheidende Schlacht gekommen. Wieder waren die Preußen in der Minderzahl. Den 70 000 Russen und Österreichern konnte Friedrich lediglich 48 000 Mann entgegenstellen. Die beiden Armeen stießen am 12. August bei Kunersdorf aufeinander. Das Szenario von Zorndorf wiederholte sich, diesmal jedoch mit einem dramatischen Ende. Der russische Soldat bewies sich erneut als wertvoller Kämpfer und Graf Saltykow als guter Stratege. Friedrich war auch der Fehler unterlaufen, sich nicht genügend über die Örtlichkeit zu informieren. Er hatte die Schlacht auf einem Terrain angenommen, auf dem sich die Kavallerie nicht gut entfalten konnte. Daher war es nicht möglich, die Wirkung der Infanterie durch Reiterattacken zu unterstützen, und die Befehlshaber der preußischen Kavallerie, Graf Seydlitz und der Prinz von Württemberg, waren zu alledem noch verwundet worden.

Seiner Gewohnheit entsprechend hatte sich Friedrich wieder sorglos in Gefahr begeben. Er verlor zwei Pferde, und allein sein Glücksstern bot ihm Rettung, da eine Kugel, die ihn sonst getötet hätte, von seiner Tabaksdose abgelenkt wurde. Ein anderes Mal wäre er beinahe in die Hand der Feinde gefallen, wenn ihn nicht eine Gruppe Husaren unter ihrem Rittmeister Johann Bernhard von Prittwitz herausgehauen hätte. Friedrich rief ihm zu: »Ich bin verloren, Prittwitz!« Der tapfere Offizier gab ihm zur Antwort: »Nein, Euer Majestät! Nicht solange noch ein Funke Leben in uns ist!« Als Friedrich am Abend nach der Schlacht mit den ihm verbliebenen 3000 Mann zum linken Ufer der Oder zurückkehrte, musste er da nicht überzeugt sein, eine Niederlage eingesteckt zu haben, von der er sich nicht mehr erholen konnte?

In den tragischen Stunden nach Kunersdorf erlebte Friedrich die Einsamkeit des besiegten Feldherrn, der bohrende Fragen nach seiner Verantwortung stellt, selbst wenn er die Katastrophe hartnäckig dem Versagen anderer – hier speziell seiner Infanterie – zuschob. Dem Marquis d'Argens gegenüber erklärte er: »Die Soldaten hatten gute Beine, als sie die Flucht suchten, aber nicht, als sie gegen den Feind hätten kämpfen sollen.«[305] Noch schlimmer für ihn war jedoch, dass an ihm der quälende Gedanke nagte, dieses Desaster besiegle den Untergang Preußens, was ihn in tiefste Verzweiflung stürzte. In seiner Niedergeschlagenheit fasste er den Entschluss, den Oberbefehl an Prinz Heinrich zu übergeben. Der Wortlaut seines Briefes an den Staatsminister Graf Finckenstein schien eine noch schwerwiegendere Entscheidung anzukündigen. Er ließ sich so weit gehen, dass er ihm schrieb: »Das ist eine schreckliche Niederlage, die ich nicht überleben werde. Die Folgen dieser Niederlage sind schlimmer als die Niederlage selbst. Ich habe keine Mittel mehr und um nicht zu lügen: ich glaube alles verloren. Den Verlust meines Vaterlandes werde ich gewiss nicht überleben. Adieu für immer!«[306] Bei mehreren Gelegenheiten machte Friedrich keinerlei Geheimnis hinsichtlich seiner Absichten im Falle einer Katastrophe, die sein Werk zerstören und die Existenz des Staates gefährden würde. Das belegen seine vertraulichen Mitteilungen, die er de Catt gegenüber geäußert hat. Die häufigen Andeutungen über das Gift, das er ständig bei sich trug, gaben zu verstehen, dass er sich eher töten wolle, als eine solche Demütigung hinzunehmen; vor allem dann, wenn seine Person der Wahrnehmung preußischer Interessen im Wege stehe, und er mit seinem Freitod retten könne, was noch zu retten war.

Die entsprechenden Befehle konnten jedoch schon aus Zeitmangel gar nicht erst erteilt werden. Schon am darauf folgenden Tag war Friedrich wieder obenauf. Die Niederlage war gewiss sehr schwer, aber dennoch nicht irreparabel. Die Verwirrung, in der die Schlacht abgelaufen war, verhinderte eine genaue Bewertung des Hergangs und der Ergebnisse. 18 000 Preußen sind auf dem anderen Oderufer geblieben. Mit diesem gleichsam abgebrochenen Schwert wollte Friedrich wieder eine Armee aufbauen und den Kampf fortsetzen. Die Lage blieb äußerst kritisch. Daun und Saltykow marschierten auf Berlin, wo sie Preußen einen letzten Stoß verpassen und es endgültig außer Gefecht setzen wollten. Nachdem die Russen die Oder überquert hatten, befanden sie sich nicht einmal mehr hundert Kilometer von Berlin entfernt. Für Friedrich war die Entscheidung klar: »Ich werde mich entweder abschlachten lassen oder die Hauptstadt retten«, schrieb er an den Marquis d'Argens, mit dem er zu dieser Zeit einen Briefwechsel führte, in dem sich seine Stimmungsschwankungen und seine unstete geistige Verfassung von Tag zu Tag widerspiegeln.[307]

Friedrich hat den Gedanken an Selbstmord nicht aufgegeben für den Fall, dass es ihm nicht gelingen sollte, den Feind aufzuhalten. D'Argens gegenüber erklärte er: »Es gibt für alles Grenzen. Ich ertrage meine Glücklosigkeit, ohne meinen Mut zu verlieren. Aber ich bin fest entschlossen, mir nach diesem Unternehmen, falls es fehlschlagen sollte, einen Ausweg zu verschaffen, damit ich nicht zum Spielball irgendwelcher Zufälle werde.«[308] Der Marquis bemühte sich, ihn davon abzubringen, und argumentierte: »Trotz der schweren Schläge, die Sie erleiden müssten – wenn Sie Ihr für den Staat so wertvolles Leben erhielten, würden auch die Umstände, so unerfreulich sie sein mögen, eine glückliche Wendung nehmen. Denken Sie doch, Sire, in allem Ernst darüber nach, was geschähe, wenn Ihnen etwas zustieße. Ich wage es nicht, es Ihnen zu schildern. Solange Sie jedoch leben, wird es am Ende so sein, dass die Angelegenheiten eine ganz andere Richtung genommen haben werden, als sie es heute tun.«[309] Diese Darlegung scheint keinerlei Wirkung auf Friedrich ausgeübt zu haben, wie sein Brief erweist: »Glauben Sie mir, man muss einiges mehr aufbringen als Entschlossenheit und Ausdauer, um das alles zu ertragen. Aber ich sage Ihnen freimütig, wenn mir ein Unglück zustößt, rechnen Sie nicht damit, dass ich den Untergang und das Leid meines Vaterlandes überleben werde. Ich habe meine eigene Art zu denken, ich ahme weder Sertorius noch Cato nach. Ich denke in keiner Weise an Ruhm, sondern an den Staat, und, nachdem ich mich für ihn aufgeopfert habe, und er trotz meiner Mühen untergeht, muss ich mich von der Bürde meines Lebens, die mich schon lange bedrückt und quält, befreien.«[310]

Friedrich brauchte nicht bis zum Äußersten zu gehen. Wider alle Erwartung bauten die Österreicher und Russen ihren Vorteil nicht aus. Die Serie der Niederlagen hatte ihr Ende allerdings noch nicht gefunden. Am 4. September kapitulierte General von Schmettau, dem Dresden anvertraut war, und übergab die Stadt an den Gegner. Aber genau in diesem Augenblick vollzog der Feind eine Kehrtwendung, die sich als folgenschwer erwies. Friedrich sollte später vom »Wunder des Hauses Brandenburg« sprechen, denn das preußische Königshaus hatte tatsächlich unmittelbar am Abgrund gestanden.[311] Dieser Umschwung war weniger mit der göttlichen Vorsehung, sondern eher mit aus Vorsicht getroffenen Überlegungen zu erklären. Die beiden Oberbefehlshaber liefen bei der Fortsetzung ihres Vormarsches Gefahr, von ihrem Nachschub abgeschnitten zu werden. Darin bestand in der Tat ein sehr konkretes Risiko. Vor allem Prinz Heinrich hatte sich den Österreichern an die Fersen geheftet und dabei ihre Verbindung mit den Magazinen in Böhmen unterbrochen. Graf Daun zog es vor, den Rückzug anzutreten, statt ein unkalkulierbares Risiko einzugehen. Auch Saltykow zeigte keine größere Kühnheit, denn er traf den Entschluss, sich an die Weichsel zurückzuziehen.

Die Preußen ihrerseits mussten vor dem Ende des Feldzuges einen weiteren Rückschlag hinnehmen. Bei Maxen hatte Graf Daun mit seiner gesamten Streitmacht General Finck zur Kapitulation gezwungen. An diesem Unglückstag waren 13 000 Soldaten in die Hände des Feindes gefallen und reihten sich in die lange Liste der preußischen Verluste ein. Trotzdem konnte sich Friedrich beglückwünschen, dass das Schlimmste nicht eingetreten war. Gewiss, auf dem Höhepunkt der Katastrophe hatte er erwogen, sich selbst zu töten. Aber die Österreicher und die Russen waren nicht im Stande, ihm den Gnadenstoß zu geben. Die Krieg führenden Mächte waren gewiss nicht auf den *status quo ante* zurückgekehrt. Insbesondere der Fall von Dresden ist von Friedrich mit Bitterkeit empfunden worden, im Wesentlichen jedoch hatten die Gegner wieder ihre alten Positionen bezogen.

Friedrich verkannte dennoch nicht den Ernst der Lage. Möglicherweise war der Schlag, dessen sich seine Feinde bisher enthalten hatten, nur aufgeschoben. Mit aller Wahrscheinlichkeit würden sich Österreicher und Russen im Frühjahr erneut mit der Hoffnung in Marsch setzen, Preußen vernichtend zu schlagen. An diesem großen Halali könnten sich auch die Franzosen beteiligen. Nachdem sie im August eine Niederlage bei Minden hatten hinnehmen müssen, gewannen sie bald wieder die Oberhand. Prinz Ferdinand stand unter dem Druck des Marschalls de Broglie und befand sich nun in einer heiklen Lage. Friedrich war sich überdies völlig im Klaren darüber, dass Kunersdorf Zweifel in seiner Armee hervorgerufen hatte, die bis in seine Umgebung Wellen schlugen. Seine Aura als unbesiegbarer Feldherr hatte unter dieser desaströsen Schlappe gelitten. Manche stellten bereits einen – für Friedrich ungünstigen – Vergleich mit dem Prinzen Heinrich an, dessen kluge militärische Führung verhindert hatte, dass sich die Niederlage zur Katastrophe auswuchs. Prinz Heinrich hielt sich übrigens mit seinen Gefühlen keineswegs zurück. Er hatte Friedrich die dem Bruder August Wilhelm angetane kränkende Behandlung nicht verziehen. Als August Wilhelm im Jahr zuvor gestorben war, hatte Heinrich seinem königlichen Bruder vorgeworfen, ihn in den Tod getrieben zu haben. Neben diese persönlichen Gegensätze traten politische Meinungsverschiedenheiten. Heinrich warf seinem Bruder den Bruch mit Frankreich vor. Außerdem hielt er den militärischen Ruhm Friedrichs für weitgehend ungerechtfertigt. Kunersdorf hatte ihn darin nur bestätigt und er kritisierte ihn heftig:»Er hat uns in diesen schrecklichen Krieg hineingezogen, und allein die Tapferkeit unserer Generäle und Soldaten kann uns nun wieder heraushelfen.«[312] Unter diesen Bedingungen empfand er trotz der schwierigen Lage eine gewisse innere Befriedigung darüber, dass ihm die Aufgabe zugefallen war, Friedrichs Fehler auszugleichen.

Die guten Nachrichten liefen von einer ganz anderen Seite ein. Auf dem überseeischen Kriegsschauplatz, in Kanada, waren die Engländer inzwischen zur Offensive übergegangen. Der Fall von Quebec machte den Weg nach Montreal frei. Diese Ereignisse verfehlten trotz der Entfernung von mehreren tausend Kilometern ihre Wirkung auf Deutschland nicht. Wenn Frankreich seine Besitzungen in Amerika verteidigen wollte, sah es sich gezwungen, einen Teil seiner Truppen aus Deutschland abzuziehen, was für Preußen eine große Erleichterung bedeutete. Das vom Krieg erschöpfte Frankreich mochte aber vielleicht Wege für eine Übereinkunft mit England suchen. Diese Möglichkeit konnte die Koordinaten des Konflikts in Mitteleuropa völlig durcheinander bringen. Würden Österreich und Russland, nachdem sie sich von ihrem Verbündeten Frankreich im Stich gelassen sähen, ihren Kampf allen und jedem zum Trotz fortsetzen? Friedrich wollte umso eher daran glauben, dass ein im Westen geschlossener Friede eine ansteckende Wirkung entfalten könnte, weil er unter dem Druck stand, dem Krieg ein Ende zu setzen. Dazu sah er sich nicht allein wegen der zutreffenden Einschätzung seiner misslichen Situation zwischen dem russischen Hammer und dem österreichischen Amboss veranlasst. Im Verlauf des letzten Feldzuges hatte sich außerdem die Finanzlage Preußens weiterhin erheblich verschlechtert, sodass die horrenden Kosten des Krieges nicht mehr lange aufzubringen waren. Wenn er jedoch einen Friedensschluss ins Auge fasste, dann keinesfalls um den Preis entehrender Zugeständnisse. Darüber war er sich völlig im Klaren, wenn er sich in einem Brief an Voltaire äußerte:»Mit bleibt nur noch die Ehre und ich werde sie schützen wie mein Leben (…). Ich wünsche mir nichts mehr als den Frieden, aber ich möchte nicht mit einem Schandmal daraus hervorgehen. Nachdem ich mit Erfolg gegen ganz Europa gekämpft habe, wäre es eine ausgesprochene Schande, all das durch einen Federstrich zu verlieren, was ich mit dem Schwert errungen habe.«[313]

Fragwürdige Siege

Der neue Feldzug kam erst im Frühsommer 1760 in die Gänge. Friedrich hatte diese Verzögerung dazu genutzt, seine Streitkräfte wieder aufzubauen, die sogar mit im Vorjahr gefangengenommenen österreichischen und sächsischen Soldaten durchmischt waren. Gerade weil diese Praxis nicht seinem Charakter entsprach, sagt sie sehr viel über die zunehmende Erschöpfung seiner Mittel aus. Auf diesem Wege war es ihm immerhin gelungen, erneut 90 000 Mann aufzustellen. Österreicher und Russen allerdings verfügten zusammen mindestens über 230 000. Im Grunde musste er zur Abwehr ihrer Angriffe Husarenstücke vollbringen.

Inmitten seiner Vorbereitungen stahl sich Friedrich seiner Gewohnheit gemäß die Zeit, um sich den Musen und der Lektüre zu widmen. Mit Befriedigung hatte er den Roman *Candide* erhalten, den ihm Voltaire zugesandt hatte. Man kann ihm durchaus glauben, dass er ihm echtes Vergnügen bereitet hat – trotz der burlesken Verspottung der»Bulgaren« (Preußen) und ihrer skrupellosen Soldatenschinderei. Immerhin las er Voltaires Meisterwerk mindestens vier Mal.

Der Feldzug begann unter ungünstigen Vorzeichen. Laudon überraschte am 23. Juni La Motte Fouqué, dem Schlesien in Obhut gegeben war, und brachte ihm bei Landeshut eine schwere Niederlage bei. Die Bilanz war erschütternd: 2000 Tote und 8000 Gefangene, darunter auch La Motte Fouqué. Nur etwa 1000 Mann war es gelungen, diesem Unglück zu entkommen. Nach dieser neuen Schlappe war Schlesien schon wieder schwer bedroht. Am Abend der Schlacht gab es außer in einigen Garnisonen der Städte gewissermaßen überhaupt keine Preußen mehr. Die erste Maßnahme Friedrichs, der zu diesem Zeitpunkt in Sachsen Quartier bezogen hatte, war demzufolge, direkt auf Laudon zuzumarschieren und ihn zur Schlacht herauszufordern. Dennoch zögerte er nicht, auf der Stelle kehrtzumachen, als er vernahm, dass Graf Daun seine Quartiere in Böhmen verlassen hatte und sich seinerseits ebenfalls nach Schlesien wandte. Nun war es von vorrangiger Bedeutung, die Vereinigung der Daunschen Streitkräfte mit denen Laudons zu verhindern. Friedrich hatte zwar versucht, Dresden zurückzuerobern, wegen dessen Verlustes er wie auf glühenden Kohlen saß. Die Rückkehr Dauns zwang ihn jedoch, die Belagerung aufzuheben. Dies hatte zur Folge, dass die sächsische Hauptstadt bis zum Ende des Krieges in österreichischer Hand blieb.

Die Folgezeit sah eine perfekte Illustration des Bewegungskrieges mit seinem Hin und Her, für den das Jahrhundert zahlreiche Beispiele bietet. Daun setzte seinen Marsch auf Schlesien fort. Dasselbe tat auch Friedrich. Es kam sogar vor, dass die beiden Armeen parallel zueinander marschierten. Während Daun und Laudon sich bemühten, ihre Beute in die Zange zu nehmen, führte Friedrich Ausweichmanöver in Vollendung durch und schließlich behielt der Schwächere bei diesem Katz-und-Maus-Spiel die Oberhand. Gewiss kam ihm dabei der »glückliche Zufall« zu Hilfe. Denn die Russen hätten Friedrich in die Katastrophe stürzen können, wenn ihnen eine Vereinigung mit den Österreichern gelungen wäre. Der Koalitionskrieg hatte jedoch ein weiteres Mal seine Fallstricke gezeigt. Nachdem nämlich Saltykow die Oder überschritten hatte, als wolle er sich nach Schlesien wenden, zog er sich ohne erkennbaren Grund wieder auf das andere Ufer zurück.

Selbst ohne russische Hilfe hatten die 90 000 Österreicher die Möglichkeit, Friedrich einzukreisen, der ihnen lediglich 30 000 Mann entgegenstellen konnte. Daun und Laudon rechneten fest damit, ihm die Schlacht in einem selbst ausgewählten Gelände aufzwingen zu können. Wieder einmal sollte Friedrich aber seine Unterlegenheit durch Überraschungsangriffe und schnelle Truppenbewegungen ausgleichen. In der Nacht zum 14. August hatte er eine Höhe besetzt, die Liegnitz, etwa sechzig Kilometer westlich von Breslau, beherrschte. Aus dieser Stellung heraus beschoss seine Artillerie in den frühen Morgenstunden das Armeekorps von Laudon, der sich, ohne die Gefahr zu ahnen, im offenen Gelände auf dem Marsch befand. In weniger als zwei Stunden war die Sache erledigt. Die preußische Feuerkraft hatte 5000 Österreicher das Leben gekostet, und 2000 waren in Gefangenschaft geraten. Daun selbst war vom Angriff Friedrichs völlig überrascht worden. Möglicherweise hinderte ihn sein Naturell, das zu sorgfältig konstruierten Schlachtplänen neigte, an der erforderlichen schnellen Reaktion. Vielleicht fürchtete er aber auch, trotz der Siege von Kolin und Hochkirch, Friedrich unvorbereitet entgegenzutreten und dabei das Risiko einzugehen, der Unterlegene zu sein.

Die Schlacht von Liegnitz hat den Ausgang des Krieges gewiss nicht entschieden. Sie war nur der Anfang einer für Friedrich erfolgreicheren Phase des Krieges. Der König hatte immerhin an seine früheren Siege angeknüpft, was zu diesem Zeitpunkt keineswegs von geringer Bedeutung war. Die Zweifel von gestern hatten sich verflüchtigt. Sein neuer Erfolg hatte das Vertrauen in den Reihen der preußischen Truppen wieder hergestellt, und Friedrich fand auch erneut Zugang zu seinen Soldaten, für die er nun wieder der »Alte Fritz« war. Der Gewinn aus dieser Schlacht war aber nicht nur psychologischer Natur. Sie erlaubte Friedrich, die Kontrolle über den größten Teil Schlesiens wieder auszuüben. Allerdings war der Feldzug noch nicht zu Ende. Bevor es so weit war, sollten sich Österreicher und Preußen noch einmal eine Schlacht liefern, und zwar am 3. November bei Torgau, auf dem westlichen Ufer der Elbe, womit sich Friedrichs beachtlicher Reihe von Siegen ein weiterer hinzufügte.

Die Schlacht blieb allerdings über einen längeren Zeitraum unentschieden. Die ersten von Friedrich kommandierten Angriffe wurden zurückgeschlagen. Er selbst wurde in dem Durcheinander verwundet, worauf eine Auflösung der preußischen Schlachtreihen drohte. Der ebenfalls verwundete Graf Daun glaubte schon, seinen Sieg über die Preußen nach Wien melden zu können. Während er im Allgemeinen zu vorsichtigem Agieren neigte, hatte er diesmal den Fehler übereilten Handelns begangen. Nachdem die Preußen ganz knapp an der Niederlage vorbeigeschrammt waren, gelang es ihnen schließlich doch noch, das Blatt zu ihren Gunsten zu wenden. Inmitten des Chaos, das sich des Schlachtfeldes bemächtigt hatte, war Friedrichs Erfolg vor allem der Initiative zweier seiner Generäle zu verdanken. Gewiss, Friedrich hatte gesiegt, aber es war ein mühsamer Sieg, der hohe Opfer kostete. Allein an diesem Tag verlor er mit 17 000 Mann kaum weniger als die Österreicher.

Wieder einmal hatte der Feldzug keinen deutlichen Sieger hervorgebracht. Von wenigen Ausnahmen abgesehen, waren die Krieg führenden Mächte wieder in ihre Ausgangspositionen zurückgekehrt. Zwar unternahmen Österreicher und Russen im Oktober erneut einen siegreichen Vorstoß nach Berlin und zwangen die allzu schwache Garnison zur Kapitulation. Sie erlegten der Bevölkerung eine Kontribution in Höhe von zwei Millionen Taler auf, zerstörten die Kanonengießereien und verübten Plünderungen in der Stadt und ihrer Umgebung. Schloss Charlottenburg mit seinen Tapisserien und Gemälden litt besonders unter der Soldateska. Ebenso wurde die Sammlung antiker Statuen, Friedrichs besonderer Stolz, schwer beschädigt. Diese Episode blieb jedoch ohne Einfluss auf den allgemeinen Kriegsverlauf. Wie schon 1758 konnten sich Österreicher und Russen in Berlin nur kurze Zeit halten.

Die Ruine der 1760 von Friedrichs Artillerie zerschossenen Dresdener Kreuzkirche. Gemälde von Bernardo Bellotto.

Das Erstaunlichste bei allem war jedoch, dass Preußen noch immer standhielt. Von Jahr zu Jahr waren seine Ressourcen dahingeschmolzen. Der von Feldzug zu Feldzug immer weiter eingeschnürte Raum führte dazu, dass sich der Krieg innerhalb eines engen Terrains zwischen Elbe und Oder abspielte, das zunehmend einer belagerten Festung glich. Unter dieser Bedingung konnte nicht einmal ein Gedanke daran verschwendet werden, große Offensiven zu starten, wie zu Anfang des Krieges. Zur Defensive verurteilt, sah sich Friedrich im Gegenteil dazu gezwungen, lediglich die Abdichtung der Breschen vorzunehmen, die der Feind in die preußischen Verteidigungslinien geschlagen hatte. Am Ende des vorherigen Feldzuges noch hatte er seinem Kabinettsminister Karl Wilhelm Graf Finck von Finckenstein angekündigt: »Es ist mir unmöglich, im kommenden Jahr dem Angriff von so vielen Feinden standzuhalten.«[314] Es war ihm dennoch geglückt. Am Ende des Jahres 1760 jedoch hätte er sich wieder genauso äußern können. Im Übrigen ist es ihm nicht gelungen, sich von den finsteren Gedanken zu lösen, die ihn seit mehr als einem Jahr unaufhörlich heimsuchten. Sah er sich doch selbst als »ein armer Teufel, der zehn Mal täglich seine verhängnisvolle Existenz verflucht und der am liebsten schon an einem Ort wäre, von dem niemand zurückkommt, um von ihm zu berichten.«[315]

Das zweite Wunder des Hauses Brandenburg

Obwohl es nicht den Anschein hatte, ging es den Feinden Friedrichs kaum besser. Insbesondere Österreich war von einer schweren Finanzkrise betroffen, weil seit Anfang des Krieges das Staatsdefizit angestiegen war, und zwar von 49 Millionen auf 136 Millionen Gulden. Maria Theresia hatte lange Zeit gehofft, Preußen in die Knie zwingen zu können, bevor sie schmerzhafte Eingriffe ins Budget vornahm. Trotz des Widerspruchs ihrer Generäle und auch von Franz Stephan entschloss sie sich nun unter dem Druck der Notwendigkeit zu drastischen Sparmaßnahmen. Um die Militärausgaben zu begrenzen, sollte die Größe der Regimenter reduziert werden, was der Offensivkraft der Armee nicht gerade zugute kam. In Hinblick auf Frankreich stellte sich die Frage, ob es nach seinen Niederlagen sowohl in Kanada als auch in Indien, wo 1761 Pondicherry an der Koromandelküste verloren gegangen war, nicht ins Wanken geraten könnte. Nach so vielen enttäuschenden Fehlschlägen musste Maria Theresia nach dem Sinn fragen, den für sie eine Fortsetzung dieses Krieges noch hatte, immer mit dem Risiko verbunden, sich in eine noch tiefere Krise zu verstricken.

Das Gefühl der Erschöpfung sollte die französische Diplomatie dazu veranlassen, sich gegenüber den Friedensangeboten, die das englische Kabinett aus der Position der Stärke präsentierte, als empfänglich zu erweisen. Nun, als das Ziel erreicht war, den Rivalen zu schwächen, sah England keinen Grund mehr für ein militärisches Engagement, das ihm genauso wie den anderen Krieg führenden Mächten beachtliche finanzielle Opfer abverlangt hatte. Selbst wenn England und Frankreich versucht gewesen wären, einen Separatfrieden auszuhandeln, so konnten sie doch nicht ihre Verbündeten übergehen. Im Übrigen hätten diese, wenn man über ihre Köpfe hinweg entschieden hätte, ihre Empörung darüber lautstark zu Gehör gebracht. Trotz der finanziellen Schwierigkeiten Österreichs standen Maria Theresia und Kaunitz weniger unter Druck, Frieden schließen zu müssen, als ihr französischer Verbündeter – zumindest glaubten sie das aus ihrer Sicht. Nach ihren Vorstellungen sollten die jeweils erlangten territorialen militärischen Positionen in diesem Frieden festgeschrieben werden. Wenn Österreich schon nicht ganz Schlesien wiedererlangen konnte, dann sollte doch eine Formel gefunden werden, die den Habsburgern wenigstens einen Teil des Landes sicherte. Auf der anderen Seite sollte Ostpreußen im Besitz von Russland bleiben. Diese Garantie hatte Österreich noch 1760 im letzten Vertrag zwischen den beiden Monarchien gegeben.

So sehr Friedrich sich auch wünschte, den Krieg für Preußen zu beenden, wollte er doch keinesfalls einen Frieden um diesen Preis. Davon war er weit entfernt. Schon Ende 1759 hatte er seine Vorstellungen von einem künftigen Friedensschluss erläutert. Dazu bedürfte es »Balsam auf die Wunden«, worunter er territoriale Entschädigungen für die in diesem Krieg entstandenen materiellen Schäden verstand.[316] Und daher sah er sich auch als künftiger Besitzer der Niederlausitz und Ostpreußens. Er gab sich allerdings kaum irgendwelchen Illusionen hin. Angesichts der Lage an den verschiedenen Fronten schien es höchst unwahrscheinlich, dass Österreicher und Russen auf dieser Ebene verständigungsbereit wären. Für Friedrich indes kam keine andere Rückzugslinie in Betracht, als die Wiederherstellung des *status quo ante bellum*. Darauf allerdings beharrte er, und dahinter wollte er in keinem Fall zurückweichen.

An zweiter Stelle stand für Friedrich die kategorische Ablehnung eines jeden Gedankens an einen Separatfrieden. Er machte zu seiner Richtschnur, dass, gemäß der während des Krieges getroffenen Übereinkunft, England und Preußen Seite an Seite und aus einer gemeinsamer Position heraus mit den gegnerischen Koalitionsmächten verhandeln sollten. Es fällt nicht schwer, hinter dieser Erwartungshaltung die Befürchtung zu vermuten, dass das britische Kabinett seine eigenen Wege gehen wollte. Dies umso mehr, als es den Standpunkt einnehmen könnte, dass nun, da England den Zweikampf mit Frankreich in den Kolonien und auf den Meeren gewonnen hatte, die Hilfe Preußens nicht mehr im gleichen Umfang gebraucht würde. Dazu trat die Ungewissheit hinsichtlich des personellen Wechsels an der Spitze der Macht.

Ende Oktober ereilte Georg II. der Tod. Obwohl die Beziehungen zu dem Verstorbenen kaum jemals von Herzlichkeit geprägt waren, kannte man sich doch gegenseitig. Außerdem hat ihm Friedrich nichts vorzuwerfen gehabt, weder hinsichtlich der in diesem Konflikt eingenommenen Positionen noch hinsichtlich seiner Absichten. Georgs Unterstützung war ihm, insbesondere unter Premierminister Pitt, dem heißen Verfechter des Kampfes gegen Frankreich, niemals versagt geblieben. Wie würde es damit nun der Nachfolger Georg III. halten? Der Aufstieg von Lord Bute war geeignet, eine Antwort auf diese Frage zu geben. Der schottische Aristokrat, Anhänger des Friedens, ja selbst eines Separatfriedens mit Frankreich, wurde zunächst zum Außenminister ernannt und erlangte schließlich die Oberhand über Pitt, der im August 1761 abdankte. Die Umstände seines Rücktritts enthüllten die neuen englischen Prioritäten. Pitt trat ab, weil es ihm nicht gelungen war, das Kabinett von einem Krieg mit Spanien zu überzeugen, das im Begriff war, einen Familienpakt mit Frankreich zu schließen. Bleibt hinzuzufügen, dass Friedrich die lebhafteste Antipathie gegenüber dem neuen starken Mann der englischen Politik empfand. Schon zu Beginn des Jahres 1761 verbarg er keineswegs seine Gefühle, die er der Herzogin von Sachsen-Gotha in einem Brief anvertraute: »Ich gestehe Ihnen, Madame, dass ich diesem Monsieur Bute ein Herz aus Eisen und ein Innerstes aus Erz zuschreibe. Eher flösse die Donau aufwärts und schmölzen die Felsen Thüringens, als dass er seine Gefühle ändern würde.«[317]

Der englische Wachwechsel sollte ernsthafte Konsequenzen nach sich ziehen. Preußen hatte seine Kriegsanstrengungen lediglich dank der Subsidien Englands, die sich auf 700 000 Pfund pro Jahr beliefen, finanzieren können. Was, wenn diese Zahlungen reduziert oder gar eingestellt würden? Diese Befürchtung quälte Friedrich, der genau wusste, dass man ihn dann an der Gurgel fassen würde. Schließlich fürchtete er im Fall des Ausscheidens Englands, was er ja nun in seine Überlegungen mit einbeziehen musste, die Last des Krieges allein tragen zu müssen. Das Kräfteverhältnis wäre dann völlig unausgeglichen, und ihm bliebe nicht die geringste Chance übrig.

Friedrich hatte umso mehr Grund zur Unruhe, als das Ergebnis des neuen Feldzuges für die Preußen enttäuschend war. Er hatte keine Schlacht mehr geschlagen, die mit denen der vorausgehenden Jahre vergleichbar gewesen wäre. Der königliche Feldherr war genötigt, eine wohlüberlegte und

Elisabeth, Zarin aller Reußen.
Zeitgenössisches Gemälde.

vorsichtige Strategie zu verfolgen. Nachdem die Österreicher unter Laudon und die Russen unter Buturlin die Vereinigung ihrer Truppenkontingente vollzogen hatten, durfte er sich nicht auf einen riskanten Zusammenstoß mit ihnen einlassen. Er verschanzte sich daher in einem bis zur Uneinnehmbarkeit befestigten Lager und entmutigte sie auf diese Weise, ihn anzugreifen. Friedrich hatte sich damit einer Einkreisung entzogen, die für ihn einen fatalen Ausgang hätte nehmen können. In dieser Zeit gingen ihm jedoch zwei wichtige Festungsstädte verloren. In Schlesien hatte sich Laudon der Stadt Schweidnitz bemächtigt, und im Norden war Kolberg nach langer Belagerung in die Hände der Russen gefallen. Diese Verluste waren sicher nicht kriegsentscheidend, zeigten aber die für Preußen ungünstige Entwicklung. Durch eine Defensivhaltung gelähmt, war es Friedrich unmöglich geworden, Initiativen zu entwickeln. Seine Mittel waren in einem solchen Maße zusammengeschmolzen, dass Preußen am Ende des sechsten Kriegsjahres am Rande der Erschöpfung angelangt zu sein schien. Seine Gegner waren zwar kaum in besserer Verfassung, was aber lediglich dazu führen konnte, die Niederlage hinauszuschieben, aber gewiss nicht dazu, ihr auf Dauer zu entgehen. Friedrich hatte jedoch gelernt, den Zufall ins Kalkül zu ziehen, der schon einmal seine Hand im Spiel gehabt hatte und einer als völlig hoffnungslos angesehenen Situation eine Wendung gab. Bis zum letzten Augenblick hielt er Ausschau nach einem solchen Zeichen. Und genau zu diesem Zeitpunkt geriet die Geschichte aus ihrem scheinbar vorbestimmten Gleis.

Die Rettung kam aus dem Osten, als am 5. Januar 1762 Zarin Elisabeth an einer Krankheit starb. Mit ihr starb auch ein Mitglied des »teuflischen Triumvirats« jener drei Frauen, die sich nach Friedrichs fester Überzeugung den Untergang Preußens geschworen hatten. Friedrich machte erst gar keine Anstalten, die Komödie der herkömmlichen Trauerbekundungen mitzuspielen. Ohne den geringsten Respekt vor der Verblichenen gab er, der nur selten bereit war, Beleidigungen zu verzeihen, seiner unverhohlenen Freude beredten Ausdruck: »Die Messalina des Nordens ist tot.« Und fügte dem in noch ungeschminkterer Weise hinzu: »*Morta la bestia! –* Die Bestie ist tot!«[318] Der Schluss lag nahe, dass mit dem Tod der Zarin der Krieg eine gänzlich neue Wendung erfahren hatte. In all diesen Jahren hatte Elisabeth kein Geheimnis aus dem wichtigsten Motiv ihres Handelns gemacht. Sie war aus Hass auf Friedrich in den Krieg eingetreten, und derselbe Hass hatte sie dazu getrieben, die Waffen erst niederzulegen, wenn sie ihre Ziele erreicht hätte. Würde ihr Tod nicht die Karten neu verteilen? Die Persönlichkeit ihres Erben, Peters III., rechtfertigte diese Frage.

Da die von Zar Peter dem Großen eingeführte Thronfolgeordnung ihr das entsprechende Recht zuerkannte, hatte Elisabeth kurz nach der Thronbesteigung ihren Nachfolger designiert. Die Wahl war auf ihren Neffen Peter gefallen, den Herzog von Holstein-Gottorf, den Sohn ihrer verstorbenen Schwester Anna Petrowna. Es war noch schwierig, sich ein Bild von diesem Jungen zu machen, denn er war damals noch nicht einmal in der Pubertät. Friedrich, der anfangs versucht hatte, gute Beziehungen zu Elisabeth zu pflegen, hatte bei einer wichtigen Entscheidung, die den jungen Thronerben betraf, seine Hand im Spiel gehabt. Hierbei ging es um die Verehelichung Peters, oder anders gesagt, um die Auswahl seiner künftigen Gattin. Friedrich hatte für eine Kusine Peters, die junge Sophie von Anhalt-Zerbst, plädiert. Seine Fürsprache war nicht ohne Einfluss auf den Erfolg der von ihm protegierten Heiratskandidatin. Elisabeth, die vom Charme dieser deutschen Prinzessin eingenommen war, hatte der Partie ihren Segen gegeben. Es war lediglich vonnöten, dass die Verlobte ihre Identität an die neuen Verhältnisse anpasste. In ihrer neuen russischen Heimat nahm sie daher den Vornamen Katharina an. Als im Jahre 1744 Hochzeit gefeiert wurde, war Peter erst fünfzehn Jahre alt und Katharina um ein Jahr jünger. Friedrich hatte die Hoffnung, einmal Nutzen aus dieser Heirat zu ziehen. Er rechnete damit, dass sich die Zarewna eines Tages nicht als undankbar erweisen werde, da sie doch ihre Position zum Teil ihm verdankte. Auch wenn sie nicht selbst regieren würde, so konnte sie ihren Einfluss im Sinne der preußischen Interessen doch bei ihrem Gatten zur Geltung bringen.

Prinzessin Katharina hatte schnell Grund, von ihrem Gatten enttäuscht zu sein. Peter erwies sich als langweiliger und störrischer Ehemann, und Katharina sah sich bald nach jemand anderem um. Sie brachte einen Sohn zur Welt, auf dessen Vaterschaft ein streng gehütetes Geheimnis lastete. Das war aber für Zarin Elisabeth möglicherweise noch nicht einmal das Schlimmste an der ganzen Angelegenheit. Ihrem Neffen Peter schien es nicht nur an geistigen Gaben zu fehlen; er entwickelte auch eine nahezu grenzenlose Bewunderung für Friedrich und Preußen. Und dies, obwohl sich Elisabeth längst geschworen hatte, beide zu vernichten. Peter betrieb die Nachahmung bis zur Karikatur. Nach Art des Soldatenkönigs kommandierte er eine Grenadiereinheit, die sorgfältig ausgesucht war, und ließ sie exerzieren wie perfekte Automaten.

Dieser den Interessen Friedrichs ergebene Prinz bestieg nun als Nachfolger seiner Tante den russischen Thron. Es dauerte nicht lange, bis sich herausstellte, dass aus der Logik dieses Wechsels die Umkehrung der Allianzen folgte. Der neue Zar hatte im März zunächst einmal einen Waffenstillstand und später, im Mai 1762, einen Friedensvertrag mit Friedrich geschlossen. Dieser sah insbesondere die Rückkehr zum *status quo ante bellum* vor, was konkret bedeutete, dass Ostpreußen von Russland wieder an seinen legitimen Besitzer zurückgegeben wurde. Am 1. Juni folgte dem Friedensvertrag ein weiterer Schritt mit dem Abschluss eines Bündnisvertrages, durch den sich Russland verpflichtete, Friedrich ein Truppenkontingent zur Verfügung zu stellen, das in Schlesien stationiert werden sollte. Die Preußen sollten sich somit auf diese Front konzentrieren können, zumal die Schweden diesen Moment wählten, um sich ebenfalls aus dem Krieg zurückzuziehen; eine Entscheidung, die ganz offensichtlich nicht ohne Bezug zur neuen russischen Politik war.

Zweifelsohne war Friedrich über diese neue Entwicklung höchlichst erfreut und Maria Theresia in gleichem Maße bestürzt. Sie fand gar keine Worte, die hart genug gewesen wären, die »zwei Ungeheuer« zu brandmarken, die ihr von nun an gegenüberstehen sollten. Die Ereignisse überstürzten sich jedoch. Nun, da Maria Theresia nach der Umkehrung der Bündnisse das Schlimmste fürchten musste, wurde sie ihrerseits von einem bühnenreifen Coup gerettet. Der von Peter III. und seinen preußenfreundlichen Ratgebern verordnete Kurswechsel hatte eine starke oppositionelle Strömung sowohl am Hof als auch in der Armee hervorgerufen. Wenn er sich darauf beschränkt hätte, Frieden mit Preußen zu schließen, hätte er auf breite

Unterstützung zählen können. Mit seinem Bündnis überschritt er jedoch jegliches Maß. Der eigenwillige junge Zar hatte sich an seinem eigenen Hof fast völlig isoliert und fiel einer Verschwörung zum Opfer. Mit Zustimmung Katharinas traten die Gegner der neuen Politik am 12. Juli 1762 in Aktion. Die Verschwörer stürzten und inhaftierten den Zaren, der bald danach ermordet wurde, und erhoben Katharina auf den Thron.

Für Preußen konnte diese Palastrevolution äußerst schwerwiegende Folgen haben, und es besteht kein Zweifel, dass Friedrich durch die Nachricht von der Absetzung des Zaren beunruhigt war. Und die Befürchtungen wurden schnell zur Gewissheit. Kaum hatte Katharina die Macht übernommen, erklärte sie eilends den Bündnisvertrag mit Preußen für ungültig. Darüber hinaus zeigte sie aber kein Interesse, den zwei Monate zuvor unterzeichneten Friedensvertrag ebenfalls aufzuheben. Angesichts der Erschöpfung und Kriegsmüdigkeit Russlands war es nicht ratsam, die Waffen erneut zu ergreifen. Vielmehr musste dem Wiederaufbau des Landes Priorität eingeräumt werden. Der Sturz Peters III. beraubte Friedrich der Unterstützung eines russischen Kontingentes, das ihm bei seiner Auseinandersetzung mit Österreich von großem Nutzen hätte sein können. Von nicht geringerer Bedeutung war allerdings die Bestätigung des Friedensvertrages. Der daraus hervorgehende Vorteil erwies sich für Friedrich als nicht unbedeutend, zudem bot er das Modell für einen Friedensschluss ohne Sieger und Besiegte, den Friedrich im Augenblick für erstrebenswert hielt. Als es zu Verhandlungen mit Österreich kam, unterließ er es nicht, sich auf den Friedensvertrag von Dresden aus dem Jahre 1745 zu beziehen.

Diese Zeit der diplomatischen Umtriebigkeit brachte jedoch ein Problem mit sich. Im April 1762 hatte Lord Bute in der Tat den Entschluss gefasst, die Subsidienzahlungen an Preußen einzustellen. Diese Maßnahme konnte niemanden mehr überraschen. Sie muss im Gegenteil als Letzter Schritt einer zunehmenden Verschlechterung der Beziehungen zwischen den beiden Monarchien gesehen werden. Seit Lord Bute die Zügel ergriffen hatte, war England fest entschlossen, sich aus dem Krieg zurückzuziehen. Den Briten war das Bündnis mit Preußen zur Last geworden. Demzufolge war auch Friedrich seinerseits nicht länger bereit, die mit England vereinbarten Bedingungen einzuhalten. Es musste folglich Druck auf ihn ausgeübt werden, um ihn fügsam zu machen.

Zu diesem Zweck hatten die Engländer wieder Kontakte zur österreichischen Diplomatie geknüpft und ihrem Verhandlungspartner zu verstehen gegeben, dass sie die starre Haltung Preußens in der Schlesienfrage nicht länger mehr teilten. So geheim diese Verhandlungen auch hätten sein sollten, Friedrich hatte doch Wind davon bekommen. Das änderte jedoch nichts an seiner Haltung. Ebenso zeigte sich das Londoner Kabinett über die zwischen Preußen und Russland zustande gekommene Annäherung irritiert. Nach dem Friedensschluss mit Peter III. bestand die Gefahr, dass Friedrich, falls er in ihm einen Verbündeten finden sollte, noch schwerer zu steuern wäre. Mit der Aussetzung der Subsidien war eine weitere Stufe der Eskalation eingetreten. Bei diesem Tauziehen wurde dies zur *ultima ratio.* Die Rechnung war einfach: Friedrich dürfte, wenn er kein finanzielles Manna mehr erhielte, keine andere Wahl haben, als nachzugeben. Es hieße jedoch Friedrich schlecht zu kennen, wenn man sich vorstellte, dass er darauf eingehen würde, gegen vitale Interessen Preußens zu handeln. Es braucht wohl nicht eigens erwähnt zu werden, dass Friedrichs Animosität gegen Lord Bute unablässig anwuchs. Er ließ keine Gelegenheit aus, seiner Erbitterung über den Premierminister Luft zu machen, dem er die Verantwortung für den neuen Kurs der englischen Politik anlastete. So widerstand er nicht der Versuchung, mit dem Namen »Bute« ein galliges Wortspiel zu treiben, indem er ihn »*Butor*«, d. h. »Tölpel«, nannte.

Friedrich war umso weniger geneigt, den englischen Anweisungen Folge zu leisten, als sich die militärische Lage an den Fronten stabilisiert hatte und sich sogar zu seinen Gunsten entwickelte. Gewiss, der Krieg zog sich hin und im Laufe des Feldzuges von 1762 kam es zu keiner größeren Schlacht. Im Juli jedoch fügte Friedrich den Österreichern eine Niederlage bei, die Graf Daun zu Rückzugsgefechten nötigte. Schweidnitz fiel, nachdem es von den Österreichern im Oktober aufgegeben worden war, als Prinz Heinrich sie bei Freiberg besiegte. Wie begrenzt diese militärischen Unternehmungen auch immer waren, so bewiesen sie doch die immer noch ungebrochene Schlagkraft Preußens. Denn das Ausscheiden Russlands hatte Friedrich ermöglicht, wieder die Initiative zu ergreifen. Wie konnten die in die Defensive gedrängten, allein auf ihre eigene Kraft angewiesenen und reichlich erschöpften Österreicher denn noch glauben, unter diesen Bedingungen wieder die Oberhand zu erlangen? Seit diese Hoffnung entschwunden war, verlor die Fortsetzung des Kampfes ihren Sinn. So schmerzlich es für Maria Theresia auch gewesen sein mochte, sie musste diese bittere Pille schlucken.

Der Friede

Ohne Rücksicht auf derartige schmerzliche Gefühle nahm es Maria Theresia auf sich, die Eröffnung von Friedensgesprächen vorzuschlagen. Schon in der Vergangenheit waren auf verschiedenen Wegen vorbereitende Kontakte geknüpft worden, ohne dass diese jemals zu greifbaren Ergebnissen geführt hätten. Dieses Mal jedoch waren die beiden Parteien unter dem Zwang der

Umstände entschlossen, zu einem Vertragsabschluss zu kommen. Im Übrigen waren sie sich darüber im Klaren, dass Engländer und Franzosen ihnen vorgegriffen hatten und, ohne Rücksicht auf ihre Bündnispartner, bereits Verhandlungen miteinander aufgenommen hatten. Ähnlich wie Lord Bute gegenüber Preußen, hatte auch der Herzog von Choiseul keine Bedenken, die österreichischen Beschwerden mit finanziellen Argumenten zum Schweigen zu bringen. Er hatte kurz und bündig erklärt: »La Cour de Vienne devrait comprendre que les alliés subsidiaires étaient tenus, à la paix, de suivre l'influence des alliés qui paient. – Der Wiener Hof sollte verstehen, dass die mit Subsidien bedachten Bündnispartner gehalten sind, beim Friedensschluss der Autorität derjenigen Folge zu leisten, die sie bezahlen.«[319]

Zwischen Engländern und Franzosen war das Stadium des bloßen Gedankenaustausches längst vorüber. Am 3. November wurde in Fontainebleau ein Präliminarfriede geschlossen. Dessen Bestimmungen fanden am 12. Februar 1763 ihre Bestätigung im Frieden von Paris, der den Krieg zwischen den beiden Monarchien formal beendete. Darin wurden die Konsequenzen der außerhalb Europas erlittenen Niederlage Frankreichs festgeschrieben. Frankreich anerkannte die Abtretung Kanadas, nach Voltaire ein paar »schneebedeckte Hektar Landes«, an England. Von seinen indischen Besitzungen durfte Frankreich lediglich die fünf Kontore behalten, die bis 1956 jeder französische Schüler aufzuzählen im Stande sein musste. Das Duell um die koloniale und maritime Vorherrschaft war damit entschieden.

Friedrich konnte sich darüber genauso wenig hinwegtäuschen wie Maria Theresia. Der Präliminarfrieden von Fontainebleau stellte sie nicht nur vor vollendete Tatsachen, sondern gab beiden auch zu verstehen, dass, wenn sie ihren Kampf fortsetzen wollten, sie das allein tun müssten. Friedrich hatte mit dieser Wendung nicht gerechnet. Zwar schwelte die Krise zwischen England und Preußen schon seit mehr als einem Jahr, und der mit der Abdankung Pitts aufgetretene Riss hatte sich stetig vertieft. Aber dieses Ergebnis war die Besiegelung des vorangegangenen Bruches. Friedrich, der sich seinen Verbündeten gegenüber selbst nicht immer sehr rücksichtsvoll gezeigt hatte, sah sich von England verraten und sollte das niemals verzeihen.

Die Bevollmächtigten der beiden Verhandlungsparteien versammelten sich auf Schloss Hubertusburg, einer Sommerresidenz des sächsischen Kurfürsten, und sie versäumten keine Zeit. Maria Theresia versuchte zwar, sich die Grafschaft Glatz zu sichern, die ihre Truppen noch immer besetzt hielten. Angesichts der Weigerung Friedrichs gab sie jedoch ihre Ansprüche auf. Friedrich hingegen hätte sich gewiss gewünscht, seine Territorien um einen Teil Sachsens, wenn nicht gar um das ganze Kurfürstentum zu vergrößern. Hätte er diese Forderungen jedoch konsequent verfolgt, wären Maria Theresia eben dieselben Argumente an die Hand gegeben worden, um im Fall schlesischer Gebiete keine Zugeständnisse zu machen. Unter diesen Bedingungen eröffnete die Rückkehr zum *status quo ante bellum*, also zu den Verhältnissen vor Beginn des Siebenjährigen Krieges, die einzige Grundlage, auf der eine Übereinkunft möglich war. Diese fanden auch in dem am 15. Februar 1763 abgeschlossenen Friedensvertrag von Hubertusburg ihren Niederschlag. Mit Abschluss des Friedensvertrages sollten beide Krieg führenden Mächte die von ihnen besetzten Territorien räumen und sie ihrem legitimen Besitzer zurückgeben.

Preußen ging im Zustand der Erschöpfung aus dem Krieg hervor. Im Laufe dieser sieben Jahre hatte es einen Aderlass erlitten, der im damaligen Europa nicht seinesgleichen fand, nämlich über 180 000 Tote, also mehr als ein Drittel aller Verluste, welche die Gesamtheit der Krieg führenden Mächte zu verzeichnen hatte. Als eine weitere Folge dieses Krieges war ein erheblicher Bevölkerungsrückgang zu verzeichnen, der auf ungefähr 500 000 Menschen im gesamten Königreich geschätzt wird. Diese Liste muss durch materielle Verluste ergänzt werden. Unzählige Gebäude waren zerstört. Wie das erwähnte Küstrin haben zahlreiche Städte unter Belagerung und Plünderung schwer gelitten. Auch wenn das Los von Berlin nicht das schlimmste war, so blieb doch auch die Hauptstadt davon nicht ausgenommen. Allgemein war die Wirtschaft Preußens in einem traurigen Zustand. Auf Städten und Domänen lastete eine schwere Verschuldung. Sie hatten ein starkes Anwachsen der Steuerlast tragen müssen, und einige unter ihnen hatten Konfiskationen und Kontributionen als Folge feindlicher Besetzung zu leisten gehabt.

Dies stellt jedoch lediglich einen Ausschnitt der Bilanz dar. Während sich für den Krieg in Übersee ein klarer Sieger benennen ließ, war das in Deutschland nicht der Fall. Kann man von einem Krieg, der mit einem Unentschieden geendet hatte, von einem Sieger nach Punkten sprechen? Die Antwort darauf muss in Hinblick auf die Kriegsziele der Mächte gegeben werden. Gewiss, Friedrich hatte zwar keine neuen Gebiete erobert, aber dafür einer Koalition getrotzt, die nach sachlicher Erwägung seinen Widerstand schließlich hätte brechen müssen. Seine Feinde waren mit ihrem Plan gescheitert, Preußen zu zerschlagen. Maria Theresia ist es auch nicht gelungen, Schlesien zurückzugewinnen, obwohl das ihr vorrangiges Kriegsziel gewesen war.

Mit anderen Worten, Friedrich hatte die Erwerbungen der vorangegangenen Kriege gesichert. Nach der Eroberung Schlesiens nämlich hatten viele den Aufstieg Preußens in der Hierarchie der Staaten nicht zulassen wollen. Alles zusammengenommen wurde diese Annexion lediglich als eine vorübergehende Erscheinung gesehen. Was in dem einen Krieg gewonnen worden war, konnte in einem anderen verloren gehen, und Preußen hätte dann unverzüglich wieder ins zweite Glied zurücktreten müssen. Der Gang der Ereignisse hat diese Berechnungen jedoch Lügen gestraft. Der Hohenzollernstaat erreichte vielleicht noch nicht den gleichen Grad an Macht wie die Habsburgermonarchie. Angesichts der Tatsache jedoch, dass es Friedrich gelungen war, Schlesien trotz der überwältigenden zahlenmäßigen Übermacht gegen seine Feinde zu halten, ging er als Sieger aus dem Zweikampf mit seiner großen Rivalin hervor. Der Aufstieg Preußens war von nun an nicht mehr einfach als »Unfall« der Geschichte zu bewerten. Der Dualismus entfaltete sich voll und ganz in der deutschen politischen Wirklichkeit. Von nun an sollte sich Preußen zum Gegenpol Österreichs aufschwingen. Und darüber hinaus beanspruchte es einen Platz als voll berechtigtes Mitglied im System der fünf Mächte, um welches sich das europäische Konzert gruppieren sollte.

Es ist nicht sicher, ob Friedrich, als er aus Sachsen nach Berlin zurückkehrte, sich mit diesen der Zukunft zugewandten Gedanken trug. Nach manchen seiner damaligen Äußerungen war er viel mehr von der Sinnlosigkeit des Lebens bewegt. Dies zeigt seine Antwort auf die Frage eines seiner Adjutanten, ob der Tag des Friedensschlusses nicht der schönste Tag in seinem Leben gewesen sei. Friedrich befand: »Der schönste Tag des Lebens ist derjenige, an dem man es verlässt.« Während der sieben Kriegsjahre war er Zeuge allzu vieler schrecklicher Dinge geworden, als dass er davon nicht wie mit glühendem Eisen gebrandmarkt gewesen wäre. Und obwohl der Konflikt für ihn erfolgreich ausgegangen war, wog Friedrich doch zunächst die Verluste ab. Als er bei seiner Heimkehr das Königreich durchquerte, war er vom Ausmaß der Verwüstungen tief getroffen. Er hatte auch einen Umweg eingeschlagen, um das Schlachtfeld von Kunersdorf wiederzusehen, wo er beinahe sein Leben geendet und Preußen seinen Untergang gefunden hätte. Wie sollte ihm auch nicht all die Leere gegenwärtig geworden sein, die um ihn herum während der letzten Jahre entstanden war? Das Gesicht seiner Mutter und vor allem das seiner geliebten Wilhelmine, die noch einmal wiederzusehen ihm nicht vergönnt war, mögen ihm in Erinnerung gekommen sein. Von seinen früheren Freunden war ihm nur der Graf d'Argens geblieben, der ihn in Berlin erwartete, sowie La Motte Fouqué. Algarotti war krank und verbrachte sein Leben fern von Deutschland. Andere, die ihm nahe standen, vor allem seine Generäle, hatten einen hohen Blutzoll entrichten müssen. Fünfunddreißig von ihnen waren im Felde gefallen. Es war überhaupt der preußische Landadel, dem ein großer Aderlass abverlangt worden war. Die Kleists hatten an die sechzig der Ihren verloren, die Münchows vierzehn, die

Geschlechter der Arnim, Krosigk, Schulenburg, Seydlitz und Sydow sieben oder acht.

Obwohl Friedrich hundertmal im Felde hätte getötet werden können, hatte ihn das Schicksal verschont. Von vielen Erschütterungen und Unglücksfällen erschöpft, war er inzwischen stark gealtert. Mit einundfünfzig Jahren schon hatte er die Züge des »Alten Fritz« angenommen, die sein Bild bei der Nachwelt geprägt haben. Er selbst zögerte nicht, diese Veränderungen zu betonen, so als wolle er diejenigen, die ihn seit sieben Jahren nicht mehr gesehen hatten, auf das Bild eines Gealterten und Verfallenen vorbereiten. So schrieb er an Madame de Camas: »Was mich anbetrifft, so werden Sie mich gealtert und geradezu als geschwätzigen Greis antreffen, grau wie meine Esel, als jemand, der täglich einen Zahn verliert und wegen seiner Gicht hinkt.«[320]

Angesichts der großen Opfer war Friedrich nicht nach einer Siegesfeier zumute. Und als ihn eine Menge von 50 000 Berlinern am 30. März erwartete, um seinen Einzug zu bejubeln, zog es der König vor, bei Nacht und unauffällig in seine Hauptstadt zurückzukehren, um sich der ausgelassenen Freude der Bevölkerung zu entziehen. Einsam begann er in seiner Rolle als Erster Diener des Staates schon am darauf folgenden Tag mit dem Wiederaufbau des Königreiches.

Fünfter Teil
Die späten Jahre

Fünfzehntes Kapitel
Der Wiederaufbau

Das Ende des Krieges eröffnete eine neue Phase, im Leben Friedrichs wie in der Geschichte des Königreiches Preußen. Der Krieg in seiner Heftigkeit und langen Dauer hatte auch dem König und seiner äußeren Gestalt sein Gepräge verliehen. Friedrich hatte diese sieben Jahre, in denen er sich fast ausschließlich mit Krieg und Diplomatie befasst hatte, größtenteils bei seiner Armee verbracht und war der Hauptstadt zumeist fern geblieben. Aber das Berliner Leben hatte deswegen keineswegs stillgestanden. Von nun an fühlte sich der König in dieser Stadt, die er vor sieben Jahren verlassen hatte, wie ein Fremder. Wie er seiner Schwester Ulrike schrieb, waren ihm nur noch ihre Mauern vertraut. Für den Staat hatte der Krieg ebenfalls einen Einschnitt bewirkt, der auf Grund der langen Dauer umso größere Ausmaße annahm. Die wichtigste Aufgabe Friedrichs lag darin, die katastrophalen Zustände zu beseitigen. Höchste Priorität musste dabei dem Wiederaufbau eingeräumt werden. Es ging hier jedoch um einiges mehr als um den Wiederaufbau zerstörter Häuser. Wegen der Länge dieses Konfliktes waren viele Angelegenheiten aufgeschoben und große Vorhaben ausgesetzt worden. Ämter und Behörden waren mit den Erfordernissen des Krieges vollauf beschäftigt gewesen. Sie mussten nun wieder an ihre eigentlichen Aufgaben herangeführt werden und sich um Dinge kümmern, die zurückgestellt worden waren. Kurzum, sie mussten den Versuch unternehmen, das Versäumte aufzuholen, und in diesen Dingen zählte die Zeit doppelt.

Diese Nachkriegszeit sollte sich von den Jahren unterscheiden, die auf die ersten Schlesischen Kriege gefolgt waren und die Friedrich genutzt hatte, um Reformen und zahlreiche andere Vorhaben in Angriff zu nehmen. Aber die Drohung, dass die Feindseligkeiten wieder aufflammen könnten, wirkte damals wie ein Damoklesschwert. Es war nur allzu offensichtlich, dass sich Maria Theresia mit dem Verlust Schlesiens nicht abgefunden hatte. Daher trugen diese Jahre den Charakter der Ruhe vor einem neuen Sturm. Nun, nach dem Siebenjährigen Krieg, lagen andere Umstände vor. So schmerzhaft es für Maria Theresia auch gewesen sein mag, sie hatte nicht mehr vor, die Zugehörigkeit Schlesiens zum preußischen Königreich ein weiteres Mal in Frage zu stellen. Im Grunde waren alle am Krieg beteiligten Mächte erschöpft aus diesem Krieg hervorgegangen – ein Zustand, wie ihn Gottfried August Bürger in seiner Ballade »Lenore« treffend charakterisiert hat: »Der König und die Kaiserin, / Des langen Haders müde, / Erweichten ihren harten Sinn / Und machten endlich Friede.« Auch für Maria Theresia stellte sich der Wiederaufbau als primäre Aufgabe dar. Friedrich hatte nicht vor, seine Aufmerksamkeit in irgendeiner Weise von den äußeren Grenzen abzuwenden und je in seiner Wachsamkeit nachzulassen. Solange ihm jedoch »le Grand Horloger«, der »Große Uhrmacher«, am Leben ließ, sollte ihm künftig mehr Zeit verbleiben, sich dem Werk des Friedens zu widmen.

Vorhaben und Maßnahmen

Am Beginn seiner *Mémoires depuis la paix de Hubertusbourg jusq'à la fin du partage de la Pologne* zeichnete Friedrich ein Bild von dem Zustand, den der Krieg in Preußen hinterlassen hatte. Dieses bot einen trostlosen Anblick: »Der Adel befand sich in einem Zustand der Erschöpfung, die kleinen Leute waren ruiniert, zahlreiche Dörfer niedergebrannt, viele Städte zerstört, sei es durch Belagerung, sei es durch von den Feinden bestellte Brandstifter. Jegliche Ordnung von Polizei und Verwaltung war durch die völlig anarchischen Zustände aufgelöst worden. Das Finanzwesen befand sich im allergrößten Durcheinander. Mit einem Wort, alles lag in Trümmern (…). Man muss sich einmal völlig verwüstete Landschaften vorstellen, in denen man kaum noch Spuren früherer Wohnstätten entdecken konnte, sowie bis auf die Grundmauern zerstörte Städte, andere wiederum zur Hälfte von den Flammen verzehrt, dreizehn Millionen Häuser, die nur noch als Ruinen bestehen, keine Aussaat auf den Äckern, kein Getreide zur Ernährung der Bevölkerung, den Bauern fehlten sechzigtausend Pferde für den Ackerbau; und in den Provinzen ein Bevölkerungsrückgang um 500 000 Seelen im Vergleich mit 1756. Das ist ganz beträchtlich bei einer Gesamtbevölkerung von 4 500 000 Einwohnern.«[321] Die Geißel des Krieges hatte allerdings nicht alle Provinzen des Königreiches Preußen gleichermaßen heimgesucht. Das seit 1758 von den Russen besetzte Ostpreußen etwa blieb von Plünderungen verschont, denn Russland hatte den Wunsch, es nach dem Ende des Krieges dauernd zu annektieren. Friedrich hatte die Gesamtzahl der preußischen Bevölkerung übrigens zu hoch angesetzt. Sie dürfte im Jahre 1764 kaum 3 600 000 Einwohner überschritten haben. Davon abgesehen entsprechen die Angaben des Königs durchaus der Realität.

Es ist ganz offensichtlich, dass diese Situation schnelles Handeln erforderte. Man musste die allernotwendigsten Voraussetzungen schaffen, um eine Hungersnot zu verhindern, und zu diesem Zweck das in den Magazinen eingelagerte Getreide verteilen, Saatgut ausgeben und den Viehbestand wieder auffüllen. Die Maßnahmen für den Wiederaufbau erforderten auch finanzielle Mittel. Glücklicherweise hatte Preußen einen Trumpf in der Hand, über den die anderen ehemals Krieg führenden Staaten nicht verfügten. »Der König von Preußen war der einzige, der noch über bares Geld verfügte«, hob Friedrich hervor, nicht ohne sich selbst zugleich ein positives Attest auszustellen, »weil er darauf bedacht war, stets die für ein Jahr nötigen Haushaltsmittel als Reserve vorzuhalten.«[322] Dies war auch einer im Jahre 1761 vorgenommenen Finanzmanipulation zu verdanken und abgesehen davon den englischen Subsidien und der unverfrorenen Schröpfung Sachsens. Durch diesen Vorteil gestärkt, konnte Friedrich seine Finanzen als Waffe in den Dienst des Wiederaufbaues stellen. Finanzielle Hilfe und gezielte steuerliche Maßnahmen sollten dazu dienen. Denn man musste die Ruinen beseitigen, die Domänen wieder instandsetzen, die Landwirtschaft entwickeln und das flache Land wieder bevölkern. Dieses Programm beschränkte sich also nicht auf punktuelle, von Dringlichkeit geleitete Maßnahmen. Das »Wiederaufbauwerk« – das war der offizielle Begriff dafür – beinhaltete nicht nur langfristige Planung, sondern sollte auch Teil einer umfassenden Politik sein, welche die Gesamtheit der wirtschaftlichen Aktivitäten einschloss, insbesondere die Industrie und den Handel. Unter staatlicher Führung sollten diese politischen Maßnahmen von der Person des Königs ausgehen, der sich nach der inzwischen eingespielten Praxis die Entscheidungsgewalt und die Aufsicht darüber vorbehielt.

Friedrich gab sich seiner Gewohnheit gemäß ganz und gar seiner Aufgabe hin und bearbeitete die Akten bis ins kleinste Detail. Von den Beamten erwartete er keine Vorträge, sondern konkrete, in Zahlen ausgedrückte Informationen. Er war kaum nach Berlin zurückgekehrt, als er sich schon anschickte, jede Provinz des Königreiches zu inspizieren. Dabei verfolgte er den Zweck, die Ausmaße der Schäden persönlich abzuschätzen, um anschließend in Kenntnis der Sachlage über die erforderlichen Maßnahmen zu entscheiden. Lediglich Ostpreußen nahm er vom Programm seiner Rundreise aus. Das kann nicht allein mit den besonderen Verhältnissen dieser Provinz erklärt werden. Vielmehr hatte Friedrich den Ostpreußen nicht vergeben, dass ihre Ständevertreter der Kaiserin von Russland die Huldigung geleistet hatten. Sein Groll war so stark, dass er die Provinz bis zum Ende seiner Regierung nie mehr eines Besuches würdigte. Mit der ersten Rundreise des Königs war es nicht getan. Mehrere Male war er in den folgenden Jahren unterwegs, um vor Ort die Umsetzung seiner Entscheidungen zu überprüfen. Zwischen 1763 und 1766 unternahm er mehr Inspektionsreisen als während der ersten Hälfte seiner Regierungszeit.

Im Grunde hatte das Werk des Wiederaufbaues sogar schon vor dem Ende des Krieges begonnen, etwa in Pommern und in der Neumark, wo der Krieg schon zu Anfang des Jahres 1762, nach der Unterzeichnung des Friedens mit Russland und anschließend mit Schweden, zu Ende gegangen war. Friedrich beauftragte Franz Balthasar Schönberg von Brenkenhoff, einen Beamten des Generaldirektoriums, mit einer Bestandsaufnahme der pommerschen Siedlungen und ihres Bedarfs. Pommern wurde somit zu einem Versuchsfeld für die anderen Provinzen. Er nahm das in Schlesien nach der Annexion angewandte Verwaltungsmodell wieder auf. Der vom König ernannte Brenkenhoff sollte unmittelbaren Zutritt zu ihm haben und allein seiner Autorität unterstehen. Die notwendigen Maßnahmen wurden schnell ins Werk gesetzt. Dazu zählten insbesondere die Steuerbefreiung bis zum Ende des Jahres, die unentgeltliche Verteilung des in Danzig gekauften Saatkorns sowie kostenlose Holzlieferungen aus den Staatsforsten für den Wiederaufbau der zerstörten Dörfer. Im Mai 1763 wies eine erste Bilanz schon 1 200 000 Taler aus, davon 500 000 aus dem königlichen Fonds, die für verschiedene Maßnahmen eingesetzt worden waren. Sie setzte sich im Einzelnen aus folgenden Posten zusammen: Brot und Getreide 240 000, Saatgut 22 000, Pferde 119 000, Rinder 311 000, Schafe 230 000 Taler. Brenkenhoff erweiterte seinen Kompetenzbereich um die Neumark. An die 800 000 Taler wurden dort für die Wiederinstandsetzung der ländlichen Gebiete ausgegeben. Für den Wiederaufbau von Küstrin, das bei der Belagerung von 1758 praktisch in Schutt und Asche gelegt worden war, wurde kaum weniger aufgewandt.

Von allen Provinzen hatte Schlesien, das seit 1756 wiederholt zum Kriegsschauplatz geworden war, am meisten gelitten. 7340 Häuser, 2634 Scheunen und 4875 Stallungen sind dort zerstört worden. Im Unterschied zu Pommern und der Neumark konnte das Wiederaufbauwerk in den anderen Provinzen, mit dem Ernst Wilhelm von Schlabrendorff betraut worden war, erst nach Einstellung der Feindseligkeiten in Angriff genommen werden. Dafür wurden über fünf Millionen Taler aufgewandt. Obwohl die Aufgabe immens war, schritt das Unternehmen rasch voran. Nachdem von Schlabrendorff durch Oberschlesien gereist war, konnte er im Mai 1764 nach Berlin melden, dass dort die landwirtschaftlichen Flächen wieder in Betrieb genommen worden waren. Im Verlauf von zwei Jahren wurden in einem zweiten Schritt sowohl auf dem Land als auch in den Städten alle Gebäude wiederhergestellt. Als Friedrich im September 1766 Voltaire von den Ergebnissen seiner Reise nach

Schlesien berichtete, in »eine Provinz, in welcher dem Materiellen gegenüber der Metaphysik Vorrang eingeräumt wird«, teilte er ihm, ohne seine Befriedigung zu verhehlen, mit: »Man bebaut die Felder, man hat achttausend Häuser wieder aufgebaut und man hat tausende von Kindern jedes Jahr gezeugt, die diejenigen ersetzen sollen, die in den Stürmen der Politik und des Krieges zugrunde gegangen sind.«[323] Und als er eine erste Bilanz seiner Maßnahmen aufstellte, fügte er dem hinzu: »Sie sollen wissen, dass ich insgesamt achttausend Häuser in Schlesien wieder aufbauen ließ. In Pommern und in der Neumark waren es sechstausendfünfhundert. Das macht nach Newton und d'Alembert vierzehntausendfünfhundert Wohngebäude.«[324]

Friedrich schätzte die für den Wiederaufbau eingesetzte Gesamtsumme auf etwas mehr als zwanzig Millionen Taler. Auch wenn wir mit unseren modernen Methoden diese Schätzung wahrscheinlich exakter vornehmen könnten, so bleibt doch die wesentliche Tatsache festzuhalten, dass eine beachtliche Anstrengung zum Wiederaufbau Preußens unternommen wurde und dies innerhalb eines recht kurzen Zeitraumes. Fest steht auch die Tatsache, dass die erzielten Ergebnisse durchaus den Aufwand rechtfertigten. Der Erfolg war besonders eindrucksvoll, weil er in der Zeit einer allgemeinen Wirtschaftskrise errungen wurde, der sich anschließend, zu Beginn der Siebzigerjahre, eine Hungersnot anschloss. Es verging auch kein Jahr, in dem nicht Großbrände oder Naturkatastrophen, wie z. B. Überschwemmungen, ständige Arbeit und Mühe verursacht hätten. Aber die Erfahrungen, die man durch die Beseitigung der Kriegsschäden gewonnen hatte, halfen auch diese Katastrophen zu meistern.

Der Krieg hatte eine große Lücke in die Bevölkerung gerissen, deren Verluste Friedrich auf 500 000 Menschen schätzte. Gewiss hat der im vorausgehenden Jahrhundert durch den Dreißigjährigen Krieg angerichtete Aderlass weitaus größere Ausmaße erreicht, dennoch war auch dieser Bevölkerungsrückgang, der sich auf mehr als 10 % der preußischen Bevölkerung belief, sehr beträchtlich und stellte einen schweren Hemmschuh für jede weitere Entwicklung dar, wenn nichts zu seiner Beseitigung unternommen wurde. Daher räumte Friedrich der schnellen Rückkehr zu den Verhältnissen vor 1756 Vorrang ein. Friedrich wurde von mehreren Motiven dazu angetrieben. Wie die meisten seiner Zeitgenossen hing er der Vorstellung an, dass die Macht eines Staates in Relation zu seiner Bevölkerungszahl stünde. Die Wiederbevölkerung des während dieser Jahre besonders hart getroffenen flachen Landes war für eine Erholung der Landwirtschaft unabdingbar. Andernfalls wäre ein Wiederaufbau auf Dauer behindert.

Friedrich hatte allen Grund zur Freude. Die demographische Erholung des Landes machte rasche Fortschritte, allerdings mit großen Unterschieden von Provinz zu Provinz. Die Neumark und Schlesien erreichten seit 1766 wieder ihr Vorkriegsniveau. Pommern wiederum holte seinen Rückstand erst mit Beginn der Siebzigerjahre auf. Auch wenn die Geburtenzahl einen Aufschwung verzeichnete, lässt sich dennoch die Bevölkerungszunahme nicht allein durch die natürliche Regeneration der bereits ansässigen Bevölkerung erklären. Wie das Beispiel der Neumark zeigt, hat dieser Zuwachs eine wesentlich andere Ursache, nämlich die starke Zuwanderung. Die Herkunft der im Jahre 1766 gezählten 163 000 neuen Einwohner verteilt sich auf 78 500 Fälle von Geburtenüberschuss und 84 000 Immigranten.

Mit doppelter Absicht, nämlich der Peuplierung und der wirtschaftlichen Reorganisation der ländlichen Gebiete, wurde die Kolonisierungspolitik wieder in Gang gesetzt. Sie folgte den gleichen Richtlinien wie vor 1756, in der man mit der Kultivierung des Oderbruchs begonnen hatte. Mit groß angelegten Arbeitsprogrammen wurde auch den Bruchlandschaften an Netze und Warthe Neuland abgewonnen. In diesen Jahren konzentrierten sich die Anstrengungen besonders auf Schlesien und die Neumark. In Schlesien wurde im August 1773, anlässlich eines königlichen Besuches in Breslau, ein ehrgeiziges Projekt in Gang gesetzt. Dieses sah, zusätzlich zu den schon nach 1743 gegründeten 72 ländlichen Siedlungen, die Errichtung von weiteren 200 neuen Dörfern vor. Mit einem Kostenaufwand von 350 000 Talern wurde dieses Planziel schon vor dem Ende des Jahrzehntes erreicht. Während Friedrichs Regierungszeit hat Schlesien 61 000 Kolonisten aufgenommen, davon vier Fünftel nach dem Siebenjährigen Krieg. Auf das gesamte Königreich bezogen, bezifferte sich der Gewinn an neuen Einwohnern auf 284 000 Menschen. Diese Bilanz platziert Preußen weit vor Österreich und Russland, die beide mit ihm im Wettbewerb standen und ebenfalls eine Kolonisationspolitik betrieben, die im großen Rahmen die gleichen Bevölkerungsgruppen anvisierte.

Angesichts dieses an mehreren Fronten umgesetzten Maßnahmenkataloges scheint eine andere Entscheidung im Widerspruch zu den Prioritäten zu stehen, die durch die Erfordernisse des Wiederaufbaues gesetzt waren. Nur wenige Monate nach Kriegsende nämlich begann Friedrich mit der Errichtung eines weiteren Schlosses im Park von Sanssouci. Dieses Vorhaben, dessen Frucht das *Neue Palais* war, scheint auf den ersten Blick nicht dringlich gewesen zu sein. Es handelte sich hier zweifelsohne um die Ausführung eines Projektes, das schon kurz vor dem Krieg geplant worden war. Friedrich hatte damals die Absicht kundgetan, seine Residenz um ein repräsentatives Palais zu ergänzen, das dem Empfang fürstlicher Gäste in den Sommermonaten dienen sollte. Aber machte dieses Projekt nach dem Krieg denn noch einen Sinn? Unter diesen Umständen wäre es vielleicht angemessener gewesen, die Durchführung aufzuschieben. Das wollte Friedrich jedoch keinesfalls, obwohl er zugab, dass seine Entscheidung ein wenig eigentümlich wirkte. Er selbst erklärte, dass er den neuen Schlossbau für eine »fanfaronnade«, für Angeberei, hielt. Das sollte aber auch heißen, dass er darin eine Art von Herausforderung sah. Deutlich wird in ihr der Wille des Königs, nach Beendigung des Krieges, der das Land grausam und bis tief ins Mark getroffen hatte, die ungebrochene Vitalität und Macht Preußens allen vor Augen zu führen. Dem Architekten Karl Philipp von Gontard ist es zuzuschreiben, dass das *Neue Palais* nicht mehr die von Friedrich an seiner ersten Residenz so sehr geschätzte Intimität ausstrahlte. Mit seinen größeren Dimensionen und seiner wesentlich prunkvolleren und von einer Kuppel überragten Fassade trug das *Neue Palais* eine Feierlichkeit zur Schau, die der Bedeutung seiner königlichen Gäste würdig sein sollte. Bis zu ihrer Vollendung im Jahre 1769 hat diese »folie« die königliche Schatulle mehrere Millionen Taler gekostet, also eine exorbitante Summe in Hinblick auf den Vorrang, der eigentlich dem Wiederaufbau eingeräumt war. Friedrich allerdings sah das anders. Schließlich verschaffte der Bau des neuen Sanssouci zahlreichen Handwerkern verschiedener Branchen Arbeit und Brot und trug auf diese Weise zum Wiederaufbau bei.

Neue Reformen

Obgleich die Kosten über einen längeren Zeitraum hinweg verteilt waren, stellten die verschiedenen Vorhaben dennoch eine schwere Last für die preußischen Finanzen dar. Der Erfolg des Wiederaufbauwerkes setzte daher eine fachmännische Finanzpolitik voraus. Diese wiederum stand in Abhängigkeit von einem wirksamen Steuersystem. Anders gesagt, der geregelte Einzug von Abgaben und indirekten Steuern stellte eine unabdingbare Voraussetzung dafür dar.

Die Wirtschaftskrise, die unmittelbar nach Beendigung des Krieges ausgebrochen war, erschwerte diese Aufgabe. Sie war von Amsterdam ausgegangen und hatte über Hamburg schließlich ganz Deutschland erreicht. Bankrotte und Konkurse waren an der Tagesordnung. Preußen war davon keineswegs ausgenommen. In Berlin erregte der Ruin des durch seine Stellung im Manufakturwesen und seine Verbindungen zu Friedrich weitbekannten Hauses Gotzkowsky großes Aufsehen. Die Schwierigkeiten hatten schon 1755 angefangen, als der Unternehmer die Hilfe des Königs in Anspruch nehmen musste. Gewisse abenteuerliche Geschäfte während des Krieges hatten weitere Schwierigkeiten zur Folge, sodass er sich gezwungen sah, Darlehen bei Amsterdamer und Hamburger Bankiers aufzunehmen. Angesichts seiner Verschuldung war es keineswegs erstaunlich, dass er zu den Opfern dieser Erschütterung zählte. Der Schlag war derart hart, dass selbst das Eingreifen des Königs den Konkurs lediglich verzögern konnte. Ein erneuter Bankrott im Jahre 1767 trieb das Haus Gotzkowsky schließlich doch in den Ruin.

Das Ausmaß der Krise wird auch daraus ersichtlich, dass zahlreiche Berliner Kaufleute sich entschlossen, ihre Firmen ins Ausland zu verlagern. Die Gründung einer Bank sollte eine Antwort auf diese Notlage sein. Damit wollte Friedrich ein Projekt umsetzen, das schon seit 1752 im Gespräch war, ohne dass es jemals über eine Planung hinausgegangen wäre. Auch dieses Mal stieß es auf die Skepsis gewisser Kreise, die sich aus Kaufleuten wie auch aus Staatsbeamten zusammensetzten. Es hätte jedoch den Gewohnheiten Friedrichs völlig widersprochen, wenn er dieser ablehnenden Front nachgegeben hätte. Er ging über ihre Bedenken hinweg und beschloss im Juni 1765, die Königlich Preußische Bank von Berlin zu gründen, deren Kapital in Höhe von 400 000 Talern vom Staat eingelegt wurde. Das Unternehmen konnte zwar keinen unmittelbaren Erfolg verbuchen, aber nach einigen chaotischen, von abenteuerlichen Geschäftsvorgängen gekennzeichneten Jahren konnte sich die Königliche Bank schließlich behaupten und sich einen guten Ruf sichern, vor allem nachdem der Freiherr Ludwig Philipp von Hagen die Leitung übernommen hatte. Das Geldinstitut sollte sich zunehmend zu einem wertvollen Instrument der Steuerung wirtschaftlicher Unternehmungen und zur Ermutigung für Privatinvestitionen in den Sektoren Manufaktur und Handel entwickeln.

Eine weitere vorrangige Sorge Friedrichs galt der Verbesserung des Akzisewesens und der Zolleinnahmen. Seine Sorge war in beiden Fällen gerechtfertigt. Hatte der Krieg diese Einkünfte stark reduziert, so verhinderte die Krise einen raschen Anstieg. Um seine Ziele zu erreichen, ergriff er eine radikale Maßnahme, die völlig mit der herkömmlichen Praxis brach. Am 14. Juli 1766 wurde die Einnahme der direkten Steuern und der Zölle der *Administration générale des droits du roi* übertragen, der so genannten »Regie«, mit deren Leitung der französische Verwaltungsfachmann Antoine Marc Launay de La Haye betraut wurde. Dieses System sollte später auch auf andere Sektoren übertragen werden, und zwar auf die Post vom gleichen Jahr an und dann ab 1781 auf den Kaffee.

Diese Entscheidung hing eng zusammen mit Friedrichs wachsendem Misstrauen gegenüber den Staatsbeamten, an erster Stelle den Ministern, die er mit Vergnügen als »große Perücken« verspottete. Hierin lag allerdings mehr als die allgegenwärtige beißende Ironie des Königs. Er machte den

Beamten den Vorwurf der Untätigkeit angesichts einer Krise, die sie nicht zu bewältigen vermochten. Umgekehrt zeigten sich viele Angehörige der Verwaltung über die vom König ausgehenden Initiativen beunruhigt. Diese Kritik kam in dem Bericht zum Ausdruck, den das Generaldirektorium von Eduard Ursinus angefordert hatte. Der Autor listete darin mit Missvergnügen all jene Punkte der Wirtschaftspolitik auf, die seiner Meinung nach verbessert oder sogar abgeschafft werden sollten. An erster Stelle stand die als kontraproduktiv beurteilte Subventionierung der Seidenindustrie. Ganz offensichtlich schätzte Friedrich diese Kritik vonseiten seiner Staatsdiener keineswegs. Angesichts dieses Textes, den er beinahe schon als Rebellion einstufte, schäumte er vor Wut. Ursinus wurde zum Dank für seine Aufrichtigkeit in der Spandauer Zitadelle gefangen gesetzt, wo er genügend Muße haben sollte, über seinen Fauxpas nachzudenken. Andererseits war die Berufung eines Franzosen, Launays de La Haye, an die Spitze der »Regie« ganz offensichtlich keine zufällige Entscheidung Friedrichs. Man muss darin ein weiteres Beispiel für den Einfluss sehen, den das Vorbild der französischen Kultur auf Friedrich ausübte. Der König sah zugleich die Qualitäten der französischen Verwaltung, die aus einem mehrere Jahrhunderte währenden Zentralismus erwachsen war. Und ebenso wie für ihn nur französische Literatur zählte, wandte er sich an französische Verwaltungsfachleute in der Hoffnung, bei ihnen die Fähigkeiten zu finden, die er bei seinen preußischen Untertanen vermisste.

Es wäre noch milde ausgedrückt, dass dieses System keineswegs auf Zustimmung stieß. Es brachte die Verwaltung gegen Friedrich auf. Von den eingesessenen Beamten wurde besonders übel vermerkt, dass Friedrich kein Landeskind, sondern einen Franzosen an die Spitze der »Regie« berufen hatte und ihn mit einem wahrhaft fürstlichen Jahresgehalt (mindestens 60 000 Talern) bedachte.

Trotz aller Kritik hatte diese Reform weit reichende Konsequenzen. Zunächst einmal brachte sie erneut eine Zurücksetzung des Generaldirektoriums, das eines weiteren Kompetenzbereiches beraubt wurde, mit sich. Die »Regie« hatte allein Friedrich Rechenschaft abzulegen. Sie allein erbrachte mehr als ein Drittel der preußischen Staatseinnahmen. Ihre Gründung läutete darüber hinaus eine neue Phase der Zentralisierung ein. Bis dahin war die Einziehung der indirekten Steuern lokalen Behörden unter Aufsicht des Generaldirektoriums anvertraut gewesen. Von nun an fielen sie in den Bereich einer einzigen Institution, die für das ganze Land zuständig war. Als ebenso gewichtig erwies sich, dass im gesamten Königreich nun die gleichen Steuertarife zur Anwendung kommen sollten. Die Reform enthielt auch eine soziale Komponente. In dieser Hinsicht erscheinen die Ergebnisse jedoch eher unklar. Friedrich hatte gewünscht, dass bestimmte Lebensmittel und Getränke des täglichen Bedarfes von einer Besteuerung ausgenommen waren, um so ihren erschwinglichen Preis zu sichern. Am Ende unterschied sich das konkrete Ergebnis dann doch erheblich von den ursprünglichen Intentionen des Königs. Als einziges dieser Grundnahrungsmittel blieb das Mehl von der Steuer ausgenommen. Brot, Fleisch und Bier hingegen unterlagen der Steuerpflicht.

Die Einrichtung der »Regie« zählt zu den wichtigsten Entscheidungen, die in der zweiten Hälfte der Regierungszeit Friedrichs gefällt worden sind. Zwischen 1764 und 1779 wuchsen die Einnahmen auf diesem Sektor von 3,9 auf 6,2 Millionen Taler. Das bedeutete eine überzeugende Steigerung, selbst wenn wir in Rechnung stellen, dass sich das Königreich Preußen 1772 um Westpreußen vergrößert hatte. Dieser Einnahmezuwachs ist auch in Zusammenhang mit der Erholung der preußischen Wirtschaft und der entsprechenden Hebung des Lebensstandards zu sehen. Diese Einnahmen wurden zum Teil dafür genutzt, um Reserven für den Königlichen Schatz zu bilden, die sich nach den Berechnungen Friedrichs auf 20 Millionen Taler belaufen sollten, um Preußen in die Lage zu versetzen, die Risiken eines langen Krieges zu tragen. Die Erfordernisse der Nachkriegszeit und ebenso die Verschlechterung der Münzen nach der Abwertung von 1757 erschwerten diese Aufgabe erheblich. Dennoch wurde dieses Ziel bei einem jährlichen Einzahlungsbetrag in Höhe von 700 000 Talern Mitte der Siebzigerjahre erreicht.

Gewiss, alle diese Reformen waren nicht in gleichem Maße von Erfolg gekrönt. Manche kamen nicht einmal über das Stadium der Planung hinaus. Das war etwa der Fall bei der am Ende des Siebenjährigen Krieges von Friedrich gehegten Absicht, die Leibeigenschaft abzuschaffen. Nach der schweren, von den Bauern getragenen Last des Krieges sah er diese Maßnahme als eine Verpflichtung an. Aber hier handelte es sich um mehr als nur um eine Reform, denn die Aufhebung der Leibeigenschaft wäre einer Revolution gleichgekommen, und Friedrich konnte hier nicht mit derselben Unumschränktheit Entscheidungen fällen wie auf anderen Gebieten. Sein Projekt stieß auf den Widerstand des Adels, der ebenfalls ein hohes Blutopfer hatte erbringen müssen und auf den der König bei der Besetzung der meisten Offiziersränge und höheren Beamtenposten angewiesen war. So wie der Berg schließlich ein Mäuschen gebiert, setzte Friedrich die Leibeigenschaft zwar auf den königlichen Domänen aus, aber am unfreien Rechtsstatus der Bauern auf den Adelsgütern wurde nicht gerüttelt. Der Erlass vom 30. Dezember 1764 beschränkte sich darauf, die auf der leibeigenen Bevölkerung lastenden Frondienste und Abgaben zu erleichtern und einige zum

Himmel schreiende Missbräuche zu beheben. Anfänglich auf Pommern bezogen, führte der Text dieses Erlasses die Bestimmungen auf, die auch in den anderen Provinzen Anwendung finden sollten.

Dieses fehlgeschlagene Teilprojekt stellt die Bedeutung der Ergebnisse dieser Reformen, die sich im Übrigen auch auf andere Sektoren, etwa Wirtschaft und Finanzen, erstreckten, keineswegs in Frage. Es bedeutete gewiss keinen geringen Wandel, wenn ab 1770 der Eintritt in die zentrale Verwaltung ein Examen voraussetzte. Cocceji hatte in seinem Bereich den Weg dafür aufgezeigt. Bei seinem Tod im Jahre 1755 hinterließ er ein beachtliches Reformwerk.

Als 1764 das Werk »Dei delitti e delle pene – Von Verbrechen und Strafen« des Mailänder Rechtsphilosophen Cesare Beccaria erschien, konnte sich Friedrich beglückwünschen, die meisten der von diesem Autor geforderten Rechtsreformen schon umgesetzt zu haben. In diesem Augenblick gab es andere, dringendere Prioritäten als die Justizreform, was freilich nicht ausschloss, dass das Erreichte zu einem späteren Zeitpunkt verbessert werden konnte. Daher fasste Friedrich 1772 den Entschluss, das Justizsystem zu vervollkommnen. Dazu sollte ein Appellationsgericht zur Stärkung des zentralistischen Prinzipes, das Cocceji zur Geltung gebracht hatte, gegründet werden.

Die Umsetzung dieser Reformen wurde 1780 wieder aufgenommen. Friedrichs Entscheidung war nach einer Justizaffäre gefallen, die ihn in Gegensatz zu den Richtern gebracht und davon überzeugt hatte, dass trotz der Reformen Coccejis weiterhin noch schwere Missstände zu verzeichnen waren. Dieser Prozess, in dem sich der Müller Arnold und sein Herr, Graf von Schmettau, gegenüberstanden, war eigentlich banal. Es ging um Pachtforderungen des Grafen gegenüber dem Müller, der aber nicht bereit war, den Pachtzins zu leisten, weil ihm nach seiner Darstellung ein anderer Adliger (der Landrat Freiherr von Gersdorff) durch die Anlage von Karpfenteichen das Wasser für seine Mühle weggenommen hatte. Als im Verlauf des verwickelten Rechtsstreits die Justiz den Schwächeren verurteilte und schließlich gar Arnolds Mühle zwangsversteigern ließ, empörte sich der König, an den der unterlegene Müller inzwischen mehrere Bittgesuche gerichtet hatte. Friedrich witterte einen manipulierten Prozess, in dem die Richter nicht von der Sorge um die Wahrheit beseelt gewesen seien, sondern das Recht gebeugt hätten. Aus diesem Grunde hat er das Urteil in aufsehenerregender Weise kassiert. Die Richter selbst wurden nicht nur aus ihren Ämtern entlassen; Friedrich befahl sogar, sie in Haft zu nehmen. Er ging noch weiter, denn er setzte sogar den Großkanzler ab, der sich in seinen Augen dadurch schuldig gemacht hatte, dass er dieses ungerechte Verfahren gedeckt hatte. Später sollte sich herausstellen, dass Friedrich sich von Emotionen hatte mitreißen lassen. Der unglückliche Müller war nicht so unschuldig, wie er vorgab, und die Richter hatten korrekte Arbeit geleistet. Bis die Wahrheit ans Licht kam, blieb die Gesellschaft gespalten. Während der Adel mit seiner Unzufriedenheit nicht hinter dem Berg hielt, versammelten sich die Bauern in großer Zahl vor dem königlichen Schloss in Berlin und akklamierten ihrem großmütigen König.

Friedrich machte nun Nägel mit Köpfen. Am 14. Dezember 1779 veröffentlichte er einen Text in den offiziösen »Berlinischen Nachrichten«, in dem er seine Philosophie und sein darin begründetes Handeln darlegte. »Die Höfe müssen wissen«, kann man dort lesen, »dass der demütigste Bauer, ja selbst ein Bettler, genauso ein Mensch ist wie der König. Vor dem Gesetz sind alle Menschen gleich, und zwar unabhängig davon, ob ein Fürst gegen einen Bauern klagt oder umgekehrt. Ein Gerichtshof, der sich dazu hergibt, ein falsches Urteil zu sprechen, ist schlimmer und gefährlicher als eine Räuberbande: vor dieser kann man sich schützen; aber man kann sich nicht vor Lumpen schützen, die sich in den Mantel des Rechtes hüllen, um ihren üblen Leidenschaften nachzugehen«[325].

Dieser Text wurde zwar von der philosophischen Welt begrüßt, aber er beinhaltete trotzdem eine ausgesprochene Zwiespältigkeit. Die Zustimmung der Intellektuellen und der Gelehrten erstaunt gewiss nicht. Friedrich bestärkte in diesem Bravourstück Grundsätze, die er selbst verinnerlicht hatte. Wie einstmals König Ludwig der Heilige von Frankreich erschien er wie das Modell eines gerechten Königs, und in dieser Pose gefiel er sich. Praktisch hat er jedoch aus Willkür gehandelt. Er hat seine Machtbefugnisse mit der Absetzung des Großkanzlers und ebenso mit der Aufhebung des ordnungsgemäßen Urteils gegen den Müller Arnold überschritten. Das Gleiche galt, als er Richter allein deshalb, weil sie Urteile fällten, die seinen Wünschen widersprachen, ins Gefängnis werfen ließ. Er handelte ihnen gegenüber genauso willkürlich wie einige Jahre zuvor im Fall des unglücklichen Ursinus.

Bei ausgewogener Bewertung der Affäre Arnold bleibt zu sagen, dass sie Friedrich jedenfalls davon überzeugte, die Reformen wieder in Gang setzen zu müssen. Die Wende trat mit der Berufung von Johann Heinrich Casimir Carmer zum Großkanzler ein, der mit neuem Schwung die Leitung des Justizdepartements übernahm. Mit Unterstützung von Carl Gottlieb Svarez, einem anderen Juristen von Rang, führte er die Bemühungen Coccejis fort. Friedrich vertraute Carmer die Aufgabe an, das Gesetzbuch zu erarbeiten, das künftig das preußische Recht festlegen sollte. Dieses Unternehmen ist schon von Cocceji begonnen worden, der zwischen 1749 und 1751 die ersten beiden Bände des *Projet du corps de droit de Frédéric* publiziert hatte. Nun sollte es wieder aufgenommen und seiner Vollendung zugeführt werden.

Unter dem Titel »Allgemeines Landrecht für die preußischen Staaten« trat dieser Gesetzbuch erst 1794, also acht Jahre nach dem Tod Friedrichs, in Kraft. Obgleich es unter dem Eindruck der Französischen Revolution einige Abschwächungen erfahren hat, kann es als ein letztes Vermächtnis des großen Königs angesehen werden. Im Allgemeinen Landrecht spiegelt sich die Sorge, die Friedrich während des Skandals um den Müller Arnold gezeigt hatte. Es stellte das Prinzip der Gleichheit vor dem Gesetz auf und verwandte sich für mehrere grundsätzliche Freiheitsrechte, wie Gewissensfreiheit, Glaubensfreiheit und das Recht auf Eigentum. Aber es gibt auch die für Friedrich charakteristische Ambivalenz wieder, indem letztlich die Interessen des Staates für die Grenzen der praktischen Wahrnehmung dieser Freiheitsrechte bestimmend waren.

Aufschwung und Protektionismus

Friedrich sah keinen Grund dafür, die Prinzipien, die bisher seine Gewerbe- und Handelspolitik bestimmt hatten, einer Überprüfung zu unterziehen. Da er unentwegt die gleichen Ziele verfolgte, nutzte er auch stets die gleichen Mittel, um sie zu erreichen. Zunächst sollte es darum gehen, die Bedürfnisse im Lande selbst zu befriedigen und anschließend die Produktion für den Export anzukurbeln. Es handelte sich also um zwei Ziele, die völlig mit den merkantilistischen Prinzipien, denen der König treu geblieben war, übereinstimmten. Tatsächlich mussten erst einmal die tiefen Wunden des Krieges geheilt und die Güter, soweit sie vernichtet waren, wieder hergestellt werden. Neben diesen unabdingbaren Maßnahmen sind jedoch auch neue Impulse gegeben worden.

Die Textilindustrie wurde weiterhin als ein vorrangiger Wirtschaftszweig betrachtet. Im Verlauf dieser Zeit erfuhr sie einen neuen, von Zahlen belegten Aufschwung. Nach Graf von Hertzberg, dem (Staats- und Kabinetts-) Minister Friedrichs in dessen letzten Herrschaftsjahren, fanden zu Beginn der achtziger Jahre in der Textilindustrie über 150 000 Arbeiter Beschäftigung. Sie erwirtschafteten 21 Millionen Taler, d. h., einen Wert, der zwei Drittel der preußischen Gewerbeproduktion ausmachte. Graf Mirabeau hat zwar in seiner 1788 erschienenen Darstellung der *Monarchie prussienne sous Frédéric le Grand* diese Berechnung mit 15,6 Millionen Talern niedriger angegeben, aber selbst wenn er der Wahrheit näher käme, so steht doch der erste Rang, den die Textilindustrie erlangt hatte, nicht in Frage.

Mehr als je zuvor nahm Schlesien, das preußische »Peru« – Peru galt als die unerschöpfliche Goldquelle der Spanier –, eine Hauptrolle bei diesem Wachstumsprozess ein. Hier war die Leinenweberei zu Hause, der mit Abstand wichtigste Gewerbezweig. Auf Schlesien allein entfielen drei Viertel der preußischen Produktion, die in den letzten Regierungsjahren Friedrichs auf einen Wert von neun Millionen Taler anstieg. Dieses ursprünglich vor allem im Riesengebirge beheimatete Gewerbe hatte sich vor allem auf den großen Adelsgütern entwickelt, dessen leibeigene Arbeitskräfte dafür herangezogen wurden. Dieser Produktionsbereich befand sich in einer schnellen Aufwärtsbewegung, wie auch die Zunahme der Weber beweist, deren Zahl zwischen 1748 und 1790 von 19 800 auf 28 700 anstieg. Angesichts der Tatsache, dass zwei Drittel ihrer Produktion jenseits der preußischen Grenzen verkauft wurde, stellte sie auch den größten Posten beim Export dar.

Das Leinengewerbe hatte sein herkömmliches Zentrum in Brandenburg gehabt und ging noch auf ein Anliegen von Friedrich Wilhelm I. zurück. In Nachfolge seines Vaters führte Friedrich dieses fort und zwar unter staatlicher Aufsicht. Ein weiterer Unterschied zum schlesischen Leinengewerbe bestand darin, dass es sich in größeren Produktionsstätten entwickelte, von denen manche den Umfang von Manufakturbetrieben annahmen. Friedrich Wilhelm hatte ihnen als ersten Auftrag die Uniformierung der preußischen Armee befohlen. Nun war dieser Markt nicht nur erhalten geblieben, sondern hatte darüber hinaus sogar, infolge der regelmäßig zunehmenden Truppenstärke, eine wachsende Nachfrage verzeichnet. Mit einer auf acht Millionen Taler bezifferten Produktion stand das Leinengewerbe gut da. Es war keineswegs allein auf den Binnenmarkt beschränkt. Am Ende von Friedrichs Regierungszeit ging die Hälfte der hergestellten Leinenprodukte in den Export und stellte somit einen weiteren erheblichen Aktivposten in der Handelsbilanz dar. Die Erzeugung anderer Textilien spielte vom Umfang her dagegen eine viel bescheidenere Rolle. Dennoch verdient die Seidenindustrie besondere Erwähnung. Obwohl seine Politik der Kritik ausgesetzt war, bestand Friedrich auf dem Ausbau dieses Gewerbezweiges. Zu diesem Zweck unterstützte er in Berlin wie Potsdam die auf diesem Sektor tätigen Unternehmen mit Subventionen. Er verfolgte diese Linie weiter, selbst als einige Vertragspartner des Staates wechselten. So wurden etwa die Manufakturen des Hauses Gotzkowsky nach dessen Konkurs von zwei jüdischen Unternehmern weitergeführt. Zurecht konnte sich Friedrich zu den von ihm erreichten Erfolgen beglückwünschen. Zu Beginn des Jahres 1780 stieg die im Königreich Preußen produzierte Seide auf einen Wert von drei Millionen Talern. Das angesteuerte Ziel war damit erreicht. Preußen hatte sich aus jeglicher Abhängigkeit vom Ausland befreit.

Bergwerks- und Hüttenindustrie wiederum waren lange Zeit in einem

Embryonalstadium verblieben. Diese Tatsache wirkt erstaunlich, besaß Preußen in Schlesien doch große Steinkohlevorkommen. Erst in den allerletzten Jahren Friedrichs kam ein Aufschwung in Gang. Dieser verband sich mit der Entscheidung Friedrichs, diese Sektoren unter die Aufsicht eines neuen Departements im Generaldirektorium zu stellen. Das 1768 neu geschaffene Departement erlangte sogar den Status eines Ministeriums, womit die ihm von Friedrich zugemessene Bedeutung zum Ausdruck gebracht wurde. In diesem Amt fand Friedrich seit 1777 die Unterstützung in dem kompetenten Minister Friedrich Anton von Heydnitz. Obwohl die Ergebnisse zunächst noch bescheiden waren, schufen Heydnitz und seine Mitarbeiter dennoch die Grundlage für die künftige Entwicklung.

Dafür konnte sich der König im Bereich der Produktion von Luxusgütern eines unmittelbaren Erfolges erfreuen. Nach der Seide schlug die Stunde des Porzellans. Hier konnten gewiss dieselben Einwände erhoben werden wie gegenüber der Seidenproduktion. Die Porzellanherstellung wurde allerdings nicht als ein Gewerbe gesehen, dem Priorität zukam. Es darf bei der Förderung der Produktion von Luxusgütern nicht vergessen werden, dass diese, dem Zeitgeist entsprechend, am Wettlauf um das Prestige eines Staates beteiligt waren. Friedrich missfiel es auch keineswegs, einen Schlag gegen Sachsen zu führen, das in seiner Meißener Manufaktur die wohl schönsten und kostbarsten Porzellane Europas herstellte. Eigentlich ging Friedrich mit dem Projekt einer eigenen Porzellanmanufaktur schon lange um. Als er 1745 während des Zweiten Schlesischen Krieges Meißen besetzt hatte, erlegte er sich keinerlei Zwang auf und schickte das erbeutete Meißener Porzellan kistenweise nach Berlin. Dieser Kriegsraub sollte ermöglichen, die streng gehüteten Fabrikgeheimnisse der ältesten Porzellanmanufaktur Europas zu enthüllen. Eine erste preußische Manufaktur, die 1751 eröffnet wurde, konnte sich jedoch nur wenige Jahre halten. Friedrich nahm dieses Projekt 1761 erneut in Angriff. Diesmal stand die Angelegenheit unter günstigeren Vorzeichen. Der unverzichtbare Gotzkowsky wurde mit der Gründung einer neuen Manufaktur beauftragt und sollte den Bankrott einer in Meißen ausfindig gemachten Porzellanherstellerin ausnutzen, die dem Unternehmen durch ihr Fachwissen nützlich sein konnte. Dem Wunsch des Königs gemäß eröffnete er daher im Jahre 1761 in Berlin eine Manufaktur. Zwei Jahre später jedoch lief dieses noch fragile Projekt Gefahr, vom Konkurs Gotzkowskys mitgerissen zu werden. Um es vor der Pleite zu bewahren, musste Friedrich unterstützend eingreifen. Es ist bezeichnend für die Bedeutung, die er diesem Sektor zumaß, dass er Gotzkowsky die Manufaktur zum Preis von 115 000 Talern abkaufte. Er sollte es nicht bereuen, denn dieses Geschäft erwies sich als erfolgreich. Vom darauf folgenden Jahr an beschäftigte die

Königliche Manufaktur mehr als 500 Arbeiter, und am Ende von Friedrichs Regierung wurde die Jahresproduktion auf zwei Millionen Taler geschätzt. Zur Erlangung dieses Zieles hatte Friedrich die Grenzen Preußens für ausländisches Porzellan schließen lassen. Umgekehrt waren es Bestellungen aus dem Ausland, die sein Herz lachen ließen. Die blieben auch nicht lange aus. Seit dem Frühjahr 1764 führte die Königliche Porzellanmanufaktur (KPM) Aufträge aus den Niederlanden und Russland aus.

In den letzten Regierungsjahren gelangten auch die Widersprüche des Merkantilismus zum Vorschein. Dieser wollte nämlich zwei Prozesse miteinander verbinden, die letztendlich jedoch Gefahr liefen, sich gegeneinander zu entwickeln. Die Absicht, die einheimische Produktion durch hohe Importzölle und -verbote zu schützen, verband sich mit dem Wunsch, ausländische Märkte zu erobern. Weil alle Staaten hierbei die gleichen Ziele verfolgten und hierzu etwa die gleichen Methoden in Anwendung brachten, folgte daraus logischerweise, dass der Merkantilismus Zollkriege nach sich zog. Handel wurde somit zur Fortsetzung der Politik mit anderen Mitteln. Die Zwischenkriegszeit hatte mit ihren zwischen Preußen und seinen österreichischen und sächsischen Nachbarn ausgetragenen Konflikten davon bereits einen Vorgeschmack geliefert. Mit dem Schweigen des Waffenlärms im Februar 1763 setzten die Feindseligkeiten bald wieder ein. Seit März 1764 ergriff Wien die Initiative, sein Territorium gegen bestimmte preußische Produkte, insbesondere gegen Leinen und Seide, abzuschirmen. Die preußische Antwort ließ nicht lange auf sich warten. Als Österreich sich seinerseits daran begab, den Transithandel zwischen Sachsen und Polen um Schlesien herumzuführen, zahlte Preußen mit gleicher Münze zurück und belegte sowohl dessen Importe als auch die Exporte, die ihren Weg über den Elbstrom nahmen, mit hohen Flusszöllen.

Hinsichtlich Polens war der Wechsel der Methode ein grundsätzlich anderer. Gewiss war Friedrich nicht plötzlich zu einem Verfechter des freien Warenaustausches geworden. Aus praktischen Erwägungen heraus passte er jedoch die eingesetzten Mittel den angestrebten Zielen an. Es ging hier nicht mehr darum, Hindernisse zu errichten. Friedrich hatte nichts weniger im Sinn, als Polen in die preußische Interessensphäre einzugliedern. Schon 1766 war es ihm gelungen, ein Vorhaben der polnischen Regierung zu vereiteln, das die Erhöhung der Zölle zwischen den beiden Staaten vorgesehen hatte. Die Teilung von 1772 brachte ihn in die Position, seinen Willen durchzusetzen. Die Angelegenheit war mit dem Handelsvertrag von 1775 wurden die im Warenverkehr zwischen Preußen und Polen erhobenen Zölle auf zwei Prozent reduziert. Die gleiche Bestimmung wurde auf preußische Waren angewandt, die im Transithandel durch Polen geführt wurden. Diesen sicherte er damit im Grunde den direkten Zugang zum russischen Markt, einem weiteren bedeutenden Ziel Friedrichs.

Friedrich – die Erfahrung der Einsamkeit

Brenkenhoff, Schlabrendorff, Carmer, Svarez, alle diese begabten Persönlichkeiten trugen auf ihrem Gebiet zum »*rétablissement*«, zum Werk des Wiederaufbaus, bei. Keiner von ihnen zählte jedoch zum Kreis der Vertrauten des Königs. Dieser verkehrte mit ihnen in schriftlicher Form und übermittelte auf dem gleichen Wege seine Instruktionen. Friedrich hatte schon immer die private Sphäre seines Lebens von den Verpflichtungen zu trennen verstanden, die ihm das königliche Amt auferlegte. In der jetzigen Lebensphase sah er keinen Grund, seine Gewohnheiten zu ändern. In seinem engsten Umkreis hatten sich die Reihen gelichtet. Die meisten waren schon gestorben, und die noch Lebenden standen kurz vor der großen Reise. Nun erneuerte sich dieser Kreis kaum mehr. Selbst wenn neue Gesichter auftauchten, so nahm doch niemand bei Friedrich den Platz seiner ersten Freunde ein. Man muss darin eine natürliche Alterserscheinung sehen. Je weiter Friedrich in seinem Alter voranschritt, nahm der Abstand zur folgenden Generation zu, und die Beziehungen gestalteten sich schwieriger. Das war aber auch eine Folge der zunehmenden Menschenverachtung des Königs, der den Menschen immer unduldsamer begegnete und gar nicht mehr versuchte, den Umgang mit ihn zu pflegen. Für Friedrich war die Zeit der Einsamkeit gekommen.

Als vertraute Gefährten seiner *soupers philosophiques* zählte er nur noch drei Personen. Unter ihnen muss der Marquis d'Argens an erster Stelle genannt werden. Obwohl er Potsdam während des Krieges kaum verlassen hatte, hatte er noch aus der Ferne dem König geholfen, die Schicksalsschläge zu überwinden, die ihn vor Verzweiflung beinahe zu Fall gebracht hatten. Als schließlich Friede herrschte, bemühte sich der Marquis darum, den Alltag seines Königs, der von den Sorgen um den Staat umgetrieben wurde, aufzuheitern. Das tat er mit Erfolg, doch bestand diese Aufheiterung häufig darin, dass Friedrich ihn zur Zielscheibe seiner Spötteleien machte. Diesem Vergnügen konnte der König nur selten widerstehen, und die Eigenheiten des Marquis boten in der Tat allen Anlass dazu. Weil bekannt war, welches Vertrauen er beim König genoss, wurde d'Argens häufig von Leuten bemüht, die um eine Gunst bettelten. In den meisten Fällen, in denen er sich ohnehin nicht als zugänglich erwies, nahm Friedrich daran keinen Anstoß. Aber jede Regel hat ihre Ausnahmen, wie der arme Marquis am eigenen Leib erfahren musste. Als Friedrich nämlich eines Tages gereizt war, packte er seinen Freund an der Nasenspitze, zog ihn daran mehrere Male durchs Zimmer und fauchte ihn an: »Auf diese Weise werden Sie von all denen an der Nase herumgeführt, die sich über Sie lustig machen!« Mit gutmütigem Humor ertrug der Marquis diese Eigenheiten des Königs, ohne sich dagegen aufzulehnen, und zwar bis zu dem Tag im Jahre 1769, an dem er ihn um Urlaub bat. Er wollte aus Heimweh noch einmal die Provence sehen, das Land, in dem er geboren war. Eigentlich sollte er lediglich für einige Monate verreisen. Aber wegen des Erlittenen war möglicherweise das Fass übergelaufen, und d'Argens suchte daher mit diesem Bruch zwischen sich und Friedrich eine Distanz zu schaffen, die alles beenden sollte. Tatsächlich wurde er zwei Jahre später überraschend vom Tod ereilt, ohne dass sich bei ihm auch nur eine Anwandlung zu einer Rückkehr nach Preußen gezeigt hätte.

Als Lord Keith nach langer Abwesenheit wieder in Berlin eingetroffen war, ging er den umgekehrten Weg. Friedrich war nicht ganz unbeteiligt daran, dass Georg III. diesem schließlich Pardon gewährt hatte, sodass der alte Jakobiter nach einem beinahe fünfzigjährigen Exil wieder in seine schottische Heimat zurückkehren konnte. Bei seiner Rückkehr nach Berlin nahm er erneut seinen Platz an der königlichen Tafel ein. Wenn ihn der Gesundheitszustand in seiner Bewegungsfreiheit hinderte, war es an Friedrich, ihn in seinem Domizil zu besuchen, das er ihm in der Nähe von Sanssouci zur Verfügung gestellt hatte. La Motte Fouqué wiederum war der letzte Überlebende des Rheinsberger Kreises. Nach seiner Rückkehr aus der Gefangenschaft war er regelmäßig Gast bei Friedrich, der in Gegenwart dieses im Dienst ergrauten Großmeisters des Bayardordens die Luft einer vergangenen Zeit atmete. Dass Friedrich zu äußerster Feinfühligkeit fähig war, zeigen seine Bemühungen, die Wunden, mit welchen die Unwägbarkeiten des Lebens das Schicksal des Freundes geschlagen hatten, zu lindern. Bei jeder Gelegenheit umgab er ihn mit fürsorglicher Aufmerksamkeit. Einmal machte er ihm die letzte Flasche Ungarwein aus den Schätzen im Weinkeller seines Großvaters Friedrich I. zum Geschenk, ein anderes Mal versorgte er ihn mit Trüffeln aus dem Périgord oder mit Früchten aus dem Potsdamer Obstgarten. Aber der Tod behielt schließlich die Oberhand. Gewiss tauchten im Laufe dieser Jahre neue Gesichter auf, insbesondere von Offizieren wie Anton von Krockow, General von Lestwitz, Joachim Bernhard von Prittwitz, aber keinem war es gelungen, einen jener Plätze einzunehmen, den die Verstorbenen frei gemacht hatten.

Es war nun schon mehrere Jahre her, seit Friedrich den Briefwechsel mit Voltaire wieder aufgenommen hatte. Weder der eine noch der andere hatte jemals den Streit vergessen, der zu ihrer Trennung geführt hatte. Gelegentlich einmal wagte ein Brief sogar eine Anspielung. Schließlich aber gelang es beiden, den Groll über das Vergangene zu überwinden. Ihr Briefwechsel hatte eine heitere Gelassenheit erlangt, die gewiss mit ihrem Alter zusammenhing. Damit ist jedoch nicht alles erklärt. Nun, da keiner der beiden mehr andere Erwartungen an seinen Partner stellte als das Vergnügen an einer Konversation über die Entfernung hinweg, und Freude an geistigen Dingen, wurde es möglich, dass sich die beiden Briefpartner ohne jeglichen Hintergedanken begegneten. Friedrich nutzte diesen Briefwechsel dazu, Voltaire erneut seine Bewunderung zuteil werden zu lassen; viele Briefe waren, wenn auch übertrieben, von echter Aufrichtigkeit geprägt. Obwohl er genau wusste, dass die Entfernung für ihr gegenseitiges Verständnis notwendig war, ließ er manchmal sogar Bedauern darüber anklingen, dass der große Mann nicht in Berlin geblieben war.

Friedrich mochte kurze Zeit wohl geglaubt haben, in d'Alembert den Mann gefunden zu haben, der das von Voltaire hinterlassene Vakuum ausfüllen könnte. Er dachte auch daran, ihn nach Maupertuis an die Spitze der Akademie zu stellen. Die Wege der beiden kreuzten sich im Juni 1763 in Geldern, wohin der König zur Inspektion gereist war. D'Alembert schloss sich dem König an und begleitete ihn bis nach Berlin. Friedrich überbot sich an Zuvorkommenheit und zog alle Register der Verführung, um seinen Gast zu halten. Er saß mit d'Alambert zu Tisch und unterhielt sich mit ihm bis spät in die Nacht über philosophische Themen. Ganz offenbar verfehlte dieser Charme seine Wirkung nicht. D'Alembert war von Friedrich fasziniert und sparte nicht mit Lobreden auf diese außergewöhnliche Persönlichkeit. Er wollte jedoch der Einladung nicht folgen. Abgesehen davon, dass ihn andere Aufgaben nach Paris riefen, war die Affäre mit Voltaire nicht gerade geeignet, sich auf ein enges Verhältnis einzulassen. So kurz sein Aufenthalt in Berlin auch gewesen war, so stand ihm die Begrenztheit der preußischen Gesellschaft doch klar vor Augen. Konnte man dort, wo die Kunst der Konversation unbekannt war, überhaupt von Gesellschaft sprechen? Die Abreise war denn auch von Melancholie durchtränkt. So fest sein Entschluss auch war, d'Alembert hat dennoch darunter gelitten, sich einem Freund der Philosophen verweigern zu müssen. Friedrich selbst brachte sein Bedauern mit ausgesuchter Feinfühligkeit zum Ausdruck: »Ich bin glücklicher als Diogenes gewesen, denn ich habe den Menschen gefunden, den er so lange gesucht hatte. Aber er geht und reist ab.«[326]

Friedrich machte auch im Kreis seiner Familie die Erfahrung der Einsamkeit. Der Tod begann auch dort, seine Arbeit zu verrichten. Schon das Sterben seiner geliebten Wilhelmine hatte in Friedrich eine Wunde hinterlassen, die niemals völlig heilen sollte. Zum Gedenken der Verstorbenen ließ er im Park von Sanssouci einen der Freundschaft geweihten Tempel errichten:

»Dieser Tempel«, so erklärte er Voltaire, »befindet sich in einem Wäldchen meines Gartens. Dorthin begebe ich mich oftmals, um mich an das Verlorene und auch an das Glück zu erinnern, das ich einstmals genossen habe.«[327] Im November 1765 überkam ihn mit dem Tod seiner Schwester Sophie, der Markgräfin von Schwedt, erneute Trauer, und er schrieb dazu: »Unsere Familie kommt mir vor wie ein Wald, in dem ein Sturm die schönsten Bäume gefällt hat und in dem man in Abständen die eine oder andere ästelose Tanne sieht, die nur deshalb noch von ihren Wurzeln gehalten zu werden scheint, damit sie den Fall ihrer Leidensgenossen und die Schäden und Verwüstungen, die der Orkan angerichtet hat, beobachtet.«[328] Diese Anwandlungen des Trübsinns können allerdings kaum überraschen, wenn man die sehr illustrative Beschreibung heranzieht, die er kurz zuvor über seine Brüder und Schwestern abgegeben hatte. Ulrike hatte er anvertraut, dass »Schwester Ansbach« (Friederike Luise) sich dem »völligen Ruin« nähere und dass seine »Schwester Braunschweig« (Philippine Charlotte) ihre Zähne verloren habe. Seine »Schwester Schwedt« (Sophie) leide unter Wassersucht. Der armen Amalie gehe es kaum besser, obwohl sie sich in Aachen einer Kur unterzogen habe. Heinrich sei ein Hypochonder und Ferdinand, der Benjamin unter seinen Brüdern, nur in Abständen bei guter Gesundheit.

Mit seinen Brüdern und Schwestern unterhielt Friedrich Beziehungen, die keineswegs ohne Spannungen verliefen. Als Familienoberhaupt übte er eine nicht immer akzeptierte Autorität über sie aus. Von seinen Schwestern war Amalie als einzige unverheiratet geblieben. Die übrigen Prinzessinnen gingen Ehen ein, durch die sie an andere Höfe gelangten, und damit in Positionen, die es nicht erlaubten, sie lediglich als Mittel der preußischen Politik einzusetzen. Friedrich tat sich schwer damit, dies einzusehen. Er war schon ungehalten mit seiner Schwester Wilhelmine umgegangen, als ihm klar wurde, dass sie in ihrer Eigenschaft als Markgräfin von Bayreuth Verständnis für die österreichischen Interessen aufbrachte. Ulrike machte die gleiche Erfahrung. Friedrich schätzte es keineswegs, dass Adolf Friedrich, ihr Gatte, und danach Gustav III., ihr Sohn, darangingen, Schweden von der russischen Schirmherrschaft zu befreien. Solche Maßnahmen standen in Widerspruch zur Ausrichtung der preußischen Diplomatie, die sich nach der Rückkehr zum Frieden zur Regel machte, gute Beziehungen zu Russland zu unterhalten, und in diesem Sinne 1764 sogar einen Bündnisvertrag mit St. Petersburg schloss. Der schwedische König ignorierte jedoch die Vorstellungen Friedrichs, die dieser durch seine Schwester Ulrike, die Königinmutter, übermitteln ließ. Die Wiedereinrichtung des Absolutismus, die Gustav III. 1772 in einem Staatsstreich gegen die Aristokratie durchsetzte, gab der Königsmacht die Mittel für eine unabhängige Politik in die Hand.

Die Beziehungen Friedrichs zu seinem Bruder Heinrich sind nie gut gewesen. Sie verbesserten sich auch im Alter nicht. Heinrich bewahrte gegenüber dem König einen tief sitzenden Groll. Da er ihm nach wie vor die Schuld am Tod von August Wilhelm gab, hat er ihm niemals Verzeihung gewährt. Seine Verweigerung wollte er sogar verewigen. Diesen Sinn sollte der Obelisk zum Ausdruck bringen, den er 1791, fünf Jahre nach dem Tod Friedrichs, im Park von Rheinsberg, gegenüber dem Schloss, errichten ließ:

> »À l'éternelle victoire d'Auguste-Guillaume,
> Prince de Prusse,
> deuxième fils du roi Frédéric-Guillaume.«

> »Dem ewigen Sieg von August Wilhelm
> Prinz von Preußen,
> zweiter Sohn des Königs Friedrich Wilhelm.«

Diesem Denkmal fehlt jeglicher Hinweis auf Friedrich. Doch darauf beschränkte sich die Provokation *post mortem* keineswegs. Der Sockel des Obelisks zeigt 28 Medaillons, die Soldaten gewidmet waren, die sich im Siebenjährigen Krieg ausgezeichnet hatten. Man darf bestimmt keinen Zufall darin sehen, wenn der Auftraggeber des Monuments mehrere Offiziere, die dem Zorn des Königs verfallen waren, zum Gegenstand seines ehrenden Gedenkens machte. Dazu fügt sich eine weitere Botschaft. Im Gegensatz zur herrschenden Auffassung sah Heinrich seinen ältesten Bruder keineswegs als großen Feldherrn an, denn er beurteilte dessen Art der Kriegführung als zu impulsiv und in Hinblick auf die Zahl der Opfer als unverhältnismäßig kostspielig. Der Obelisk von Rheinsberg gibt zu erkennen, dass er von seinem Urteil nicht abgerückt ist.

Heinrich nährte Friedrich gegenüber Gefühle, in denen Hass und Neid nahe beieinander lagen. Und weil er glaubte, selbst ein hervorragender Stratege zu sein, litt er darunter, dass er in die zweite Reihe abgedrängt worden war und sich nicht voll zur Geltung hatte bringen können. Friedrich wiederum hat nie versäumt, die Verdienste seines Bruders zu würdigen und seinen Beitrag zum schließlich errungenen Sieg anzuerkennen. Wir müssen davon ausgehen, dass er dies nicht lediglich aus Höflichkeit oder Opportunität getan hat. Nach dem Friedensschluss sah sich Heinrich keineswegs auf repräsentative Aufgaben beschränkt. Ende 1770 wurde ihm ein deutliches Zeichen der königlichen Wertschätzung zuteil. Friedrich betraute ihn mit der Aufgabe, die Verhandlungen mit Zarin Katharina, der neuen Verbündeten Preußens, über die Lösung der polnischen Frage zu führen.

Sechzehntes Kapitel
Preußen als neue europäische Macht

Die Erfordernisse des »rétablissement«, also des Wiederaufbaues, besaßen unmittelbar nach dem Siebenjährigen Krieg zwar Vorrang, vermochten jedoch keineswegs die Aufmerksamkeit Friedrichs von der Außenpolitik abzulenken. Dies hätte allein schon einen gedanklichen Widerspruch für ihn dargestellt. Ein derartiger Schritt zurück wäre unvereinbar mit dem Status als europäische Macht, den Preußen durch die Schlesischen Kriege errungen und nach dem jüngsten Konflikt gefestigt hatte. Die mit der Nachkriegszeit eröffnete neue Phase machte nach Friedrichs Auffassung ein neues diplomatisches System erforderlich. Er hatte schon mit zwei Bündnissen Erfahrungen gesammelt. Ein jedes hatte sich aus dem jeweiligen Zwang der Umstände ergeben, und beide gehörten nun der Vergangenheit an. Ein Bündnis mit Ludwig XV. stand nicht zur Debatte. Das 1756 von Frankreich und Österreich gebildete Paar hatte den Herausforderungen des Krieges standgehalten. Für Friedrich kam, obgleich wieder Friede war, eine Versöhnung mit Wien nicht in Frage. Das war auch Grund genug, eine Neuorientierung gegenüber Versailles auszuschließen. Das Bündnis mit England war in der letzten Phase des Krieges auseinandergebrochen. Er nahm diese Auflösung, die bei ihm einen bitteren Geschmack hinterließ, zur Kenntnis und hegte nicht den Wunsch, eine Erneuerung anzustreben. Dies erläuterte er kurz und bündig: »Die unwürdige und treulose Haltung Englands am Ende des letzten Krieges führte zum Bruch des Bündnisses, welches wir mit ihm eingegangen waren.«[329] Blieb noch Russland, das vordem zur feindlichen Koalition gezählt hatte. Nach dem Zwischenspiel Peters III. wurde diese von Katharina jedoch nicht erneuert, womit der Weg für eine Annäherung geebnet war. Eine solche entsprach dem Wunsche Friedrichs, der die Entscheidung traf, sich Russland zuzuwenden. Dafür hatte er gute Gründe.

Das Bündnis von 1764

Es war unausweichlich, dass der rasche Aufstieg der russischen Macht Friedrich vor schwer wiegende Probleme stellte. In seinem »Politischen Testament« von 1752 hatte er Russland noch nicht unter die natürlichen Feinde Preußens eingeordnet. Wenn es sich dem feindlichen Lager anschließen sollte, dann nicht aus grundsätzlichen Machtgegensätzen, sondern wegen der persönlichen Machtgelüste eines Ministers oder wegen feindseliger Palastintrigen. Friedrich spielte die russische Bedrohung dennoch keineswegs herunter. Schon 1746 stellte er fest: »Von allen Nachbarn Preußens ist das Russische Reich der gefährlichste, sowohl durch seine Macht, wie durch seine räumliche Lage.«[330] Der Siebenjährige Krieg hat ihn in dieser Hinsicht nur noch bestärkt. Friedrich unterließ es in seinen Briefen nicht, das barbarische Verhalten der russischen Heere zu brandmarken. Abgesehen davon hatte sich Russland als äußerst ernst zu nehmender militärischer Gegner erwiesen. Friedrich verdankte ihm seine furchtbarste Niederlage. Warum sollte ihm das nicht als Lehre für die Zukunft dienen? Schließlich blieb das Vordringen Russlands nach Westen nach wie vor beunruhigend. Zwar hatte es Ostpreußen zurückgegeben, richtete seinen begehrlichen Blick dafür aber um so mehr auf Polen und hatte den festen Willen, dieses Land unter seine Herrschaft zu bringen. Preußen musste über diese Absicht alarmiert sein, und zwar umso mehr, als die Eroberung Schlesiens die gemeinsamen Grenzen mit Polen noch verlängert hatte.

Friedrich rechnete sich aus, dass es in der Natur der Dinge läge, dass die russische Macht stets auf Vergrößerung aus war, indem sie ihre wichtigsten Trümpfe, Raum und Bevölkerung, ausspielte. Während sich Russland einerseits in der Lage sah, Krieg über seine Grenzen hinweg zu führen, konnte es andererseits jeden Angreifer verschlingen, der die Absicht haben sollte, Russland auf seinem Territorium zu schlagen. Was für eine andere Lehre hätte man denn sonst aus dem Beispiel Karls XII. ziehen können? So genial der Schwedenkönig auch gewesen war – er hatte Friedrich übrigens unaufhörlich fasziniert –, es hatte dennoch nicht ausgereicht, den unermesslichen russischen Raum unter seine Kontrolle zu bringen. Nach glänzenden Anfangserfolgen hatte sein Feldzug in einem völligen Debakel geendet. Der demographische Aspekt verlieh der russischen Bedrohung zusätzliches Gewicht. 1760 zählte das Zarenreich um die 27 Millionen Einwohner. Im Verhältnis zu Preußen war das denn doch ein beachtlicher Vorsprung. In seinem Testament von 1786 hatte Friedrich vorausgesagt, dass die russische Bevölkerung sich in jedem Jahrzehnt um gut zehn Millionen vermehren werde.

314

Angesichts dieser Überlegungen und der neugestalteten Beziehungen der europäischen Mächte bedurfte es nicht viel, um Friedrich davon zu überzeugen, dass es für Preußen mit höchstem Risiko verbunden wäre, eine konfliktbeladene Beziehung mit Russland zu unterhalten. Bei näherer Betrachtung gelangte er daher zu dem Schluss, dass ein Bündnis mit Russland notwendig wäre. Gefühle zählten verständlicherweise bei dieser Entscheidung überhaupt nicht. Friedrichs Sympathie für Katharina II. war keinesfalls gewachsen. Zu keiner Zeit brachte er ihr die Bewunderung entgegen, die er für seine große Rivalin Maria Theresia hegte. Jenseits der offiziellen Beziehungen beurteilte er die Zarin, um mit Kaunitz zu sprechen, als »ausgesprochen hochmütig, ausgesprochen ehrgeizig und ausgesprochen eitel.«[331] Dessen ungeachtet war Friedrichs Politik jedoch auch hier von den Interessen Preußens bestimmt. Er wandte den Umständen entsprechend das während jener Jahre so manches Mal wiederholte Prinzip an, dass man sich mit dem mächtigsten Nachbarn verbünden müsse, um zu vermeiden, von ihm die Schläge versetzt zu bekommen, die man selbst diesem nicht beibringen konnte.

Nun musste auch noch Katharinas Interesse für das Bündnisvorhaben gewonnen werden. Die Tatsache, dass Katharina nicht lange in einer Position des Sich-Verweigerns verharrte, ist unter dem Aspekt der polnischen Frage zu sehen, die für sie sehr schnell zu einer vordringlichen Angelegenheit wurde.

Gewiss, die Nachfolge Augusts III. stand noch nicht an, aber seine schwankende Gesundheit gab zu bedenken, dass sich das Problem in naher Zukunft stellen konnte. Katharina bereitete sich schon sehr früh auf diesen Zeitpunkt vor. Sie zielte auf nichts weniger ab als auf die Errichtung eines russischen Protektorates über Polen. In Stanislaus August Poniatowski, einem Neffen des Fürsten Czartoryski, der aber auch ein ehemaliger Liebhaber Katharinas war, hatte sie sogar einen Kandidaten für den polnischen Thron *in petto*.

Der Tod des Kurfürsten August III. am 5. Oktober 1763 beschleunigte den Lauf der Ereignisse. Dies umso mehr, als zwei Monate später auch sein Erbe Friedrich Christian eines frühen Todes starb, womit die sächsische Partei eine weitere Schwächung erlitt. Als Katharina sah, wie die Gegnerschaft Frankreichs und Österreichs gegen den von ihr favorisierten Kandidaten den Höhepunkt erreichte, entschloss sie sich, auf die Angebote Friedrichs einzugehen. Nach zweimonatigen Verhandlungen fand die Angelegenheit am 11. April 1764 ihren Abschluss. Die Übereinkunft nahm die Form eines defensiven Bündnisvertrages für die Dauer von acht Jahren an. Die beiden Vertragsparteien garantierten sich gegenseitig ihren Besitz. Diese Bestimmung stellte für Friedrich einen enormen Vorteil dar, weil er ihn der russischen Unterstützung gegen jeglichen österreichischen Angriff auf Schlesien versicherte. »Im Konfliktfall bestünde die Hilfe in der Entsendung eines Expeditionskorps mit einer Stärke von zehntausend Mann Infanterie und zweitausend Mann Kavallerie. Für Kriegseinsätze an den Außengrenzen der beiden Staaten sollte die militärische Intervention durch Anweisung von Subsidien in Höhe von vierhunderttausend Rubel ersetzt werden.«[332] Diese Bestimmung sollte insbesondere vermeiden, dass Preußen in einen Krieg gegen das Osmanische Reich verwickelt werden konnte, was seinen Interessen in keiner Weise entsprochen hätte.

Das Abkommen enthielt auch eine wichtige Bestimmung hinsichtlich Polens, ohne die es übrigens nicht geschlossen worden wäre. Friedrich hatte sehr früh schon festgestellt, dass Katharina hier ihre Priorität setzte. Die Absichten, die Russland hinsichtlich Polens hegte, versetzten Friedrich gewiss in Unruhe. Aber war es nicht das beste Mittel, jedwede Besorgnis in Zaum zu halten, indem er sich mit einem verbündeten Russland die Vorherrschaft über dieses Land teilte? Friedrich brauchte sich im Übrigen gar keinen Zwang aufzuerlegen, sich auf diesen politischen Weg zu begeben. Er hatte schon immer das tiefste Misstrauen gegen die Polen gehegt, die er mit den härtesten Ausdrücken beschrieb, und zwar als »stumpfsinnige Masse und dafür geschaffen, von denen angeführt zu werden, die sich die Mühe machen, sie zu täuschen« oder sogar als »Schwachköpfe, die dem dümmsten Aberglauben anhängen, und Menschen, die zu allen Verbrechen fähig sind, welche Feiglinge verüben können.«[333] Außerdem war er schon seit langem zu dem Schluss gelangt, dass nach der Einverleibung Schlesien die Vergrößerung Preußens auf Kosten Polens erfolgen werde. In einem Geheimvertrag kamen die beiden Parteien darin überein, Stanislaus August Poniatowski auf den Thron zu bringen, oder noch besser, ihm eine einstimmige Wahl zu sichern. Falls sich jedoch eine Opposition herausbilden und diese sich gar mit Waffengewalt dem neugewählten König widersetzen sollte, dann wollten sie gemeinsam für deren Unterdrückung sorgen. Preußen seinerseits würde sich darauf beschränken, Truppen an der polnischen Grenze zu massieren. Dafür sollte es für den Fall, dass die Gegner des neuen Königs die Waffenhilfe einer ausländischen Macht gewännen, sein militärisches Engagement ausweiten und mit einem Kontingent von 20 000 Mann eingreifen. Der Bündnisvertrag erweiterte seine Stoßrichtung um Schweden, wobei Friedrich trotz seiner verwandtschaftlichen Bindungen zusagte, die diesbezüglichen russischen Interessen zu unterstützen.

Der erste Teil des Planes verlief zur Zufriedenheit der beiden Komplizen. Weder Frankreich noch Österreich wünschten eine kriegerische Auseinandersetzung, denn sie hatten sich noch nicht vom Siebenjährigen Krieg erholt. In Polen selbst zogen es die Gegner Russlands vor, dem Reichstag fernzubleiben und somit den Anhängern von Stanislaus August Poniatowski freie Hand zu lassen. Als einziger Thronkandidat wurde er denn auch am 7. September 1764 zum König gewählt, und zwar einstimmig. Diese Wahl stand allerdings unter intensivem Druck. Mit Sicherheit hat der Einmarsch russischer Truppen in das Land, verbunden mit dem Kauf gewisser Wählerstimmen, das erwünschte Ergebnis herbeigeführt.

Die erste polnische Teilung

In den Augen Friedrichs bedeutete das Bündnis von 1764 zunächst einmal, dass die russisch-österreichische Allianz zu Grabe getragen wurde, gegen die er einmal bis zur Erschöpfung hatte kämpfen müssen. Obgleich er die Absichten Katharinas kannte, hoffte er, über ihre Umgebung Einfluss auf sie ausüben zu können, um sie zur Mäßigung zu bewegen. Und tatsächlich waren, wie nur allzu oft, die beiden Monarchen mit Hintergedanken in das Bündnis eingetreten, die sich nicht nur nicht deckten, sondern sich in vielen Punkten sogar widersprachen. Im Übrigen strebte Russland danach, sich zum vorrangigen Vertragspartner aufzuwerfen. Auf die Initiative des Grafen Panin, des neuen Leiters der russischen Diplomatie, sollte Preußen in eine große nordische Allianz, erweitert um Dänemark, Schweden und sogar um England, einbezogen werden. Damit wäre eine Koalition auf die Beine gestellt, die sich dem Bündnis katholischer Mächte, das Frankreich, Spanien und Österreich umfasste, entgegenstellen konnte.

Das hätte bedeutet, dass sich das Bündnis Zielen verschrieben hätte, die weit über die Linie hinausgingen, die Friedrich zu überschreiten bereit war. Er hatte nicht die geringste Lust, sich für eine Koalition zu verbürgen, in der er nicht mehr der privilegierte Partner Russlands sein würde. Außerdem fand das Vorhaben, London in die nordische Allianz einzubeziehen, in ihm einen entschlossenen Gegner. Er hatte allzu schlechte Erinnerungen an seinen englischen Bundesgenossen zurückbehalten und hütete sich vor einem neuen Experiment dieser Art. Sein Urteil ist ebenso lapidar wie kategorisch: »Die Engländer sind falsche Schlangen«, vertraute er dem englischen Gesandten an.[334] Er erkannte außerdem, dass er bei einem um England erweiterten Bündnissystem Gefahr liefe, in einen Krieg mit Frankreich und vielleicht sogar mit Spanien hineingezogen zu werden, was mit den preußischen Interessen in keiner Weise vereinbar war.

Es lag in der Natur der Allianz von 1764, Russland in Polen freie Hand zu lassen. Friedrich hoffte zumindest, dass Katharina sich dabei taktvoll verhalten werde. Nun wurde ihm sehr schnell klar, dass die Zarin gar nicht erst den Schein zu wahren versuchte, sondern den neuen König auf den Rang eines bloßen Befehlsempfängers herabzustufen trachtete. Stanislaus August, der mehr und mehr zum Herrscher über ein Schattentheater absank, war nicht dabei, als sich der katholische Adel in der Konföderation von Bar zusammenschloss, die sich im März 1768 mit dem Ziel vereinigte, das polnische Vaterland von der russischen Besetzung zu befreien. Diese Aufstandsbewegung wurde von Frankreich und dem Osmanenreich unterstützt, die beide von der Expansion der russischen Macht beunruhigt waren. Angesichts dieser doppelten Intervention erlangte die polnische Frage eine neue Dimension. Bald danach folgte eine weitere Sprosse auf der Stufenleiter der Eskalation. Im Oktober des gleichen Jahres wurde der Konflikt weiter internationalisiert, als das Osmanische Reich, von seinem französischen Verbündeten angestachelt, Russland den Krieg erklärte.

Friedrich verfolgte den Ablauf dieser Ereignisse mit Unruhe. Obwohl er lange Zeit zugelassen hatte, dass sich die Russen in Polen einen beherrschenden Einfluss sicherten, wollte er es doch nicht dulden, dass sie dort ihr privates Jagdrevier errichteten. Andererseits tat er sich schwer damit, seine Vorbehalte, die sich durch die Brutalität der russischen Methoden verstärkt hatten, zu verbergen. Das rücksichtslose Vorgehen der Russen hatte nicht das gewünschte Ergebnis erbracht, sondern Auflehnung bis hin zum bewaffneten Widerstand provoziert. Friedrich kam bei alledem den Verpflichtungen nach, die sich für ihn aus dem Vertrag von 1764 ergaben, und wies daher Katharina die für eine solche Situation vorgesehenen Subsidien an. Obwohl er nicht vorhatte, sein Engagement zu erweitern, musste er jedoch fürchten, dass dieser Krieg, wenngleich er fern von den herkömmlichen Kriegsschauplätzen stattfand, nicht begrenzt blieb. Schon hatten sich Frankreich und die Türkei in den Konflikt gestürzt, der eine Kettenreaktion auszulösen und Europa in Brand zu setzen drohte.

Auf dieser Ebene schließlich konnten Preußen und Österreich nach so vielen Jahren der Auseinandersetzungen schließlich gemeinsame Interessen entdecken. Die Voreingenommenheit Maria Theresias gegenüber Friedrich war keineswegs gewichen. Aber, was es sie auch an Überwindung kosten mochte, sie war im Stande, den Fakten Rechnung tragen, denn sie teilte die Einschätzung ihres alten Feindes hinsichtlich der russischen Expansionspolitik. Zudem wurde sie seit dem Tode ihres Gatten Franz Stephan im August des Jahres 1765 von ihrem ältesten Sohn, dem jungen Kaiser Joseph II., als Mitregent unterstützt. Der Thronfolger wollte sich aber keineswegs mit einer unselbständigen Statistenrolle begnügen; er trachtete vielmehr danach, der österreichischen Außenpolitik sein Siegel aufzuprägen. Er sah Friedrich mit

Die Begegnung Friedrichs des Großen und Kaiser Josephs II. in Neiße (April 1769).
Gemälde von Adolph von Menzel.

anderen Augen als Maria Theresia. Als Kaiser und als Philosoph war er fasziniert von der Persönlichkeit des Preußenkönigs, ohne jedoch die Konflikte,
welche die beiden Staaten trennten, aus den Augen zu verlieren. Und
schließlich war er von großem Ehrgeiz beseelt und brannte darauf, die
Habsburger Monarchie um neue Eroberungen zu vergrößern.

Dieser junge Herrscher von 29 Jahren, der vor Selbstbewusstsein strotzte,
sollte also Friedrichs Partner werden. Beide waren übereingekommen, in
der Zeit vom 25. bis 27. August zu Neiße, im preußischen Teil Schlesiens,
zusammenzutreffen. Damit sollte bekundet werden, dass der Streit über das
Geschick dieser Provinz beigelegt sei. Dennoch wünschte Friedrich nicht,
diese Gespräche mit einem Dokument zu besiegeln und damit der österreichisch-preußischen Annäherung einen offiziellen Charakter zu geben. Ein
solcher Schritt wäre nach seiner Auffassung verfrüht. Sein Misstrauen
gegenüber Habsburg wer keineswegs wie von Zauberhand verflogen. Vor
allem jedoch konnte von einem Bündniswechsel Preußens nicht die Rede
sein. Friedrich hatte der Zarin soeben vorgeschlagen, Verhandlungen mit

dem Ziel aufzunehmen, schon jetzt die Allianz von 1764 zu überarbeiten. Er hatte auch einen Versuchsballon gestartet, indem er eine Teilung Polens vorschlug, an welcher auch Österreich seinen Anteil erhalten sollte. Graf Panin allerdings schenkte diesem Plan zunächst keine Beachtung. Zu diesem Zeitpunkt versuchte Friedrich vor allem, Druck auf die Russen auszuüben. Dafür gab es kein besseres Mittel, als ihnen zu verstehen zu geben, dass er, falls erforderlich, auch noch andere Karten in der Hinterhand halte. Über diesen Punkt hinaus wollte er aber die Angelegenheit nicht weiter betreiben. Er verweigerte sich auch der Absicht Josephs II., von ihm eine Neutralitätserklärung zu erlangen, die Preußen in die schiefe Lage eines Gegensatzes zu seinem russischen Verbündeten hätte bringen können.

Unter diesen Umständen konnte Joseph eigentlich nur mit Enttäuschung auf die mageren Ergebnisse dieses Herrschertreffens reagieren. Obwohl ihn das persönliche Gespräch mit Friedrich beeindruckt hatte, ist das Bild, das er seiner Mutter von ihm entwarf, von ausgeprägter Zurückhaltung geprägt: »… ein Genie und ein Mann, von großer Sprachgewalt«, kennzeichnete er ihn, »aber jeder seiner Vorschläge lässt eine Hinterlist vermuten.«[335] Zweifelsohne schreibt er hier das, was Maria Theresia gerne hören wollte, und weil Joseph das wusste, hat er nicht versäumt, diesen vernichtenden Zusatz anzuhängen. Friedrich seinerseits hatte ein ausgewogenes Urteil von der Persönlichkeit des jungen Kaisers gewonnen, dessen unbezweifelbaren Qualitäten er anerkannte. Aber er spürte dessen Ungeduld. Später sollte er einmal schreiben: »Dieser junge Mann trug eine Freimütigkeit zur Schau, die ihm natürlich erschien. Sein liebenswürdiger Charakter zeigte Offenheit, die sich mit viel Lebenslust verband. Er hatte zwar den Wunsch zu lernen, nicht jedoch die Geduld, sich belehren zu lassen. Seine Größe machte ihn oberflächlich. Was jedoch seinen Charakter mehr als alles andere kennzeichnete, waren die Gesichtszüge, die er trotz aller Bemühungen nicht unter Kontrolle hatte und die seinen maßlosen, brennenden Ehrgeiz enthüllten.«[336] Er hatte auch den Eindruck, dass sich Joseph dem Plan einer Teilung Polens nicht in den Weg stellen würde, wenn dieses Projekt eines Tages aus der Schublade gezogen werden sollte. Eine unmittelbare Wirkung erbrachte das Treffen von Neiße schließlich doch noch. Kaum zwei Monate später wurde der Bündnisvertrag zwischen Berlin und St. Petersburg auf 1780 verschoben. Es kann kein Zweifel darüber bestehen, dass Friedrichs Gespräche, die er unter vier Augen mit Joseph II. führte, die Zarin zu dem Entschluss gebracht haben, die Auflösung des Abkommens zu beschleunigen.

Als sich die beiden Herrscher im darauf folgenden Jahr am 3. September 1770 im mährischen Neustadt erneut trafen, hatte sich der Gang der Ereignisse mit großen Schritten beschleunigt. Nachdem die russische Armee die

Türken besiegt hatte, drang sie in das Fürstentum Moldau ein und sah die Möglichkeit, von hier aus auf Istanbul zu marschieren. Und es kam noch Ungewöhnlicheres dazu: Die russische Flotte hatte vom Wohlwollen Englands profitiert, stieß unter Graf Orlow ins Mittelmeer vor und zerstörte anschließend in der Ägäis, nahe der Insel Chios, die osmanische Flotte. Nach diesen Siegen sah sich Katharina in der Position, dem Sultan ihre Friedensbedingungen zu diktieren.

Fürst Kaunitz, der diesmal bei der Zusammenkunft der beiden Herrscher dabei war, legte zwar eine Liste von zehn Punkten vor, die seiner Auffassung nach als Charta der neugestalteten österreichisch-preußischen Beziehungen dienen konnte. Aber das Gipfeltreffen war vom derzeitigen Krieg überschattet. Man kam darin überein, dass Friedrich bei Katharina vorstellig werden sollte, um der Zarin die guten Dienste der beiden Monarchien anzubieten, ohne ihr zu verbergen, dass Wien nicht tatenlos bleiben könnte, wenn die russischen Maßnahmen drakonische Ausmaße annähmen. Diese unverzüglich unternommene Demarche war nicht nach dem Geschmack der Zarin, die diesen Vorstoß harsch zurückwies. Sie zeigte sich bereit, anstelle einer persönlichen Zusammenkunft einen Gesandten Friedrichs zu empfangen. Da Prinz Heinrich seiner Schwester Ulrike in Stockholm ohnehin einen Besuch abstatten wollte, konnte er seine Reise ja auch bis nach St. Petersburg ausdehnen.

Und so sollte das Ganze ablaufen: Heinrich hatte also seinen Bruder bei der Zarin zu vertreten. Diese schien zunächst Eile zu haben, mit ihm ins Gespräch zu kommen, aber obwohl ihm ein ausgesprochen freundlicher Empfang bereitet worden war, musste er sich mehr als zwei Monate gedulden, bis sie ihm ihre Bedingungen mitteilte. Über ihren territorialen Gewinn im Kaukasus hinaus verlangte sie von den Türken, dass sie sich von der Krim zurückzogen und vor allem die Fürstentümer Moldau und Walachei räumten. Diese russischen Expansionswünsche bargen tatsächlich die Gefahr, dass Feuer an die Lunte gelegt wurde. Das Bestreben, die beiden Donaufürstentümer aus dem Osmanischen Reich herauszulösen, war für die Österreicher wie ein rotes Tuch. Als Friedrich das Antwortschreiben Katharinas öffnete, vertraute er seinem Bruder an, habe er den schmerzhaften Eindruck gehabt, es würden ihm Hörner wachsen.[337] Es war unübersehbar, dass die Zarin nicht auf die Ratschläge zur Mäßigung gehört hatte, die er an sie verschwendet hatte. Und nun sah er das Gespenst eines großen Krieges auf sich zukommen, und er lehnte es ab, sich in einen solchen hineinziehen zu lassen.

Ein österreichischer Vorstoß sollte jedoch erlauben, aus dieser schwierigen Situation wieder herauszukommen, indem man sich auf die polnische

Frage konzentrierte. Im Laufe des Sommers 1769 hatten österreichische Soldaten ein paar Quadratkilometer polnischen Territoriums, das an Ungarn grenzte, in Besitz genommen. Zur Durchführung dieser Operation hatte Wien alte Schriftstücke hervorgezogen, durch die althergebrachte Rechte der ungarischen Krone auf diese Gebiete bestätigt wurden. Diese Sache wäre bedeutungslos geblieben, wenn Österreich sich nicht im Juli 1770 entschlossen hätte, das besetzte Gebiet zu erweitern. Katharina war weit entfernt davon, Anstoß an dieser Expansion zu nehmen. Sie nahm den Ball im Flug auf und warf ihn mit einem Scherz zurück: »Preußen und Russland sollten sich an Österreich ein Beispiel nehmen!« Friedrichs erste Reaktion darauf war von Vorsicht und Skepsis zugleich geprägt. Sollte es sich dabei um mehr als bloße Grenzbegradigungen handeln, dann wäre es nicht mehr möglich, den anstehenden Krieg aufzuhalten. Friedrich würde sich nicht mit weniger als Westpreußen zufrieden geben. Im Übrigen musste er sich, bevor er weiter darauf einging, erst einmal ein klares Bild verschaffen und Gewissheit erlangen, dass die Vorschläge Katharinas tatsächlich einen Zielwechsel der russischen Diplomatie zum Ausdruck brachten. Denn bis vor kurzem noch hatte sie auf der Integrität Polens beharrt, um sich auf diese Weise das Monopol ihres Einflusses zu sichern. Diese Frage verdiente umso mehr Beachtung, als mehrere Ratgeber der Zarin, darunter Panin, diese politische Linie weiterhin zu verteidigen versuchten.

Friedrich bewahrte diese Zurückhaltung jedoch nicht mehr lange. Heinrich konnte ihn nach seiner Rückkehr aus St. Petersburg in den letzten Februartagen des Jahres 1771 davon überzeugen, seine Haltung zu überdenken. Dieses neuerliche Zusammengehen eröffnete den Weg zu einer Teilungslösung. Das schwerwiegendste Hindernis blieb dabei das Los der Donaufürstentümer. Die Sorge darum, dass Russland sie in Besitz nehmen könnte, führte dazu, dass Österreich mit dem Eingreifen einer in Ungarn stationierten Armee von 60 000 Mann drohte. Die Russen nahmen die Drohung einer Intervention, welche die Gefahr einer Veränderung des Kräfteverhältnisses hätte herbeiführen können, schließlich ernst. Sie entschlossen sich umso leichter dazu, als Maria Theresia ihre Absicht kundtat, die von Russland gestellten Bedingungen bei der Hohen Pforte als Gegenleistung für den Verzicht auf die Fürstentümer zu unterstützen.

Nach diesem Rückzieher Russlands wurde nach einer Übereinkunft auf Kosten Polens gesucht. Es trifft zwar zu, dass Maria Theresia einer Teilungsregelung abgeneigt war. Sie sah darin einen schwer wiegenden Verstoß gegen die Regeln der zwischenstaatlichen Moral. Aber wenn eine solche Teilung unvermeidlich werden sollte, dann wäre es vielleicht möglich, die Ehre Österreichs zu wahren, indem es sich nicht daran beteiligte. In einem sol-

Heinrich, Prinz von Preußen, wichtiger Helfer, aber auch scharfer Kritiker seines Bruders. Gemälde von Anna Dorothea Therbusch.

chen Fall jedoch würde Maria Theresia ihre Selbstverleugnung nicht so weit treiben, dass sie sich einen Ausgleich versagen würde, den sie mit der Rückkehr der Grafschaft Glatz und eines Teiles von Schlesien unter die habsburgische Souveränität nachhaltig ins Auge fasste. Diese Lösung hatte lediglich den einen Fehler, dass sie für Friedrich unannehmbar war. Als ihm dieser Vorschlag vom österreichischen Gesandten überbracht worden war, wischte er ihn geistreich vom Tisch: »Ich habe die Gicht in den Beinen, einen solchen Vorschlag könnte man mir aber nur machen, wenn ich die Gicht im Kopf hätte. Es handelt sich doch um Polen und nicht um meine Staaten.«[338]

Diese Angelegenheit fand einige Tage später, am 17. Februar 1772, ihren Abschluss mit einem ersten Abkommen über die partielle Aufteilung Polens zwischen Preußen und Russland. Österreich trat ihm schließlich am 5. August desselben Jahres ebenfalls bei. Man hatte zuvor das Widerstreben Maria Theresias überwinden müssen, die mit unüberhörbarem Vorwurf ihren Sohn bescheinigte, in der Handhabung dieser Krise Methoden angewandt zu haben, die sich am preußischen Vorbild orientiert hätten. »Das alles«, merkte sie an, »ist daraus hervorgegangen, dass man sich zum Ziel gesetzt hatte, Gewinn aus dem Krieg zwischen der Hohen Pforte und Russland zu ziehen, um unsere Grenzen, an die man vor dem Krieg nicht gedacht hatte, zu erweitern. Man wollte nach preußischer Manier handeln, und wollte zugleich den Anschein der Ehrenhaftigkeit wahren.«[339] Und an die Adresse von Kaunitz gewandt: »Ich verstehe die Politik nicht, die zulässt, dass in einem Falle, in welchem zwei ihre Überlegenheit ausnutzen, um einen Unschuldigen zu unterdrücken, der Dritte allein wegen der Voraussicht, und weil es sich gegenwärtig so fügt, das gleiche Unrecht nachahmen kann und darf. Das halte ich für untragbar.«[340]

Friedrich und Katharina waren in keiner Weise von derartigen Skrupeln geplagt. Sie sahen darin sogar einen Anlass, sich über Maria Theresia lustig zu machen. Die Worte Friedrichs sind bekannt: »Je mehr sie weinte, desto mehr nahm sie.« Erst nachdem sie lange Zeit nach einer anderen Lösung gesucht hatte, entschloss sie sich, schweren Herzens zwar, der Mitwirkung Österreichs an der Zerstückelung Polens zuzustimmen. Bei dieser Teilung kam jede der drei beteiligten Mächte auf ihre Kosten. Katharina eignete sich Weißrussland bis zum Dnjepr und zur Düna an, und Österreich nahm sich das größte Stück von Galizien. Friedrich wiederum hatte allen Grund zur Zufriedenheit. Mit Ausnahme von Danzig und Thorn riss sich Preußen alle Territorien unter den Nagel, auf die es ein Auge geworfen hatte. Es annektierte den größten Teil von Westpreußen mit dem Bistum Ermland sowie Pommerellen und die Woiwodschaften Marienburg und Kulm. Mit dieser Inbesitznahme wurde endlich die territoriale Verbindung zwischen dem Kern des Königreiches und Ostpreußen hergestellt. Ganz im Gegensatz zu dem Ziel, das sich Friedrich gesetzt hatte, war ihm zwar Danzig entgangen. Aber da nunmehr das Mündungsdelta der Weichsel unter seiner Kontrolle stand, schien diese Erwerbung ohne jeden Zweifel nur noch eine Frage der Zeit zu sein. Der wichtige Ostseehafen sollte ihm dann wie ein reifer Apfel in den Schoß fallen.

Wenn wir uns allein an die Zahlen halten, dann erbrachte die erste polnische Teilung keineswegs die »gleichmäßige Vergrößerung für alle Nachbarn Polens«, wie Friedrich gefordert hatte. Die von Russland und Österreich eingenommenen Gebietsteile umfassten jeweils mehr als das Doppelte der Fläche im Vergleich zu den preußischen. Die Erwerbungen Russlands entsprachen 12,7 % des polnischen Territoriums und brachten 1 300 000 Bewohner ein. Österreich wiederum vergrößerte sich um 11,8 % des polnischen Gebietes mit 2 130 000 Menschen. Im Vergleich mit seinen Partnern gestaltete sich der Gewinn Preußens weitaus bescheidener, nämlich mit 5 % polnischen Territoriums und 580 000 Einwohnern. Friedrich war gewiss nicht in Stand gesetzt, dem Ausgreifen Russlands entgegenzutreten. Der Gebietszuwachs Österreichs brachte viel ein. Dieser Territorialgewinn muss allerdings relativiert werden. Während Galizien an der Peripherie der Habsburger Monarchie gelegen war, erfüllte andererseits Westpreußen eine ganz besondere Aufgabe, stellte es doch die Verbindung zwischen dem Zentralgebiet der preußischen Monarchie und Ostpreußen her. Somit schuf es für das Königreich die räumliche Homogenität, die ihm bis dahin fehlte. In Friedrichs Kalkül hatte diese Überlegung Vorrang vor allem anderen.

Bevor die Teilung anstand, hatte Friedrich seine beiden für die äußeren Angelegenheiten zuständigen Minister, die Grafen von Finckenstein und von Hertzberg, beauftragt, einen juristischen Namen für die Umsetzung dieses Vorhabens zu finden. Es brauchte nicht lange, um herauszufinden, dass die »Ansprüche« Preußens »weder bedeutend noch von Gewicht waren«. Dafür unterstrichen die beiden Minister den Nutzen, den diese Erwerbungen mit sich brachten. Mit anderen Worten, das Recht trat hinter den Besitzwunsch zurück. Das war gewiss nichts Neues. Das Besondere daran war lediglich, dass sich drei Staaten darüber verständigt hatten, einen vierten zu zerstückeln, mit dem sie sich nicht einmal im Kriegszustand befunden hatten. Für Friedrich galten die Rechte Polens in Hinblick auf die unvergleichlich hohen Einsätze, die bei dieser Angelegenheit im Spiel waren, als *quantité négligeable*. Die mit der Teilung gefundene Lösung bot den herausragenden Vorteil, dass Europa ein allgemeiner Krieg erspart blieb. Friedrich erklärte Voltaire gegenüber, dass »man zu dieser Teilung Zuflucht nehmen musste, weil es das einzige Mittel war, einen weiträumigen Krieg zu vermeiden. Der äußere Schein ist trügerisch und die Öffentlichkeit urteilt ausschließlich danach. Das, was ich Ihnen darüber berichte, entspricht so ganz der Wahrheit wie der achtundvierzigste Satz des Euklid.«[341] In zweiter Linie kam diese Übereinkunft der Sorge Friedrichs um die Wahrung des Gleichgewichts der Kräfte in dieser Region Europas entgegen. Er schloss daraus: »Durch diesen politischen Ausgleich blieb die Balance der Kräfte zwischen den drei Mächten beinahe unverändert weiter bestehen.«[342] Was nun die Wünsche der Polen anbetrifft, so braucht man wohl nicht hinzufügen, dass sich Friedrich niemals um sie gekümmert hat.

Der bayerische Erbfolgekrieg

Die Teilung Polens öffnete die Türe für einen Friedensschluss zwischen Russland und dem Osmanischen Reich. Nun, nachdem sich Russland auf Kosten Polens ausgedehnt hatte, war Katharina bereit, ihre Forderungen gegenüber der Türkei zu mäßigen. Der Vertrag, welcher dem Krieg ein Ende setzte, wurde am 21. Juli 1774 zu Kütschük-Kainardsche an der unteren Donau unterzeichnet; in ihm erkannte der Sultan die Unabhängigkeit der Krim an. Mit dieser Bestimmung kündigte sich die künftige Eingliederung dieser Region in das Russische Reich an. Im Gegenzug sollten die russischen Streitkräfte die Donaufürstentümer verlassen, um die es im Streit mit Österreich gegangen war. Für Wien wiederum machte sich die Unterstützung für die Hohe Pforte dadurch bezahlt, dass diese ihm die Bukowina, d. h. einen Teil des Fürstentums Moldau, überließ.

Auch die Begegnungen von Neiße und Neustadt vermochten das Misstrauen nicht auszuräumen, das Friedrich gegenüber Österreich und vor allem gegenüber Joseph II. hegte. In den Gesprächen mit dem jungen Kaiser war Friedrich vielmehr klar geworden, wie sehr Joseph II. von Machthunger und ungeduldigem Tatendrang angetrieben wurde. Friedrich fürchtete, dass diese Charakterzüge den Kaiser dazu verleiten könnten, unüberlegte Initiativen zu ergreifen. Durch die jüngsten Ereignisse war dem jungen Monarchen die Lektion erteilt worden, dass ihm Maria Theresia nicht mehr im selben Maße wie früher die Stange hielt. Bedrückt von Trauer und von den ersten Altersbeschwerden betroffen, überließ sie Joseph einen wachsenden Anteil an der Führung der Regierungsgeschäfte. Nun, da er mehr Bewegungsfreiheit besaß, war es kaum auszuschließen, dass er sich in ein Abenteuer stürzte und das Risiko einging, den Frieden in Deutschland und in Europa zu gefährden.

Friedrich hatte Bayern von Anfang an unter die Länder eingereiht, auf die sich der Ehrgeiz Josephs richten würde. Eine solche Annahme war recht nahe liegend. Denn die Einverleibung Bayerns zählte zumindest seit Beginn des 18. Jahrhunderts zu den Zielen der Wiener Diplomatie. Dieses Projekt wurde im Allgemeinen im Rahmen eines Tausches gegen die südlichen Niederlande (ungefähr dem heutigen Belgien entsprechend) gesehen, jener Provinzen, die am Ende des Spanischen Erbfolgekrieges wieder unter österreichische Herrschaft gelangt waren. Wien hatte mehrere Argumente zur Hand, die für eine Vergrößerung durch eine Einverleibung Bayerns sprachen. Denn damit würde der territoriale Zusammenschluss der habsburgischen Lande fortgeführt. Er wäre zugleich ein Ausgleich für den Verlust Schlesiens und würde schließlich das Gewicht der österreichischen Monarchie innerhalb Deutschlands verstärken. Allein schon aus diesem Grunde mussten sich Auswirkungen auf die österreichisch-preußischen Beziehungen ergeben. Man konnte daher jede Wette darauf abschließen, dass Friedrich auf einen solchen Vorgang hin, der den Interessen des neuen Preußens zutiefst entgegenstand, entsprechend reagieren würde. In diesen Jahren begannen die Gerüchte über entsprechende Absichten Österreichs zu kursieren. Man muss sagen, dass die Umstände geeignet waren, um diesem Projekt Vorschub zu leisten. Maximilian III. Joseph, der gegenwärtige bayerische Kurfürst, hatte keinen direkten Nachkommen. Sein Erbe sollte das

Familienoberhaupt einer anderen wittelsbachischen Linie antreten, nämlich der pfälzische Kurfürst Karl Theodor. Obwohl sich das Eintreten der Thronvakanz in keiner Weise vorhersehen ließ, wurden doch schon Verhandlungen gepflegt, welche dieses Ereignis in den Blick nahmen. Gewisse Grundlagen für eine Übereinkunft existierten bereits. Karl Theodor träumte schon vom Aufbau einer rheinischen Macht mit der Pfalz als Ausgangspunkt. Die Annexion der Herzogtümer Jülich und Berg, die unter seinem Vorgänger erfolgt war, hatte einen wichtigen Schritt auf dieses Ziel hin bedeutet. Eine Einigung mit Wien bot die Chance, diese Absicht vollends zu verwirklichen. Im Austausch mit einem Teil Bayerns durfte Karl Theodor darauf hoffen, ein Stück der Niederlande zu erhalten.

Als Maximilian III. Joseph am 30. Dezember 1777 starb, waren die verhandelnden Parteien zweifelsohne überrascht, hatten jedoch schon die Bedingungen für seine Nachfolge im Wesentlichen festgelegt. Das Abkommen bedurfte lediglich noch der Beurkundung, die bis zum 3. Januar des folgenden Jahres auch vorgenommen wurde. Nach den Bestimmungen dieser Übereinkunft sollte Österreich erst einmal Niederbayern erhalten, also den reichsten Teil des Kurfürstentums, unter Einschluss von München, während der Artikel 6 Möglichkeiten für künftige Tauschaktionen offen hielt. Auf dieser Rechtsbasis rückten die österreichischen Truppen bald danach in Bayern ein und ließen sich, ohne dass ein Schuss gefallen wäre, dort nieder. Am Ende des Monats glaubte Joseph, in Jubel ausbrechen zu können. Das Unternehmen hatte scheinbar vollen Erfolg. Die Besetzung lief ohne den geringsten Zwischenfall ab, und keiner der deutschen Staaten hatte dagegen Protest erhoben. Kurzum, man konnte die Fortführung der Gespräche mit Karl Theodor ins Auge fassen, um die Bedingungen eines weiteren Territorientausches festzulegen.

Joseph war überzeugt, dass sich Friedrich seinem Handstreich nicht in den Weg stellen werde. Für den vom Alter gezeichneten und von Gicht geplagten König war die Zeit der großen Unternehmungen vorbei. Und sollte er wirklich Einwände erheben, hielt Joseph einen Trumpf in der Hand, der ihm Friedrichs Zustimmung sichern sollte. Die hohenzollerischen Seitenlinien Ansbach und Bayreuth waren damals nämlich ebenfalls kurz davor, auszusterben. Joseph wollte sich daher bereit erklären, die Rechte des Königs von Preußen auf diese Markgrafschaften, im Tausch gegen sein Einverständnis in der bayerischen Angelegenheit, anzuerkennen. Von diesem Augenblick an waren, wie es schien, keine Komplikationen auf der internationalen Ebene mehr zu befürchten. Österreich glaubte, mit der Unterstützung Frankreichs rechnen zu können. England, das mit dem fernen Krieg gegen die amerikanischen Patrioten vollauf beschäftigt war, interessierte sich vorderhand nicht für europäische Angelegenheiten. Russland würde ohne jeden Zweifel die Partei Preußens ergreifen, aber da dieses sich nicht rührte, lief für Joseph II. alles bestens in der besten aller Welten.

Diese Berechnungen beruhten auf einer ganzen Serie von Voraussetzungen, von denen sich viele als falsch herausstellen sollten, und, damit sei der Anfang gemacht, Joseph hatte sich hinsichtlich des Stillhaltens Friedrichs gründlich geirrt. Weit davon entfernt, die Übereinkunft vom 3. Januar 1778 zu akzeptieren, bereitete er eine Antwort darauf vor. Er hatte tatsächlich die Absicht, diese auf der rechtlichen Ebene zu erteilen. Er wollte die Haltlosigkeit der Rechtsansprüche des Hauses Österreich auf den Besitz Bayerns aufzeigen, dies umso mehr, als Karl Theodor, auch wenn er keine direkten Nachkommen besaß, einen Erben in Person eines Neffen hatte, nämlich den Herzog Karl von Pfalz-Zweibrücken. Friedrich ging sogar noch weiter, indem er sich gegen den österreichischen Despotismus zum Anwalt der »deutschen Freiheiten« aufwarf. Am 16. März 1778 intervenierte er beim Reichstag in Regensburg und führte die Verfassung des Heiligen Römischen Reiches gegen den Kaiser ins Feld, den er beschuldigte, sie in zweifacher Hinsicht verletzt zu haben. Zum einen habe er willkürlich über Bayern verfügt und dann das Land auch noch besetzt. Etwas später griff er diese Argumente in einem Gedankenaustausch mit Joseph II. erneut auf: »Es geht darum, zu wissen, ob ein Kaiser nach Gutdünken über die Reichslehen verfügen darf (…). Nun, das steht eben im Widerspruch zu den Gesetzen, zum Rechtsbrauch und zu den Rechtsgewohnheiten des Römischen Reiches. Kein Fürst würde dazu die Hand reichen. Ich als Mitglied des Reiches, das sich an die Bestimmungen des Westfälischen Friedens gehalten hat, als es den Vertrag von Hubertusburg unterzeichnete, sehe mich unmittelbar dazu verpflichtet, die Immunitätsrechte, die Freiheitsrechte und andere Rechte des Heiligen Römischen Reiches, die kaiserlichen Wahlkapitulationen, mit deren Hilfe man die Machtstellung des Reichsoberhauptes begrenzt, um damit Missbrauch zu verhüten, den er angesichts seiner herausragenden Stellung verüben könnte, zu unterstützen.«[343]

Diese Darlegung rief ein breites Echo unter den deutschen Reichsständen hervor, die mehrheitlich das Vorgehen Österreichs missbilligten. Wenn sich auch Georg III. in seiner Eigenschaft als König von England aus dem Streit heraushielt, reihte er sich doch als Kurfürst von Hannover unter die Gegner Habsburgs ein. Selbst die Staaten, die üblicherweise loyal zum Hause Österreich standen, gingen auf Distanz. So auch der junge Kurfürst von Sachsen, der wegen der Ansprüche seiner bayerischen Mutter Friedrich seine Unterstützung antrug und sich bereit erklärte, sich im Konfliktfall mit einem Kontingent von 20 000 Soldaten zu beteiligen.

Auch die diplomatische Bühne begann sich zu Ungunsten Österreichs zu verwandeln. Ganz im Gegensatz zu Josephs Gewissheit hielt sich Frankreich aus der Sache heraus. In dem sich abzeichnenden Krieg wollte es neutral bleiben. Ohne das Bündnis von 1756 in Frage zu stellen, weigerte sich der Conte de Vergennes, der Außenminister Ludwigs XVI., Frankreichs Politik den österreichischen Interessen unterzuordnen. Er neigte sogar dazu, zwischen Berlin und Wien die Waage zu halten. Ferner war er fest entschlossen, dem Zweikampf mit England, der mit der Unterstützung der amerikanischen Aufständischen in eine neue Phase getreten war, höchste Priorität einzuräumen. Frankreich war sich darüber im Klaren, dass es die Fehler des Siebenjährigen Krieges und den Einsatz an einer zweiten Front nicht wiederholen dürfe. Was die Verhandlungen hinsichtlich eines angemessenen und würdigen Austausches der Niederlande gegen den Rest Bayerns betraf, so waren sie schnell beendet. Maria Theresia weigerte sich, ein Gebiet abzugeben, das ihr stets treu ergeben war. Auch Kaunitz wollte von einem Tausch nichts mehr hören, der hinsichtlich der niederländischen Steuereinnahmen für Habsburger Monarchie ein Defizit bedeutet hätte. Als die österreichischen Verhandlungspartner schließlich Galizien an Stelle der Niederlande vorschlugen, zeigte sich Karl Theodor nicht mehr daran interessiert.

Friedrich hatte schon frühzeitig seine Bereitschaft angekündigt, die Waffen entscheiden zu lassen.[344] Tatsächlich gingen in jedem Lager mit den Verhandlungen zugleich eilige Kriegsvorbereitungen einher. Keiner der beiden Hauptkontrahenten wollte vor dem anderen zurückweichen. Vor allem gefiel sich Joseph darin, zu zeigen, dass der Schüler sehr wohl den Meister überragen könne. Auf beiden Seiten war mit der Mobilisation der Streitkräfte begonnen worden. Friedrich hatte den Plan gefasst, die seinen in zwei Armeen zu teilen. Die erste wollte er Prinz Heinrich unterstellen. Sie sollte gemeinsam mit den sächsischen Truppen an der böhmischen Grenze Aufstellung nehmen. Für die zweite Armee unter dem Kommando Friedrichs war der Bezug von Stellungen in Oberschlesien vorgesehen. Im April langten die beiden Oberkommandierenden in ihren Hauptquartieren an. Doch es dauerte noch lange Monate, bis der Krieg wirklich begann; er setzte nicht vor den ersten Julitagen ein.

Der Krieg als solcher nahm einen eigenartigen Verlauf. Auf dem Schlachtfeld gab es weder Sieger noch Besiegte. Zweifelsohne sicherten sich die Preußen schnell den Vorteil, nachdem sie schon früh die Offensive in Böhmen ergriffen und in der Folge Joseph zu einem Panikmanöver getrieben hatten. Man mochte glauben, ein schon bekanntes Szenario noch einmal zu erleben. Dennoch war es zu keiner Schlacht gekommen; Ende September folgte jedoch ein Knalleffekt, der alles über den Haufen warf. Nachdem ohnehin schon mehrere Missgeschicke zusammengetroffen waren, so etwa Versorgungsmangel, eine Ruhrepidemie und Desertionen, gab Friedrich den Befehl zum Rückzug. Anfang September marschierten die letzten preußischen Truppen aus Böhmen ab, doch der Krieg schleppte sich weiter hin.

Die Bezeichnungen, mit denen man diesen Krieg versehen hat, kennzeichnen seinen sonderbaren Charakter. In Preußen ging er als »Kartoffelkrieg« in die Geschichte ein, womit in Erinnerung gerufen wurde, wie die Soldaten auf die chronischen Versorgungsengpässe reagierten. In Österreich wurde er als »Zwetschkenrummel« bezeichnet. Beide Spitznamen zeigen, dass die militärischen Aktivitäten zunehmend hinter anderen Erfordernissen zurückgetreten waren.

Die Verhandlungen waren nie wirklich abgebrochen worden. In den Tagen, die auf die einsetzende preußische Offensive folgten, hatte Maria Theresia wieder die Initiative ergriffen. Angesichts der von Joseph gezeigten Verunsicherung wandte sie sich direkt an Friedrich und beschwor ihn, »die bis zu dieser Stunde durch Seine Majestät den Kaiser geführten Verhandlungen, die zu meinem größten Bedauern abgebrochen worden sind, wieder anzuknüpfen und zum guten Ende zu führen.«[355]

Der Emissär und Überbringer des Handschreibens von Maria Theresia, der Geheime Rat Johann Amadeus Franz Freiherr von Thugut, hatte zugleich den Auftrag erhalten, mit der preußischen Partei den zeitlichen Ablauf für eine Übereinkunft abzusprechen. Auch wenn er keine unmittelbaren Ergebnisse zeitigte, so führte der Vorstoß der alten Herrscherin doch zu einer erneuten Aufnahme des Gesprächsfadens. Die Wiederherstellung des Gleichgewichts der Kräfte auf dem Kriegsschauplatz gab dem Frieden bald eine Chance, und als die Truppen ihre Winterquartiere bezogen, setzte eine günstige Phase für die Diplomatie ein.

Ein großer Schritt war getan, als die Krieg führenden Mächte sich darauf verständigten, die gemeinsame Vermittlungstätigkeit Frankreichs und Russlands zu akzeptieren. Damit war eine ausgeglichene Entscheidung getroffen worden, weil jede Partei darauf hoffen konnte, in einem der beiden einen Vertreter ihrer Interessen zu finden. Das unter die gemeinsame Garantie Frankreichs und Russlands gestellte Übereinkommen, das auf dem Kongress von Teschen am 13. Mai 1779 geschlossen wurde, war ausgewogen. Österreich verzichtete zugunsten Karl Theodors auf den größten Teil Bayerns, das nach dessen Tod an Herzog Karl von Zweibrücken gehen sollte. Von seinen lediglich vorübergehenden Eroberungen behielt Wien lediglich das Innviertel zurück, jenes kleine Gebiet zwischen Inn und Donau.

Preußen seinerseits wurde die Anwartschaft auf die Markgrafschaften Ansbach und Bayreuth zugesichert, was bedeutete, dass es dort beim Tod der noch regierenden Fürsten das Erbe antreten sollte. Diese Bestimmung war schon eine Ankündigung des bevorstehenden Ausgreifens Preußens in den Süden Deutschlands.

Hinter diesen äußeren Erscheinungen verbarg sich jedoch eine andere Realität. »Der Feldzug war keineswegs glänzend«, [346] musste Friedrich zugeben. Heinrich seinerseits ließ die Gelegenheit nicht aus, erneut seine Galle zu verspritzen. Er nörgelte: »Das ist die Wirkung des Despotismus, das ist die Wirkung der schlechten Beispiele, die eine ganze Nation verderben.«[347] In politischer Hinsicht hatte Friedrich jedoch allen Grund, sich zu freuen. Er hatte die bayerischen Pläne Josephs II. zum Scheitern gebracht. Gewiss konnte sich die österreichische Monarchie mit dem Besitz eines neuen »Bezirkes« brüsten, aber was bedeutete schon die bescheidene Erwerbung des Innviertels im Vergleich zur ursprünglichen Absicht, ganz Bayern der Habsburgermonarchie einzuverleiben? Nachdem Bayern beinahe untergegangen war, ist es dann doch so gut wie unbeschädigt wieder aus der Krise hervorgetreten, und das hatte es Friedrich zu verdanken. Im Zweikampf mit Österreich erschien der König von Preußen als wahrer Verteidiger der »deutschen Libertäten« gegen die hegemonialen Bestrebungen Josephs II.

Auf der internationalen Bühne hatte das Ansehen Friedrichs gewonnen und Preußen im Laufe dieser Jahre seinen Rang als deutsche und als europäische Macht gefestigt. So schwer es ihnen auch fiel, die »Großen« des europäischen Mächtekonzertes erkannten Preußen als ebenbürtigen Partner an. Weder Russland noch Österreich hätten sich mit ihm zur Teilung Polens zusammengetan, wenn es immer noch ein Staat zweiter Ordnung gewesen wäre. Friedrich hatte auch den preußisch-österreichischen Dualismus im Mittelpunkt der deutschen Wirklichkeit fest verankert. Auch wenn Österreich nicht endgültig darauf verzichtet hatte, Preußen zurückzudrängen, blieb ihm gar keine andere Wahl, als Angelegenheiten des deutschen Raumes in Abstimmung mit seinem Rivalen zu behandeln. Die schwer verdauliche Lektion der bayerischen Krise bestand für Wien darin, dass es, nach dem Versuch eines Gewaltrittes, durch den Widerstand Friedrichs schließlich dazu gezwungen wurde, sich mit dem *status quo* abzufinden.

Siebzehntes Kapitel
Der Philosoph von Sanssouci

Gleichgültig, ob sich Friedrich mit Staatsangelegenheiten befasste oder ob er sich auf einem Feldzug befand, er unterließ es nie, einen Teil seiner Zeit der Lektüre und dem Schreiben zu widmen. Zu seinen bevorzugten Lesestoffen zählten philosophische Werke. Das Interesse Friedrichs für die Philosophie war schon in jungen Jahren erwacht. Seine Neigung zur Prädestinationslehre war einer der Streitpunkte, die ihn in Gegensatz zu seinem Vater gebracht hatten. Vielleicht war sie lediglich durch seinen Widerspruchsgeist motiviert. Nichtsdestoweniger verriet sie bereits ein fragendes Interesse am Thema der menschlichen Freiheit. Während seiner gesamten Lebenszeit spukte diese Frage unaufhörlich in seinem Kopf. Als Friedrich sich zur Abgrenzung von anderen Fürsten mit dem Titel »*roi philosophe* – Philosophenkönig« schmückte, geschah dies nicht nur aus Eitelkeit. Seit der Rheinsberger Zeit hatte er mit Voltaire im Briefwechsel gestanden, der nur durch kurze Sendepausen unterbrochen wurde und vierzig Jahre andauern sollte. Bald zählte er auch d'Alembert zu seinen Briefpartnern. Obwohl er mit diesen nicht ausschließlich philosophische Themen diskutierte, kam er doch unaufhörlich auf sie zu sprechen. Er selbst liebte es, sich als »Philosoph von Sanssouci« zu bezeichnen. Trotz ihrer legeren Art waren die Soupers von Sanssouci philosophische Soupers. Unter dem Namen »Philosophe de Sanssouci« veröffentlichte er 1750 gesammelte eigene Werke. Unter diesem Namen unterzeichnete er regelmäßig die Briefe, die er *dem »patriarche de Ferney«*, also Voltaire, schrieb.

»*Seine Majestät, der Zufall*«

Friedrich war mit der philosophischen Literatur seiner Zeit vertraut. Unter den zeitgenössischen Philosophen war Christian Wolff, der wie Christian Thomasius die Fundamente der Aufklärung in Deutschland legte, der erste gewesen, der Friedrichs Interesse auf sich zog. Von daher rührten die turbulenten Beziehungen Friedrichs zu seinem Vater. Wolff wurde als Opfer der Pietistenverfolgung auf königlichen Beschluss im November 1723 von der Universität Halle verjagt und sogar aus dem Königreich verbannt. Eine der ersten Regierungsmaßnahmen Friedrichs bestand eben darin, dass er ihn aus dem Exil zurückrief und ihm seinen Lehrstuhl zurückgab. Aber es ging nicht allein darum, ein Unrecht wiedergutzumachen. Friedrich begann vielmehr für das philosophische System Wolffs Sympathie zu empfinden. Wolffs Bemühungen zielten darauf ab, Vernunft und Christentum miteinander zu vereinbaren. Friedrich war fasziniert von dieser schönen Konstruktion, in der die Welt als eine große Maschine beschrieben wird, deren Räder ineinander greifen und auf eine am Anfang stehende Ursache zurückgehen, nämlich das Handeln Gottes, und so strich er Wolff als seinen Lieblingsphilosophen in den Briefen an Voltaire gebührend heraus. Das waren allerdings wenig fruchtbare Bemühungen, denn Voltaire stellte der jugendlichen Begeisterung seine Ironie entgegen und erklärte rundheraus, dass er »rein gar nichts« von der Philosophie dieses »Monsieur Wolf (!)« verstanden habe.

Wolffs Zauber war allerdings schnell gebrochen, und Friedrich wandte sich den englischen und französischen Philosophen zu, insbesondere John Locke und Pierre Bayle. Neben ihnen verdient Voltaire selbstverständlich ganz besondere Erwähnung, denn er blieb für ihn trotz aller Streitigkeiten der Philosoph schlechthin. Die naturwissenschaftliche Theorie interessierte Friedrich dagegen weniger. Zwar schätzte er die Entdeckungen Isaak Newtons und stand mit dem Newtonianer Algarotti in freundschaftlicher Verbindung und er empfand auch Sympathien für d'Alembert, die ihn sogar dazu veranlassten, ihm das Amt des Präsidenten der Akademie der Wissenschaften anzudienen. Aber er fand bei ihnen dennoch nicht die Antworten auf seine Fragen. Friedrich waren dagegen die Philosophen der Antike sehr vertraut, die er in französischer Übersetzung für sich entdeckt hatte. Er spickte regelmäßig seine Schriften mit Zitaten, die diesen Autoritäten entlehnt waren, oder mit Anspielungen auf ihre Lehren. Während ihn die Systeme Platons oder Aristoteles' ziemlich unberührt ließen, fühlte er sich den Autoren in Harmonie verbunden, deren Denken bevorzugt um Moralphilosophie kreiste. Ciceros *De officiis,* nach seinem Urteil »das beste Werk über Moral, das je geschrieben wurde und geschrieben worden sein wird«[348], und *De natura rerum* von Lukrez zählten zu seinen Lieblingswerken. Und vor allem sah er sich in geistiger Verwandtschaft mit Marc Aurel, der wie er selbst, ebenfalls Soldat und Philosoph gewesen war. Der Stoizismus des großen Kaisers fand bei ihm in dem Maße, wie ihn Schicksalsschläge trafen, immer größeren Widerhall. Er sah darin eine zusätzliche Rechtfertigung für die Erfüllung der Pflicht, die seinem Leben künftig Sinn gab.

Friedrich lag in keiner Weise daran, den philosophischen Systemen der großen Denker in Vergangenheit und Gegenwart ein weiteres hinzuzufügen. Er sah den Philosophen als einen kultivierten Menschen, der unabhängig von den vorgegebenen Dogmen und Überlieferungen sein Urteil ausschließlich auf die Vernunft gründete. Das Vorbild dafür galt ihm Voltaire, den er trotz seiner Schwächen wegen des freien Umgangs mit allen Dingen durchgängig bewunderte. Friedrich selbst hat lediglich eine kleine Zahl von Abhandlungen philosophischen Inhaltes verfasst. Darin versuchte er sich vor allem in den siebziger Jahren. In dieser Zeit schrieb er seinen »*Essai sur l'amour propre envisagé comme principe de morale* – Die Eigenliebe als Moralprinzip« und »*Dialogue de morale à l'usage de la jeune noblesse* – Dialog über die Moral«. Für seine Publikationen zog er Themen vor, die eher Bezug auf seine Ablehnung fest gefügter Systeme nahmen. Er liebte es, in seine Gedichte Botschaften einzustreuen. Der unter dem Titel *Le philosophe de Sanssouci* veröffentlichte Band enthält eine große Anzahl von Gedichten. Je nach der Person des Briefpartners waren die Briefe kurz oder im Gesprächston gehalten. In die gleiche Kategorie sind die *soupers philosophiques* zu Sanssouci einzuordnen, bei denen alle Gäste ihren Geist sprühen ließen und der Hausherr selbst sich nicht zurückhielt, seine brillanten Geistesblitze in verschwenderischer Fülle einzustreuen. Von diesen momentanen Eingebungen ist so gut wie nichts überliefert. Es ist ein Zufall, dass die Tagebücher des Heinrich de Catt wenigstens die Unterhaltungen, die Friedrich regelmäßig mit ihm geführt hatte, wiedergeben. Durch ihre Fülle von Notizen tragen sie auch dazu bei, die innere Gedankenwelt des Königs zu erschließen.

»Ich wurde erzogen, als wollte man aus mir einen *theologus* machen. Ich habe alle Ideenwelten studiert und ich habe das ausgewählt, was mir am wenigsten unvernünftig erschien«, vertraute Friedrich de Catt an.[349] Am Beispiel Voltaires orientiert, begann er sehr früh, das Prinzip des philosophischen Zweifels auf die von der Tradition vermittelten Wahrheiten anzuwenden. Sein Bruch mit der Metaphysik, die er schließlich als »ein für seine Schiffbrüche berüchtigtes Meer« charakterisierte, war eine der ersten Konsequenzen. Die logische Folge daraus sollte Friedrich dazu führen, Dogmen und Praktiken des Christentums frei von aller Schonung einer Prüfung zu unterziehen. Dieser Schritt ist schnell erfolgt. Nach der Metaphysik war es die Offenbarung, die der Befragung vor dem Tribunal der Vernunft nicht standhielt. Diese Ablehnung schlug sich in einer Verurteilung der Religionen im Allgemeinen nieder, die nach seiner Auffassung alle auf »einem mehr oder weniger absurden System von Erfindungen« beruhten. Ebenso wie Voltaire ließ Friedrich nicht nach, seinen Sarkasmus über die Religionen auszuschütten, die er mit »Aberglauben« gleichsetzte. Er versagte es sich nie, Gebete und Sakramente der Lächerlichkeit preiszugeben. So wandte er sich mit Entschiedenheit gegen das Abendmahl: »Weder die Antike noch irgendeine Nation hat jemals eine Vorstellung von abscheulicherer und gotteslästerlicherer Absurdität entwickelt als diejenige, seinen eigenen Gott aufzuessen. Das ist das abstoßendste Dogma, die größte Beleidigung für das höchste Wesen, der Gipfel der Narrheit und des Irrsinns.«[350] Diese Kritik am Christentum ging mit der Neubewertung der Person Christi einher, dessen göttliche Natur er verneinte, den er jedoch als »eine Art von Philosoph« feierte. Als Feind des Aberglaubens und der Priester habe Jesus das Gute und die Gerechtigkeit gepredigt. Wenn sich auch das Christentum anschließend im Römischen Reich ausgebreitet habe, so dürfe man darin keineswegs ein Zeichen der Vorherbestimmung sehen. Den Weg zu diesen Vorstellungen hatte ihm der Stoizismus eröffnet.

Zu dieser Zeit konnten solche Äußerungen gewiss nicht das Siegel der Originalität beanspruchen. Die Einzigartigkeit Friedrichs lag auf einem anderen Gebiet. Viel origineller war, dass er auch die von den Philosophen glorifizierte Vernunft ebenfalls der Prozedur des Zweifels unterzog. Diese ging daraus nicht unbeschädigt hervor. Indem Friedrich hierbei eine gegenüber seinen Philosophenkollegen konträre Position einnahm, schloss er auf die Grenzen, denen die Macht der Vernunft unterlag. Seit 1737 gab er die ernüchternde Aussage von sich: »Der Irrtum ist uns allen gemeinsam.« Dieses Thema kehrte künftig unter seiner Feder als eine Art von Leitmotiv immer wieder. »Die Wahrheit befindet sich auf dem Grunde eines Brunnens, und die Philosophen versuchen, sie herauszuziehen«, bemerkte Friedrich einmal, aber in Wirklichkeit hätten sie kaum Chancen, dass ihnen das gelingen könnte. Seine Beobachtung war folgende: »Die spekulativen Wahrheiten, die für alles andere als für den Menschen gemacht sind, entziehen sich ständig dessen kümmerlichem Forschen.«[351]

Für Friedrich war dieses Unvermögen umso schmerzhafter, als sein Bruch mit der Metaphysik noch nicht offenbar geworden war. In der Tat hatten die Fragen, die ihm unablässig im Kopf umgingen, ganz offensichtlich metaphysischen Gehalt: gleichgültig, ob es sich um Gott und dessen Beziehungen zu den Individuen bzw. zur menschlichen Gattung handelte oder um die Ordnung in der Welt und den Lauf der Geschichte, um die Unsterblichkeit der Seele, die Freiheit des Menschen und überhaupt um den Sinn des Lebens. »Ich kenne mein Schicksal nicht – woher komme ich? – wo bin ich? – wohin werde ich gehen?«, rief er in einer Lord Keith gewidmeten Ode aus.[352] Viele Fragen, die ohne Antwort blieben …

Diese Ohnmacht, die grundlegenden Wahrheiten zu entdecken und die letzten Dinge zu enträtseln, führte ihn zur Frage nach der Freiheit. Diese hatte sich Friedrich gestellt, solange er lebte. Ist der Mensch Herr seiner Entscheidungen? Oder aber ist er der Spielball einer Vorherbestimmung, deren Urheber für ihn nicht zu greifen war? Friedrich sah den Menschen der Lenkung durch eine höhere Macht ausgesetzt. Er nannte sie »*le hasard*«, den Zufall, und gefiel sich darin, von ihm als »*Sa Majesté le hasard* – Seine Majestät der Zufall« oder auch »*le Saint-Père le hasard* – der Heilige Vater Zufall« zu sprechen. Die Erfahrung des Krieges hatte ihn zu diesem Erklärungsmodell geführt. Die Erfindung des blinden Zufalles lieferte ihm einen Schlüssel zur Deutung der scharfen Wendungen, die den Ablauf des Siebenjährigen Krieges kennzeichneten. Das entspricht der These, die er im September 1757, am Tag nach der Schlacht von Torgau, in seinem Gedicht »*Épître sur le hasard* – Brief über den Zufall« entwickelt hatte. Man würde einer Täuschung unterliegen, wenn man darin lediglich ein aus den Umständen und aus Verbitterung entstandenes Werk eines Besiegten sähe, der seine Niederlage und die zugrunde liegende Logik nicht verstanden hat. Dieses Gedicht zählt ganz im Gegenteil sogar zu denjenigen Werken, in denen Friedrich von sich selbst am meisten preisgab. Während vier Jahren hatte er immer wieder daran gearbeitet, bevor er ihm seine endgültige Form verlieh. Friedrich hat Ende 1759 de Catt gegenüber denn auch erklärt, dass ihm *Épître sur le hasard* das liebste von allen seinen Gedichten sei. Der Augenblick dieses Geständnisses war nicht ohne Bedeutung. Nach der Katastrophe von Kunersdorf, als Friedrich drauf und dran war, zu verzweifeln, könnte die Berufung auf den Zufall für ihn gar ein Trost gewesen sein. Diese Erklärung ist jedoch nicht allein auf die Wechselfälle des Kriegsglückes zu beziehen. Sie besitzt allgemeine Bedeutung, die deutlich hervorgehoben ist:

»Diese verfluchte Welt vom Zufall wird regiert,
Will auch der Mensch sie durch Berechnung lenken,
So muss stolze Vernunft doch allezeit bedenken,
Dass der beschränkte Mensch leicht fortgerissen wird
Vom Strom des Schicksals, der ihn nach Belieben mit sich führt.«[353]

Angesichts der Undurchsichtigkeit, die dem Verstand die Verkettung der Ursachen und die letzten Dinge verberge, bleibe dem Menschen keine andere Handlungsmöglichkeit, als die Erfüllung seiner Pflicht, und zwar dort, wo ihn das Schicksal hingestellt hat. Wir befinden uns damit im Mittelpunkt friderizianischen Denkens. Wenn der Mensch ohnmächtig ist, die Mysterien seiner Existenz zu durchdringen, vermittelt ihm zumindest die Pflichterfüllung den Sinn seiner Existenz. Sein ganzes Leben lang hat Friedrich versucht, sein Verhalten an dieser Regel auszurichten. Indem er sich selbst als Ersten Diener des Staates bezeichnete, erlegte ihm diese Funktion Pflichten auf, denen er sich nicht entziehen konnte. Ganz ohne Zweifel war einem jeden der Dienst am Vaterland auferlegt. Friedrich unterstrich: »Die Pflicht eines jeden guten Bürgers besteht darin, seinem Vaterland zu dienen und daran zu denken, dass er nicht allein auf der Welt ist, sondern dass er für das Wohl der Gesellschaft arbeiten muss, in welche ihn die Natur gestellt hat.«[354] Die Zwänge allerdings, denen ein Souverän ausgesetzt ist, nähmen einen höheren Rang ein. Von dessen Entscheidungen hinge das Schicksal nicht nur einer einzigen Person, sondern eines ganzen Volkes ab. Diese Verantwortung unterwerfe den Souverän dem Joch einer schweren Knechtschaft. Dem fügte Friedrich noch hinzu: »Ein König ist weniger noch als das Volk Herr seiner selbst.«

Die zentrale Rolle, die der Zufall in der Geschichte der Menschheit spielt, stehe keineswegs in Widerspruch zu Gott. Obwohl die Mysterien der Welt selbst durch die Vernunft nicht zu entschlüsseln seien, verwiesen sie doch auf eine höhere Ordnungsmacht. Der Prozess, den Friedrich den Religionen machte, ließ ihn keineswegs zu einem Helfershelfer des Atheismus werden. Die Widerlegung der Thesen des Barons von Holbach, der er eine ganze Abhandlung widmete, ist dafür der beste Beweis. Friedrich bekannte sich zu einem von der Offenbarung unabhängigen Deismus. Sein Gott ist nicht der Pascalsche Gott des Abraham, des Isaak und des Jakob. Er ähnelt vielmehr ausgesprochen stark dem Gott Voltaires, nämlich dem großen Architekten bzw. dem »Grand Horloger«, dem »Großen Uhrmacher«, ohne dessen Eingreifen die Naturgesetze nicht erklärt werden könnten.

Friedrich weiß sehr wohl, dass die aufgeklärten und dem philosophischen Denken gegenüber offenen Menschen in der europäischen Gesellschaft lediglich eine ganz kleine Minderheit darstellten. Er geht sogar so weit, zu sagen: »Wenn unter tausend Menschen auch nur ein einziger fähig ist, zu denken, dann ist das viel.«[355] Wer angenommen hatte, dass sich die Aufklärung neue Schichten erschließen werde, müsse erkennen, dass dieser Prozess nur beschränkte Wirkung zeitigte. Er werde von der Macht, den der Aberglaube schon immer auf das Denken der Menschen ausgeübt hat, behindert. Welches auch immer die angebetete Gottheit sein mag, der Aberglaube stelle dennoch eine feste Größe in der Menschheitsgeschichte dar. Friedrich hielt es – darin unterschied er sich vom Optimismus der übrigen Philosophen – für eine Wahnidee, zu glauben, dass es möglich sei, die Menschen davon zu befreien. Er stellte Voltaire gegenüber fest, dass »der Aberglaube eine menschliche Schwäche ist; sie wohnt diesem Wesen inne; es hat ihn schon immer gegeben, und es wird ihn immer geben. Die Objekte der

Anbetung können wechseln wie Ihre Mode in Frankreich; aber was kümmert es mich, wenn man sich vor Ungesäuertem Brot auf die Knie wirft, vor dem Apisstier, vor der Bundeslade oder vor einer Statue. Hier eine Wahl zu treffen, ist nicht der Mühe wert, denn der Aberglaube ist jeweils der gleiche und die Vernunft kann hier nichts gewinnen.«[356]

Musste man daher den Aberglauben austreiben und »die Niedertracht« zertrümmern? Friedrich dachte nicht einen Augenblick an dergleichen. In einem Brief richtete er an Voltaire die Frage: »Soll man die Vorurteile, welche die Zeit den Menschen eingegeben hat, direkt angreifen? Und darf man einerseits Gedankenfreiheit genießen und andererseits den überkommenen Glauben beschimpfen?«[357] Er verneinte das: »Wenn ich mich öffentlich darüber äußere, ist mein oberster Grundsatz, die abergläubischen Ohren zu schonen und niemandem einen Schock zu versetzen.«[358] Kurzum, die Politik der Toleranz müsse selbst den Irrtum dulden. Es gehe hier nicht mehr um den Vorrang der Philosophie, sondern das Staatsinteresse erfordere, dass nicht unnötigerweise Unruhe gestiftet werde, die den Zusammenhalt der Gesellschaft gefährde.

An der dem Katholizismus zugedachten Rolle sollte sich erweisen, ob Friedrich sein Handeln mit seinen Grundsätzen zur Deckung bringen würde. Die Ablehnung des Papsttums, in der er erzogen worden war, blieb in ihm lebendig. Wenn er seine Pfeile gegen den Aberglauben abschoss und den Fanatismus brandmarkte, war es zuvörderst der Katholizismus, den er aufs Korn nahm. Dessen Dogmen, Praktiken und Riten prangerte er ständig an und machte sie in den Briefen an seine Philosophenfreunde zu einem seiner Lieblingsthemen. Friedrich, der König von Preußen, jedoch urteilte aus einem anderen Antrieb heraus als Friedrich, der Philosoph von Sanssouci. 1724 hatte Friedrich Wilhelm I. den Weg aufgezeigt, indem er seinen katholischen Untertanen das Recht der freien Religionsausübung gewährte. Zwar umfassten diese gerade einmal 7 % der Einwohner im Königreich und waren hauptsächlich in den westlichen Provinzen konzentriert, während ihr Anteil in Brandenburg und in Pommern nicht einmal ein Prozent ausmachte. Friedrich trat hier in die Fußstapfen seines Vaters. Die Anwendung des Toleranzprinzipes erlegte ihm die Pflicht auf, nicht nur die freie Religionsausübung der Katholiken anzuerkennen, sondern auch ihre Gleichheit vor dem Gesetz.

Dieses Problem nahm mit der Annexion Schlesiens und der Einbindung von mehreren hunderttausend neuen katholischen Untertanen auch eine neue Dimension an. Was Friedrich über ihren Glauben auch denken mochte, er gewährte ihnen, getreu dem Toleranzprinzip, das Recht, ihren Kult frei auszuüben. Obwohl er ständig die Neigung verspürte, sich an Bischöfen und

Mönchen zu reiben, pflegte er mit der katholischen Hierarchie eine Politik der Zusammenarbeit. Er verzichtete sogar darauf, das liegende Vermögen der Kirche anzutasten. Als Voraussetzung für diese Bereitwilligkeit stellte er lediglich die Bedingung, dass die Katholiken loyal zur preußischen Monarchie standen, oder anders gesagt, dass sie darauf verzichteten, zugunsten einer Rückkehr Habsburgs zu intrigieren. Die Beziehungen zur katholischen Kirche behandelte er also unter dem Gesichtspunkt der Souveränität. Er sah sich als ihr *summus episcopus*, der er für den preußischen Protestantismus ja tatsächlich war, und ließ es sich daher nicht nehmen, auf die Ernennung von Prälaten, Bischöfen und Priestern Einfluss zu nehmen.

Noch erstaunlicher mag es vielleicht erscheinen, dass Friedrich die Jesuiten unter seinen Schutz nahm, obgleich sie eine beliebte Zielscheibe der Philosophen darstellten. Hatte er sie doch selbst als »kriminelles Ungeziefer« bezeichnet.[359] Dennoch beließ er ihnen ihre Einrichtungen, die sie in seinen Staaten besaßen, insbesondere in Schlesien und in Westpreußen, als Papst Clemens XIV. sich 1773 entschloss, die *Societas Jesu* aufzulösen. Als großer Bewunderer ihres Erziehungswesens rechnete er damit, dass sie weiterhin ihre Fähigkeiten in den Dienst Preußens stellen würden. Das war eine Situation, die er nicht ohne Ironie genoss, als er 1773 nach der Rückkehr von einer Inspektionsreise nach Schlesien in einem Brief an Voltaire schrieb: »Ich bin in Schlesien gewesen, um meine armen Anhänger des Ignaz wegen der Härte des Römischen Hofes zu trösten, um den Orden zu unterstützen und ihm eine Organisationsform mit verschiedenen Provinzen zu geben. Dort werde ich sie erhalten und für das Vaterland nützlich machen, indem ich ihre Schulen für den Unterricht der Jugend bestimme, dem sie sich voll und ganz widmen werden.«[360]

Seit Beginn seiner Regierung hatte Friedrich sein Interesse dem Grundsatz der Toleranz zugewandt und erklärt: »Alle Religionen Seindt gleich und guht wan nuhr die Leute so sie profesiren Erliche leute seindt, und wen Türken und Heiden kähmen und Wollten das Land Pöpliren, so wollen wier sie Mosqueen und Kirchen bauen.«[361] Das Beispiel seines Umgangs mit den Katholiken bestätigt, dass es sich nicht um leere Worte gehandelt hat.

Das gilt allerdings nur unter einem Vorbehalt. Wenngleich Friedrich die Juden nicht verfolgte, so war die ihnen entgegengebrachte Toleranz doch nur minimal. Es wäre nur gelinde ausgedrückt, dass er keine Sympathie für sie empfand. Dieses Gefühl war zu dieser Zeit übrigens selbst unter den aufgeklärten Geistern weit verbreitet. Mehrere Male rechtfertigte er die ihnen gegenüber eingenommene Haltung. Insbesondere in seinen zwei Politischen Testamenten kam er darauf zu sprechen und erklärte in seinem zweiten von 1786: »Wir haben zu viele Juden in den Städten. Sie sind an der

Grenze zu Polen nötig, weil es in diesem Land nur Hebräer als Händler gibt. In einer von Polen weiter entfernten Stadt werden die Juden durch die von ihnen ausgeübten Wuchergeschäfte schädlich, ferner wegen der Schmuggelware, die durch ihre Hände geht und wegen tausend Lumpereien, die zum Schaden der christlichen Bürger und Kaufleute im Gange sind. Ich habe die Leute dieser Sekte niemals verfolgt und auch sonst niemand. Ich glaube jedoch, dass es klug ist, wachsam zu sein, damit ihre Zahl nicht anwächst.«[362]

Damit nahm Friedrich im Vergleich zu der liberalen Politik des Großen Kurfürsten eine restriktive Haltung ein. Dieser hatte 1671 fünfzig reiche Juden aus Wien in Berlin aufgenommen, nachdem seitens Kaiser Leopolds I. gegen ihre gesamte Gemeinde die Ausweisung verfügt worden war, und ihnen mit ihrer Eigenschaft als »Schutzjuden« eine Reihe von Privilegien erteilt, darunter insbesondere das Recht, Grundbesitz zu erwerben und freien Handel zu betreiben. Die Missgunst der anderen Kaufleute hatte Friedrich Wilhelm I. dann dazu gebracht, bestimmte Privilegien zu widerrufen. Friedrich wiederum folgte darin der Politik seines Vaters. Unter seiner Regierung wurden die Juden diskriminierenden Zwängen unterzogen. Zu einer besonderen Steuer für ihren »Schutz« kamen zusätzliche Gebühren hinzu, wie etwa diejenigen, die sie bei Heirat entrichten mussten. Als Krönung des Ganzen wurde ihnen auferlegt, sich bei Familienfesten ausschließlich des Porzellans der königlichen Manufaktur in Berlin zu bedienen. Dieses Maßnahmenbündel behinderte jedoch keineswegs das Anwachsen der jüdischen Gemeinde in Berlin, die sich 1784 auf 3373 Personen belief. Das hatte jedoch keinen Einfluss auf ihre Rechtssituation, die unverändert blieb. Dennoch konnte Friedrich nicht auf Dauer die von einigen seiner jüdischen Untertanen übernommene Rolle bei der Entwicklung der preußischen Wirtschaft ignorieren, etwa die von Unternehmern und Finanziers wie Benjamin Wulff, dem Besitzer einer Baumwollmanufaktur, oder des Bankiers Nathan Ephraim. Solchen Juden, aber eben ausschließlich solchen, etwa 25 Familien, wurde die rechtliche Gleichstellung im Jahre 1761 zuerkannt.

»De la littérature allemande«

Friedrich gehört zu der Gattung von Schriftstellern, die wir heute als »*francophone*« bezeichnen würden. Gleichgültig, ob er die Rolle des Philosophen, des Dichters oder des Historikers einnahm, er schrieb auf französisch und konnte sich gar nicht vorstellen, sich in einer anderen Sprache auszudrücken. Seine kulturellen Bezüge sind ebenfalls überwiegend französisch. So wie für die Antike das Zeitalter des Perikles und die Ära des Augustus als Zeit der Hochblüte galten, stellte für ihn die Epoche Ludwigs XIV. ein neues Goldenes Zeitalter dar. Er hielt die großen Klassiker des 17. Jahrhunderts für Giganten und las immer wieder ihre Werke, bis er schließlich in der Lage war, ganze Passagen von Racine auswendig vorzutragen. Die Bewunderung für Voltaire beruhte zunächst darauf, dass er in ihm einen Schriftsteller sah, der in der Kontinuität des Großen Jahrhunderts stand. Diese Meister, unter denen für ihn Boileau mit seinem grundlegenden Werk »*L'Art poétique* – Die Dichtkunst« die Spitzenstellung einnahm, hatten nach Friedrichs Auffassung die Regeln des Stils festgelegt, an denen sich künftighin jede literarische Schöpfung auszurichten hatte. Die zeitgenössischen französischen Autoren waren ihm ebenfalls vertraut, und der Pariser Literaturbetrieb barg für ihn keine Geheimnisse. Lange Zeit nahm er, wie für den Ausbau seiner Gemäldesammlung, die Dienste von Agenten in Anspruch, die ihm die jüngsten Neuerscheinungen besorgen mussten. Es ist daher auch nicht erstaunlich, dass unter seinen Briefpartnern zahlreiche Franzosen waren, allen voran Voltaire, d'Alembert und d'Argens. Auf französisch korrespondierte er auch mit Wilhelmine und Heinrich, die ebenso wie er vom Gedanken der Überlegenheit der französischen Kultur durchdrungen waren.

Friedrichs Überzeugung ging auf die fest verwurzelte Vorstellung zurück, dass das Deutsche noch nicht das Niveau einer Kultursprache erlangt habe. Im Unterschied zum Französischen sei es noch keinen vereinheitlichenden Regeln unterworfen worden und somit ein minderwertiges Werkzeug geblieben. »Man hat die Bedeutung der Wörter noch nicht festgelegt«, schrieb Friedrich im Jahre 1737 an Voltaire. Zu diesem Hindernis käme ferner noch die Bedeutung und die Verschiedenheit der Dialekte dazu. Weil ihm ein gefestigtes sprachliches Rüstzeug fehle, hinke Deutschland hinterher und könne lediglich zweitrangige literarische Werke hervorbringen.

Friedrich kam immer wieder auf diesen Gegenstand zu sprechen. Er ließ sich darüber insbesondere in seiner Korrespondenz mit Voltaire aus und gelangte zu einem harten Urteil: »Es fehlt den Deutschen vor allem am Geschmack (…). Es fehlt ihnen außerdem an dieser feinen Nuancierung, die das Schöne dort erkennt, wo es sich auch befinden mag, die unterscheiden kann zwischen Mittelmaß und Perfektion, zwischen dem Edlen und dem Erhabenen und die das alles vernünftig einzuordnen vermag. Wenn es viele ›r‹ in den Wörtern ihrer Gedichte gibt, glauben sie, dass ihre Verse harmonisch klingen würden. Dabei bestehen sie gewöhnlich nur aus einer sinnlosen Aneinanderreihung von schwülstigen Begriffen.«[363] Friedrich hütete sich allerdings davor, dieses Erscheinungsbild einer Unzulänglichkeit zuzurechnen, welche die Deutschen niemals überwinden könnten. Vielmehr suchte er die Ursachen dafür in der Geschichte. Den von ihm behaupteten Rückstand deutete er als eine Folge des Dreißigjährigen Krieges. Deutschland habe mehrere Jahrzehnte zur demographischen und wirtschaftlichen Erholung von den Kriegsverwüstungen gebraucht, während es die kulturellen Schäden des Krieges immer noch nicht habe überwinden können. Nach Friedrichs Analyse »hat der Dreißigjährige Krieg Deutschland weitaus mehr geschadet, als die Ausländer glauben. Man musste mit der Landwirtschaft, dann mit den Manufakturen und schließlich mit einem schwachen Handel neu beginnen. In dem Maße, wie diese Bereiche sich erholen, entsteht Wohlbefinden, dem Wohlstand folgt, ohne welchen sich die Künste nicht entfalten. Die Musen wünschen, dass die Wasser des Paktolos die Füße des Parnass umspülen.«[364]

Dieses Übel sei nicht unheilbar, aber derart schwerwiegend, dass die Deutschen es nur mit großer Bescheidenheit überwinden könne. Friedrich benennt die Therapie, ohne deren Anwendung ein Aufblühen der Wissenschaften unmöglich sei. Dieser Weg führe über die Nachahmung (*imitation*) der griechischen, lateinischen und französischen Schriftsteller, und er erklärte dazu: »Der Geschmack wird sich in Deutschland nur mittels einer intensiven Beschäftigung mit den klassischen Autoren, und zwar mit den griechischen, lateinischen und französischen, einführen lassen. Zwei oder drei geniale Männer sollten die Sprache reformieren und weniger barbarisch gestalten und sich selbst die fremden Meisterwerke zu eigen machen.«[365]

Als sich Friedrich entschloss, den Essay »De la littérature allemande« zu schreiben, da nahm er diejenigen Gedanken wieder auf, die er in den Briefen an Voltaire skizziert hatte. Er ging wieder von der Feststellung aus, dass das Deutsche »eine halbbarbarische Sprache ist«. Und weil es nicht von Regeln bestimmt sei, teile es sich in »so viele Dialekte auf, wie Deutschland Provinzen umfasst (...). Was man in Schwaben schreibt, wird in Hamburg nicht verstanden, und der in Österreich gepflegte Stil erscheint den Sachsen rätselhaft. Es ist daher allein schon von der praktischen Seite her unmöglich, dass ein Autor, selbst wenn er über die größte Begabung verfügte, diese grobschlächtige Sprache allgemein verständlich handhaben könnte.«[366] Auch hier weist er die Verzögerung »weder dem Verstand noch der Begabung der Nation« zu, sondern erklärt sie mit »einer Folge von bedauernswerten Umständen, mit aufeinander folgenden Kriegen, die uns ruiniert und arm gemacht haben, und zwar ebenso an Menschen wie an Geld.«[367]

Dieser Verlauf der deutschen Geschichte zog nach Meinung des Autors die verhängnisvolle Folge nach sich, dass »die Schönen Künst auf unserem Boden nicht erblüht sind.«[368] Nur wenige Schriftsteller fanden Gnade vor Friedrichs Augen, und selbst ihnen räumte er lediglich einen bescheidenen

Rang ein. Er schätzte die Fabeln von Christian Fürchtegott Gellert. Auch an den Idyllen des Schweizers Salomon Geßner fand er Gefallen, dennoch beurteilte er sie als »den Idyllen von Catull, Tibull und Properz ziemlich unterlegen«. Die Dichtungen des Freiherrn von Canitz hielt er lediglich für »erträglich«.[369] Neben diesem dürftigen Lob bedachte er Goethe wegen seines 1773 veröffentlichten und 1774 in Berlin uraufgeführten Dramas »Götz von Berlichingen« mit einem heftigen Verriss. Wie auch anders, sah er darin doch eine Imitation Shakespeares, der für ihn den Höhepunkt des schlechten Geschmacks darstellte. Friedrich fand seine abfällige Meinung in der Begeisterung des deutschen Publikums für die »abscheulichen Stücke von Shakespeare« vollauf bestätigt, »dieser lächerlichen, der Wilden in Kanada würdigen Possen«.[370] Daher war das Verdammungsurteil gegenüber dem Drama Goethes unwiderruflich: »Aber da ist ja auch noch ein Götz von Berlichingen, der auf der Bühne erscheint, eine abscheuliche Imitation dieser schlechten englischen Stücke. Und das Parkett applaudiert und fordert mit Begeisterung die Wiederholung dieser geschmacklosen Plattitüden.«[371]

Aus den Argumenten, die Friedrich vorbrachte, um gegen Shakespeare und seinen deutschen Schüler den Bannfluch zu verhängen, geht deutlich hervor, dass es sich hier um eine grundsätzliche Meinungsverschiedenheit handelte. Ihre Werke, erklärte er, »versündigen sich gegen alle Theaterregeln. Diese Regeln sind nicht beliebig. Man findet sie in der Poetik des Aristoteles, wo die Einheit des Ortes, die Einheit der Zeit und die Einheit der Handlung als die Mittel vorgestellt werden, welche allein die Tragödien sehenswert machen.«[372] Diese Haltung bestätigt erneut, dass für Friedrich die Entwicklung der Literatur mit dem 17. Jahrhundert abgeschlossen war, und zwar in dem Sinne, dass die französischen Klassiker im Kielwasser des Aristoteles festgelegten Regeln besaßen für ihn universale Geltung. Im Vertrauen auf diese in seinen Augen unbestreitbare Autorität konnte er statuieren, dass es ohne diese Regeln kein Heil gäbe und dass alles, was dagegen verstieß, keine Beachtung verdiene.

Als Folge dieser Haltung sollte der seit den fünfziger Jahren in Gang gekommene Aufschwung der Literatur an Friedrich vorbeigehen, ohne dass er etwas davon bemerkte. Zu Beginn seiner Regierung hätte seine Diagnose der Wahrheit gewiss keinen Abbruch getan. In Wahrheit hatte er sich schon damals zu diesem Thema geäußert und dazu das Gleiche gesagt, ohne es jedoch veröffentlicht zu haben. Inzwischen hatte sich die Realität jedoch nachhaltig gewandelt. Die im Allgemeinen vom Volk gesprochenen Dialekte hatten ihre Kraft voll bewahrt. Aber Gottsched hatte es unternommen, die Sprache zu reinigen und ihr Regeln zu geben. Somit wurde nach und nach ein sprachliches Instrument zum Gebrauch der Eliten geschmiedet, dessen sich eine neue Generation von Schriftstellern und Literaten in wachsendem Umfang bediente. Vor allem erschienen bedeutende Autoren auf der literarischen Bühne. Johann Joachim Winckelmann richtete in seiner »Geschichte der Kunst des Altertums« einen neuen Blick auf die Antike. Christoph Martin Wieland veröffentlichte seinen Roman »Agathon«. Friedrich Gottlieb Klopstock legte den Grund für eine nationale Dichtung. Gotthold Ephraim Lessing schuf auf dem Höhepunkt seiner Laufbahn ein deutsches Theater. Der »Werther« von Johann Wolfgang Goethe bildete einen Höhepunkt der Bewegung des Sturm und Drang. Immanuel Kant war im Begriff, seine *Kritik der reinen Vernunft* zu veröffentlichen. Kurzum, innerhalb weniger Jahre hatte die deutsche Literatur einen neuen Aufschwung genommen. Das alles hat Friedrich nicht gesehen, denn er war in den starren Gesetzen seiner Ästhetik gefangen.

Friedrichs Polemik stieß die deutschen Schriftsteller vor den Kopf. Zwar hatte Friedrich *De la littérature allemande* nicht ohne eine optimistische Note zu Ende geführt und sah am Ende des Tunnels tatsächlich den Lichtschein einer neuen Ära aufscheinen, denn er kündigte an: »Die schönen Tage unserer Literatur sind noch nicht angebrochen, aber sie kommen näher (…). Sie werden erscheinen. Ich werde sie nicht mehr sehen. Diese Hoffnung versagt mir mein Alter. Ich bin wie Moses. Von ferne sehe ich das Gelobte Land, aber ich werde es nicht betreten.«[373] Friedrich ist zu dem Schluss gelangt, dass die französische Überlegenheit nicht mehr weit von ihrem Ende entfernt sei. Die Begabung, mit der die französische Nation während mehr als einem Jahrhundert derart verschwenderisch ausgestattet war, erschöpfe sich. Voltaire, der letzte Spross des Großen Jahrhunderts, werde keinen Nachfolger finden, sagte er ihm immer wieder auf tausend Arten: »Nach Ihrem Tod wird Sie niemand ersetzen. Da wird es mit der Literatur in Frankreich zu Ende sein.«[374] Sollten das nur Schmeicheleien sein? Das ist möglich, aber Friedrichs Worte drückten zugleich seine tiefe Überzeugung aus. Friedrich verspürte keinerlei Sympathie für die neue Generation jener Philosophen von Rousseau bis Holbach, welche die Aufklärung auf einen radikalen Kurs brachten und die Fundamente der politischen und gesellschaftlichen Ordnung untergruben. Wenn solche Geister die Oberhand gewönnen, dann könnte nach Friedrichs Meinung die Vorrangstellung Frankreichs in der Tat von derjenigen Deutschlands abgelöst werden.

Aber vorläufig mussten sich die deutschen Schriftsteller noch in die Schule ihrer großen griechischen und lateinischen Vorgänger begeben. Sonst hätten sie sich selbst zum Stillstand verurteilt. Wie hatte sich Friedrich doch Voltaire gegenüber geäußert: »Der Geschmack wird sich in Deutschland nur mittels einer intensiven Beschäftigung mit den klassischen Autoren, und

zwar den griechischen, lateinischen und französischen, einführen lassen.«[375] Nun wurde dieser Gedanke wieder aufgenommen und weiterentwickelt. Allerdings ohne Erfolg. Der Ratschlag ist von denen zurückgewiesen
worden, an die er gerichtet war. Gefangen in seinem Werte- und Bezugs-
system hat Friedrich nicht mehr begriffen, dass die neue Generation der
deutschen Literaten von dem Willen beseelt war, die deutsche Literatur von
der französischen Vorherrschaft zu befreien.

Der Schock war umso heftiger, als viele dieser Schriftsteller Friedrich
bewunderten, weil sie im Sieger von Roßbach einen Nationalhelden sahen.
Das heißt nicht, dass sie seinen Geschmack nicht gekannt hätten. Jeder von
ihnen wusste, dass man im offiziellen friderizianischen Berlin französische
Luft atmete. Lessing, der sich dem nicht anpassen wollte, hatte sogar die
Entscheidung getroffen, aus Berlin wegzugehen. *De la littérature allemande*
wirkte nichtsdestoweniger wie ein Donnerschlag. Die Welt der Schriftsteller
und Intellektuellen hatte es nun Schwarz auf Weiß, dass der allseits verehrte
König von Preußen in einem Universum lebte, das ihren Bestrebungen verschlossen blieb und in dem für sie kein Platz war. Je nach Temperament
zeigten sie darauf verschiedene Reaktionen. Lessing griff ihn furchtlos als
»Despoten der Ästhetik und der Wissenschaften« an.[376] Goethe, der als einziger Autor namentlich geschmäht worden war, hatte zunächst ins Auge
gefasst, auf diese Kritik zu antworten, aber er unterließ es schließlich. Vielleicht hat sein Respekt vor der fürstlichen Autorität die Oberhand behalten.
Auch in Berlin herrschte tiefes Unbehagen. Unter Friedrichs Regierung hatte
die Aufklärung dort ihren Einfluss verbreitet. In diesem vom König geschaffenen Klima der Toleranz hatte sich ein intellektuelles Milieu entwickelt,
waren erste literarische Salons entstanden. Trotz der Bande, durch die Berlins Intellektuelle mit Friedrich verknüpft waren, mussten sie feststellen,
welch eine Kluft sich zwischen ihnen und dem verehrten Vater des Vaterlandes auftat. Nichts kann diesen Graben besser illustrieren als Friedrichs Essay
über die Literatur der Deutschen.

Achtzehntes Kapitel
Die letzte Glut

Am Ende der Siebzigerjahre bot Friedrich schon seit langem das Bild des *Alten Fritz*, das die Nachwelt in Erinnerung behalten hat. Seine Silhouette wies nunmehr für alle Ewigkeit die gebeugte Haltung auf. Aber die Krankheiten, von denen sein Körper gezeichnet war, vermochten es nicht, seinen Geist zu lähmen. Friedrichs Sinn blieb beweglich und rege, und er bewahrte sich den scharfen Blick für Menschen und Dinge. Die Auswirkungen seines Alters und seiner Einsamkeit führten aber dazu, dass er in zunehmende Menschenfeindlichkeit verfiel, der allein durch sein Pflichtgefühl Grenzen gesetzt waren. Denn Friedrich, darin blieb er sich selbst treu, ging völlig in seinem Amt als König auf. Welches Ungemach ihm das Alter auch bereiten mochte, er wusste bis zu seinem letzten Atemzug die Errungenschaften seiner Herrschaft zu verteidigen. Er war sich dessen bewusst, dass das Erreichte noch auf schwachen Füßen stand und war sich auch darüber im Klaren, dass neue Anfechtungen drohten. Wenngleich der Frieden von Teschen die Position Preußens zu sichern schien, so zeichnete sich dennoch im Osten Europas eine Umschichtung der Allianzen ab. Friedrich wusste nur allzu gut, dass Preußen von einem Bündnis zwischen Österreich und Russland alles zu fürchten hätte. Und könnte denn Joseph II. nach dem Tod seiner Mutter nicht etwa gar in Versuchung geraten, sein bayerisches Projekt erneut aufleben zu lassen? Wenn er damit Erfolg hätte, müsste ein Bruch des Kräftegleichgewichtes im Reich die Folge sein.

Die Legende

Friedrich wurde noch zu seinen Lebzeiten zur Legende. Einen besseren Beweis als seinen Beinamen »Der Alte Fritz«, den ihm seine Untertanen gegeben haben, kann es dafür kaum geben. Diese Mischung aus Respekt und solidarischer Zuneigung drückt die persönliche Verbundenheit aus, die ihn nach so langer Regierungszeit und nach so vielen Schicksalsschlägen mit ihnen verband. So trug etwa die Zeiteinteilung, die sich bei ihm herausgebildet hatte, zu der Mythenbildung bei, die seine Person mehr und mehr umgab. Dieser saisonale Zeitplan wiederholte sich Jahr für Jahr in schöner Regelmäßigkeit, sodass jedermann praktisch in jedem Augenblick wusste, wo sich der König befand.

Friedrich hatte sich angewöhnt, den Jahresanfang in Berlin zu verbringen. Vor Weihnachten langte er dort an und blieb während der Karnevalszeit bis Ende Januar. Anschließend zog er nach Potsdam, wo er sich bis in den April aufhielt – die Saison der Truppenparaden und Revuen (Heerschauen). Bis Juni teilte er seine Zeit zwischen Potsdam, Berlin, Magdeburg, Pommern und Westpreußen auf, während die zweite Augusthälfte nach einem kurzen Aufenthalt in Sanssouci Schlesien vorbehalten war. Trotz seiner körperlichen Schwäche gestattete er es sich nicht, sich seinen Verpflichtungen zu entziehen, die ihm erlaubten, inmitten seiner Armee zu sein. Aber wehe dem Offizier, dessen Einheit Schwächen aufwies! Der königlichen Wachsamkeit entging nicht der geringste Mangel. Der Schuldige wurde auf jeden Fall zur Zielscheibe einer verächtlichen Bemerkung, denn die Jahre führten keineswegs zu einer Dämpfung seiner ätzenden Wortwahl. Weder Alter noch Dienstgrad des Gerügten konnten Friedrichs Missfallenskundgebungen mildern. Das musste auch ein General erfahren, den er harsch herunterputzte: »Wenn ich Seifensieder oder Schneider zu Generälen machen würde, dann könnten ihre Regimenter auch nicht schlechter sein.«[377] Nach seinem Aufenthalt in Schlesien kehrte Friedrich nach Sanssouci zurück. Er blieb dort, bis er im November sein Winterquartier in Potsdam einrichtete.

Im Preußen Friedrichs II. blieb der Abstand zwischen der höfischen Welt und der Bevölkerung insofern erträglich, als zwischen König und Untertanen keine Mauer aufgerichtet war. Es entsprach dem Wunsche Friedrichs, dass sich diese ihm weit gehend ungehindert nähern durften. Diese Zeit war noch nicht von Sicherheitsdenken beherrscht. So wie er seine Person während des Krieges nicht schonte, als er sich zum großen Entsetzen seiner Umgebung dem feindlichen Feuer aussetzte, kümmerte er sich auch jetzt nur wenig um seinen Schutz. Während seiner gesamten Regierungszeit hat man ihn niemals von Leibwächtern umgeben gesehen. In Sanssouci war der Schlosspark tagsüber für die Öffentlichkeit zugänglich, und ein jeder konnte dort dem König begegnen. Graf Guibert erzählte davon, wie er selbst das königliche Zimmer unbehindert hatte betreten können. Des Nachts wurde die Wache von einem Unteroffizier mit einer Abteilung von lediglich sechs Grenadieren übernommen. Friedrichs Reisen durch die Provinzen galten übrigens nicht nur der Armee. Sie boten auch Gelegenheit zur zivilen Inspektion und zu Kontakten mit der Bevölkerung.

Bei diesen Reisen entfaltete Friedrich keinen großen Aufwand. Seine Untertanen trafen ihn schlicht und einfach an, prächtige Kleidung trug er normalerweise nicht. Oftmals machte er sich nicht einmal die Mühe, den Staub von seiner alten Uniform zu schütteln. Die Bewohner des Königreichs begegneten einem Herrscher, der ihnen zuhörte, der wissbegierig war und bereit, ihre Beschwerden entgegenzunehmen, und jedermann hatte Grund zur Hoffnung, dass der König seinem Anliegen Interesse entgegenbrachte. Friedrich war immer abkömmlich. Das ging so weit, dass er sogar ein Essen mit seinen Gästen in Sanssouci unterbrach, um unvorhergesehen eine Delegation zu empfangen, die angelangt war, um ihm Glückwünsche auszusprechen.

Neben den Gefühlen der Zuneigung, die Friedrich erfuhr, gab es allerdings auch eine Strömung der Unzufriedenheit mit bestimmten Maßnahmen seiner Regierung. Das Preußen Friedrichs des Großen hatte manche Züge, die an das Russland der Zaren und Zarinnen erinnern. Eine Reihe von Maßnahmen der königlichen Fiskalpolitik, so etwa die Erhebung der Akzise durch die »Regie« und die Errichtung von Monopolen, wie etwa beim Kaffee, stießen bei der Bevölkerung auf Widerwillen, ohne dass sie aber dem König angelastet worden wären. Die Schuld daran wurde nicht Friedrich, sondern der Administration zugeschoben. Wenn der Monarch schlecht unterrichtet war, musste man ihn folglich aufklären. Das war der Sinn vieler Beschwerden, die ihm mündlich vorgebracht oder brieflich unmittelbar zu Händen gegeben werden konnten. Der König, darin bestand überhaupt kein Zweifel, würde sie zur Kenntnis nehmen und sich mit ihnen gewissenhaft beschäftigen, wohingegen ähnliche, an die Beamten gerichtete Petitionen nach aller Erfahrung wirkungslos blieben.

Auf diese Weise hatte sich um die Person Friedrichs nach und nach die Vorstellung von einem Vater herausgebildet, dem am Los seiner Kinder gelegen war und der sich völlig dem öffentlichen Wohl verschrieben hatte. Sobald seine schmale, gebeugte Silhouette irgendwo erschien, drängte sich die Menge, um ihn zu sehen und zu grüßen. Zahlreiche Zeitzeugen haben ihre Eindrücke überliefert, die diese hundertfach erlebte Szene bei ihnen hinterlassen hat. Einer seiner Untertanen erzählte: »… nur ein dreiundsiebzigjähriger alter Mann, schlecht gekleidet, staubbedeckt, kehrte von seinem mühsamen Tagewerke zurück; aber jedermann wusste, dass dieser Alte auch für ihn arbeite, dass er sein ganzes Leben an diese Arbeit gesetzt und sie seit 45 Jahren auch nicht einen Tag versäumt hatte.«[378] Ein anderer erinnerte sich der letzten Inspektionsreise Friedrichs: »Endlich kam er, der Einzige, und aller Augen waren mit dem sprechendsten Ausdruck von Ehrfurcht und Liebe auf ihn gerichtet. Ich kann die Empfindungen nicht beschreiben, die sich meiner und gewiss eines jeden bemächtigten, als ich ihn sah, den Greis, in der schwachen Hand den Hut, im großen Auge freundlichen Vaterblick auf die unzählige Menge, die seinen Wagen umgab und stromweise begleitete... Alle, die das Glück traf, ihn zu sprechen, waren über die väterliche Milde des großen Königs außerordentlich gerührt. Der ganze Tag war für die Stadt ein Festtag, und man sprach von nichts, als dass der König so freundlich gewesen wäre und auf die Menge so mit Wohlgefallen geblickt hätte.«[379]

Diese durch die Stiche von Daniel Chodowiecki volkstümlich gewordenen Szenen hielten bald Einzug in das kollektive Gedächtnis sowohl Preußens als auch Deutschlands und trugen auf diesem Wege zur Bildung eines verbreiteten Friedrichmythos' bei. Einer Frage kann jedoch nicht ausgewichen werden. War es echte Überzeugung des Königs, wenn er der Menge in väterlicher Milde gegenübertrat, oder spielte er lediglich eine Rolle? Und wie lässt sich dieses nach außen gezeigte Wohlwollen mit der Verachtung, die er den Menschen zunehmend entgegenbrachte, vereinbaren? Möglicherweise gibt uns eine Anekdote darüber ein wenig Aufschluss. Während einer Visite in Breslau im Jahre 1785 wurde er von einem großen Volksauflauf begeistert begrüßt und wusste daraufhin nichts besseres zu tun, als in kleinem Kreis diese Menge als »*canaille* – Pöbel« zu bezeichnen. Er antwortete seinem Gesprächspartner, dem die Verwendung eines derart verächtlichen Begriffes missfiel, mit einem scherzhaften Vergleich: »Setze Er einen alten Affen aufs Pferd und lasse Er ihn durch die Straßen reiten, so wird das Volk ebenso zusammenlaufen.«[380]

Der »alte Einsiedler«[381]

Bis zu den letzten Tagen seiner Regierung entzog sich Friedrich keiner seiner Verpflichtungen. So lange es ihm seine Kräfte erlaubten, musste er gemäß seiner Auffassung vom Königsamt dieses auch gewissenhaft erfüllen. Die öffentlichen Angelegenheiten nahmen jedoch nicht seine ganze Zeit in Anspruch. Diese Aufteilung war gewiss nichts Neues. Friedrich hatte es damit schon immer so gehalten. Der Unterschied lag darin, dass nun die Einsamkeit ihre Flügel über diese andere Seite seines Lebens ausbreitete. Dies deuten die Beinamen an, die er sich gerne zueignete, wie z. B. »*vieil anachorète* – alter Einsiedler« und sogar »*l'épouvantail* – Vogelscheuche«. Man darf ihn dabei gewiss nicht wörtlich nehmen. Als Meister des Spottes schoss er nicht nur Pfeile gegen andere, sondern unterließ es nicht, auch sich selbst aufs Korn zu nehmen. Aber hinter diesen Scherzen verbarg sich ein Stück Wahrheit.

Schon vor langer Zeit hatte Friedrich begonnen, sich der Einsamkeit zu widmen. Durch rasch aufeinander folgende Trauerfälle hatten sich die Reihen seiner nahen Verwandten stark gelichtet. Die siebziger Jahre brachten es mit sich, dass auch die letzten Vertrauten des Rheinsberger Kreises und der *soupers philosophiques* in Sanssouci aus dieser Welt entschwanden. Abgesehen von wenigen Ausnahmen hatte Friedrich alle diejenigen überlebt, die ihn einstmals in seinem Leben begleitet hatten. Der in seine provenzalische Heimat zurückgekehrte Marquis d'Argens, der Freund in schwierigen Zei-ten, war im Januar 1771 verstorben. Drei Jahre später folgte ihm La Motte Fouqué, der einstige Großmeister des Bayardordens, nach. 1778 war Lord Keith mit seinen neunzig Jahren an der Reihe, das Zeitliche zu segnen.

Der Tod hinterließ auch unter Friedrichs Briefpartnern Lücken. Der schlimmste Verlust war Voltaire, der am 30. Mai 1778 in seinem vierundachtzigsten Lebensjahr verstarb. Die bittere Erinnerung an den Bruch von 1753 hatte sich, insbesondere bei Voltaire, gewiss niemals verflüchtigt. Aber jeder von ihnen wusste, dass es kein Wiedersehen geben würde, und die Entfernung hatte zur Lösung des Problems beigetragen. Nach dem Siebenjährigen Krieg hatten die beiden ihren Gedankenaustausch brieflich fortgesetzt, und zwar Friedrich in seiner Rolle als »Philosoph von Sanssouci« und Voltaire in der des »Patriarchen von Ferney«. In diesem Briefwechsel, der nunmehr von den Hypotheken der Vergangenheit entlastet war, fand Friedrich wieder zu seiner Lust am geistigen Vergnügen zurück. Zugleich erwartete er von dieser Korrespondenz, dass sie seinem Ruhm dienen werde. Zu gut kannte er Voltaire, um sich nicht darüber im Klaren zu sein, dass dieser jede ihm gegebene Information, jeden Gedanken, den man ihm darlegte, ohne zu zögern über die Kanäle seines Beziehungsgeflechts in ganz Europa verbreiten würde. So ist auch die Mühe zu verstehen, die er an die Rechtfertigung seiner Politik bei der Teilung Polens verwandte, von der er genau wusste, dass sie in den Kreisen der Aufklärung große Erregung hervorrufen würde. Als Voltaire gestorben war, reagierte Friedrich angemessen darauf. Er verfasste eine Lobrede auf den Verstorbenen, die in der Akademie verlesen wurde, was vonseiten Friedrichs eine außergewöhnliche Ehrenbezeugung darstellte. Darin war keinerlei Anspielung auf den Konflikt enthalten, der die beiden entzweit hatte, ebenso wenig Hinweise auf Voltaires menschliche Schwächen. In seinem Gedächtnis wollte Friedrich lediglich Voltaires geniale Begabung bewahrt wissen, die dem Jahrhundert den Stempel aufgedrückt hatte.

Friedrich hat sich im Grunde ganz gut an seine Einsamkeit gewöhnt. Die innige Wechselbeziehung, die er mit ihr unterhielt, stand mit seiner Neigung zur Menschenscheu und zu einem zunehmenden Skeptizismus bezüglich der Gattung Mensch so recht in Einklang. Seine Einsamkeit war im Übrigen mehr ein innerlicher als ein konkreter Zustand. In der Umgebung Friedrichs tauchten neue Persönlichkeiten auf. In Sanssouci wurden Minister wie Graf Finck von Finckenstein und von Hertzberg empfangen, die beide mit auswärtigen Angelegenheiten befasst waren, ferner Generäle, unter ihnen der Veteran von Prittwitz, der einstmals als Husarenrittmeister bei Kunersdorf dem König das Leben gerettet hatte. Friedrich teilte auch gern die Gesellschaft von Hofprälaten, wenn diese bereit waren, sich gewisse Freiheiten hinsichtlich ihrer Religion herauszunehmen, deren Diener sie eigentlich waren. Dazu zählte auch der Kanoniker Bastiani. Der am höchsten geschätzte Gast dieser Jahre war jedoch ein junger italienischer Aristokrat, Marchese Girolamo Lucchesini, den Friedrich im Mai 1780 zu sich berief.

Zu den Vertrauten des Königs traten Gäste, die sich nur vorübergehend in seiner Nähe aufhielten, so Fürst Karl Joseph von Ligne, ein namhafter wallonischer Aristokrat in österreichischen Diensten. Die Gesellschaft dieses geistreichen Mannes, dessen Ansehen sich in ganz Europa zu verbreiten begann, bereitete Friedrich höchstes Vergnügen. Der geborene Charmeur flog auf Friedrichs Charme.[381] Dieser blieb ihm darin nichts schuldig: »Wir haben den Fürsten von Ligne, der sich auf der Durchreise nach Russland befindet, hier zu Besuch. Er ist geistreich und intolerant gegenüber der Dummheit.«[382] Aus Friedrichs Feder war dies gewiss kein geringes Kompliment. Die Politik stand hierbei keineswegs abseits. Sie kamen auch auf den Siebenjährigen Krieg zu sprechen und Friedrich lobte die Verdienste der österreichischen Generäle, die ihm so manche Sorge bereitet hatten. Hinsichtlich des kürzlich beendeten »Zwetschkenrummels«, der bei ihm offensichtlich einen bitteren Geschmack hinterlassen hatte, äußerte er sich weniger ausführlich. Auch die Literatur wurde nicht ausgelassen, und er diskutierte mit Ligne ausgiebig über Vergils landwirtschaftliches Lehrgedicht *Georgica*, um bei dieser Gelegenheit zu zeigen, dass die Garten- und Obstbaukultur für ihn keine Geheimnisse berge.[383]

Während des Siebenjährigen Krieges hatte der König die Gepflogenheit aufgegeben, zu Abend zu speisen. Nach dem Friedensschluss blieb er dieser neuen Gewohnheit treu. Es bedurfte daher besonderer Umstände, wenn er dagegen verstieß. Diese waren gegeben, wenn seine Schwestern Philippine Charlotte und Amalie ihm im Herbst ihren Besuch abstatteten. Sie logierten dann im Neuen Palais, wo er selbst zu dieser Gelegenheit ebenfalls sein Quartier bezog. Diese zur Regel gewordenen jährlichen Besuche waren in Friedrichs Terminkalender fest vorgemerkt. Andererseits stellte der Besuch Ulrikes im Jahre 1771 ein ausgesprochenes Ereignis dar. Zum ersten Mal, seit sie nach Schweden gegangen war, kehrte sie nach Preußen zurück. Friedrich genoss es, diese Schwester, mit der er sich eng verbunden fühlte, wiederzusehen. Sie hatte in ihrer Position eine Energie entwickelt, die er wie den Widerhall seiner eigenen empfand. Wie sollte er auch vergessen haben, dass sie ihm selbst in seinen schwierigsten Zeiten beigestanden hatte? Er genoss ihre Gesellschaft sechs Monate lang.

Seinem Neffen Friedrich Wilhelm gegenüber, der entsprechend der Thronfolgeordnung sein Erbe anzutreten hatte, zeigte er sich weit weniger warmherzig. Es ging ihm nicht darum, den Streit, den er einstmals mit dessen Vater August Wilhelm ausgetragen hatte, nun mit dem Sohn fortzusetzen. Im Unterschied zu Prinz Heinrich hatte er einen Schlussstrich unter diese schmerzhaften Streitigkeiten gezogen. Friedrich hatte lange Zeit einen Groll gegen Friedrich Wilhelm gehegt, weil dieser das Scheitern seiner ersten Ehe verursacht hatte. Darin hatte der König ein unverantwortliches Verhalten gesehen, das den Fortbestand der Dynastie hätte gefährden können, weil keiner der anderen Brüder des Königs Kinder hatte. Glücklicherweise entsprangen einer zweiten Ehe des Prinzen vier Kinder.

Vor allem aber hatte Friedrich keine hohe Meinung von der Begabung seines Neffen, den er des Leichtsinns und der Verschwendungssucht beschuldigte. Was sollte aus Preußen werden, wenn dieser in seinen Augen unwürdige Liederjahn zwanzig oder dreißig Jahre regieren würde? Friedrich bemühte sich aber nicht, den Neffen zu einem Sinneswandel zu bringen, obwohl er fürchtete, dass dieser Thronfolger sein Werk in Gefahr bringen könnte. Er ließ ihn vielmehr »links liegen« und kümmerte sich überhaupt

Windspiel Friedrichs des Großen.
Zeitgenössisches Gemälde.

nicht darum, ihn auf sein Herrscheramt vorzubereiten und mit den Angelegenheiten des Königreiches vertraut zu machen. Er übertrug Friedrich Wilhelm bestenfalls ein paar repräsentative Aufgaben. So etwa, als er ihn nach St.Petersburg sandte, um das Bündnis mit Russland zu pflegen. Das Ergebnis war nicht gerade überwältigend. Friedrich Wilhelm machte einen erbärmlichen Eindruck auf Katharina die Große, die ihn zur Zielscheibe ihres Spottes machte und ihn als »le Gros Gu«, den »Dicken Willi«, karikierte. Dieser Spottname sollte ihm bleiben.

Im Alltag nahm die Einsamkeit des Königs von Jahr zu Jahr zu. »Ich lebe zurückgezogen wie die Trappistenmönche (…). Ich gehe spazieren, ich arbeite und ich sehe niemanden«, fasste Friedrich seine Lebensweise zusammen.[384] Lucchesini war inzwischen abgereist, und die Besuche wurden seltener. Friedrich fand dafür in der Gesellschaft der beiden Windspiele Alkmene und Biche einen Ausgleich. Diese verließen ihn so gut wie nicht mehr und schliefen sogar in seinem Zimmer. Auch die Bücher hatten Anteil an der Gestaltung seiner Einsamkeit. »In meinem Alter sind gute Bücher die einzigen Festlichkeiten, die mir zusagen«, vertraute er Voltaire einmal an.[385] Mit zunehmendem Alter blieb er auch bei dieser Gewohnheit. Obwohl er seit langem die Dienste eines Vorlesers in Anspruch nahm, war dieser lange Zeit mit anderen Aufgaben beschäftigt. Indem er Friedrich Bücher besorgen und seine Texte korrigieren musste, diente er ihm zugleich als Sekretär. Das setzte voraus, dass das Französische seine Muttersprache war. Mit abnehmender Sehkraft bedurfte der König nun tatsächlich eines Vorlesers für seine Lektüre.

Charles Dautal, ein junger Berliner aus der hugenottischen Gemeinde, hatte diese Vertrauensstellung seit 1784 inne. Die Vorlesezeit dauerte im Allgemeinen zwei Stunden. Währenddessen blieb der König nicht untätig. Oft unterbrach er die Lektüre und brachte Bemerkungen dazu an. Andererseits kam es in seinen letzten Lebensjahren vor, dass er vor Müdigkeit einnickte. Die Lektüreauswahl Friedrichs bestand nicht nur aus Neuerscheinungen. Er beauftragte Dautal regelmäßig, auch auf Werke zurückzugreifen, die er schon einmal gelesen hatte. Manche Texte waren Friedrich übrigens so vertraut, dass er daraus ganze Passagen auswendig zitieren konnte. Seine Vorlieben lenkten ihn auf die antiken und auf die französischen Klassiker, deren geistvolle Würze ihm nach wie vor zusagte. Er liebte es auch, den Blick auf die Lebensläufe der großen Feldherren zu werfen und bisweilen in ihren Memoiren zu lesen. Daher befanden sich unter seiner letzten Lektüre die Lebensgeschichten von Condé und Turenne.

Auch wenn Friedrich das bayerische Projekt Josephs II. und des Grafen Kaunitz zum Scheitern gebracht hatte, blieb die Zeit nach dem Frieden von Teschen doch weiter von Unsicherheit belastet. Es ging erneut um die Frage der Bündnisse. Solange dasjenige mit Russland aufrechterhalten wurde, hatte Preußen keinerlei Angriffe auf seine Stellung zu fürchten. Das konnte sich jedoch dann ändern, wenn sich der Wiener Hof dem Petersburger annäherte.

Das neue Jahrzehnt begann damit, dass Maria Theresia am 29. November 1780 starb. Friedrich blieb vom Tod seiner großen Rivalin nicht unberührt. Dass diese ihn einen »bösen Menschen« genannt hatte, wusste er nicht, aber das hätte sein Urteil über sie auch nicht geändert. Gewiss hatte er oftmals ironische Bemerkungen über Maria Theresias ausgeprägte Religiosität gemacht, die er als Bigotterie abtat. Aber er zog seine Krallen ein, sobald er der von Maria Theresia entfalteten Energie Respekt zollte. Ihre Verteidigung der Habsburgermonarchie in der Stunde der größten Gefahr beeindruckte ihn, desgleichen ihr couragierter Versuch, das verlorene Schlesien zurückzugewinnen. Er hatte letztlich keine Schwierigkeit, sie zu bewundern. Das war der Sinn, den man seinem berühmten Lobspruch unterlegen muss, dessen Widersprüchlichkeit nur allzu augenfällig ist: »Ich habe gegen sie Krieg geführt, aber ich war niemals ihr Feind.«[386]

Der Tod Maria Theresias hinterließ bei Friedrich durchaus Grund zur Unruhe. Es war ihm nicht entgangen, dass damit eine neue Situation entstanden war, aus der sich bedrohliche Folgen für Preußen ergeben konnten. Würde Joseph II., der ja nun von der Gängelung durch seine Mutter befreit war, nicht seinem Machttrieb nachgeben und trotz der warnenden Lektion des Bayerischen Erbfolgekrieges ein ehrgeiziges Eroberungsprogramm in die Wege leiten? Und wenn es ihm gelänge, einen Keil zwischen Berlin und St. Petersburg zu treiben? Tatsächlich hatte er diese Absicht ja schon in den Monaten vor dem Tod Maria Theresias kundgetan. Welche andere Bedeutung hätte man dem Besuch, den er Katharina II. im März 1780 abgestattet hatte, denn beimessen sollen? Gewiss, auf dieser Reise ist kein entscheidender Beschluss gefasst worden. Aber das Terrain wurde mit Blick auf die Zukunft abgesteckt. Die letzte Krise hatte Joseph die Grenzen der Unterstützung durch Frankreich gezeigt. Ohne mit Letzterem zu brechen, konnte es wünschenswert sein, bei Russland Unterstützung zu suchen. Dies umso mehr, als Wien Interessen auf dem Balkan verfolgte, die ohne eine vorherige Abstimmung mit St. Petersburg nur schwer zu realisieren waren.

Für Katharina lag das Hauptinteresse auf ähnlichen Gebieten. Nach ihren

Zarin Katharina die Große im Prunkornat.

ersten Erfolgen gegenüber den Türken verfolgte sie nun die Absicht, die Osmanen aus Konstantinopel zu vertreiben; sie hoffte, hier ihren Enkel, den Großfürsten Konstantin, an die Spitze eines neuen Griechischen Reiches stellen zu können, das unter der russischen Schirmherrschaft das alte Byzanz wiederauferstehen ließ. Bei der Ausführung dieses Planes, der die Prioritäten Russlands nach Südosten verschob, gab es für ein Bündnis mit Preußen keine gemeinsamen Interessen. Der Abschied Panins im darauf folgenden Jahr besiegelte den Sieg dieser neuen Linie. Als Schöpfer des »*système du Nord*« war Panin in der Umgebung Katharinas die stärkste Stütze der Allianz mit Preußen gewesen. Dass er entlassen wurde, konnte nur einen Grund haben, nämlich die Aufgabe dieser politischen Richtung. Der Sturz Panins war das Stichwort für den triumphalen Auftritt Potjomkins, des Vorkämpfers des »griechischen Projektes«. Obwohl der Bündnisvertrag mit Preußen noch bis 1788 weiterlief, war zu erwarten, dass er sanft entschlief.

Es kam noch schlimmer. Zwei Jahre nachdem Joseph nach Russland gereist war, unterzeichneten Wien und St. Petersburg ein Verteidigungsbündnis miteinander. Zweifelsohne trug diese Allianz nicht die Früchte, die ihre Schöpfer erwartet hatten. Die Zarin legte Joseph II. in einem Brief die Einzelheiten ihres Vorhabens dar. Im Anschluss an die Einrichtung eines griechischen Kaisertums sollte aus der Walachei, Moldau und Bessarabien ein Königreich Dakien geschaffen werden, an dessen Spitze ein Fürst orthodoxer Konfession gestellt werden sollte. Andererseits war vorgesehen, dass Österreich Bosnien, einen Teil Serbiens mit Belgrad und den Banat mit Craiova erhielte. Die Teilung der Beute war von einer krassen Unausgewogenheit gekennzeichnet. Im Vergleich zum Löwenanteil Russlands sollte Österreich lediglich einen minimalen Territorialzuwachs erhalten. Außerdem musste die Schaffung eines russischen Klientelstaates vor den Toren Österreichs, wogegen sich Wien mit aller Macht während des letzten russisch-türkischen Krieges gewehrt hatte, den Widerstand Josephs herausfordern. Dieser reagierte darauf, indem er seiner Verbündeten derart umfassende Gegenvorschläge präsentierte, dass Katharina nun wiederum Grund zur Beunruhigung hatte. Das hiermit zwischen den Verbündeten gesäte Misstrauen hatte zur Folge, dass die Reichweite der Allianz beschränkt war. Statt dem »griechischen Projekt« zuzustimmen, gab Joseph wenigstens lediglich Einverständnis zur Annexion der Krim. Diese war am 8. Mai 1783 in russischer Hand.

Muss man somit auf eine Isolation Preußens schließen? Die zwischen Russland und Österreich erfolgte Annäherung scheint in diese Richtung zu weisen. Friedrichs Beunruhigung darüber veranlasste ihn zu Entscheidungen, die wenig geeignet waren, die Sympathien Katharinas zu gewinnen.

Hatte er doch den Plan eines Bündnisses mit der Türkei aufs Tapet gebracht, welches mit der Blockierung der kaiserlichen Pläne die erste Wirkung gezeitigt hätte. Bevor sich Konstantinopel entschlossen hatte, die Krim an Russland abzutreten, hatte er sich geweigert, den Mächten beizutreten, die sich beim Sultan dafür einsetzten, dass er seine Hoheit über diese Halbinsel abtrat. Friedrich sah darin die Ankündigung einer Hegemonie Russlands in Europa. Er sah es kommen, dass »*la pantocratrice*«, »die Allbeherrscherin gegenwärtig nicht vom Weg der göttlichen Vorsehung abweichen wird und von der Höhe ihres Thrones aus den Herrschern unseres Erdballs ihre despotischen Befehle erteilen wird.«[387]

Abgesehen davon jedoch, dass der russisch-österreichische Vertrag offiziell bestehen blieb, war das Einvernehmen zwischen Wien und St. Petersburg schnell an seine Grenzen gelangt. Dazu kam, dass sich diese Ereignisse vor dem Hintergrund einer Neuorientierung der europäischen Bühne abspielten. Nachdem der amerikanische Unabhängigkeitskrieg für eine Zeit lang Frankreich und England von einer aktiven Kontinentalpolitik abgelenkt hatte, brachte sie das Ende dieses Konfliktes im Jahre 1783 wieder dorthin zurück. Nun bemühte sich Frankreich unter Ludwig XVI., von Vergennes angeregt, trotz der mit Wien geknüpften Bande in Deutschland das Gleichgewicht zwischen Preußen und Österreich wieder herzustellen. Schon bei der letzten Krise um die bayerische Thronfolge hatte Frankreich gezeigt, dass dies künftig seine Absicht sei. Das alles gab zu denken, dass es in diesem Sinne handeln würde, wenn die Angelegenheit akut würde.

Der Wille Maria Theresias hatte Joseph II. gezwungen, seine bayerischen Pläne zurückzustellen. Weit davon entfernt, ganz darauf zu verzichten, wartete er auf einen günstigen Moment, sie wieder aufzunehmen. Zunächst einmal hatte er sein Augenmerk auf den Osten Europas gerichtet, wo er geglaubt hatte, die Überreste des Osmanischen Reiches mit Katharina II. teilen zu können. Auch wenn dieser Plan nur vorübergehend stillgelegt war, führte das doch dazu, dass Joseph seine Ziele neu überdenken musste. Er vertraute seinem Bruder Leopold, Großherzog von Toskana, an, dass er von nun an entschlossen sei, seine Interessen »in eine andere Richtung« zu lenken. Es brauchte nicht viel Zeit, bis er seine Karten auf den Tisch legte. Er eröffnete seine Absichten der Zarin Katharina in einem Brief vom Herbst 1784. Er nahm das Vorhaben von 1778 wieder auf und setzte sich den Tausch der österreichischen Niederlande gegen Bayern, erweitert um die Oberpfalz, zum Ziel. Um den Kurfürsten von Bayern zu ködern, sollten die Niederlande in den Rang eines Königreiches erhoben werden.

Vom österreichischen Standpunkt aus gesehen, war der Plan in sich stimmig. Seit dem Ende des Spanischen Erbfolgekrieges hatte Wien niemals ausgeschlossen, die Niederlande als Tauschobjekt im Rahmen eines großräumigen diplomatischen Geschäftes einzusetzen. Hinsichtlich der territorialen Geschlossenheit der österreichischen Monarchie würde der Gewinn Bayerns einen Machtzuwachs erbringen, der geeignet wäre, sie als Hegemonialmacht mitten in Deutschland, im »corpus germanicum« zu etablieren. Nachdem Katharina über das Vorhaben Josephs informiert worden war, trug sie ihm sofort ihre Unterstützung an, nicht ohne jedoch ihren Verbündeten auf die Hindernisse hinzuweisen, die sich möglicherweise seinem Unternehmen entgegenstellen konnten. Joseph blieb sich selbst treu und hörte nicht auf diese Warnung. Immer noch davon überzeugt, dass sich die Ereignisse nach seinem Willen richten müssten, ging er darüber hinweg.

Die Angelegenheit komplizierte sich noch dadurch, dass Joseph plante, vor der Überlassung der Niederlande eine andere Angelegenheit in Angriff zunehmen, die noch einer Lösung harrte, seit im Westfälischen Frieden entschieden worden war, dass die Scheldemündungen geschlossen werden sollten, um Amsterdam und Rotterdam vor der Konkurrenz Antwerpens zu schützen. Er vergaß, wie gefährlich es stets ist, an zwei Fronten zugleich zu kämpfen, und engagierte sich dort mit aller Entschlossenheit. Die Folgen ließen nicht auf sich warten. Denn es handelte sich um die Initiative eines Verbündeten, der zunehmend eine Meisterschaft darin entwickelte, Frankreich in Verlegenheit zu bringen, das überdies kurz zuvor mit den Vereinigten Niederlanden ein Bündnis geschlossen hatte. Friedrich fand darin erneut ein Argument, diesen Kaiser als jemanden anzuprangern, der ohne jede Frage den Frieden in Europa und in Deutschland in Gefahr brachte.

Friedrich war entschlossen, sich einer Expansion Österreichs in Deutschland zu widersetzen, und zwar wegen der Absicht, die Joseph dazu antrieb. Weniger als je zuvor war er bereit, die Errichtung der österreichischen Vorherrschaft über das »corps germanique« hinzunehmen. Im Verlauf dieser Jahre war er richtiggehend fixiert auf die Persönlichkeit Josephs II. Er hielt ihn für besessen vom Ehrgeiz, das Reich seiner Herrschaft zu unterwerfen. Joseph erwartete keineswegs, dass Preußen sein Vorhaben gutheißen würde. Aber wie schon 1778 setzte er auf Friedrichs Untätigkeit. Er dachte, dass das Alter den König von einer Intervention abhalten werde, aber ein zweites Mal musste er zu seinem Schaden erfahren, was der Scherz bedeutete, den Friedrich so gerne machte: »Ich habe zwar Gicht in den Füßen, aber nicht im Kopf.«

Das Scheitern des österreichischen Planes war nicht allein der von Friedrich zu seiner Bekämpfung aufgewandten Energie zu verdanken. Es ist auch mit der Haltung Frankreichs in dieser wichtigen Angelegenheit zu erklären. Marie-Antoinette, Josephs Schwester auf dem französischen Thron, mag wohl versucht haben, ihren Gatten im Sinne der österreichischen Interessen zu beeinflussen, aber sie gewann nicht die Oberhand. Sie unterlag im Wettstreit mit Vergennes. Dem Minister fiel es hingegen leicht, darzulegen, dass die Einverleibung Bayerns durch die österreichische Monarchie eine schwerwiegende Störung des Kräftegleichgewichtes in Deutschland bedeuten würde. Was Frankreich 1778 verweigert hatte, wollte es auch sieben Jahre später nicht hinnehmen. Joseph rechnete allzu sehr damit, dass die französische Politik dem Bündnis zwischen den beiden Höfen den Vorzug geben und Österreich ihre Unterstützung gewähren würde. Er musste seine Illusionen jedoch aufgeben. Zwar hütete sich Vergennes, der österreichischen Forderung mit einer barschen Verweigerung entgegenzutreten. Er gab sogar einen scheinbar günstigen Bescheid, machte aber Frankreichs Einverständnis von einer kleinen Klausel abhängig, die ihn faktisch widerrief. Die französische Unterstützung, verkündete er am 6. Januar 1785, sei von derjenigen Preußens abhängig. Das war eine elegante Lösung, um Joseph zu verstehen zu geben, dass Frankreich sein Vorhaben nicht billige. Dieser verstand die Botschaft sehr genau. Am 18. Januar fasste er den Entschluss, in Erwartung einer günstigeren diplomatischen Konstellation auf das »bayerische Projekt« zu verzichten.

Friedrich seinerseits unternahm es, eine Front derjenigen Fürsten zu schmieden, die der Politik des Kaisers feindlich gegenüberstanden. Die Gründung dieser Liga erlangte bei ihm Priorität, zumal die Entscheidung Josephs vor kaum einem Monat bekannt geworden war. Es gab Anzeichen dafür, die eher darauf hindeuteten, dass das bayerische Projekt zum Abschluss käme. Die einzige Unbekannte schien nur noch im Namen zu bestehen, den das neue Königreich erhalten sollte, nämlich Belgien oder Burgund. Ferner kursierte das Gerücht, dass Frankreich schließlich doch sein Einverständnis geben wolle, wenn ihm dafür Namur und Luxemburg überlassen würde. Friedrich nahm weder auf seine Schmerzen noch auf seine Kräfte Rücksicht und erstattete seinem Bruder Heinrich auch Bericht darüber, nicht ohne seine Äußerungen mit den üblichen ätzenden Bemerkungen auszuschmücken: »Ich gestehe Ihnen, mein lieber Bruder, dass mein Alter sich nur schlecht an die ständigen Aufregungen gewöhnen kann, die der ungestüme Joseph den politischen Angelegenheiten in Europa aufdrückt. Obwohl ich zur Hälfte schon nicht mehr von dieser Welt bin, muss ich Achtsamkeit und Aktivitäten verdoppeln und unaufhörlich den Kopf mit all den Projekten voll haben, welche dieser verdammte Joseph unaufhörlich an jedem Tag des Jahres in die Welt setzt. Ich bin daher dazu verurteilt, keine Ruhe zu genießen, bevor nicht etwas Erde mein Gerippe bedeckt.«[388]

Die Anstrengungen Friedrichs trugen schließlich Früchte. Der Ablauf der

Ereignisse zeigt mit Sicherheit, dass Joseph sich entschlossen hatte, sein »bayerisches Projekt« aufzugeben, und zwar schon bevor die preußische Initiative wirksam werden konnte. In der Tat brauchten Friedrichs Diplomaten bis zum 25. Juli 1785, um ein Abkommen zuwege zu bringen, den *Fürstenbund*, der zwischen den Höfen von Berlin, Hannover und Dresden geschlossen wurde. Die Vertragsparteien fanden sich zusammen, um die Verfassung des Heiligen Römischen Reiches zu verteidigen, so wie sie in den Verträgen des Westfälischen Friedens festgelegt war. Darüber hinaus verpflichteten sie sich in einer Geheimklausel dazu, mit Waffengewalt jeglichem Ländertausch entgegenzutreten. Ein vierter Kurfürst, der Fürsterzbischof von Mainz, zögerte nicht, sich diesem Dreibund anzuschließen. Die Liga wurde nachfolgend noch durch das Hinzutreten weiterer Fürsten verstärkt: des Herzogs von Pfalz-Zweibrücken, des Landgrafen von Hessen-Kassel, des Herzogs von Sachsen-Gotha, des Großherzogs von Sachsen-Weimar, der Herzöge von Mecklenburg-Schwerin und von Mecklenburg-Strelitz, der Markgrafen von Ansbach und von Baden, der Fürsten von Bernburg, von Dessau und von Köthen sowie des reformierten Bischofs von Osnabrück.

Obwohl der Fürstenbund nicht die Ursache des Rückziehers von Joseph II. war, hatte er ihm nichtsdestoweniger einen schweren Schlag versetzt. Mochte der Kaiser auch noch so sehr betonen, dass die Behauptungen der verbündeten Fürsten auf Märchen beruhten – das Malheur war nun einmal passiert. Josephs ungenierter Ehrgeiz und seine unbedachten Unternehmungen haben die Fürsten gegen ihn mobilisiert, deren Bund gewiss zufällig zustande kam. Denn immerhin hatte Friedrich mit Hannover, d. h. mit England, seit dem Ende des Siebenjährigen Krieges gespannte Beziehungen unterhalten. Sachsen wiederum hatte er in der Regel lediglich als ein verderbliches Hindernis für seine Pläne betrachtet. Die Ablehnung dieser drei Fürsten gegenüber der Politik Josephs II. muss daher so ausgeprägt gewesen sein, dass sie ihre Differenzen hintanhielten, um ihm in einer gemeinsamen Front entgegenzutreten.

Für Friedrich stellte die Gründung des Fürstenbundes einen unzweifelhaften Erfolg dar. Die Idee war von ihm ausgegangen und er hatte sein Letztes gegeben, ohne damit rechnen zu können, dass sie Gestalt annehmen würde. Er sah in der Tat die Ereignisse der letzten Wochen lediglich als letzte Episode des Kampfes, den er seit Beginn seiner Regierung mit dem Haus Österreich ausfocht. Nachdem er hinsichtlich Wiens unaufhörlich den Verdacht geäußert hatte, dass es Deutschland seiner Vorherrschaft unterwerfen wolle, fand er nun eine erneute Bestätigung seiner Sicht. Konnte Friedrich, wie er es von Rechts wegen eigentlich verdient hatte, den Sieg auch genießen? Dieser hat gewiss zur Stärkung seines Prestiges und sogar zur Legendenbildung beigetragen. Goethe sollte in seiner Begeisterung so weit gehen, dass er den großen alten Mann mit enthusiastischen Worten feierte: »... Polarstern, um den sich Deutschland, Europa, ja die Welt zu drehen schien.« Friedrich seinerseits war eine gemessenere Einschätzung der Dinge zu eigen. Zweifelsohne genoss er diesen Erfolg, ohne ihn jedoch als endgültige Entscheidung zu bewerten. Er war allzu sehr von der Zerbrechlichkeit seines Werkes überzeugt, als dass er sich der Illusion hingegeben hätte, die Gefahr sei für alle Zeiten gebannt. Und er stellte sich vor allem stets die gleiche bohrende Frage, ob sein Neffe, wenn er erst einmal sich selbst überlassen wäre, nicht Gefahr liefe, ein derartig zerbrechliches Erbe zu verspielen.

Dieser Pessimismus reicht aus, die später von national gesinnten Historikern vertretene These zurückzuweisen, nämlich dass der Fürstenbund jene Politik vorweggenommen habe, die im darauf folgenden Jahrhundert zur kleindeutschen Lösung unter Führung Preußens und unter Ausschluss Österreichs geführt hat. Hier liegt ein schlagendes Beispiel für die vereinnahmende »Rekonstruktion« von Geschichte vor. Die von den kleindeutschen Historikern propagierte Sicht würde nämlich bedeuten, Friedrich eine Art von nationalem Gedanken zu unterstellen, der ihm auf jeden Fall fremd war. Wenn er sich zum Ziel gesetzt hat, das Gleichgewicht durch Eindämmung der habsburgischen Macht zu bewahren, wenn er Preußen zu einem »nützlichen Gegengewicht zum österreichischen Despotismus« aufbauen wollte, dann kündigte sich darin sicher keine neue Zeit an. Vielmehr blieben Friedrichs politische Vorstellungen zeitlebens den Grundsätzen des Westfälischen Friedens und der Verteidigung der »teutschen Libertät« verpflichtet.

Friedrichs Sterben

Noch hatte Friedrich seine Gewohnheiten nicht geändert. Wie in all den Jahren zuvor nahm er auch 1785 die Frühjahrsparaden ab, an denen als Zeichen des ihn umgebenden Prestiges auch Offiziere aus dem Ausland teilnahmen, darunter viele Franzosen. Stundenlang saß er dann zu Pferd, ohne zu zeigen, welche Anstrengung ihn dieser Auftritt kostete. Im August führte ihn wieder eine Reise nach Schlesien. Auch dort befahl ihm die Pflicht, die Herrscherpflichten bis an die äußersten Grenzen seiner Kräfte zu erfüllen. »Bis zum letzten Augenblick werde ich meine Pflicht als König tun«, hatte er fünf Jahre zuvor seinem Arzt verkündet. Er hat unbestritten Wort gehalten.

In Wahrheit hatte sich der Gesundheitszustand Friedrichs verändert. Während der Manöver in Schlesien musste er Regengüsse ertragen, die sechs Stunden anhielten. Nach Potsdam zurückgekehrt, sah er sich gezwungen, das Bett zu hüten. Kurz danach erlitt er eine schwere Krankheitsattacke, woraufhin er seiner Umgebung befahl, darüber Stillschweigen zu bewahren. Es bedarf gewiss keiner Spekulation darüber, was diese Neuigkeit an den Höfen des Auslandes auslösen mochte. Es war jedenfalls kein Thema mehr, dass er, wie vorgesehen, an den Herbstmanövern teilnahm. Obwohl sich Friedrich von dieser gesundheitlichen Krise noch einmal erholte, wurde er in Abständen von verschiedenen Gebrechen heimgesucht, die zu seiner Schwächung beitrugen. In einem Brief an seinen Bruder Heinrich äußerte er dazu Einzelheiten: »… ein Anflug von Asthma, Hämorridenkoliken, ein beinahe ständiger Katarrh, eine beinahe ständige Verstopfung, verbunden mit einer Erschlaffung der Därme.«[389] Er hätte all diesen Erkrankungen die Gicht hinzufügen können, die ihn schon seit vielen Jahren plagte und nun von seinem Körper Besitz ergriffen hatte. Er konnte sich nur noch auf einen Stock gestützt fortbewegen, oft konnte er nur noch in einem Wagen transportiert werden. Quälende Asthma- und Hustenanfälle ließen ihn immer schwerer seinen Schlaf finden. An Heinrich schrieb er: »Ich finde in den Nächten keinen Schlaf und verbringe sie in fortgesetzter Unruhe, gehe von einem Platz zum andern, ohne Ruhe zu finden. Mein Asthma hat sehr zugenommen, meine Kraft nimmt ab und, offen gesagt, ich rechne nur noch mit Tagen.«[390]

Dieser Brief wurde im April geschrieben, also jenem Monat, in dem Friedrich gewöhnlich sein Sommerquartier in Sanssouci aufschlug. Nun ließ er sich dort, um die Sonne zu genießen, nachmittags in einem Sessel auf die Terrasse setzen. Sein Arbeitsrhythmus ließ nicht nach, aber abgesehen von einigen engen Mitarbeitern machten sich die Besucher rar. Graf Mirabeau, der damals in Preußen weilte, war eine der allerletzten Persönlichkeiten, die vom alten König empfangen wurde. Am 4. Juli glaubte Friedrich, noch genügend Kraft zu haben, um einen Spazierritt unternehmen zu können. Für drei Viertelstunden bestieg er sein treues Pferd Condé, dessen Name ebenfalls eine Vorliebe, nämlich für berühmte Feldherren, unterstrich.[391] Dabei überkamen ihn Schmerzen, Erschöpfung und Erbrechen.

Im Laufe der folgenden Wochen ging es mit Friedrich unerbittlich bergab. Die fortschreitende Krankheit wurde für alle sichtbar, selbst wenn sie für kurze Momente sichtbarer Erholung hie und da innehielt. Am 20. Juli musste der Vorleser seine Tätigkeit einstellen. Da seine Schmerzen überhand genommen hatten, konnte Friedrich nicht länger mit der notwendigen Aufmerksamkeit folgen. Es war wie eine Ironie des Schicksals, dass der letzte ihm vorgelesene Text Voltaires »Leben Ludwigs XIV.« war. Auf diese Weise sollte ihn die alte Verbundenheit bis zum Ende seiner Tage begleiten. Als Friedrich weiterhin seinen Staatsgeschäften nachging, übermannten ihn zunehmend Augenblicke, in denen er unversehens einnickte, vermutlich in kurze Komata fiel, die seine Arbeit unterbrachen. Andererseits aß er wegen

Totenmaske Friedrichs des Großen, abgenommen von Johannes Eckstein.

seiner Schwäche weiterhin reichlich und nicht immer mit der nötigen Sorgfalt bei der Auswahl der Speisen. Seine Ärzte mochten ihn zur Vorsicht und zur Mäßigung mahnen – er blieb sich selbst dennoch bis ans Lebensende treu und gab nichts auf ihre Anweisungen. Friedrich ist niemals ein einfacher Patient gewesen, und er war es erst recht nicht in seinen letzten Tagen. Seine Ärzte konnten ihm lediglich Erleichterung verschaffen und den Tod ein wenig hinauszögern,

Der 15. August verlief noch wie ein gewöhnlicher Tag. Um fünf Uhr morgens machte sich Friedrich mit seinen Sekretären an die Arbeit. Seine praktisch unleserlichen Unterschriften geben allerdings einen ungewöhnlich schwachen Gesundheitszustand zu erkennen. Diese schlechten Anzeichen verstärkten sich noch am darauf folgenden Tag. General Rohdich fand den König in seinem Sessel sitzend vor, mit hängendem Kopf und halb bewusstlos. Der eilig aus Berlin herbeigeholte Doktor Selle konnte lediglich das bevorstehende Ende konstatieren. Im Laufe der letzten Stunden stieg das Fieber an und rötete nun das Gesicht Friedrichs, der nur noch für kurze Augenblicke zu vollem Bewusstsein erwachte. Als die Standuhr seines Kabinetts elf Uhr abends schlug, erwachte er aus seiner Erstarrung und verlangte, um vier Uhr geweckt zu werden, um aufzustehen. Wie später der österreichische Kaiser Franz Joseph, der ihm in manchen Zügen ähnelte, galten Friedrichs letzte Gedanken seiner Arbeit, dem Amt des Königs, dem er sein Leben gewidmet hatte. Kurz danach stieß er bei einem Hustenanfall die Worte hervor, die seine letzten gewesen sein sollen: »Das Schlimmste ist vorbei. Es geht uns schon besser.« Als sähe er, wie sein Vater oder wie Maria Theresia, bei seinem nahenden Abschied den Tod vor sich. Damit begann der Todeskampf. Dieser sollte nur kurz sein. Das auf den Husten folgende Röcheln verstärkte sich zusehends. Am Morgen, um zwei Uhr zwanzig, starb er schließlich in den Armen eines seiner Husaren – ein weiteres bedeutsames Symbol – und gab seinen Geist auf.

Friedrich hatte seine irdische Reise noch nicht vollendet. Eigentlich wollte er auf der Terrasse von Sanssouci, an der Seite von Biche und Alkmene, bestattet werden. Mit diesem Wunsch bekundete er ein letztes Mal seine Menschenfeindlichkeit, in die er schließlich verfallen war. Diesem letzten Willen wurde jedoch nicht entsprochen. Der neue Monarch, Friedrich Wilhelm II., sah dies zweifelsohne als nicht vereinbar mit der königlichen Würde an und entschied sich dagegen. Am 18. August wurde Friedrich an der Seite seines Vaters in der Garnisonkirche zu Potsdam bestattet. Dieses Wiedersehen reihte ihn in den Lauf der Zeit ein und gab seinem Leben einen letzten Sinn.

Anhang

Anmerkungen

1   Zitiert nach Ernest Lavisse, S. 4.
2   Jules Hardouin Mansard, 1645–1708, Architekt Ludwigs XIV., entwarf Invalidendom, Versailles usw. (Anm. d. Übers.)
3   Wilhelmine, margrave de Bayreuth: Mémoires. Paris, Mercure de France, 1967, S. 33.
4   Ebd., S. 55.
5   Ebd., S. 47.
6   Zitiert nach Carl Hinrichs, Preußen als historisches Problem. Berlin 1964, S. 95.
7   Zitiert nach Christian Graf von Krockow, Die preußischen Brüder. München 2002, S. 20 (DTV)
8   Henri de la Tour d'Auvergne, vicomte de Turenne, Marschall von Frankreich (1611–1675). Neben Condé der bedeutendste französische Feldherr des 17. Jahrhunderts.
9   Zitiert nach Ernest Lavisse, S. 23.
10   Zitiert nach ebd., S. 34
11   Ebd.
12   Ebd., S. 39.
13   Begründe von Johann Philipp Abelinus? Theatrum Europaeum. 21, Bde. Frankfurt am Main 1635–1738. Ein Sammelwerk, welches die Zeitgeschichte von 1618 bis 1718 behandelt. M. Merian d. Ä. hat es mit zahlreichen Kupferstichen ausgestattet.
14   Ebd., S. 40.
15   Ebd., S. 42.
16   Wilhelmine, S. 150.
17   Zitiert nach Ernest Lavisse, S. 134f.
18   Zitiert nach Reinhold Koser, Geschichte Friedrichs des Großen. 4 Bde. Stuttgart–Berlin 1912–1914, Bd. 1, S. 9.
19   Wilhelmine, S. 106.
20   Ebd.
21   Zitiert nach Edith Simon, Friedrich der Große, Das Werden eines Königs. Tübingen 1963, S. 76f.
22   Friedrich Wilhelm I. an Friedrich. In: Frédéric le Grand. Œuvres, Bd. 27, S. 9f.
23   Ebd.***
24   Zitiert nach Carl Hinrichs, Der Kronprinzenprozess. Friedrich und Katte. Hamburg 1936, S. 16.
25   Friedrich der Große, Mémoires pour servir à l'histoire de la maison de Brandebourg. In: Œuvres, Bd. 1, S. 157.
26   Zitiert nach Reinhold Koser, S. 14.
27   Rottenbourg, MAE, Prusse, 12. und 26. November 1726.
28   Ebd., 8. Juli 1728.
29   Zitiert nach Reinhold Koser, S. 27.
30   Zitiert nach ebd., S. 36.
31   Wilhelmine, S. 131.
32   Ebd., S. 154.
33   Zitiert nach Ernest Lavisse, S. 248.
34   Zitiert nach Reinhold Koser, S. 44.
35   Zitiert nach ebd., S. 47f.
36   Zitiert nach Ernest Lavisse, S. 260.
37   Zitiert nach ebd., S. 284.
38   Zitiert nach ebd., S. 287.
39   Zitiert nach Reinhold Koser, S. 56.
40   Zitiert nach Ernest Lavisse, S. 303.
41   Ebd.
42   Zitiert nach ebd., S. 294.
43   Zitiert nach ebd., S. 303.
44   Zitiert nach ebd., S. 310.
45   Zitiert nach ebd.

46 Zitiert nach ebd.
47 Koser, Geschichte Friedrichs des Großen.
48 Lavisse, S. 323.
49 Lavisse, S. 324. (S. 98)
50 Koser, S. 69.
51 Ebd. (S. 100)
52 Elavisse, 329. (S. 100)
53 Lavisse, S. 329. (S. 100)
54 Koser, S. 73. (S. 101)
55 Ebd. (S. 101)
56 Ebd., S. 74. (S. 102)
57 Koser, S. 76. (S. 101f)
58 Frédéric le Grand. »Ode à Madame de Wreech«. Œuvres XVII, S. 4. »Réponse de Madame Wreech«. ebd., S. 5.
59 Friedrich an Frau von Wreech. Küstrin, 10. Februar 1732; ebd., S. 18. (S. 105)
60 Wilhelmine, S. 307. (f)
61 Wilhelmine, S. 3100 (f)
62 Koser, S. 77 (d) (S. 109)
63 Ebd., S. 82.
64 Ebd., S. 110.
65 Zitiert nach Lavisse, S. 374f.
66 Ebd.
67 Ebd., S. 378–379.
68 Ebd., S. 377f.
69 Brief Friedrich Wilhelms an Friedrich. Potsdam, 4. Februar 1732. Oeuvres, Bd. 27, S. 53–54.
70 Ernest Lavisse, S. 405 (S. 116)
71 Friedrich an Grumbkow, Küstrin, 11. Februar 1732. Œuvres, Bd. 16, S. 38. (S. 117)
72 Ders., Küstrin, 19. Februar 1732. Ebd., S. 41.
73 Grumbkow an Friedrich, 22. Februar 1732. Ebd., S. 44. (S. 118)
74 Friedrich an Wilhelmine, Berlin, 6. März 1732. Œuvres Bd. 27, S. 4. (S. 119)
75 Ders., Koser, S. 87.
76 Lavisse, S. 411 (S. 119)
77 Friedrich an Duhan de Jandun. Spandau. Œuvres Bd. 17, S. 270.
78 Koser, S. 89. (124)
79 Hans Jessen (Hg.), Friedrich der Große und Maria Theresia in Augenzeugenberichten. Düsseldorf 1965, S. 58. (S. 126)
80 Bernd Rill, Karl VI. Habsburg als barocke Großmacht. Graz-Wien-Köln 1992, S. 302 (S. 127)
81 Koser, S. 96 (S. 127)
82 Friedrich an Wilhelmine. Ruppin, 8. September 1735. Œuvres Bd. 27, S. 34.
83 Ebd., S. 100 (S. 129)
84 Ebd.
85 Hans Droysen, Rheinsberg 1736–1740. In: Hohenzollern-Jahrbuch 20, 1916, S. 59.
86 Ebd., S. 60
87 »Für Friedrich, der der Ruhe pflegt!
88 Koser, S. 103 (S. 132)
89 Zit. nach Hans Leuschner, Friedrich der Große: Zeit – Person – Wirkung. Mit einem Essay von Karl Erich Born. Gütersloh 1986, S. 76.
90 Friedrich an Manteuffel. Rheinsberg, 23. September 1736. Œuvres, Bd. 25, S. 488–489. (S. 132)
91 Friedrich an Manteuffel. Ruppin, 29. April 1736; ebd. S. 461 (S. 133)
92 Baron Bielfeld, Letters. 5 Bde. London 1768–1770; hier Bd. 3, S. 91.
93 Friedrich an Algarotti. Remusberg (Rheinsberg), 1. September 1739. Œuvres, Bd. 18, S. 4.
94 Friedrich an Wilhelmine. Remusberg, 3. Februar 1737. Œuvres, Bd. 27, S. 46.
95 Friedrich an Wilhelmine. Remusberg, 2. Februar 1738, ebd., S. 54.
96 Zitiert nach H. Droysen, S. 61.

97   Zitiert nach R. Koser, S. 116. (S. 139)
98   Ebd., S. 120.
99   Friedrich an Algarotti. Remusberg, 29. Oktober 1739. Œuvres, Bd. 18, S. 6. (S. 140)
100 Zitiert nach H. Droysen, S. 61 (S. 141)
101 Rollin an Friedrich. 4. März 1737. Œuvres, Bd. 16, S. 234 (S. 141)
102 Friedrich an Voltaire. 8. August 1736. Œuvres, Bd. 21, S. 3 (S. 142)
103 Ebd.
104 Ebd.
105 Voltaire an Friedrich. 26. August 1736. Correspondance, Paris, Bibliothèque de la Pléiade,
     13 vol. 1977–1993, t. 1, S. 814. (S. 143)
106 Friedrich an Voltaire. 9. September 1736. Œuvres, Bd. 21, S. 17.
107 Ders., Januar 1737, ebd., S. 32.
108 Voltaire an Friedrich. Um den 1. Januar 1737. Correspondance, Bd. 1, S. 824. (S. 143)
109 Zit. nach H. Droysen, S. 82. (S. 144)
110 Voltaire an Friedrich. 26. August 1736. Correspondance, Bd. 1, S. 814.
111 Ders., um den 10. Februar 1737. Ebd. S. 848.
112 Voltaire an Friedrich. Um den 1. Februar 1737. Ebd., S. 891. (S. 146)
113 Friedrich an Voltaire. Februar 1737. Œuvres, Bd. 21, S. 44. (S. 146)
114 Voltaire an Friedrich. 12. Oktober 1737. Ebd., S. 932.
115 Ders., 15. Januar 1738. Ebd., S. 982. (S. 148)
116 Ebd.
117 Voltaire an Friedrich. 5. August 1738. Correspondance, Bd. 1, S. 1124.
118 Geschrieben 1739, erstmals gedruckt 1741 (über Voltaire)
119 Friedrich an Voltaire. 16. Mai 1739. Œuvres, Bd. 21, S. 289f.
120 Ders., 26. Juni 1739. Ebd., S. 298 (S. 159)
121 Friedrich der Große, »Avant-propos sur la Henriade de M. de Voltaire« – »Vorwort zu La Henria-
     de von Monsieur de Voltaire«. Œuvres, Bd. 8, S. 54.
122 Friedrich der Große, »L'Antimachiavel«, ebd., S. 61.
123 Ebd., S. 69 (S. 161)
124 Ebd., S. 81.
125 Ebd., S. 139 (S. 163)
126 Ebd., S. 55f.
127 Ebd., S. 102.
128 Ebd., S. 100.
129 Koser, Briefwechsel Friedrichs des Großen mit Grumbkow und Maupertuis 1731–1759. Leipzig
     1898, S. 124.
130 Zitiert nach Manfred Schlenke, England und das friderizianische Preußen 1740–1763. Freiburg-
     München 1963, S. 93
131 Zitiert nach Stephan Skalweit: Frankreich und Friedrich der Große. Der Aufstieg Preußens in der
     öffentlichen Meinung des »ancien régime«. Bonn 1952, S. 16.
132 Voltaire an Hénault. 31. Oktober 1740. Correspondance, Bd. 2, S. 447.
133 Zitiert nach B. Rill, S. 305.
134 Friedrich an Wilhelmine. Heidelberg, 9. September 1734.
135 Ders. 24. September 1734. Ebd., S. 20. (S. 169)
136 Ders. Juni 1735. Ebd., S. 27.
137 Zitiert nach R. Koser, S. 180. (S. 171)
138 Ebd.
139 Friedrich der Große, Mémoires pour servir à l'histoire de la maison de Brandebourg. In: Œuvres,
     Bd. 1, S. 174.
140 Friedrich an Voltaire. Charlottenburg, 12. Juni 1740. Œuvres, Bd. 22, S. 4.
141 Zitiert nach Giles Macdonogh, Frederick the Great. A life in deed and letters. New York 1999,
     S. 134.
142 Friedrich II. im »Département der auswärtigen Angelegenheiten«. Politische Correspondenz
     Friedrichs des Großen. 6 Bde. Berlin 1879–1939. Bd. 1, S. 7.

142 Heute Kleve.
144 Friedrich II. an Oberst von Camas. Ruppin, 11. August 1740. Ebd., S. 33.
145 Voltaire, Mémoires, in: Œuvres complètes. 1825, Bd. 2, S. 27.
146 Voltaire an Pierre Robert Le Cornier de Cideville, in: Correspondance, Bd. 2, S. 440f.
147 Friedrich II. an Jordan. Potsdam, 24. September 1740. Œuvres, Bd. 17, S. 70.
148 Ebd.
149 Ebd.
150 Wortspiel; auch »körperliches Erscheinungsbild«.
151 Ebd.
152 Friedrich II. an Voltaire. Remusberg, 26. Oktober 1740. Œuvres, Bd. 23, S. 49.
153 Friedrich II. an Graf Podewils. Rheinsberg, 7. November 1740. Politische Correspondenz, Bd. 1,
     S. 91.
154 Friedrich II. an Graf Podewils. Rheinsberg, 15. November 1740. Ebd., S. 102.
155 Wilhelmine, Mémoires, S. 561.
156 Ebd., S. 562.
157 Voltaire an Kardinal de Fleury. Den Haag, 4. November 1740.
158 Zitiert nach Emile Henriot, Voltaire et Frédéric II. Paris 1927, S. 36.
159 Voltaire an Kardinal de Fleury. Berlin, 26. November 1740, Correspondance, Bd. 2, S. 459.
160 Friedrich II. an Voltaire. Remusberg, 7. Oktober 1740. Œuvres, Bd. 22, S. 35.
161 Voltaire an Friedrich II. Berlin, 28. November 1740. Correspondance, Bd. 2, S. 460f.
162 Ebd.
163 Voltaire an Friedrich II. Um den 1. Dezember 1740. Ebd., Bd. 2, S. 464.
164 Voltaire an Friedrich II. Ohne Datum. Ebd., S. 462.
165 Voltaire an Maupertuis. Um den 1. Dezember 1740. Ebd, S. 464.
166 Friedrich II. an Jourdan. Ruppin, 28. November 1740. Œuvres, Bd. 17, S. 72.
167 Zitiert nach E. Henriot, S. 38.
168 Zitiert nach Eugen Guglia: Maria Theresia. Ihr Leben und ihre Regierung. München–Berlin 1917,
     S. 67f.
169 Friedrich II., Mémoires de Frédéric II roi de Prusse. 2 Bde. Paris 1866, Bd. 1, S. 84.
170 Friedrich II. an Jordan. 3. März 1741. Œuvres, Bd. 17, S. 91.
171 Friedrich II. an Graf Podewils. Ohlau, 7. Januar 1741. Politische Correspondenz, Bd. 1, S. 173.
172 Friedrich II. an Maria Theresia. 26. Dezember 1740.
173 Zitiert nach Michel Antoine: Ludwig XV. Paris 1989, S. 302.
174 Friedrich II. an Graf Podewils. 4. März 1741. Politische Correspondenz. Bd. 1, S. 201.
175 Friedrich II., Mémoires, Bd. 1, S. 102f.
176 Friedrich II. an Graf Podewils. 21. Mai 1741. Politische Correspondenz, Bd. 1, S. 247.
177 Friedrich II. an Kardinal Fleury. Feldlager von Grottkau, 30. Mai 1741. Ebd., S. 251.
178 Friedrich II. an Marschall de Belle-Isle. Feldlager von Grottkau. 30. Mai 1741. Ebd., S. 252.
179 Zitiert nach: Politische Correspondenz, Bd. 1, S. 265.
180 Ebd.
181 Friedrich II. an Kardinal Fleury. Feldlager von Strehlen. 10. Juli 1741. Ebd., S. 275.
182 Oberst von Goltz an comte/Lord Hyndford über die Vereinbarungen von Klein-Schnellendorf.
     9. Dezember 1741. Ebd., S. 371.
183 Friedrich II. an Kardinal Fleury. 2. Oktober 1741.
184 Friedrich II. an den Kurfürsten von Bayern. 2. September 1741. Feldlager zu Strehlen. Friedrich
     II. an Graf Podewils. 3. September 1741. Feldlager zu Reichenbach. Ebd., S. 323 bzw. S. 327.
185 Friedrich II. an Graf Podewils. 3. September 1741. Feldlager zu Reichenbach. Ebd., S. 327.
186 Friedrich II. an Marschall de Belle-Isle. 16. September 1741. Feldlager zu Neiße. Ebd., S. 337f.
187 Friedrich II. an Marschall de Belle-Isle. Potsdam, 15. Januar 1742. Bd. 2, S. 12.
188 Friedrich II. an Graf Podewils. Olmütz, 30. Januar 1742. Ebd., S. 25.
189 Comte H. de Valori (Hg.), Mémoires des négociations du marquis de Valori, ambassadeur de
     France à la cour de Berlin. Paris 1820, S. 154.
190 Friedrich II. an Graf Podewils. Chrudim, 11. Mai 1742. Politische Correspondenz, Bd. 2, S. 158.
191 Friedrich II. an Jordan. Feldlager von Brzezy, Ende Mai 1742. Œuvres, Bd. 17, S. 213.

192 Friedrich II. an Graf Podewils. Feldlager zu Maleschau, 7. Juni 1742. Politische Correspondenz, Bd. 2, S. 187.
193 Friedrich II. an General de Belle-Isle. Feldlager von Kuttenberg, 18. Juni 1742. Politische Correspondenz, Bd. 2, S. 206f.
194 Friedrich II. an Kardinal Fleury. Feldlager von Kuttenberg, 18. Juni 1742.
195 Ders. Magdeburg, 12. September 1742. Ebd., S. 270f.
196 Ders., ebd.
197 Friedrich II., an Jordan. Feldlager von Kuttenberg, 15. Juni 1742.
198 Friedrich II.: Points sur lesquels le ministre prussien doit travailler. Potsdam, 27. September 1743. Politische Correspondenz, Bd. 2, S. 424.
199 Duc de Luynes: Mémoires sur la cour de Louis XV (1735–1758). Paris 1858–1864, Bd. 5, S. 160.
200 Voltaire an Marc Pierre de Voyer, comte d'Argenson. 8. Juni 1743. Correspondance, Bd. 2, S. 322.
201 Friedrich II. Mémoires, Bd. 1, S. 203.
202 Friedrich II. an Voltaire. 5. September 1743. Correspondance, Bd. 2, S. 772.
203 Voltaire an Friedrich II., ebd., S. 773.
204 Zitiert nach Koser, S. 445.
205 Friedrich II. an Ludwig XV. 12. Juli 1744. Politische Correspondenz, Bd. 3, S. 207f.
206 Ebd.
207 Zitiert nach Koser, S. 485.
208 Friedrich II. an Graf von Podewils. Potsdam, 22. Februar 1745. Politische Correspondenz, Bd. 4, S. 59.
209 Ders., Neiße, 6. April, 1745. Ebd., S. 110.
210 Ders., 27. April 1745. Ebd., S. 134.
211 Ders., Camenz, 8. Mai 1745. Ebd., S. 148.
212 Ders., Friedberg, 4. Juni 1745. Ebd., S. 182.
213 Zitiert nach Eugen Guglia: Maria Theresia. Ihr Leben und ihre Regierung. München – Berlin 1917, Bd. 1, S. 261.
214 Friedrich II. an Marquis de Valory. 3. September 1745. Feldlager von Semonitz. Politische Correspondenz, Bd. 4, S. 271.
215 Ebd.
216 Dies. Dresden, 25. Dezember 1745. Ebd., S. 390.
217 Friedrich II. an Algarotti. Potsdam, 18. Juli 1942. Œuvres, Bd. 18, S. 50.
218 Friedrich II., Testament politique. In: Gérard Walter: Le Mémorial des siècles. Paris 1967, S. 302
219 Ebd., S. 303.
220 Friedrich II. an Graf Podewils. Hermsdorf, 16. Juni 1741. Politische Correspondenz, Bd. 1, S. 261f.
221 Friedrich II. an Graf von Dohna. Magdeburg, 20. Juni 1743. Ebd., Bd. 2, S. 379.
222 Friedrich II. an Nicolas Duhan de Jandun. Œuvres, Bd. XVII, S. 284.
223 Zitiert nach Koser, Bd. 2, S. 28.
224 Ebd.
225 Friedrich II., Testament politique, S. 288.
226 Ebd., S. 257.
227 Ebd.
228 Friedrich II. an Jordan. Neiße, 1. Juli 1742. Œuvres, Bd. 17, S. 239.
229 Dies. Breslau, 27. September 1742. Ebd., S. 242.
230 Zitiert nach Koser, Bd. 2, S. 130.
231 Friedrich II., Testament politique, S. 280.
232 Friedrich II. an Jordan. Chrudim, 8. Mai 1742. Œuvres, Bd. 17, S. 198.
233 Dies. Feldlager von Brzezy, Ende Mai oder Anfang Juni 1742. Ebd., S. 216.
234 Voltaire, Mémoires. In: Œuvres complètes. Bd. 2, Paris 1825, S. 48.
235 Friedrich II., Testament politique, S. 305.
236 Zitiert nach Theodor Schieder, Friedrich der Große. Ein Königtum der Widersprüche. Berlin 1983 (Éd. 1998).
237 Zitiert nach Paul Noack: Elisabeth Christine und Friedrich der Große. Ein Frauenleben in Preußen. Stuttgart 2001. S. 185f.

238 Friedrich II. an Wilhelmine. Potsdam, 30. Dezember 1745. Œuvres, Bd. 27, S. 138f.
239 Friedrich II., Testament politique, S. 296.
240 Friedrich II. an Prinz Heinrich. 1746. Œuvres, Bd. 25, S. 153.
241 Friedrich II. an Mme de Camas. Feldlager von Semonitz, 30. August 1745. Œuvres, Bd. 18, S. 141.
242 Friedrich II. an Wilhelmine. 30. Dezember 1751. Œuvres, Bd. 27, S. 205.
243 Dies. 14. Januar 1752. Ebd., S. 206.
244 Zitiert nach Giles Macdonogh, Frederick the Great, S. 194.
245 Voltaire an Marie-Louise Denis. Potsdam, 6. November 1750. Correspondance, Bd. 3, S. 269.
246 Ebd.
247 Voltaire an Nicolas Claude Thiérot. 15. November 1750. Ebd., S. 278.
248 Voltaire an Friedrich II. Paris, 15. Oktober 1749. Ebd., S. 122.
249 Friedrich II. an Algarotti. Potsdam, 19. September 1749. Œuvres, Bd. 18, S. 67.
250 Dies. Potsdam, 12. September 1749. Ebd., S. 66.
251 Voltaire an Comte d'Argental. Berlin, 1. September 1750. Correspondance, Bd. 3, S. 233.
252 Wortspiel: »Égalité« = Ausgeglichenheit oder Gleichheit. (A. d. Ü.)
253 Literarische Zirkel am Hof von Sceaux des Duc du Maine und des Duc de Penthièvre (A. d. Ü.).
254 Voltaire an Friedrich II. Juli/August 1751. Ebd., S. 449f.
255 Voltaire an Marie Louise Denis. Ebd., S. 475f.
256 Von Maupertuis in Umlauf gebracht, lt. Briefwechsel, S. 414.
257 Voltaire an Friedrich II. 27. November 1752. Ebd., S. 846.
258 Voltaire an Marie Louise Denis. Potsdam, 9. September 1752. Ebd., S. 784f. Nach Homer war der Phäakenkönig Alkinoos der Vater der Nausikaa und Gastgeber des Odysseus; Kalypso war eine Nymphe.
259 Friedrich an Algarotti. 26. Mai 1754. Œuvres, Bd. 18, S. 97.
260 Ders. Potsdam, 9. Februar 1754, Ebd., S. 94.
261 Friedrich II. an Jordan. Breslau, 27. September 1742. Œuvres, Bd. 17, S. 243.
262 Friedrich II. an Wilhelmine. Potsdam, 25. Februar 1743. Œuvres, Bd. 27, S. 116.
263 Charles Burney, Tagebuch einer musikalischen Reise. Leipzig, 1975, S. 109.
264 Ebd., S. 110. (S. 350f.)
265 Ebd.
266 Ebd., S. 199.
267 Carl Philipp Emanuel Bach, Versuch über die wahre Art, das Clavier zu spielen. 1753. Neu hg. von Wolfgang Horn. Kassel 1994.
268 Ebd., S. 219.
269 BWV 1079.
270 Zitiert nach Macdonogh, S. 199.
271 Friedrich II. an Grumbkow. Ruppin, 23. Oktober 1732. Œuvres, Bd. 16, S. 70.
272 Ders., Ruppin, 4. September 1732. Ebd., S. 57.
273 Friedrich der Große, Œuvres, Bd. 11, S. 211f. (= Preuß)
274 Vgl. Satyricon. Gastmal des Trimalchio.
275 Voltaire, Mémoires, S. 48.
276 Ebd., S. 45f.
277 Zitiert nach G. Macdonogh, S. 406, Anm. 12.
278 Friedrich II., Testament politique, S. 306
279 Ebd.
280 Ebd., S. 310.
281 Ebd., S. 316
282 Ebd., S. 307.
283 Ebd., S. 308.
284 Ebd., S. 308.
285 Ebd., S. 317.
286 Ebd.
287 Ebd., S. 318.
288 Ebd.

289 Schlitter, Hans (Hg.): Correspondance secrète entre le comte de Kaunitz-Rietberg et Ignaz de Koch, secrétaire de l'Impératrice. Paris 1899, S. 167.

290 Zitiert nach E. Guglia, S.,384.

291 Friedrich II. an den Freiherr von Knypphausen. Potsdam, 21. Februar 1756. Politische Correspondenz, Bd. 12, S. 130.

292 Zitiert nach Jean-Paul Desprat: Le Cardinal de Bernis 1715–1794. Paris 2000, S. 325.

293 Denkschrift des Grafen Kaunitz zur mächtepolitischen Konstellation nach dem Aachener Frieden von 1748, bearb. von Reiner Pommerin und Lothar Schilling, in: Expansion und Gleichgewicht. Studien zur europäischen Mächtepolitik des ancien régime, hg. von Johannes Kunisch. Berlin 1986, S. 208.

294 Friedrich II. an den Prinz von Preußen. Potsdam, 26. August 1756, Œuvres, Bd. 26, S. 116.

295 Frédéric le Grand, Réflexions sur les talents militaires et sur le caractère de Charles XII. Œuvres, Bd. 7, S. 4.

296 Zitiert nach G. Macdonogh, S. 251.

297 Friedrich an Wilhelmine. Leitmeritz, 28. Juni 1757. Œuvres, Bd. 27, S. 293.

298 Zitiert nach Friedrich Walter: Männer um Maria Theresia.*** 1951, S. 110.

299 Friedrich II an den Prinz von Preußen. Leitmeritz, 19. Juli 1757. Politische Correspondenz, Bd. 13, S. 258.

300 Zitiert nach Koser, Bd. 2, S. 511.

301 Zitiert nach David Frazer, Frederick the Great. London 2000, S. 370.

302 Ebd.

303 Zitiert nach Koser (Hg.), Heinrich de Catt. Unterhaltungen mit Friedrich dem Großen. Memoiren und Tagebücher. Leipzig 1884, S. 34.

304 Friedrich II. an Voltaire. 6. November 1758. Œuvres, Bd. 23, S. 20.

305 Friedrich II. an den Marquis d'Argens. Fürstenwalde, 22. August 1759. Œuvres, Bd. 19, S. 85.

306 Friedrich II. an Graf Finckenstein. 12. August 1759. Politische Correspondenz, Bd. 18, S. 481.

307 Friedrich II. an den Marquis d'Argens. Madlitz, 16. August 1759. Œuvres, Bd. 18, S. 79.

308 Ebd.

309 Marquis d'Argens an Friedrich II. Berlin, 18 August 1759. Ebd., S. 80f.

310 Friedrich II. an den Marquis d'Argens. Fürstenwalde, 20. August 1759. Ebd., S. 82.

311 Friedrich II. an Prinz Heinrich. Waldow, 1. September 1759. Politische Correspondenz, Bd. 18, S. 510.

312 Zitiert nach David Fraser, S. 423.

313 Friedrich II. an Voltaire. Sagan, 22. September 1759. Œuvres, Bd. 23, S. 60.

314 Friedrich II. an Graf von Finckenstein. Forst, 19. September 1759. Politische Correspondenz.

315 Friedrich II. an Marquis d'Argens. Meißen, 10. November 1760. Œuvres, Bd. 19, S. 205.

316 Friedrich II. an Baron von Knyphausen. Sophiental, 12. Oktober 1859. Politische Correspondenz, Bd. 18, S. 592.

317 Friedrich II. an die Herzogin von Sachsen-Gotha. Leipzig, 3. Januar 1761. Œuvres, Bd. 18, S. 192.

318 Friedrich II. an Freiherrn von Knyphausen und an den Sekretär Mitchell. Breslau, 22. Januar 1762. Politische Correspondenz, Bd. 21, S. 192.

319 Zitiert nach Victor-Lucien Tapié, L'Europe de Marie-Thérèse. Du baroque aux Lumières. Paris 1973, S. 171.

320 Friedrich II. an Mme de Camas. 6. März 1763. Œuvres, Bd. 18, S. 154.

321 Frédéric le Grand, Mémoires depuis la paix de Hubertusbourg, 1763, jusqu'à la fin du partage de la Pologne, 1774. In: Œuvres, Bd. 5, S. 3 und S. 56.

322 Ebd., S. 9.

323 Friedrich II. an Voltaire. Breslau, 1. September 1766. Œuvres, Bd. 23, S. 107f.

324 Ders., Sanssouci, 24. Oktober 1766. Ebd., S. 112.

325 Zitiert nach G. Macdonogh, S. 377.

326 Friedrich II. an d'Alembert. Sanssouci, 15. oder 16. August 1763. Œuvres, Bd. 24, S. 381.

327 Friedrich II. an Voltaire. Potsdam, 24. Oktober 1773. Œuvres, Bd. 23, S. 259f.

328 Friedrich II. an Mme de Camas. 17. oder 18. November 1765. Ebd., Bd. 18, S. 158.

372

329 Friedrich der Große, Mémoires depuis la paix de Hubertusbourg jusqu' à la paix de Teschen. In: Œuvres, Bd. 6, S. 5.

330 Zitiert nach Koser, Bd. 3, S. 272.

331 Bericht von Kaunitz' an Maria Theresia. Politische Correspondenz, Bd. 30, S. 109.

332 Friedrich der Große, Mémoires depuis la paix de Hubertusbourg jusqu' à la paix de Teschen. In: Œuvres, Bd. 8, S. 13.

333 Ebd., S. 19f. und Brief Friedrichs II. an Voltaire. Berlin, 12. Januar 1772, Œuvres, Bd. 22, S. 208.

334 Zitiert nach Koser, Bd. 3, S. 290.

335 Zitiert nach Hannes Mikoletzky, Österreich. Das große 18. Jahrhundert. Wien–München 1967, S. 304.

336 Friedrich der Große, Mémoires depuis la paix de Hubertusbourg jusqu' à la paix de Teschen. In: Œuvres, Bd. 8, S. 25.

337 Friedrich II. an Prinz Heinrich. Berlin, 3. Januar 1771. Œuvres, Bd. 26, S. 345.

338 Zitiert nach Victor-Lucien Tapié: L'Europe de Marie Thérèse. Paris 1973, S. 318.

339 Maria Theresia an Joseph II. 25. Januar 1772. In: Alfred Ritter von Arneth, Maria Theresia und Joseph II. 3 Bde. Wien 1867–1868, Bd. 1, S. 362.

340 Ebd., Bd. 8, S. 596.

341 Friedrich II. an Voltaire. Potsdam, 9. Oktober 1773. Œuvres, Bd. 23, S. 256f. ***Hierzu Anmerkung des Übersetzers:***

342 Friedrich der Große, Mémoires depuis la paix de Hubertusbourg jusqu' à la paix de Teschen. In: Œuvres, Bd. 6, S. 36.

343 Zitiert nach Jean-Paul Bled: Marie-Thérèse d'Autriche. Paris 2001, S. 461f.

344 Zitiert nach Koser, Bd. 3, S. 395.

345 Zitiert nach Fraser, S. 590.

346 Zitiert nach Fraser, S. 590.

347 Zitiert nach Koser, Bd. 3, S. 405.

348 Friedrich, De la littérature allemande. In: Œuvres, Bd. 7, S. 112.

349 Henri de Catt, S. 385.

350 Friedrich II. an Voltaire. Potsdam, 19. März 1776, Œuvres, Bd. 23, S. 371.

351 Friedrich der Große, Examen de l'essai sur les préjugés, in: Œuvres, Bd. 9, S. 131.

352 Friedrich der Große, A Mylord Marischal. Sur la mort de son frère. Ebd., Bd. 10, S. 95.

353 Friedrich der Große, Épître sur le hasard. Ebd., Bd. 12, S. 57.

354 Gustav Berthold Volz (Hg.), Die Politischen Testamente Friedrich's des Großen. Berlin 1920, S. 110.

355 Friedrich II. an Voltaire. Potsdam, 25. Februar 1766. Œuvres, Bd. 23, S. 99.

356 Ders., Breslau, 1. September 1766. Ebd., S. 109f.

357 Ders., Potsdam, 7. August 1766. Ebd., S. 102.

358 Ders., Potsdam, 16. September 1770. Ebd., S. 168.

359 Friedrich II. an d'Alembert. Potsdam, 24. März 1765. Ebd., Bd. 24, S. 396.

360 Friedrich II. an Voltaire. Potsdam, 24. Oktober 1773. Ebd., Bd. 23, S. 260.

361 Zitiert nach Jürgen Ziechmann (Hg.), Panorama der fridericianischen Zeit. Bremen 1986, S. 525. ***Lt. Lit-verz. 1985***

362 Volz, Gustav Berthold (Hg.), Die Politischen Testamente Friedrich's des Großen. Berlin 1920, S. 133.

363 Friedrich II. an Voltaire. Potsdam, 24. Juli 1775. Œuvres, Bd. 23, S. 337.

364 Ders. Potsdam, 8. September 1775. Ebd., S. 350. (Der Paktolos ist der goldhaltige Fluss in Klein-asien, in welchem der sagenhafte König Midas gebadet haben soll. Die französische Bezeich-nung »Pactole« bedeutete im übertragenen Sinn eine Quelle des Reichtums. Anm. d. Ü.)

365 Ebd.

366 Friedrich der Große: De la littérature allemande. In: Œuvres, Bd. 7, S. 92

367 Ebd., S. 96.

368 Ebd., S. 93.

369 Ebd.

370 Ebd., S. 109.

371 Ebd.
372 Ebd.
373 Ebd., S. 122.
374 Friedrich II. an Voltaire. Potsdam, 29. September 1774. Ebd., Bd. 23, S. 289.
375 Dies. Potsdam, 8. September 1775. Ebd., S. 350.
376 Zitiert nach Theodor Schieder, Friedrich der Große, S. 388.
377 Œuvres, Bd. 26, S. 512.
378 Zitiert nach Reinhold Koser, Bd. 3, S. 522.
379 Zitiert nach ebd., S. 523.***
380 Zitiert nach ebd., S. 542.
381 Friedrich II. an Prinz Heinrich. 3. Oktober 1782. Œuvres, Bd. 26, S. 492.
382 Zitiert nach Philip Mansel: Charles Joseph de Ligne 1735–1814. Le charmeur de l'Europe. Paris 1992, S. 90 und 92.
383 Georgica, Lehrgedicht zur Würdigung des Landbaues von Vergil, entstanden zwischen 37 und 30 v. Chr. 1769 in französischer Übersetzung durch Delille erschienen. (Anm. d. Ü.).
384 Friedrich II. an Prinz Heinrich. 17. Oktober 1784. Œuvres, Bd. 26, S. 17.
385 Friedrich II. an Voltaire. Potsdam, 10. Januar 1776. Œuvres, Bd. 23, S. 365.
386 Zitiert nach Koser, Bd. 3, S. 478.
387 Friedrich II. an Prinz Heinrich. 2. Februar 1784. Œuvres, Bd. 26, S. 501.
388 Ders. 14. Februar 1785. Ebd., S. 518.
389 Friedrich II. an Prinz Heinrich. 11. Dezember 1785. Œuvres, Bd. 26, S. 518.
390 Ders. 2. April 1786. Ebd., S. 527.
391 Ludwig II., Fürst von Condé, »der Große Condé«, einer der herausragendsten Feldherrn des 17. Jahrhunderts (1621–1686). (Anm. d. Ü.)

Quellen und Literatur

Bibliographien

Leithäuser, Gustav, Verzeichnis sämtlicher Ausgaben … der Werke Friedrichs des Großen (Miscellaneen zur Geschichte Friedrichs des Großen), Berlin 1878.
Henning, Herzeleide und Eckart, Bibliographie Friedrichs des Großen 1786–1986, Berlin–New York 1988.
Kunisch, Johannes, Friedrich der Große. Der König und seine Zeit. 4. Aufl. München 2005 (Quellen- und Literaturverzeichnis S. 608–614).

Quellen

a. Werke Friedrichs des Großen

Preuß, Johann David Erdmann (Hg.), Œuvres de Frédéric le Grand, 30 Bde, Berlin 1846–1856.
Politische Correspondenz Friedrichs des Großen (nicht abgeschlossen; bis 1782), bisher 46 Bde, hg. Droysen, Johann Gustav u. a., Berlin 1879–1939, Köln u. a. 2003.
Volz, Gustav Berthold (Hg.), Die Werke Friedrichs des Großen (in deutscher Übers.), 10 Bde., Berlin 1912–1914.
Ders. (Hg.), Die politischen Testamente Friedrichs des Großen (in deutscher Übers.), Berlin 1920.
Koser, Reinhold (Hg.), Heinrich de Catt. Unterhaltungen mit Friedrich dem Großen …, Leipzig 1884.
Ders. (Hg.), Briefwechsel Friedrichs des Großen mit Grumbkow und Maupertuis, Leipzig 1884.
Ders. – Droysen, Heinrich (Hg.), Briefwechsel mit Voltaire, 1735- 1778, 3 Bde, Leipzig 1908–1911.

b. Briefwechsel, Memoiren, zeitgenössische Zeugnisse

Voltaire, Correspondance, 13 Bde, Paris 1977-93.

Ders., Mémoires, in : Œuvres complètes, t. 2, Paris 1825..

Ders., Voltaire – über den König von Preußen, 8. Aufl. Frankfurt a. M. 2003.

Voltaire-Friedrich der Große. Briefwechsel. Hg. und übersetzt von Hans Pleschinski, revid. Neuausg. München 2004.

Argens, Marquis d', Mémoires, Paris 1941.

Guibert, Comte de, Journal d'un voyage en Allemagne en 1773, Paris 1803.

Lehndorff, Ernst Graf, Dreißig Jahre am Hofe Friedrichs des Großen, Gotha 1910.

Mirabeau, Honoré Comte de, De la monarchie prussienne sous Frédéric le Grand, 7 Bde., London 1788.

Nicolai, Friedrich, Beschreibung der königlichen Residenzstädte Berlin und Potsdam ..., 3 Bde, Berlin 1986.

Ders., Anekdoten von König Friedrich II. ..., Berlin 1788.

Thiébault, Dieudonné, Mes souvenirs de vingt ans de séjour à Berlin ..., 5 Bde, Paris 1804.

Valori, Henri Comte de, Mémoires ..., 2 Bde, Paris 1820.

Wilhelmine, Markgräfin von Bayreuth, Mémoires, Paris 1967.

Allgemeine Literatur

a. Geschichte Preußens

Aretin, Karl Othmar Freiherr von, Das Reich. Friedensgarantie und europäisches Gleichgewicht 1648–1806, Stuttgart 1986.

Büsch, Otto – Neugebauer, Wolfgang (Hg.), Moderne preußische Geschichte 1648–1947. Eine Anthologie. 3 Bde. (Veröffentlichung der Historischen Kommission zu Berlin 52), Berlin–New York 1981.

Aretin, Karl Othmar Freiherr von, Das Reich. Friedensgarantie und europäisches Gleichgewicht 1648 bis 1806, Stuttgart 1986.

Heinrich, Gerd, Geschichte Preußens. Staat und Dynastie, Frankfurt a. M. 1984.

Hintze, Otto, Die Hohenzollern und ihr Werk. 500 Jahre vaterländischer Geschichte, Berlin 1915.

Koch, Hansjoachim, Geschichte Preußens, München 1980.

Moeller, Horst, Fürstenstaat und Bürgernation. Deutschland 1763–1815, Berlin [Neued. 1998] 1989.

Schoeps, Hans-Joachim, Preußen. Geschichte eines Staates, Berlin 1966.

b. Biographien Friedrichs des Großen

Berney, Arnold, Friedrich der Große. Entwicklungsgeschichte eines Staatsmanns, Tübingen 1934.

Duffy, Christopher, Friedrich der Große, Düsseldorf 2001 [zur Militärgeschichte].

Fraser, David, Frederick the Great, London 2000.

Gaxotte, Pierre, Frédéric II., Paris 1935 [Neued. 1972].

Gooch, G. P., Frederick the Great. The Ruler, the writer, the man, London 1947.

Koser, Reinhold, Geschichte Friedrichs des Großen, 4. Bde., Berlin–Stuttgart 1912–1914.

Kunisch, Johannes, Friedrich der Große. Der König und seine Zeit, 4. Aufl. München 2005.

Lavisse, Ernest, La Jeunesse du Grand Frédéric, Paris 1891.

Macdonogh, Giles, Frederick the Great. A life in deed and letters, New York 1999.

Mittenzwei, Ingrid, Friedrich II. von Preußen, Berlin (DDR) 1980.

Ranke, Ludwig von, Friedrich der Große. Eine Lebensgeschichte, in Sämtliche Werke, t. 51, 52, Leipzig 1888.

Ritter, Gerhard, Friedrich der Große. Ein historisches Profil, Heidelberg 1954.

Schieder, Theodor, Friedrich der Große. Ein Königtum der Widersprüche, Berlin 1983.

Simon, Édith, The making of Frederick the Great, Cassell, 1963, dt.: Friedrich der Große. Das Werden eines Königs, Tübingen 1963.

Venohr, Wolfgang, Fridericus Rex. Friedrich der Große: Porträt einer Doppelnatur, Bergisch Gladbach 1988.

Ziechmann, Jürgen, Panorama der Friderizianischen Zeit, Friedrich der Große und seine Epoche. Ein Handbuch, Bremen 1985.

c. Weitere deutschsprachige Literatur

Alfter, Dieter (Hg.), Friedrich der Große. König zwischen Pflicht und Neigung. Bonn 2004.

Aretin, Karl Otmar, Frhr. von, Friedrich der Große. Größe und Grenzen des Preußenkönigs. Freiburg–Basel–Wien 1985.

Dietrich, Richard (Bearb.), Die politischen Testamente der Hohenzollern. Köln-Wien 1986.

Kunisch, Johannes (Hg.), Aufklärung und Kriegserfahrung. Klassische Zeitzeugen zum Siebenjährigen Krieg. Frankfurt/Main 1996.

Ders., Das Mirakel des Hauses Brandenburg. Studien zum Verhältnis von Kabinettspolitik und Kriegführung im Zeitalter des Siebenjährigen Krieges. München-Wien 1978.

Lewy, Ernst, Die Verwandlung Friedrichs des Großen. Eine psychoanalytische Untersuchung. In: Psyche 49, 1995, S. 727-804.

Merten, Detlef, Friedrich der Große und Montesquieu. Zu den Anfängen des Rechtsstaats im 18. Jahrhundert. In: Montesquieu-Traditionen in Deutschland. Hg. von Edgar Mass und Paul-Ludwig Weinacht. Berlin 2005, S. 219-240.

Neugebauer, Wolfgang, Die Hohenzollern. 2 Bde. Stuttgart 1996/2003.

Oster, Uwe A., Wilhelmine von Bayreuth. Das Leben der Schwester Friedrichs des Großen. München 2005.

Pangels, Charlotte, Friedrich der Große. Bruder, Freund und König. 2004.

Schmidt, Eberhardt, Beiträge zur Geschichte des preußischen Rechtsstaates. Berlin 1980.

Walter, Friedrich, Männer um Maria Theresia. Wien 1951.

Watanabe, Naoki, Goethe und Friedrich der Große. Über den »nationalen Gehalt« der deutschen Literatur. In: Goethe-Jahrbuch 46, 2004, S. 97-116.

Weber-Kellermann, Ingeborg (Hg.) Wilhelmine von Bayreuth, eine preußische Königstochter. Glanz und Elend am Hofe des Soldatenkönigs in den Memoiren der Markgräfin Wilhelmine von Bayreuth. Frankfurt/M. 2004.

Wehinger, Brunhilde (Hg.), Geist und Macht. Friedrich der Große im Kontext der europäischen Kulturgeschichte. Berlin 2005.

Ziebura, Eva, Prinz Heinrich von Preußen. Berlin 1999.

Dies., August Wilhelm, Prinz von Preußen, Berlin 2006.

d. Bücher und Aufsätze zu Nachbargebieten und Einzelfragen

Anderson, M. S., The war of the Austrian Succession, 1740–1748, London, New York 1985.

Antoine, Michel, Lous SV, Paris, Fayard 1989.

Aretin, Karl Othmar Freiherr von, Der aufgeklärte Absolutismus, Cologne 1974.

Arneth, Alfred Ritter von, Geschichte Maria Theresias, 10 Bde., Vienne 1863–1879.

Augstein, Rudolf, Preußens Friedrich und die Deutschen, Frankfurt a. M 1968.

Beales, Derek, Joseph II., 2. vol., Cambridge, Cambridge University Press 1987.

Bled, Jean-Paul, Marie-Thérèse d'Autriche, Paris 2001.

Brunschwig, Henri, La Crise de l'État prussien à la fin du XVIIIᵉ siècle et la genèse de la mentalité romantique, Paris 1947.

Carrère d'Encausse, Hélène, Catherine II., Paris 2002.

Craig, Gordon, The Politics of the Prussian Army, 1640–1945, London u. a. 1964.

Desprat, Jean-Paul, Le Cardinal de Bernis, 1715–1794, Paris 2000.

Dilthey, Walter, Friedrich der Große und die deutsche Aufklärung, in: Gesammelte Schriften, Bd. 3, Leipzig–Berlin 1927.

Droysen, Hans, »Rheinsberg 1736–1740«, Hohenzollern-Jahrbuch, t. 20, 1916, S. 58–60.

Duffy, Christopher, The army of Frederick the Great, London 1974.

Favrat, Jean, »À propos du débat sur la Prusse et le prussianisme en RFA depuis 1977«, Revue d'Allemagne et des Pays de langue allemande, t. XIX/3, juillet-septembre 1987, S. 338–351.

Faucher-Magnan, Adrien, Les petites cours d'Allemagne, Paris 1947.

Gause, Friedrich, Die Geschichte der Stadt Königsberg in Preußen, 2 Bde., Köln, Graz 1968.

Hachtmann, Rüdiger, »Friedrich II von Preußen und die Freimaurerei«, Historische Zeitschrift, 264, 1997, 21–54.

Henderson, W. H., Studies in the economic policy of Frederick the Great, London 1963.

Henriot, Emile, Voltaire et Frédéric II., Paris 1927.

Hinrichs, Carl, Der Kronprinzenprozeß. Friedrich und Katte, Hamburg 1936.

Ders., Preußentum und Pietismus: Der Pietismus als religiös-soziale Reformbewegung, Göttingen 1941.

Hubatsch, Walter, Friedrich der Große und die preußische Verwaltung, Köln–Berlin 1973.

Jessen, Hans (Hg.), Friedrich der Große und Maria Theresia in Augenzeugenberichten, Düsseldorf 1965.

Johnson, Hubert C., Frederic the Great and his officials, New Haven u. a. 1975.

Klingenstein, Grete, Szabo, Franz A., Staatskanzler Wenzel Anton von Kaunitz-Rietberg, Graz–Esztergom–New York 1996.

Koselleck, Reinhart, Preußen zwischen Reform und Revolution, Stuttgart 1967.

Krauss, H. Alexander, Die Rolle Preußens in der DDR-Historiographie, Frankfurt, Peter Lang 1993.

Krockow, Christian Graf von, Die preußischen Brüder. Prinz Heinrich und Friedrich der Große. Ein Doppelporträt, Stuttgart 1996.

Lever, Évelyne, Madame de Pompadour, Paris 2000.

Madariaga, Isabel de, Catherine the Great, New Haven u. a., 2002.

Mansel, Philipp, Carles-Joseph de Ligne, Paris 1992.

Meinecke, Friedrich, Friedrich der Große, in: Die Idee der Staatsräson in der neueren Geschichte, Berlin 1925, 321–400.

Mervaud, Christiane, Voltaire et Frédéric II., une dramaturgie des Lumieres, Oxford 1985.

Mittenzwei, Ingrid, Preußen nach dem Siebenjährigen Krieg. Auseinandersetzungen zwischen Bürgertum und Staat um die Wirtschaftspolitik, Berlin (DDR) 1979.

Möller, Horst, Aufklärung in Preußen. Der Verleger, Publizist und Geschichtsdenker Friedrich Nicolai, Berlin 1978.

Müller, Harald, Ein Tag Friedrichs des Großen in Sans-Souci, Berlin 1993.

Noack, Paul, Elisabeth Christine und Friedrich der Große. Ein Frauenleben in Preußen, Stuttgart 2001.

Östreich, Gerhard, Friedrich Wilhelm I., Göttingen u. a. 1977.

Ribbe, Wolfgang, Geschichte Berlins, Bd. 1: Von der Frühgeschichte bis zur Industrialisierung, München 1987.

Rill, Berndt, Karl VI. Habsburg als barocke Großmacht, Köln, Wien, Graz 1992.

Rosenberg, Hans, Bureaucracy, Aristocracy and Autocracy. The Prussian experience 1660–1815, Boston 1966.

Schlenke, Manfred, England und das friderizianische Preußen 1740–1763, Freiburg, München 1963.

Schowalter, Dennis, The wars of Frederick the Great, London–New York 1996.

Skalweit, Stefan, Frankreich und Friedrich der Große. Bonner Historisches Forschungen, Bd. 1, Bonn 1952.

Tapié, Victor-Lucien, L'Europe de Marie-Thérèse. Du Baroque aux Lumières, Paris, Fayard, 1973.

Taylor, Ronald, Berlin and its culture. A historical portrait, New Haven–London, Yale University Press 1994.

Waquet, Françoise, Le Prince et son lecteur. Ave l'édition de Charles Dautal, Les délassements littéraires ou heures de Frédéric II., Parris 2000.

Wesch, Petra, Sanssouci. München–Berlin, 2003.

Georg Wenzeslaus von Knobelsdorff 1699–1753, Ausstellungskatalog Stiftung Preußische Schlösser und Gärten Berlin–Brandenburg, 1999.

Bildnachweis

7 Antoine Pesne, Friedrich vor der Inthronisierung. Gemälde, um 1746. © Stiftung Preußische Schlösser und Gärten Berlin-Brandenburg.

8 Antoine Pesne, Kronprinz Friedrich mit seiner Schwester Wilhelmine, spätere Markgräfin von Bayreuth. Gemälde, 1714. © akg-images.

14 © Stiftung Preußische Schlösser und Gärten Berlin-Brandenburg.

22 Hinrichtung Hans Hermann von Kattes. Kupferstich. © akg-images.

41 © Bildarchiv Preußischer Kulturbesitz, Berlin.

45 © Bildarchiv Preußischer Kulturbesitz, Berlin.

50 Kurz vor seinem Tod versöhnt sicher der Soldatenkönig mit Friedrich. Unbekannter Maler. © Bildarchiv Preußischer Kulturbesitz/Staatsbibliothek zu Berlin – Handschriftenabteilung.

60 © akg-images.

67 © Bildarchiv Preußischer Kulturbesitz, Berlin.

88 Anti-Macchiavell Friedrichs des Großen (Ausschnitt). © Staatsbibliothek zu Berlin – Preußischer Kulturbesitz.

101 Antoine Pesne, Kronprinz Friedrich. © Bildarchiv Preußischer Kulturbesitz, Berlin.

102 Antoine Pesne, Der preußische Feldmarschall Kurt Christoph Graf von Schwerin. Ölgemälde, 1750. © Stiftung Preußische Schlösser und Gärten Berlin-Brandenburg.

116 © Museum Georg Schäfer, Schweinfurt.

122 Daniel von Chodowiecki, Das ehrliche Gassenlaufen und die unehrliche Stäupung, Radierung, 1769/74 (Illustr. zu J.B. Basedow, Elementarwerk für die Jugend und ihre Freunde, Berlin und Dessau, 1774, Tafel XXXIV.). © akg-images.

133 © Gemäldegalerie Alte Meister, Staatliche Kunstsammlungen Dresden.

145 Friedrich II. vor Bauern. Kolorierter Stich aus Privatbesitz.

164 Bauern beim Ernten. Ausschnitt aus: Elementarwerk von Johannes Bernhard Basedow, 1774. © Stiftung Preußische Schlösser und Gärten Berlin-Brandenburg.

173 © Bildarchiv Preußischer Kulturbesitz, Berlin.

176 Waacholter-Saaft. Stich von J. W. Rosenberg. © Stiftung Stadtmuseum, Berlin.

185 Johann Christoph Frisch, Friedrich II. (der Große) und der Marquis d'Argens vor der Gruft auf der Terrasse von Sanssouci. Gemälde, 1802. © akg-images/Erich Lessing.

186 Schloss Sanssouci. Der Mittelpavillon mit der vieldiskutierten Devise Sans, Souci. © Lehnartz Fotografie, Berlin.

213 Johann Christoph Frisch, Friedrich der Große besichtigt die Kolonie im Rhinluch. © Bildarchiv Preußischer Kulturbesitz, Berlin.

217 Original: Stiftung Preußische Schlösser und Gärten, Berlin-Brandenburg, Schloss Charlottenburg/GKI 2638. © Bildarchiv Preußischer Kulturbesitz, Berlin. Foto: Jörg Anders.

223 © akg-images.

231 Friedrich Weitsch, Friedrich II. (der Große). Gemälde, 1780. © akg-images.

232 Darstellung Österreichs und Preußens als David und Goliath. © Wien Museum.

246 Karikatur auf den Ersten Schlesischen Krieg. Tuschzeichnung.

257 © SKH Georg Friedrich Prinz von Preussen, Burg Hohenzollern.

267 Johan Esaias Nilson, Hans Joachim von Ziethen. Kupferstich. © Bildarchiv Preußischer Kulturbesitz, Berlin.

277 © Gemäldegalerie Alte Meister, Staatliche Kunstsammlungen Dresden.

291 Anton Graff, Friedrich II. (der Große). Gemälde, 1781. © akg-images.

292 Arbeit an einem Bau von Maurern, Handlangern, Zimmerleuten und Steinmetzen, auch an der Ramme. Kupferstich von Johann Matthias Schuster nach Daniel Chodowiecki. © akg-images.

313 Erste Teilung Polens, 1772. Die Lage des Königreichs Polen im Jahr 1773 (Katharina II. von Russland, Stanislaus II. August von Polen, Joseph II. von Österreich und Friedrich II. von Preußen über der landkarte Polens. Kupferstich von Johann Esaias Nilson. © akg-images.

319 Original: Nationalgalerie, Staatliche Museen zu Berlin/A III 340. © Bildarchiv Preußischer Kulturbesitz/Nationalgalerie, Staatliche Museen zu Berlin. Foto: Karin März.

332 Anton Friedrich König, König Friedrich II. von Preußen im Hohenzollernrock. Gemälde, 1769. © Stiftung Preußische Schlösser und Gärten Berlin-Brandenburg.

346 Daniel Chodowiecki, Friedrich II. (der Große). Reiterbildnis-Gemälde, 1773. © akg-images.

352 © Stiftung Preußische Schlösser und Gärten Berlin-Brandenburg.

355 nach einem Gemälde von Erichson. © Bildarchiv Preußischer Kulturbesitz, Berlin.

363 © Stiftung Preußische Schlösser und Gärten Berlin-Brandenburg.

Personenregister

Adolf Friedrich, König von Schweden
(1710–1771) 197, 311
Alembert, Jean le Rond d', Philosoph und
Mathematiker (1717–1783) 310, 333, 341
Algarotti, Francesco, Philosoph (1712–1764)
78–80, 82, 108, 199, 203–205, 211–212, 215,
288, 333
Alkmene, Windspiel 353, 364
Amalie, Prinzessin von England 27, 33–34, 68,
Amalie, Prinzessin von Preußen (1723–1787)
15, 197, 202, 224, 311, 351
Andreä, Pastor 24
Anna Iwanowna, Zarin (1693–1740) 113
Apraxin, Stephan Fedorowitsch, Graf,
russischer General 257
Argens, Jean Baptiste de Boyer, Marquis d'
(1704–1771) 200, 201, 218, 270–271, 288,
308, 350
Argenson, René Louis Voyer, Marquis d' 93,
150, 341
Argental, Graf Charles-Augustin Fériol d' 205
Arnaud, François Baculard d' 205
Arnim, Georg Dietlof von, Vizepräsident des
Generaldirektoriums 171
Arnold, Müller 302–304
August III., König von Polen
(als Herzog und Kurfürst von Sachsen
Friedrich August II.) 1696–1763) 149, 155,
157, 159, 161, 250, 315
August Wilhelm, Prinz von Preußen
(1722–1758) 14, 98, 108, 196–197, 247,
255–256, 273, 312, 352

Bach, Carl Philipp Emanuel, Komponist
(1714–1788) 222, 224–225
Bach, Johann Sebastian, Komponist
(1685–1750) 225
Barbarina, s. Campanini
Bartenstein, Johannes Christoph von
(1689–1762) 118
Bayle, Pierre, französischer Philosoph
(1647–1706) 23, 333
Beccaria, Cesare Bonesana, italienischer
Rechtsphilosoph (1738–1794) 302
Belle-Isle, Charles-Louis, Herzog von,
Marschall von Frankreich (1684–1761) 124,
127, 135, 146
Benda, Franz, Komponist (1709–1786) 223
Benedikt XIV., Papst (1675–1758) 175
Bernis, François Joachim Pierre de, Abbé
(1715–1794) 242, 262, 268

Bestuev, Alexej Petrowitsch, Graf, russischer
Großkanzler 160, 235
Bevern, Herzog von 253
Biche, Windspiel 353, 364
Bielfeld, Jakob Friedrich von 105
Boileau, Nicolas, Dichter (1636–1707) 54, 341
Borcke, Eleonore von 202
Botta d'Adorno, Antoine, Marchese
(1688–1775) 119
Brenckenhoff, Franz Balthasar Schönberg, von
295, 308
Broglie, François Marie, Herzog von, Marschall
von Frankreich (1671–1745) 108, 137,
141–142
Broglie, Victor François, Herzog von, Marschall
von Frankreich (1718–1804) 271
Browne, Maximilian Ulysses, Graf von, öster-
reichischer Marschall irischer Abstammung
(1705–1757) 250
Buddenbrock, Wilhelm Dietrich von, General
39
Bürger, Gottfried August, Dichter 293
Burney, Charles, englische Komponist, Musik-
wissenschaftler und Musikhistoriker
(1726–1814) 223–224, 226
Bute, John Stuart, Earl of, Lord, Premierminister und Erster Schatzkanzler (1713–1792)
280, 284–286

Camas, Paul Heinrich Tilio, de, Oberst, Jugend-
freund Friedrichs 107
Camas, Madame de, Gattin von Paul Heinrich
Tilio de Camas 198, 289
Campanini, Barbara (Barberina), Tänzerin
216, 218, 222, 227
Canitz, Friedrich von (1654–1699), Dichter 343
Carlos, Don, spanischer Kronprinz
(1716–1788) 128
Caroline, Königin von England 29
Carmer, Johann Heinrich Kasimir, Graf von,
preußischer Großkanzler (1720–1801) 303,
308
Carteret, Lord, englischer Premierminister
(1690–1763) 138, 148, 157
Catt, Henri de, Vorleser Friedrichs II.
(1725–1795) 261–262, 265, 334, 336
Chaillou, Jacques Amelot de 150, 153
Chardin, Jean Baptiste, Maler (1699–1779)
188–189
Châtelet, Émilie, Marquise du, Philosophin
(1706–1749) 85, 110, 117, 203